教育部人文社会科学重点研究基地

兰州大学敦煌学研究所

国家社科基金冷门绝学研究专项学术团队项目

《敦煌河西碑铭与河西史研究》

（项目编号：21VJXT002）

教育部人文社会科学重点研究基地重大项目

《敦煌通史》（项目编号：16JJD770024）

《敦煌通史》学术顾问

郝春文　荣新江　张涌泉

敦煌通史

西夏元明清卷

陈光文 著

国家出版基金项目
NATIONAL PUBLICATION FOUNDATION

『十四五』国家重点图书出版规划项目

主　编　郑炳林
副主编　魏迎春　李　军

读者出版传媒股份有限公司
甘肃教育出版社

图书在版编目（CIP）数据

敦煌通史. 西夏元明清卷 / 郑炳林主编 ； 魏迎春，李军副主编 ； 陈光文著. -- 兰州 ：甘肃教育出版社，2023.7（2024.3 重印）
ISBN 978-7-5423-5575-1

Ⅰ. ①敦… Ⅱ. ①郑… ②魏… ③李… ④陈… Ⅲ. ①敦煌—地方史—西夏②敦煌—地方史—元代—清代 Ⅳ. ①K294.24

中国国家版本馆CIP数据核字(2023)第020410号

敦煌通史　西夏元明清卷

郑炳林　主　编
魏迎春　李　军　副主编
陈光文　著

策　　划　薛英昭　孙宝岩
项目负责　刘正东　董宏强
责任编辑　李慧娟　宋颖文
助理编辑　张福英
装帧设计　石　璞

出　版　甘肃教育出版社
社　址　兰州市读者大道 568 号　730030
电　话　0931-8436489(编辑部)　0931-8773056(发行部)
传　真　0931-8435009

发　行　甘肃教育出版社　印　刷　山东新华印务有限公司
开　本　787 毫米×1092 毫米　1/16　印　张　38.5　插　页　6　字　数　500 千
版　次　2023 年 7 月第 1 版
印　次　2024 年 3 月第 2 次印刷
书　号　ISBN 978-7-5423-5575-1　定　价　158.00 元

总　序

《敦煌通史》这套书从酝酿到完成已经有十多个年头了。2007年我与林甘泉先生在京西宾馆参加首批国家社科基金重大招标项目评审，评审间隙林先生问我，兰州大学敦煌学研究所能不能出面组织完成一部《敦煌通史》，作为国家社科基金重大项目选题。虽然当时有关于敦煌历史的小册子，但是都不足以呈现敦煌的历史。于是，我从此就将完成《敦煌通史》作为我们的工作计划，并一直在做这方面的准备工作。李军在读博士期间，原来准备让他撰写张氏归义军的历史作为博士学位论文，尽管最后他的学位论文研究的不是这个阶段的敦煌史，但也为撰写这个阶段敦煌的历史做了准备。陈继宏、杜海、陈光文入校攻博之后，我给他们选定的博士学位论文方向分别是吐蕃时期敦煌史研究、曹氏归义军史研究、西夏元明清敦煌史研究。到兰州大学敦煌学研究所制定“十三五”规划时，又将《敦煌通史》列为基地重大规划项目。2022年12月，我主持的2021年度国家社科基金冷门绝学研究专项学术团队项目《河西碑铭与河西史研究》开题，根据专家的建议将河西史研究部分改为敦煌史研究，以避开西北师范大学简牍研究院田澍团队的研究方向错位发展。这样一来，《敦煌通史》就成为两个项目共同完成的课题研究。经过十余年持续不断的研究，在甘肃教育出版社的努力下，《敦煌通史》即将完成并得到国家出版基金的资助。

对于敦煌历史开始的时间，我们都会想到汉武帝元狩二年（前121）匈奴浑邪王杀休屠王后投降汉朝，自金城河西西至盐泽空无匈奴，西汉政府在河西敦煌驻军屯田；元鼎六年（前111）又置敦煌郡，并移民实边。实际上敦煌的历史要比这早很多，敦煌与中原王朝的交往应当始于西周穆王（穆天子）时期，根据《穆天子传》的记载，周穆王即位十五年来到今敦煌和罗布泊一带。《山海经》记载敦薨之山出敦薨之水，敦薨之水西流进入盐泽，盐泽即罗布泊。这些都是关于敦煌最早的记载，就是说敦煌在先秦已经被中原王朝所了解和认识。关于敦煌名称的来源，有多种说法，一直争论不休，莫衷一是，有认为是外来语言的音译，也有认为敦煌和武威、张掖一样，名称来自西汉政府的美好愿望。总而言之，关于敦煌的历史还有很多谜团需要我们去研究。因此我们将《敦煌通史》的上限确定在西汉，兼及先秦敦煌历史；下限以清末为界，部分内容兼及近代。民国及当代的敦煌历史，敦煌研究院的历史已经将其囊括其中，等将来有专家撰写敦煌研究院的院史时一定会做详细的论述。

敦煌的历史实际上就是中国西北史的缩影，也是中原王朝与西域的关系史。因为从西汉开始到唐代，中原王朝经营西域的基地就是敦煌，敦煌的历史与中原王朝对西域的经营关系密切。西汉敦煌郡有西域都护的军备物资存储仓库——居卢訾仓城，西域诸城邦入贡皆经由敦煌进入中原，中原派遣到西域的官吏驻军也都经由敦煌送往迎来，因此东汉敦煌有华戎所交之都会之称。曹魏时期有仓慈、皇甫隆等担任敦煌太守，发展敦煌郡并维护陆上丝绸之路的畅通。十六国时西凉建都敦煌，后北凉消灭西凉占据敦煌。北魏灭北凉后，设敦煌镇。隋代的敦煌依旧是通使西域的咽喉之地，有三条道路从敦煌出发前往鄯善、高昌和伊吾。唐代前期以敦煌作为经略西域的基地，安史之乱爆发后，河西精兵东调，吐蕃趁机进攻，河西节度使在吐蕃的打击之下，从凉州迁徙到敦煌，最后在敦煌以“勿徙他境”为条件被迫投降。大中二年（848）张议潮起兵赶走盘踞敦煌六十余年的吐蕃官吏，敦煌进入了张氏归义军时期，敦煌在脱离中原王朝管辖六十余年后再次归附唐朝，成为唐朝管辖的一部分。后梁乾化四年（914）曹议金代替西汉金山白衣帝张承奉成为归义军节度使，敦煌进入了曹氏归义军时期。敦煌文献中保存了大量归义军时期的档案资料，使这个时期敦煌的精彩历史展现在世人面前。宋景祐三年（1036）西夏占领敦煌，敦煌进入西夏统治时期，此后又经历了元明清时期，这个时期相关文献资料记载都比较少，也是敦煌历史研究的空白。敦煌从西汉到清代经历将近两千年的风风雨雨，最繁荣的时期又尤以西汉、十六国、归义军时期最为精彩。其他时段如曹魏、隋、唐前期和吐蕃时期的敦煌历史也呈现出风云变幻、波澜壮阔的画面，牵动着当时整个西北历史的发展。我们力图用自己的研究将各个时段敦煌历史的面貌重现出来，这就是撰写《敦煌通史》的目的。

根据敦煌历史发展的实际情况，我们将敦煌的历史划分为两汉、魏晋北朝、隋及唐前期、吐蕃占领时期、张氏归义军时期、曹氏归义军时期、西夏元明清等七个阶段，分七卷撰写。具体分工为：郑炳林、司豪强承担两汉卷，杜海承担魏晋北朝卷和曹氏归义军即五代宋初归义军卷两卷，吴炯炯承担隋及唐前期卷，陈继宏承担吐蕃时期敦煌史卷，李军承担张氏归义军即晚唐归义军卷，陈光文承担西夏元明清卷。《敦煌通史》没有将敦煌艺术史纳入其中。我们知道敦煌石窟艺术是敦煌史的重要组成部分，因其内容非常丰富，自成体系，用有限的文字根本无法将其论述清楚，加之我们团队的张景峰教授主持国家社科艺术基金重大项目

《丝绸之路艺术史》，故在《敦煌通史》中不再叙述。

我从事敦煌学研究已经有四十多年了，但是将敦煌的历史从先秦讲授到明清根本做不到，就是汉唐敦煌的历史也很难讲清楚，我最熟悉的部分也就归义军时期的敦煌历史而已，我多年讲授的也是敦煌归义军的历史。不仅我是这样，其实整个敦煌学界很难有人可以将两千年的敦煌历史弄清楚，将两千年的敦煌历史讲清楚。我们完成这部书就是给从事敦煌学研究的学者提供一个参考，同时也为初入敦煌学领域的研究者提供了解敦煌的路径。至于我们是否达到目的，还得由敦煌学界去评判。

《敦煌通史》各卷的完成人主要是我和我的学生，他们中除了李军任职西北大学历史学院、司豪强还在攻读博士学位之外，其他人都在兰州大学敦煌学研究所工作。兰州大学敦煌学研究起步于20世纪80年代，研究机构从1979年的敦煌学研究小组，到1982年的敦煌学研究室，又发展到1999年教育部人文社会科学重点研究基地兰州大学敦煌学研究所。2017年以敦煌学为牵头学科组建的“敦煌丝路文明与西北民族社会”学科群入选兰州大学“双一流”建设名单，2019年成立敦煌与西域文明研究院。学科建设从1983年的敦煌学硕士授权点，一路发展到1998年的敦煌学博士学位授权点，2003年的博士后科研流动站，2007年的国家重点（培育）学科，2011年的中国史一级学科博士学位授权点、敦煌学二级学科博士学位授权点。现在研究所有历史文献学、敦煌学两个专业招收攻读博士、硕士的研究生。截至2022年底，研究所毕业硕士三百余人，博士一百七十余人。毕业的博士中有六十余人晋升教授，七十余人晋升副教授，二十余人被遴选为博士生指导教师，八人获全国百篇和省级优秀博士学位论文奖。他们分布在全国各个高校和科研单位，逐渐成为敦煌学研究的中坚力量。研究所现有科研人员二十四人，其中有教授十四人，副教授五人，讲师五人；有长江学者特聘教授一人，青年长江学者一人，“国家特殊人才支持计划”青年拔尖人才一人，国务院学位委员会中国史学科评议组成员一人，甘肃省领军人才第一层次人选一人，甘肃省宣传文化系统“四个一批”人才一人，甘肃省优秀青年文化人才一人。研究所完成学术著作百余部，丛书十七种，共五百余册。获省部级优秀成果奖二十余项，国家和省级图书奖十余项。研究所创办的CSSCI来源期刊《敦煌学辑刊》是本学科研究成果的重要刊布平台。研究所承担科技部国家科技支撑计划国家文化创新项目、国家社科基金重大项目、国家社科基金冷门绝学专项学术团队项目、国家社科基金重点项目和一般项目、教育部重大攻关项目、国家文物局重大委托项目、甘肃省社科基金重点项目等省部级项目一百六十余项，获项目经费三千余万元。特别是兰州大学敦煌学研究所自1999年与敦煌研究院联合共建以来，优势互补，珠联璧合，在各方面都有很大发展。在敦煌学、胡语文献、石窟艺术等领域研究优势显著。敦煌研究院的专家参与兰州大学敦煌学人才培养和合作研究，对兰州大学敦煌学人才培养水平的提升起了很大的作用。

郑炳林

2023年3月

目　录

绪　论

今天的敦煌，是甘肃省酒泉市下辖的县级市，位于河西走廊最西端，甘、青、新三省（区）交会处，其经纬度范围大致为东经92°42′至95°30′，北纬39°38′至41°34′，全市总面积2.67万平方公里，其中绿洲面积1991平方公里，约占总面积的7.18%。[①]但在不同历史阶段，“敦煌”的建置名称及其囊括的辖区范围均不尽相同，或大或小，时存变化。

敦煌最早的行政建置设立于西汉时期。汉武帝元鼎六年（前111），西汉政府设立敦煌郡。[②]据《汉书·地理志》记载，西汉敦煌郡辖敦煌、冥安、效谷、渊泉、广至、龙勒六县[③]，大致上是疏勒河以西，阳关、玉门关以东大片区域，包括今敦煌市、瓜州县全境和肃北蒙古族自治县的一部分。[④]其中，敦煌、龙勒、

① 敦煌市人民政府网站：http://www.dunhuang.gov.cn

② 郑炳林、张静怡《西汉敦煌郡的设置和敦煌城的修筑》,《敦煌学辑刊》2021年第2期，第3—13页。

③ 《汉书》卷二八《地理志第八》，北京：中华书局，1962年，第1614—1615页。

④ 齐陈骏《敦煌沿革与人口》，原载氏著《河西史研究》，兰州：甘肃教育出版社，1989年，第62页；后收入氏著《枳室史稿》，兰州：甘肃文化出版社，2005年，第311页。

效谷县主要在今敦煌市境内，冥安、渊泉、广至县主要在今瓜州县境内。东汉时敦煌郡县的建置名称略有变化，但辖区范围依旧。魏晋南北朝时期，敦煌郡辖区又有调整。如据《晋书·地理志》记载，西晋时敦煌郡有昌蒲、敦煌、龙勒、阳关、效谷、广至、宜禾、冥安、深泉、伊吾、新乡、乾齐十二县[①]，其大致范围包括今哈密市、敦煌市、瓜州县，此外还包括今肃北蒙古族自治县的北部、玉门市的西部一带。[②]北周时期，敦煌郡下的敦煌、鸣沙、平康、效谷、东乡、龙勒六县并为鸣沙县，由此敦煌郡下仅领有鸣沙一县，辖区大致相当于今敦煌市范围。

自唐代始，沙州与瓜州的建置正式确立下来。唐前期沙州辖有敦煌、寿昌两县，大致与现在的敦煌市面积相近。[③]中唐时期，大致对应敦煌历史上的吐蕃统治时期。自广德元年（763）以后，吐蕃陆续攻占陇右诸州，并沿河西西进相继攻占凉、甘、肃、瓜诸州。大历十一年（776）吐蕃兵抵沙州城下，在围城10年后最终于786年攻占沙州，自此开启了对敦煌长达62年的统治。吐蕃统治时期，沙州的建置和辖区未有明显变化，但下辖的唐代乡制改为了吐蕃部落制。[④]晚唐五代宋初时期，大致对应敦煌历史上的张氏归义军、金山国、曹氏归义军统治时期。自张议潮逐蕃归唐后，唐朝设立了以沙州为中心的归义军政权，虽然归义军所辖疆域不断收缩，但沙州、瓜州两地始终是归义军政权的核心统辖区域，其中沙州（今敦煌）是归义军政权的治所，因此归义

---

① 《晋书》卷一四《地理志上》，北京：中华书局，1974年，第434页。

② 郑炳林、李军《敦煌历史地理》，兰州：甘肃教育出版社，2013年，第18—19页。

③ 齐陈骏《敦煌沿革与人口（续）》，载氏著《枳室史稿》，第337页。

④ 关于吐蕃时期敦煌的部落制度，参看陆离《敦煌的吐蕃时代》，兰州：甘肃教育出版社，2013年，第27—34页。

军也被称作沙州归义军或敦煌归义军。沙州之下，设置有敦煌县、寿昌县，曹氏归义军时期又设置有紫亭县，[①]辖区范围与今敦煌市大致相当。

总体而言，汉唐之间的敦煌郡，其辖区最大时为两汉、西晋和隋代。如汉代敦煌郡范围包括今敦煌市、瓜州县和肃北蒙古族自治县的一部分，西晋时期敦煌郡的范围略有增大，相当于今哈密市以及敦煌市、瓜州县，此外还包括肃北蒙古族自治县的北部、玉门市的西部。辖区范围最小的敦煌郡则是西魏时期，仅相当于今敦煌市部分地区。其他时期则大致相当于今敦煌市辖境，如十六国时期、北魏（孝明帝以后）、北周时期。唐以后，沙州与瓜州的名称及其辖区逐步确定，“敦煌”一名的指涉和辖区范围已收缩至仅指沙州一地，不管沙州下辖属县如何调整，沙州的名称、建置一直存在，辖区也大体稳定为今敦煌市的范围。

基于此，本书对西夏元明清时期敦煌历史的梳理，主要以沙州（今敦煌市）地区的历史为主，并适当兼及周边地区。本书中敦煌历史的时间跨度，以1036年至1911年为时间范围，并前后略有兼及。

众所周知，敦煌学的核心材料有二：一是晚唐五代宋初时期形成的大量敦煌遗书；二是十六国至元代绘制的敦煌石窟壁画。这些遗书和壁画所体现的璀璨的古代敦煌文化，建基于汉唐时期陆上丝绸之路的勃兴、包容和敦煌在中西交通中的枢纽地位。与之形成对比的是，元明清俱属定都北京、幅员辽阔的大一统王朝，敦煌远离王朝政治腹心，同时由于陆上丝绸之路的渐趋冷寂和海上丝绸之路的日益兴起，敦煌在中西交通上的区位优势亦逐

① 郑炳林《晚唐五代敦煌归义军行政区划制度研究》，载郑炳林主编《敦煌归义军史专题研究续编》，兰州：兰州大学出版社，2003年，第35—37、49—52页。

渐式微。特别是元、明时期，敦煌地区人口多次大进大出，至明末清初已成无固定人口居住的荒芜区。虽然清初在开拓西域的背景下向“口外之地”的敦煌进行了大规模移民开发，敦煌社会经济逐渐恢复生机，但由于属移民区域，加之县城僻居内陆，敦煌文化再也无法重现往日的盛大之状。也正是由于上述原因，学术界对汉唐时期特别是晚唐五代宋初时期的敦煌历史进行了大量研究，取得了极为丰硕的成果。20世纪80年代日本学者集体编撰的《敦煌的历史》一书，首次对敦煌历史进行了通史性研究。1996年荣新江所著的《归义军史研究——唐宋时代敦煌历史考索》出版，对敦煌归义军史进行了深入和系统的研究。2013年，“敦煌讲座”书系，由甘肃教育出版社陆续出版。其中，荣新江、朱丽双《于阗与敦煌》、陆离《敦煌的吐蕃时代》、冯培红《敦煌的归义军时代》、杨富学《回鹘与敦煌》等著作，利用敦煌遗书、石窟资料、正史记载，分别对于阗、吐蕃、归义军、回鹘时期的敦煌历史及其周边关系进行了深入研究。除上述专著外，尚有大量研究论文发表。但形成鲜明对比的是，学术界对归义军政权以后的敦煌历史，既缺乏足够的重视，亦缺乏深入和系统的梳理。

有关西夏元明清时期的敦煌历史，常以简述的形式出现在一些通论性著作中。作为1980年出版的《讲座敦煌》书系的一种，由榎一雄等编的《敦煌的历史》一书中，西夏、元代、明清时期的敦煌分别由榎一雄、大岛立子、松村润撰写。①由于清代资料相对较多，因而松村润对清代敦煌的论述较详，西夏、元代则较

① （日）榎一雄等编《講座敦煌》2《敦煌の歷史》，东京：大东出版社，1980年，第357—361页（西夏支配時代）、365—391页（元時代）、401—431页（明·清時代）。

为简略。此外，宁可、郝春文《敦煌的历史和文化》[①]，胡戟、傅玫《敦煌史话》[②]，刘进宝《敦煌历史文化》[③]，荣新江《敦煌学十八讲》[④]，郑炳林、李军《敦煌历史地理》[⑤]等论著也对西夏元明清时期的敦煌历史有简要介绍。

除以上通论性著作外，还有许多论著就西夏元明清时期的敦煌历史、社会、石窟艺术的某个专题进行了深入探讨，以下对相关专题和研究论著进行简要论述：

1. 对西夏时期敦煌的研究

西夏统治敦煌的具体起始年代，堪称中外学界讨论最多、聚讼难解的论题。曹氏归义军政权约于11世纪30年代覆亡，取而代之的是当地的回鹘势力和外来的党项军队。这三支势力在敦煌、瓜州一带进行了激烈的斗争和反复的权力交替，引出了曹氏归义军政权何时覆亡、沙州回鹘势力是否建立政权、党项（西夏）于何时在敦煌与瓜州建立统治等一系列问题。

归义军时期其境内生活有回鹘人，而在曹氏统治末期又有大量甘州回鹘部众在国灭之后西迁敦煌、瓜州一带，并成为抵抗党项军队进攻的主要力量。西夏于1036年攻克瓜州、敦煌后，敦煌

---

① 宁可、郝春文《敦煌的历史和文化》，北京：新华出版社，1993年，第127—133页（西夏）、133—138页（蒙元）、138—140页（明清）。该书又由北京中国国际广播出版社于2010年再版，第163—178页。

② 胡戟、傅玫《敦煌史话》，北京：中华书局，1995年，第103—107页（西夏）、107—109页（蒙元）、109—111页（明清）。

③ 刘进宝《敦煌历史文化》，兰州：甘肃人民出版社，2000年，第150—157页（西夏）、162—167页（蒙元、明、清）。

④ 荣新江《敦煌学十八讲》，北京：北京大学出版社，2001年，第31—32页（西夏元明清）。

⑤ 郑炳林、李军《敦煌历史地理》，第67—75页（西夏元明清）。

地区的回鹘势力在1037年至1052年间频繁贡宋，表现出独立于西夏统治之外的种种迹象。但由于不同史料之间记载的抵牾，加之学术界对沙州回鹘政权认识的不同，学者们在西夏何时统治敦煌这一问题上形成了多种观点，撮其要者有1036年说、1067年说、1073年说。持西夏1036年统治敦煌说的，有白滨和史金波[①]、陈炳应[②]、崔红芬[③]等学者，其中以陈炳应论述最为详尽，认为西夏于1036年攻克瓜、沙后即开始了对二州的统治，沙州的回鹘人处于西夏羁縻之下，但不存在统治瓜、沙的沙州回鹘政权。刘玉权、荣新江亦认可1036年说，但认为起初西夏对敦煌和瓜州的统治并不稳固，在1052年也就是皇祐年间以后逐步加强了统治。荣新江进一步指出，1036年至1052年间归义军政权或许还在西夏的控制下继续存在。[④]也有学者将西夏统治敦煌的起始年代比定在1073年前后，如日本学者冈崎精郎对回鹘与西夏在敦煌的势力消长进行了探讨，并依据敦煌壁画内容认为1073年敦煌始属于西夏领土。[⑤]森安孝夫较为系统地研究了沙州回鹘问题，推断最晚于11世纪初或者12世纪前半期，沙州开始出现回鹘集团，而这些沙

---

① 白滨、史金波《莫高窟、榆林窟西夏资料概述》，《敦煌学辑刊》第1集，1980年，第63页；史金波、白滨《莫高窟榆林窟西夏文题记研究》，《考古学报》1982年第3期，第367页。

② 陈炳应《西夏与敦煌》，《西北民族研究》1991年第1期，第78—82页；《11世纪存在过统治瓜沙二州的回鹘汗国吗？——西夏统治瓜沙始年考》，《敦煌研究》2001年第2期，第68—72页。

③ 崔红芬《略述西夏对河西的占领及相关问题》，《西夏学》第3辑，北京：中国社会科学出版社，2006年，第215—227页；又参氏著《西夏河西佛教研究》，北京：民族出版社，2010年，第27—36页。

④ 刘玉权《西夏时期的瓜、沙二州》，《敦煌学辑刊》第2辑，1981年，第100—104页；荣新江《敦煌学十八讲》，第31页。

⑤（日）冈崎精郎《タングート古代史研究》，京都东洋史研究会，1972年，第274—275页。

州回鹘可能来自西回鹘国。1023年后不久，西回鹘势力直接涉及沙州并取代了曹氏政权。1052年后，沙州回鹘彻底统治沙州，并隶属西回鹘国。森安孝夫认可冈崎氏有关1073年敦煌始为西夏领土的观点，并补充道："西夏虽占领了敦煌，看起来统治的程度并不十分严格和彻底。"[①]孙修身进一步认为："从敦煌莫高窟所见最晚的宋朝年号和最早使用的西夏年号，再结合文献中所见瓜州王降后，沙州的七贡方物，遣使人中的镇国王子、北亭可汗等，是证沙州为西夏的占有，当在1072年之时，即自1019至1072年，是为敦煌历史上的回鹘统治时期。"[②]但莫高窟第444窟中有西夏天赐礼盛国庆二年（1070）题记，西夏文《瓜州监军司审判案》记载了天赐礼盛国庆二年（1070）二月至同年六月二十一日对一桩案件的审理过程，由此可知1070年前西夏即已在沙州、瓜州建立了统治。在1990年敦煌举行的敦煌学国际学术讨论会上，李正宇、杨富学分别提交了《悄然湮没的王国——沙州回鹘国》一文和《沙州回鹘及其政权组织——沙州回鹘研究之一》一文。[③]李正宇在文中列举了十条证据，认为西夏军队虽于1036年攻占瓜州、沙州，但不到一年沙州回鹘势力又将西夏军队驱逐出境，并建立统治瓜、沙的沙州回鹘政权。1067年西夏击败沙州回鹘，自此才开始在瓜、沙二州的统治。杨富学以汉文史籍和敦煌回鹘文文献为依据，并结合敦煌石窟中的回鹘壁画对沙州回鹘王国的存

---

① （日）森安孝夫《ウイグルと敦煌》，载（日）榎一雄等编《敦煌の歴史》，第331—335页。

② 孙修身《西夏占据沙州时间之我见》，《敦煌学辑刊》1991年第2期，第37—43页。

③ 李正宇《悄然湮没的王国——沙州回鹘国》，杨富学《沙州回鹘及其政权组织——沙州回鹘研究之一》，并载《1990年敦煌学国际研讨会文集·石窟史地语文篇》，沈阳：辽宁美术出版社，1995年，第149—174、175—200页。

在进行了论证，认为大致从10世纪初开始沙州回鹘势力崛起并逐渐控制沙州，约于1036年建立了独立的沙州回鹘王国；同时指出，瓜、沙二州的失陷以及沙州回鹘政权的消亡当在11世纪60年代末；此后进一步撰文对1067年说进行了更加系统、全面的阐述。[①]陆庆夫对归义军晚期的回鹘化问题进行了深入研究，认为归义军覆亡后出现的沙州回鹘政权是归义军晚期回鹘化的继续和结果，其基础是沙州、西州及甘州三支回鹘部众之融聚，是回鹘势力与归义军政权双方力量消长的产物。[②]总体上看，西夏统治敦煌的起始年代问题较为复杂。由于回鹘与西夏势力在敦煌交替反复，加之史料的缺略和记载的模糊，导致学者们在梳理这段历史时或所据材料不同，或解析材料的角度不同，因而出现了众说纷纭的情况。但通过学者们的不断努力和持续关注，其研究已经取得了很大进步。

由于资料所限，西夏统治时期敦煌社会、经济、文化的研究成果非常有限。陈炳应对西夏时期敦煌的建制、政策以及敦煌的经济与文化进行了较为详细的勾勒，指出西夏攻占瓜、沙之后，行政上继续唐、宋的建制，设置瓜、沙二州，品级属“下等司”，并设有军事、政治、经济机构，实行了全面有效的统治。西夏统治时期敦煌的经济比较繁荣，表现在商业、农业、畜牧业和手工业方面。敦煌多种文字、文化并行，而且佛教艺术兴盛，因此西夏统治时期敦煌的文化也是比较繁荣的。[③]史金波在探讨敦煌学与西夏学的关系时，指出西夏时期的敦煌是敦煌学研究中

---

① 杨富学、陈爱峰《西夏与周边关系研究》，兰州：甘肃民族出版社，2012年，第333—373页。

② 陆庆夫《归义军晚期的回鹘化与沙州回鹘政权》，《敦煌学辑刊》1998年第1期，第18—24页。

③ 陈炳应《西夏与敦煌》，《西北民族研究》1991年第1期，第82—90页。

的薄弱环节，并对西夏时期敦煌的行政建置与职官设置情况进行了扼要勾勒。[①]瓜州榆林窟第3窟东壁南侧绘有五十一面千手观音变，为西夏时代壁画。经变画中绘制的农业耕作图、踏碓图（舂米图）、杂技图、酿酒图、锻铁图，是研究西夏时期农业、手工业的重要图像资料。王静如、白滨、史金波、刘玉权、陈炳应、王进玉、杜建录等学者分别对这一组图像的历史意义进行了解读。[②]

敦煌莫高窟、瓜州榆林窟及东千佛洞中留存有西夏时期的汉文、西夏文题记，对研究西夏时期敦煌的职官、民族、文化具有重要价值。王静如、史金波、白滨、陈炳应等学者对西夏文题记进行了调查、抄录和译释。伯希和、王静如、陈炳应、史金波、张伯元以及敦煌研究院等单位的学者对汉文题记均有调查、抄

---

① 史金波《敦煌学和西夏学的关系及其研究展望》，《敦煌研究》2012年第1期，第54—55页。

② 王静如《敦煌莫高窟和安西榆林窟中的西夏壁画》，《文物》1980年第9期，第49—51页。白滨、史金波《莫高窟、榆林窟西夏资料概述》，《敦煌学辑刊》第1集，1980年，第64页。史金波《西夏社会》（上），上海：上海人民出版社，2007年，第58、88、127页。刘玉权《西夏时期的瓜、沙二州》，《敦煌学辑刊》第2辑，1981年，第107页。陈炳应《西夏文物研究》，银川：宁夏人民出版社，1985年，第39—46页。王进玉《敦煌学和科技史》，兰州：甘肃教育出版社，2011年，第245—247、346、427页。杜建录《西夏经济史》，北京：中国社会科学出版社，2002年，第149、158、168页。

录。[①]近年来，日本学者荒川慎太郎、佐藤贵保实地调查了莫高窟、榆林窟中的西夏文和汉文题记，并发表了译释成果。[②]李国、沙武田则在诸家基础上对西夏文、汉文题记进行了全面调查。[③]西夏文《瓜州监军司审判案》记载西夏前期瓜州地方官吏对一起多人团伙偷盗马匹并交换织褐的案件的审理过程，具有非常珍贵的价值。王静如、松泽博、王惠民分别对该文献进行了译

① 对西夏汉文题记的调查抄录有：（法）伯希和著，耿昇译《伯希和敦煌石窟笔记》，兰州：甘肃人民出版社，2007年。谢稚柳《敦煌艺术叙录》，上海：上海出版公司，1955年。史岩《敦煌石室画像题识》，敦煌艺术研究所（现敦煌研究院）、华西大学比较文化研究所，1947年。向达《唐代长安与西域文明》，石家庄：河北教育出版社，2001年。王静如《新见西夏文石刻和敦煌安西洞窟夏汉文题记考释》，载《王国维学术研究论集》第一辑，上海：华东师范大学出版社，1983年。陈炳应《西夏文物研究》。敦煌研究院编《敦煌莫高窟供养人题记》，北京：文物出版社，1986年。史金波《西夏佛教史略》，银川：宁夏人民出版社，1988年。张伯元《安西榆林窟》，成都：四川教育出版社，1995年。李国、沙武田《敦煌石窟西夏时期汉文题记辑录——兼谈西夏占领瓜沙的时间问题》，《西夏研究》2021年第1期。关于西夏文题记的抄录和译释主要有：史金波、白滨《莫高窟榆林窟西夏文题记研究》，《考古学报》1982年第3期；王静如《新见西夏文石刻和敦煌安西洞窟夏汉文题记考释》；陈炳应《西夏文物研究》；史金波《西夏佛教史略》。

②（日）荒川慎太郎《莫高窟·榆林窟·东千仏洞西夏文题记訳注》，载《西夏時代の河西地域における歴史·言語·文化の諸相に関する》，日本学术振兴会科学研究费补助金研究成果报告书（研究课题编号：19520598），2010年。（日）荒川慎太郎《敦煌石窟西夏文題記銘文集成》，（日）佐藤贵保《敦煌石窟西夏期汉文墨書·刻文集成》，并载（日）松井太、荒川慎太郎编《敦煌石窟多言語資料集成》，東京外国語大学アジア·アフリカ言語文化研究所，2017年。

③ 李国、沙武田《敦煌石窟西夏时期汉文题记辑录——兼谈西夏占领瓜沙的时间问题》，《西夏研究》2021年第1期。

释和叙录。[1]1988年开始，敦煌研究院对莫高窟北区石窟进行了考古发掘，并出版《敦煌莫高窟北区石窟》第一至三卷，[2]史金波对发掘出的西夏文文献进行了译释和研究，[3]其中部分文献对研究西夏敦煌历史有重要的价值。彭金章、沙武田、康柳硕则对发掘出的西夏钱币进行了研究。[4]学者们还从各自专业出发，对西夏壁画中的服饰、乐舞等图像进行了考察。

史金波、白滨、刘玉权、陈炳应等在上揭论著中，也对西夏时期敦煌的佛教信仰进行了论述。敦煌石窟西夏洞窟的识别、分期与研究，是敦煌石窟艺术研究当中较为复杂，也是非常具有难度的领域之一。王惠民、沙武田分别撰文对西夏洞窟的识别、分期与研究现状进行了总结和思考。[5]

2. 对蒙元时期敦煌的研究

作为蒙夏战争的一部分，学术界对蒙古军攻克敦煌的过程进

---

① 王静如《引论》，《国立北平图书馆馆刊》第4卷第3号“西夏文专号”，1932年。松泽博定名为《瓜州监军司审判案》，参（日）松泽博《西夏文〈瓜州监军司审判案〉遗文——以橘瑞超带来在龙谷大学大宫图书馆馆藏品为中心》，《国家图书馆学刊》2002年增刊“西夏研究专号”，第73—80页。王惠民《西夏文草书〈瓜州审案记录〉叙录》，《敦煌学辑刊》2018年第2期，第152—157页。

② 彭金章、王建军《敦煌莫高窟北区石窟》第1—3卷，北京：文物出版社，2000年、2004年、2004年。

③ 史金波《敦煌莫高窟北区西夏文文献译释研究》（一至三），分别载彭金章、王建军《敦煌莫高窟北区石窟》第1—3卷。

④ 彭金章、沙武田《试论敦煌莫高窟北区出土的波斯银币和西夏钱币》，《文物》1998年第10期，第22—27页。康柳硕《关于敦煌莫高窟出土的波斯萨珊银币和西夏钱币》，《甘肃金融》1999年第3期，第51—53页。

⑤ 王惠民《敦煌西夏洞窟分期及存在的问题》，《西夏研究》2011年第1期，第59—65页。沙武田《敦煌西夏石窟分期研究之思考》，《西夏研究》2011年第2期，第23—34页。

行了深入研究。1942年，美国学者德斯蒙德·马丁（H. Desmond Martin）发表文章对蒙古灭夏战争进行了细致梳理，其中对蒙古军攻克沙州的数次战斗也有论述。[①]此后，陈育宁、汤晓芳、阿木、博彦、穆鸿利、席岫峰、陶刚等在研究蒙夏战争时，对蒙古军攻克沙州的战斗也有涉及。[②]敖特根对蒙古军攻克河西的战斗过程进行了深入的研究，在所撰《成吉思汗对河西诸州的攻克》一文中，作者对史料进行了细致考察，在此基础上得出了1226年蒙古军进兵沙州、1227年攻克沙州的认识。[③]昔里钤部是西夏在沙州的最后一任守将，他在蒙古军最终攻克沙州的过程中起到了重要作用。敖特根对昔里钤部的名号、名释、族属进行了详细考察，同时还对昔里钤部降附蒙古、招谕沙州等事迹进行了勾索。[④]

学者们对蒙、元时期敦煌的社会、经济、文化也进行了各有侧重的研究。日本蒙元史专家大岛立子《元时代の敦煌》一文论述了敦煌在元朝边防中的作用、元政府在敦煌的行政建置与屯田

① H.Desmond Martin,The Mongol Wars with Hsi Hsia (1205-27) ,*Journal of the Royal Asiatic Society of Great Britain and Ireland*,1942 (3) ,pp.195—228.

② 陈育宁、汤晓芳《蒙古与西夏关系略论》，《民族研究》1988年第5期，第82—89页。阿木《成吉思汗灭西夏的战争》、博彦《成吉思汗征服西夏战争》，并载《蒙古族古代军事思想研究论文集》，呼和浩特：内蒙古文史书店，1989年。穆鸿利、席岫峰《试论蒙夏战争》，《宁夏社会科学》1991年第2期，第44—51页。陶刚《成吉思汗五伐西夏考》，《中央民族学院学报》1993年第2期，第44—48、56页。何平立《略论蒙古征服西夏战争》，《军事历史研究》1993年第3期，第141—148页。

③ 《敦煌学辑刊》2005年第2期，第141—148页。

④ 敖特根《西夏沙州守将昔里钤部》，《敦煌学辑刊》2004年第1期，第128—146页。

情况，同时对元代敦煌佛教进行了讨论。[①]蒙古豳王出伯家族形成于14世纪初期，后又衍生出肃王、西宁王和威武西宁王三个王号。其中豳王、西宁王先后出镇沙州，对元明时期敦煌历史影响甚巨。日本学者杉山正明利用帖木儿王朝时期史料《穆伊兹》(《贵显世系》)，并结合中原地区正史、碑刻等资料，对出伯家族史进行了深入研究，取得了开创性成果。[②]此后，胡小鹏、松田孝一、杨富学、张海娟等学者又补充新材料，[③]将出伯家族史的研究不断推向纵深。

《重修文殊寺碑》《莫高窟六字真言碣》《重修皇庆寺记》碑，对研究出伯家族史以及元代敦煌社会具有极为重要的价值。耿世民、张宝玺、阎文儒、李永宁、敖特根、杨富学等对上述碑

---

① （日）大島立子《元時代の敦煌》，载（日）榎一雄等编《敦煌の歴史》，第365—397页。

② （日）杉山正明《豳王チュベィとその系谱—元明史料と『ムィッズルｰアンサーブ』の比較を通じて—》，《史林》第65卷第1号，1982年；《ふたつのチャガタイ家》，小野和子编《明清時代の政治と社會》，京都大学人文科学研究所，1983年。后二文经修订收入氏著《モンゴル帝国と大元ウルス》，京都大学学术出版会，2004年。

③ 胡小鹏《元代西北历史与民族研究》，兰州：甘肃文化出版社，1999年。（日）松田孝一《元朝的分封制度——关于邠王（豳王）出伯与邠州的关系》，载《中国多文字时代的历史文献研究》，2008年。张海娟《蒙古豳王家族与元代西北社会》，西北民族大学硕士学位论文，2012年。张海娟、杨富学《蒙古豳王家族与河西西域佛教》，《敦煌学辑刊》2011年第4期，第84—97页；杨富学、张海娟《蒙古豳王家族与元代西北边防》，《中国边疆史地研究》2012年第2期，第21—36页；杨富学、张海娟《蒙古豳王家族与元代亦集乃路之关系》，《敦煌研究》2013年第3期，第157—164页；杨富学、张海娟《蒙古豳王家族与裕固族的形成》，《内蒙古社会科学（汉文版）》2015年第3期，第37—43页。

刻的历史与宗教价值均有深入阐发。[①]除上述碑刻外，莫高窟、榆林窟中还留存有为数较多的蒙古文、回鹘文与汉文题记。1908年，伯希和对莫高窟蒙古文题记的数量和分布进行了最早调查和记录。1987年5月至6月，由敦煌研究院考古研究所与内蒙古师范大学蒙文系组成敦煌石窟蒙文题记考察组，对敦煌石窟531个洞窟进行了考察，并相继发表对蒙文题记的抄录和译释结果。[②]萨仁高娃依据伯希和的调查对蒙文题记进行了重新统计，对其中13个洞窟的蒙文题记进行译介，再次强调了《伯希和敦煌石窟笔记》的重要价值和意义。[③]此后，法国学者哈密顿及中国学者牛汝极、杨富学对榆林窟中的回鹘文题记进行了调查、译释和研究，其中部分题记为元代题写。[④]日本学者松井太对敦煌石窟中

---

① 耿世民、张宝玺《元回鹘文〈重修文殊寺碑〉初释》，《考古学报》1986年第2期，第253—263页。李永宁《敦煌莫高窟碑文录及有关问题（二）》，《敦煌研究》1982年第2期，第108—116页。阎文儒《元代速来蛮刻石释文》，《敦煌研究》试刊第1期，1982年，第34—42页。敖特根《〈莫高窟六字真言碣〉研究》，《敦煌研究》2005年第6期，第77—83页。杨富学《河西多体文字六字真言私臆》，《中国藏学》2012年第3期，第89—93页。

② 哈斯额尔敦、嘎日迪、梁尉英《敦煌莫高窟元代回鹘蒙文〈图勒黑图古思题记〉释读》，《敦煌研究》1987年第3期，第43—48页。哈斯额尔敦、嘎日迪、巴音巴特尔《莫高窟第61窟甬道南壁回鹘蒙文题记释读》，《敦煌研究》1989年第1期，第15、30—34页；《安西榆林窟第12窟前室甬道北壁回鹘蒙文题记释读》，《敦煌研究》1990年第3期，第107—110页。敦煌研究院考古研究所、内蒙古师范大学蒙文系《敦煌石窟回鹘蒙文题记考察报告》，《敦煌研究》1990年第4期，第1—19页。

③ 萨仁高娃《伯希和洞窟笔记所见少数民族文字题记》，载敦煌研究院编《2004年石窟研究国际学术会议论文集》（下），上海：上海古籍出版社，2006年。

④ 哈密顿、牛汝极、杨富学《榆林窟回鹘文题记译释》，《敦煌研究》1998年第2期，第39—54页。牛汝极《敦煌榆林千佛洞第12窟回鹘文题记》，《新疆大学学报（社会科学版）》2002年第1期，第120—129页。杨富学《榆林窟回鹘文威武西宁王题记研究》，载《庆贺饶宗颐先生九十五华诞敦煌学国际学术研讨会论文集》，北京：中华书局，2012年。

的回鹘文题记予以高度重视，多次前往调查，并连续发表多篇论文对所调查题记进行译释研究。[①]元代汉文题记主要为游人题记，相关调查和记录在西夏部分综述中已提到。徐自强、公维章、王力平对元代汉文游人题记数量进行了统计，并对其宗教与历史价值进行了论述。[②]莫高窟北区洞窟出土了很多蒙元时代的蒙古文文献，嘎日迪进行了标音释读，在此基础上敖特根予以进一步释读，并进行了深入和系统的研究。[③]其中部分蒙古文文献对研究元代敦煌历史具有重要价值。

无论是元朝中央，还是豳王、西宁王家族或沙州路总管府官员，都对佛教抱积极支持的态度。杨富学、张海娟利用河西碑刻史料、敦煌回鹘文文献以及石窟题记等资料，对豳王家族的崇佛举措进行了细致梳理。[④]阿不都热西提·亚库甫对敦煌回鹘文文

---

① Matsui Dai:Revising the Uigur Inscriptions of the Yulin Caves,《内陸アジア言語の研究》23，2008，pp.17—33.（日）松井太《敦煌諸石窟のウイグル語題記銘文に關する劄記》《敦煌諸石窟のウイグル語題記銘文に關する劄記(2)》，《人文社會論叢》人文科学篇第30号，2013年；第32号，2014年。（日）松井太《敦煌石窟ウイグル·モンゴル語題記銘文集成》，载（日）松井太、荒川慎太郎编《敦煌石窟多言語資料集成》，東京外国語大学アジア·アフリカ言語文化研究所，2017年。

② 公维章《元明清时期的敦煌佛教》，《敦煌学辑刊》1999年第2期，第23—25页。徐自强《敦煌莫高窟题记研究》，载郝春文主编《敦煌文献论集》，沈阳：辽宁人民出版社，2001年。王力平《莫高窟汉文游人题记史料价值探析》，《敦煌学辑刊》2014年第3期，第43—52页。

③ 嘎日迪《敦煌莫高窟北区出土蒙古文文献标音释读》（一）（二），载彭金章、王建军主编《敦煌莫高窟北区石窟》第2、3卷。嘎日迪《近十几年来敦煌石窟区考古发现中的蒙古文文献》，载郑炳林、樊锦诗、杨富学主编《丝绸之路民族古文字与文化学术讨论会文集》，西安：三秦出版社，2007年。敖特根《敦煌莫高窟北区出土蒙古文文献研究》，北京：民族出版社，2010年。

④ 张海娟、杨富学《蒙古豳王家族与河西西域佛教》，《敦煌学辑刊》2011年第4期，第84—97页。

献《西宁王速来蛮赞》进行了标音和译释，并对其内容进行了探讨。[①]学术界对敦煌石窟中的元代艺术进行了较多研究。段文杰对榆林窟蒙元时期壁画艺术进行了考察，认为西夏和元代壁画属于一个独立体系，具有独特的内容和艺术风格，内容上显密同在、汉藏并存，风格上中原、西藏、回鹘风格并在，但以前二者为主。[②]但学者们对元代部分洞窟的断代持不同意见。如莫高窟第3窟，原本认为属于元代，霍熙亮、关友惠、沙武田等学者则认为属于西夏。[③]此外，对于莫高窟第465窟的分期断代，学术界也存在较大分歧，目前主要有蒙元说、西夏说、吐蕃说等观点。敖特根、王惠民、沙武田等对西夏、元代部分洞窟的分期研究有详细述评，[④]在此不再附赘。

3. 对明清时期敦煌的研究

贾俊霞较早撰文《明清时期的敦煌》对明清时期敦煌的建置沿革进行了梳理，并对明清时期敦煌的地理环境、农业经济及交

---

① Yakup Abdurishid:On the interlinear Uighur poems from Dunhuang,*Linguistic Research* 17,1998-1999,pp.1—23.阿不都热西提·亚库甫《北京大学图书馆藏回鹘文〈西宁王速来蛮赞〉新探》，载朱玉麒主编《西域文史》第6辑，北京：科学出版社，2011年。

② 段文杰《榆林窟党项蒙古政权时期的壁画艺术》，《敦煌研究》1989年第4期，第1—13页。

③ 霍熙亮《莫高窟回鹘和西夏窟的新划分》、关友惠《敦煌宋西夏石窟壁画装饰风格及其相关的问题》，并载《1994年敦煌学国际学术研讨会论文提要》，敦煌研究院，1994年。沙武田、李国《敦煌莫高窟第3窟为西夏洞窟考》，《敦煌研究》2013年第4期，第1—11页。

④ 敖特根《敦煌莫高窟第465窟断代研究综述》，《敦煌研究》2003年第5期，第3—8页。王惠民《敦煌西夏洞窟分期及存在的问题》，《西夏研究》2011年第1期，第59—65页。沙武田《敦煌西夏石窟分期研究之思考》，《西夏研究》2011年第2期，第23—34页。

通进行了论述，此外还对明清时期敦煌莫高窟的修缮与开凿进行了探讨。[①]

明朝建立后，未在包括敦煌在内的嘉峪关以西地区建立直接统治，而是在关西地区相继设立安定、阿端、曲先、罕东、赤斤蒙古、沙州、哈密七卫，以蒙古头目担任首领，授以官职，故称“关西七卫”或“蒙古七卫”。其中处于敦煌境内的是沙州卫以及之后设立的罕东左卫。学术界对关西七卫的研究较多，主要集中在七卫的历史、地望、族属等方面，且大多是将沙州卫、罕东左卫置于整个关西七卫的大背景之下进行讨论。在关西七卫地望研究中，学者们对罕东卫和曲先卫的地望分歧较大，[②]但沙州卫、罕东左卫的地望是清楚的。唐景绅对沙州卫的地望及与明代的茶马互市、贡使贸易、沙州卫的废弛等问题进行了比较深入的研究。[③]高自厚对沙州卫的设置、东迁及其残破进行了梳理，指出沙州卫在罕东卫之北，治所在位于今甘、新交界的故沙州城，永乐二年（1404）建卫，宣德十年（1435）徙苦峪，正统九年（1444）徙居甘州。[④]程利英对明代关西七卫进行了深入研究，其中对沙州卫的设置背景、废弃过程、部众内迁等问题进行了专门

① 贾俊霞《明清时期的敦煌》，《史学集刊》1994年第1期，第495—508页。

② 岑仲勉《明初曲先、阿端、安定、罕东四卫考》，《金陵学报》第6卷第2期，1936年。邓锐龄《明初安定、阿端、曲先、罕东等卫杂考》，《历史地理》第2辑，1982年。唐景绅《明代罕东卫地望小考》，《青海社会科学》1985年第2期。吴均《安定、曲先、罕东、必里等卫地望及民族琐议》，《青海师范大学学报（社会科学版）》，1988年第3期。妥超群、刘铁程《毕力术江考——明代曲先卫地望及相关地名新证》，《民族研究》2011年第6期。

③ 唐景绅《明代关西七卫述论》，《中国史研究》1983年第3期，第59—70页。

④ 高自厚《明代的关西七卫及其东迁》，《兰州大学学报（社会科学版）》1986年第1期，第42—48页。

探讨。[①]杉山正明对关西七卫设立的历史背景进行了探讨，在对元明出伯家族史进行深入研究后指出，元代察合台系诸王集团在明代转变为西北诸卫，哈密卫、沙州卫及赤斤蒙古卫由元代出伯家族转化而来，安定卫、阿端卫以及曲先卫由元代安定王家族转化而来。[②]胡小鹏补充资料进一步论证，指出元代至元中后期形成了豳王、西宁王、肃王与威武西宁王分治河西西部的格局。而豳王家族在哈密覆灭后，转化为明代沙州卫。[③]

此外，莫高窟、榆林窟留存有十余条明代汉文游人题记，对研究明代敦煌历史具有独特的价值。王力平对莫高窟部分明代游人题记的史料价值进行了论述。[④]此外，高启安、邰惠莉整理点校的《〈肃镇华夷志〉校注》一书于2006年由甘肃人民出版社出版，该书对明代敦煌的道路、风俗、物产、民族、人口迁徙等问题有较为详细的记载，为深入研究明代敦煌历史提供了宝贵的资料。

公元1644年，清朝定鼎北京，明朝灭亡。康熙后期在平定西域准噶尔部的过程中，敦煌的重要中转站作用日益凸显，清代开始对包括敦煌在内的关西地区渐次经理。雍正、乾隆时期，

---

① 程利英《明代西北边疆政策与关西七卫研究》，西北师范大学硕士学位论文，2004年。又参程利英《明代关西七卫内迁去向和内迁人数探》，《贵州民族研究》2005年第4期，第158—161页；《明代关西七卫探源》，《内蒙古社会科学（汉文版）》2006年第4期，第45—49页；《明代关西七卫作用浅析》，《贵州民族研究》2006年第4期，第197—200页。

② （日）杉山正明《モンゴル帝国と大元ウルス》，第247、305—306、326—327页。

③ 胡小鹏《元明敦煌与裕固族的历史关系》，《敦煌研究》1999年第4期，第118—131页。

④ 王力平《莫高窟汉文游人题记史料价值探析》，《敦煌学辑刊》2014年第3期，第53—54页。

通过设所、置卫、改县以及建城、移民、屯田，敦煌社会再度恢复了往日生机。王希隆对包括沙州卫在内的关西五卫之设立背景及其过程进行了论述，指出五卫的设立对清廷统治和开发关西地区，以及保证清军平定青海和统一新疆起到了积极作用，并对关西地区移民和屯田等开发措施进行了深入研究。[①]聂红萍在此基础上，对清朝经营敦煌的背景、沙州军政建置的设立进行了梳理，并对清朝移民沙州屯垦及其成效进行了详细论述。[②]车雯婧分别从清代开发敦煌的历史契机、开发敦煌的具体措施以及开发后敦煌社会的缓慢发展三方面，对清代敦煌历史进行了比较系统的探讨。[③]刘传飞根据清代官方文献记载，认为沙州所、沙州卫的设置时间分别为雍正二年（1724）和四年（1726），而非方志记载的雍正元年（1723）和三年（1725）。[④]王渊通过实地调查，对清代敦煌各坊的移民来源、各坊的分布与现代村镇的关系进行了梳理。[⑤]此后路伟东对雍正时期敦煌移民的来源、过程及坊的名称、数量、分布和农坊制的组织、管理、演变等问题，进行了细致的研究。[⑥]

党河是流经敦煌的一条重要河流，也是敦煌农业灌溉的主要

---

① 王希隆《清代西北屯田研究》，兰州：兰州大学出版社，1990年；《清代关西五卫述论》，《兰州大学学报（社会科学版）》1992年第3期，第95—104页。

② 聂红萍《清代雍乾朝经营敦煌述论》，《敦煌学辑刊》2007年第4期，第344—352页。

③ 车雯婧《清代对敦煌的开发》，兰州大学硕士学位论文，2012年。

④ 刘传飞《清代安西卫、沙州卫设置时间考——兼论沙州所建制的有无》，《敦煌研究》2015年第3期，第104—108页。

⑤ 王渊《清代敦煌移民》，载《敦煌文史资料选辑》第1辑，1991年，第197—206页。

⑥ 路伟东《农坊制度与敦煌雍正移民》，《历史地理》第22辑，上海：上海人民出版社，2007年。后略有修改，见路伟东《清代陕甘人口研究》，复旦大学博士学位论文，2008年。

河流。秦佩珩较早对清代敦煌的水利建设进行了探讨，对党河渠道的水利灌溉、党河的流向与灌溉区域以及敦煌农田水利的开发情况进行了研究。[①]此后，邢卫从敦煌水利设施兴修的历史地理基础、清代敦煌水利设施的兴修、民国敦煌水利设施的兴修、清至民国敦煌水利的管理与运行等方面，对清代至民国间敦煌水利设施兴修与管理等问题进行了比较深入的研究。[②]

敦煌莫高窟留存有大量清代游人题记，反映了当时游窟礼佛的盛况以及清代敦煌佛教的特点，同时也从侧面反映出清代敦煌历史与社会面貌。公维章利用游人题记，对清代敦煌佛教信仰和巡礼特点进行了探讨。王力平则对清代游人题记的史料价值进行了论述。[③]

总之，由于西夏以后陆上丝绸之路的衰落、海上丝绸之路的兴起以及王朝京畿的东移北上，敦煌已渐渐远离中国的政治、经济和文化中心，其发挥的对外交流的通道和窗口的作用逐渐减弱，“由边防重镇逐步下降为塞外小城”[④]。因之也没有了敦煌遗书的记录，文献寥寥，加之西夏元明清时期的敦煌又属敦煌学与西夏史、蒙元史、明史、清史的交叉研究领域，因此敦煌学学者对西夏元明清时期的敦煌历史研究不多、成果较少。而西夏史、蒙元史、明史、清史学者又大多从各自的专业领域出发展开研究，呈现出显著的点状研究特征。诸如古代少数民族文字专家

---

① 秦佩珩《清代敦煌水利考释》，《郑州大学学报（哲学社会科学版）》1985年第4期，第3—8、80页。

② 邢卫《清至民国敦煌水利设施兴修与管理研究》，陕西师范大学硕士学位论文，2010年。

③ 王力平《莫高窟汉文游人题记史料价值探析》，《敦煌学辑刊》2014年第3期，第54—55页。

④ 郝春文《略论古代敦煌的兴衰与边防》，《中国边疆史地研究》1992年第4期，第41页。

对敦煌莫高窟和瓜州榆林窟中西夏文、回鹘文、蒙古文题记及出土文献的译释研究，蒙元史学界对豳王出伯家族史的研究，明史学界对关西七卫历史和地望的研究，艺术史专家对敦煌石窟中西夏元代洞窟的分期与研究，等等。但是对于西夏元明清时期敦煌历史的一系列具体问题，诸如在敦煌建立统治的历史过程，敦煌的行政建置与职官设置，敦煌的族属构成、人口数量与迁徙，敦煌的经济发展状况（农业、畜牧业、手工业）以及敦煌的文化教育、宗教信仰等，仍缺乏系统的梳理。当然，学术界已有的研究成果不仅推动了相关学科和领域的研究，也为进一步构建西夏元明清时期的敦煌历史打下了坚实的基础。

本书所构建的敦煌历史，历经西夏、元、明、清四个朝代，时间跨度近千年。除西夏与宋辽金鼎立而偏居西北一隅外，元、明、清俱属定鼎中原的大一统王朝。尽管研究的时间跨度很长，但由于这一时期敦煌所处的时代背景与自身发展脉络较为接近，可资利用的材料又相对较少，因而将西夏元明清这一较长时期的敦煌历史纳入一本书中成为可能。

第一章

西夏时期的敦煌

11世纪初，统治敦煌、瓜州百余年的曹氏归义军政权逐渐式微，境内的回鹘势力迅速崛起，与此同时党项军队开始向河西地区扩张。北宋明道二年（1033），党项军队攻灭甘州回鹘政权，其部分回鹘散众向西涌入瓜州、敦煌地区。也在此时，文献中多次出现名为“沙州回鹘”的势力，此势力取代曹氏归义军成为抵抗党项军队的主要力量。景祐三年（1036），党项军队攻占瓜州，并在击败沙州回鹘势力后攻占敦煌。但党项军队未在当地建立起稳固统治，很快遭到了沙州回鹘势力的顽强抵抗和反扑，他们不仅将党项军队逐出敦煌，甚至还建立起短暂统治敦煌的沙州回鹘政权（1037—1052）。不同的是，党项对瓜州的控制较为稳固，在1038年建立西夏王国后于瓜州设立西平监军司。由此形成了1037年至1052年间沙州回鹘政权与西夏短暂分治敦煌、瓜州的局面。西夏军队最早于1053年再度攻破敦煌的沙州回鹘政权，最终实现对敦煌、瓜州的完全统治。西夏前期，瓜州的军政地位要高于敦煌。随着对敦煌统治的渐趋稳固，特别是11世纪末发生了喀喇汗王朝军队对敦煌、瓜州、肃州的突袭，西夏调整了其西陲的军政布局。据《天盛改旧新定律令》记载，西夏中期在敦煌设立了级别高于瓜州西平监军司的沙州监军司，同时全国仅有的两个经制司，其一即设在敦煌，表明敦煌的军政地位又高于瓜州。西夏时期在敦煌建立起完备的行政建置与职官体系，尽管敦煌人口由于战争、自然灾害等因素而起伏较大，但随着西夏中后期政局的稳定，敦煌的农业、畜牧业、手工业均得到进一步发展。由于西夏的崇佛政策，敦煌成为河西乃至西夏佛教的圣地，敦煌莫高窟、瓜州榆林窟的西夏壁画成为西夏佛教艺术的杰出代表。

第一节　西夏在敦煌建立统治的过程

一、党项军队攻占敦煌始末

唐末，夏州党项部在拓跋思恭的带领下，通过参与镇压黄巢起义军而累军功，获封定难军节度使，赐李姓，并割据夏、绥等州。此后，夏州党项李氏不断扩大地盘，积累实力，经五代而逐渐崛起。北宋建立初期，夏州党项李氏服顺宋廷。宋太宗企图通过调离的方式瓦解党项李氏的统治，但李继迁在银州以复兴党项基业为号召，凝聚党项诸部叛宋自立，势力大增，迫使宋廷最终归还夏、绥、银、宥、静等州，恢复自己夏州刺史、定难军节度使的名号。①但李继迁并不满足，继续向西开疆拓土，力图割据一方，增强实力。

由于党项政权北有辽朝，东、南有宋朝，因此地处党项之西的河西地区为李继迁所觊觎已久，而攻克灵州成为他西向而争的重要一步。宋人李继和在强调不可放弃灵州时说："所以不可弃者，诚恐滋大贼势，使继迁西取秦、成之群蕃，北掠回鹘之健

① 李范文主编《西夏通史》，银川：宁夏人民出版社，2005年，第134页。

马。长驱南牧，何以枝梧。”[①]但宋廷对灵州保舍态度不定，反应迟缓，最终李继迁于北宋咸平五年（1002）率部攻陷了已被包围的灵州。此后，李继迁又率军攻陷西凉府，但遭吐蕃部伪降突袭，李继迁身中流矢，不久卒于灵州。其子李德明即位后与宋廷议和，并通过发展贸易积累实力，但李德明与其父一样觊觎河西。北宋吏部尚书张齐贤在上疏中极具预见性地指出：

> 近知赵德明依前攻劫六谷，兼闻曾破却西凉府，所有节度使并副使，折逋游龙钵及在府户民，并录在部下。万一不谬，则德明之心又似不小。况其人悉是唐末陷蕃华人，兼折逋游龙钵等谙熟西南面入远蕃道路，六谷田牧之远近，川泽之险易，尽知之矣。若使胁制却六谷之后，即虑瓜、沙、甘、肃、于阗诸处，渐为控制。缘此以四蕃中州郡，旧属灵州总统，即今在夏州，尽说者必以此为计。所以继迁在日，方欲吞灭六谷，今来德明又以父仇为名，志在通甘、伊、瓜、沙道路，必要统制。[②]

可见李继迁、李德明父子一直期望占有河西地区，扩大党项基业，并控制通往西域的道路。自大中祥符元年（1008）八月开始，李德明多次发动攻打甘州、西凉府的战斗。此后，其子元昊加速了统一河西、建立西夏霸业的步伐。他多次攻打甘州和西凉府，并于天圣六年（1028）攻破甘州回鹘政权，其部分回鹘部众西撤到肃州、瓜州、敦煌地区。在党项大军压境之时，1030年，

① 《宋史》卷二五七《李继和传》，北京：中华书局，1977年，第8971页。
② ［宋］李焘《续资治通鉴长编》卷六八宋真宗大中祥符元年，北京：中华书局，1995年，第1538页。

势力得到壮大的沙州回鹘部落在敦煌发动政变，杀死曹氏归义军末代统治者曹贤顺；“瓜州王”曹贤惠则东奔投夏，归义军政权覆亡，沙州回鹘势力成为敦煌地区的实际支配力量。[①]明道元年（1032），党项军队攻占西凉府，同年攻灭甘州回鹘政权[②]，肃州、瓜州、敦煌已岌岌可危，而这一历史进程也正印证了李继和的预言。

在攻克甘州之后，元昊的下一个目标立即对准甘州以西的肃州、瓜州和敦煌。记载党项军队攻克肃州、瓜州、敦煌的原始史料是北宋康定二年（1041）赵珣所撰《聚米图经》以及宋代《实录》。《聚米图经》原书已佚，《续资治通鉴长编》（以下简称《长编》）卷一一九景祐三年（1036）引该书内容记载：“《聚米图经》谓元昊既屠牦牛城，筑凡川会，诱胁唃氏诸部酋豪，厮啰因二子猜沮，徙居历精城。元昊无吐蕃之患，始再举兵攻回纥，陷瓜、沙、肃三州。”李焘在其后按曰：“《聚米图经》与《实录》附传先后不同，今从附传，但取诱胁酋豪事，增入之。”可见李焘主要依据宋代《实录》记载，并将《聚米图经》有关“诱胁酋豪”的记载加了进去，撰成《长编》正文：

---

① 刘玉权《沙州回鹘探微》，载《1994年敦煌学国际研讨会文集——纪念敦煌研究院成立50周年·宗教文史卷》（下），兰州：甘肃民族出版社，2000年，第7—8页。杜海《敦煌归义军政权与沙州回鹘关系述论》，《敦煌学辑刊》2015年第4期，第149—150页。

② 关于西夏攻灭甘州回鹘国的时间，学术界大多依据《宋史》记载认为在天圣六年（1028）。但该记载与李焘《续资治通鉴长编》记载有悖。《长编》卷111明道元年十一月记载（第2593—2594页）：“忽引兵袭夜落隔可汗王，破之，夺甘州。……既陷甘州，复举兵拔西凉府。”汤开建对此进行了细致考证，认为西夏最终攻灭甘州回鹘国在明道元年（1032）。见汤开建《甘州回鹘史二札》，《宁夏社会科学》1984年第2期，第81—82页；后收入汤开建《党项西夏史札记》，载氏著《党项西夏史探微》，台北：允晨文化实业股份有限公司，2005年，第428—430页。

> [赵元昊]私改广庆三年曰大庆元年。再举兵攻回纥，陷瓜、沙、肃三州，尽有河西旧地。将谋入寇，恐唃厮啰制其后，复举兵攻兰州诸羌，南侵至马衔山，筑城瓦川、凡川会，留兵镇守，绝吐蕃与中国相通路。
>
> 初，唃厮啰娶李立遵女，生二子：曰瞎毡，曰磨角毡……元昊闻厮啰二子怨其父，因以重赂间之，且阴诱诸酋豪。[①]

赵珣《聚米图经》原书无“尽有河西旧地”一语，读按语可知，李焘仅是将《聚米图经》中有关“诱胁酋豪”事补入进去，关于党项军队攻克肃、瓜、沙三州的记载则是依据宋代《实录》，因此“尽有河西旧地”一语当出自宋代《实录》。[②]从这两本当时的第一手史料可知，党项军队确于景祐三年（1036）十二月攻陷了回鹘人主宰的肃州、瓜州、沙州，但是否自此开始了对敦煌的统治，学术界对此争论极多。关于西夏统治敦煌的时间，主要有1036年、1067年、1073年诸说。

学者们多据史书记载，认为1036年西夏攻陷瓜州、沙州后，即开始了对敦煌的统治。[③]也有学者认为，西夏虽于1036年攻占

---

① [宋]李焘《续资治通鉴长编》卷一一九宋仁宗景祐三年，第2813—2814页。

② 李正宇认为“尽有河西之地”一语首出自百年之后曾巩所著《隆平集》一书，杨富学则认为是李焘所加。见李正宇《悄然湮没的王国——沙州回鹘国》，载《1990年敦煌学国际研讨会文集·石窟史地语文篇》，第162—163页；杨富学、陈爱峰《西夏与周边关系研究》，第338页。

③ 白滨、史金波《莫高窟、榆林窟西夏资料概述》，《敦煌学辑刊》第1集，1980年，第63页。陈炳应《西夏与敦煌》，《西北民族研究》1991年第1期，第78—82页；《11世纪存在过统治瓜沙二州的回鹘汗国吗？——西夏统治瓜沙始年考》，《敦煌研究》2001年第2期，第68—72页。崔红芬《西夏河西佛教研究》，第33—46页。

瓜州、沙州，但起初统治并不稳固，1052年后西夏才开始实行有效统治。[①]除《聚米图经》和宋代《实录》有记载外，《长编》卷一二〇景祐四年（1037）十二月记载：

> 赵元昊既悉有夏、银、绥、静、宥、灵、盐、会、胜、甘、凉、瓜、沙、肃，而洪、定、威、怀、龙皆即旧堡镇伪号州，仍居兴州，阻河，依贺兰山为固。[②]

北宋曾巩《隆平集》、南宋彭百川《太平治迹统类》、李埴《皇宋十朝纲要》、王称《东都事略》及元代官修《宋史》中亦有相同或相似的记载。

但也有学者提出不同观点，认为西夏于1036年攻破瓜州、沙州后，并未能长期统治二州，1037年以后统治瓜、沙的是沙州回鹘国或沙州回鹘政权；而西夏自1067年才开始建立起对瓜、沙二州的有效统治。[③]此说一出，很快引起学术界的争论。值得关注的是，自景祐四年（1037）起，沙州开始向北宋频繁进贡，据统计至少有11次（表1-1）：[④]

---

① 刘玉权《西夏时期的瓜、沙二州》，《敦煌学辑刊》1982年第2期，第100—104页。荣新江《敦煌学十八讲》，第30页。

② ［宋］李焘《续资治通鉴长编》卷一二〇宋仁宗景祐四年，第2845页。

③ 李正宇《悄然湮没的王国——沙州回鹘国》，杨富学《沙州回鹘及其政权组织——沙州回鹘研究之一》，并载《1990年敦煌学国际研讨会文集·石窟史地语文篇》，第149—174、175—200页。

④ 李正宇《悄然湮没的王国——沙州回鹘国》，载《1990年敦煌学国际研讨会文集·石窟史地语文篇》，第163—164页。

表1-1 沙州回鹘贡宋表

贡宋时间	记载内容	文献出处
景祐四年(1037)正月九日	[正月九日]沙州遣使、副[使]杨骨盖靡是贡玉牛、黄棊(棋)子、褐绿黑皮、花蕊布、琥珀、乳香、硇砂、梧桐律、黄矾、名马。	《宋会要辑稿·蕃夷七》之二五
	[春正月壬午]龟兹国、沙州并遣人贡方物。	《长编》卷一二〇
景祐四年(1037)六月	沙州大使杨骨盖、副使翟延顺入贡。	《宋会要辑稿·蕃夷五》之三
康定元年(1040)四月	沙州遣人入贡方物。	《宋会要辑稿·蕃夷五》之三
康定二年(1041)二月	沙州遣大使安谔支、副使李吉入贡。	《宋会要辑稿·蕃夷五》之三
康定二年(1041)十一月十五日	十一月十五日,[沙州]北亭可汗奉表贡玉、乳香、硇砂、名马。	《宋会要辑稿·蕃夷七》之二六
庆历二年(1042)二月	沙州北亭可汗王遣大使密、副使张进零、和延进,大使曹都都、大使翟入贡。	《宋会要辑稿·蕃夷五》之三
皇祐二年(1050)四月八日	四月八日,沙州符骨笃末似婆温等来贡玉。	《宋会要辑稿·蕃夷七》之二八
	沙州符骨笃末似婆温等来贡玉。	《宋会要辑稿·蕃夷五》之三
	[沙州]皇祐二年四月贡玉。	《玉海》卷一五四
	夏四月甲子,沙州符骨笃末似婆温等来贡玉。	《长编》卷一六八
皇祐二年(1050)十月	十月沙州遣人来贡方物。	《宋会要辑稿·蕃夷五》之三
	占城、沙州来贡。	《宋史》卷一二《仁宗四》

续表

<table>
<tr><th>贡宋时间</th><th>记载内容</th><th>文献出处</th></tr>
<tr><td>皇祐三年(1051)</td><td>皇祐三年,贡方物。</td><td>《宋朝事实》卷一二</td></tr>
<tr><td>皇祐四年(1052)正月</td><td>皇祐四年正月,龟兹国、沙州并遣使来贡方物。</td><td>《山堂考索后集》卷六四</td></tr>
<tr><td rowspan="2">皇祐四年(1052)十月十二日</td><td>十月十二日,沙州遣使来贡方物。</td><td>《宋会要辑稿·蕃夷七》之二九</td></tr>
<tr><td>[冬十月]甲申,沙州遣使来贡方物。</td><td>《长编》卷一七三</td></tr>
</table>

曹氏归义军后期，敦煌的沙州回鹘部落就曾为归义军政权出使中原担任“导引”，随着沙州回鹘势力的壮大，曹贤顺时期他们还与归义军政权联合进行外交出使活动。[①]但所不同的是，11世纪30年代曹氏归义军既已覆亡，而1037年至1052年间有关沙州进贡的记载中又首次出现了“大使”“副使”甚至“沙州北亭可汗”的记载，学者根据沙州进贡使节中胡人充使以及使节出现甘州、龟兹两个回鹘国所用的“大使”“副使”称号，推断景祐四年（1037）及以后的沙州统治者已非曹贤顺政权，而是回鹘政权。表中“皇祐二年（1050）四月八日”的进贡使节中出现的“婆温”即娑温之异写，表明符骨笃末似应是回鹘人。[②]“靡是”

① 杜海《敦煌归义军政权与沙州回鹘关系述论》，《敦煌学辑刊》2015年第4期，第143—150页。

② 李正宇《悄然湮没的王国——沙州回鹘国》，载《1990年敦煌学国际研讨会文集·石窟史地语文篇》，第153—154页。按：萨温（saghun）在汉文史料中又写作“索温”“娑温”“相温”，即将军一职；梅录（buyruq），在汉文史料中又写作“密六”“密录”，是具有统兵职责的大臣。见张广达《西域史地丛稿初编》，上海：上海古籍出版社，1995年，第230—231页。

很可能是回鹘人名中经常出现的后缀-miš/-mïš的对音；而“大使密”中的“密”，可能为“密录（六）”之省称。[①]太平兴国五年（980）沙州派往中原的使节中有一位名叫裴溢的名似，也应与上表中杨骨盖靡是、符骨笃末似一样同属回鹘人。此外，榆林窟第39窟前室甬道北壁有一身男性供养人像（图1-1），供养人像附有一则回鹘文题记，学者释读为：el’ögäsi sangun ögä bilgä bäg qutï-nïng körmiš ätöz-i bo ärür qutluγ qïvlïγ bolmaqï bolzun ya-mu（汉译为：此乃颉于迦斯（宰相）·相温·于越·毗伽·匐阁下之真影，愿他能得到上天之宠而幸福），认为这位供养人虽然是地位较高的回鹘上层贵族，但不是回鹘王族，“相温·于越·毗伽·匐”可能是西州回鹘以“沙州将军”之名派到沙州的重臣，负责敦煌地区的统治。[②]这段题记中同时出现了宰相、相温、于越等回鹘政权中的高级官职。“相温”即将军一职，而“于越”则见于《辽史·百官志二》之“北面属官”条：“辽制，属国、属部官，大者拟王封，小者准部使。命其酋长与契丹人区别而用，恩威兼制，得柔远之道。考其可知者具如左。属国职名总目：某国大王。某国于越。……沙州回鹘燉煌郡王府。”[③]由此可知，“于越”乃辽代属国所设职名。曹贤顺统治时期，归义军政权曾臣服于辽朝并为其属国，因而始有于越之设。至于曹氏政权以“沙州回鹘燉煌郡王府”名义见载于辽朝属国中，或许与归

---

① 杨富学、陈爱峰《西夏与周边关系研究》，第355页。

②（日）松井太《敦煌諸石窟のウイグル語題記銘文に關する箚記》，《人文社會論叢》人文科学篇30，2013年，第30—31页；后收入（日）松井太《敦煌石窟ウイグル語·モンゴル語題記銘文集成》，（日）松井太、荒川慎太郎编《敦煌石窟多言語資料集成》，東京外国語大学アジア·アフリカ言語文化研究所，2017年，第130—131页。

③《辽史》卷四六《百官志二》，北京：中华书局，1974年，第754—755、757页。

义军政权晚期出现的回鹘化趋势有关。[①] 随着此后沙州回鹘部落力量的日渐壮大，他们在曹氏归义军统治末期逐渐成为瓜州、敦煌一带的主宰，并在取代归义军后承袭了于越之设。

图1-1 榆林窟第39窟回鹘男供养人像
（采自《中国敦煌壁画全集10·敦煌西夏元》）

除以上记载，《长编》卷一三一庆历元年（1041）夏四月甲申条还出现“沙州镇国王子”的记载。因此，从1037年至1052年间史料中出现的沙州北亭可汗、于越、沙州镇国王子以及沙州进贡使节中出现的正使、副使、密禄（大臣）、娑温（将军）来看，沙州回鹘确有可能建立了政权，而且具备较完整的组织。

也有学者认为西夏于1073年[②]或1072年前后[③]开始统治瓜、沙

① 陆庆夫《归义军晚期的回鹘化与沙州回鹘政权》，《敦煌学辑刊》1998年第1期，第18—24页。

② （日）冈崎精郎《タングート古代史研究》，第274—275页。

③ 孙修身《西夏占据沙州时间之我见》，《敦煌学辑刊》1991年第2期，第43页。

二州。然而早在20世纪30年代初王静如发表的《引论》一文中曾公布了名为《瓜州审判档案》的西夏文残卷，记述了瓜州官吏对一起盗马案件的审理过程，审理时间自西夏天赐礼盛国庆二年（1070）二月至同年六月二十一日。另外，莫高窟第444窟窟檐门南柱内也有一则写于1070年的西夏汉文题记："天赐礼盛国庆二年……师父□□盖以重佛……"[①]这就说明，1070年以前西夏已经对瓜州、沙州实行统治，故而使用西夏年号；而1070年后，西夏纪年题记逐渐增多，表明西夏的统治日益稳固。李正宇对史料进行了深入挖掘，揭出治平四年（1067）九月二十四日司马光上疏的一则材料："俟百官既举，庶政既修，……，然后惟陛下之所欲为。复灵、夏，取瓜、沙，平幽、蓟，收蔚、朔，无不可也。"[②]而司马光这里说"取瓜、沙"，必是瓜、沙已属西夏，"根据上疏时间加以推测，瓜沙沦陷必在治平四年九月廿四日之前"，大约就在1067年的夏秋之际。[③]此后，杨富学对1067年说进行了更加全面系统的论述。[④]

经过学者们抽丝剥茧式的材料挖掘和持续讨论，相关问题虽难称解决，但已渐趋明朗。客观地看，持不同论点的学者都各有所据，但都存在一个问题，即将瓜州视作敦煌的一部分，或将瓜州、沙州视同一体，要么同时为西夏所占领并统治，要么同时为

---

① 王静如《新见西夏文石刻和敦煌安西洞窟夏汉文题记考释》，载《王国维学术研究论集》第一辑，第234页。该题记又见敦煌研究院编《敦煌莫高窟供养人题记》，第168页。

② 文渊阁四库全书本《司马光传家集》卷四一章奏24《论横山疏》，下注：治平四年九月二十四日上。

③ 李正宇《悄然湮没的王国——沙州回鹘国》，载《1990年敦煌学国际研讨会文集·石窟史地语文篇》，第170—171页。

④ 杨富学、陈爱峰《西夏与周边关系研究》，第333—373页。

沙州回鹘所统治，这一研究思路虽然看到了自汉代设立敦煌郡以来两地历史背景和发展轨迹的相似性，却也忽视了自唐以后特别是西夏时期两地历史发展的独特性和差异性，因而持论均有偏颇之处。易言之，如果忽视了西夏时期敦煌、瓜州两地历史发展的独特性和差异性，那么对相关问题的讨论将不可避免地走向两个极端并陷入无意义的反复争论中。综合目前的文献资料来看，曹氏归义军政权确应于1030年前后覆亡，而势力日渐壮大的沙州回鹘部落成为敦煌地区的主宰，并成为抵御党项军队的中坚力量。1036年，党项军队自东向西先后攻破肃州、瓜州，两地的回鹘部众进一步西撤敦煌，从而进一步壮大了敦煌当地的回鹘势力，敦煌也由此成为河西地区对抗党项大军的最后堡垒和大本营。实际上类似情形在历史上曾多次上演，如北魏太延五年（439），北魏军队在攻破北凉都城凉州后，北凉残余势力西撤敦煌并组织力量抵抗；又如唐“安史之乱”后，吐蕃军队自广德元年（763）起攻陷陇右诸州，自东向西先后攻占凉、甘、肃诸州，并于大历十一年（776）攻陷瓜州。其间驻扎凉州的河西节度使被迫率领军队、部众自凉州西撤甘州，最终又徙镇沙州，从而使位处河西西端的敦煌成为唐军抵抗吐蕃军队的最后一个堡垒，在被吐蕃军队围城长达11年之久后才以“毋徙他境”的条件和平交接。可以说，党项大军的西进与北魏、吐蕃军队如出一辙，甘州回鹘政权被攻灭后，其回鹘残部亦是步步西撤到敦煌。1036年，党项军队相继攻占肃州、瓜州，并一举打败沙州回鹘势力而占领敦煌。然而，尽管党项西夏政权对肃州、瓜州的控制较为稳固，但是却在敦煌遭到盘踞当地的沙州回鹘势力的顽强抵抗，并很快被逐出敦煌地区。景祐四年（1037），元昊“置十二监军司，委豪右分统其众”[①]，其中即有瓜州西平监军司之设，并且终西夏之世，瓜州西平监军司一直设立而未有改置，成为西夏少数几个未发生调整、变化的监军司；相反，元昊却未设立沙州监军司。因此，1037年以后瓜州处在西夏瓜州西平监军司的控制和管理之下，但敦煌并非学者们认为的自此也被西夏统治；而1037年以后沙州回鹘势力重新控制了敦煌并建立起政权组织，同时频繁联系和入贡北宋。种种迹象表明，1037年后沙州回鹘政权与西夏形成了短暂分治敦煌、瓜州的局面。而从史书反映的信息来看，1037年至1052年的15年间，敦煌的沙州回鹘政权入贡宋朝多达11次，堪称频繁，但1052年之后却没有一次沙州回鹘政权贡宋的记载，文献当中也不再出现有关“沙州回鹘”的任何信息，这就说明1052年以后沙州回鹘政权或已覆亡，西夏军队再度占领并重新控制了敦煌。

据学者调查、译释，莫高窟第297窟甬道南壁西夏文题记中含有“福圣年中”（1053—1056）的内容。[②]“福圣”为西夏“福圣承道”年号之简称，起于1053年，讫于1056年，相当于北宋皇祐五年至嘉祐元年（1053—1056）。该西夏文题记自右至左刻写在浅绿色墙面上，计有两行，刻迹生硬，字形大小不一，部分字迹模糊不清。题记首行右边自上而下画有一线，似作区分之用；第二行左边为白色墙底上刻写的汉文礼佛题记，为巩昌府某人烧香礼佛所记，与绿色墙底上所书的西夏文题记区分明显。该西夏文题记应为西夏福圣年间（1053—1056）某位信众礼佛时所刻写，具有发愿性质。[③]尽管

---

① 《宋史》卷四八五《夏国传上》，第13994页。
② 陈炳应《西夏文物研究》，第4—16页。
③ 陈光文《敦煌莫高窟第297窟西夏文题记译释——兼论西夏统治敦煌的时间问题》，《敦煌学辑刊》2014年第2期，第22—33页。

学界对该题记的调查译释尚有出入，[①]但如果此“福圣年中”题记可证，则正与敦煌的沙州回鹘政权贡宋的年代起讫相契合。综合判断，1037年至1052年间沙州回鹘政权当与西夏形成了短暂分治敦煌、瓜州的局面，西夏再度控制敦煌的年代很可能就在1052年或稍晚，并自此开启了敦煌历史上的西夏统治时代。

二、西夏统治前期的敦煌

11世纪的西夏王朝，其内部权力斗争激烈，外部又与北宋之间严重对立，导致了这一时期西夏与周边的关系十分紧张，战争冲突持续不断。在此大背景之下，位处西夏西陲边境的敦煌也面临着严峻的外部环境，内部社会经济的发展亦受到严重干扰。

由于9世纪中期吐蕃王朝的覆灭和漠北回鹘汗国的崩溃及西迁，晚唐五代宋初时河西地区形成了多个部族、地方政权割据鼎立的局面，如以凉州为中心的吐蕃六谷部，以甘州为中心的回鹘政权，河湟地区的唃厮啰政权和统治瓜州、敦煌的曹氏归义军政权。这些部族或政权大多遣使贡宋，寻求政治利益和经济回报，北宋政府也视其为藩属而加以经营。然而党项政权的崛起及其军事扩张打破了河西地区原有的政治格局平衡，引发与吐蕃诸部、回鹘势力以及西域喀喇汗王朝的冲突和争战。

地处宋夏之间河湟地区、战略地位重要的唃厮啰政权，即是显例。1036年，党项军队攻克肃州、瓜州以及敦煌后，“恐唃厮啰制其后，复举兵攻兰州诸羌，南侵至马衔山，筑城瓦川、凡川

---

① 王静如、史金波、白滨、荒川慎太郎等学者虽然对此西夏文题记均有调查记录，但并未释出该西夏文年号；《中国藏西夏文献》仅收录了该窟甬道北侧划文（编号：G12·014［M297］），而对保存字数更多的甬道南壁的西夏文题记未有编号、照片和文字说明。

会，留兵镇守，绝吐蕃与中国相通路”[①]。为稳固后方，党项政权出兵兰州攻打诸羌，并在马衔山筑城置兵，力图截断吐蕃诸部与北宋的政治、经济联系。《宋史·夏国传》记载：“党项、吐蕃、唃厮啰、董毡、瞎征诸部，夏国兵力之所必争也，宋之威德亦暨其地，又间获其助焉。”[②]北宋通过“联蕃制夏”的策略，以政治、经济利益加强对河湟、陇右吐蕃诸部的笼络和招抚，使之成为在后方牵制西夏的重要力量。治平二年（1065）唃厮啰去世后，政权一分为三，其“联蕃抗夏”的力量已经削弱，因此宋神宗即位后，“北宋对河湟吐蕃的经营政策发生根本性转变，即以招纳征略为郡县为主，而联蕃制夏为辅”[③]。宋神宗采纳了王韶的开边河湟之策，拓地两千余里，“旁取熙河、湟、鄯以制之”，完成对西夏西南侧翼的包围。元丰四年（1081），宋神宗趁西夏内部发生政变，发动了针对西夏本土的“五路伐夏”战争，尽管熙河路经略使李宪攻取了兰州等地，但诸路宋军终因深入西夏腹地、步调不一、粮草不济而遭到挫败。在北宋五路伐夏失利后，西夏于大安八年（1082）五月调集河西诸州军民攻宋：

> 据环庆路经略司奏，蕃官阿齐言：“夏国母自三月初点集河南、西凉府、啰庞界、甘、肃、瓜、沙，十人发九人，欲诸路入寇，人马已发赴兴州。”及四月丁丑，西贼二万余人骑侵犯淮安镇。自去岁兴师以来，惟患羌贼回避官军，致不能大有克获。贼今果如所报，则中国正得良便，机不可失。惟要探报得实，准拟有素，以本路兵马合成大阵，

---

① ［宋］李焘《续资治通鉴长编》卷一一九宋仁宗景祐三年，第2813—2814页。

② 《宋史》卷四八五《夏国传上》，第13981页。

③ 李华瑞《宋夏关系史》，第304—306页。

> 守控要害，伺其深入，痛行掩杀，则我用力少而收功多矣。[①]

宋神宗诏令李宪联络唃斯啰首领阿里骨夹击夏军，提出“乘汉蕃连和之际，假道通信，厚以金帛抚结，俾为我用”的策略，以起到“争张彼［西夏］之兵力，不得悉众南下，不为无助”的目的。李宪得诏后奏称：“自古控驭戎夷，使其左枝右梧，为备不暇，盖由首先结其旁国，绝其外交，然后连横之势常在中国，彼有犄角之患。……若以青唐、回鹘、鞑靼三国人马并攻其背，就使未能远趋贺兰，其甘、凉、瓜、沙必可荡尽。”[②]尽管李宪对连横策略的效果言之有过，在吐蕃等部势力较弱而西夏兵锋正盛的时候，还难以达到荡尽“甘、凉、瓜、沙”并攻取河西的地步，但北宋政府积极招抚西夏沿边诸族和连横唃斯啰等吐蕃诸部的策略还是达到了积极效果。蕃官阿齐即在此次西夏大举攻宋中扮演了向北宋通风报信的重要角色。六月，环庆路经略司奏报战果：“斩西贼统军嵬名妹精嵬、副统军讹勃遇，得铜印、起兵符契、兵马军书，并获蕃丁头凡三十八级。诏以印、符契、兵马军书来上。（据张守约墓铭：西贼犯怀安寨，守约出他道斩二统军、蕃兵四十六级，生擒八人，发兵符契二、甲马六十四、铜印六，即此役也。）”[③]此役由于宋军提前获得情报而积极备战，最终击杀西夏统军、副统军两位首领，成功挫败夏军进攻。唃斯啰政权也积极向北宋请战西夏，如元丰七年（1084），“熙河兰会路经略司言：‘董毡遣人以蕃书来，已回蕃书，约令引兵深入摩灭缅药家。’诏：‘朝廷素知董毡事力，不能大抗西贼，但不与

---

① ［宋］李焘《续资治通鉴长编》卷三二六宋神宗元丰五年，第7848页。

② ［宋］李焘《续资治通鉴长编》卷三四六宋神宗元丰七年，第8301—8302页。

③ ［宋］李焘《续资治通鉴长编》卷三二七宋神宗元丰五年，第7865页。

夏人结和，已于边防有助。委李宪自今所与蕃书，不须过当督责。’”[①]此次唃厮啰首领董毡请求出兵，意图联合北宋攻灭西夏。但北宋政府认为唃厮啰的实力还不足以对抗西夏，只要其不与西夏结好，就已经对北宋边防有利。尽管吐蕃诸部也有倒向西夏的情况，[②]但大体上北宋联合吐蕃诸部抗夏的策略取得了积极成效。元丰八年（1085），权管勾熙河兰会路经略司公事赵济奏报：“西蕃阿里骨差首领结斯鸡赍到蕃字，译称：‘蕃家王子结施揽哥邦彪篯阿里骨文字，送与熙州赵龙图；探得缅药家煞点集人马，告汉家边上做大准备，早奏知东京阿舅官家著。’臣却写文字送与蕃家王子阿里骨：‘亦探得缅药家煞点集，已著将官做了大准备，更体探缅药家煞待于甚处作过报来。’”[③]吐蕃唃厮啰政权首领阿里骨及时派人向北宋报告了西夏军事动向，宋军也侦知夏军动向，并提前做好了应对准备。自元丰八年（1085）开始，北宋恢复设立瓜州团练使，并设立银州团练使、化外庭州团练使、化外胜州刺史等职，且多为吐蕃诸部的首领或族人“担任”，作为对他们向北宋提供情报的回报和笼络手段。如元丰八年（1085）八月，“以董毡进奉人景青宜党令支为瓜州团练使，阿星为静州刺史，各增赐茶彩。赏军前功也”[④]。天安礼定元年（1086）七月，惠宗秉常驾崩，幼子乾顺即位，夏国大权为乾顺母亲梁氏和国舅梁乙逋控制。梁乙逋掌权后，发动了大举进攻北宋的战争。在此背景之下，北宋进一步采取反制措施。元祐二年（1087）八月，“西蕃首领、伊州刺史心牟钦毡为银州团练使，

---

① ［宋］李焘《续资治通鉴长编》卷三四三宋神宗元丰七年，第8241页。

② 李华瑞《宋夏关系史》，第306页。

③ ［宋］李焘《续资治通鉴长编》卷三六三宋神宗元丰八年，第8676页。

④ ［宋］李焘《续资治通鉴长编》卷三二九宋神宗元丰五年，第7915页。

礼宾副使温溪心为瓜州团练使，各增月给茶彩及赐银、绢有差。以不从鬼章犯边及密报机事故也”[①]。元祐六年（1091）二月，“西蕃阿里骨男都军主溪邦彪篯为化外庭州团练使，邈川首领、瓜州团练使温溪心男巴温为化外胜州刺史，同管当邈川部族，月等第支茶彩有差”[②]。值得注意的是，北宋还保留着处理沙州、瓜州事务的机构，并与处理西夏事务的机构并立。宋人庞元英在担任主客郎中时著有《文昌杂录》一书，书中记载主客的执掌：“主客所掌诸番……西方有九，其一曰夏国，……。其七曰瓜沙门，汉敦煌故地。”[③]将西夏事务与敦煌事务并列为主客所掌对象，反映出北宋政府对西夏占有敦煌坚持不予承认的态度。[④]庞元英担任主客郎中的元祐五年至八年（1090—1093），与北宋设立瓜州团练使的元丰八年至元祐六年（1085—1091）时代相近。就目前所见史料看，宋夏战争时期北宋政府任命瓜州团练使和设立处理边境地区敦煌、瓜州事务的机构，表现出从后方动摇西夏统治的意图。

西夏打败河西诸族并占领东、西方贡贸要道后，引发了西域喀喇汗王朝的警惕和不满，并最终导致喀喇汗一度发兵攻克西夏西陲之敦煌、瓜州、肃州一带。早在大中祥符元年（1008），北宋礼部尚书张齐贤就指出：“［李德明］若使胁制却六谷之后，即虑瓜、沙、甘、肃、于阗诸处，渐为控制”，“今来德明又以

---

① ［宋］李焘《续资治通鉴长编》卷四〇四宋哲宗元祐二年，第9843页。

② ［宋］李焘《续资治通鉴长编》卷四五五宋哲宗元祐六年，第10912页。

③ ［宋］庞元英《文昌杂录》卷一，载上海师范大学古籍整理研究所编《全宋笔记》第2编（4），郑州：大象出版社，2006年，第115页。

④ 李正宇《悄然湮没的王国——沙州回鹘国》，载《1990年敦煌学国际研讨会文集·石窟史地语文篇》，第171页。

父仇为名，志在通甘、伊、瓜、沙道路，必要统制”[①]。可见，党项首领李德明不仅谋求占据河西甘、肃、瓜、沙诸州，而且还要控制河西到西域的贡贸道路。1036年党项军队击败沙州回鹘势力并攻克河西西部的肃州、瓜州、敦煌三州，但随后遭到沙州回鹘的顽强抵抗并被逐出敦煌。自1053年开始，西夏将西境国土推进至敦煌，并实现了对敦煌、瓜州两地的完全统治。此举不仅彻底打败了亲宋的沙州回鹘政权，而且使得西夏自此控制了西域与中原地区贡贸往来的传统道路，客观上也造成了喀喇汗王朝与西夏之间缓冲地带的消失，引发了喀喇汗王朝的不满，为日后攻击西夏西部边境地区埋下了伏笔。根据《长编》记载，大中祥符二年（1009）三月，喀喇汗王朝派遣回鹘罗斯温入贡宋廷，宋真宗问其道路远近和所需时日，罗斯温对曰：“涉路一年，昼行夜息，不知里数。昔时道路尝苦剽劫，今自瓜、沙抵于阗，道路清谧，行旅如流，愿遣使安抚远俗。”[②]可见在大中祥符年间（1008—1016），由于党项势力尚未控制河西，因而从喀喇汗王朝到北宋的朝贡和贸易道路较为畅达。西夏完全占据河西地区后，喀喇汗王朝贡宋时无法再经敦煌、瓜州抵达中原，而是通过青海黄头回鹘活动地区和河湟吐蕃地区抵达。[③]不仅如此，西夏还对喀喇汗贡宋队伍进行劫掠。元祐七年（1092）七月，熙河兰岷路经略安抚使范育向朝廷奏报：“于阗进奉般次和尔济勤克伊实密陈，中途尝为缅药所掠，乞闻朝廷差般次同黑汗王所发兵攻灭缅药。臣欲乞解发赴阙审问。”[④]由于西夏的劫掠，喀喇汗王朝托请范育奏报宋廷请求征讨西夏，但此次宋廷并未表明态度。元祐

① ［宋］李焘《续资治通鉴长编》卷六八宋真宗大中祥符元年，第1538页。
② ［宋］李焘《续资治通鉴长编》卷七一宋真宗大中祥符二年，第1598页。
③ ［宋］李焘《续资治通鉴长编》卷三三五宋神宗元丰六年，第8061页。
④ ［宋］李焘《续资治通鉴长编》卷四七五宋哲宗元祐七年，第11321页。

八年（1093）二月，“于阗请讨夏国，不许”[1]。此时北宋由太后高氏秉政，由于其反对变法，听政后将北宋五路伐夏时夺得的大部分堡寨退还西夏，并对西夏采取了消极的防御政策。[2]在此背景之下，喀喇汗王朝请求攻夏未得到北宋的同意，但却引起了西夏方面的高度警惕。《西夏书事》记载：“[元祐八年]二月，以兵备于阗。”[3]此时西夏为梁太后主政，大量兵力被调往东线与宋军作战，因此驻防兵力并不充足。元祐八年（1093）九月，北宋高太后去世，哲宗亲政，在宰相章惇的劝谏下对西夏采取强硬政策，“绝夏人岁赐，进筑汝遮等城，陕西诸道兴役五十余所”[4]，在沿边诸路修筑五十余所城寨，构成了对西夏步步进逼的军事态势。与此同时，喀喇汗王朝在西方也发起了对西夏的进攻，绍圣四年（1097）二月，“于阗国破瓜、沙、肃三州”[5]。《宋史·于阗传》记载：“绍圣中，其王阿忽都董娥密竭笃又言：缅药家作过，别无报效，已遣兵攻甘、沙、肃三州。诏厚答其意”[6]，此处记载的“甘州”应作“瓜州”。当时在西夏的东部和南部边境地区，北宋与西夏爆发了数次激烈战争。而喀喇汗王朝在西线对西夏的进攻，与北宋在东南方向针对西夏的军事行动形成积极策应。虽然敦煌因位处西夏西陲而未在宋夏战争中受到直接波及，但亦面临严峻的外部环境。西夏调遣敦煌、瓜州等地居民参战，

①［宋］李焘《续资治通鉴长编》卷四八一宋哲宗元祐八年，第11442页。
② 李范文主编《西夏通史》，第267页。
③［清］吴广成撰，龚世俊校证《西夏书事校证》卷二九，兰州：甘肃文化出版社，1995年，第335页。
④《宋史》卷四七一《章惇传》，第13712页。
⑤［清］吴广成撰，龚世俊校证《西夏书事校证》卷三〇，第341页。
⑥《宋史》卷四九〇《于阗传》，第14109页。

“十人发九人”[①]，可谓全民动员，不仅造成两地人口的严重外流和社会经济发展的停滞，也造成军事防备的空虚。北宋绍圣四年（1097），喀喇汗军队趁机在西方发起对西夏的进攻，并自西向东先后攻占西夏西陲的敦煌、瓜州、肃州。由于史料中未见喀喇汗王朝对三州长期占领的记载，又据莫高窟第444窟外室窟檐椽柱北侧墨书西夏文题记：“永安二年四月八日墨你□多……佛前牌上分”[②]，推测喀喇汗军队对敦煌、瓜州、肃州的占领并未持续太久。永安二年（1099），西夏收复敦煌并加强了对当地的统治。一方面，将甘州的甘肃监军司西移至肃州新置肃州监军司；另一方面在敦煌新设沙州监军司，大幅度加强了对西夏西部地区的统治和防卫。

① ［宋］李焘《续资治通鉴长编》卷三二六宋神宗元丰五年，第7848页。
② 陈炳应《西夏文物研究》，第9页。

第二节 敦煌的行政建置与职官设置

由于后世未修西夏正史，故而有关西夏行政与职官制度的记载非常缺略。得益于西夏文献（包括西夏文和汉文）的重见天日，特别是近二十年来各地藏西夏文献的相继刊布，学术界对西夏行政体系与职官制度的研究得到很大推进。出土西夏文献中记载最详细的是天盛年间（1149—1169）颁行的西夏文法典《天盛改旧新定律令》（以下简称《天盛律令》）（图1-2），特别是该书卷十是有关西夏职官制度的最重要的记载。[①]其他重要资料还有西夏文文献《西夏官阶封号表》以及汉文《杂字》、夏汉文对照字典《番汉合时掌中珠》（图1-3）等。学者们利用史籍及出土西夏文、汉文文献，对西夏王朝的行政体系与职官制度进行了

① 史金波、聂鸿音、白滨译注《天盛改旧新定律令》，北京：法律出版社，2000年。

深入探索，取得了很多创新性成果。①这些成果利用尽可能多的史料，从西夏王朝的整体层面，推进了对西夏行政体系与职官制度的研究进展，同时亦有助于对西夏时期敦煌地方行政建置与职

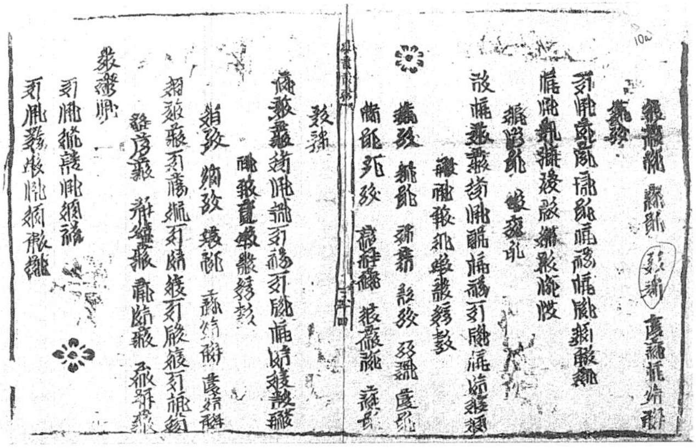

图1-2 黑水城出土《天盛改旧新定律令》
（采自《俄藏黑水城文献》）

① 有关西夏行政体系与职官制度的成果主要有：吴天墀《西夏史稿》，第183—200页。汤开建《〈西夏蕃官名号表〉补正》，《四川大学学报（哲学社会科学版）》1983年第2期，第99—101页。史金波《西夏汉文本〈杂字〉初探》，载《中国民族史研究》（二），北京：中央民族大学出版社，1989年；《西夏文〈官阶封号表〉考释》，载《中国民族古文字研究》（第三辑），天津：天津古籍出版社，1991年，第167—185页；《西夏的职官制度》，《历史研究》1994年第2期，第62—71页；《西夏社会》（上），第286—309页；《敦煌学和西夏学的关系及其研究展望》，《敦煌研究》2012年第1期，第54—55页。李范文《西夏官阶封号表考释》，《社会科学战线》1991年第3期，第171—179页；《西夏通史》，第381—407页。陈炳应《贞观玉镜将研究》，银川：宁夏人民出版社，1995年。李昌宪《西夏地方行政体制刍议》，《中国宋史研究会第十届年会及唐末五代宋初西北史研讨会论文集》，2002年，第240—250页。杨蕤《西夏地理研究》第二章“《天盛改旧新定律令·司序行文门》与西夏政区”，北京：人民出版社，2008年，第109—188页。翟丽萍《西夏职官制度研究——以〈天盛革故鼎新律令〉卷十为中心》，陕西师范大学博士学位论文，2013年。魏淑萍《西夏职官制度研究》，兰州：甘肃文化出版社，2020年。

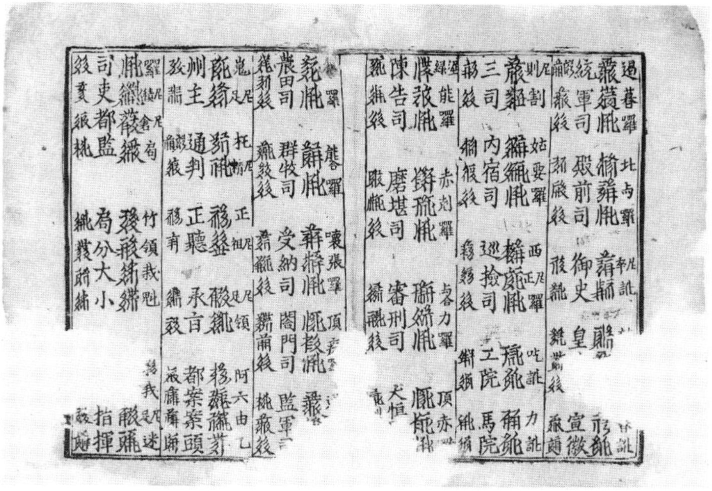

图1-3 黑水城出土《番汉合时掌中珠》
（采自景永时、波波娃编著《〈番汉合时掌中珠〉整理与研究》）

官设置的考察。

敦煌位于河西走廊最西端，是西夏王朝治域内位置最靠西的州。一方面敦煌沙州监军司属于西夏地方最高行政建置经略司管辖，另一方面敦煌还设有全国为数不多的边防理财机构沙州经制司，故而其行政体系与职官设置具有一定特色。由于目前有关西夏行政体系与职官制度的史料（含出土西夏文献和莫高窟、榆林窟职官资料）大都生成于西夏中后期，因此主要对西夏统治中后期敦煌的行政建置与职官设置情况进行梳理，同时对相邻的瓜州的情况也兼作讨论。

一、西路经略司

西夏时期多仿用宋代地方行政建置和职官制度，所谓“夏之境土，方二万余里，其设官之制，多与宋同”①。根据《天盛律

① 《宋史》卷四八六《夏国传下》，第14028页。

令》卷一〇之“司序行文门”记载，西夏将全国职司分为五级：上等司、次等司、中等司、下等司以及末等司。卷一〇“官军敕门”还记载了诸司司印的成色重量，反映了西夏职司的各个等级：

> 皇太子金重一百两。中书、枢密银重五十两。经略司银重二十五两。正统司铜上镀银二十两。次等司铜上镀银十五两。中等司铜上镀银十二两。下等司铜重十一两。末等司铜重十两。①

西夏地方的最高行政建置是经略司，经略司之设仿自宋代制度。宋代设置经略安抚司，“经略安抚使一人，以直秘阁以上充，掌一路兵民之事”，安抚使总领一路的军事以及民事，权力很大。淳熙二年（1175），南宋分治下区域为扬州、庐州等七路，“每路委文臣一员充安抚使以治民，武臣一人充都总管以治兵”，将安抚使的权力分解为文武两班，使其互相节制。②西夏仿效宋代制度设立了经略司，汉文《杂字》之“司分部”在“中书”“密院”后记载有“经略”③，《番汉合时掌中珠》在“中书”“枢密”后记载有“经略司”④。《天盛律令》卷一〇“司序行文门”记载：“一经略司者，比中书、枢密低一品，然大于诸

---

① 史金波、聂鸿音、白滨译注《天盛改旧新定律令》，第358页。
② 《宋史》卷一六七《职官志七》，第3960、3962页。
③ 史金波《西夏汉文本〈杂字〉初探》，载《中国民族史研究》（二），第184页。
④ ［西夏］骨勒茂才著，黄振华、聂鸿音、史金波整理《番汉合时掌中珠》，银川：宁夏人民出版社，1989年，第128页。

司”，“一经略使司者，当报上等司中。经略自相传导而后曰请，官下手记，然而当置诸司上，末尾当过，日下手记”[①]，可见经略司级别很高。但西夏是否有路一级的行政建置，史书未有明确记载。《金史·交聘表》记载金世宗大定十七年（西夏乾祐八年，1177）十二月甲申“夏遣东经略使苏执礼横进”[②]，《金史·夏国传》记载大定十年（1170），西夏仁宗“乃分西南路及灵州啰庞岭地与［任］得敬，自为国，且上表为得敬求封”[③]。学者据此认为西夏可能设立有西经略司、东经略司及对应的西路和东路，并结合榆林窟第25窟西夏文题记（图1-4）中的“凉州路（？）瓜州”的记载，认为河西地区称为“凉州路”或

图1-4　榆林窟第25窟西夏文题记
（采自《中国藏西夏文献》）

① 史金波、聂鸿音、白滨译注《天盛改旧新定律令》，第364页。
②《金史》卷六一《交聘表》，北京：中华书局，1975年，第1437页。
③《金史》卷一三四《夏国传》，第2869页。

“西路”[①]。《天盛律令》卷四之“修城应用门”中，明确出现了“西北经略使”和“东南经略使”：

> 一监军司大人一年中往接续提举状，及城主司人说聚集状等，监军司当变，每年正月五日以内，当告经略使处，经略使当一并总计而变。正月五日始东南经略使人二十日以内，西北经略使处一个月以内，当向枢密送状。[②]

可知西夏的确设有西北经略使和东南经略使，经略使是经略司的最高长官。[③]并且监军司向经略司负责，经略司则向枢密负责，这也与“司序行文门”中“一经略司者，比中书、枢密低一品，然大于诸司”的记载符合。

西路经略司之设在出土文献、文物中也得到了印证。1972年，甘肃武威发现一批西夏遗物，其中编号为G21·024［15536］的汉文写本《经略司文书残页》（图1-5）中有“经略司……计料官通判白……”的记载，另一件编号G21·027［15538］汉文写本《光定二年公文残卷》（图1-6）第3至5行记载：“西路乐府□勾官所/光定二年九月日监乐官西凉府□□□/监乐官府□□□礼”[④]。第一件文书中的“经略司”和“计料通判”表明，西

---

① 榆林窟第25窟前室甬道南壁上题有墨书西夏文题记25行，其中末句陈炳应译作“人□□丑年中正月凉州路（?）瓜州监军司通判□官赵嘿□□”。见陈炳应《西夏文物研究》，第17—19页。句中“凉州路（?）瓜州”，王静如、史金波、白滨均未译出。

② 史金波、聂鸿音、白滨译注《天盛改旧新定律令》，第220页。

③ 史金波《西夏社会》（上），第316页。

④ 甘肃省博物馆《甘肃武威发现一批西夏遗物》，《考古》1974年第3期，第202—203页。陈炳应《西夏文物研究》，第17—19页。编号、图版及说明见宁夏大学西夏学研究中心、国家图书馆、甘肃五凉古籍整理中心编《中国藏西夏文献》卷一六《甘肃编·敦煌研究院藏卷》，兰州：甘肃人民出版社，2005年，第271、273页。

图1-5 汉文写本《经略司文书残页》
（采自《中国藏西夏文献》）

图1-6 汉文写本《光定二年公文残卷》
（采自《中国藏西夏文献》）

夏在河西武威一带设立有经略司，并设有计料通判一职；第二件汉文文书第三行的“乐府”，应指第四行、第五行的“监乐官府”；至于“西路”，应与第一件汉文文书中的“经略司”有关。1977年，甘肃武威西郊林场西夏二号墓中发现一木缘塔，塔顶八角木板内面墨书“故考任西经略司都案刘德仁”，一号墓出土残木塔顶部题记“故亡考任西路经略司兼安排官□两处都案刘仲达灵匣”[①]，这里明确出现了“西路经略司”及“都案”之职。这

① 宁笃学、钟长发《甘肃武威西郊林场西夏墓清理简报》，《考古与文物》1980年第3期，第65—66页。

些记载进一步表明，西夏与宋朝一样有路一级的地方行政建置，并于路设有经略司，经略司掌管一路兵民诸事，如路下设监乐官府等机构，有通判、都案等职。东南经略司应设在中兴府南部的灵州（今吴忠市），西北经略司即西经略司，应设在中兴府之西的凉州（今武威市），西经略司掌管沙州、瓜州、黑水城等地。[①]西经略司司印为银印，重二十五两。除上引《天盛律令》卷四"修城应用门"记载外，同书卷一〇"官军敕门"记载："一依法求官者，当报边中一种所属监军司，经经略使处，依次转变，与不属经略之京师界等一起依文武分别报告中书、枢密。"[②]这表明西路是河西地区的最高行政机构，敦煌的沙州监军司和瓜州的西平监军司俱处在凉州的西经略司管辖之下。中书和枢密、经略司、监军司构成了西夏从中央到地方的行政体系。

经略司属下是各地的监军司、府、州、郡、县、乡。西夏府、州、郡均设有正职和通判，只是正职的名称不同，宋称牧、尹、知府、知州，西夏称正听、州主、郡正。[③]《番汉合时掌中珠》记载州主、通判、正听、承旨、都案、案头等职。[④]汉文《杂字》之"官位部第十七"记载有府主、通判，"司分部第十八"记载御史、巡检、受纳、刺史、内宿、正厅、承旨、都案、案头等职。[⑤]其中较为特殊的是"承旨、都案、案头"等几个职事官。《番汉合时掌中珠》记载的"承旨"，《西夏书事》作

---

① 史金波《西夏时期的武威》，《西夏学》第7辑，上海：上海古籍出版社，2012年，第2—3页。

② 史金波、聂鸿音、白滨译注《天盛改旧新定律令》，第356页。

③ 陈炳应《西夏文物研究》，第249页。

④［西夏］骨勒茂才著，黄振华、聂鸿音、史金波整理《番汉合时掌中珠》，第130页。

⑤ 史金波《西夏汉文本〈杂字〉初探》，载《中国民族史研究》（二），第184页。

“承制”[①]。关于承旨、都案、案头等职的具体执掌，《天盛律令》卷一〇之“司序行文门”记载：“有当校文书时，当请承旨、都案、案头局分人等引导校之，然后京师、各地边司等大人、承旨、习判等一同正偏当坐。”[②]关于都案以及案头的选拔和具体执掌又记载：

> 一中书、枢密、经略使、次中下末等司都案者，遣干练、晓文字、知法律、善解之人，其遣法依以下所定，奏而遣之。
>
> 一中书、枢密诸司等应遣案头者，属司司吏中旧任职、晓文字、堪使人、晓事业、人有名者，依平级法量其业，奏报而遣为案头。[③]

可见承旨、都案、案头，必须熟悉文书工作和国家典章律法，而且要头脑灵活。承旨、都案、案头的职位虽然不是很高，但却是诸司之中处理事务的主体力量。在“司序行文门”记载中，沙州、瓜州不仅设有通判，还有承旨、刺史、习判、大人、都案、案头等职，构成了两地的行政和职官体系。

二、沙州监军司

监军司是西夏时期设立的兼具军事与行政性质的地方建置。《长编》卷一二〇记载景祐四年（1037），元昊“置十八监军司，

① 《西夏书事》卷一一在叙及元昊设立西夏职官时记载：“曰枢密，掌军国兵防边备，与中书对持文武二柄，属有枢密、同知、副使、佥书、承制等官。”见［清］吴广成撰，龚世俊校证《西夏书事校证》卷一一，第133页。

② 史金波、聂鸿音、白滨译注《天盛改旧新定律令》，第378页。

③ 史金波、聂鸿音、白滨译注《天盛改旧新定律令》，第375、377页。

委酋豪分统其众”，而《宋史·夏国传》则记载“置十二监军司，委豪右分统其众”，两书对监军司的数量记载有差异。关于元昊时期设立的监军司数目，大多数学者据《宋史·夏国传》认为是十二个。[①]但也有学者认为元昊所设监军司数量应为十八而非十二；并认为宋夏战争时西夏全国监军司最高达二十五个，而西夏后期天盛年间又在十七个监军司基础上裁去五个监军司（包括肃州、沙州），最终剩下《宋史·夏国传》所载的十二个监军司。[②]这一动态考察思路符合西夏根据战情时局进行调整、增设、裁撤的实际情况，但其中对某些监军司存在的论证也有猜测和泛化的问题，而认为西夏后期由天盛年间的十七个监军司裁撤五个（包括肃州、沙州），最终剩下《宋史·夏国传》记载的十二个监军司，似对《长编》与《宋史·夏国传》两书记载有调和之嫌。

根据对史书记载的分析，元昊时期应设立有十二个监军司，其中有瓜州监军司但无沙州监军司。1037至1052年间，沙州回鹘政权与西夏形成了短暂分治敦煌、瓜州的局面。西夏前期瓜沙地区的军政重心在瓜州。但随着西夏军队再度攻克敦煌，又在敦煌设立沙州监军司。根据《天盛律令》记载，后来在敦煌增设的沙州监军司在级别、地位上要高于瓜州监军司。同时，西夏全国范围内设立有两个经制司，经制司是为加强边防而设置的理财机构，其中一个即设在敦煌。这表明西夏中后期瓜沙地区的军政中心又从瓜州西移到敦煌，这一点还可以从西夏统治末期蒙古军的

---

① 主要有：吴天墀《西夏史稿》，第194—196页；李蔚《简明西夏史》，第103—104页；鲁人勇《西夏监军司考》，《宁夏社会科学》2001年第1期，第84—85页；李范文主编《西夏通史》，第437—438页；史金波《西夏社会》（上），第314—315页；等等。

② 汤开建《党项西夏史探微》，第440—449页。

进攻重点和蒙古军遭到的主要抵抗在敦煌这一现象所证实。至于西夏在敦煌增设沙州监军司的原因和背景，应与防御西方的喀喇汗王朝有关。

（一）沙州监军司的设立背景与设立时间

关于西夏建国之初的监军司数量，《长编》卷一二〇宋仁宗景祐四年（1037）记载：

> 赵元昊既悉有夏、银、绥、静、宥、灵、盐、会、胜、甘、凉、瓜、沙、肃，而洪、定、威、怀、龙皆即旧堡镇伪号州，仍居兴州，阻河，依贺兰山为固。……置十八监军司，委酋豪分统其众。[①]

《宋史·夏国传》记载：

> 元昊既悉有夏、银、绥、宥、静、灵、盐、会、胜、甘、凉、瓜、沙、肃，而洪、定、威、龙皆即堡镇号州，仍居兴州，阻河依贺兰山为固。……置十二监军司，委豪右分统其众。[②]

可知《长编》与《宋史·夏国传》记载基本一致，所不同者在于《长编》记载景祐四年（1037）元昊设立十八监军司，但没有列出这些监军司的名称；《宋史·夏国传》则记载“置十二监军司”，并在夏国传末列出了十二个监军司的名称。

尽管《长编》记载元昊时期设置了十八个监军司，但前人未

① ［宋］李焘《续资治通鉴长编》卷一二〇宋仁宗景祐四年，第2845页。
② 《宋史》卷四八五《夏国传上》，第13994—13995页。

注意的是，该书中亦多次出现十二个监军司的记载：

其一，《长编》记载北宋熙宁四年（1071）二月丁巳朔宋神宗批曰："近诸处觇西贼聚十二监军司人马及取齐地名，皆有考据。详此乃是大举，虑诸路不大为备，贼至有失支梧。可令陕西、河东宣抚及诸路经略司早为清野之计，毋得轻易接战。"[①]由此记载可知，至熙宁四年（1071）西夏仍为十二监军司之设；其二，《长编》记载元丰四年（1081）十月丙寅，鄜延路经略副使种谔报称："捕获西界伪枢密院都案官麻女喫（吃）多革，熟知兴、灵等州道路、粮窖处所，及十二监军司所管兵数。已补借职，军前驱使。"[②]这又表明至少在元丰四年（1081）时，西夏仍旧保持了十二监军司的设置；其三，《长编》元祐二年（1087）八月记载："已而夏国主乾顺尽召十二监军兵屯会州天都山西南，国母与梁乙逋等率之，对兰州、通远军而营，欲与鬼章连谋入寇。"[③]"夏国主乾顺尽召十二监军兵"，反映出元祐二年（1087）时西夏监军司数仍为十二，数量上未发生改变。

从《长编》这三处记载来看，西夏建国之初元昊确实设立了十二监军司，并且这一数字至元祐二年（1087）时尚未发生变化。实际上，由于此后宋夏战争的爆发和西夏疆域的盈缩变化，西夏监军司也发生了增减和移置的情况。监军司的增减和移置情况，应发生于元祐二年（1087）以后。据学者考证，元祐七年（1092）之后新出现的有洪州监军司（《西夏书事》卷三〇：1098年）、中寨监军司（《宋会要辑稿》：1097年）、天都监军司（《宋会要辑稿》：1097年）、剉子山监军司（《西夏书事》卷三〇：

---

① ［宋］李焘《续资治通鉴长编》卷二二〇宋神宗熙宁四年，第5336页。
② ［宋］李焘《续资治通鉴长编》卷三一八宋神宗元丰四年，第7680页。
③ ［宋］李焘《续资治通鉴长编》卷四〇四宋哲宗元祐二年，第9841页。

1097年）、娄博贝监军司（《长编》卷四七一：1092年）等。[①]这一现象与《长编》记载元祐二年（1087）西夏仍为十二监军司之记载相符合。而根据上述洪州等监军司在史料中出现的年代，监军司数量在11世纪90年代呈密集增加态势，这种现象应与当时西夏对宋朝发动的大规模战争有关。西夏天安礼定二年（1086）七月，惠宗秉常驾崩，太子乾顺即位时仅三岁，大权由乾顺母梁太后和国舅梁乙逋把持。梁乙逋为控制兵权、转移矛盾，屡次发兵起衅宋朝边境，发动对宋战争。梁乙逋被处死后，梁太后又派兵继续攻打宋朝，但都大败而还。[②]梁乙逋与梁太后挑起的宋夏战争，自西夏天仪治平二年至永安元年（1088—1098），历时共十年。而上述洪州等监军司，在史料中均出现在元祐二年（1087）后，并集中出现在1092年至1098年之间，这也与梁乙逋、梁太后时期宋夏战争时间相符，这表明由于西夏对北宋战争的需要而增设了这些监军司。随着宋夏关系的缓和及西夏统治者政策的变化，西夏境内的监军司又有调整。《天盛律令》卷一〇“司序行文门”中出现了17个监军司：

> 十二种监军司当全部派二正、一副、二同（通）判、四习判等九人：石州、东院、西寿、韦州、卓啰、南院、西院、沙州、啰庞岭、官黑山、北院、年斜。五种监军司均一正、一副、二同（通）判、三习判等遣七人：肃州、瓜州、黑水、北地中、南地中。[③]

---

① 汤开建《党项西夏史探微》，第444—445页。

② 李范文主编《西夏通史》，第267页。

③ 史金波、聂鸿音、白滨译注《天盛改旧新定律令》，第369—370页。

元昊时期的十二个监军司，继11世纪90年代由于宋夏战争而有所增加，至西夏天盛年间形成了十七个监军司。根据《天盛律令》记载，除了元昊时期设立的瓜州监军司之外，西夏在其国土西陲的敦煌又增置了沙州监军司。从沙州监军司配属二正、一副、二通判、四习判的九人编制以及瓜州、肃州监军司配属一正、一副、二通判、三习判的七人编制来看，增置的沙州监军司的级别要高过瓜州监军司和肃州监军司。榆林窟第29窟出现“沙州监军”之名，也印证了《天盛律令》中关于沙州监军司设立的记载。

至于西夏在其国土西陲增置沙州、肃州监军司的原因，应与北宋绍圣四年（1097）二月喀喇汗王朝攻破沙、瓜、肃事件有关。西夏为入侵北宋，不惜举全国兵力，“点集河南、西凉府、啰庞界、甘、肃、瓜、沙，十人发九人，欲诸路入寇，人马已发赴兴州”[①]，导致西夏西陲防卫和兵力出现空虚。西夏统治者虽然意识到了喀喇汗王朝的军事威胁，并于天祐民安四年（1093）“以兵备于阗”[②]，但绍圣四年（1097）肃、瓜、沙三州仍陷落于喀喇汗军队。关于甘州甘肃监军司移置肃州的时间，史料未有明确记载。《宋会要辑稿》记载北宋绍圣四年（1097）三月，“经略司言：‘西夏起甘州、右厢、卓啰、韦州、中寨、天都六监军人马……’”[③]，表明当时的甘州甘肃监军司尚未移置肃州。也就在同年的二月，喀喇汗王朝趁西夏尽调沙、瓜、肃三地军民对宋作战而兵力出现空虚，派兵攻克了沙、瓜、肃三州之地。由此可知，甘州甘肃监军司移置肃州应在1097年之后。正是在此背景

---

① ［宋］李焘《续资治通鉴长编》卷三二六宋神宗元丰五年，第7848页。
② ［清］吴广成撰，龚世俊校证《西夏书事校证》卷二九，第335页。
③ ［清］徐松辑《宋会要辑稿》，北京：中华书局，1957年，第6903页。

下，西夏于1097年后重新调整和加强了对喀喇汗王朝的防御部署，在最西面的敦煌增置了甲类的沙州监军司，同时将原来甘州甘肃监军司西移到肃州设立了乙类的肃州监军司，再加上原有的瓜州监军司，由此自西向东构筑起沙、瓜、肃三监军司的军政管理体系。这一措施收到了积极的效果，对此后西夏西陲防线的安全起到了有力的保障作用，同时也为西夏中后期敦煌社会经济的恢复和发展奠定了基础。

（二）沙州监军司的职官设置情况

按照《天盛律令》对西夏全国行政体系的划分，沙州监军司和瓜州监军司都属于中等司，司印为铜上镀银十二两。关于西夏监军司的职设，《宋史·夏国传》记载“委豪右分统其众”，《长编》记载“委酋豪分统其众”。在党项时代酋豪是氏族部落的军事长官，《长编》卷一一五记载：“每欲举兵，必率酋豪与猎，有获，则下马环坐饮，割鲜而食，各问所见。”[①]“委酋豪分统其众”反映出监军司制度尚带有过去党项部落军事制度的特点，同时也表明作为西夏时期新军事制度的监军司，其正职仍由作为具有统治地位的党项族人担任。《西夏书事》具体记载监军司的职设：“诸军并设都统军、副统军、监军使一员，以贵戚豪右领其职，余指挥使、教练使、左右侍禁官数十，不分蕃汉悉任之。”[②]也就是说，除都统军、副统军、监军使由“贵戚豪右”担任之外，其余级别较低的指挥使、教练使、左右侍禁官可由党项族人和汉族人共同担任，不分族属，而都统军、副统军以及监军使只能由党项族人担任。《长编》记载元丰七年（1084）四月宋神宗手诏知延州刘昌祚，对宋军于三月击败夏军予以嘉奖：

---

① ［宋］李焘《续资治通鉴长编》卷一一五宋仁宗景祐元年，第2704页。

② ［清］吴广成撰，龚世俊校证《西夏书事校证》卷一二，第142页。

> 壬寅，手诏知延州刘昌祚："去月癸巳，西贼犯安塞堡，第五将以少击众，获其酋豪，非将副谋臧、士卒用命，岂能如此？……初，贼数万寇塞门，昌祚遣米赟以本将拒之，斩级一百一十六，杀统领叶悖麻、副统军咩讹埋，大首领、钤辖等五人。①

此处记载的"获其酋豪"，即指"杀统领叶悖麻、副统军咩讹埋"，可知统领（统军）、副统军俱为党项族。

榆林窟第29窟男性供养人像中出现了沙州监军司和瓜州监军司的高级官员，其中赵麻玉担任沙州监军司都统军（也可能为副统军或监军使）。此外，这些男性供养人画像虽然因头戴冠饰而看不清发式，但皆具有"圆面高准、两腮肥硕"的党项族面部特征和典型的西夏武官服饰样式（图1-7）。元昊在建国之初即在国内严格推行秃发令。《长编》卷一一五记载："元昊初制秃发令，先自秃发。及令国人皆秃发，三日不从令，许众杀之。"②虽然此后西夏内部在实行"番礼"或"汉礼"上时有反复，但秃发仍是西夏时期党项民族风俗的主流和标志性特征。如北宋元符二年（1099）七月，秦凤路经略司以"伪冒改名，剃发、穿耳、戴环"③方式诈诱西夏境内的首领，表明秃发作为党项族发式早已流传开来。榆林窟第29窟供养人像中的秃发侍从和秃发男

---

① ［宋］李焘《续资治通鉴长编》卷三四五宋神宗元丰七年，第8282页。

② ［宋］李焘《续资治通鉴长编》卷一一五宋仁宗景祐元年，第2704页。《西夏书事》记载："三月，下秃发令。元昊欲革银、夏旧俗，先自秃其发，然后下令国中，使属蕃遵之此，三日不从，许众共杀之。于是民争秃其发，耳垂重环以异之。"［清］吴广成撰，龚世俊校证《西夏书事校证》卷一一，第132页。

③ ［宋］李焘《续资治通鉴长编》卷五一二宋哲宗元符二年，第12187页。

图1-7 榆林窟第29窟西壁窟门南侧上排西夏男供养人像（局部）
（采自《中国敦煌壁画全集10·敦煌西夏元》）

图1-8 榆林窟第29窟西壁窟门南侧上排西夏男供养人像中的侍从
（采自《中国石窟·安西榆林窟》）

图1-9 榆林窟第29窟西壁窟门南侧上排西夏男供养人像中的男童
（采自《中国石窟·安西榆林窟》）

童没立玉（图1-8、图1-9），也证实了该窟男性供养人的党项族身份。

根据《天盛律令》记载，沙州监军司设二正、一副、二通判、四习判共九人，瓜州监军司设一正、一副、二通判、三习判共七人。关于“正”所指职名，学者认为存在两种情况，一是表示官品而非官职，二是可能为《番汉合时掌中珠》中所载的“正听”。[①]从《天盛律令》卷一〇之“司序行文门”配属职官看，只有上等司的中央机构中书和枢密以及末等司诸职司之配属官吏未称“正”，如中书和枢密下各有六名“大人”，职名称呼不一；末等诸司则按不同职司配属有头监、寨主、城主等职名。“正”的设置俱在次等司、中等司和下等司中，“正”往往与“副”对应，如《天盛律令》卷四中记载有“正溜”“副溜”“正统”“副行

① 杨蕤《西夏地理研究》，第186—187页。

统”等。因此“正”之所指应为各类职官的正职，并非专指某个特定正职，故将“正”具体比定为“正听”恐欠妥。而“副”则指各类副职，低于“正”。从《天盛律令》记载看，各监军司的首长为正监军使，下设副监军使、通判、习判，而防区的各支部队则由“豪右”担任正副行统。[①]而“通判”“习判”以及《西夏书事》记载的“指挥使、教练使”，为监军司的中级职务。沙州、瓜州监军司还分别设有“都案、案头”，《天盛律令》卷一〇之“司序行文门”记载：

> 一诸司都案、案头者，当依所定遣之，不许超遣。
>
> 一等诸司遣都案次第。十四种三：十二种监军司：北院、年斜、石州、……、沙州、……
>
> 四十三种二：五种监军司：南地中、北地中、瓜州、肃州、黑水。
>
> 一等诸司遣案头次第。十二：农田司、边中监军司司吏。[②]

可知沙州、瓜州监军司分别配有三名都案和两名都案，由于二司俱属于地边监军司，因此都配属十二名案头。都案和案头主要处理文书等具体工作。都案、案头在监军司中职位较低，应即《西夏书事》记载的“左右禁官”。设在凉州的西经略司都案刘仲达为汉族，也说明该职“不分蕃汉悉任之”的特点。

但根据《西夏书事》记载，都统军和副统军才是监军司的最高长官，地位要高于监军使。这在《天盛律令》中也能得到印

① 李范文主编《西夏通史》，第438页。
② 史金波、聂鸿音、白滨译注《天盛改旧新定律令》，第373、375页。

证，该书卷四之“边地寻检门”记载：

> 若正统、副统归京师，边事、军马头项交付监军司，则监军、习判承罪顺序：习判按副行统、监军按正统法判断。[①]

正统即正统军；副统，“边地巡检门”中作“副行统”，亦即副统军。《番汉合时掌中珠》中记载有“正统司”和“统军司”[②]，二司在中书、枢密以及经略司之后，但在殿前司、监军司之前。《天盛律令》记载正统司之司印为铜上镀银二十两，次于经略司银重二十五两，但高于作为中等司的监军司之铜上镀银十二两，表明其司阶排序与《番汉合时掌中珠》的记载符合，但此外未再见“正统司”的记载，因此对于正统司的职能还不甚清楚。而“统军司”，《天盛律令》中未见记载，但上引《天盛律令》中有正统军和副统军的记载。学者根据宋夏交战中西夏“洪、宥、韦三州总都统军贺浪啰率众迎战”和《天盛律令》记载，认为统军司是在经略司之下、高于监军司的军事指挥机构，其正、副将领是正（都）统军和副统军。[③]但这里又出现了难解之点：既然都统军以及副统军是监军司最高长官，为什么又同时是统军司正、副将领？统军司除了高于监军司之外，二者之间有何关系？目前对统军司具体所指及其与监军司的关系、区别解释不甚清晰，容易引起混乱。

《长编》对唐德宗时期设立统军情况记载较为详细：

---

① 史金波、聂鸿音、白滨译注《天盛改旧新定律令》，第211页。

② ［西夏］骨勒茂才著，黄振华、聂鸿音、史金波整理《番汉合时掌中珠》，第56—57页。

③ 史金波《西夏社会》（上），第316页。

> 议者云："唐德宗朝，六军置统军，秩从二品，左右羽林、龙武、神武是也。十六卫置上将军，与统军同，左右卫、骁卫、武卫、威卫、领军、金吾、监门、千牛卫是也。今楚王当为统军，而以上将军命之，且王前为左金吾上将军，按仪制，金吾在统军上将军之上，是则王乃降秩，非迁秩也，有司失于讨阅矣。"①

可见唐代统军级别很高。宋承唐制，也设立统军一职。统军制度也影响到了周边民族政权，如辽代也设有统军一职，"分领兵马，则有统军、侍卫、控鹤司"②。西夏统军制度也应是仿照唐宋兵制而设。西夏的军事体制分为三级：第一级是以枢密院为首的中央统军体制；第二级是经略司、正统司、统军司和殿前司；第三级是监军司、擒生军、兴灵镇守军和护卫军。③"统军司"之名正式出现于乾祐年间（1170—1193）成书的《番汉合时掌中珠》中，但作为机构的成立时间要更早一些。统军司应与监军司管辖范围相当，并与监军司有一定的分工，而非经略司。随着形势的变化，西夏后期正式设立统军司，主要负责监军司范围内的军事防御和战时指挥，而监军司则主要负责地方上的日常军政事务。

由上引《天盛律令》卷四之"边地寻检门"记载可以看出，正统军与副统军回京师后，作为军事事务的"边事"和"军马"要交付给监军司处理。如果出现问题，习判按副统军、监军按正统军之法处理。《天盛律令》卷一三之"执符铁箭显贵言等失

① ［宋］李焘《续资治通鉴长编》卷五三宋真宗咸平五年，第1164页。
② ［宋］李焘《续资治通鉴长编》卷一一〇宋仁宗天圣九年，第2560页。
③ 陈炳应《〈贞观玉镜将〉及西夏兵制研究》，载氏著《贞观玉镜将研究》，第9—13页。

门”记载：“又应派遣执符中，正副统、州府使、刺史、监军司等俱在，原语同，则彼亦勿分别派执符，当总合一齐派之。”[①]总之，作为统军司将领的正、副统军同时兼任监军司的最高官员，并且高于监军司正职监军使。统军司与监军司既有紧密联系，又有所区别。统军司与监军司在驻地和辖区范围上应一致，主要负责监军司辖区内，特别是边境地区的军事防御和战时指挥，正统军、副统军应是监军司部队的统兵将领。《天盛律令》卷四之“弃守营垒城堡溜等门”记载：

> 一诸副行统等率军马防守，住于边境，在任时期日未满，及虽日满但其地上敌人不安定，及闻知有疑，未得局分指示擅自放弃军寨，并令所率防守军马等散去时，住滞出不出，一律与边检校、营垒主管、州主等放弃军溜相同判断。
>
> 一正统人住边境军寨，无指示放弃军寨，并令所率防守军马等擅自解散时，审计有无住滞、语情轻重，依时节等奏计实行。[②]

这表明正统军、副统军负责指挥军队在军寨扎营，驻守边境。同时，正统军和副统军也负责辖区内各城池的安全，如同书“弃守大城门”又载：

> 一前述副行统人等令军马解散，大小城池全放弃，其□下局分都案、案头说“不应”已过问，大人、承旨未听，

① 史金波、聂鸿音、白滨译注《天盛改旧新定律令》，第472页。
② 史金波、聂鸿音、白滨译注《天盛改旧新定律令》，第196—197页。

则勿治罪，未过问则一律徒二年。[①]

除平时防守边境、维护治安外，统军司在战时还负责指挥军队战斗，此时地位仍高于监军使。如《长编》记载北宋元丰四年（1081）冬十月宋军与夏军之战：

> 先是，诏泾原兵听高遵裕节制，仍令环庆与泾原合兵择便路进讨，夏人之谍者以谓环庆阻横山，必从泾原取胡卢河大川出塞，故悉河南之力以支泾原。既而环庆兵不至，刘昌祚与姚麟率本路蕃汉兵五万独出，离贼界堪哥平十五里，遇贼三万余众扼磨脐隘口不得进，……昌祚既挟两牌先登，弓弩继前，与贼统军国母弟梁大王战，自午至申，贼小却，我军乘之，贼遂大败，追奔二十里。斩获大首领鲊啰卧沙、监军使梁格嵬等十五级，小首领二百十九级，擒首领统军侄吃多理等二十二人，斩二千四百六十级，获伪铜印一，自是我军通行无所碍。[②]

可知此次战斗中西夏的统军、监军使均为党项人，西夏军队人数达到三万人之多，并有多位统军和监军使。值得注意的是，上文中提到宋军获“伪铜印一”，应是西夏机构司印，并且该印不是经略司印，而《天盛律令》中只记载正统司为铜上镀银二十两，中等司铜上镀银十二两，那么该印只可能是正统司印或监军司印。遗憾的是上文并未记载铜印重量，对判断是哪个机构造成困难。由引文还可知，西夏其中一位统军为国母弟梁大王，即梁太

① 史金波、聂鸿音、白滨译注《天盛改旧新定律令》，第197页。
② ［宋］李焘《续资治通鉴长编》卷三一七宋神宗元丰四年，第7677—7678页。

后弟梁乙埋。梁乙埋身为国相，虽然被宋人记载为“统军”，但绝非一般统军。在此战中梁乙埋身为战时最高统军首领，统领和节制各地统军司统军、监军司监军使等大小将官进行作战。

北宋元丰五年（1082）五月，西夏调兵攻打北宋。由于蕃官阿齐提前通报西夏军情，北宋得以击败西夏军队的进攻。《长编》记载：

> 环庆经略司言：斩西贼统军嵬名妹精嵬、副统军讹勃遇，得铜印、起兵符契、兵马军书，并获蕃丁头凡三十八级。诏以印、符契、兵马军书来上。（据张守约墓铭：西贼犯怀安寨，守约出他道斩二统军、蕃兵四十六级，生擒八人，发兵符契二、甲马六十四、铜印六，即此役也。）[①]

此战斩杀了西夏正、副统军，宋军还获得铜印、调兵符契和兵马军书。《张守约墓志铭》具体记载“发兵符契二、甲马六十四、铜印六”，那么此处的铜印可能为首领私印。

通常情况下，统军是一个监军司的最高官员。至于作为几个监军司或几个州的统兵官，都是西夏根据战争规模和军事需要而调集多个统军司进行联合作战。这时就会有临时设立的“总都统军”，统领指挥各个统军、监军等大小将官进行战斗。如《长编》记载绍圣四年（1097）宋军攻打宥州：

> ［八月］丙戌，鄜延路经略使吕惠卿言，差将官王愍破荡宥州，并烧毁族帐等不可胜计，斩获五百余级，牛羊以万数。诏赐出界军兵特支有差。（惠卿家传云：七月遣副

①［宋］李焘《续资治通鉴长编》卷三二七宋神宗元丰五年，第7865页。

总管王愍统制诸将入界，二十九日至宥州，其洪、宥、韦三州总都统军贺浪啰率众迎战。愍等击，大破之，追奔二十余里，斩首五百余级。）①

韦州、宥州均设立监军司。但宥州监军司后来裁撤，与洪州并属于东院监军司防区。②以上记载进一步说明，统军司与监军司在驻地以及辖区范围上应当一致。有学者引用《长编》中有关西夏“六路统军”的记载，认为统军还有作为好几个路的统兵官的情况。但根据《番汉合时掌中珠》记载，统军司在经略司、正统司之后，在监军司之前。统军司和经略司中间还设有正统司，无法与路一级的经略司相对应。“六路统军”或可以理解为西夏根据战争规模和军事需要，调集多个路以下的统军司兵力进行作战，在作战中军队的调动以及统军的设立具有很强的临时性和战时体制特点。

举凡政制、兵制都有根据形势而不断调整变化的特点。西夏后期，枢密要通过经略司、正统司、统军司来调兵，主要是为了分权，也是吸取权臣任得敬专政、企图分裂西夏国土的惨痛教训的结果。③这也标志着西夏兵制更趋复杂和成熟化。正是在这样的背景下，统军虽然早在西夏前期就已经出现，但统军司的设立却应在西夏后期，应为地方性的统兵机构。统军司与监军司彼此区别，但又有密切联系。其联系是，统军司与监军司均司职同一片辖区，同属地方军政系统，但统军司要高于监军司，统军司的

① ［宋］李焘《续资治通鉴长编》卷四九〇宋哲宗绍圣四年，第11623—11624页。

② 鲁人勇《西夏监军司考》，《宁夏社会科学》2001年第1期，第86页。

③ 陈炳应《〈贞观玉镜将〉及西夏兵制研究》，载氏著《贞观玉镜将研究》，第13页。

最高将领正统军和副统军同时兼任监军司最高职务，其地位高于监军司正职监军使。因此《西夏书事》中记载监军司“诸军并设都统军、副统军、监军使一员”。而其区别是，统军司主要负责监军司辖区内，特别是边境地区的军事防御和战时指挥，监军司则负责一地的日常军政事务。统军司向正统司负责，而监军司向一路的经略司负责。经略司则依据民事或军事，分别向中书或枢密负责。经略司和监军司的职权范围很广，举凡人事、军事、边防、外事、司法、畜牧等，无所不管。[①]但正统司、统军司则应专司军事，特别是统军司主要负责边境地区的治安、防卫和战时打仗。

由此可知，沙州监军司、瓜州监军司的最高官员应为正统军（或称都统军）、副统军，同时正统军、副统军也是统军司的正、副将领。沙州监军司、瓜州监军司的正职为监军使，但其地位要低于正统军和副统军。莫高窟北区第184窟出土有数件西夏文残账目文书，标本B184：12—1~9正面文书（图1-10）记载“……军溜边……四十五卷……监（军）司……”，背面文书记载“……八支……八支各□支……”；标本B184：12—10~17正面文书（图1-11）记载“……支阿……三十六……分……二支……铁钉……十卷共……”，背面文书记载“……铁钉二……四十支……用大小……”。从文书残存文字看，有“军溜”“监（军）司”等记载，所载物品和数字可能是监军司所用军资物品的账目。[②]根据出土地点判断，文书中的“监军司”很可能指沙州监

---

① 李昌宪《西夏地方行政体制刍议》，载《中国宋史研究会第十届年会及唐末五代宋初西北史研讨会论文集》，第243—245页。

② 史金波《敦煌莫高窟北区西夏文文献译释研究（三）》，载彭金章、王建军《敦煌莫高窟北区石窟》第3卷，第430页。

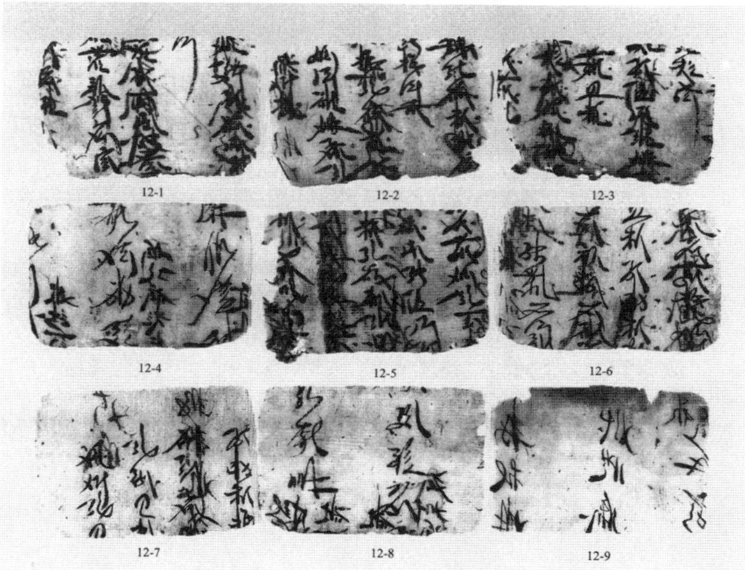

图1-10 莫高窟北区出土西夏文残账目文书
B184：12—1~9
（采自《敦煌莫高窟北区石窟》第3卷）

军司。此外，北区第243窟后室朱书西夏文数行，标本B243：1记载“天者……人……”，标本B243：2记载“则修真一切……”，标本B243：3记载“没有救拔缘也圣高已殊贫富面等谓上心起盛……晓谓”，标本B243：4记载“此之名者佛”，标本B243：5记载“肃瓜统军使……二州事当之佑助……”，标本B243：6记载“此修当前死丘定为”，标本B243：7记载“（西夏文中无此字，与其相类的字有“步”等）”，标本B243：8记载“沙（沙州之沙）”。[①]统军使是监军司的最高官员，肃州监军司和瓜州监军司统军使可能一同参加了佛事活动，并为肃州、瓜州两地发愿祈福。

① 史金波《敦煌莫高窟北区西夏文文献译释研究（三）》，第431—432页。

图1-11 莫高窟北区出土西夏文残账目文书B184：12—10~17
（采自《敦煌莫高窟北区石窟》第3卷）

根据研究，榆林窟第29窟营建于西夏仁宗李仁孝乾祐二十四年（1193），是沙州监军司赵麻玉一家修建的家窟。①据史书记载西夏开国皇帝李元昊在设立十二监军司时，就采取了“委豪右分统其众”②的办法，利用党项酋豪和地方大族势力进行统治。榆林窟第29窟西壁窟门南、北两侧分别绘有西夏男性供养人像和女性供养人像。其中南侧男性供养人题记分绘于上、下两排（图1-12）。西夏文专家对第29窟供养人的西夏文题名进行了译释，由于

① 刘玉权《榆林窟第29窟窟主及其营建年代考论》，载敦煌研究院编《榆林窟研究论文集》（上册），第357—365页。但也有学者提出质疑，认为榆林窟第29窟是一个以西夏武官为主、文官为辅、官民合资、社会共建的“公共窟”，而非赵氏家窟。见宁强、何卯平《西夏佛教艺术中的“家窟”与“公共窟”——瓜州榆林窟第29窟供养人的构成再探》，《敦煌学辑刊》2017年第3期，第137—145页。

② 《宋史》卷四八五《夏国传上》，第13994页。

图1-12 榆林窟第29窟西壁窟门南侧西夏男性供养人像
(采自《中国石窟·安西榆林窟》)

图1-13 榆林窟第29窟西壁窟门南侧上排西夏男性供养人像
(采自《中国石窟·安西榆林窟》)

该窟西夏文题记残缺程度不一，所以人物的身份及其相互关系、具体职官情况还难以完全确定，目前只能进行逻辑框架下的推论。

榆林窟第29窟西壁窟门南侧上排绘有三身男性供养人像（图1-13）。从其人物形象和服饰特征看，都是西夏武官。第一身和第二身头戴尖顶起云镂冠，冠后垂带，身穿红色圆领窄袖襴袍，腰围有黑色宽边、带有花纹的抱肚（护髀），脚蹬尖形黑靴。第三身相比前两身，没有云镂装饰、襴、抱肚。[①]此外，前两身供养人形象也较第三身高大。从武官服饰和人物形象透露出的信息看，前两身官员地位相当并且都高于第三身。第一身题名为"……沙州监军……执赵麻玉一心归依"[②]，也有学者译作"……沙州监军摄受赵麻玉一心归依"[③]，"沙州监军"前有两字难辨，应为"施主"。第一身施主赵麻玉位于"真义国师西壁智海"之后，学者推测可能为沙州监军司正统军、副统军或监军使当中的一个。[④]而从其武官身份来看，应当是担任沙州监军司的最高官员正统军。第二身题名为"……内宿御史司正统军使向赵一心归依"[⑤]，也有学者将"使向"译作"趣使"并转译作"刺史"，指出他不是正统军使，而是职务较低的官员，刺史与其地位相当。[⑥]这位施主赵某的身份有两种可能性，其一是担任实职

---

① 谢静《敦煌石窟中的少数民族服饰研究》，兰州：甘肃教育出版社，2015年，第301页。

② 史金波《西夏佛教史略》，释文见第303页，录文见第298页。（日）荒川慎太郎《敦煌石窟西夏文題記銘文集成》，第312页。

③ 陈炳应《西夏文物研究》，释文见第12、22页，录文见第78页。

④ 刘玉权《榆林窟第29窟窟主及其营建年代考论》《榆林窟第29窟考察与研究》，并载敦煌研究院编《榆林窟研究论文集》（上册），第360、385页。

⑤ 史金波《西夏佛教史略》，释文见第303页，录文见第298页。（日）荒川慎太郎《敦煌石窟西夏文題記銘文集成》，第312页。

⑥ 陈炳应《西夏文物研究》，第22页。

的御史正、内宿司统军，其二则是顶着“御史正、内宿司统军”虚衔的刺史。关于“内宿御史司正”，《番汉合时掌中珠》中记载有“御史”和“内宿司”，西夏汉文《杂字》中也有“御史”的记载。“御史台”与“翊卫司”作为西夏中央机构，最早设立于元昊时期。御史台主管司法监察，莫高窟北区洞窟出土西夏文《碎金》残片中有“宰相裁公堂，御史断常务”的记载。[1]“翊卫司”主管宿卫军，改名为“内宿司”。《天盛律令》卷一二“内宫待命等头项门”对“内宿司”的职责记载如下：“一无职诸大小臣僚、僧人、道士、余人等有内宫大小事由，则管事者当于内宿承旨转告，应遣放则可往。若不回应而自专入时，依人阑入法判断。”[2]因此，内宿司是负责宫中禁卫的机构，内宿承旨是西夏政权中担任宫城保卫及皇族安全的官员，地位非常重要。由内宿承旨、医人、帐门末宿、内宿神策、宫守护、外内侍、阁门、前内侍、内侍承旨等组成的御前待命，或为国主近侍，或为宿卫首领，更需经过严格的审查，必须人根鲜洁。[3]根据《天盛律令》卷一〇“司序行文门”记载，御史和内宿司同属次等司，位于西夏五级行政架构的第二级，属西夏中央机构，级别很高。其官员配置为：“三司一律六正、六承旨：御史、大都督府、西凉府。……一司内宿司六承旨。”[4]可知“御史”配属六正、六承旨，“内宿司”配属六名承旨。再来看这位施主赵某的题名“……内宿御史司正统军使向赵一心归依”，其官职可能就是“御

---

① 史金波《敦煌莫高窟北区出土西夏文文献初探》，《敦煌研究》2000年第3期，第3页。

② 史金波、聂鸿音、白滨译注《天盛改旧新定律令》，第436页。

③ 杜建录《西夏的内宿制度》，《固原师专学报（社会科学版）》1997年第4期，第55页。

④ 史金波、聂鸿音、白滨译注《天盛改旧新定律令》，第367页。

史正、内宿司统军使”，他既担任西夏御史台的监察官员，同时又是内宿司的统军将领，那么这名男性施主身份就非同一般，这是第一种可能。第二种可能是，西夏通常任用地方权势的子弟，他们一般负责宫中警备和杂务，就任于西夏皇帝的左右，后晋升为机关官员派遣到地方，让当地势力为西夏地方统治所用。①这些在宫城获得中央机构职务的地方子弟，回到地方之后原来的中央机构职务就变成了虚衔。那么这名赵姓施主可能就是顶着“御史正、内宿司统军使”虚衔的沙州刺史。无论何者，这两种可能都应当放到整个施主画像排列的政治空间中去，而不能简单地从宗教活动本身去考虑。因此，第一身男性施主即便是沙州监军司的最高官员正统军，但由于监军司属于中等司，因此他的级别最多是西夏五级行政架构中的第三级。而第二身男性施主的实职如果是“御史正、内宿司统军使”，那他的级别就是西夏五级行政架构中的第二级，是中央机构官员。那第二身施主赵某排在第一身施主赵麻玉之后，是有违级别高低的。因此，“御史正、内宿司统军使”更有可能是虚衔，而刺史一职更符合这名赵姓施主的实际身份。根据《天盛律令》记载，沙州刺史属中等司，与监军司平级并且是相对独立的职设，而并非学者认为的“刺史属职务较低的官员”②。刺史职能较多，主要为民事、刑事、军事等方面的监察。从他曾经担任御史台高级监察官员的经历看，他在回到地方之后又担任了同样具有监察职能的沙州刺史一职。至于学者认为第二身施主赵某是第一身施主赵麻玉的儿子③，则并无证

---

①（日）佐藤贵保《西夏の二つの官僚集團——十二世紀後半における官僚登用法》，《东洋史研究》第66卷，第55—59页。

② 陈炳应《西夏文物研究》，第22页。

③ 刘玉权《榆林窟第29窟窟主及其营建年代考论》《榆林窟第29窟考察与研究》，并载敦煌研究院编《榆林窟研究论文集》（上册），第360、385页。

据。这两身官员的服饰和人物形象基本一致，也说明两人的政治地位和官员级别应基本相当。第二身和第三身施主之间有一名男童，题名为“孙。没立玉一心归依”[①]，应当是第二身施主沙州刺史赵某之孙。第三身题名为“……儿子……军讹玉一心归依”[②]，也有学者译作“……儿子御宿军讹玉一心归依”[③]，“儿子”前有两字难辨，应为“施主”。从第三身施主的服饰和人物形象来看，其地位要低于前两身。而从其排列位置和官职“御宿军”分析，应为第二身施主沙州刺史赵某之子，此人似乎也有在西夏宫廷机构中历练的经历。第三身施主之后还有三位侍从，其中戴帽者人物形象较老成，另外两位秃发者则为少年模样，面容清秀。

榆林窟第29窟西壁窟门南侧下排绘有八身男性供养人像。从服饰来看，下排前三身的服饰与上排第一、二身的服饰相同，属于高级武官；第四身至第八身的服饰与上排第三身的服饰相同，可能是级别较低的武官或西夏贵族。[④]下排男性供养人第一身题名为“发愿施主瓜州监军……座者臣……语……”，第二身为“施主长子瓜州监军司通判奉纳赵祖玉一心归依”，第三身为“施主子……一心归依”。[⑤]从服饰和人物形象来看，第一身男性

① 史金波《西夏佛教史略》，释文见第303页，录文见第298页。陈炳应《西夏文物研究》，释文见第12页，录文见第78页。（日）荒川慎太郎《敦煌石窟西夏文題記銘文集成》，第313—314页。

② 史金波《西夏佛教史略》，释文见第303页，录文见第298页。（日）荒川慎太郎《敦煌石窟西夏文題記銘文集成》，第312页。

③ 陈炳应《西夏文物研究》，释文见第12页，录文见第78页。

④ 谢静《敦煌石窟中的少数民族服饰研究》，第302页。

⑤ 史金波《西夏佛教史略》，释文见第303页，录文见第298页；陈炳应《西夏文物研究》，释文见第12页，录文见第78页。（日）荒川慎太郎《敦煌石窟西夏文題記銘文集成》，第313—314页。

施主的官职可能是瓜州监军司正统军。莫高窟北区B243洞窟出土西夏文残片B243：5记载："肃、瓜统军使……二州事当之佑助……"[①]说明肃州监军司和瓜州监军司的统军使可能一起参加了佛事活动，并为肃州、瓜州两地发愿祈福。第二身赵祖玉为第一身发愿施主瓜州监军司正统军之子，担任瓜州监军司通判一职。榆林窟第25窟西夏文发愿题记中也有赵祖玉的题名："子瓜州监军司通判赵祖玉"[②]，表明其父也在发愿题记当中。第三身也是第一身发愿施主之子，但是看不清官职。从其服饰和人物形象看，应当至少与第二身赵祖玉的通判官职相当。推测第三身可能是瓜州刺史或者是瓜州监军司的习判。第四身也是第一身发愿施主的儿子，第五身题名中有"承旨"二字，根据《天盛律令》记载，只有瓜州转运司有承旨之设，因此第五身可能是瓜州转运司的承旨。第六身题名中有"司"字，此人可能是瓜州监军司的都案、案头。承旨、都案、案头必须熟悉文书工作和国家典章律法，而且要头脑灵活，其职位虽然不高，但却是诸司之中处理日常事务的主体力量。他们并非西夏武官，而是普通的文职人员。第七身、第八身画像模糊，题名也已漫漶难辨，从其服饰和人物形象看应与第四身、第五身、第六身身份相当。

榆林窟第29窟西壁窟门北侧也绘有女性供养人像（图1–14）。上排绘有高僧禅定像，其身后绘有三身女性供养人像，与对面西壁南侧男性成年施主人数相对应。第一身题名为"故岳母曹氏夫人一心归依"，表明她可能是"沙州原来实力最强的破落贵族曹氏家族的女子"[③]，

① 史金波《敦煌莫高窟北区西夏文文献译释研究（三）》，第431—432页。

② 史金波《西夏佛教史略》，录文见第297页，译文见第302页。

③ 宁强、何卯平《西夏佛教艺术中的"家窟"与"公共窟"——瓜州榆林窟第29窟供养人的构成再探》，《敦煌学辑刊》2017年第3期，第143页。

图1－14 榆林窟第29窟西壁窟门北侧下排西夏女性供养人像
（采自《中国敦煌壁画全集10·敦煌西夏元》）

而赵麻玉应当娶了这位曹氏夫人的女儿。那么，党项赵姓家族后裔就可能具有了部分汉族血统。“故岳母曹氏夫人”之后的第二身女供养人题名难辨，第二身和第三身女供养人之间有一名女童，第三身题名为“故先行愿施主夫人褚氏一心归依”[①]，其身后还有两名侍从。下排第一身是一名和尚，其身后有女性供养人六身（图1－15），“自右到左身高逐渐降低，应当是身份逐渐减低的排列方式”[②]。从服饰来看，上层三身女供养人画像已被烟熏而模糊不清，下层女供养人画像比较清楚。女供养人分别头戴黑、红、紫色四瓣莲蕾形金珠冠，分别身着紫、红、绿色交领右衽窄袖开衩长袍。脚露踝，穿尖钩鞋。[③]这些女供养人都是党项

① 史金波《西夏佛教史略》，录文见第298页，译文见第303页；陈炳应《西夏文物研究》，释文见第13页，录文见第79页。

② 宁强、何卯平《西夏佛教艺术中的“家窟”与“公共窟”——瓜州榆林窟第29窟供养人的构成再探》，《敦煌学辑刊》2017年第3期，第143页。

③ 谢静《敦煌石窟中的少数民族服饰研究》，第314页。

图1-15 榆林窟第29窟西壁窟门北侧下排西夏女性供养人像局部
（采自《中国石窟·安西榆林窟》）

姓氏，基本看不出汉姓特征。尽管学者对这些女供养人的身份及其人物关系进行了各种猜测，但都没有确切证据。[①]从题名中出现“施主夫人”“女”“媳”等身份信息来看，只能说明她们都是南侧男供养人的家眷。

榆林窟第29窟营建于1193年，而西夏第五位皇帝李仁孝也在这一年去世。[②]学者认为由于西夏皇帝李仁孝病重，沙州监军司最高官员联合瓜州监

① 刘玉权《榆林窟第29窟窟主及其营建年代考论》《榆林窟第29窟考察与研究》，并载敦煌研究院编《榆林窟研究论文集》（上册），第361—362、385—387页。宁强、何卯平《西夏佛教艺术中的“家窟”与“公共窟”——瓜州榆林窟第29窟供养人的构成再探》，《敦煌学辑刊》2017年第3期，第143—145页。
② 刘玉权《榆林窟第29窟考察与研究》，载敦煌研究院编《榆林窟研究论文集》（上册），第390页。

军司文武官员同建此窟，为皇帝祈福，此说颇有可能；但认为仁孝皇帝在莅临瓜州期间病重，沙州监军司正统军赵麻玉前来瓜州探望护卫，并联合陪同皇帝到达瓜州的侍卫长、御林军统军将领赵某以及瓜沙地区文武官员修建此窟，[①]则属猜测，并无实证。总体来看，榆林窟第29窟营建完成于仁孝皇帝去世的同一年（1193），两者应当存在某种联系。作为西夏历史上在位时间最久、寿命最长的皇帝，李仁孝通过内政外交方面的不断努力，使得西夏社会稳定、经济文化繁荣。此外，他还崇尚佛教，不仅供奉藏传佛教僧人为国师，而且还组织刻印大量佛经。因此，1193年李仁孝的病重和去世，对当时的西夏民众和佛教界来说都是十分重大的事件。在此背景下，榆林窟第29窟有可能就是沙州、瓜州两地文武官员为仁孝皇帝发愿祈福而联合营建的洞窟。该窟西壁窟门南侧上排的男性施主是以沙州监军司正统军为首的沙州各级官员，下排则是以瓜州监军司正统军为首的瓜州各级官员。这样看来，榆林窟第29窟窟主并不一定是学者们认为的赵麻玉，而是沙州、瓜州两地文武官员作为施主联合营建。从已释读出的这些西夏文题名来看，这些来自沙州和瓜州的男性施主基本都姓赵，上排沙州施主中父子、爷孙同时出现，下排瓜州本地施主中父子也同时出现，再加上对面的女性家眷，这些都强烈透露出第29窟无论是营建还是举行佛事活动，都具有明显的“家族性”特征。这类洞窟的供养人将全家和与家族相关人等，上自祖父母，下至姊妹、兄弟、妯娌、连襟、女婿、儿孙以及仆人、奴婢皆列绘入画，“多为盛唐以后敦煌地区吐蕃、回鹘、党项、蒙古等族

① 宁强、何卯平《西夏佛教艺术中的“家窟”与“公共窟”——瓜州榆林窟第29窟供养人的构成再探》，《敦煌学辑刊》2017年第3期，第140—142页。

的王公贵胄，汉族藩镇一方的节度使、刺史、高级官员和地方豪族富绅，其题名尽显官爵显位”[①]。榆林窟第29窟供养人像的特点正属此类。根据《天盛律令》记载，沙州监军司和瓜州监军司都是中等司，司印为铜上镀银十二两。但是沙州监军司配属二正、一副、二通判、四习判的九人编制，而瓜州监军司只配属了一正、一副、二通判、三习判的七人编制，可见沙州监军司级别要略高于瓜州监军司，这也反映出西夏中后期敦煌、瓜州的军政重心已由瓜州西移到了敦煌。因此，来自沙州的三名高级官员作为施主出现在了第29窟西壁窟门南侧的上排，而瓜州当地八名官员作为施主出现在了下排。沙州、瓜州两地官员联合营建洞窟和举行佛事活动并非个例，肃州监军司和瓜州监军司的统军使也曾一起参加佛事活动，并为肃州、瓜州发愿祈福。

（三）西夏文《瓜州监军司审判案》及其所反映的监军司职能

西夏文《瓜州监军司审判案》记述了西夏瓜州监军司官吏对一起因多人团伙偷盗马匹并交换织褐的案件的审理过程。该组文书草书于天赐礼盛国庆元年至二年间（1069—1070），是目前已知年代最早的西夏文文献。《瓜州监军司审判案》不仅对研究西夏法律制度、法律实践具有非常珍贵的价值，同时也是了解西夏前期瓜州监军司职能及其运作的鲜活素材。

根据2007年出版的《中国藏西夏文献》，中国各收藏单位共保存12页该文书，皆定名为《瓜州审案记录》。其中中国国家图书馆（原北京图书馆）保存4页，编号分别为：B11·001［84192］（2-1）、B11·001［84192］（2-2V）、B11·002［84192V］（2-1）、

① 季羡林主编《敦煌学大辞典》，李永宁撰“供养画像”，上海：上海辞书出版社，1998年，第177—178页。

B11·002［84192V］（2–1）。[①]北京大学图书馆保存6页，编号分别为：B21·001［X1–1（01639）］、B21·002［X1–2（01639）］、B21·003［622573（419.5 10.10a）］、B21·004［X1–1（01639V）］、B21·005［X1–2（01639）V］、B21·006［622573（419.5 10.10a）V］。[②]中国国家博物馆（原中国历史博物馆）保存有2页文书，编号为B31·001［63.542］、B31·002［63.542V］。[③]又据2010年出版的《日本藏西夏文文献》，日本龙谷大学图书馆保存1页，编号为日本藏02–1（图1–16）。[④]

图1–16 龙谷大学图书馆藏《瓜州审判档案残卷》（采自《日本藏西夏文文献》）

① 宁夏大学西夏学研究中心、国家图书馆、甘肃五凉古籍整理研究中心编《中国藏西夏文献》卷一《北京编·国家图书馆藏卷》，第17—18页。

② 宁夏大学西夏学研究中心、国家图书馆、甘肃五凉古籍整理研究中心编《中国藏西夏文献》卷一二《北京编·国家图书馆藏卷》，第351—356页。

③ 宁夏大学西夏学研究中心、国家图书馆、甘肃五凉古籍整理研究中心编《中国藏西夏文献》卷一二《北京编·国家图书馆藏卷》，第362—363页。

④ 武宇林、荒川慎太郎主编《日本藏西夏文文献》（上册），第220页。

龙谷大学藏02-1文书记载：[①]

1.奴召唤瓜州监军司的两个佐，让安……

2.将物品全数弃之，并马嵬兀忠做陈告人

3.将有关者驱使至应，将使人二析裴罗别（应作：二人析裴、罗别）

4.所谓卑官座师发言，奴今召见波，瓜州

5.监军司令在此审问相关者

6.均等也听取意见，奴令使人罗别

7.十九日听候派遣，二十七日出发

8.昔氏及马嵬兀忠作为原告者告，让李哈行、

9.八豆、金僧正，以及阿（?）、苏（?）

10.和枝符富顺等六人，作为应，驱至应，

11.奴将六人中的金僧正等四人（缺）

王静如译文之二（未找到对应编号文书，收藏机构不明）：

1.???? 顺德??

2.因为陈告而得赏，说是四匹。所以，这个?

3.无使者，即该小狗将马

① 以下译文参（日）松泽博《西夏文〈瓜州监军司审判案〉遗文——以橘瑞超带来在龙谷大学大宫图书馆馆藏品为中心》，《国家图书馆学刊》2002年增刊“西夏研究专号”，第73—83页。

4.卖掉，以四紧丝之价，换得三十二织褐
5.来到瓜州，其时小
6.狗换得织褐。关于该马（我）
7.向嵬？奴问该马之情况时
8.答曰它是赏赐之物。小狗不知此事。此后的三日
9.对僧正金寅正进行审问
10.获知小狗捕捉马
11.我又传讯八豆
12.此后几日，我审问八豆
13.我详细审问李哈行、寅正（以下缺）

中国国家图书馆藏B11·001［84192］2-2V文书记载：

1.强制将金僧正，还有阿、苏和市？
2.以及符富顺并且嵬呤奴传讯到场，
3.并将马一并带到监军司，使
4.报告使人召唤数人？？这个？？
5.使人析裴到案期限为腊月
6.到瓜州时，时值
7.天赐礼盛国庆元年腊月日
8.二？［画押］
9.勤匠［某］
10.勤匠［某］

北京大学图书馆藏B21·003［622573（419.5 10.10a）］：

1.农牧主永善尚？奴茂巴黑土

2.山及鲁神回答说。波波农田司的兀传。

3.使者，谷物使平安到来，今年

4.十月在瓜州，其他所有人和鲁神

5.发生纷争，由于刚才的因缘，在铁枷中

6.? 陈述，我把这个金小狗的同党从村子中

7.送至冷州（应作灵州），鲁神来到，报我诸司，应降服之。未果。

8.［不详］

9.在判处刑罚时，以杖刑。

10.天赐礼盛国庆元年腊月日

11.十二日［画押］

12.勤匠［画押］

王静如译文之四（未找到对应编号文书，收藏机构不明）：

1.按照刑法，邪行因为屠宰等，被判过失罪。

2.小狗潜入村庄，不知去向。八豆

3.在搜查过程中，我（八豆）向他人求助。

4.铸造银子，将银块折断，

5.拿着它到各个地方去卖，没有遇到买主。在这之后，

6.拿出去卖没有卖掉。顺德向应一再强调这是应该知道的事情。

7.状和应沉默不语，这时邪行坦白招供服罪

8.天赐盛国庆二年六月，邪行［画押］

9.召唤顺德。

10.十六日［画押］

11.勤匠［画押］

中国国家博物馆藏B31·001［63.542］文书记载：

1.农牧主永菩尚？奴茂以及农牧主金小狗等
2.按他们所说，这时候的李邪行一个人如借了马嵬兀
3.忠的马的话，葛杰（?）的马
4.因为已经死了，所以很快就检验了他的信用……。邪行
5.因为是关乎人命的事情，每天？还要夜以继日地追捕。
6.经打听，邪行没有回家去。这之后，
7.邪行逃亡，追捕他的人潜入村子等待抓获他，没等到。
8.这时候，小狗坦白招供服罪。
9.天赐礼盛国庆二年七月，金小狗［手印］
10.检查之后，因为关乎人命，他被
11.留在狱中等待召唤，每天提审一次。
12.八日［画押］

这几件文书内容相互连接。根据日本藏02-1文书中“召唤瓜州监军司的两个佐”“监军司令在此审问相关者”以及中国国家图书馆藏B11·001［84192］2-2V文书中“并将马一并带到监军司”等记载，可知该案子由瓜州监军司审理。案件的原告方是昔氏和马嵬兀忠，被告方是八豆、李哈行、金僧正、金小狗等六人，其中顺德作为告发人也出现在审案记录中。日本龙谷大学藏02-1文书记载天赐礼盛国庆元年（1069）腊月瓜州监军司受理案情，“奴”为文书中记录人的自述，很可能是监军司的某位主事官，具体负责此案的审理。他下令开始审理此案，以昔氏及马嵬兀忠作为原告者，状告李哈行、八豆、金僧正等六人。王静如译文之

二记载顺德因为报告案情而获得奖赏，金小狗将马匹卖掉后换的织褐。“奴”对金小狗等一一进行审问。审问金小狗时，金小狗说是赏赐之物，没有承认卖马换织之事。又通过审问金僧正而得知是金小狗捕捉马匹，又审讯八豆、李哈行等。中国国家图书馆藏B11·001［84192］2-2V文书记载，随后将金僧正等六人强制带至监军司，同时将马匹也带至监军司。北京大学图书馆藏B21·003［622573（419.5 10.10a）］文书内容不太好理解，和中国国家博物馆藏B31·001［63.542］文书对比后，才能大致理解其意。文书中出现了农田司，并派遣谷物使到瓜州。文书又指对金小狗同伙处以杖刑。根据王静如译文之四（未找到对应编号文书，收藏机构不明）文书记载天赐礼盛国庆二年（1070）六月，李邪行因为屠宰被判了过失罪，金小狗逃走不知去向，这时离天赐礼盛国庆元年（1069）腊月受理此案已过去了半年。中国国家博物馆藏B31·001［63.542］文书则记载了李邪行等人的供述，而金小狗也招供服罪，并在狱中等待召唤和每日一次的提审，时间署为天赐礼盛国庆二年（1070）七月。

《瓜州监军司审判案》为瓜州监军司审理多人团伙盗窃马匹案件的审案笔录。审理时间起自天赐礼盛国庆元年（1069）腊月，至二年七月，且未审理完毕。[①]这反映出瓜州监军司官吏对案件审理的认真态度。《天盛律令》卷三“群盗门”中记载：

> 一五人以上同谋皆往盗窃，畜物已入手，则多寡不论，当为群盗。无论主从，不论有官、庶人，一律皆当以剑斩。自己妻子，同居子女当连坐，应入牧农主中。其中二三人

---

① 王静如《引论》，《国立北平图书馆馆刊》第4卷第3号“西夏文专号”，第24—32页。

往盗窃，有一二人未往盗窃时，勿算群盗。强盗、偷盗主从犯判断。[①]

金小狗为盗马主犯，其团伙尚有五人，总共超过六人。如依据《天盛律令》条文，只要五人以上就算是群盗，要用刀剑处以极刑。由于《瓜州监军司审判案》中，该案件尚未审理完毕，因此最终判处结果尚不得知。但在上引中国国家博物馆藏B31·001［63.542］文书中，出现了“邪行/因为是关乎人命的事情，每天？还要夜以继日地追捕。/……/检查之后，因为关乎人命，他被/留在狱中等待召唤，每天提审一次。/”，可见也是人命关天，则与《天盛律令》的记载相似。另外，北京大学图书馆藏B21·003［622573（419.5 10.10a）］、中国国家博物馆藏B31·001［63.542］中还出现了“农牧主”的记载。《天盛律令》卷一“谋逆门”“背叛门”以及卷三“群盗门”等条文中，犯人乃至其家属及受牵连人员要“入牧农主中”，相当于被编入牧农主中做劳役，有些甚至是“无期劳役”。因此，文书中牧农主的出现可能与犯人的处置有关系。此外，文书中由于顺德的举报而进行了赏赐，这一点也与《天盛律令》卷三之“追赶捕举告盗赏门”的内容相似。[②]由于这组用西夏文草书写成的文书内容尚有不同程度的缺失，字迹也有破损、模糊的情况，因此《瓜州监军司审判案》的译文还难以完全理解，不能对之进行过度解读。但该组文书的重要价值在于，它的出现早于《天盛律令》等法典八十多年，虽然不能完全以《天盛律令》条文去解释，但这组文书反映了西夏前

① 史金波、聂鸿音、白滨译注《天盛改旧新定律令》，第169页。

② （日）松泽博《西夏文〈瓜州监军司审判案〉遗文——以橘瑞超带来在龙谷大学大宫图书馆馆藏品为中心》，《国家图书馆学刊》2002年增刊“西夏研究专号”，第77页。

期监军司的职能及相关案件的审理流程。

三、沙州刺史——都案

西夏汉文本《杂字》之“司分部十八”中有“刺史”一职。[①]《天盛律令》卷一〇之“司序行文门”中，西夏五级职司中未有刺史，表明刺史并非职司。而在职官配属中记载，向沙州、瓜州派遣刺史各一人：

> 二十种一律刺史一人：东院、五原郡、韦州、大都督府、鸣沙郡、西寿、卓啰、南院、西院、肃州、瓜州、沙州、黑水、罗庞岭、官黑山、北院、年斜、南北二地中、石州。[②]

上文中包含全部17个监军司名，表明是向监军司派遣刺史。

学者将刺史归为监军司之下的军职，认为刺史地位低于团练使。[③]但根据《天盛律令》记载“一诸边中刺史者，与中等司平级传导”[④]，监军司属于中等司，则沙州、瓜州刺史亦应具有与监军司平级的地位。又据《天盛律令》卷一三之“执符铁箭显贵言等失门”记载“又应派遣执符中，正副统、州府使、刺史、监军司等俱在，原语同，则彼亦勿分别派执符，当总合一齐派之”

① 史金波《西夏汉文本〈杂字〉初探》，载《中国民族史研究》（二），第184页。

② 史金波、聂鸿音、白滨译注《天盛改旧新定律令》，第369页。

③ 陈炳应《〈贞观玉镜将〉及西夏兵制研究》，载氏著《贞观玉镜将研究》，第14页。

④ 史金波、聂鸿音、白滨译注《天盛改旧新定律令》，第365页。

[①]，卷四之“敌动门”记载“□□□□□中以外，说汝在发兵之中，其法□□□□□连，刺史、监军司等，自己虽有贪赃，知觉人有所贪已知觉，……”[②]，表明刺史是相对独立于监军司之外的职设。《天盛律令》卷一四之“误殴打争斗”又载“边中：经略司，府、军、郡、县，刺史，监军司，城、寨、堡”[③]，此处亦清楚表明，经略司、刺史、监军司是相互独立的几个职设。沙州、瓜州监军司俱属于中等司，并且沙州、瓜州刺史还各配属有一名都案，位于末等司，也表明刺史具有某种职司机构的特点，具有相对的独立性。从刺史职能看，刺史多负责监察之事，与监军司日常负责行政的职能相互分离，因而具有互相制约的特点。

关于刺史职能，《宋史·夏国传》在叙及西夏兵制时有所提及：

> 团练使以上，帐一、弓一、箭五百、马一、橐驼五，旗、鼓、枪、剑、棍棓、粆袋、披毡、浑脱、背索、锹镬、斤斧、箭牌、铁爪籬（篱）各一。刺史以下，无帐无旗鼓，人各橐驼一、箭三百、幕梁一。[④]

结合《天盛律令》记载来看，刺史职能较广。这可能是随着西夏社会和地方制度的不断发展，刺史的职能逐渐多元化。据学者梳理，刺史有如下几种职能：如负责监督赋税登记造册、库粮发

① 史金波、聂鸿音、白滨译注《天盛改旧新定律令》，第472页。
② 史金波、聂鸿音、白滨译注《天盛改旧新定律令》，第222页。
③ 史金波、聂鸿音、白滨译注《天盛改旧新定律令》，第485页。
④ 《宋史》卷四八六《夏国传下》，第14028页。

放；负责调配修造粮仓、搬运粮食所需之“笨工”；负责治安，刺史同监军司、地方巡检一样有抓捕权；在审刑方面，刺史拥有复审权；参与军事，拥有兵权。此外，相对于监军使，刺史职能明显带有民事官色彩。[①]通过对《天盛律令》的对读可知，刺史职能更多地体现出了监察的特点，且监察内容涵盖了民事、刑事、军事等诸多方面。

首先，是民事方面的监察。如对监军司领取粮食进行监察，《天盛律令》卷一五之“纳领谷派遣计量小监门”记载：“一诸边中有官粮食中，已出于诸分用处，监军司谕文往至时，当明其领粮食斛斗者为谁，刺史处知觉当行。计量小监由监军习判、通判等轮番当往一人。领粮食处临近，则刺史当自往巡察，若远则可遣胜任巡察之人，依数分派。”[②]又如对收租入库的整个过程进行巡察，“纳领谷派遣计量小监门”记载：“一纳种种租时节上，计量小监当坐于库门，巡察者当并坐计量小监之侧。纳粮食者当于簿册依次一一唤其名，量而纳之。……管事刺史人中间应巡察亦当巡察。”[③]刺史也负责监察租户种地与耕牛数字。转运司等负责登记造册，而刺史则负责检校，“纳领谷派遣计量小监门”记载：“一边中、畿内租户家主各自种地多少，与耕牛几何记名，地租、冬草、条椽等何时纳之有名，管事者一一当明以记名。中书、转运司、受纳、皇城、三司、农田司计量头监等处，所予几何，于所属处当为簿册成卷，以过京师中书，边上刺史处所管事处检校。”[④]以上是刺史民事监察的主要内容。

---

① 李昌宪《西夏地方行政体制刍议》，载《中国宋史研究会第十届年会及唐末五代宋初西北史研讨会论文集》，第245—246页。

② 史金波、聂鸿音、白滨译注《天盛改旧新定律令》，第512—513页。

③ 史金波、聂鸿音、白滨译注《天盛改旧新定律令》，第513页。

④ 史金波、聂鸿音、白滨译注《天盛改旧新定律令》，第514页。

其次，负责对刑事事务的监察。《天盛律令》卷九之“诸司判罪门”记载：“一国境中诸司判断习事中，有无获死及劳役、革职、军、黜官、罚马等，司体中人当查验，明其有无失误。刺史人当察，有疑误则弃之，无则续一状单，依季节由边境刺史、监军司等报于其处经略，经略人亦再查其有无失误，核校无失误则与报状单接。”[①]可知刺史要对“获死”“劳役”等刑事审理结果进行监察，并据情报送经略司查验。“行狱杖门”记载：“一边中诸司都巡检等处现拘囚中，有以枉法、稽缓、受贿、徇情而遣放之等，所属刺史人当每十日一番审视推察之，当登记于板簿上。”又载：“一等囚人染疾病不医，不依时供给囚食，置诸牢狱不洁净处，及应担保而不担保等，疏忽失误而致囚死时，依四季节，诸司所属囚亡若干，刺史司体等当依次相互检视。”[②]可知刺史对狱中犯人的非正常死亡和非人待遇也要进行监察。如果有人对刑审不服，则先告诉刺史审查，如果确实是冤枉，则转交监军司。“越司曲断有罪担保门”记载：“一诸人因互相争讼而投奔地边，经略使上职管者因种种公事当告原先所属监军司。其中谓已枉误而不服，则告于刺史，敢只关则当取文而视之。实为枉误，于局分争讼者当引送监军司……”[③]由此可知，刺史的刑事监察职能涵盖了审理、处罚、牢狱以及复审等各个环节。《瓜州监军司审判案》诸文书为监军司审理多人团伙盗窃马匹案件的审案笔录。审理时间起自西夏天赐礼盛国庆元年（1069）腊月，至二年七月，且尚未审理完毕。[④]在中国国家博物馆藏

① 史金波、聂鸿音、白滨译注《天盛改旧新定律令》，第323页。
② 史金波、聂鸿音、白滨译注《天盛改旧新定律令》，第336、334页。
③ 史金波、聂鸿音、白滨译注《天盛改旧新定律令》，第338页。
④ 王静如《引论》，《国立北平图书馆馆刊》第4卷第3号“西夏文专号”，第24—32页。

B31·001［63.542］文书中，出现了“邪行/因为是关乎人命的事情，每天？还要夜以继日地追捕。/……/检查之后，因为关乎人命，他被/留在狱中等待召唤，每天提审一次”记载。由于案情关乎人命，因此监军司官员进行了谨慎审理，刺史在审案过程中可能进行了严格的监察。

第三，刺史还有军事监察的职责。如监军司所属司印、符牌、兵符等，平时置于监军司大人处，而调兵时则需在刺史在场的情况下开合符牌。《天盛律令》卷一三之“执符铁箭显贵言等失门”：“一诸监军司所属印、符牌、兵符等当记之，当置监军司大人中之官大者处。送发兵谕文时当于本司局分大小刺史等众面前开而合符。”[①]又如当需要发兵但兵符不合，而的确需要发兵时，刺史与监军一同发兵，“执符铁箭显贵言等失门”，“一边上敌人不安定，界内有叛逃者，应立即急速发兵，求取兵符。奏报京师而来牌。发兵谕文等中，符皆不合者，需要兵力语是真实，则刺史、监军同官当发兵”[②]。当出现内外威胁时，监军不能擅自决定发兵，需与刺史一起发兵，体现出了刺史在军事方面的监察职能。

总之，沙州刺史、瓜州刺史属中等司，是与监军司、转运司平级并且相对独立的职设，其职能较多，主要为民事、刑事、军事等事务方面的监察。通过监察，刺史起到了对监军司、转运司等机构的权力制约和职事监督。沙州刺史、瓜州刺史各配属一名都案，负责协助刺史行使职权。榆林窟第29窟西壁窟门南侧上排第二身施主，应当就是顶着中央监察机构“御史正、内宿司统军”虚衔的沙州刺史。

---

① 史金波、聂鸿音、白滨译注《天盛改旧新定律令》，第474页。

② 史金波、聂鸿音、白滨译注《天盛改旧新定律令》，第476页。

四、沙州经制司——大人、承旨

西夏设立有两个经制司，一个设在西院，另一个即设在敦煌，属于下等司。“司序行文门”记载：“二种经治（制）寺（司）二大人、二承旨：西院、沙州。”[①]宋代职官设置中，设立有经制边防财用司。在《宋史·职官志》记载中，“经制边防财用司”也恰在转运使之后设立，“经制边防财用司：掌经画钱帛、刍粮以供边费，凡榷易货物、根括耕地及边部弓箭手等事，皆奏而行之”[②]。西夏经制司应是仿宋制而设，作用应同宋朝经制边防财用司一样，其是为了加强边防而设置的理财机构。[③]沙州位于西夏国境的最西端，边防作用重要，故于此设立经制司。该职司属下等司，在“转运司”之前。

西夏时期要求各地诸司将官畜、谷物的借领、供给、交还、偿还、催促损失等情况，按照距离京城远近，自三个月至一年不等向中书、枢密所管事处报告。由于敦煌、瓜州位于西夏国境最西边，距离最远，因此按一年一次向中央报告，是一年一报告的仅有的两个地方。

五、沙州转运司——正、承旨、都案、案头

转运司之设也应当是仿自宋代制度。《宋史·职官志》之“都转运使，转运使，副使，判官”记载：“掌经度一路财赋，而查其登耗有无，以足上供及郡县之费；岁行所部，检查储积，稽考帐籍，凡吏蠹民瘼，悉条以上达，及专举刺官吏之事。”[④]

---

① 史金波、聂鸿音、白滨译注《天盛改旧新定律令》，第371页。

②《宋史》卷一六七《职官志七》，第3972页。

③ 陈炳应《西夏与敦煌》，《西北民族研究》1991年第1期，第82页。

④《宋史》卷一六七《职官志七》，第3964页。

宋代设立此职主要执掌一路或数路的财政。西夏时期在中央设立了属于中等司的都转运司，同时在10个地方设立了属于下等司的边中转运司。其中在敦煌、瓜州即设立有转运司。“司序行文门”记载：

> 边中转运司：沙州、黑水、官黑山、卓啰、南院、西院、肃州、瓜州、大都督府、寺庙山。六种转运司二正、二承旨：寺庙山、卓啰、肃州、瓜州、沙州、黑水。[①]

其中除了都转运司位处中等司而与农田司、监军司平级外，其余10个转运司俱为下等司，在监军司之后。这表明西夏的转运司不应设于路一级，而是设置于监军司，应为监军司下属机构。瓜州转运司、沙州转运司下还分别设立两名承旨和两名都案，位于末等司。

转运司的职责比较单一，大体可归纳为催租以及维护水渠两项，另外，“与地租相关的闲田复种、生地开垦、田地毁坏、土地买卖，也都归转运司管辖”[②]。由此可知，转运司具体负责催租，以及与土地、水渠相关的周边事务，例如农田管理和农业基础设施维护。榆林窟第29窟西壁窟门南侧下排第五身施主题名“……承旨……”[③]，但监军司、刺史均不设承旨，只有沙州转运司和瓜州转运司各设立两名承旨。由于这身施主位于下排的瓜州官员队伍中，因此应当是瓜州转运司承旨。

---

① 史金波、聂鸿音、白滨译注《天盛改旧新定律令》，第363、370页。

② 李昌宪《西夏地方行政体制刍议》，载《中国宋史研究会第十届年会及唐末五代宋初西北史研讨会论文集》，第247—249页。

③ 史金波《西夏佛教史略》，第303页。

六、沙州——州主、城守、通判等

西夏的州一般都设有州主，《番汉合时掌中珠》在“监军司”后记有“州主”，负责本州事务。《天盛律令》卷四之“修城应用门”记载了州主、城守、通判等职，负责城池修缮和守城武备的维护等事务，并对监军司负责：

> 一……等，州主、城守、通判等当记录在案，年年□□□，冬时当告监军司□□监军□□□人当往，……一州主、城守、通判等所属城中，种种准备聚集，城战具、铁绳索、勿串、板门、石砲、垒等聚集应修治而未做，每年不按期以状告监军司而懈怠时，州主、城守、通判等一律有官罚马一，庶人十三杖，以下局分人一律十杖。①

州主、城守、通判具体负责一城军备的维护，并向监军司定期报告，这表明沙州监军司以及瓜州监军司分别负责敦煌、瓜州城池的军备。

东千佛洞第2窟甬道南壁绘有西夏时期男供养人像，在其西夏文供养人题记中发现了“边检校”一职的题名。学者认为这几身男供养人衣冠服饰与榆林窟第29窟西壁窟门南侧男武官供养人像有相似之处，也是西夏武官，但他们的头冠没有榆林窟第29窟武官头冠华贵，表明东千佛洞第2窟男性供养人地位较榆林窟第29窟西夏武官为低。②《天盛律令》卷四之“弃守营垒城堡溜等门”“弃守大城门”“边地巡检门”“敌军寇门”记载了由正

① 史金波、聂鸿音、白滨译注《天盛改旧新定律令》，第218、220—221页。
② 张先堂《瓜州东千佛洞第2窟供养人身份新探》，《敦煌学辑刊》2006年第4期，第27页。

统、副统、州主、城守、通判、边检校等构成的自上而下的边境巡检和防守体系。

关于边检校一职，《天盛律令》卷四之“边地巡检门”记载：“一沿边检校者应派监军习判中堪任之人。若在任司职上，及各处使用处已多派，仍未满足，则当于行监、溜首领中有谋、力大、能习军马、识禁令、勇健刚强、胜任职务之人中派遣。”[①]以“监军习判中堪任之人”任边检校，显示了这一职务的重要性。《西夏书事》关于监军司之职设记载：“诸军并设都统军、副统军、监军使一员，以贵戚豪右领其职，余指挥使、教练使、左右侍禁官数十，不分蕃汉悉任之”，其中并无边检校一职。如前所言，在《天盛律令》卷四诸条中，边检校常与正统、副统、州主、城守、通判、营垒主管、军溜、副溜等一同出现。[②]当监军司第二号人物，也就是统军司的副将副行统（副统军）驻守边境时，如擅自放弃军寨，须与边检校、营垒主管、州主等同等处治。州主、城守、通判、边检校、营垒主管为城池防守的主要责任人，如果其下属受贿则应据情处罚。“弃守大城门”记载：

> 一大城中州主、城守、通判、边检校、营垒主管等逸放所属局分中正副溜、大小军首领，受贿者，一至三人，十三杖，勿革职；四至七人，十三杖，当革职；八至十人，徒六个月；十人以上一律徒一年，勿革军职，受贿，以枉法贪赃罪法及不召集人罪，依其重者判断，所贪赃当

① 史金波、聂鸿音、白滨译注《天盛改旧新定律令》，第211—212页。
② 史金波、聂鸿音、白滨译注《天盛改旧新定律令》，第196页。

交官。[①]

此外，当边境盗贼入寇时，守检应先报告城堡营垒军溜，同时州主、城守、通判、边检校、营垒主管等必须尽快报告给临近的城堡营垒军溜及家主、监军司等。“敌军寇门”记载：

> 一沿边盗贼入寇者来，守检更口者知觉，来报堡城营垒军溜等时，州主、城守、通判、边检校、盈垒主管、军溜、在上正、副溜等，当速告相邻城堡营垒军溜，及临近家主、监军司等，当相聚。我方畜、人已入、未入他人之手，对敌军入寇者力能胜则当打败，力不堪胜，则视其军情，各家当转移，监视军情。若不报告临近城堡营垒军溜、家主、监军司等，已派报者而不往，传话中断，敌人、盗贼攻入，畜、人入他人手者，依攻入多少，边检校、营垒主管、州主、溜正等，及报告语中断者，与检主管失察及与城守、通判、副将佐等对检人失察等罪相同判断。其中已派遣报者，传话中断时，州主、城守、通判、边检校、营垒主管、将佐等勿治罪。[②]

这表明州主、城守、通判、边检校、营垒主管等构成的边境巡检和防守体系与监军司有别，它只是带有巡察和预警性质的防御系统，在盗贼入寇时还需报告给监军司，以组织兵力量力击敌。

---

① 史金波、聂鸿音、白滨译注《天盛改旧新定律令》，第198页。
② 史金波、聂鸿音、白滨译注《天盛改旧新定律令》，第212页。

《天盛律令》卷四诸条记载表明，作为监军司最高官员、统军司正副将领的正统和副统，对辖区边境巡检和城池防守负总责，州主、城守、通判不仅要负责边境巡检，还要负责城池防守，边检校、营垒主管、军溜等具体负责边境地区的巡检和预警，这是自统军而下的军事防御以及统兵体系。而涉及城池修缮、军备维护等后勤任务时，则由监军司负责，一城之州主、城守、通判需要向监军司直接报告和负责。

七、敦煌的基层行政建置以及作为民间基层组织的“社”

西夏时期敦煌的基层行政建置，由于史料记载缺略而难以详知。张氏归义军初期敦煌县有11个乡：敦煌、莫高、神沙、龙勒、玉关、洪池、洪闰、效谷、平康、慈惠、赤心。[①]此外还有为通颊、退浑两族编设的10个部落。曹元德上台后对敦煌基层行政建置进行了改革，将原来的部落制废除，并将通颊、退浑部落改设为乡。由于曹氏归义军末期回鹘与西夏相攻战，因此“镇”“乡”的设置必然遭到冲击。虽然曹氏归义军中后期的“十乡”未必悉数保留，但乡作为基层行政建置在西夏时期得到了延续。1972年在武威发现的西夏汉文文书G21·029［15539］中有“依中□各乡以属行遣”的记载。[②]《天盛律令》中亦有乡的记载：“前述当遣人数，京师界附近乡里当遣之。”[③]西夏后期敦煌、瓜

① 陈国灿《唐五代敦煌县乡里制的演变》，《敦煌研究》1989年第3期，第47—50页。

② 甘肃省博物馆《甘肃武威发现一批西夏遗物》，《考古》1974年第3期，第203页。编号、图版及说明参见宁夏大学西夏学研究中心、国家图书馆、甘肃五凉古籍整理中心编《中国藏西夏文献》卷一六《甘肃编·敦煌研究院藏卷》，第274页。

③ 史金波、聂鸿音、白滨译注《天盛改旧新定律令》，第437页。

州可能还有县的设置。《元史·太祖纪》记载："［1227年］秋，取西凉府搠罗、河罗等县，遂踰沙陀，至黄河九渡，取应里等县。"①不过由于史料缺略，对于敦煌、瓜州是否有县的设置，还不能作出肯定的结论。

"社"是唐宋时期敦煌极具特色的基层民间组织，敦煌文书中保留了大量"社"的记载。敦煌莫高窟第363窟西夏供养人汉文榜题记载"社户王定进□（永）□一心供□（养）""社户安存遂永充一心供□（养）"②，表明西夏时期敦煌依旧有"社"的基层民间组织。

1036年党项军队攻破瓜州后，随即设立瓜州西平监军司进行统治，直到1053年西夏军队才再度攻克沙州并开始了对当地的统治。西夏前期瓜沙地区的统治中心在瓜州，1097年喀喇汗王朝发兵攻破沙、瓜、肃三州，战后西夏又在敦煌增置沙州监军司，加强了对西陲疆土的统治和防卫，因此西夏中后期瓜沙地区的统治中心又西移到沙州。监军司是西夏时期兼具军事与行政的地方建置，向一路的经略司负责。沙州监军司、瓜州监军司即向设在凉州的西经略司负责。西夏后期随着兵制的不断调整变化，经略司和监军司之间又增加了作为统兵机构的正统司和统军司。统军司正副将领正统军和副统军，同时兼任监军司最高长官，高于监军使。统军司主要负责监军司边境和城池的军事防御及战时作战，监军司则兼管民事与军事。敦煌和瓜州各设立刺史一名，主要负责监军司辖区内的监察事务。由于敦煌位于西夏最西陲，因此在敦煌又设立负责边防地区理财的机构——沙州经制司。西夏还在沙州和瓜州分设转运司，负责处理催租及与水渠、田地相关事

① 《元史》卷一《太祖本纪一》，第24页。
② 敦煌研究院编《敦煌莫高窟供养人题记》，第141页。

务。敦煌、瓜州分设州主和城主，在城池修缮和军备维护方面向监军司负责；在边境巡检和城池守卫方面，与边检校等一起向正统军、副统军负责。敦煌、瓜州应延续了乡的基层建置以及作为民间基层组织的“社”。总体来看，榆林窟及东千佛洞中沙州监军司、瓜州监军司各级官员的集体出现，表明西夏在敦煌和瓜州等地建立了完备的行政体系。

第三节 敦煌的社会经济

西夏前期，由于敦煌大量人口被征发参加宋夏战争，因此势必对敦煌的社会经济发展造成消极影响。而敦煌的外部政治环境也并不安定，甚至一度被喀喇汗王朝攻占。战后，西夏在敦煌增置沙州监军司，并将甘州甘肃监军司移往肃州，加强了对敦煌、瓜州的统治和防卫，敦煌的社会经济也得到了稳定的发展。

一、族属构成与人口规模

敦煌地区历来是一个以汉族为主的多民族聚居之地，自汉代即有“华戎所交，一都会也”[①]的记载。公元786年，吐蕃军队攻陷敦煌，[②]吐蕃人作为统治民族大量进入敦煌。公元848年，张议潮在敦煌率众起义，逐走吐蕃统治者并建立归义军政权，但仍有相当数量的吐蕃居民继续居住于敦煌。而在稍早前的公元840年，漠北回鹘汗国灭亡，其部分回鹘部众进入河西地区的甘、

① 《后汉书》志第23《郡国五·敦煌》注［一］（引《耆旧记》），北京：中华书局，1965年，第3521页。

② 关于吐蕃王朝攻占敦煌的时间及其过程，参见陆离《敦煌的吐蕃时代》，第3—19页。

凉、瓜、沙等地散处。曹氏归义军时期敦煌、瓜州的回鹘人数逐渐增加，特别是甘州回鹘国灭亡后大量回鹘人西迁瓜、沙地区，导致了当地回鹘人数的激增。此外，唐宋时期敦煌还有相当数量的入华粟特人[①]，甚至有学者认为归义军政权节度使曹氏即为粟特人。[②]因此，曹氏归义军后期敦煌境内除了占据主体的汉人外，还居住着回鹘、吐蕃、粟特等族，其中尤以回鹘、吐蕃人数较多。1038年西夏王朝建立后，分左右厢设立十二监军司，其中“右厢甘州路三万人，以备西蕃、回纥”[③]，表明吐蕃、回鹘人是河西地区的主要少数民族。无论哪一个族属，但凡成为敦煌的统治民族，势必会导致该族人口数量在敦煌的大量增加。在西夏统治敦煌后，党项人作为统治民族亦大量进入当地。然而无论是传世文献还是出土文献，有关西夏时期敦煌族属构成与人口数量的记载均极为缺略，仅能大体勾勒。

西夏王朝建立后，党项人成为统治民族。《天盛律令》卷一〇“司序行文门”对党项人的地位记载：

> 一任职人番、汉、西番、回鹘等共职时，位高低名事不同者，当依各自所定高低而坐。此外，名事同，位相当者，

① 参陆庆夫《唐宋间敦煌粟特人之汉化》（原载《历史研究》1996年第6期），郑炳林《吐蕃统治下的敦煌粟特人》，陆庆夫、郑炳林《唐末五代敦煌的社与粟特人聚落》，郑炳林《唐五代敦煌的粟特人与归义军政权》，郑炳林《唐五代敦煌的粟特人与佛教》，并载郑炳林主编《敦煌归义军史专题研究》，兰州：兰州大学出版社，1997年，第359—465页。郑炳林《晚唐五代敦煌地区的胡姓居民与聚落》，载郑炳林主编《敦煌归义军史专题研究三编》，兰州：甘肃文化出版社，2005年，第596—616页。

② 荣新江《敦煌曹氏归义军统治者为粟特后裔说》，冯培红《敦煌曹氏族属与曹氏归义军政权》，并载《历史研究》2001年第1期，第65—86页。

③ 《宋史》卷四八五《夏国传上》，第13995页。

不论官高低，当以番人为大。[①]

番人即指党项人，西番则指吐蕃人。上述记载表明西夏境内以番族（党项人）地位最高，体现出当时主体民族的优势地位和封建社会民族的不平等。[②]西夏在敦煌建立统治后，当地党项人口大量增加，成为当地的统治阶层。《西夏书事》记载监军司的职官设置情况："诸军并设都统军、副统军、监军使一员，以贵戚豪右领其职，余指挥使、教练使、左右侍禁官数十，不分蕃汉悉任之"[③]。监军司中除了都统军、副统军、监军使等高级官员须由党项人担任外，其余较低级的指挥使、教练使、左右侍禁官，党项人和汉人均可担任。因此与西夏的其他地方一样，在敦煌的职官体系当中，党项人占据主导地位。榆林窟第29窟沙州、瓜州监军司党项高级官员供养人像的集体出现，也反映出党项人在当地的统治地位。除统治阶层外，敦煌和瓜州等地还有数量较多的党项普通百姓和僧人等。据考，西夏汉文文献中记载了183个蕃语姓氏，西夏文文献中记载了300个蕃语姓氏。[④]莫高窟及榆林窟留存的各类题记中也出现了为数较多的西夏人姓氏题名。如嵬名氏，莫高窟第61窟甬道北壁第8身僧人像题名"助缘僧嵬名智海"（图1-17），嵬名智海一名还出现在莫高窟第340窟题记中："寺庙修改者嵬名智海"，此外榆林窟第3窟甬道北壁题记中还有"嵬名惠刚"题名。杂谋氏，莫高窟第61窟甬道北壁第6身僧人像题名"助缘僧杂谋惠月像"（图1-18）。息玉氏，莫高窟第57

① 史金波、聂鸿音、白滨译注《天盛改旧新定律令》，第378页。
② 史金波《西夏社会》（上），第25页。
③ ［清］吴广成撰，龚世俊校证《西夏书事校证》卷一二，第142页。
④ 佟建荣《西夏姓氏辑考》，银川：宁夏人民出版社，2013年，第275页。

图1-17 莫高窟第61窟助缘僧人供养像
（采自《中国敦煌壁画全集10·敦煌西夏元》）

图1-18 莫高窟第61窟“助缘僧杂谋惠月”像（左）
（采自《中国敦煌壁画全集10·敦煌西夏元》）

窟甬道北壁题记中有“寺庙修盖者息玉那征宝”题名。播盃氏，莫高窟第61窟甬道北壁女尼为“扫洒尼姑播盃氏愿月明”（图1-19）。酩布，莫高窟第285窟北壁题记中有“酩布移则”“酩布那征埋”题名，榆林窟第3窟甬道北壁题记中有“酩布广茂”题名，第25窟甬道北壁题记中有“酩布觉巳”题名。鲜卑氏，又作西壁氏，榆林窟第29窟真义国师画像旁题名“真义国师信壁智海”。千玉氏，榆林窟第25窟题记中有“千玉乐势”题名。西夏时期还有疑为“沙州”的姓氏。英藏黑水城汉文文献Or.12380-3291（K.K.Ⅱ.0238.1.iv）《白毛凉子等物账》中有“沙州皆”的人名[①]，此人或为敦煌当地人，因此以地名作为姓氏。莫高窟北区石窟出土西夏文B56：21、B56：30V文书中有党

图1-19 莫高窟第61窟“扫洒尼姑播盃氏愿月明”像
（采自《中国石窟·敦煌莫高窟5》）

①《英藏黑水城文献》第4册，上海：上海古籍出版社，2005年，第88页。

项姓氏，并两次提到沙州，应是涉及当地党项民族的文书①，这里的“沙州”既有可能指沙州地名，也可能是以沙州为姓氏的人名。榆林窟第25窟前室甬道北壁第一身供养人西侧题记中也有“沙州玉”的题名。此外，部分姓名反映出当地番汉通婚和文化融合的迹象。榆林窟第29窟西壁窟门北侧第一身女性供养人题名为“故岳母曹氏夫人一心归依”，表明她可能出自曾经的敦煌大族曹氏家族，其女儿应嫁给了党项官员赵麻玉。因此，党项赵姓家族的后裔可能就具有部分汉族血统。榆林窟第19窟甬道南壁汉文题记记载：“乾祐廿四年□□日画师甘州住户高崇德小名那征到此画秘密堂记之”，高崇德是汉名，那征则是其西夏小名，这与北魏至北周时期鲜卑族统治之下百姓使用汉名，并兼有鲜卑小名的现象类似，特别是在一些具有鲜卑血统的汉人身上更为多见。高崇德的西夏小名“那征”，又见于莫高窟第464窟外室北壁西夏文题记“那征禅定”、榆林窟第25窟甬道南壁供养人旁西夏文题记“善行那征”以及榆林窟第29窟西壁窟门北侧高僧画像旁西夏文题记“出家禅定……那征一心”中②。又如榆林窟第61窟甬道北壁僧人像第十二身西夏文题名“助缘僧翟嵬名九”，第29窟西壁门南侧下排供养人题名“赵嵬名”，又表现出汉姓糅合党项姓的人名特征。实际上，元朝时期敦煌碑刻中的人名也有汉姓加蒙古名的现象。因此，中国历史上的各个朝代特别是少数民族建立的政权之下，这种跨族通婚和文化融合的现象是比较常见的。

汉族与党项族是西夏国内的两大民族，汉族虽然不是统治民

---

① 史金波《敦煌莫高窟北区西夏文文献译释研究（一）》，载彭金章、王建军主编《敦煌莫高窟北区石窟》第1卷，第366页。

② 史金波《西夏佛教史略》，释文见第291、302、303页，录文见第288、297、298页；陈炳应《西夏文物研究》，释文见第10、12、13页，录文见第73、78、79页。

族，但却占据了西夏人口的主体。“汉”对应的西夏字，左边和右边分别为“小”和“虫”的意思。[①]西夏文字典《文海》对“汉”字的释义为：“此者蛮也，汉人汉之谓也”[②]。“蛮”最初为先秦时期对南方部族的泛称，在此处党项人反称汉人为“蛮”，体现了其统治民族的优越性。尽管如此，党项人却在不断地学习和借鉴汉文化，故而出现了诸如《番汉合时掌中珠》这样的西夏文、汉文对译辞典。此外，西夏王朝中很多事项都是番、汉并列，诸如番汉大学院、番汉学士、番汉学子、番汉乐人、番汉僧人等，在提及很多民族时，通常是番在前，汉在后，然后是其他民族。[③]《天盛律令》卷一〇“司序行文门”还记载“番汉乐人院”，属于末等司。汉族知识分子比较广泛地参与到西夏各级行政体系当中，并担任各种职务。如前引《西夏书事》记载“余指挥使、教练使、左右侍禁官数十，不分蕃汉悉任之”，表明在监军司职官设置中除党项人担任都统军等高级官员之外，其余中、低级别官员汉人亦可担任。西夏统治之前敦煌是以汉人为主体、各民族杂居的社会，归义军时期有张、李、阴、索、阎、汜、王等大族以及吴、马、杨等其他普通家族。西夏统治敦煌之后，敦煌汉族数量依旧很多，许多汉姓仍然存在。莫高窟、榆林窟留存的西夏文题记和汉文题记中，也记载有一些汉人姓名。西夏文题记中，莫高窟第61窟甬道北壁僧人像第3身题名“助缘僧索智尊之像”，第4身题名“助缘僧梁惠觉之像”，第6身题名“助缘僧吴惠满像”，第464窟前室南壁东侧题记中有“吴德

---

① ［西夏］骨勒茂才著，黄振华、聂鸿音、史金波整理《番汉合时掌中珠》，第31页。

② 史金波、白滨、黄振华《文海研究》，北京：中国社会科学出版社，1983年，第519页。

③ 史金波《西夏社会》（上），第41页。

瑞”题名。榆林窟第3窟题记中有“杨德道”题名，第12窟中有“张□惠茂”“马惠孙”题名。汉文题记中，莫高窟第363窟题记中有“社户王定进”题名，榆林窟第16窟《阿育王寺释门赐紫僧惠聪俗姓张住持榆林窟记》中张住持名“惠聪”，第39窟供养人题名“李福满”。上述西夏文、汉文题记中的汉姓汉名，是西夏时期敦煌汉族群体的一个缩影。

西夏时期河西走廊生活有为数较多的回鹘人，西夏汉文本《杂字》的“番姓名第二”中，有“回纥”一姓[①]。“回纥”姓氏在西夏文《文海》中也有出现：“夷。夷者，九姓回鹘、契丹之谓。”[②]“回纥”在西夏时期既是族名，又是族姓[③]。西夏境内的回鹘人主要在河西地区的甘、凉、瓜、沙等州散居，其中敦煌、瓜州回鹘人由来已久。公元840年，漠北回鹘汗国灭亡，其部分回鹘散众迁徙并散处于河西诸州。敦煌文书P.3451《张淮深变文》记载乾符元年（874）“破残回鹘”攻打瓜州但被归义军军队击败的史实（图1-20）。变文中称“破残回鹘”为“失乡沦落众”，且皇帝对群臣说道：“朕念□□□□旧懿，囊日曾效赤诚，今以子孙流落□□河西，不能坚守诚盟，信任诸下，辄此猖狂。朕闻往古，义不伐乱，匈奴今岂谓矣，因而厚遇之。”[④]可知属于河西回鹘部众。由于当时归义军有严密的防御系统，有游奕使寻防并时刻报告敌情，甘州回鹘很难躲过归义军的防御系统

① 史金波《西夏汉文本〈杂字〉初探》，载《中国民族史研究》（二），第170页。

② 史金波、白滨、黄振华《文海研究》，第489页。

③ 史金波《西夏社会》（上），第49页。佟建荣《西夏姓氏辑考》，第122—123页。

④ 郑炳林《敦煌本〈张淮深变文〉研究》，《西北民族研究》1994年第1期，第143页。

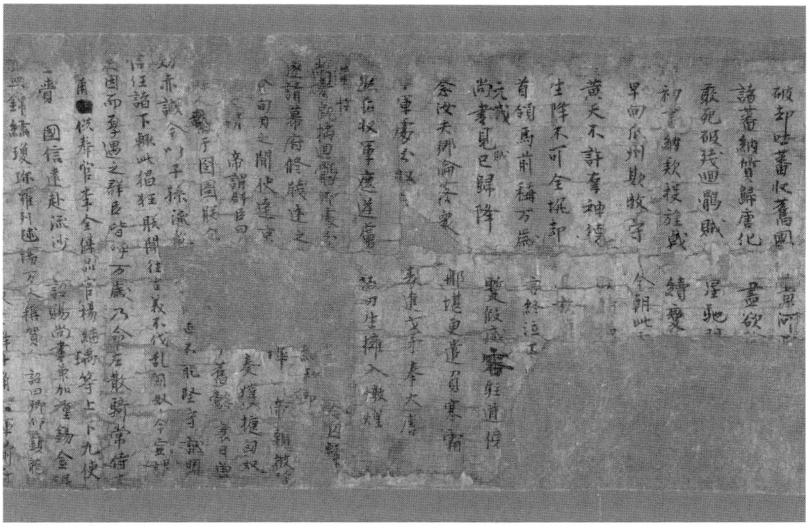

图1-20 敦煌文书P.3451《张淮深变文》
（采自IDP国际敦煌项目网站）

而西进1200里进犯瓜、沙。[①]因此，这些“破残回鹘”只能是活动于瓜、沙一带的回鹘散部，他们是以后沙州回鹘部落的渊源。大约自10世纪下半叶开始，敦煌的沙州回鹘势力发展壮大，并逐步控制了敦煌。[②]曹氏归义军统治末期，沙州回鹘势力已成为抵抗西夏军队的主要力量，后又一度建立起短暂统治敦煌的沙州回鹘政权。西夏军队再度攻克敦煌后，沙州回鹘部众大多逃散到敦煌边缘一带或者更远的青海境内。据《金史·太宗本纪》记载：“[天会五年（1127）]冬十月丁卯，沙州回鹘活剌散可汗遣使入贡。”[③]《续资治通鉴》亦记载：“[南宋建炎元年（1127）冬十

① 郑炳林《敦煌本〈张淮深变文〉研究》，第151—152页。
② 杨富学《回鹘与敦煌》，兰州：甘肃教育出版社，2013年，第257页。
③ 《金史》卷三《太宗本纪》，第58页。

月丁卯］是日，沙州回鹘遣使贡于金。”[①]这里的沙州回鹘，大概就是沙州回鹘政权溃败后逃离到敦煌周边的回鹘部众，后活动于祁连山南麓一带。而在西夏统治敦煌之后，应当仍有一定数量的回鹘人继续留居。

敦煌应当还生活有吐蕃人以及粟特人后裔。吐蕃人，西夏时期称为“西番”，主要集中在河湟一带和凉州等地。吐蕃统治敦煌时期，吐蕃人是当地的统治民族。而在归义军逐走吐蕃统治者之后，仍有众多的吐蕃人在敦煌地区生活。西夏时期敦煌应当仍居住有一定数量的吐蕃人。敦煌西夏石窟中藏传佛教艺术的出现，也是西夏时期敦煌、瓜州生活有吐蕃人的证据。唐五代时期敦煌地区生活有数量较多的粟特人，当地还有从化乡等粟特人聚落。敦煌粟特人在商业、手工业、农业、畜牧业及佛教教团中影响很大，在归义军政权中扮演着重要的角色。粟特人甚至充斥归义军政权的各个阶层，从根本上说，归义军政权是一个以汉族为主体的多民族联合政权，而粟特人是少数民族中影响最大的部分。[②]归义军时期的敦煌粟特人主要有安、康、石、史、米、曹、翟等姓氏，莫高窟、榆林窟中留存的西夏时期西夏文、汉文题记中，出现了一些疑似粟特人的题名。如莫高窟第229窟天庆四年（1197）汉文题记中有题名“石公义”、第363窟汉文题记中有题名“社户安存遂”、第427窟贞观三年（1103）汉文题记中有题名“康佛奴”，榆林窟第16窟汉文长篇发愿文题记中的“弟子安住”，榆林窟第61窟甬道北壁僧人像第12身西夏文题名“助缘

---

① ［清］毕沅编著《续资治通鉴》卷一〇〇《宋纪·高宗》，北京：中华书局，1957年，第2634页。

② 郑炳林《唐五代敦煌的粟特人与归义军政权》，载郑炳林主编《敦煌归义军史专题研究》，第400页。

僧翟嵬名九”等。归义军时期的粟特人后裔应当仍在西夏时期的敦煌和瓜州社会中发挥着一定影响力。

关于西夏时期敦煌的人口数量，史料几无记载，但战争和灾害却是影响敦煌人口的主要因素。曹氏归义军统治末期，由于党项军队攻灭甘州回鹘政权而导致当地的回鹘部众大量涌入瓜沙地区，敦煌的人口数量有所增加。1036年党项军队发兵攻打敦煌时，又势必导致当地人口数量的锐减。特别是西夏于1052年后再度攻破敦煌并击溃沙州回鹘政权，敦煌的回鹘人大量逃散。当然，这一人口损失应随着党项人的进入和社会秩序的逐步恢复而有所回升。此后敦煌人口数量又有几次变化，特别是史料所反映的几次人口流失。诸如西夏前期的宋夏战争时期，“夏国母自三月初点集河南、西凉府、啰庞界、甘、肃、瓜、沙，十人发九人，欲诸路入寇，人马已发赴兴州”①，西夏曾从敦煌、瓜州等全国很多地方调集了大量军民参战，几乎是全民动员。“十人发九人”虽然有夸大成分，但表明宋夏战争时期敦煌的人口数量有明显减少。也正是在人口减少、兵力空虚的情况下，西域喀喇汗王朝才可能一举攻克敦煌、瓜州和肃州。战后西夏加强了在敦煌等地的兵力部署，并设立了沙州监军司主管当地民事，敦煌的社会经济和人口数量也得到相应恢复。但自然灾害又是影响敦煌人口数量的重要因素。史载西夏贞观十年（1110）三月至九月间，敦煌、瓜州等地长达半年没有下雨，发生了严重的旱灾，“水草乏绝，赤地数百里，牛羊无所食，蕃民流亡者甚众”②，从事牧业的党项人大量迁徙他地。西夏统治末期，蒙古军三次攻打敦煌和瓜州，导致两州人口的减少。如1205年蒙古军首次进攻敦

① ［宋］李焘《续资治通鉴长编》卷三二六宋神宗元丰五年，第7848页。
② ［清］吴广成撰，龚世俊校证《西夏书事校证》卷三二，第370页。

煌、瓜州，大掠而归。1224年5月，蒙古军围困敦煌半年，造成当地人口和物资的严重消耗，《西夏书事》记载“军民困乏，食牛羊马驼殆尽”[①]。1227年，蒙古军第三次进攻并最终占领敦煌，虽然没有发生类似肃州的屠城行动，但敦煌人口数量又有显著减少。故而在蒙古帝国初期，敦煌、瓜州人口数量已经很少，瓜州甚至一度被废弃。

关于西夏境内的人口总数，据学者估算，其上线不超过180万或200万、下线不低于100万或120万，而甘、凉、瓜、沙诸州是西夏人口相对集中的地区，包括党项戍军以及西凉吐蕃、甘州回鹘原有与后来迁居的汉人，总人口加起来也有几十万。[②]西夏时期敦煌人口的数量，没有留下史料记载，无法进行具体的讨论。考虑到西夏时期河西地区人口较多，加之沙州监军司、瓜州监军司等机构的设立，多民族聚居和农牧兼具的社会经济，西夏时期敦煌人口数量在2万以内应是比较合理的，瓜州人口则略少。由于西夏前期和统治末期战争的影响以及时而发生的自然灾害，敦煌的人口数量也呈现出增减变化、起伏不定的特点。

二、生产方式与经济构成

（一）农业

由于敦煌地临戈壁沙漠，干旱少雨，因此敦煌农业主要集中在靠近河流泉泽的绿洲地区，随着水利设施的营建，绿洲面积和耕种区域也随之扩大。敦煌地区的农业生产活动始于汉代，通过设郡、移民、屯田等措施，农业生产逐渐发展起来。魏晋南北朝时期，虽然由于战乱等因素导致人口有所减少，但农业生产技

---

① ［清］吴广成撰，龚世俊校证《西夏书事校证》卷四二，第492—493页。

② 杜建录《论西夏的人口》，《宁夏大学学报（人文社会科学版）》2003年第1期，第35—37页。

术却得到了提高。曹魏时期皇甫隆任敦煌太守后，给敦煌百姓带来了中原先进的“耧犁”和“衍溉”等耕种技术，起到了事半功倍的效果，农业生产效率得到提高。《三国志·仓慈传》注引《魏略》曰：“初：燉煌不甚晓田，常灌溉蓄水，使极濡洽，然后乃耕。又不晓作耧犁，用水，及种，人牛功力既废，而收谷更少。隆到，教作耧犁，又教衍溉，岁终率计，其所省庸力过半，得谷加五。”[①]敦煌文书P.2005《沙州都督府图经》引《西凉录》记载，十六国西凉时期在敦煌太守、刺史等官员的带领下，利用当地甘泉水（今党河）修建水利灌溉设施，开建孟授、阳开、阴安等水渠[②]，为扩大农业生产奠定了基础。唐五代宋初时期，敦煌农业生产更是达到了历史上的最高峰。首先是水利设施的大量修建，据统计唐宋时期共有河渠泉泽及堰坝斗门103所，密集交错，绝大多数为修建的河渠水利设施。[③]同时，敦煌地区还设立河渠水利与水司管理机构，并辅以民间性质的渠社组织，形成了完善严密的管理体系。唐宋时代敦煌的农业技术也得到了提高。就农作物而言，生产有小麦、粟、青稞、大麦、豆类以及各种蔬菜等农作物，甚至还有水稻、棉花等作物。可以说，唐宋时代敦煌地区的绿洲农业，无论是水利设施、农业技术、管理制度还是农作物种类、生产规模等方面，均达到了其历史上的最高水平。

有关西夏时期敦煌地区农业生产的史料则非常匮乏。《长编》记载：“夏国赖以为生者，河南膏腴之地，东则横山，西则

① ［晋］陈寿撰，［宋］裴松之注《三国志》卷一六《魏书·仓慈传》，北京：中华书局，1959年，第513页。

② 郑炳林《敦煌地理文书汇辑校注》，兰州：甘肃教育出版社，1989年，第6—7页。

③ 李正宇《唐宋时代敦煌县河渠泉泽简志》（一）（二），《敦煌研究》1988年第4期，第89—97页；《敦煌研究》1989年第1期，第54—63页。

天都、马衔山一带，其余多不堪耕牧。”[①]有关敦煌及瓜州等地的情况，仅有清人吴广成在《西夏书事》一书中有简略提及：“瓜、沙诸州素鲜耕稼，专以畜牧为生。”[②]尽管汉唐以来特别是唐五代宋初时期，敦煌地区的农业生产发展到很高的水平，水渠密布、管理完善、作物丰富，但曹氏归义军统治末期，党项军队进攻敦煌、瓜州，与回鹘军队发生了激烈战争，势必对敦煌当地的农业生产造成破坏。西夏统治敦煌、瓜州之后，当地的农业生产逐渐得到恢复和发展。榆林窟第16窟题于天赐礼盛国庆五年（1073）的《阿育王寺释门赐紫僧惠聪俗姓张住持榆林窟记》记载：“伏愿皇帝万岁，太后千秋，宰官常居禄位，万民乐业，□海长清，永绝狼烟，五谷熟成，法轮常转。”[③]惠聪的发愿虽然是针对西夏全国的，但也在一定程度上体现了敦煌、瓜州当地的农业生产情况。

1. 农业生产环境

从农业生产环境上看，西夏时期应当与唐五代宋初时期变化不大。包括敦煌在内的河西地区的农业生产，其用水基本都依赖于祁连山雪水融化形成的河流泉泽，农业生产环境多为自然水系与人工水渠形成的大小绿洲。敦煌境内发源于祁连山的河流泉泽主要有甘泉水（今党河）、宕泉、苦水、独利河（今疏勒河）、西水池、渔泽、玉女泉等。[④]战乱虽然会对人工水渠设施造成破

---

① ［宋］李焘《续资治通鉴长编》卷四六六宋哲宗元祐六年，第11129页。

② ［清］吴广成撰，龚世俊校证《西夏书事校证》卷三二，第370页。

③ 施萍婷对该发愿文进行了实地抄录，并在以往学者录文基础上进行校正。见施萍婷《敦煌学杂谈之二——向达〈莫高、榆林二窟杂考〉榆林窟题记校正》，载敦煌研究院编《榆林窟研究论文集》（上册），第181页。

④ 李正宇《唐宋时代敦煌县河渠泉泽简志》（一）（二），《敦煌研究》1988年第4期，第89—97页；《敦煌研究》1989年第1期，第54—63页。

坏，但不会对自然水系产生太大影响。西夏文《圣立义海》之“积雪大山”条记载“山高，冬夏降雪，雪体不融。南麓化，河水势涨，夏国灌水宜农也”；“焉支上山”条记载“冬夏降雪，炎夏不化。民庶灌耕，地冻，大麦、燕麦九月熟”。[①]这里的“积雪大山”应指横贯河西地区的祁连山。祁连山终年积雪，又有南山、雪山等称。蒙古帝国时期亦称肃州一带祁连山支脉的浑垂山为查速秃，即雪山之意。焉支山在甘州、凉州之间，是祁连山的一条山脉。《圣立义海》记载表明，西夏时期河西地区以祁连山雪水融化形成的河水为水源发展绿洲农业，是西夏重要的农业生产区，“灌水宜农”，生产大麦、燕麦等作物。《宋史·夏国传》记载：“其地饶五谷，尤宜稻麦。甘、凉之间，则以诸河为溉，兴、灵则有古渠曰唐来，曰汉源，皆支引黄河。故灌溉之利，岁无旱涝之虞。”[②]这里虽然只提甘、凉而未提瓜、沙，但敦煌、瓜州与甘州、凉州一样，亦有河流泉泽作为生产用水。唐宋时期在敦煌修建的水渠，至西夏时应当仍有不少水渠发挥作用。总之，就农业生产环境而言，西夏时期敦煌、瓜州等地仍具备良好的农业生产条件。

2. 农业生产机构

西夏时期从中央到地方，均设立了主管农业的管理机构。西夏时期非常重视农业生产，设立有农田司主管农业。根据《天盛律令》记载，农田司位属中等司，设有四正、四承旨、四都案、十二案头。同时，西夏还设立了属中等司的都转运司和属下等司的边中转运司。西夏时期设有边中转运司的地方共有10个，其中

---

① （俄）克恰诺夫、李范文、罗矛昆《〈圣立义海〉研究》，银川：宁夏人民出版社，1995年，第59页。

② 《宋史》卷四八六《夏国传下》，第14028页。

即有敦煌和瓜州。值得注意的是，除都转运司属于中等司而与监军司平级外，10个边中转运司俱为下等司。也就是说，敦煌的沙州转运司以及瓜州的瓜州转运司在级别上要低于沙州监军司和瓜州监军司。沙州转运司和瓜州转运司各设立了二正、二承旨、二都案。榆林窟第29窟西壁门南侧下层第五身供养人题名“……承旨……”，监军司、刺史均不设承旨，因此可能是瓜沙两地转运司的承旨。

转运司的职责比较单一，大体可归纳为催租和维护水渠两项。[①]《天盛律令》卷一五记载的“收纳租”“取闲地”“催租罪功”“租地”“春开渠事”“园地苗圃灌溉法”“冬草条椽供给”“渠水”“桥道”“地水杂罪”“纳领谷派遣计量小监”等事务，转运司职能均有涉及。归纳其职能，主要涉及三个方面：土地、水渠、地租，均与农业生产紧密相关。

首先是土地管理职能。“取闲地门”规定：“一诸人无力种租地而弃之，三年已过，无为租佣草者，及有不属官私之生地等，诸人有曰愿持而种之者，当告转运司。”[②]对于因百姓无力耕种而被弃置的土地，三年以后如果有人愿意耕种，在报告给转运司并获得查实后，即可造册登记，准予耕种。三年以后查验丈量，根据田地优劣定级收租。这一规定避免了无主土地的荒芜化，最大程度地保证了耕地的数量，激发了农民生产的积极性并促进了农业产量的提高。“取闲地门”还规定了对闲地“无理持取”或“不纳租”等情况的惩处措施。“租地门”则对土地大小、土地买卖、土地开垦等情况作出规定。对官私农主的土地大

---

① 李昌宪《西夏地方行政体制刍议》，载《中国宋史研究会第十届年会及唐末五代宋初西北史研讨会论文集》，第247—249页。

② 史金波、聂鸿音、白滨译注《天盛改旧新定律令》，第492页。

小，规定“不许于地边田垄之角落聚渠土而损之、于他人地处拓地、断取相邻地禾穗等”。当百姓出卖私地时，不许出现强买强卖的情况。如果买卖土地时需要转运司丈量土地，转运司还需派人前去丈量，并登记造册。“地水杂罪门”记载：“一诸人互相卖地租，买地者曰我求丈量，告转运司者，当遣人丈量。”[①]此外，新开垦的土地大于一顷的，需要上报给转运司，登记造册，按地纳租。僧人、道士以及各大小臣僚等，“因公索求农田司所属耕地及寺院中地、节亲主所属地等，诸人买时，自买日始一年之内当告转运司，于地册上注册，依法为租佣草事”[②]。转运司还要负责对租户耕地与耕牛进行登记造册和管理。“纳领谷派遣计量小监门”记载：“一边中、畿内租户家主各自种地多少，与耕牛几何记名，地租、冬草、条椽等何时纳之有名，管事者一一当明以记名。中书、转运司、受纳、皇城、三司、农田司计量头监等处，所予几何，于所属处当为簿册成卷，以过京师中书，边上刺史处所管事处检校。”[③]如果租户由于河水断流等其他原因导致不能耕种的，转运司的大人、承旨要实地查验，如属实则注销登记的土地数；如果土地可以耕种，则必须先告知转运司，“不许随意种之，当告转运司而种之，种种租佣当依拓新地法纳之”[④]。转运司还负责对租户土地和租子登记造册，“于地册上登录顷亩、升斗、草之数”[⑤]，并发给凭据，使其依数纳租。土地是农业生产和国家收入的第一生产资料，转运司对土地拥有管理权，负责对原有土地、新开土地以及买卖造成的土地变动情况

① 史金波、聂鸿音、白滨译注《天盛改旧新定律令》，第509页。
② 史金波、聂鸿音、白滨译注《天盛改旧新定律令》，第496页。
③ 史金波、聂鸿音、白滨译注《天盛改旧新定律令》，第514页。
④ 史金波、聂鸿音、白滨译注《天盛改旧新定律令》，第508—509页。
⑤ 史金波、聂鸿音、白滨译注《天盛改旧新定律令》，第508页。

进行查验、丈量和登记，实行全程监管，以便于确保收取地租。

其次是水渠管理职能。当百姓要开建水渠时，必须向转运司上报，经转运司查验其可行后，才可批准，“有碍则不可开渠，无碍则开之”[①]。这表明转运司对水渠修建有统筹规划，不允许私自开渠。转运司还负责对水渠的维护和修治。“渠水门”记载当水渠因涨水、降雨而损坏时，“其处转运司当计量多少，速当修治，同时当告闻管事处”[②]。据“渠水门”记载，沿渠还由节亲、议判大小臣僚、租户家主等派出渠头，负责巡检水渠设施。转运司还负责水渠之上的大道、大桥的修治审批和监察工作，“此外，沿大渠干有各小桥，转运司亦当于租户家主中及时遣监者，依私修治，依次紧紧指挥，无论昼夜，好好监察”[③]。对于渠上的大道、大桥，转运司负责评估和修治；对于渠边的小桥，由租户家主负责修治，转运司派人指挥和监察。水渠沿线的树木对水渠也起到植被的保护和水土的固化作用，同时也是转运司的监管对象。土地、水渠管理的最终目标是收取地租，以确保封建国家的财政收入，因此管理地租也是转运司的主要职能。

第三是地租的查验、登记、催缴、检校等相关职能。“地水杂罪门”记载：“一催促地租者乘马于各自转运司白册□□盖印，家主当取收据数登记于白册。其处于收据主人当面由催租者为手记，十五日一番，由转运司校验，不许胡乱侵扰家主取贿等。”[④]转运司派催租人持盖印白册前往农户家中催租，将农户应缴地租数额写于白册之上，再由转运司每十五天进行核对查验。转运司在地册上登记土地的顷亩数量，然后交给纳租人应缴

① 史金波、聂鸿音、白滨译注《天盛改旧新定律令》，第502页。
② 史金波、聂鸿音、白滨译注《天盛改旧新定律令》，第503页。
③ 史金波、聂鸿音、白滨译注《天盛改旧新定律令》，第504页。
④ 史金波、聂鸿音、白滨译注《天盛改旧新定律令》，第507页。

的数额凭据，纳租人依据数额凭据缴纳地租。“家主人不来索凭据及所告转运司人不予凭据等时，有官罚钱五缗，庶人十杖”[①]，如果纳租人不领凭据或转运司不给凭据，均会受到处罚。在纳租人缴纳地租时，转运司需派遣人员前去检校。“渠水门”又载：“一租户家主纳冬草、条等时，转运司大人、承旨中当派一库检校，当紧紧指挥库局分人，使明绳捆长短松紧，当依法如式捆之。”[②]当租户缴纳冬草和条椽时，转运司派人前去督查指挥，使明绳按长短松紧并按式样捆绑入库。

总之，转运司负责土地、水渠、收租的各个环节，包括土地的监管、丈量、查验、登记，水渠的监管、维护以及地租的催租、核算、校验及收纳，涉及当地农业生产的各个重要环节，事无巨细，责任重大。敦煌和瓜州分别设有转运司，专门负责两地的土地、水渠以及地租等事务，这表明敦煌以及瓜州等地虽然位处西夏西陲，但在转运司的具体管理下，当地的农业生产也得到了新的发展。

3. 壁画资料反映出的西夏农业生产场景

西夏时期敦煌和瓜州等地的农业生产图景在莫高窟和榆林窟的壁画中也有生动反映。榆林窟第3窟东壁南侧绘有五十一面千手观音变，为西夏时代壁画（图1-21）。经变画中左右两侧绘有多幅生产场景画面，一式两幅，分布在千手观音两侧，左右两侧画面基本对称。生产画面有农业耕作图、踏碓图（舂米图）、杂技图、酿酒图、锻铁图等，是研究西夏时期农业、手工业等的重要图像资料。

其中与农业生产有关的是耕作图和踏碓图。耕作图中（图1-22），

① 史金波、聂鸿音、白滨译注《天盛改旧新定律令》，第508页。
② 史金波、聂鸿音、白滨译注《天盛改旧新定律令》，第504页。

图1-21 榆林窟第3窟五十一面千手观音变（采自《中国石窟·安西榆林窟》）

绘双牛驾横杆（福衡），犁辕置于杆上，耕地者一手扶握横杆操控犁辕，一手持鞭役牛。同一壁画下部还绘有一些农具，有锹、镐、锄、犁耙等。[①]唐五代宋初时期，敦煌地区农业生产技术发达，农业生产工具繁多。《番汉合时掌中珠》记载了"碡碌、簸箕、扫帚、刻叉、子耧、芭罢、镰锄、镢杴、锹、犁铧"等农器以及"车碾、耕牛、碾场"等生产资料[②]。这些农业生产工具涉及农业生产活动的各个环节。其中，耕牛是非常重要的农业生产资料，在农业生产中扮演着非常重要的角色。《天盛律令》卷一五之"纳领谷派遣计量小监门"记载："一各租户家主各自地何时种、耕牛数、租种数、斛、斗、升、合、条草当明之，当

① 王静如《敦煌莫高窟和安西榆林窟中的西夏壁画》，《文物》1980年第9期，第50—51页。

② ［西夏］骨勒茂才著，黄振华、聂鸿音、史金波整理《番汉合时掌中珠》，第54—55页。

图1-22 榆林窟第3窟五十一面千手观音变中的耕作图
(采自《中国石窟·安西榆林窟》)

图1-23 榆林窟第3窟五十一面千手观音变中的踏碓图
(采自《中国石窟·安西榆林窟》)

使书一木牌上。一户当予一木牌”[①]，说明耕牛在当时已经相当普及，租户家中基本都有若干头耕牛从事农业生产活动。

踏碓图（图1–23）是西夏时期珍贵的粮食加工图像，图绘石臼置于地上，杵柄加有横板，杆中端下置轴，脚踏板端，杵即起落捣谷。[②]从酿酒图也可推知西夏时期敦煌地区的农业发展状况。酿酒是以粮食为原材料，如果没有完善的农业生产体系和充足的粮食生产量，就不会产生酿酒这一类的农业加工产业；反之，如果各地发生自然灾害和粮荒，政府就会禁止酿酒。因此，耕作图、踏碓图以及酿酒图，分别代表了播种耕作、谷物加工以及粮食副产品，反映出了西夏时期敦煌地区农业生产的景象。

农业生产面临的最大威胁是战乱和灾害。战乱会导致人口减少和基础设施的破坏。西夏统治前期，敦煌等地人口被大量征调至前线作战；西夏统治末期，蒙古军“纵兵躏瓜、沙诸州”[③]，对当地基础设施造成了严重破坏。这些战争和掠夺行为，不仅使敦煌等地人口减少，同时也对农业生产造成了消极影响。西夏时期自然灾害较多，主要以水灾、旱灾、蝗灾为主。贞观十年（1110）三月至九月，敦煌和瓜州长达半年没有下雨，造成了严重的旱灾和饥馑。乾祐七年（1176）七月，“蝗大起，河西诸州食稼殆尽”[④]。自然灾害对农业生产的影响由此可见一斑。

---

① 史金波、聂鸿音、白滨译注《天盛改旧新定律令》，第514页。

② 王静如《敦煌莫高窟和安西榆林窟中的西夏壁画》，《文物》1980年第9期，第49页。

③［清］吴广成撰，龚世俊校证《西夏书事校证》卷三九，第463页。

④［清］吴广成撰，龚世俊校证《西夏书事校证》卷三八，第443页。

（二）畜牧业

包括敦煌在内的河西地区，历史上就是传统的牧业区域。祁连山雪水形成的河流泉泽，在成就敦煌绿洲农业的同时，也为畜牧业提供了赖以发展的草类植被和水源。更为重要的是，敦煌地区历来为多民族聚居地，吐蕃、回鹘等族多以牧业为生，“逐水草而居”。据研究，唐五代时期敦煌地区畜牧业发达，政府、寺院、民间的畜牧业发展均达到相当规模，形成了完整的牲畜簿籍制度、皮毛征收制度、羊毛剪除制度，同时唐五代时期畜牧技术和兽医学的发展均达到一定水平。①

畜牧业也是党项人的传统经济生产方式，史载党项人“衣皮毛，事畜牧，蕃性所便”②。西夏建立后，在汉族农耕文明的影响下，部分党项人也从事农业生产或半农半牧，因而农业在国家经济中的比重有所增加，但畜牧业仍然是大多数党项百姓的主要经济生产方式。关于西夏时期的牲畜种类，《番汉合时掌中珠》中记载有“猪、驴、骆驼、马、牛、骡、羊、黄羊、顽羊、山羊、牦牛”③等牲畜。马、牛、羊、驼等牲畜所产的皮、毛、肉、乳，是西夏境内党项、吐蕃、回鹘等族人民日常生活的必需品④，其中的马、骡、骆驼还是重要的交通工具和军事畜种。西夏建立伊始即设有群牧司⑤，主管全国的畜牧业事务。据《天盛律令》卷一〇“司序行文门”记载，群牧司属于中等司，设有六

① 张亚萍、郑炳林《晚唐五代敦煌畜牧业研究》，载郑炳林主编《敦煌归义军史专题研究三编》，第456页。

② ［宋］李焘《续资治通鉴长编》卷一一一明道元年十一月，第2594页。

③ ［西夏］骨勒茂才著，黄振华、聂鸿音、史金波整理《番汉合时掌中珠》，第33—34页。

④ 杜建录《西夏的畜牧业》，《宁夏社会科学》1990年第1期，第79页。

⑤《宋史》卷四八五《夏国传上》，第13993页。

正、六承旨、六都案、十四案头[①]。此外，参与管理畜牧业的还有各地的经略司、监军司。[②]《天盛律令》的相关条文中很多规定实际上与唐五代时期敦煌的情况是一致的或者相似的，如国家对牲畜的保护政策、官营和私营的特征、官营牧场的管理制度、牲畜簿籍制度、牲畜兽医等。

牲畜是百姓的重要财产和生产物资，国家对牲畜实行严格的保护和监管制度。《天盛律令》卷一“谋逆门”“失孝德礼门”“背叛门”等规定中，犯有严重罪过者，往往对其“畜、谷、宝物、地”等财产予以处罚甚至没收，亲属家眷等“入农牧主”进行苦役。《天盛律令》卷二专门设有“盗杀牛骆驼马门”，对宰杀牲畜的行为分情况予以处罚。如宰杀自己的牛、骆驼和马时，“不论大小，杀一头徒四年，杀二头徒五年，杀三头以上一律徒六年。有相议协助者，则当比主造意依次减一等”[③]；宰杀自己的骡、驴时，“不论大小，杀自属一头徒三个月，杀二头徒六个月，杀三头以上一律徒一年。别人知觉，则十杖”[④]。同时，对盗窃及宰杀他人牲畜的行为亦有严格的规定，按照具体情况进行处罚。

唐五代时期敦煌地区的畜牧业分为私人畜牧业和官营畜牧业，西夏时期亦同。《天盛律令》所反映的主要是官牧的相关情况[⑤]，该书卷一九分“（派牧监纳册）”“（分畜）”“（减牧杂事）”“（死减）”“供给驮”“畜利限”“官畜驮骑”“畜患

① 史金波、聂鸿音、白滨译注《天盛改旧新定律令》，第363、372、375页。
② 史金波《西夏社会》（上），第96页。
③ 史金波、聂鸿音、白滨译注《天盛改旧新定律令》，第154页。
④ 史金波、聂鸿音、白滨译注《天盛改旧新定律令》，第155页。
⑤ 翟丽萍《西夏职官制度研究——以〈天盛革故鼎新律令〉卷一〇为中心》，第92页。

病”“官畜私畜调换”“校畜”“管职事”“牧场官地水井”“贫牧逃避无续”，对官营畜牧业管理的各个方面均有细致规定。上述各项带括号者为残缺条文，但根据条目名称亦可知其大概内容。敦煌归义军时期设立有羊司、官马院等官营畜牧业管理机构，制定并实行一系列较为完善的管理制度与措施，其中最主要的是牲畜户口登记、注销制度，即簿籍制度，此外还有畜印打烙、畜群定期算会、皮毛征收等制度。据《天盛律令》卷一九之“牧盈能职事管门”“畜利限门”记载，西夏时期对官牧牲畜要登记编册，死亡要注销。每年在进行检校时要将登记簿册、注销畜册、诸司证明等与实际情况核对。[①]通过这些措施，政府对畜牧业实行着细致和严密的管理，确保了牲畜数量的稳中有增。

西夏攻克敦煌、瓜州后，虽然原来从事畜牧业的回鹘人大量逃散，但同样主要从事畜牧业的党项人却大量进入当地，因此西夏时期敦煌地区的畜牧业仍然是除了农业之外当地最主要的经济生产方式。《瓜州监军司审判案》不仅是西夏畜牧业发展的直接见证，也体现出当地的监军司依据国家法律对牲畜实行着严格的保护和监管，并对盗窃牲畜行为进行认真的审理和严格的惩处。此外，《西夏书事》在提及敦煌地区畜牧业经济时记载：“瓜、沙诸州素鲜耕稼，专以畜牧为生。自三月不雨，至于是月，水草乏绝，牛羊无所食，蕃民流亡者甚众。”[②]这段记载表明，敦煌当地从事畜牧业的主要为党项人，并且畜牧业在经济生产方式中占有相当大的比例。

---

① 史金波、聂鸿音、白滨译注《天盛改旧新定律令》，第597、580页。史金波《西夏社会》（上），第97页。

② ［清］吴广成撰，龚世俊校证《西夏书事校证》卷三二，第370页。

（三）手工业

敦煌文书记载了归义军时期敦煌地区的手工业种类和各类工匠资料。据统计，敦煌文书中涉及的手工业者主要有石匠（石博士）、画匠、塑匠、铁匠（铁博士）、金银匠、桑匠、纸匠、染布匠、木匠、玉匠和酒户、酒店为主的酿酒业等。[①]根据《天盛律令》记载，西夏时期与手工业有关的机构有刻字司、作房司、制药司、织绢院、作首饰院、铁工院、木工院、纸工院、砖瓦院，工匠种类有弓箭匠、披铠匠、铁匠、枪柄匠、箭袋匠、砲工、秤工、玉工。这表明西夏时期敦煌很可能仍然有唐五代时期的各种工匠以及相关的手工业，但由于没有像敦煌文书那样细致的记载而无法详知。榆林窟第16窟《榆林窟记》记载“石墙镌就寺堂”、第19窟甬道南壁汉文题记记载“乾祐廿四年□□日画师甘州住户高崇德小名那征到此画秘密堂记之”，莫高窟第65窟西夏文题记记载“墨勒原籍凉州，为找□石，来到沙州地界”。莫高窟、榆林窟中的西夏壁画以及其他修缮、装饰活动，都需要画匠、石匠以及木匠等各类手工业者的直接参与。

榆林窟第3窟五十一面千手观音变中，除了前述耕作图和踏碓图外，还绘有两幅珍贵的西夏时期锻铁图和酿酒图，是反映西夏时期敦煌地区锻铁业和酿酒业的珍贵图像资料。铸铁业是古代社会非常重要的手工业种类，铁的加工品在社会生产和军事用途中发挥着重要的作用。刀剑类的铁质武器是西夏制造最多、质量最好的铸造品，最著名的西夏武器当属“夏国剑”[②]。《天盛律令》记载的铁制品有铁枷、铁索、铁笊篱、铁蒺藜、种种铁柄、

---

① 郑炳林《唐五代敦煌手工业研究》，载郑炳林主编《敦煌归义军史专题研究》，第239—266页。

② 史金波《西夏社会》（上），第125页。

披甲、刀、剑、铁刃、铁棍、铁箭、铁杖、钁头、斧头、铁凿、铁杴、奈杵、斩刀、屠刀、火炉、火锹、铁罐、剪刀、边条、耙叶、锡罐、大小铁叶、金木护胸、辔头、钉子、枪下刃、铁钉，等等。西夏设立有专门的铁工院，属于末等司，铁工院设有头监，依事设置，数量不定。[①]榆林窟第3窟壁画中的锻铁图（图1-24），绘有两名铁匠持锤在铁砧上锤炼，一人推拉双木扇风箱，风箱之后有火焰，表明当时西夏的锻铁技术已经相当发达。[②]唐五代敦煌地区饮酒风气盛行，僧俗上层官吏以酒作为交际手段，民间百姓聚会或宴席中酒更是不可缺少的。酿酒业分为官营和私营，当时敦煌酿造的酒类有近十个品种，如麦酒、粟酒、青麦酒、葡萄酒、清酒、白酒等，酿造方法日渐科学，已经有了使

图1-24 榆林窟第3窟五十一面千手观音变中的锻铁图
（采自《中国石窟·安西榆林窟》）

① 史金波、聂鸿音、白滨译注《天盛改旧新定律令》，第364、372页。
② 王静如《敦煌莫高窟和安西榆林窟中的西夏壁画》，《文物》1980年第9期，第50页。

用蒸馏器制造烧酒的技术。[①]党项人也是喜好饮酒的民族，西夏时期政府机构中设有与酿酒有关的酒务、曲务、踏曲库、卖曲税院、酒库等机构。[②]西夏文《文海》中有“麯”，其下解释道：“此者谷物研磨成面，今混以药草，做麯酿酒时散也”[③]；“酿”下解释道：“此者酿也。酿，盖物醋酒等酿之谓也”[④]。榆林窟第3窟酿酒图（图1-25）中，两位妇女一人吹炊，一人持钵，旁

图1-25 榆林窟第3窟五十一面千手观音变中的酿酒图
（采自《中国石窟·安西榆林窟》）

① 郑炳林《晚唐五代敦煌酿酒业研究》，载《敦煌归义军史专题研究三编》，第394—403、408—411页。
② 史金波《西夏社会》（上），第136—137页。
③ 史金波、白滨、黄振华《文海研究》，第430、37页。
④ 史金波、白滨、黄振华《文海研究》，第503、37页。

边放有酒壶、贮酒槽、木桶等[①]。从唐五代时期敦煌地区饮酒风气的盛行和酿酒行业的发达以及西夏时期敦煌地区农业生产来看，西夏时期的敦煌应有酿酒行业。

不可否认的是，由于资料的缺略，对西夏时期敦煌的族属构成与人口数量、敦煌的生产方式与经济构成的讨论，在很大程度上只能是素描式和评估式的，更深入和细化的研究还需依赖于更多新资料的发现。

① 王静如《敦煌莫高窟和安西榆林窟中的西夏壁画》，《文物》1980年第9期，第50页。

第四节　敦煌的佛教信仰

党项人崇信佛教。西夏时期，莫高窟被称作“山寺”，也被称作“圣宫”[①]“世界圣宫”[②]。西夏文《圣立义海》记载“沙州神山。山凿佛像。寺庙、神众居处多有”[③]，或译作“沙州神山。山中佛像、精寺、圣众住处多有”，此处的沙州神山当指敦煌的鸣沙山[④]。在唐宋时期敦煌碑铭赞文书中，称莫高窟为灵岩、仙岩。如敦煌文书P.2641V《莫高窟再修功德记》记载“乃因闲静，趋慕仙岩”；P.3720V《莫高窟记》记载“晋司空索靖题壁，号仙岩寺”；P.3800V《祈愿文》记载：“碧油引驾于仙岩，虎节随车而降阁”[⑤]。由此可见，圣宫、神山、仙岩、灵岩皆指鸣沙山下的莫高窟，是西夏时期佛教徒心中的圣地。

---

① 陈炳应《西夏文物研究》，第8页。

② 陈炳应《西夏文物研究》，第10页。

③（俄）克恰诺夫、李范文、罗矛昆《〈圣立义海〉研究》，第59页。

④ 史金波《西夏佛教史略》，第126页。

⑤ 郑炳林、郑怡楠辑释《敦煌碑铭赞辑释（增订本）》，上海：上海古籍出版社，2019年，第1175、695、1179页。

一、西夏统治者的崇佛政策

西夏统治者崇信佛教，对佛教发展予以大力支持。天圣八年（1030）十二月，李德明向宋朝求赐佛经。此后，宋朝的佛经典籍不断传入西夏，推动了佛教在西夏的传播，史载西夏建立者李元昊本人即“晓浮图学”[①]。西夏还以立法形式保护佛教及其他宗教。《天盛律令》中明确规定：“佛像、神帐、道教像、天尊、夫子庙等不准盗损灭毁。若违律时，造意徒六年，从犯徒三年。其中僧人、道士及军所属管事者损毁时，当比他人罪状增加一等。若非损坏，盗而供养者，则有官罚马一、庶人十三杖。若价值很多，则视强盗、偷盗钱数之罪及损毁罪比较，依其重者判断。”[②]在敬佛崇佛政策之下，佛教在西夏境内得到了广泛的传播。

敦煌以及瓜州等地的官员对佛教的发展亦采取支持态度，并以供养人的身份出现在洞窟壁画中。瓜州榆林窟第29窟西壁门南侧的两层供养像中，上层的第一身为高僧形象，地位突出，旁有西夏文题记“真义国师信毕智海”，“信毕”又译作“西壁”“鲜卑”。鲜卑国师坐在佛坛前，其后站立侍从，为国师撑张伞盖。汉文《大方广佛华严经海印道场十重行愿常遍礼忏仪》卷末叙及华严经流传时，在“次东土正传华严祖师”之后记载有“次大夏国弘扬华严诸师”，即西夏时期传承华严宗诸高僧的主要成就和功业以及尊号、法号、封号等，共有八位西夏国高僧。除了《华严忏仪》辑录者“兰山云岩慈恩寺流通忏法护国一行慧觉法师”外，还有七位：

① 《宋史》卷四八五《夏国传上》，第13993页。
② 史金波、聂鸿音、白滨译注《天盛改旧新定律令》，第184页。

1.讲经律论，重译诸经的正趣净戒鲜卑真义国师
2.传译经者，救脱三藏的鲁布智云国师
3.令观门增盛者，真国妙觉寂照帝师
4.流传印造大疏钞者，新圆真证帝师
5.开演疏钞，久远流传，卧利华严国师
6.传译开演自在，啥咩海印国师
7.开演流传，智辩无碍，颇尊者觉国师①

上述八位西夏高僧中，有国师五位，帝师两位，法师一位。西夏文《官阶封号表》《天盛律令》等文献中并无帝师的记载，以往也普遍认为帝师之设始于元代。但学者们通过对史料的不断解读和研究，对西夏时期帝师制度的认识已逐渐明晰，如认为西夏帝师始设于西夏后期，并从文献中钩稽出了五位帝师②。西夏文献中对国师的记载较多，如西夏文《官阶封号表》（表4170a）“诸王位”下有“师位”，“师位”中又记载有“国师”。③《天盛律令》卷一〇“司序行文门”记载：

一皇帝国院、皇太子、诸王等之师名：皇帝之师监承处：上师、国师、德师。……

一前述师名义之当上、次、中司品次第：皇帝之监承处

① 白滨《元代西夏一行慧觉法师辑汉文〈华严忏仪〉补释》，《西夏学》第1辑，银川：宁夏人民出版社，2006年，第78页。
② 崔红芬《〈俄藏黑水城出土西夏文佛经文献叙录〉中的帝师与国师》，《西北第二民族学院学报》2004年第4期，第35—40页。聂鸿音《西夏帝师考辨》，《文史》2005年第3期，第205—218页。崔红芬《再论西夏帝师》，《中国藏学》2008年第1期，第210—214页。
③ 史金波《西夏文〈官阶封号表〉考释》，载《中国民族古文字研究》（三），第248—249页。

上师、国师及德师等与上等位当。[1]

又记载："次等司。二种功德司六国师、二合管。"可知国师为皇帝之师，地位崇高。此外，国师还是西夏佛教机构两种功德司的正职，天盛年间数量较多。据考，西夏时期至少有28位国师、30种封号[2]。鲜卑真义国师修持华严，讲经律论，在《华严忏仪》所列西夏诸高僧中位列第一，同时其画像绘于榆林窟第29窟西壁门南侧突出的位置（图1–26），并导引身后上排的沙州监军司官员和下排的瓜州监军司官员，显示了真义国师在西夏佛教中的崇高地位，其影响远及西夏西陲的敦煌、瓜州一带。

图1–26 榆林窟第29窟鲜卑真义国师像（采自《中国石窟·安西榆林窟》）

鲜卑真义国师之后，上排的几位男性施主为沙州监军司各级官员，下排的几位男性施主为瓜州监军司各级官员。对面的西壁门北侧也绘有高僧以及上下两排女性供养人像，为男性供

① 史金波、聂鸿音、白滨译注《天盛改旧新定律令》，第365—366页。
② 史金波《西夏社会》（下），第585—587页。

养人的家眷。这些西夏文武官员及其女眷均毕恭毕敬地站立于国师和高僧之后，双手合十、神态虔诚。此外，榆林窟第25窟内也留存有瓜州监军司赵姓官员的西夏文发愿题记。身为沙州监军司、瓜州监军司高级官员的赵姓家族崇信佛教，积极营建新窟，虔诚参加佛事活动，并以供养人身份出现在洞窟壁画中，反映出沙州、瓜州当地官员对佛教的虔诚态度。

此外，低级别官员也巡礼莫高窟，莫高窟第285窟西夏文游人题记记载："雍宁乙未二年九月二十三日，麻尼则移则兰、嵬立勒山、酩布移则尼顷浪、麻尼则嵬名埋、酩布那征埋、骨匹屈成、麻尼则移则埋、麻尼则□勒，同日，八人共同发愿，来山寺中烧香，生生世世，当见佛面。司者案头尼则尼顷浪（押）。"①"雍宁乙未二年"为1115年。该条西夏文游人题记为墨书，共计10行，字迹工整（图1-27）。题名画押的尼则尼顷浪应即8人当

图1-27 莫高窟第285窟西夏文游人题记
（采自《中国藏西夏文献》第18册《金石编·碑石、题记卷》）

① 陈炳应《西夏文物研究》，释文见第9页，录文见第70—71页。史金波《西夏佛教史略》，释文见第290页，录文见第287页。（日）荒川慎太郎《敦煌石窟西夏文题記銘文集成》，第266—267页。

中的酩布移则尼顷浪，其官衔为“司者案头”，他很可能在沙州监军司或瓜州监军司中担任案头，而其他7人也可能是沙州或瓜州当地的官员。这些官员来莫高窟中烧香发愿，“生生世世，当见佛面”反映出他们对佛教的虔诚信仰。

总之，在西夏崇佛政策的大背景以及敦煌、瓜州当地官员的支持下，敦煌地区的佛教信仰氛围浓厚。莫高窟、榆林窟等石窟或营建或重修了一些西夏时期洞窟，敦煌石窟中的西夏壁画也取得了新的艺术成就，游人众多，香火旺盛。

二、敦煌石窟的营建、重修与清沙活动

西夏时期属于敦煌石窟艺术史上的晚期阶段，这一时期的敦煌石窟出现新的时代和艺术特征。一方面，石窟内容以大乘显教为主，密教为辅，密教中以藏密为主；另一方面，由于西夏时期敦煌世家大族因战乱导致整体衰落，“已经无力继续作为开窟造像的中坚力量而被西夏政权的高官新贵所取代”[①]，因此整个西夏时期营建的洞窟数量并不多，更多的是对部分洞窟的重绘、重塑等修缮活动。此外，莫高窟、榆林窟内众多游人巡礼题记的出现，体现了西夏时期敦煌、瓜州当地浓厚的佛教氛围以及两窟在西夏民众心中作为佛教圣地的崇高地位。

西夏洞窟的辨识、分期及研究，是目前敦煌石窟艺术学界面临的最为复杂、也是最具难度的课题之一。1964年，中国科学院民族研究所（现中国社会科学院民族学与人类学研究所）和敦煌文物研究所（现敦煌研究院）共同组成了敦煌石窟西夏调查研究

---

① 宁强、何卯平《西夏佛教艺术中的“家窟”与“公共窟”——瓜州榆林窟第29窟供养人的构成再探》，《敦煌学辑刊》2017年第3期，第137页。

小组，对敦煌石窟中的西夏洞窟进行了系统调查。刘玉权参加了1964年西夏洞窟调查活动，并在此后长期致力于西夏洞窟的辨识和分期工作。在1982年、1987年对莫高窟、榆林窟西夏洞窟的划分基础上[①]，1998年他又对莫高窟、榆林窟、东千佛洞、五个庙石窟进行了分期，将西夏洞窟分为前后两期，前期为1036年至1139年，后期为1140年至1227年。西夏前期洞窟有莫高窟第368窟、356窟、408窟、65窟、352窟、327窟、281窟、142窟、355窟、354窟、460窟、70窟、30窟、27窟、353窟、420窟、35窟、29窟、38窟、265窟、34窟、6窟、88窟、87窟、16窟、350窟、263窟、291窟、84窟、83窟、81窟、78窟、224窟、450窟、234窟、376窟、378窟、348窟、382窟、169窟、347窟、165窟、223窟、345窟、365窟、366窟、151窟、233窟、351窟、326窟、328窟、344窟、252窟、430窟、400窟、367窟，榆林窟第21窟（后室）、22窟、26窟、13窟、17窟、14窟、15窟；西夏后期洞窟有莫高窟第206窟、491窟、395窟以及4号塔，榆林窟第29窟、2窟、3窟，东千佛洞第2窟、5窟，五个庙窟第1窟、3窟、4窟。[②]关友惠从图案及画风入手，对回鹘和西夏洞窟进行了再辨析，同时将原来划为元代的莫高窟第3窟和第61窟划入了西夏洞窟。沙武田指出，由于涉及瓜沙地区复杂的历史背景，敦煌西夏艺术和瓜沙地方曹氏艺术、沙州回鹘艺术、藏传佛教艺术、宋代绘画等之间相互交织、相互影响，最终形成了一类独特的地方艺术。同时，由于历史文献记载含混不清，瓜沙曹氏晚期、西

---

① 刘玉权《敦煌莫高窟、安西榆林窟西夏洞窟分期》《关于沙州回鹘洞窟的划分》，载敦煌研究院编《榆林窟研究论文集》（上册），第239—262、318—331页。

② 刘玉权《敦煌西夏洞窟分期再议》，敦煌研究院编《榆林窟研究论文集》（上册），第407—411页。

夏初期、沙州回鹘三者之间的历史不够明了，专家学者们的研究也见仁见智，各自从不同的专业方向和研究视角出发，观点不同，出入较大，以致人们对敦煌西夏艺术的认识和分辨产生了困难。在前人基础上对西夏时期洞窟进行了再识别：西夏洞窟有莫高窟第3窟、6窟、34窟、61窟、140窟、164窟、169窟、206窟、252窟、281窟、285窟、351窟、355窟、356窟、368窟、408窟、432窟、460窟、464窟、465窟、491窟和北区第77窟及第464窟、465窟周匝小窟群、4号塔，榆林窟第2窟、3窟、10窟、13窟、14窟、15窟、17窟、21窟、22窟、26窟、29窟，东千佛洞第2窟、4窟、5窟、7窟，五个庙窟第1窟、3窟、4窟。[①]

学术界对部分洞窟营建于元代还是营建于西夏时期仍有不同看法，如莫高窟第464窟、465窟。[②]谢继胜在判定第465窟为西夏洞窟时进一步指出："笔者推测，北区一系列石窟都是出自西夏人之手，计有462窟、463窟、464和465窟。"[③]这一观点赞同者有之，质疑者亦有之。如杨富学通过实地考察并结合考古资料认为第465窟应开凿于北凉而非西夏，窟内甬道与前室为元代末期回鹘洞窟，后室壁画为元代早期遗存。[④]又如莫高窟第61窟甬道壁画属于元代还是西夏也有反复争论。总之，敦煌石窟艺术研究中

---

① 沙武田《敦煌西夏石窟分期研究之思考》，《西夏研究》2011年第2期；《敦煌西夏石窟营建史构建》，《西夏研究》2018年第1期。

② 敖特根《敦煌莫高窟第465窟断代研究综述》，《敦煌研究》2003年第5期，第3—8页。

③ 谢继胜《莫高窟第465窟壁画绘于西夏考》，《中国藏学》2003年第2期，第69—79页。并有此前发表的《关于敦煌第465窟断代的几个问题》《关于敦煌第465窟断代的几个问题（续）》，《中国藏学》2000年第3期，第75—92页；2000年第4期，第75—90页。

④ 杨富学《敦煌莫高窟第464窟的断代及其与回鹘之关系》，《敦煌研究》2012年第6期，第1—18页。

吐蕃窟、粟特窟、回鹘窟、西夏窟等少数民族风格洞窟的研究具有很大的难度和复杂性，特别是在西夏窟的研究方面仍然是目前石窟研究中最为薄弱的环节之一。石窟艺术往往与历史发展相为表里，对西夏洞窟的分期研究，需要借助多种学科、多种方法进行综合研究。[①]目前学术界对西夏洞窟的分期和研究正处在一个攻坚克难的阶段，不同观点在碰撞中逐步得到推进。

莫高窟、榆林窟留存的西夏文、汉文题记中，除供养人题记外，其他多为游人题记，此外还有一些题记涉及莫高窟、榆林窟的重修和清沙活动。重修题记有莫高窟第57窟、340窟，榆林窟第19窟题记。莫高窟第57窟甬道北壁西夏文题记记载："寺庙修盖者息玉那征宝"[②]；第340窟甬道北壁西夏文题记记载："亥年六月二十四日，寺庙修盖者嵬名智海，以此善根，上求众相么鹅长寿无病，下求法界有情得福除罪，故修造此佛尊一身， 以此善根，随愿具成。"[③]"寺庙修盖者"，很可能指洞窟重修活动。榆林窟第19窟甬道南壁刀刻汉文题记记载："乾祐廿四年□□日画师甘州住户高崇德小名那征到此画秘密堂记之。"[④]学者认为"秘密堂"应指榆林窟第29窟[⑤]，表明来自甘州的画师高崇德在

① 王惠民《敦煌西夏洞窟分期及存在的问题》，《西夏研究》2011年第1期，第64页。

② 陈炳应《西夏文物研究》，释文见第8页，录文见第69页。史金波《西夏佛教史略》，释文见第289页，录文见第286页。（日）荒川慎太郎《敦煌石窟西夏文題記銘文集成》，第249页。

③ 陈炳应《西夏文物研究》，释文见第9页，录文见第72页。史金波《西夏佛教史略》，释文见第291页，录文见第287—288页。（日）荒川慎太郎《敦煌石窟西夏文題記銘文集成》，第271—272页。

④ 陈炳应《西夏文物研究》，第6页。史金波《西夏佛教史略》，第305页。张伯元《安西榆林窟》，第219页。

⑤ 刘玉权《敦煌莫高窟、安西榆林窟西夏洞窟分期》，载敦煌研究院编《榆林窟研究论文集》（上册），第262页。

第29窟绘画时或绘完后，在第19窟留下了自己的题名。

莫高窟、榆林窟还留存有一些清沙题记。一些信众游客和寺院僧人来巡礼时，对窟内的沙土进行了清理，以恢复洞窟和佛像的庄严景象。莫高窟第65窟西壁龛南侧西夏文题记记载："甲丑年五月一日，墨勒原籍凉州，为找□石，来到沙州地界。我城圣宫沙满，为获安福故，清除两廊众宫沙。我法界一切有情，皆共善聚，当遇之于西方净土。"[①]题记中"甲丑"应为"乙丑"之误，西夏文"甲"与"乙"字形接近，乙丑年为西夏大安十一年（1084）[②]。是年五月初一日，来自凉州的墨勒来到敦煌，在巡礼莫高窟时清理了第65窟及其他洞窟内的积沙。榆林窟第25窟前室甬道北壁西夏文题记记载："雍宁甲午初三月一日，寺院出家众果使善行酩布觉巳清榆林寺中沙，以此善根，利诸生故，当回菩提。"[③]雍宁甲午年为雍宁元年（1114），酩布觉巳很可能为西夏寺院僧人，他于这一年的三月初一来到榆林窟并对洞窟内的积沙进行了清理。

三、信众游客对敦煌石窟的巡礼活动

在西夏统治者的崇佛政策影响以及地方官员的支持下，敦煌地区佛教信仰氛围浓厚，莫高窟、榆林窟、东千佛洞等也营建了

---

① 陈炳应《西夏文物研究》，释文见第8页，录文见第70页。史金波《西夏佛教史略》，释文见第289页，录文见第286页。（日）荒川慎太郎《敦煌石窟西夏文題記銘文集成》，第253页。

② 陈炳应《西夏文物研究》，第15页。史金波、白滨《莫高窟、榆林窟西夏文题记研究》，《考古学报》1982年第3期，第370页。

③ 陈炳应《西夏文物研究》，释文见第12页，录文见第77页。史金波《西夏佛教史略》，释文见第301页，录文见第296页。（日）荒川慎太郎《敦煌石窟西夏文題記銘文集成》，第300页。

一些新的洞窟并重修了大量洞窟。但与此前统治敦煌、瓜州近二百年的归义军时期相比，西夏时期营建的洞窟数量要少得多。这与历史背景的变化有关，归义军是以敦煌、瓜州为核心区域的本土政权，豪门大族聚居，能够出资进行大规模的开窟造像；同时，敦煌是中西往来的交通要道和佛教交流的中转、融汇之地。但西夏时期敦煌、瓜州已无本土政权，成为西夏王朝西北边境的普通属州，因而敦煌石窟的营建不可能再获得类似归义军时期那样的大力支持。与此同时，西夏时期游人题记开始密集出现，反映出莫高窟、榆林窟信众游客巡礼的络绎不绝，但也说明这一时期两窟的管理逐渐松弛，窟内常有积沙堆滞，并且信众游客可以任意题写游人题记。

莫高窟、榆林窟留存有部分西夏文游人题记。一般来说，游人题记内容主要包括了题写人的姓名，到洞窟的时间、目的，来自地域等信息。尽管莫高窟、榆林窟留存的西夏文题记以游人题记居多，但是具有上述完整信息的并不多。其中大多数题记仅题写了姓名。较完整的有第285窟西夏文游人题记，记载了酩布移则尼顷浪等八位敦煌或瓜州官员来莫高窟烧香礼佛、虔诚发愿的巡礼事迹。更多的西夏文游人题记或年代不清，或未题写信众游客来源。榆林窟第12窟游人题记记载：“游世界圣宫者及甘州圣宫者勒盈，（修者）□□，修者勒月，修者味奴，修者……”；榆林窟第33窟题记记载：“申年六月十四日□肃州□□便来瞻者……来……”。此外还有两条党项人千玉乐势巡礼榆林窟第25窟、第39窟后留下的题记：“修福者千玉乐势，诸佛处烧香求子。修福者玉乐势。修福者尼说嵬吃阿拜”，“千玉乐势来山寺中烧香，正心赞佛”[①]。从这些游人题记的内容来看，既有来自敦煌、瓜州本地的官员和百姓，也有来自肃州等地的信众，他们前来莫高窟和榆林窟巡礼，或烧香礼佛，或求子祈福。

莫高窟留存有一些西夏时期的汉文游人题记。如莫高窟第427窟题记记载：“贞观癸未三年十月十三日三人到此巡礼记矣康佛奴苻善奴氾（?）（?）。”[②]贞观癸未，即西夏崇宗李乾顺贞观三年（1103），从康佛奴、苻善奴题名看，属于虔诚的佛教徒，康佛奴可能是粟特人。第205窟题记记载：“大庆庚申元年四月初四日甘州□□所记耳”[③]，可知大庆元年（1140）来自甘州的信众巡礼了莫高窟。第203窟题记记载：“大庆度中元年闰五月”，伯希和补充道：“我抄录了其中一条非常暗淡的题记，并从中发现了一个时间，其内容是指数百人的到来（时间）。”[④]西夏大庆元年（1140）正好是庚申年，因此题记中的“度中”应为“庚申”之误抄。据伯希和描述，有数百人来到莫高窟，可能是在莫高窟前举行了佛事活动。第85窟题记记载：“大上仁庆五年大名三十人张□□来□。”[⑤]仁庆五年，即西夏仁宗李仁孝人庆五年（1148）。《宋史·地理志》记载：“［河北］东路。府三：大名府，开德，河间。”[⑥]大名原为北宋河北东路大名府。金灭

---

① 榆林窟第12窟、33窟、25窟、39窟西夏文游人题记，分别见陈炳应《西夏文物研究》，释文见第10—13页，录文见第73—80页。史金波《西夏佛教史略》，释文见第291、300—303页，录文见第288、295—298页。（日）荒川慎太郎《敦煌石窟西夏文題記銘文集成》，第293、319—320、301—302、323页。

② （法）伯希和著，耿昇译《伯希和敦煌石窟笔记》，第289页。

③ 李国、沙武田《敦煌石窟西夏时期汉文题记辑录——兼谈西夏占领瓜沙的时间问题》，《西夏研究》2021年第1期，第51页。

④ （法）伯希和著，耿昇译《伯希和敦煌石窟笔记》，第119页。

⑤ 敦煌研究院编《敦煌莫高窟供养人题记》，第30页。

⑥ 《宋史》卷八六《地理志二》，北京：中华书局，1977年，第2121页。

北宋之后，大名地区成为金朝控制区域。金朝在此设立统军司，后于天德二年（1150）撤销，正隆二年（1157）时设大名总管府[①]。若题记中“大名”无误，则说明来自金朝大名地区的三十余名信众前来莫高窟巡礼。莫高窟留题的天庆年号题记较多，天庆为西夏桓宗李纯佑年号，共12年（1194年至1205年）。这一时期已属西夏统治敦煌的末期，由于漠北蒙古帝国的崛起，西夏开始进入内政动荡、外扰频繁的阶段。天庆十二年（1205）蒙古军入侵西夏边境地区，而敦煌、瓜州则是最早被劫掠的西夏国土。第229窟有天庆元年（1194）游人题记，仅存时间而内容残缺[②]。第108窟题记记载：“天庆四……十一……”[③]，第229窟题记记载：“天庆四年七月廿一……石公义到”[④]。这两则游人题记可能为天庆四年（1197）同一拨信众留题，石公义或许与康佛奴一样同属粟特人。第61窟题记（图1-28）记载：“上座宁□□姚/巡礼山寺到此/天庆五年四月廿日。”[⑤]第205窟有天庆九年（1202）游人题记，仅存时间而内容残缺[⑥]。这些游人题记中完整包含时间、人名、来源信息的很少。从时间上看主要集中于12世纪，较早者为西夏贞观三年（1103），其余都在西夏大庆元年（1140）以后，其中又以天庆年间最多。

综上，西夏时期来莫高窟、榆林窟巡礼的信众游客主要来自

① 《金史》卷二六《地理志七》，北京：中华书局，1975年，第627—628页。
② 敦煌研究院编《敦煌莫高窟供养人题记》，第104页。
③ 敦煌研究院编《敦煌莫高窟供养人题记》，第55页。
④ 敦煌研究院编《敦煌莫高窟供养人题记》，第104页。
⑤ 敦煌研究院编《敦煌莫高窟供养人题记》，第25页。
⑥ 敦煌研究院编《敦煌莫高窟供养人题记》，第96页。

敦煌和瓜州本地，其余来自临近的肃州、甘州、凉州等地，可能还有来自河北大名地区的信众。信众游客的族属以党项人、汉人为主，可能还有粟特人。身份有僧人、百姓、官员等。部分信众在巡礼莫高窟的时候还清理了窟内积沙，以求积福。而多数信众则是专门前来烧香礼佛，有的则是前来求子祈福。这些游人题记在对石窟壁画艺术造成破坏的同时，也具有一定的历史和宗教价值，反映出西夏时期敦煌地区佛教信仰的状况。

图1-28 莫高窟第61窟天庆五年（1198）游人题记
（采自《中国藏西夏文献》第18册《金石编·碑石、题记卷》）

第二章

蒙、元时期的敦煌

西夏后期，成吉思汗统一漠北草原各部，建立大蒙古国。此后，蒙古军开始了对外征服战争。由于敦煌位于河西西部，离漠北草原相对较近，故而成为蒙古军最早的掠夺地之一。由于元朝时期瓜州隶属于敦煌的沙州路总管府，因此在梳理敦煌历史时，也对瓜州兼作讨论。根据《西夏书事》《元史》等史书记载，蒙古军经过西夏天庆十二年（1205）、乾定元年（1224）以及蒙古太祖二十二年（1227）的三次战斗，最终攻克了西夏统治下之瓜、沙二州，也自此开始了敦煌历史上的蒙、元统治时代。蒙古军攻克敦煌后，敦煌隶属于术赤之子拔都，但不久又归属于察合台势力范围，瓜州则被废弃。元代建立后设立甘肃行省，在敦煌设立了沙州路总管府，并以瓜州为其属州。同时元政府任命出伯家族进行镇戍，建立起完备的军政管理体系。有关蒙古帝国时期敦煌的史料非常缺略，仅记载了敦煌的隶属及其驿站设立情况；而有关元代敦煌的史料相对较多。敦煌石窟中留存有大量元代汉文游人题记，部分题记包含了元代敦煌职官设置和信众、游客礼佛巡礼莫高窟的记载，具有重要的历史和宗教价值。另外，学术界对蒙、元时期回鹘式蒙古文题记、八思巴蒙古文题记以及莫高窟北区石窟出土蒙古文文献的最新译释和研究成果，也为梳理元代敦煌历史和社会面貌提供了材料。

第一节　蒙古军攻克敦煌的历史过程

公元1203年，铁木真攻灭克烈部，王罕败逃并被乃蛮部将捕杀。王罕之子桑昆逃至西夏，“日剽掠以自资”[①]，被西夏逐走逃至西域，但不久被杀。此后铁木真又击败乃蛮、蔑儿乞部以及札木合所部，完成了对漠北诸部的统一。1205年，铁木真率军攻打西夏边境诸地，大掠而还，自此开启了前后长达22年的蒙古灭夏战争。1206年，大蒙古国建立。蒙古军又于1207年、1209年、1217年、1224年分四次征讨西夏，并最终于1227年攻灭西夏。[②]

---

① 《元史》卷一《太祖本纪一》，北京：中华书局，1976年，第12页。

② 韩儒林主编《元朝史》（上册），北京：人民出版社，1986年，第101—105页。关于蒙古灭夏战争的论述，参看H. Desmond Martin,The Mongol Wars with Hsi Hsia (1205-27) ,*Journal of the Royal Asiatic Society of Great Britain and Ireland*,1942 (3) , pp.195—228.陈育宁、汤晓芳《蒙古与西夏关系略论》，《民族研究》1988年第5期，第82—89页。阿木《成吉思汗灭西夏的战争》、博彦《成吉思汗征服西夏战争》，并载《蒙古族古代军事思想研究论文集》，呼和浩特：内蒙古文史书店，1989年，第331—352页。穆鸿利、席岫峰《试论蒙夏战争》，《宁夏社会科学》1991年第2期，第44—51页。陶刚《成吉思汗五伐西夏考》，《中央民族学院学报》1993年第2期，第44—48、56页。何平立《略论蒙古征服西夏战争》，《军事历史研究》1993年第3期，第141—148页。

蒙夏战争中，蒙古军于1205年劫掠了敦煌和瓜州，在1224年进攻敦煌失利后对之进行了长达半年的围困，1227年在灭夏战争中最终攻克敦煌和瓜州。

一、蒙古军第一次进攻敦煌、瓜州

1205年，蒙古军首次入侵西夏。《元史·太祖纪》记载："岁乙丑，帝征西夏，拔力吉里寨，经落思城，大掠人民及其橐驼而还。"[①]此次掠夺，实际上还不只有力吉里寨和落思城。《西夏书事》对此次侵夏记载更为详细："［三月］蒙古初来侵，破力吉里寨。"文下进一步记载："至是，引将怯古里秃、耶律阿海等部兵，入河西攻力吉里寨，破之，纵兵蹦瓜、沙诸州，纯佑不敢拒。"[②]

拉施特所著《史集》对蒙古军首次进攻西夏亦有详细记载：

---

① 《元史》卷一《太祖本纪一》，第13页。

② ［清］吴广成撰，龚世俊校证《西夏书事校证》卷三九，兰州：甘肃文化出版社，1995年，第462—463页。按：《元史》卷一五〇《耶律阿海传》（第3549页）记载："癸亥（1203）冬，进攻西夏诸国，累有功。"《西夏书事校证》云："《元史·耶律阿海传》谓攻西夏在癸未冬，误。"但龚世俊恐误证。《元史·耶律阿海传》所记癸亥（1203）冬进攻西夏诸国，应指耶律阿海追击桑昆事，时桑昆逃至西夏，耶律阿海追至西夏边境而还。对于这一点，屠寄已指出，《蒙兀儿史记·耶律阿海传》记载："是年（癸亥，1203年）冬，王罕败死，其子你勒合桑昆逃走西夏边亦集乃之地。阿海追之不及而还。（屠寄考曰：《旧传》云：'癸亥冬，进攻西夏诸国，累有功。'遍考中西书，癸亥冬并无攻西夏事，然蔑儿乞忽秃之逃也，使速别额台追之；乃蛮古出鲁克之逃也，使者别追之；独你勒合之逃，不遣一骑追逐，本是疑问，阿海之攻西夏，盖追你勒合也。今改正如右，足补史阙。"见屠寄《蒙兀儿史记》卷四九《耶律阿海传》，收录于《元史二种》2，上海：上海古籍出版社、上海书店，2012年，第375页。

> 当始自伊斯兰教历601年6月的忽客儿亦勒即牛年［1205年］幸福地莅临时，成吉思汗整集军队去征讨被称作唐兀惕的合申地区。他们进入该地区后，先到了力卜勒乞寨，该寨修筑得非常牢固。他们包围了它，在短时期内攻了下来，将寨墙和基础全部平毁。他们从那里进到克邻-罗失城，这是座很大的城，他们攻下了它，进行了洗劫。［接着，］他们又占领了唐兀惕若干其他地区，进行了洗劫，并将那些地区找到的牲畜全部驱走。［然后］他们带着许多战利品和无数骆驼、牲畜回来，以奴隶顺服之礼来见成吉思汗。就是这些！①

“力卜勒乞寨”即力吉里寨，“克邻-罗失城”即落思城，而“唐兀惕若干其他地区”则包括了敦煌和瓜州在内。根据《史集》记载，蒙古军对力吉里寨等城进行了大规模劫掠，并对城墙设施进行了破坏。《史集》记载与《元史》《西夏书事》相吻合，但较后两书详细。《西夏书事》记载“纵兵躏瓜、沙诸州，纯佑不敢拒”，可知在西夏军队未予抵抗的情况下，敦煌和瓜州遭到了蒙古军的大肆劫掠和破坏。此次战斗带有对西夏军事实力和政治态度进行试探的意味，“通过探其虚实，为以后经略谋划南霸天下，拉开了持续征战的序幕”②。蒙古军撤走后，李纯佑下令对遭到破坏的城池进行修缮。

二、蒙古军第二次进攻敦煌

1206年3月，“故主纯佑暴卒于废所”③。在此之前李安全与

① （波斯）拉施特主编，余大钧、周建奇译《史集》第1卷第2分册，北京：商务印书馆，2014年，第227页。

② 李范文主编《西夏通史》，第320页。

③ ［清］吴广成撰，龚世俊校证《西夏书事校证》卷三九，第464页。

李纯佑之母罗氏皇太后合谋废李纯佑即位。1211年，西夏再度发生政变，李遵顼废襄宗李安全而自立。西夏自纯佑之后出现了内忧外患的局面，而蒙古军则加强了对西夏的攻势。自1205年首次进攻西夏后，蒙古军又对西夏进行了多次征讨，给西夏以重创。但1219年，花剌子模国讹答剌城发生了杀死蒙古商队的事件，将蒙古军兵锋引向了花剌子模[①]，使得蒙古灭夏战争不得不推迟。1223年12月，李德旺即位西夏国主。翌年（1224）二月，“德旺闻蒙古王征西域未还，遣使结漠北诸部为外援，阴图拒守计，诸部出兵应”[②]。1224年5月，成吉思汗在灭花剌子模后，以李德旺结漠北诸部谋拒蒙古为借口[③]，派军第二次攻打敦煌。《西夏书事》对此有详细记载：“夏五月，蒙古兵围沙州，不克”，文下具体记载：

> 蒙古主自西域还，闻夏国有异图，自将兵由河外攻沙州。逾月不下，遣部下兵夜穴城以入。守将籍辣思义纳火穴中，蒙兵多死，思义守城如故。[④]

1205年蒙古军轻而易举地攻破并掠夺敦煌，此次则力战而不能

---

① 《元史》卷一《太祖本纪一》，第20页。（波斯）拉施特主编，余大钧、周建奇译《史集》第1卷第2分册，第280—288、297—299、305—338页。

② ［清］吴广成撰，龚世俊校证《西夏书事校证》卷四二，第492页。

③ 关于“漠北诸部”具体所指，美国学者德斯蒙德·马丁认为当指居于甘肃西部或沿额济纳河居住的撒里畏兀儿。与撒里畏兀儿居住在同一地域的还有两个部落，即汉文文献中的特勒和赤闵，这两个部落曾经可能是回鹘的附庸。而“漠北诸部”很可能是用以区分回鹘、特勒、赤闵与南面的党项和南山山区的吐蕃部落的。H. Desmond Martin,The Mongol Wars with Hsi Hsia（1205–27）,*Journal of the Royal Asiatic Society of Great Britain and Ireland*,1942（3）,pp. 210—211.

④ ［清］吴广成撰，龚世俊校证《西夏书事校证》卷四二，第492页。

下，表明1205年后西夏对敦煌城池的修复卓有成效，军事部署也得到加强。此次蒙古军进攻敦煌，遭到了西夏守军的顽强抵抗，只能进行围城。为防止西夏援兵来解敦煌之围，蒙古军又于九月发兵攻打银州。《西夏书事》记载："蒙古久攻沙州，恐银、夏出兵赴援，遣大将孛鲁、刘黑马等分兵攻银州。监府塔海出战，兵败被俘。斩首数万级，获生口牛羊数十万，银州遂破。"[①]银州的失守和漠北诸部的溃散，迫使李德旺于同年十一月遣使蒙古请降，同时答应纳子为质，敦煌才得以解围。《西夏书事》记载："德旺闻银州不守，漠北诸部溃散，遣使诣蒙古军前请降，许以质子为信。蒙古主始解沙州围，城中坚守半载，军民困乏，食牛羊马驼殆尽。"[②]值得注意的是，上引1224年孛鲁、刘黑马攻打银州事，《元史·孛鲁传》亦有记载：

> 时太祖在西域，夏国主李王阴结外援，蓄异图，密诏孛鲁讨之。甲申秋九月，攻银州，克之，斩首数万级，获生口马驼牛羊数十万，俘监府塔海，命都元帅蒙古不华将兵守其要害而还。[③]

《元史·刘黑马传》中有简略记载，《元史·太祖纪》则阙载。《元史·孛鲁传》与《西夏书事》均将孛鲁攻打银州的事情系于甲申年（1224）九月，互相吻合。唯《元史·孛鲁传》记载1224年，"时太祖在西域"，而《西夏书事》则记载1224年5月，"蒙古主自西域还"，互有出入。《史集》记载道：

---

① ［清］吴广成撰，龚世俊校证《西夏书事校证》卷四二，第492页。
② ［清］吴广成撰，龚世俊校证《西夏书事校证》卷四二，第492页。
③ 《元史》卷一一九《孛鲁传》，第2936页。

> 始自伊斯兰教历621年1月的猴年［公元1224年］，成吉思汗征服大食地区以后，决定回到［自己的］老营去。唐兀惕居民作乱消息的传来，是成吉思汗急于回去的原因，唐兀惕人由于他长期不在，又动乱起来了。他沿着［穿过］范延山的道路前进，下令将［以前］留在巴黑兰境内的辎重运走。那年冬天他渡过质浑河，屯驻在撒麻耳干城郊。……当他从那里［撒麻耳干］来到别涅客忒河［锡尔河］时，他的所有的儿子们，除术赤外，全都聚到了父亲处，他们在那里举行了会议（忽里勒台）。然后，他们从那里出发，一站一站地，静悄悄地慢慢走去，一直回到了自己的故乡和游牧营地上。①

由《史集》记载可知，1224年冬，成吉思汗才渡过质浑河并屯驻于撒马尔干，回到漠北草原肯定已到1225年。《圣武亲征录》记载："甲申（1224）旋师，住冬避暑，且止且行。乙酉（1225）春上归国，自出师凡七年。"②《史集》与《圣武亲征录》记载基本相同，即成吉思汗于1224年决定返回漠北草原，1224年冬天屯驻在撒马尔干城郊，1225年春回到漠北草原。《蒙古秘史》对成吉思汗返回草原的时间记载较具体："第七年，鸡儿年（1225）秋天，回到秃剌河合剌屯［黑林］的斡儿朵住下。"③由此可知，《西夏书事》所载1224年"蒙古主自西域还……自将兵

---

①（波斯）拉施特主编，余大钧、周建奇译《史集》第1卷第2分册，第339—340页。

②［元］佚名撰，王国维校注《圣武亲征录校注》，北平文殿阁书庄印行，1936年，第162页。

③ 札奇斯钦《〈蒙古秘史〉新译并注释》，台北：联经出版事业公司，1979年，第411页。

由河外攻沙州”当误，当时成吉思汗还在西域，不可能亲自领兵攻打敦煌，只能是派遣某位部将。[①]《史集》与《西夏书事》对战争起因的描述一致，即李德旺意图联合漠北诸部对抗蒙古。需要指出的是，有关《西夏书事》所载蒙古军围困敦煌之事，《元史》《史集》《蒙古秘史》均未记载，且《西夏书事》也未标注史料来源。但从《西夏书事》的描述来看，蒙古军围困敦煌半年的史实当有所据。

根据《西夏书事》记载，1224年敦煌守将为籍辣思义，他带领军民进行了顽强抵抗，用火攻击退了蒙古军攻城。此后蒙古军对敦煌进行了长达半年的围困，虽然最终由于西夏的请降而解围，但却对敦煌社会经济造成了重大消耗。

三、蒙古军第三次进攻并占领敦煌

关于蒙古军最后一次攻打西夏的时间，诸书记载不一，如《元史》记载为“太祖二十一年（1226）春正月”，《蒙古秘史》

---

① 美国学者德斯蒙德·马丁在引用《西夏书事》对蒙古军第二次攻击敦煌史实的记载时，即有所选择。他并未使用《西夏书事》有关成吉思汗自西域还，亲自率兵攻敦煌这一说法，而是谨慎地使用了“一支蒙古军”“蒙古军统帅”这样的表达，并指出“成吉思汗此时正在合剌也儿的石河畔扎营”，这显然是正确的。参H. Desmond Martin,The Mongol Wars with Hsi Hsia (1205–27) ,*Journal of the Royal Asiatic Society of Great Britain and Ireland*,1942 (3) ,pp.211。阿木《成吉思汗灭西夏的战争》、博彦《成吉思汗征服西夏战争》（并载《蒙古族古代军事思想研究论文集》，第331—344、345—352页）以及陶刚《成吉思汗五伐西夏考》，《中央民族学院学报》1993年第2期）、何平立《略论蒙古征服西夏战争》（《军事历史研究》1993年第3期）均未使用《西夏书事》记载，因而没有对1224年蒙古军攻打敦煌的历史进行论述。还有一些学者则未加考辨而径直使用了《西夏书事》的记载，如穆鸿利、席岫峰在《试论蒙夏战争》（《宁夏社会科学》1991年第2期，第46、48页）一文中说：“同年5月，成吉思汗从西域回师，同时进攻沙州。西夏军民英勇抵抗”，“成吉思汗亦在此时西征回师，途中进攻沙州”。

记载为“狗儿年（1226）秋天”，《史集》记载为“鸡年（1225）秋天”，《圣武亲征录》记载“乙酉（1225）秋，复总兵征西夏”[①]。屠寄认可1225年秋天之说，指出：“据此知征西夏之师实以乙酉秋出发。《秘史》狗儿年秋，误差下一年。”同时根据《金史·哀宗纪》有关正大元年（1224）冬十月和二年（1225）九月、冬十月金夏议和之记载，进一步考证曰：

> 金夏议和，发端于甲申十月，定议于乙酉九月。其间两国信使往来，早为蒙兀侦知，故《辣施特书》（按：即拉施特《史集》）谓闻唐古特又叛也，和金即叛蒙兀之证。金人虽以乙酉十月始诏中外，而成吉思汗却以乙酉秋即出师，盖知之久矣。以不遣质子为罪，据《旧纪》以不从征西夏为罪，兼采《秘史》以与金约和为罪，则据《金史》也。《亲征录》称乙酉秋复总兵征西夏，乃漠北兴师之时，《旧史·太祖纪》：二十一年春正月，以西夏纳我。仇人亦腊喝翔昆及不遣质子，诏亲征，乃师入河西之年月。[②]

屠寄从金夏议和出发进行考证，甚有理据，因此所得出的“乙酉秋复总兵征西夏，乃漠北兴师之时。二十一年春正月，乃师入河西之年月”的结论可信。以下将各书记载胪列，对记载成吉思汗自西域启程的时间、到达漠北草原的时间、从漠北草原启程出兵西夏的时间、抵达并开始进攻西夏的时间分别进行考证厘清。

---

① 敖特根《成吉思汗对河西诸州的攻克》，《敦煌学辑刊》2005年第2期，第292页。

② ［清］屠寄《蒙兀儿史记》，载《元史二种》2，第55页。

首先是《元史·太祖纪》记载：

> 是岁（1224），帝至东印度国，角端现，班师。二十年乙酉春正月，还行宫……二十一年［丙戌］春正月，帝以西夏纳仇人（赤）［亦］腊喝翔昆及不遣质子，自将伐之。二月，取黑水等城。夏，避暑于浑垂山。取甘、肃等州。秋，取西凉府搠罗、河罗等县，遂踰（逾）沙陀，至黄河九渡，取应里等县。①

可知《元史·太祖纪》记载的四个时间点：成吉思汗自西域启程的时间（1224年）→到达漠北草原的时间（1225年春正月）→从漠北草原启程出兵西夏的时间（1226年1月）→抵达并开始进攻西夏的时间（1226年2月）。

其次为《蒙古秘史》之记载：

> 第七年，鸡儿年秋天，回到秃剌河合剌屯［黑林］的斡儿朵住下。那年冬天［过了］冬，为征伐唐兀惕人，重新数点人马。狗儿年［丙戌·一二二六］秋天，成吉思可汗去征唐兀惕人。从后妃中携也遂夫人同行。途中已入冬令，在阿儿不合围猎许多野马。成吉思可汗骑着［一匹］红沙马，野马［群］跑过来，［那］红沙马受惊，成吉思可汗从马上摔了下来。因肌肤非常疼痛，那夜就在搠斡儿合惕住下了。……于是成吉思可汗就前进到贺兰山与阿沙敢不厮杀，杀败阿沙敢不。②

① 《元史》卷一《太祖本纪一》，第23—24页。

② 札奇斯钦《〈蒙古秘史〉新译并注释》，第411、415—416页。

由上述引文可知，冬天的时候成吉思汗在阿儿不合跌伤，后派人与西夏国主李晛交涉但告破裂，其后败阿沙敢不于贺兰山。可知《蒙古秘史》所载成吉思汗与西夏接战的时间当在1226年冬或1227年初。据此可将《蒙古秘史》记载的时间点表示为：成吉思汗到达漠北草原的时间（鸡儿年秋，1225年秋）→从漠北草原启程出兵西夏的时间（狗儿年秋，1226年秋）→抵达并开始进攻西夏的时间（1226年冬或1227年初）。

其三为《史集》之记载：

> 始自伊斯兰教历621年1月的猴年［公元1224年］，成吉思汗征服大食地区以后，决定回到［自己的］老营去。……他沿着［穿过］范延山的道路前进，下令将［以前］留在巴黑兰境内的辎重运走。那年冬天他渡过质浑河，屯驻在撒麻耳干城郊。……然后，他们从那里出发，一站一站地，静悄悄地慢慢走去，一直回到了自己的故乡和游牧营地上。
>
> 相当于伊斯兰教历622年的塔乞忽亦勒即鸡年［公元1225年］秋天，成吉思汗发兵征讨又名唐兀惕的合申地区。
>
> 第七年，即始自伊斯兰教历622年2月的鸡年［公元1225年］春天，他回到斡耳朵里，再次出征复叛的唐兀惕国，在出征的第三年，他去世了。①

可知《史集》之记载为：成吉思汗自西域启程的时间（1224年）→到达漠北草原的时间（1225年春）→从漠北草原启程出兵西夏的时间（1225年秋）。

① （波斯）拉施特主编，余大钧、周建奇译《史集》第1卷第2分册，第339—340、347、355页。

其四为《圣武亲征录》之记载：

> 甲申（1224）旋师，住冬避暑，且止且行。乙酉（1225）春上归国，自出师凡七年。是夏避暑，秋复总兵征西夏。丙戌（1226）春至西夏，一岁间尽克其城，时上年六十五。丁亥（1227），灭其国以还。①

可知《圣武亲征录》对几个时间点的记录为：成吉思汗自西域启程的时间（1224年）→到达漠北草原的时间（1225年春）→从漠北草原启程出兵西夏的时间（1225年秋）→抵达并开始进攻西夏的时间（1226年春）。

《世界征服者史》对成吉思汗返回草原的时间亦有记载："然后，成吉思汗离开那里，并在春季返抵自己的斡耳朵。"②

从以上诸书记载看，《圣武亲征录》对四个时间节点的记载最为清晰准确，并与《元史》《史集》等书记载相吻合。而《蒙古秘史》有关蒙古军1226年秋出发、1226年冬或1227年春进攻西夏的记载则明显存在错误。通过梳理也进一步证明屠寄有关"1225年秋乃漠北兴师之时，1226年春正月乃师入河西之年月"结论的正确。

成吉思汗从漠北草原启程出兵西夏的时间在1225年秋，此后发动了针对西夏腹地以及河西诸州的战争。《元史·太祖纪》对此有简要记载：

---

① ［元］佚名撰，王国维校注《圣武亲征录校注》，第162—164页。

② （伊朗）志费尼著，何高济译、翁独健校订《世界征服者史》（上册），呼和浩特：内蒙古人民出版社，1980年，第165页。

> 二十一年春［丙戌］春正月，帝以西夏纳仇人（赤）［亦］腊喝翔昆及不遣质子，自将伐之。二月，取黑水等城。夏，避暑于浑垂山。取甘、肃等州。秋，取西凉府搠罗、河罗等县，遂踰沙陀，至黄河九渡，取应里等县。①

既然蒙古军于1225年秋即已从漠北草原发兵攻夏，为何《元史》记载成吉思汗于1226年春正月决定伐夏并且2月才攻取黑水城？《蒙古秘史》记载的一些历史事件值得关注：

> 那年冬天［过了］冬，为征伐唐兀惕人，重新数点人马。狗儿年［丙戌·一二二六］秋天，成吉思可汗去征唐兀惕人。从后妃中携也遂夫人同行。途中已入冬令，在阿儿不合围猎许多野马。成吉思可汗骑着［一匹］红沙马，野马［群］跑过来，［那］红沙马受惊，成吉思可汗从马上摔了下来。因肌肤非常疼痛，那夜就在搠斡儿合惕住下了。住过了那一夜，次日早晨，也遂夫人说："［皇］子们、那颜们商议［商议］吧！可汗夜间身体发烧，睡着了。"皇子们和那颜们聚会，晃豁坛氏的脱仑［扯儿必］提议说："唐兀惕人有筑好的城池，［和］不能移动的定居处所。他们不［会］抬起筑好的城池走掉；他们不［能］撇弃不移动的处所走开。我们［可以暂］退。［等］可汗痊愈，再来征伐。"一说，全体［皇］子和那颜们都以为然，［就］奏禀成吉思可汗。成吉思可汗说："唐兀惕人必说我们胆怯回去了。我们要派使臣前去。［我］就在这搠斡儿合地方养病，等明白他们的［回］话后，再撤退吧！"于是就叫

① 《元史》卷一《太祖本纪一》，第23—24页。

> 使臣前去传话，［说］：“以前，你不儿罕曾经说过：‘我们唐兀惕人，愿做你的右翼。’因你曾那样说过，［所以］当回回不肯议和之时，［我］派人去叫［你］出兵，你不儿罕不践诺言，既不肯出兵，［又］以言语讥讽。［当时］为了另有所图，我决定以后［再向你］对证，就去征伐回回。蒙长生天祐助，已纳回回百姓于正轨，现在来向［你］不儿罕把话折证明白。”不儿罕说：“我没有说过讥讽的话。”阿沙敢不说：“讥讽的话我是已经说过的。你们蒙古人惯于厮杀，若想厮杀，我在贺兰山住撒帐毡房，有骆驼驮子。［你们］可以向贺兰山来找我，［在］那里厮杀！若想要金、银、缎匹、财物，你们可以指向宁夏西凉！”［使臣］把这话转达成吉思可汗。成吉思可汗身体正在发烧，说：“好！人家说这样的大话，怎可撤退！虽死［也］要去对证这句大话。长生的上天啊，由你作主吧！”于是成吉思可汗就前进到贺兰山与阿沙敢不厮杀，杀败阿沙敢不。在贺兰山上扎下寨子来，擒获阿沙敢不。命将所有［住］撒帐毡房，有骆驼驮子的百姓，如扬灰一般的摧毁。降圣旨［说］：“把勇猛健壮的唐兀惕人杀掉！军士们可以捉捕［其余］各色的唐兀惕人收［为己有］！”①

阿儿不合即今阿尔巴斯山，位于鄂尔多斯高原西北部；搠斡儿合惕，即位于阿尔巴斯山东部30千米被称作“百眼窑”的小山

① 札奇斯钦《〈蒙古秘史〉新译并注释》，第415—416页。

岗。[1]蒙古军行军慢的可能有二：一是为了休养士马，有意放慢行军速度；二是途中成吉思汗坠马受伤，影响了行军速度。[2]从上引《蒙古秘史》记载来看，成吉思汗在阿儿不合围猎，表明他虽然出兵但并不急于攻击西夏。然而冬天在阿儿不合围猎时发生了意外，成吉思汗坠马跌伤。在拒绝众臣退军之请后，成吉思汗派使臣面见李晛并带话，言辞中有责备和威胁的意味："等明白他们的［回］话后，再撤退吧！"这表明成吉思汗本想给李晛台阶下，希望他能道歉屈服，也好让自己在保持尊严的情况下退兵。但李晛的逃避责任以及阿沙敢不匹夫之勇的言辞彻底激怒了成吉思汗，也使他对西夏更加憎恨，并决定立即发兵攻夏。因此，《元史》记载1226年春正月成吉思汗亲自征夏，是从这时候算起的。

---

① 纳·巴图吉日嘎拉《〈蒙古秘史〉地名"阿儿不合""搠斡儿合惕"考略——兼及《史集》记载的"翁浑答兰忽都黑"》，《内蒙古社会科学》1991年第1期，第76—80页。此外学术界也还有其他意见，如X·普尔赖认为应在阿拉善（贺兰山）（X·普尔赖《〈蒙古秘史〉地名考》，《蒙古语文》1957年第1期，第82、91页），但《蒙古秘史》随后记载："遂到贺兰山，与阿沙敢不厮杀"，反证两地不在贺兰山。鲍思陶认为阿儿不合即阿里麻里城，亦即明代之亦力把力；搠斡儿合即撒麻耳干（见佚名撰，鲍思陶点校《元朝秘史》，第197页，注③），但阿里麻里、撒麻耳干皆位于西域地区，与成吉思汗从蒙古草原进攻西夏的路线不合。敖特根认为两地在蒙古帝国境内，"而且很可能离秃剌河黑林行宫不远"（敖特根《成吉思汗对河西诸州的攻克》，《敦煌学辑刊》2005年第2期，第294页），但敖特根对其观点没有进行充分阐释论述，仅仅是一种推测。纳·巴图吉日嘎拉在上揭文中，从蒙古语言学角度进行了细致辨析，并结合实地考察将阿儿不合、搠斡儿合惕分别定在位于鄂尔多斯高原西北部的阿尔巴斯山和阿尔巴斯山以东30千米的"百眼窑"小山岗，该地位于成吉思汗攻夏路线上，兹取其说。

② 敖特根《成吉思汗对河西诸州的攻克》，《敦煌学辑刊》2005年第2期，第294页。

阿沙敢不说："你们惯于厮杀，若想厮杀，我在贺兰山住撒帐毡房，有骆驼驮子。［你们］可以向贺兰山来找我，［在］那里厮杀！若想要金、银、缎匹、财物，你们可以指向宁夏西凉！"成吉思汗率军随后走的基本就是这条线路。当然，除了阿沙敢不的挑衅之辞外，这也与成吉思汗的军事战略有关。王颋指出："蒙古军从本土进攻西夏，主要有两条通道：一为穿越大漠后，经黑水城至肃、甘等州；一为从今内蒙古达尔罕茂明安联合旗（百灵庙）所在的艾不盖河流域的汪古部地，经黑山城至定、兴等州。"[①]成吉思汗选择了第一条道路，因为占领河西诸州可以断掉西夏后路。

根据《元史·太祖纪》记载，蒙古军于1226年2月首先进攻黑水城，夏天成吉思汗避暑于浑垂山，随后攻取甘、肃等州，秋天攻取西凉府搠罗、河罗等县。然后蒙古军挥师越过沙地至黄河九渡。[②]夏天成吉思汗在浑垂山避暑，很可能同时也是在此养病。关于浑垂山的地望，《蒙古秘史》原文作察速秃（Chasutu），旁译"雪山名"，札奇斯钦认为"这所谓'察速秃'山，或即《元史》所说的浑垂山"[③]。《西夏书事》记载："浑垂山在肃州北，蒙古主驻兵避暑。"[④]德蒙斯德·马丁认为《西夏书事》所载"肃州北"应为"肃州南"，并辨析道："'以北'当为'以南'之误，因为肃州之北仅有戈壁中一块被称作红沙岭的荒瘠高地。……《中国古今地名大辞典》告诉我们，'雪山'一词有时专指肃州之南的现在的祁连山。扎营于浑垂山，成吉思汗可以很容易

---

① 王颋《城觅一路——"兀剌海"方位与蒙古经略西夏诸役》，载氏著《西域南海史地研究》，上海：上海古籍出版社，2005年，第193页。

② 《元史》卷一《太祖本纪一》，第23—24页。

③ 札奇斯钦《〈蒙古秘史〉新译并注释》，第418页注①。

④ ［清］吴广成著，龚世俊校证《西夏书事校证》卷四二，第496页。

地指挥攻克二城的战斗，因此浑垂山极有可能即指今日的祁连山。”① 《史集》记载了接下来的战斗：“成吉思汗来到唐兀惕地区，首先占领了甘州、肃州、河州和斡罗孩等城，又围攻了答儿沙孩［灵州］，放火烧城。”②但对攻打沙州未有记载，只是大致描写了蒙古军对河西的占领过程。除《史集》之外，《蒙古秘史》《元史·太祖纪》《圣武亲征录》对蒙古军攻克沙州的过程未有记载。《元史·地理志》则有简略记载：“元太祖二十二年（1227），破其城以隶八都大王。”③

昔里钤部是蒙古军攻打沙州的一位关键人物，在有关他的史料中对蒙古军攻取沙州、肃州等役有所反映。《元史·昔里钤部传》记载：

> 昔里钤部，唐兀人，昔立氏。钤部亦云甘卜，音相近而互用也。太祖时，西夏既臣服，大军西征，复怀贰心。帝闻之，旋师致讨。命钤部同忽都铁穆儿招谕沙州，州将伪降，以牛酒犒师，而设伏兵以待之。首帅至，伏发马踬，钤部以所乘马与首帅使奔，自乘所踬马而殿后，击败之。④

此时的沙州守将是否仍为此前的籍辣思义，史书未有明载。这位

① （USA） H. Desmond Martin, *The Mongol Wars with Hsi Hsia* (1205-27) , *Journal of the Royal Asiatic Society of Great Britain and Ireland*, 1942 (3) ,p.215.

② （波斯）拉施特主编，余大钧、周建奇译《史集》第1卷第2分册，第347—348页。按：斡罗孩城即兀剌海城。

③ 《元史》卷六〇《地理志三》，第1450页。

④ 《元史》卷一二二《昔里钤部传》，第3011页。

沙州守将采取了伪降策略，并设伏兵。昔里钤部将所乘马匹让与主帅逃走，并击败了沙州伏兵，但《元史·昔里钤部传》未记载蒙古军是否随后攻破了沙州。《元史·地理志》将蒙古军攻克沙州时间系于1227年，《西夏书事》则将蒙古军攻破沙州的时间系于1227年3月。[①]除了上述《元史·昔里钤部传》以外，王恽《秋涧集》卷五一《大元故大名路宣差李公神道碑铭》（简称《昔里钤部神道碑铭》），2013年河北邯郸市大名县出土的《宣差大名路达鲁花赤小李钤部公墓志》（简称《昔里钤部墓志》），对昔里钤部以及沙州、肃州之役有所记载。此外昔里钤部之子李爱鲁、孙李教化的史料中也有所反映。如姚燧《牧庵集》卷一九《资德大夫云南行中书省右丞赠秉忠执德威远功德开府仪同三司太师上柱国魏国公谥忠节李公神道碑》（简称《李爱鲁神道碑铭》）、1990年河北邯郸市大名县出土《大元故资善大夫云南行尚书省右丞赠银青荣禄大夫平章政事毅敏李公墓志》（简称《李爱鲁墓志》）、程钜夫《雪楼集》卷二五《魏国公先世述》（亦即《李教化先世述》）。《蒙兀儿史记》对昔里钤部也有记载。甘肃酒泉出土的《大元肃州路也可达鲁花赤世袭之碑》（图2-1）对昔里钤部堂兄举立沙及其世系有详细记载，其中对蒙古军攻克肃州之役也有涉及。诸书在对历史事件的叙述上均互有出入。《李爱鲁神道碑铭》《魏国公先世述》与《元史·昔里钤部》记载接近；《昔里钤部神道碑铭》与《昔里钤部墓志》记载接近，《蒙兀儿史记》对《昔里钤部神道碑铭》的记载则多有继承。学术界利用这些史料，对昔里钤部家族的族源、谱系、事迹进行

① 《西夏书事》记载："三月，蒙古破沙州。"见［清］吴广成撰，龚世俊校证《西夏书事校证》卷四二，第499页。

了深入的研究[①]，但对蒙古军最后一次攻打并占领敦煌的过程则探讨不多。

图2-1 《大元肃州路也可达鲁花赤世袭之碑》
（采自《酒泉宝鉴——馆藏文物精选》）

① 如白滨、史金波《〈大元肃州路也可达鲁花赤世袭之碑〉考释——论元代党项人在河西的活动》，《民族研究》1979年第1期，第68—80页。敖特根《西夏沙州守将昔里钤部》，《敦煌学辑刊》2004年第1期，第128—146页。汤开建《〈大元肃州路也可达鲁花赤世袭之碑〉补释》，载氏著《党项西夏史探微》，台北：允晨文化实业股份有限公司，2005年，第452—469页。王颋《元代大名路达鲁花赤唐兀人昔李氏系考》，《北方民族大学学报（哲学社会科学版）》2009年第1期，第5—13页。朱建路、刘佳《元代唐兀人李爱鲁墓志考释》，《民族研究》2012年第3期，第76—80页。朱建路《元代〈宣差大名路达鲁花赤小李钤部公墓志〉考释》，《民族研究》2014年第6期，第94—100页。

《昔里钤部神道碑铭》将蒙古军攻克敦煌过程分为三个阶段：1226年（丙戌）冬师次沙州；1227年（丁亥）夏攻沙州不克；1228年（戊子）春攻破沙州。其中1226年冬师次沙州之事，《元史》等史料阙载，但《昔里钤部神道碑铭》将蒙古军攻沙州不克的时间系于1227年夏，将攻破沙州的时间系于1228年春，则与史实相去甚远。[①]此外还存在其他错误，如将肃州之役误作沙州之役。《昔里钤部神道碑铭》记载："明年，戊子春从攻沙州，破之。帝怒不时下，欲屠其城，泣请曰：'彼逆命者，渠魁一二人，民何与焉，若悉坑之，恐坚未降者心。且臣贱属咸在，愿赐全宥。'帝录其功忠，许焉。阖城赖以生。"此处将肃州误记为沙州。

《昔里钤部墓志》记载昔里钤部与忽都怙木儿攻打沙州，这与其他史料记载的招谕沙州互有出入。《昔里钤部墓志》记载攻取沙州后，"赐人口一百有六"，也与《昔里钤部神道碑铭》一样将攻打肃州之事误作沙州。

屠寄《蒙兀儿史记》承袭了《昔里钤部神道碑铭》记载而略有不同："命偕它将还攻沙，期必破而屠之。钤部泣请曰：彼逆命者，守将一二人耳，民何辜？必尽屠之，恐坚未降者心，且臣贱族咸在，乞赐矜全。汗以成命毋改，唯听钤部于城破后求其亲族家人于死所。比城破，由钤部得免者百有六户，归其田业。"将这段记载与《昔旦钤部神道碑铭》对比，可以看出两处记载无论句法还是叙述内容都非常接近；所不同者，《昔里钤部神道碑铭》记载城破后"阖城赖以还"，《蒙兀儿史记》记载城破后得免者"百有六户"，而城破得免者"百有六户"恰恰是发生在肃

① 敖特根《成吉思汗对河西诸州的攻克》，《敦煌学辑刊》2005年第2期，第300页。

州而非沙州。《李爱鲁神道碑铭》《魏国公先世述》《元史·昔里钤部》《西夏书事》对此有明确记载。

《李爱鲁神道碑铭》记载："贞献总兵游徼，遇之，遂来归"，《魏国公先世述》记载："贞献公总兵塞上，知天命有归大统当一，遂首以所部归国公"，表明昔里钤部在蒙古军攻打河西之前即已率部降附成吉思汗，并且"扈驾徂征"，参与了蒙古军攻克河西诸州的战事。成吉思汗派昔里钤部与阿答赤忽都铁木儿①一同前往沙州进行招谕，但沙州守将诈降并设伏，昔里钤部将所乘良马让给阿答赤忽都铁木儿，自己殿后。《元史·昔里钤部》记载"自乘所踬马而殿后，击败之"，《李爱鲁神道碑铭》记载："乘所踬为殿，逆击，败之"，《魏国公先世述》记载："自乘乏马，击败追兵而还"，表明昔里钤部随后只是击败了沙州追兵，并未进攻沙州。《昔里钤部神道碑铭》记载"师次燉煌"、《李爱鲁墓志》记载"天兵次燉煌"，当指1227年春成吉思汗避暑于浑垂山（酒泉南祁连山）后，命昔里钤部和阿答赤忽都铁木儿带领小股部队前去招谕沙州，但并未成功，蒙古军也没有在此时攻克沙州。因此《元史·太祖纪》只记载1226年夏"取甘、肃"等州，而未记载攻取沙州。招谕沙州未果后，蒙古军向东行进包围肃州城，时任肃州守将为昔里钤部之兄。《大元肃州路也可达鲁花赤世袭之碑》记载：

> 时有唐兀氏举立沙者，肃州阀阅之家，一方士民咸□□化，举立沙瞻圣神文武之德，起倾葵向日之心，率豪杰

① "阿答赤"又写作"阿黑答赤""阿都齐"。屠寄在"马官"后注解道："蒙兀语阿黑塔赤"，可知为马官之意。见［清］屠寄《蒙兀儿史记》，载《元史二种》2，第362页。"忽都铁木儿"，又写作"呼图克特穆尔""忽图克特穆尔""忽都怙木儿"。

> 之士，以城出献。又督义兵，助讨不服，忘身殉国，竟殁锋镝。[①]

由碑文可知，肃州守将名叫举立沙。“昔里”“举立”音相近，可能为一音之转，昔里钤部和举立沙可能是同一家族的同辈兄弟。[②]举立沙在《魏国公先世述》中又写作“锡哩都水”，“锡哩”与“昔里”“举立”也是同音异写，举立沙即锡哩都水。《昔里钤部神道碑铭》记载：“时公兄由肃州长奉使于我。太祖圣武皇帝异其才辩，因与馆接使察罕深相结纳情好，既密约输款，内附天兵，围肃以射书，事觉遇害”，《李爱鲁神道碑铭》《魏国公先世述》《元史·昔里钤部》《西夏书事》等书均未记载此事，但为屠寄《蒙兀儿史记》一书继承。尽管《昔里钤部神道碑铭》记载存在若干讹误，但这段内容应是可信的，表明举立沙很早就有归顺成吉思汗之意，但当时并没有离开肃州前来归降。但在他的影响下，昔里钤部率所部离开沙州城降附了成吉思汗。蒙古军围困肃州之后，举立沙欲献城归降，但被部下发觉，随后被害。《李爱鲁神道碑铭》记载：“遣兵围肃州，守者其伯氏，钤部谋以城下，不克，害及其家”；《魏国公先世述》记载：“州将锡哩都水，公伯氏也，欲以城内附，为众所害，戕及其家”；《昔里钤部神道碑铭》记载：“天兵围肃，以射书事觉遇害”；《大元肃州路也可达鲁花赤世袭之碑》记载：“起倾葵向日之心，率豪杰之士，以城出献”。这些记载都表明在蒙古军兵临城下之时，举立沙确实有归顺之意，但在被部下发觉后杀

① 白滨、史金波《〈大元肃州路也可达鲁花赤世袭之碑〉考释——论元代党项人在河西的活动》，《民族研究》1979年第1期，第69页。

② 白滨、史金波《〈大元肃州路也可达鲁花赤世袭之碑〉考释——论元代党项人在河西的活动》，第71—72页。

害。成吉思汗非常愤怒，决定屠城。在昔里钤部的求情下，其堂兄举立沙亲族的106户幸免于难，而肃州城却遭到屠城。《昔里钤部神道碑铭》记载沙州城破后“阖城赖以还”，《蒙兀儿史记》记载城破后得免者仅“百有六户”，但后者恰恰是肃州之状而非沙州。根据《李爱鲁神道碑铭》《魏国公先世述》记载，昔里钤部率领所部离开沙州城投奔成吉思汗，这一举动是有预谋的，不可能在沙州还丢下亲族。而《昔里钤部神道碑铭》记载，昔里钤部向成吉思汗求情道：“且臣贱属咸在，愿赐全宥”，指为保全举立沙的众多亲族而求情。根据《大元肃州路也可达鲁花赤世袭之碑》记载，成吉思汗封举立沙之子阿沙为肃州路世袭也可达鲁花赤，因此《李爱鲁神道碑铭》《魏国公先世述》《蒙兀儿史记》记载举立沙“害及其家”“戕及其家”“全家遇害”之说难以信从。《西夏书事》记载：“肃州守将乃蒙古千户昔里钤部兄，坚守不下。蒙古主遣钤部谕之降，不听，及城破，军民尽屠之”，当误。如果举立沙坚守城池对抗蒙古军，那么他的后裔就不可能被任命为肃州世袭达鲁花赤。

总的来看，蒙古军第三次攻打敦煌的大致过程如下：1225年秋，成吉思汗从蒙古草原南下，欲攻西夏。但在阿儿不合打猎时摔下受伤，众将建议先返回草原养伤，但成吉思汗派使者到西夏，希望李晛能道歉屈服，以在保全尊严的情况之下退兵。但李晛的逃避责任以及阿沙敢不匹夫之勇的言辞彻底激怒了成吉思汗，也使成吉思汗对西夏更加憎恨，并决定立即发兵攻夏（《蒙古秘史》）。1226年春正月正式出兵，2月攻取西夏北方重镇黑水城。随后，成吉思汗在肃州以南的浑垂山避暑（《元史》《西夏书事》）。昔里钤部率部离开沙州，前来归顺成吉思汗（《李爱鲁神道碑铭》《魏国公先世述》）。成吉思汗遂派遣小股部队驻扎沙州附近（《昔里钤部神道碑铭》《李爱鲁墓志》《蒙兀儿史记》），并命昔里钤部与阿答赤忽都铁木儿前往沙州招谕，但沙州守将诈降设伏，昔里钤部将自己的良马让给忽都铁木儿，自己殿后并击败沙州追兵（《昔里钤部神道碑铭》《李爱鲁神道碑铭》《魏国公先世述》《元史·昔里钤部传》《西夏书事》《蒙兀儿史记》）。蒙古军于是进围肃州，肃州守将为昔里钤部堂兄举立沙。举立沙很早就与蒙古输款约好（《昔里钤部神道碑》《蒙兀儿史记》），并准备献城归顺，但被部下发觉后杀害（《昔里钤部神道碑铭》《李爱鲁神道碑铭》《魏国公先世述》《蒙兀儿史记》）。成吉思汗非常愤怒，准备破城后对肃州屠城。昔里钤部于是求情，但仅有举立沙的106户亲族幸免于难（《李爱鲁神道碑铭》《魏国公先世述》）。由于举立沙有献城归顺之意，并因此被害，因而成吉思汗命其后裔担任肃州世袭达鲁花赤。此后，蒙古军继续由西往东沿河西走廊进军，并相继攻克甘州、西凉府等地（《元史·太祖纪》《西夏书事》）。1227年3月，速不台接连攻克兰、洮、河诸州，而在河西西端蒙古军最终攻克瓜州和敦煌（《元史·地理志》《西夏书事》）。1227年夏，西夏末代君主李晛开城投降，但随后被杀，至此蒙古灭夏战争结束。

第二节　敦煌的行政建置与职官设置

1227年蒙古军攻克敦煌后，沙州隶属于拔都大王，瓜州则被废弃。但其后敦煌又归属察合台势力范围。忽必烈建立元朝后，与西北诸王爆发了激烈战争，敦煌一带成为战争前沿地区。鉴于河西地区在西北边防中的重要地位，元朝设立甘肃行省，并在敦煌设立了沙州路总管府，以瓜州为沙州路总管府的属州。同时，由于察合台系后王出伯在忽必烈与西北诸王战争中立下的殊功，元朝任命出伯家族出镇河西西部地区。通过设立省、路、府、州的行政建置以及任命诸王出镇，元朝在敦煌建立起完善的军政管理体系。

一、蒙古帝国时期的敦煌

成吉思汗时期对所占土地实行分封制度，分给诸子、诸弟、姻族、勋臣及四骏（木华黎、博尔术、博尔忽、赤老温）、四狗（忽必来、者勒篾、哲别、速不台）、畏答儿、术赤台合计十“投下”。[①]蒙古军攻克河西诸州之后，随即将土地分封诸王。

① 韩儒林主编《元朝史》（上册），第194页。

《元史·地理志》记载了蒙古帝国初期敦煌的隶属，“元太祖二十二年，破其城以隶八都大王。”[①]瓜州则“夏亡，州废”[②]。八都大王，即术赤之子拔都。《蒙兀儿史记》记载：“巴秃，拙赤次子也。与兄斡鲁朵相友爱，并从父西北军中。拙赤薨，成吉思汗命皇弟斡赤斤来视丧，定嗣子位。斡鲁朵自以才不如巴秃，愿让之。乃定巴秃为嗣。”[③]1227年蒙古军攻破敦煌时术赤已逝，敦煌遂分封于其子拔都，但瓜州则被废弃。元明善《清河集·雍古按竺迩传》记载：

> 夏国平。戊子（1228），皇兄命公镇删丹，怀徕新附，置驿张掖、酒泉，至玉关，通道西域，从定关陇。[④]

这表明察合台将此地看作是自己的分地而加以管理，“置驿的目的之一是通西域，即通往其在中亚的领地，将二地联（连）成一片”[⑤]。窝阔台将删丹州分封于察合台孙阿只吉大王，而察合台又命部将按竺迩为元帅出镇删丹，同时在敦煌至玉门关一带设立驿站，表明1227年敦煌在破城之初虽隶属拔都，但1228年后敦煌又归属察合台势力范围。1236年拔都以诸王之长身份率军西征，1243年建立钦察汗国，实际已不可能领有敦煌。中统元年（1260），阿里不哥部下阿鲁忽更是将术赤系势力逐出了河中地区，而该地在蒙哥时代则为拔都所占。[⑥]总体来看，在蒙古帝国

---

① 《元史》卷六〇《地理志三》，第1450页。
② 《元史》卷六〇《地理志三》，第1451页。
③ ［清］屠寄《蒙兀儿史记》，载《元史二种》2，第309页。
④ 《永乐大典》卷一〇八八九，北京：中华书局，1986年，第4507页。
⑤ 胡小鹏《元代西北历史与民族研究》，第62页。
⑥ 韩儒林主编《元朝史》（上册），第261页。

时期，瓜州被废弃，敦煌则先后成为了拔都和察合台系诸王领地。

二、元代敦煌的行政建置与职官设置

（一）行政建置的设立背景

1259年，蒙古第四任大汗蒙哥在合川意外去世。翌年（1260），忽必烈宣布即蒙古汗位，建元中统。驻守在汗国都城哈拉和林的托雷幼子、蒙哥幼弟阿里不哥也被蒙古本土贵族推举为蒙古大汗，双方随即爆发了持续四年之久的激烈战争。当时支持忽必烈的窝阔台后裔执必帖木儿原本驻扎于河西至畏兀儿一带，在被阿里不哥的军队击败后向东撤退。[①]此后蒙哥汗之子阿速带前往漠北草原拥立阿里不哥，其部队遂由浑都海所统领。据《元史·按竺迩传》记载：

> 中统元年，世祖即位，亲王有异谋者，其将阿蓝答儿、浑都海图据关陇。时按竺迩以老，委军于其子。帝遣宗王哈丹、哈必赤、阿曷马西讨。……遂引兵出删丹之耀碑谷，从阿曷马，与之合战。会大风，昼晦，战至晡，大败之，斩馘无算。按竺迩与总帅汪良臣获阿蓝答儿、浑都海等。[②]

河西至畏兀儿地区原本为窝阔台后裔执必帖木儿驻守，但遭到阿里不哥军队的袭击而东撤。此时阿蓝答儿、浑都海企图占据关陇地区，但被镇守删丹的按竺迩和哈丹、哈必赤、阿曷马联军击败。阿蓝答儿、浑都海死后，其残部推举哈剌不华为主将。值得

① 刘迎胜《察合台汗国史研究》，上海：上海古籍出版社，2011年，第146页。
② 《元史》卷一二一《按竺迩传》，第2985页。

注意的是，耶律铸曾劝说浑都海归顺朝廷，但遭到拒绝。于是耶律铸留下妻子独自东归，其子耶律希亮被迫跟随哈剌不华前往西域地区。《元史·耶律希亮传》记载：“及抵沙州北川，希亮与兄弟徒步负任，不火食者数日。是冬，涉雪踰天山，至北庭都护府。二年，至昌八里城。夏，踰马纳思河，抵叶密里城，乃定宗潜邸汤沐之邑也。”①由于此前执必帖木儿的东撤，敦煌一带已无军控守，一时出现权力真空，故而使得阿蓝答儿残部能顺利经过敦煌西逃畏兀儿地界。

忽必烈时期与西北诸王进行了长期的战争。除阿里不哥外，还有海都等诸王对抗忽必烈的战争。阿里不哥投降后，窝阔台汗海都、察合台汗八剌等迅速在西域扩张势力，八剌取代木八剌沙成为察合台汗后，与海都结盟共同对抗忽必烈，致使忽必烈在西域势力大衰，仅能保有以火州、别十八里为中心的畏兀儿之地。②《元史·暗伯传》记载：“暗伯，唐兀人。……暗伯弱冠入宿卫，性严重刚果，有大志。尝亲迎于燉（敦）煌，阻兵不得归，乃客居于于阗宗王阿鲁忽之所”③，说明敦煌曾一度落入反忽必烈集团的控制之下。至元六年（1269），海都与八剌会盟，并以海都为盟主公开反对忽必烈，双方随即展开拉锯战。这场战争前后持续32年之久，直至元成宗大德五年（1301）海都为海山所败后不治而亡，才最终结束。在元廷与西北诸王的这一系列斗争中，河西地区及其西端的敦煌在控驭西北诸王方面的地缘作用和重要地位日益凸显。与此同时，忽必烈建章立制，着力改变蒙古帝国时期草原游牧国家对被征服定居农耕区间接统治的格局，重新确立

① 《元史》卷一八〇《耶律希亮传》，第4160页。

② 杨富学、张海娟《蒙古豳王家族与元代西北边防》，《中国边疆史地研究》2012年第2期，第23页。

③ 《元史》卷一三三《暗伯传》，第3237页。

了中央集权的封建统治体系和相应的各种典章制度。[①]在此双重背景下，元朝设立甘肃行省，并设立沙州路总管府及其属州瓜州。元朝在设立省、路、府、州行政体系的同时，也实行诸王出镇制度，豳王出伯、豳王南忽里以及喃答失太子先后出镇河西西部的肃州、瓜州、敦煌、哈密地区，其间元廷还曾派出伯家族之外的嗣越王阿剌忒纳失里短暂出镇敦煌。而随着元代中期出伯家族的支系化趋势，其成员又新获肃王、西宁王王号。豳王继续出镇肃州，肃王、威武西宁王先后出镇哈密，而西宁王则专镇敦煌、瓜州直至元末明初。因此，元代敦煌地区形成了沙州路总管府、属州瓜州、诸王共同组成的军政管理体系。

（二）行政建置的设立过程

忽必烈即位后，对原西夏故地的中兴府与河西地区进行了积极经营。中统二年（1261），元廷在西夏故地设立宁夏行省。[②]至元二年（1265），忽必烈任命董文用经略西夏中兴等路行省，并首次在瓜州、敦煌等地屯田。《翰林学士承旨董公行状》记载：

> 五年，改元至元之岁也，上曰：董文用安在？年始壮，不使为国效力，今安在？召授金符，为西夏中兴等路行省郎中。中兴自浑都海之乱甫定，民间相恐动，窜匿山谷，而省臣方入奏，同僚不知所为。公曰：吾死，不可以去此，宜镇以静。乃为书置通道谕之，然后粗安。始开唐来、汉延、秦家等渠，垦中兴、西凉、甘、肃、瓜、沙等州之土为水田若干。于是，民之归者，户四五万，悉授田种，颁

① 韩儒林主编《元朝史》（上册），第296页。

② 《元史》卷九一《百官七》，第2307页。

> 农具。更造舟至黄河中，受诸部落及溃叛之来降者。①

此次董文用坐镇中兴，招谕流民，开通旧渠，并在中兴、西凉府及甘、肃、瓜、沙等州辟垦田地。这一举措收到立竿见影的效果，中兴府、西凉府以及甘、肃、瓜、沙等原西夏故地有四五万户流民回归乡里。董文用授予百姓田种和农具，令其生产，原西夏故地中兴府及河西地区的社会生产逐渐得到恢复。此后，宁夏行省并入甘肃行省，《元史·百官志》记载：

> 甘肃等处行中书省。中统二年，立行省于中兴。［至元］十年，罢之。十八年复立，二十二年复罢，改立宣慰司。二十三年，徙置中兴省于甘州，立甘肃行省。三十一年，分省按治宁夏，寻并归之。本省治甘州路，统有七路、二州。②

元廷于中统二年（1261）设宁夏行省，经过多次撤而复立后，最终于至元二十二年（1285）取消。至元二十三年（1286），元廷正式设立甘肃行省。由于至元二十二年（1285）阿只吉大王“失律”和元军东撤，甘州、肃州及其以西地区成为抵御笃哇、海都等反元蒙古诸王的前线地区，长期驻屯阔端后王、出伯大王的军队以及弘吉剌赤窟驸马军、亦都护畏吾儿军、探马赤军、汪总帅军等军队，而甘肃行省必须代表朝廷提供丰厚的军需和赏赐。③成立后的甘肃行省共统有七路：甘州路、永昌路、肃州路、沙州

---

① ［元］虞集《道园类稿》卷五〇，明初翻印至正刊本。此据王颋点校《虞集全集》（下册），天津：天津古籍出版社，2007年，第854页。

② 《元史》卷九一《百官七》，第2307页。

③ 李治安《元代行省制度》，北京：中华书局，2011年，第454页。

路、亦集乃路、宁夏府路、兀剌海路。

至元七年（1270），元廷在河西率先设立肃州路总管府。翌年（1271），“以沙州、瓜州鹰坊三百人充军”[①]。鹰坊又名鹰房，是古代宫廷饲养猎鹰的官署。关于元朝时期的鹰坊，《元史·兵志》记载：

> 元制自御位及诸王，皆有昔宝赤，盖鹰人也。是故捕猎有户，使之致鲜食以荐宗庙，供天庖，而齿革羽毛，又皆足以备用，此殆不可阙焉者也。……故鹰房捕猎，皆有司存。而打捕鹰房人户，多取析居、放良及漏籍孛兰奚、还俗僧道，与凡旷役无赖者，及招收亡宋旧役等户为之。其差发，除纳地税、商税，依例出军等六色宣课外，并免其杂泛差役。自太宗乙未年，抄籍分属御位下及诸王公主驸马各投下。及世祖时，行尚书省尝重定其籍，厥后永为定制焉。[②]

可见起初鹰户多为遣散的奴婢、流民和还俗的僧道，他们需要缴纳地税、商税并应诏出军。窝阔台时期，这些百姓属于诸王、公主、驸马等投下，但忽必烈时期进行了调整。根据《元史·世祖纪》记载，忽必烈曾于中统四年（1263）十二月下诏：“诸路管民总管子弟，有分管州、府、司、县及鹰坊、人匠诸色事务者，罢之。”[③]敦煌、瓜州的鹰坊也因此进行了调整，将鹰坊三百人充入军队。至元十一年（1274）元廷在西域设驿，随后“立于

① 《元史》卷七《世祖本纪四》，第134页。
② 《元史》卷一〇一《兵志四》，第2599页。
③ 《元史》卷五《世祖本纪二》，第89页。

阗、鸦儿看两城水驿十三，沙州北陆驿二”[①]，这是窝阔台时期命按竺迩在敦煌设立驿站后，元廷再度在敦煌设立驿站。至元十三年（1276）正月，王孝忠戴罪前往八答山采玉，但经过敦煌时遇到火忽反叛，别十八里落入叛军之手。《元史·世祖纪》记载：“[十三年春正月] 戊子，中书省臣言：‘王孝忠等以罪命往八答山采宝玉自效，道经沙州，值火忽叛，孝忠等自拔来归，令于瓜、沙等处屯田。’从之。”[②]可知元廷令王孝忠等在敦煌、瓜州就地屯田。这一系列屯田设驿的举动，为元朝正式在敦煌设立行政建置奠定了基础。

至元十四年（1277），元廷复立沙州、瓜州[③]，时隔五十年后沙州、瓜州重新恢复州置。至元十六年（1279）三月，南宋覆亡。元军灭宋不仅统一了中原版图，还使忽必烈得以调大军进驻西域，对付诸王叛乱。战乱中有贫民内附沙州并向政府乞求粮食赈济。《元史·地理志》记载：“沙州去肃州千五百里，内附贫民欲乞粮沙州，必须白之肃州，然后给与，朝廷以其不便，故升沙州为路”，“十七年，升为沙州路总管府，瓜州隶焉”[④]。由于敦煌、瓜州当时尚隶属于肃州，必须向肃州路总管府上报才可以赈济贫民，非常不便，因此元廷于至元十七年（1280）在敦煌设立单独的沙州路总管府，并以瓜州隶之。沙州路总管府的设立以及对当地百姓编户定赋，对元代敦煌社会经济的发展具有重要意义。

关于元代诸路总管府的行政建置和职官设置情况，《元史·百官志》记载：

① 《元史》卷八《世祖本纪五》，第153页。
② 《元史》卷九《世祖本纪六》，第177页。
③ 《元史》卷六〇《地理志三》，第1450—1451页。
④ 《元史》卷六〇《地理志三》，第1450页。

> 诸路总管府，至元初置。二十年，定十万户之上者为上路，十万户之下者为下路。当冲要者，虽不及十万户亦为上路。上路秩正三品。达鲁花赤一员，总管一员，并正三品，兼管劝农事，江北则兼诸军奥鲁。同知、治中、判官各一员。下路秩从三品，不置治中员，而同知如治中之秩，余悉同上。至元二十三年，置推官二员，专治刑狱，下路一员。经历一员，知事一员或二员，照磨兼承发架阁一员，司吏无定制，随事繁简以为多寡之额；译史、通事各一人。①

至元二十年（1283），元廷规定诸路总管府分为上路和下路，十万户以上为上路，以下则为下路。根据《元史·地理志》记载，沙州路属于下路。史料未记载至元年间沙州路人口数量，但对至元二十七年（1290）肃州路人口数量却有所记载："户一千二百六十二，口八千六百七十九"②，沙州路人口数量应与肃州路相去不大。路总管府的职官设置中，达鲁花赤、总管为长官；同知、治中、判官、推官为正官；还有总领六曹、职掌案牍的首领官（经历、知事、照磨）③。属于下路的沙州路总管府设置有达鲁花赤、总管、同知、判官、推官等职，这些职官设置情况在出土文献中大多得到反映。黑水城出土有关元代亦集乃路的文书，真实地反映了亦集乃路总管府的职官体系和运作的部分情况，是研究元代路一级行政体制的鲜活样本，从中也可大致了解沙州路总管府的基本情况。立于1326年的《重修文殊寺碑》、立于1348年的《莫高窟六字真言碣》、立于1351年的《重修皇庆寺记》碑

---

① 《元史》卷九一《百官志七》，第2316页。
② 《元史》卷六〇《地理志三》，第1450页。
③ 韩儒林主编《元朝史》（上册），第302页。

以及敦煌莫高窟、瓜州榆林窟的元代游人题记，也反映出沙州路及瓜州的行政建置与职官设置的部分情况。

1. 沙州路总管

达鲁花赤　达鲁花赤为蒙古语，意为镇守官，属行政监督官和最高民官，一般由蒙古人担任。黑水城出土元代汉文文书对亦集乃路总管府达鲁花赤有集中反映，如M1·0543［T9：W3］《宣光元年强夺驱口案》中记载了“亦集乃路总管府达鲁花赤”[①]。M1·0095［F116：W300］《提调农桑文卷（4-1）》上部残缺，中间记载有“〼赤亦老温”“〼花赤亦老温”[②]，表明亦老温曾担任过亦集乃路达鲁花赤。M1·0211［F116：W555］《至正十一年考校钱粮文卷（5-3）》记载“总府官台旨仰移关在路提调正官达鲁花□□□（赤彻彻）秃中大夫及下首领官……”[③]，M1·0212［F116：W554］《至正十一年考校钱粮文卷（5-1）》中有“皇帝圣旨里亦集乃路总管府案呈云□□路达鲁花赤彻彻秃中大夫……”“达鲁花赤彻彻秃中大夫……”“达鲁花赤中大夫”等记载[④]，两件文书写于至正十一年（1351），表明当时亦集乃路总管府达鲁花赤为彻彻秃。另外，《大元肃州路也可达鲁花赤世袭之碑》（立于1361年）记载了西夏肃州守将举立沙后裔被任命为肃州世袭达鲁花赤的史实。榆林窟第12窟回鹘蒙古文游

① 塔拉、杜建录、高国祥主编《中国藏黑水城汉文文献》第4册，北京：国家图书馆出版社，2008年，第675页；李逸友编著《黑城出土文书（汉文文书卷）》，北京：科学出版社，1991年，第145页。

② 塔拉、杜建录、高国祥主编《中国藏黑水城汉文文献》第1册，第146页；李逸友编著《黑城出土文书（汉文文书卷）》，第102页。

③ 塔拉、杜建录、高国祥主编《中国藏黑水城汉文文献》第2册，第301页；李逸友编著《黑城出土文书（汉文文书卷）》，第119页。

④ 塔拉、杜建录、高国祥主编《中国藏黑水城汉文文献》第2册，第304页；李逸友编著《黑城出土文书（汉文文书卷）》，第120页。

人题记中也有肃州达鲁花赤官图热的题名，该题记汉译内容为："由肃州起程的我们——僧格奴、吉斯僧格、达鲁花赤图热等人，在吉祥的巳年二月初十日来到瓜州天庙叩拜，返回时书题记留给后人阅读"，题记书写年代据判断应为元代中晚期。[①]这是出土文献和石刻题记中有关亦集乃路、肃州路达鲁花赤的大致情况。沙州路达鲁花赤属从三品，黑水城出土M1·0756［F64：W2］《沙州路达鲁花赤总管府据税使司呈准本司副使刘住哥历仕状》中称呼沙州路总管府为"沙州路达鲁花赤总管府"。目前尚未发现有关沙州路达鲁花赤的相关记载。

总管　总管与达鲁花赤并为从三品，"兼管劝农事，江北则兼诸军奥鲁"[②]。黑水城出土汉文文书对亦集乃路总管有较多记载，如M1·0543［T9：W3］《宣光元年强夺驱口案》载有"亦集乃路总管府总管"[③]；M1·0867［84H·F111：W59/1137］《提调站赤文卷》载有"……失失谨呈，近蒙亦集乃路总管并行省左右司等户都事……"[④]；M1·0940［84H·F116：W570/1744］《至正二十四年整点站赤文卷》载有"［亦］集乃路总管"[⑤]；M1·1127［F116：W192a］《支祭祀费用》载有"……里亦集乃路总管……"[⑥]；等等。

---

① 哈斯额尔敦、嘎日迪、巴音巴特尔执笔《安西榆林窟第12窟前室甬道北壁回鹘蒙文题记释读》，《敦煌研究》1990年第3期，第107—110页。

② 《元史》卷九一《百官志七》，第2316页。

③ 塔拉、杜建录、高国祥主编《中国藏黑水城汉文文献》第4册，第675页；李逸友编著《黑城出土文书（汉文文书卷）》，第145页。

④ 塔拉、杜建录、高国祥主编《中国藏黑水城汉文文献》第5册，第1090页；李逸友编著《黑城出土文书（汉文文书卷）》，第173页。

⑤ 塔拉、杜建录、高国祥主编《中国藏黑水城汉文文献》第5册，第1192页；李逸友编著《黑城出土文书（汉文文书卷）》，第181页。

⑥ 塔拉、杜建录、高国祥主编《中国藏黑水城汉文文献》第7册，第1402页；李逸友编著《黑城出土文书（汉文文书卷）》，第97页。

有关沙州路总管府总管的记载仅见于榆林窟游人题记中。榆林窟第3窟甬道北壁游人题记："嘉议大夫沙州路总管□□□□舍人"[①]，据《元典章》记载，"嘉议大夫"为正三品，属于资品，而下路总管为从三品，属于职品[②]，因而此处应为"嘉议大夫沙州路总管"。松井太、山本明志进一步释作"嘉议大夫沙州路总管朵儿只巴"[③]。

同知　同知属于民职，正五品[④]。黑水城出土汉文文书《大德十一年税粮诸文卷》对亦集乃路同知小云失不花有多次记载，M1·0204［F116：W463］中记载"同知小云失不花"，M1·0205［F116：W465］记载"□训大夫亦集乃路总管府同知小云失不花"，[⑤]可知大德十一年（1307）前后亦集乃路总管府同知为小云失不花。黑水城出土汉文TK226文书，《俄藏黑水城文献》定名为《肃州路官员名录》，杜立晖对该文书进行了录文和研究，拟名为《元末吏部准行詹事院、甘肃行省及肃州、沙州等路官员迁转事》，并判定其时代为元末。[⑥]文书记载了元末先后担任肃州路同知的贝你立克、藐肃州奴和也先不花，而也先不花之前担任甘州路同知。

沙州路总管府没立同知一员。TK226文书还记载了元末沙州

---

① 张伯元《安西榆林窟》，第186页。

②《元典章》，北京：中国广播电视出版社，1998年，第175、183页。

③（日）山本明志《敦煌石窟モンゴル時代漢文墨書·刻文集成》，载（日）松井太、荒川慎太郎编《敦煌石窟多言語資料集成》，東京外国語大学アジア·アフリカ言語文化研究所，2017年，第380页。

④《元典章》，第190页。

⑤ 塔拉、杜建录、高国祥主编《中国藏黑水城汉文文献》第2册，第291、292页；李逸友编著《黑城出土文书（汉文文书卷）》，第115页。

⑥ 杜立晖《俄藏黑水城肃州路官员名录文书考释》，《西夏学》第5辑，上海：上海古籍出版社，2010年，第80页。

路同知哈三："哈三，沙州同知，今北庭元帅府一名"[①]，哈三后至北庭元帅府任职。此外《重修皇庆寺记》碑记载沙州方面的施主有"桑奇同知"[②]，表明1351年前后沙州路同知为桑奇。

以上达鲁花赤、总管为长官，同知等为正官。值得注意的是，至元二年（1265）二月甲子，元廷对各路达鲁花赤、总管和同知的任命作出了规定。《元史·世祖纪》记载："甲子，以蒙古人充各路达鲁花赤，汉人充总管，回回人充同知，永为定制。"[③]达鲁花赤由蒙古人任职，这一点没有疑问。总管和同知，则并未严格按照该规定实行。如亦集乃路同知小云失不花、阿速海，沙州路同知桑奇即为蒙古人名。

治中　治中属于民职，为正五品[④]，"而同知如治中之秩"，官品与同知相同。根据《元史·百官志》记载，下路的总管府不设治中一职。然亦集乃路、肃州路均属于下路，却设有治中一职。黑水城汉文文书M1·0543［T9：W3］《宣光元年强夺驱口案》记载"亦集乃路总管府治中[⑤]。"TK226《元末吏部准行詹事院、甘肃行省及肃州、沙州等路官员迁转事》记载："锁南朵立只，前行詹事院都事，今举肃州路治中一名""伯家奴，肃州判官，今治中……"[⑥]。不过这两件文书均为元末，M1·0543［T9：W3］文书甚至为北元宣光元年（1371）所写，很可能为元代后期增置。

---

① 杜立晖《俄藏黑水城肃州路官员名录文书考释》，《西夏学》第5辑，第80页。

② 李永宁《敦煌莫高窟碑文录及有关问题（二）》，《敦煌研究》1982年第2期，第113页。

③《元史》卷六《世祖本纪三》，第106页。

④《元典章》，第194页。

⑤ 塔拉、杜建录、高国祥主编《中国藏黑水城汉文文献》第4册，第675页；李逸友编著《黑城出土文书（汉文文书卷）》，第145页。

⑥ 杜立晖《俄藏黑水城肃州路官员名录文书考释》，《西夏学》第5辑，第80页。

沙州路与亦集乃路、肃州路相邻，情况类似，但尚未发现有关沙州路治中的记载。

判官　判官属于民职，正六品。[①]判官一职在黑水城汉文文书中记载较多。M1·0543［T9：W3］《宣光元年强夺驱口案》记载“亦集乃路总管府判官”[②]，M1·0415［Y1：W37A］《俸钱文书残件》记载“判官弥实贵”[③]。此外，M1·0754［F111：W45］记载“本路判官乞立马沙敦武文牒”，M1·0855［F111：W61］记载“皇帝圣旨里敦武校尉亦集乃总管府判官乞里马沙”[④]，可知乞里马沙为亦集乃路判官，为武散官阶敦武校尉，秩从七品[⑤]。TK226《元末吏部准行詹事院、甘肃行省及肃州、沙州等路官员迁转事》文书记载了肃州路判官：“赛因帖木，前理阳县达鲁花赤，今……肃州路判官一名”，“伯家奴，肃州判官，今治中……”[⑥]。

沙州路设立判官一员。榆林窟第25窟有“至正廿五年十月十七日沙州路府判冂思班司吏李□□因公……”的游人题记[⑦]，“判□”应即判官。

---

① 《元典章》，第199页。

② 塔拉、杜建录、高国祥主编《中国藏黑水城汉文文献》第4册，第675页；李逸友编著《黑城出土文书（汉文文书卷）》，第145页。

③ 塔拉、杜建录、高国祥主编《中国藏黑水城汉文文献》第3册，第511页；李逸友编著《黑城出土文书（汉文文书卷）》，第123页。

④ 塔拉、杜建录、高国祥主编《中国藏黑水城汉文文献》第5册，第981、1077页；李逸友编著《黑城出土文书（汉文文书卷）》，第90、99页。

⑤ 李逸友编著《黑城出土文书（汉文文书卷）》，第13页。

⑥ 杜立晖《俄藏黑水城肃州路官员名录文书考释》，《西夏学》第5辑，第80页。

⑦ 张伯元《安西榆林窟》，第227页。

推官　推官属于民职，从六品[①]。据《元史·百官志》记载："至元二十三年，置推官二员，专治刑狱，下路一员。"[②]值得注意的是，《元史·泰定帝纪》记载泰定四年（1327）冬十月，"增置肃州、沙州、亦集乃三路推官"[③]。根据《元史·地理志》记载，肃州、沙州、亦集乃路皆属于下路，只设一名推官，因此至元二十三年（1286）沙州、肃州、亦集乃三路很可能还没有设立推官一职，而应是于泰定三年（1326）十月始设。黑水城出土汉文文书M1·0543［T9：W3］《宣光元年强夺驱口案》中有"亦集乃路总管府推官闫"的记载。[④]TK226《元末吏部准行詹事院、甘肃行省及肃州、沙州等路官员迁转事》文书记载了肃州路推官的姓名："郭斌，本院掾史，今举肃州路推官一名""也里赤不花，甘理问案牍，今肃州推官一名"。[⑤]但目前尚未发现有关沙州路推官的记载。

经历　经历属于民职，从七品。[⑥]经历一职在各个机构均有设置。黑水城出土汉文文书关于经历的记载较多，M1·0426［F26：W101正］《至大四年七月阿黑不花宁肃王分例文卷》文书后署有"经历亦黑迷失"[⑦]。《桑哥失里大王分例羊酒文卷》诸文书均记有亦集乃路经历之署名，如M1·0472［F116：W546］

① 《元典章》，第202页。
② 《元史》卷九一《百官七》，第2316页。
③ 《元史》卷三〇《泰定帝二》，第683页。
④ 塔拉、杜建录、高国祥主编《中国藏黑水城汉文文献》第4册，第675页；李逸友编著《黑城出土文书（汉文文书卷）》，第145页。
⑤ 杜立晖《俄藏黑水城肃州路官员名录文书考释》，《西夏学》第5辑，第80页。
⑥ 《元典章》，第209页。
⑦ 塔拉、杜建录、高国祥主编《中国藏黑水城汉文文献》第3册，第523页；李逸友编著《黑城出土文书（汉文文书卷）》，第127页。

文书后署有“经历”，M1·0477［F116：W593］、M1·0486［F116：W358］文书后署有“经历亦黑迷失”[①]。此外，在《卜鲁罕妃子分例米面文卷》诸文书中，M1·0499［F116：W371］文书后署有“经历亦黑迷失”，M1·0489［F116：W363］、M1·0501［F116：W63］文书后也署有“经历”二字[②]，但由于内容残缺较甚而阙载姓名。根据M1·0499［F116：W371］等文书，应为“经历亦黑迷失”。上述文书中除M1·0426［F26：W101正］《至大四年七月阿黑不花宁肃王分例文卷》写于至大四年（1311）外，其余均写于延祐四年（1317），说明至少在至大四年至延祐四年（1311—1317）间，亦黑迷失担任了亦集乃路经历。TK226《元末吏部准行詹事院、甘肃行省及肃州、沙州等路官员迁转事》文书对肃州路经历有所记载：“藐肃州奴，肃州路知事，今经历……”[③]

沙州路总管府设立经历一员。《重修皇庆寺记》碑施主里有“承事郎沙州路总管府经历、权分治事周秉彝，梁珪”[④]，榆林窟第25窟题于至正二十七年（1367）的游人题记中有“沙州路经历柏承可”的题名[⑤]，表明1351年、1367年前后的沙州路经历为

---

① 塔拉、杜建录、高国祥主编《中国藏黑水城汉文文献》第3册，第572、589、606页；李逸友编著《黑城出土文书（汉文文书卷）》，第129、130、131页。

② 塔拉、杜建录、高国祥主编《中国藏黑水城汉文文献》第3册，第622、612、624页；李逸友编著《黑城出土文书（汉文文书卷）》，第132—133页。

③ 杜立晖《俄藏黑水城肃州路官员名录文书考释》，《西夏学》第5辑，第80页。

④ 李永宁《敦煌莫高窟碑文录及有关问题（二）》，《敦煌研究》1982年第2期，第113页。

⑤ 张伯元《安西榆林窟》，第228页。

周秉彝、柏承可。

知事　知事属于民职，从八品[①]。黑水城出土汉文文书M1·0426［F26：W101正］《至大四年七月阿黑不花宁肃王分例文卷》文书后署有“知事”。此外，《桑哥失里大王分例羊酒文卷》诸文书中，M1·0472［F116：W546］、M1·0484、M1·0486［84H·F116：W358/1529］文书后署有“知事”[②]。《卜鲁罕妃子分例米面文卷》诸文书中，M1·0489［F116：W363］后署有“知事冯☐”，M1·0501［F116：W63］文书后署有“□（知）事☐”[③]。TK226《元末吏部准行詹事院、甘肃行省及肃州、沙州等路官员迁转事》文书记载藐肃州奴曾担任肃州路知事[④]。沙州路总管府设立知事一到两员。《重修皇庆寺记》碑施主里有“承事郎沙州路总管府经历、权分治事周秉彝、梁珪”[⑤]，“治事”即知事，表明1351年前后的沙州路知事为梁珪。

除以上正官和参佐官外，沙州路总管府还设有无品级的属吏，诸如司吏、译史和通事。《元史·百官志》记载：“司吏无定制，随事繁简以为多寡之额”[⑥]，表明诸路总管府司吏人数视情况而定，不受限制。

---

① 《元典章》，第218页。

② 塔拉、杜建录、高国祥主编《中国藏黑水城汉文文献》第3册，第572、604、606页；李逸友编著《黑城出土文书（汉文文书卷)》，第129、131页。

③ 塔拉、杜建录、高国祥主编《中国藏黑水城汉文文献》第3册，第612、624页。李逸友编著《黑城出土文书（汉文文书卷)》，第132—133页。

④ 杜立晖《俄藏黑水城肃州路官员名录文书考释》，《西夏学》第5辑，第80页。

⑤ 李永宁《敦煌莫高窟碑文录及有关问题（二)》，《敦煌研究》1982年第2期，第113页。

⑥ 《元史》卷九一《百官志七》，第2316页。

司吏 《重修皇庆寺记》碑施主中里有“沙州路司吏吕文德、张思敏”[①]，表明至正十一年（1351）前后的沙州路司吏有吕文德和张思敏。榆林窟第12窟至正十七年（1357）游人题记中有“沙州路司吏王孝益赵思贤”的题名，第15窟至正二十四年（1364）游人题记中有“沙州路司吏杨光□赵思贤”的题名，第3窟至正二十五年（1365）游人题记中有“司吏张维中……”的记载，第25窟中至正二十五年（1365）的两处游人题记中分别有“沙州路府判□思班司吏李□□”“沙州路经历柏承可、司吏在寿”的题名[②]，表明1357年、1364年、1365年前后的沙州路司吏中分别有王孝益、赵思贤、杨光□、张维中、李某等人。

译史、通事 诸路总管府还设有译史和通事各一人。译史专门从事书面文字翻泽，通事主要负责口头翻译。元代诸王经常使用畏兀儿蒙古文书写公文，诸路总管府的译史具体负责将公文翻译为汉文。黑水城出土汉文文书M1·0420［F125：W26］《译史俸秩文书》是一件有关亦集乃路译史俸禄发放的文书[③]。M1·0470［F116：W595］《桑哥失里大王分例羊酒文卷》、M1·0490［F116：W62］《卜鲁罕妃子分例米面文卷》记载的亦集乃路译史分别为也火和也先不花[④]，两件文书均先由蒙古文书写，再由两位译史译作汉文。但目前尚未发现有关沙州路总管府译史的具体记载。

沙州路总管府下还设有多种属官和下属机构。《元史·百官

① 李永宁《敦煌莫高窟碑文录及有关问题（二)》，《敦煌研究》1982年第2期，第112页。

② 张伯元《安西榆林窟》，第200、208、86、227、228页。

③ 塔拉、杜建录、高国祥主编《中国藏黑水城汉文文献》第3册，第514页。

④ 塔拉、杜建录、高国祥主编《中国藏黑水城汉文文献》第3册，第565、613页。

志》记载，路以下有儒学教授、蒙古教授、医学教授、阴阳教授之设，下属机构有司狱司、平准行用库、织染局、杂造局、府仓、惠民药局、税务、录事司。儒学教授，“诸路各设一员，及学正一员、学录一员”[①]。这些属官和下属机构在黑水城文书中大多都有记载。沙州路的情况与亦集乃路相似，但目前史料中只记载了沙州路总管府的儒学教授以及河渠司和税务司。

儒学教授　儒学教授为从八品[②]。《重修皇庆寺记》碑记载“敕授沙州路儒学教授刘奇撰并书丹”[③]，表明该碑记为儒学教授刘奇撰书。该碑施主中有威罗沙提领，乙留吉、忍束、兴都、柳王等大使以及各立嵬、陇布等付（副）使。设有提领的有平准行用库、惠民药局、税务，因此威罗沙很可能为其中一个机构的提领。设大使、副使的有平准行用库、杂造局、府仓和税务，只设副使的为织染局，乙留吉等大使和各立嵬等副使为这些机构下的属官。

沙州路下设有税务司。黑水城出土M1·0756［F64：W2］《沙州路达鲁花赤总管府据税使司呈准本司副使刘住哥历仕状》文书（图2-2）是至正二十三年（1363）沙州路达鲁花赤总管府禀告甘肃行省的人事类文书，具有非常珍贵的价值。[④]文书记载：

① 《元史》卷九一《百官七》，第2316页。

② 《元典章》，第219页。

③ 李永宁《敦煌莫高窟碑文录及有关问题（二）》，《敦煌研究》1982年第2期，第113页。

④ 塔拉、杜建录、高国祥主编《中国藏黑水城汉文文献》第5册，第983页；李逸友编著《黑城出土文书（汉文文书卷）》，第88—89页。此处参李逸友录文，并对照《中国藏黑水城汉文文献》图片进行了修订。

1. 皇帝圣旨里沙州路达鲁花赤总管府。据税史（使）
2. 司呈，准本司付史（使）刘住哥开除,前历仕前至正
3. 廿三年三月内祇候。
4. 甘肃行中书省劄付。除充代兀马九满阙，至至正
5. 廿四年三月内□役勾当，至至正廿五年三月内有新
6. 任付使唐完者代，讫计历十二月。缘住哥自到任
7. 至得代，中间并无侵借，系官钱粮□□付正官，
8. 亦无公私过犯。按连所需文凭，开坐三代历
9. 仕，关请照验转达，给由施行。准此申乞，照验将此，
10. 付勘无过，办凭无伪。今将本人历任三代开坐在
11. 前，今用天字五十四号本路勘合书填前去官吏
12. 保结，合行具申，伏乞
13. 照验施行。须至申者
14. 〼人氏□计祇〼□（亦）集乃寄居本家听除〼

M1·0755［F131：W1］《刘住哥籍贯与祖父三代历任状》文书（图2-3）则记录了刘住哥籍贯和祖父三代历仕的具体情况①：

1. 一刘住哥，见年卅二岁。〼系寄居在
2. 路庠序坊住，贯平凉府民籍。自来
3. 不曾更名，见□此寄，受路府提领所军户
4. 差役。
5. 一三代，
6. 曾祖父不记名讳，

① 塔拉、杜建录、高国祥主编《中国藏黑水城汉文文献》第5册，第982页；李逸友编著《黑城出土文书（汉文文书卷）》，第89页。

7. 祖父刘文振钦管

8. 宣命奉议大夫赠宣□

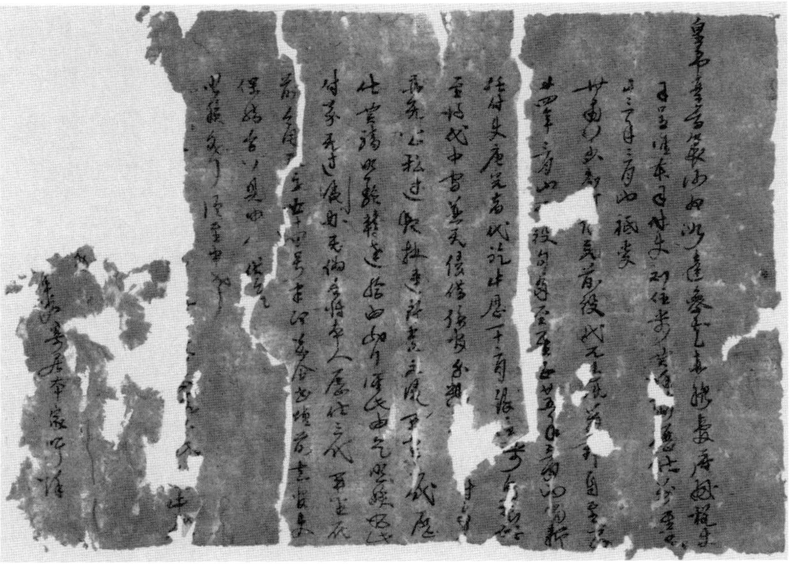

图2-2 黑水城出土《沙州路达鲁花赤总管府据税使司呈准本司副使刘住哥历仕状》
（采自《中国藏黑水城汉文文献》第5册）

这两件文书具有重要的价值，记录了沙州路总管府任免官员的流程。根据文书记载，沙州路总管府下属税务司呈报总管府，免除刘住哥所担任税务司副使一职。随后沙州路总管府报送甘肃行省，行省进行批复，指出刘住哥在接替前任兀马九担任税务司副使到被唐完者接替的一年之中，“并无侵借，系官钱粮□□付正官，亦无公私过犯”，对刘住哥的表现作出了积极的评价。同时，行省出具刘住哥祖上三代为官的相关情况，作为刘住哥任命他职的证明。

沙州路下还设有河渠司。《元史·河渠志》记载：“元有天下，内立都水监、外设各处河渠司，以兴举水利、修理河堤为务”[①]，表明河渠司主要负责兴修水利和维护渠堤。立于至正八年（1348）的《莫高窟六字真言碣》记载沙州路河渠司，其官员有威罗沙提领、大使逆流吉、大使兴都，此三人在《重修皇庆寺记》碑中已非沙州路河渠司官员，表明后来他们已从河渠司调出，进入平准行用库等机构中任职。《重修皇庆寺记》碑也记载了沙州路河渠司及其官员，有“提领丁虎哥赤，大使李伯昌、付（副）使太平奴”[②]。

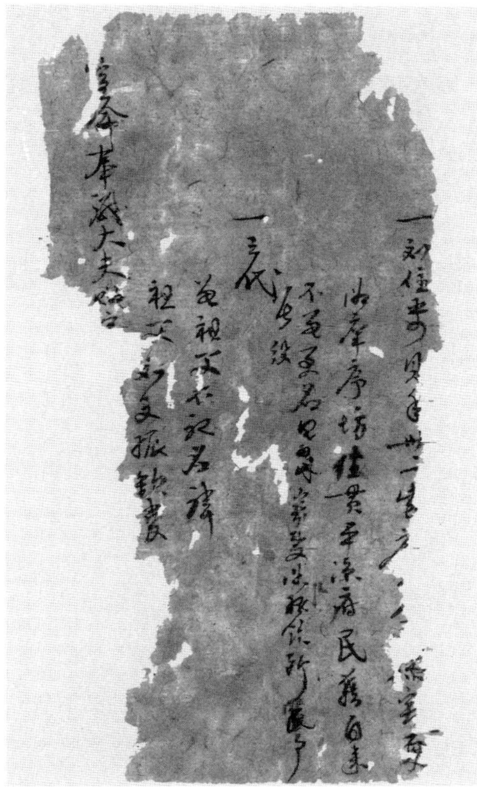

图2-3 黑水城出土《刘住哥籍贯与祖父三代历仕状》
（采自《中国藏黑水城汉文文献》第5册）

① 《元史》卷六四《河渠志一》，第1588页。

② ［清］徐松著、朱玉麒整理《西域水道记》卷三《哈喇淖尔所受水》，北京：中华书局，2005年，第152页。李永宁《敦煌莫高窟碑文录及有关问题（二）》，《敦煌研究》1982年第2期，第110、114页。

表2-1 元代沙州路总管府行政建置与职官设置表

职官设置		姓名	任职时间	官品	散官	史料出处	史料内容
长官	达鲁花赤	——	——	从三品	——	榆林窟第3窟题记	本牙答思达鲁花赤
	总管	——	至正二十五年（1365）前后	从三品	嘉议大夫	榆林窟第3窟游人题记	维大元至正廿五年五月十五日嘉议大夫沙州路总管□□□□舍人……
正官	同知	桑奇	至正十一年（1351）	正五品	——	《重修皇庆寺记》	桑奇同知
		哈三	至正十七年（1357）之前		——	黑水城汉文文书TK226	哈三，沙州同知
	治中	——	——	正五品	——	——	——
	判官	思班？	至正廿五年（1365）前后	正六品	——	榆林窟第25窟游人题记	至正廿五年十月十七日沙州路府判□思班、司吏李□□因公……
	推官	——	——	从六品	——	——	——
参佐官	经历	周秉彝	至正十一年（1351）前后	从七品	——	《重修皇庆寺记》	承事郎沙州路总管府经历、权分治事周秉彝、梁珪
		柏承可	至正二十七年（1367）前后	从七品	——	榆林窟第25窟游人题记	沙州路经历柏承可

续表

职官设置		姓名	任职时间	官品	散官	史料出处	史料内容
参佐官	知事	梁珪	至正十一年(1351)前后	从八品	——	《重修皇庆寺记》	承事郎沙州路总管府经历、权分治事周秉彝、梁珪
属吏	司吏	吕文德	至正十一年(1351)前后	——	——	《重修皇庆寺记》	沙州路司吏吕文德、张思敏
		张思敏	至正十一年(1351)前后	——	——	《重修皇庆寺记》	沙州路司吏吕文德、张思敏
		王孝益	至正十七年(1357)前后	——	——	榆林窟第12窟游人题记	沙州路司吏王孝益、赵思贤
		赵贤思					
		杨光□	至正廿四年(1364)前后	——	——	榆林窟第15窟游人题记	沙州路司吏杨光□、赵思贤
		赵思贤					
		张维中	至正二十五年(1365)前后	——	——	榆林窟第3窟游人题记	嘉议大夫沙州路总管□□□□舍人……司吏张维中……
		李某	至正二十五年(1365)前后	——	——	榆林窟第25窟游人题记	沙州路府判□思班、司吏李□□
		在寿	至正二十七年(1367)前后	——	——	榆林窟第25窟游人题记	沙州路经历柏承可、司吏在寿
	译史	——	——	——	——	——	——
	通事	——	——	——	——	——	——

续表

职官设置			姓名	任职时间	官品	散官	史料出处	史料内容
沙州路下设属官	儒学教授		刘奇	至正十一年（1351）前后	从八品	——	《重修皇庆寺记》	敕授沙州路儒学教授刘奇撰并书丹
	蒙古教授		——	——	正九品	——	——	——
	医学教授		——	——	——	——	——	——
	阴阳教授		——	——	——	——	——	——
沙州路总管府下属机构	司狱司	司狱	——	——	——	——	——	——
		丞	——	——	——	——	——	——
	平准行用库	提领	——	——	——	——	——	——
		大使	——	——	——	——	——	——
		副使	——	——	——	——	——	——
	织染局	局使	——	——	——	——	——	——
		副使	——	——	——	——	——	——
	杂造局	大使	——	——	——	——	——	——
		副使	——	——	——	——	——	——
	仓府	大使	——	——	——	——	——	——
		副使	——	——	——	——	——	——

续表

<table>
<tr><th colspan="3">职官设置</th><th>姓名</th><th>任职时间</th><th>官品</th><th>散官</th><th>史料出处</th><th>史料内容</th></tr>
<tr><td rowspan="10">沙州路总管府下属机构</td><td>惠民药局</td><td>提领</td><td>——</td><td>——</td><td>——</td><td>——</td><td>——</td><td>——</td></tr>
<tr><td rowspan="3">税务司</td><td>提领</td><td>——</td><td>——</td><td>——</td><td>——</td><td>——</td><td>——</td></tr>
<tr><td>大使</td><td>——</td><td>——</td><td>——</td><td>——</td><td>——</td><td>——</td></tr>
<tr><td>副使</td><td>刘住哥</td><td>至正二十四年三月至次年三月（1364.3—1365.3）</td><td>——</td><td>——</td><td>黑水城汉文文书F64：W2、F131：W1</td><td>皇帝圣旨里沙州路达鲁花赤总管府。据税使司呈，准本司付使刘住哥开除……</td></tr>
<tr><td rowspan="6">河渠司</td><td>提领</td><td>威罗沙</td><td rowspan="3">至正八年（1348）前后</td><td>——</td><td>——</td><td rowspan="3">《莫高窟六字真言碣》</td><td rowspan="3">提领威罗沙，大使逆流吉，大使兴都</td></tr>
<tr><td>大使</td><td>逆流吉</td><td>——</td><td>——</td></tr>
<tr><td>大使</td><td>兴都</td><td>——</td><td>——</td></tr>
<tr><td>提领</td><td>丁虎哥赤</td><td>至正十一年（1351）前后</td><td>——</td><td>——</td><td>《重修皇庆寺记》</td><td>沙州路河渠司提领丁虎哥赤，大使李伯昌，付使太平奴</td></tr>
<tr><td>大使</td><td>李伯昌</td><td></td><td>——</td><td>——</td><td>——</td><td></td></tr>
<tr><td>副使</td><td>太平奴</td><td></td><td>——</td><td>——</td><td></td><td></td></tr>
</table>

2. 瓜州

与沙州路不同的是，亦集乃路下并无属州。元代复立瓜州后，以瓜州隶属沙州路总管府。中统五年（1264），元廷设立州县，但并未有大中小之分。《元史·百官志》记载："至元三年，定一万五千户之上者为上州，六千户之上者为中州，六千户之下者为下州。江南既平，二十年，又定其地五万户之上者为上州，三万户之上者为中州，不及三万户者为下州。"[①]关于下州的职官设置，《元史·百官志》记载：

> 下州：达鲁花赤、知州并从五品，同知正七品，判官正八品，兼捕盗之事。参佐官：上州，知事、提控案牍各一员；中州，吏目、提控案牍各一员；下州，吏目一员或二员。[②]

根据榆林窟游人题记的记载，瓜州还设有巡检、司吏等职。

达鲁花赤　榆林窟第3窟甬道北壁下部绘有五身蒙古男供养人像，其中第四身供养人题名"本牙答思达鲁花赤"。有学者认为，"此达鲁花赤，称本牙，必总管府中正三品之达鲁花赤也"[③]，但更可能为瓜州的达鲁花赤。在第一身男供养人像旁边还题有一条游人题记（图2-4）："维大元至正廿五年（1365）五月十五日嘉议大夫沙州路总管□□□□舍人……司吏张维中

---

① 《元史》卷九一《百官志七》，第2317页。

② 《元史》卷九一《百官志七》，第2318页。

③ 阎文儒《安西榆林窟调查报告》，原载沈阳博物馆专刊《历史与考古》第1号，1946年；后收入敦煌研究院编《榆林窟研究论文集》（上册），上海：上海辞书出版社，2011年，第28页。

图2-4 榆林窟第3窟甬道北壁第一身蒙古供养人像及游人题记
（采自《中国石窟·安西榆林窟》）

……瓜□达鲁□□……同焚香到此”[①]，此处“瓜□达鲁□□”即为瓜州达鲁花赤，惜由于题记字迹模糊而无法获知姓名。根据题记内容判断，该条游人题记应为瓜州达鲁花赤陪同沙州路总管府官员巡礼榆林窟第3窟后所题写。

知州　榆林窟第3窟甬道北壁下部第三身男供养人像题名“知州宝住”，应指瓜州知州。此外，榆林窟第6窟、第12窟游人题记中也题有瓜州知州姓名：“大元国至顺元（应为二，1331）年五月十五日长安人事瓜州知州郭承直到此”“大元国至顺二年（1331）奉元路居住奉佛弟子瓜州知州郭承直并男郭再思巡检杜鼎臣到此礼佛记耳”的游人题记[②]，在榆林窟第13窟以及莫高窟第9窟、第12窟也留有此次巡礼题记。

同知　目前尚未发现有关瓜州同知的记载。

判官　榆林窟第34窟题于泰定四年（1327）的游人题记中有

① 张伯元《安西榆林窟》，第186页。
② 张伯元《安西榆林窟》，第191—192、198—199页。

“瓜州柳玉州判高”的记载[①]，“判高”很可能为判官之误。榆林窟第16窟题于至正十三年（1353）十二月二十五日的题记中有“瓜州判官□□”的题名[②]。

吏目　榆林窟第34窟题于泰定四年（1327）的游人题记中有“瓜州柳玉州判高束目吏宝国瑞田君祥曹文仲等到此焚香”的记载，第12窟题于至正六年（1346）的题记中有“瓜州吏目权”[③]。

巡检、司吏　除《元史》记载以上正官和参佐官之外，据榆林窟游人题记记载，瓜州还设有巡检、司吏等职。如榆林窟第13窟题于至顺二年（1331）的游人题记中有巡检杜鼎臣题名。[④]关于瓜州司吏的题记更多，如榆林窟第33窟至元五年（1339）四月二十八日的游人题记中有“瓜州司吏张瑛”的题名，第13窟至顺二年（1331）五月的题记中有“司吏吴才畝（亩）”的题名，第6窟至顺三年（1332）五月十五日的题记中有“瓜州司吏……”的题名，第40窟元统元年（1333）五月初八日的题记中有“瓜州前司吏张文乐”的题名，第12窟至正六年（1346）四月初三日的题记中有“司吏黄敬甫赵旅卿”的题名，第19窟至正廿四年（1364）七月十二日的题记中有“瓜州司吏陈……”[⑤]的题名，等等。

《元史·地理志》记载：“［至元］二十八年徙居民于肃州，但名存而已。”[⑥]有学者据此认为，“但名存而已”意谓瓜州已撤销其行政建置，再不受行省管辖[⑦]。但根据榆林窟汉文游人题

① 张伯元《安西榆林窟》，第248页。
② 张伯元《安西榆林窟》，第211页。
③ 张伯元《安西榆林窟》，第248、199页。
④ 张伯元《安西榆林窟》，第202页。
⑤ 张伯元《安西榆林窟》，第245、202、192、267、199、219页。
⑥《元史》卷六〇《地理志三》，第1451页。
⑦ 胡小鹏《元代西北历史与民族研究》，第63页。

记中的瓜州职官资料，元代中后期瓜州有完整的行政建置与职官设置。

表2–2 元代瓜州行政建置与职官设置表

职官设置		姓名	任职时间	官品	散官	史料出处	史料内容
长官	达鲁花赤	——	至正廿五年（1365）前后	从五品	——	榆林窟第3窟游人题记	维大元至正廿五年（1365）五月十五日……瓜□达鲁花赤……同焚香到此
	知州	郭承直	至顺二年（1331）前后	从五品	——	榆林窟第6、第12、第13窟游人题记	大元国至顺二年奉元路居住奉佛弟子瓜州知州郭承直并男郭再思、巡检杜鼎臣到此礼佛记耳
正官	同知	——	——	正七品	——	——	——
	判官		至正十三年（1353）前后	正八品	——	榆林窟第16窟游人题记	瓜州判官□□……
参佐官	吏目	——	至正六年（1346）前后	——	——	榆林窟第12窟游人题记	至正六年四月初三日瓜州吏目权……
瓜州下设属官	巡检	杜鼎臣	至顺二年（1331）前后	——	——	榆林窟第13窟游人题记	维大元岁次辛未仲夏旬有五日奉佛弟子瓜州郎使郭承直并男郭再思、司吏吴才亩、巡检杜鼎臣谨……

续表

职官设置		姓名	任职时间	官品	散官	史料出处	史料内容
瓜州下设属官	司吏	吴才畒	至顺二年（1331）前后	——	——	榆林窟第13窟游人题记	维大元岁次辛未仲夏旬有五日……司吏吴才畒……
		——	至顺三年（1332）前后	——	——	榆林窟第6窟游人题记	肃州住人□瓜州司吏李至顺三年五月十五日王……
		张文乐	至顺四年（1333）之前	——	——	榆林窟第40窟游人题记	至顺四年五月初八日瓜州前司吏张文乐……
		张瑛	至元五年（1339）前后	——	——	榆林窟第33窟游人题记	至元五年四月二十八日瓜州司吏张瑛并与孙女二人因公到此
		黄敬甫	至正六年（1346）前后	——	——	榆林窟第12窟游人题记	至正六年四月初三日……司吏黄敬甫赵旅卿……焚香到此
		赵旅卿					
		陈□	至正廿四年（1364）前后	——	——	榆林窟第19窟游人题记	至正廿四年七月十二日瓜州司吏陈……

第三节 出伯家族及其后裔出镇敦煌

元朝在设立省、路、府、州、县行政体系的同时，也设立了派宗王镇守的制度。《经世大典·序录·屯戍》记载："国初征伐，驻兵不常其地。视山川险易，事机变化，而位置之。前却进退无定制。及天下亖，命宗王将兵，镇边徼襟喉之地（如和林、云南、回回、畏吾、河西、辽东、扬州之类）。"①

敦煌位于河西西部，通接西域、中亚，地位重要。忽必烈即汗位后，与西北宗王进行了长期战争。察合台系出伯、合班兄弟归顺忽必烈，在对抗西北宗王的斗争中立下汗马功劳，因而受到元廷重用。起初出伯、合班兄弟的镇戍范围相当广大，自甘州起西至畏兀儿，盖因"驻兵不常其地"，镇戍范围随着双方对峙和战争情况而浮动。随着战事结束，元廷令出伯、合班兄弟镇戍肃州、沙州、瓜州、哈密诸地。《元史·诸王表》记载："元兴，宗室驸马，通称诸王，岁赐之颁，分地之入，所以尽夫展亲之义者，亦优且渥。然初制简朴，位号无称，惟视印章，以为轻重。

① ［元］苏天爵编《元文类》卷四一，北京：商务印书馆，1936年，第594页。

厥后遂有国邑之名，而赐印之等犹前日也。”[①]元廷封出伯豳王称号，赐金印兽纽，位列一等王。出伯之后，第二代豳王南忽里、太子喃答失先后镇戍肃州至哈密一带。此后出伯家族出现支系化趋势，衍生出西宁王、威武西宁王、肃王等王号。豳王继续镇戍肃州，西宁王镇戍沙州、瓜州，肃王、威武西宁王则先后镇戍哈密。

一、第一代豳王出伯对敦煌、瓜州的镇戍（—1308）

据《史集》记载，出伯和合班为察合台曾孙、拜答儿之孙、阿鲁忽之子。[②]至元十四年（1277）沙州、瓜州设立的同时或稍后，出伯、合班兄弟率上万军队投奔忽必烈，归顺元朝。据考证，其时大致在至元十四年至至元十九年（1277—1282）之间。[③]出伯、合班兄弟参加了数次针对海都、都哇的战争，在元廷对抗西北诸王的斗争中起到了重要作用，《史集》对出伯兄弟的镇戍范围记载道：

> 从东面起，［沿着边界］都派有宗王和异密坐镇。……其次为畏兀人之城哈剌-火州之境。该处有好酒。它在合罕和海都的边界之间。他们［畏兀儿人］与双方都和睦相处，并且效劳于双方。以下驻有察合台之孙，宗王阿只吉和阿鲁忽之子宗王出伯。[④]

按照《史集》记载顺序，察合台系的阿只吉、出伯出镇地区在阿难答出镇的唐兀惕地区之西，正好位于河西西部至哈剌火州一

---

① 《元史》卷一〇八《诸王表》，第2735页。
② （波斯）拉施特主编，余大钧、周建奇译《史集》第二卷，第174页。
③ 胡小鹏《元代西北历史与民族研究》，第25页。
④ （波斯）拉施特主编，余大钧、周建奇译《史集》第二卷，第349—350页。

带。《蒙兀儿史记》亦载：

> 出伯帅所部蒙兀军及探马赤军（色目种人戍边之军称）为朝廷捍御西陲。置本营于甘州，兼领瓜沙以西北至合剌火者畏兀儿地征戍事。陇右诸王附马及兀丹等处宣慰司都元帅吐蕃乌思藏宣慰司巩昌等处便宜总帅府并听节制。[①]

出伯所部负责在元朝西北地区的征战及戍边任务，《史集》记其镇戍范围在哈剌–火州之境，《蒙兀儿史记》则具体记载为“置本营为甘州，兼领瓜沙以西北至合剌火者畏兀儿地征戍事”，可知当时出伯镇戍区域已包括敦煌、瓜州。

出伯军队多次与海都等发生战斗。如至元二十一年（1284），“诸王术伯命兀浑察往乞失哈里之地为游击军。时敌军二千余，兀察浑以勇士五十人与战，擒其将也班胡火者以献。王壮之，以其功闻，赏银六百两、钞四千五百贯，授蒙古军万户，赐三珠虎符”[②]，兀浑察为拜延八都鲁之孙，曾多次征讨西域。至元二十五年（1288）春正月癸卯，海都犯边，“敕驸马昌吉，诸王也只烈，察乞儿、合丹两千户，皆发兵从诸王术伯出征”[③]。诸王皆受出伯节制，征讨海都。至元二十七年（1290），“章吉寇甘木里，诸王术伯、拜答寒、亦怜真击走之”[④]。至元十九年到元贞年间（1282—1296），出伯及其属部活跃于斡端（今和田）、乞失哈里（今疏勒）、甘木里（今哈密）等地，北伐西征，军事活动十分频繁。直至元贞元年（1295），出伯仍然率军西征。《元史·

① ［清］屠寄《蒙兀儿史记》，载《元史二种》2，第345页。
② 《元史》卷一二三《拜延八都鲁传》，第3024页。
③ 《元史》卷一五《世祖本纪十二》，第308页。
④ 《元史》卷一六《世祖本纪十三》，第333页。

按扎尔传》记载：“元贞元年，有旨命领探马赤军，偕哈伯元帅从宗王出伯西征。”[①]元廷对出伯所部非常倚重，赏赐优渥。至元二十年（1283）正月，“赐诸王出伯印”[②]，同年起，因征战和战功而对出伯、合班进行大量赏赐，包括金银、币帛、粮米、元钞等[③]。元廷还对合班妃子赏赐，如元贞二年（1296）春正月，“赐诸王合班妃钞千二百锭、杂币帛千匹，附马塔海铁木而钞三千锭”[④]。《经世大典·站赤》记载了合班妃子入朝的相关情况，“元贞元年（1295）十二月五日，平章政事剌真等奏，出伯言哈班的妃子入朝乘己马长行，度其力不能回，请于沿途秣饲，别给铺马赴都，回日却乘己马，似为便益。奉旨准”[⑤]，可知合班妃子于元贞元年（1295）十二月前后出发，并于次年春正月抵达元廷。出伯奏请沿途对合班妃子所乘马匹进行喂饲，并发给铺马使用站赤以奔赴大都。大量的赏赐为出伯所部进行征战和镇戍提供了物质保障和后勤支持，也体现了元廷对出伯家族的重视。值得注意的是，元廷对出伯大加赏赐的同时，也对其行为和权限加以约束。如元贞二年（1296）三月，出伯请求以强壮兵士代替探马赤军中的三千老弱，元廷虽然同意，但“仍命出伯非奉旨毋擅征发”[⑥]，对其权力严加约束。又如大德七年（1303）二月，“命诸王出伯非急务者勿遣乘驿”[⑦]，严格规定驿站使用制度。

---

① 《元史》卷一二二《按扎尔传》，第3007页。
② 《元史》卷一二《世祖本纪九》，第249页。
③ 胡小鹏《元代西北历史与民族研究》，第28—29页。
④ 《元史》卷一九《成宗本纪二》，第402页。
⑤ 《永乐大典》卷一九四一九，第7217页。
⑥ 《元史》卷一九《成宗本纪二》，第403页。
⑦ 《元史》卷三一《成宗本纪四》，第448页。

需要指出的是，虽然沙州、瓜州属出伯镇戍，但大德元年至六年间（1297—1302）沙州、瓜州实际由汪惟和部负责军屯事宜。元贞二年（1296），“辛卯，诸王出伯言汪总帅等部军贫乏，帝以其久戍，命留五千驻冬，余皆遣还，至明年四月赴军。”[①]“久戍”表明汪惟和部在瓜、沙镇戍时间较长。汪惟和起先在巩昌任便宜都总帅，因而《元史》中时以“汪总帅”称之，如至元二十六年（1289）二月，“命巩昌便宜都总帅汪惟和将所部军万人北征，令过阙受命”[②]。二十九年（1292）二月，“以汪惟和为巩昌等二十四处便宜都总帅，兼巩昌府尹，仍佩虎符”[③]，表明汪惟和原镇戍地在巩昌。由此可推知，汪惟和部镇戍瓜、沙二州应不超过五年。前引《蒙兀儿史记》在记载出伯镇戍地时说：“置本营于甘州，兼领瓜沙以西北至合刺火者畏兀儿地征戍事。陇右诸王附马及兀丹等处宣慰司都元帅吐蕃乌思藏宣慰司巩昌等处便宜总帅府并听节制”[④]，表明汪惟和部在沙州、瓜州的屯田仍受到出伯节制。

大德四年至五年（1300—1301），海山与海都进行多次大规模作战，诸王出伯也参加了此次战斗。黑水城出土文书M1·0295［F116:W552］《大德四年军用钱粮文卷》中多次出现术伯大王（即出伯）及其“由本路入川征进”的记载，同时还出现了“海山太子位下使臣”“赴术伯大王位下为迤北军情声息勾当等事”以及“晋王位下”等记载。其中“入川”，据李治安考证为自亦集乃路进入通向漠北和林的戈壁石川，文书记载了出伯奉命由亦

① 《元史》卷一九《成宗本纪二》，第406页。
② 《元史》卷一五《世祖本纪十二》，第320页。
③ 《元史》卷一七《世祖本纪十四》，第360页。
④ ［清］屠寄《蒙兀儿史记》卷四二，载《元史二种》2，第345页。

集乃路北上“征进”漠北，参加大德四年（1300）八月阔别列等地元军与海都的作战。[①]此外，黑水城出土文书M1·0296［F116:W553］《大德四年军用钱粮文卷》对此次海山、出伯军队动向和亦集乃路方面的军粮和驿站供应亦有所记载。[②]海山等部的一系列战斗，终于彻底击溃海都军队，五年八月，“海都不得志去，旋亦死”[③]。至此，元廷与西北诸王长达三十多年的对抗终于结束，元廷西北边境获得安宁。在征战西北叛王的时代，元廷曾对诸王进行后勤补给，包括提供粮米马匹，同时进行赏赐，诸如金银币帛等。在平叛结束后，除继续封赏外，开始命诸王就地镇戍，屯田自足。大德六年（1302）六月，御史台臣上奏：“瓜、沙二州，自昔为边镇重地，今大军屯驻甘州，使官民反居边外，非宜。乞以蒙古军万人分镇险隘，立屯田以供军实，为便。”[④]成宗同意其请。由此，出伯蒙古军正式进驻沙州、瓜州进行屯田。大德六年（1302）十一月，元廷命甘州军隶诸王出伯[⑤]，出伯正式开始镇戍甘州。

大德八年（1304）十二月辛丑，“封诸王出伯为威武西宁王，赐金印”[⑥]。元廷正式封出伯为威武西宁王，赐金印驼纽，位三等王。随后又赋予出伯更多权力，如大德十年（1306）四月丁未，“命威武西宁王出伯领甘肃等地军站事”[⑦]。大德十一年

① 李治安《元中叶西北“过川”及“过川军”新探》，《历史研究》2013年第2期，第33—34页。
② 塔拉、杜建录、高国祥主编《中国藏黑水城汉文文献》第2册，第402页；李逸友编著《黑城出土文书（汉文文书卷）》，第138页。
③《元史》卷二二《武宗本纪一》，第477页。
④《元史》卷二一《成宗本纪四》，第452页。
⑤《元史》卷二〇《成宗本纪三》，第443页。
⑥《元史》卷二一《成宗本纪四》，第461页。
⑦《元史》卷二一《成宗本纪四》，第469页。

(1307)，诸王出伯晋封为豳王[①]，由三等诸王晋升为一等，佩金印兽纽。豳王出伯由甘州移驻肃州，此后豳王乌鲁斯正式形成[②]。除了黑水城出土汉文文书对出伯有记载外，在黑水城出土的蒙古文文书84H·F116·W507/1679中也发现了有关出伯的记载："出伯，我等……肃州里……叔父……一月……一个月……"，文书虽内容残缺严重，但属有关出伯及其根据地肃州的文书，至少是一件包含着出伯、肃州内容的文书[③]。惜该文书内容残缺严重，无法作深入解析。

至大元年（1308）春正月，"豳王出伯进玉六百一十五斤，赐金千五百两、银二万两、钞万锭，从人四万锭"[④]。这是《元史》中出伯首次以豳王头衔出现，但也是《元史》有关出伯的最后一条记载。此次出伯向朝廷贡玉，很可能是对朝廷授予其豳王的答谢，而他也获得了元廷更大的回赐。又据《元史·武宗纪》记载："[至大元年十一月]乙丑，赐诸王南木忽里金印。"[⑤]学者指出，在当时出伯家族仅拥有一个王号的情况下，赐印即意味着袭位，可知出伯死于是年[⑥]。豳王出伯镇戍时期，肃州、瓜州、沙州、哈密均属其镇戍范围，因而瓜州、沙州只是其镇戍地区的一部分。

---

① 《元史》卷一〇八《诸王表》，第2738页记载："出伯，大德十一年由威武西宁王进封。"

② 杨富学、张海娟《蒙古豳王家族与元代西北边防》，《中国边疆史地研究》2012年第2期，第24页。

③ （日）吉田順一、チメドドルジ编《ハラホト出土モンゴル文書の研究》，东京雄山阁，2008年，第170页。

④ 《元史》卷二二《武宗本纪一》，第494页。

⑤ 《元史》卷二二《武宗本纪一》，第504页。

⑥ 胡小鹏《元代西北历史与民族研究》，第37—38页。

二、第二代豳王南忽里对沙州、瓜州的镇戍（1308或1313—1321？）

出伯之子南忽里，《元史》中又记作南木忽里、喃忽里。关于南忽里获封其父出伯豳王封号的时间，《元史》记载互有矛盾。《元史·诸王表》记载“喃忽里，延祐七年（1320）袭封。”[①]《武宗纪》则记载“［至大元年十一月］乙丑，赐诸王南木忽里金印”[②]。但直至皇庆二年（1313）六月，《武宗纪》中才出现了“豳王南忽里”的记载。兹将《元史》中有关南忽里的记载胪列如下：

（1）［至大三年（1310）春正月］赐诸王那木忽里等钞万二千锭。（卷23《武宗二》，第520—521页）

（2）［至大三年（1310）三月］遣刑部尚书马儿往甘肃和市羊马，分赉诸王那木忽里蒙古军，给钞七万锭。（卷23《武宗二》，第523页）

（3）［皇庆二年（1313）六月］给马万匹与豳王南忽里等军士之贫乏者。（卷24《仁宗一》，第557页）

（4）［皇庆二年（1313）秋七月］丁未，赐诸王火罗思迷、脱欢、南忽里、驸马忙兀带金二百两、银一千二百两、钞一千六百锭、币帛各有差。（卷24《仁宗一》，第557—558页）

（5）［延祐二年（1315）六月］戊戌，豳王南忽里等部困乏，给钞俾买马羊以济之。（卷25《仁宗二》，第570页）

（6）［延祐三年（1316）冬十月］乙未，赐豳王南忽里

---

① 《元史》卷一〇八《诸王表》，第2738页。

② 《元史》卷二二《武宗本纪一》，第504页。

部钞四万锭。（卷25《仁宗二》，第575页）

(7) ［延祐四年（1317）闰月］壬辰，给豳王南忽里部钞十二万锭买马。（卷26《仁宗三》，第577页）

(8) ［延祐五年（1318）九月］豳王南忽里等部贫乏，命甘肃省市马万匹给之。（卷26《仁宗三》，第586页）

由上引史料（3)(5)(6)(7)(8）之记载，可知南忽里于皇庆二年至延祐五年间（1313—1318）一直以豳王称呼。而在(1)(2)中，至大三年（1310）春正月、三月时，南忽里仍以诸王称呼而非豳王。此外，在《经世大典·站赤》有关皇庆元年（1312）十一月十八日中书省上奏的记载中，南忽里依旧以诸王称呼而非豳王[1]。可知南忽里虽然于至大元年（1308）十一月获赐金印并袭位，但至大元年（1308）十一月至皇庆元年（1312）十一月间南忽里并未正式获封豳王称号，而他正式获得豳王称号则应在皇庆二年（1313）元月至六月间。皇庆二年六月后，南忽里开始以豳王称号频繁出现。需要指出的是，史料（4）中记载皇庆二年秋七月，“丁未，赐诸王火罗思迷、脱欢、南忽里、驸马忙兀带金二百两、银一千二百两、钞一千六百锭、币帛各有差”，之所以出现诸王，主要是南忽里与其他诸王一同出现，故而统称为诸王。

黑水城出土写于延祐二年（1315）的M1·0267［F116：W561］《军用钱粮文卷》文书出现了“暖忽里入川”“暖忽里豳王入川”的记载[2]。据考，这里的“入川”应为瓜州、沙州及曲尤以西通往哈密力的戈壁石川，文书记载了暖忽里豳王自沙州前线就近进入哈密力附近塔失八里站、揽出去站一带的戈壁石川，进而

① 《永乐大典》卷一九四二〇，第7228页。

② 塔拉、杜建录、高国祥《中国藏黑水城汉文文献》第2册，第369页；李逸友编著《黑城出土文书（汉文文书卷）》，第136页。

向西进攻察合台汗国的事件[①]。与史料（3）（5）（6）（7）（8）等对照，可知皇庆二年至延祐五年间（1313—1318），南忽里一直以豳王称号出现。由此，《元史·诸王表》中"喃忽里，延祐七年（1320）袭封"[②]的记载当误。因此，至大元年（1308）出伯死后，南忽里于十一月获赐金印，袭其父位。但直到皇庆二年（1313）上半年，南忽里才正式获封豳王称号。

之所以出现南忽里于至大元年（1308）十一月获赐金印袭位而皇庆二年（1313）才正式获封豳王称号的情况，可能与至大二年（1309）爆发的撒的迷失叛乱有关。《元史·武宗纪》记载：

> 八月壬子，中书省臣言："甘肃省僻在边垂，城中蓄金谷以给诸王军马，世祖、成宗常修其城池。近撒的迷失擅兴甲兵，掠豳王出伯辎重，民大惊扰。今撒的迷失已伏诛，其城若不修，虑启寇心。又，沙、瓜州摘军屯田，岁入粮二万五千石，撒的迷失叛，不令其军入屯，遂废。今乞仍旧遣军屯种，选知屯田地利色目、汉人各一员领之。[③]

在《昔里哈剌襄靖公神道碑［铭］》中又有另一角度的记录："而撒的迷失阻兵沙州，诸王南忽里之室家陷焉。公竭力御侮，护之以安。"[④]豳王出伯于至大元年（1308）死后，南忽里获赐金印，很可能引发了内部的权斗或外部的叛乱。发动叛乱的可能

---

① 李治安《元中叶西北"过川"及"过川军"新探》，《历史研究》2013年第2期，第37—40页。

② 《元史》卷一〇八《诸王表》，第2738页。

③ 《元史》卷二三《武宗本纪二》，第513—514页。

④ ［元］虞集《道园类稿》卷四二，明初翻印至正刊本。此据王颋点校《虞集全集》（下册），第1097页。

是出伯之子撒的迷失，也有可能是当时驻守吐蕃一带的忙古带之子撒的迷失，特别是后者带领军队、具有阻兵沙州的条件[①]。而从其掠夺出伯辎重、陷南忽里家室的行为，特别是阻止屯田的破坏性行为来看，更可能为出自外部叛乱的忙古带之子撒的迷失所为。撒的迷失的叛乱、劫掠和破坏行为，对豳王辖区的城池和农业造成了严重破坏。在此背景下，直至皇庆二年（1313）元朝才正式封赐南忽里豳王称号。在第二代豳王南忽里镇戍时期，沙州、瓜州仍只是其镇戍区域的一部分。

三、喃答失太子对沙州、瓜州的镇戍（1321？—1324）

泰定三年（1326）秋由喃答失太子立于文殊山石窟的《重修文殊寺碑》，是记载喃答失之前豳王世系的重要石刻资料。碑石正面为汉文，背面为回鹘文。由其回鹘文、汉文内容可知出伯家族世系：真吉思（成吉思）皇帝——叉合歹（察合台）——拜答里大王——阿禄嵬（阿鲁忽）大王——主伯（出伯、术伯）大王——南忽里（喃忽里、南木忽里）大王——喃答失太子。[②]碑文汉文部分还记载了喃答失太子的母亲和其他亲人的姓名："南忽里父、完者母诞降生喃答失太子。巴都麻答并亦禄歹二妃子，公主孤麻等，众兄弟子孙等。"[③]该碑石与《史集》《元史》记载相合，可知喃答失为南忽里之子，喃答失太子继承了南忽里的权力继续镇戍包括肃州、瓜州、沙州在内的河西西部地区。

---

① 胡小鹏《元代西北历史与民族研究》，第38—39页。

② 耿世民、张宝玺《元回鹘文〈重修文殊寺碑〉初释》，《考古学报》1986年第2期，第253—264页。

③ 耿世民、张宝玺《元回鹘文〈重修文殊寺碑〉初释》，《考古学报》1986年第2期，第263页。

但疑惑的是，不仅碑文中称喃答失为太子[①]，而且在《元史》中也从未载其有豳王封号。兹将《元史》中有关喃答失的记载翻检、胪列如下：

> (1)［至治元年（1321）］夏四月丙午，给喃答失王府银印，秩正三品；宽彻、忽塔迷失王府铜印，秩从三品。（卷27《英宗一》，第611页）
>
> (2)［至治三年（1323）三月］赐诸王喃答失（言）钞二百五十万贯。（卷28《英宗二》，第629页）
>
> (3)［致和元年（1328）六月］是月，诸王喃答失、彻彻秃、火沙、乃马台诸（郡）［部］风雪毙畜牧，士卒饥，赈粮五万石、钞四十万锭。（卷30《泰定帝二》，第687页）
>
> (4)［至正十四年（1354）十一月］癸未，赐亲王喃答失金镀银印。（卷43《顺帝六》，第917页）

关于喃答失太子继承其父南忽里之位的时间，史书没有明确记载。《重修文殊寺碑》记载，"我（喃答失）今坐叉合歹宝位，将寺宇翻盖重修，普渡沉沦，于佛会中同得受生"，表明喃答失太子继承豳王南忽里权力在泰定三年（1326）或此前不久。据《高昌王（纽林的斤）世勋碑［铭]》记载，至治年间（1321—1323）亦都护、高昌王帖睦尔补化"与喃答失王同领甘肃诸军，

① 关于蒙古诸王称太子的情况，杉山正明认为碑文中"太子"只是表示他们特殊地位的一种"称号"，并非汉文"太子"的意义，亦不能据此对喃答失袭其父位产生疑问。参（日）杉山正明《モンゴル帝国と大元ウルス》，第256页。

且治其部”[①]，表明喃答失太子在至治年间已继承其父南忽里的权力镇戍肃州、瓜州、沙州地区。胡小鹏据史料（1），将喃答失太子袭位时间比定在至治元年（1321），并指出其河西方面最高军事统帅的身份没有变化[②]。一般来说，诸王获得新封号时，《元史》都会将封号冠于名前加以记载。但《元史》对喃答失的记载从至治元年到至正十四年（1321—1354），时间跨度长达33年，其中却从未称其为豳王，《元史·诸王表》也未有记载。由史料（2）（3）（4）可知，喃答失一直以“诸王”“亲王”之称号见载于《元史》。在《重修文殊寺碑》记载中，尽管泰定三年（1326）时喃答失已继承“叉合歹金轮宝位”，但碑文通篇称其为太子，而未记载其有豳王称号。史料（1）记载，至治元年（1321）元廷赐喃答失银印，正三品；又据史料（4），直至至正十四年（1354）元朝才赐喃答失“金镀银印”，这与元廷授出伯、南忽里金印的情形完全不同。元代诸王封号中，豳王位列一等王，赐“金印兽纽”，而至治元年（1321）赐喃答失“银印”，即“银印龟纽”，属于六等王。直到至正十四年（1354）时，才赐其“金镀银印”，为“金镀银印驼纽”或“金镀银印龟纽”，相当于四五等王。2000年9月，松田孝一在山西省太原市阳曲县元代墓塔西塔上发现了“至正十三年五月二十日敬奉喃答失大王令旨管领东三州打捕鹰房都禁山官拜延帖木儿墓铭”的记载[③]，这是目前仅见的称喃答失为大王的记载，但称大王、诸王、亲王并非指豳王。综上所论，虽然喃答失袭其父南忽里

---

① ［元］虞集《道园类稿》卷三九，明初翻印至正刊本。此据王颋点校《虞集全集》（下册），第1017页。

② 胡小鹏《元代西北历史与民族研究》，第40—41页。

③（日）松田孝一《元朝的分封制度——关于邠王（豳王）出伯与邠州的关系》，载《中国多文字时代的历史文献研究》，第305页。

之位继续镇戍，但是元廷并未赐喃答失豳王封号。根据《元史·泰定帝纪》记载，泰定元年（1324）阿剌忒纳失里出镇沙州，因此喃答失对瓜、沙地区的镇戍止于泰定元年（1324）秋。而根据《重修文殊寺碑》记载，泰定三年（1326）时喃答失太子仍在位，这表明在喃答失镇戍时期，出伯家族已出现支系化，其镇戍地已逐渐分化，沙州、肃州分别由外系诸王阿剌忒纳失里和喃答失太子出镇。

四、嗣越王阿剌忒纳失里对沙州的短暂出镇（1324—1329）

《元史·泰定帝纪》记载，泰定元年（1324）秋七月，“诸王伯颜帖木儿出镇阔连东部，阿剌忒纳失里出镇沙州，各赐钞三千锭”[①]。杉山正明据帖木儿王朝时期史料《穆伊兹》（即《贵显世系》）指出，此处伯颜帖木儿即喃答失之弟[②]。阿剌忒纳失里一名为梵语，意为“宝吉祥”[③]，《元史》中记载多位名阿剌忒纳失里的诸王，如燕王、豫王、越王等，其中记载最多、影响最大的是豫王阿剌忒纳失里。据郭晓航考证，此处镇戍沙州的应为越王秃剌之子阿剌忒纳失里[④]。阿剌忒纳失里在结束出镇沙州后不久，便袭其父秃剌越王称号，因而在涉及阿剌忒纳失里出镇沙州时冠其以嗣越王，以与《元史》记载的其他阿剌忒纳失里相区分。

据《元史·秃剌传》记载，阿剌忒纳失里父秃剌为察合台四世孙，在武宗登基的过程中建立功勋，随后封一等王越王并以绍

---

① 《元史》卷二九《泰定帝本纪一》，第649页。

② （日）杉山正明《モンゴル帝国と大元ウルス》，第260页。

③ 《元史》卷一〇七“校勘记”之（三三），第2734页。

④ 郭晓航《元豫王阿剌忒纳失里考述》，《社会科学》2007年第9期，第177—178页。

兴路为其分地。但秃剌并不满足，言行多次僭越，最终于至大二年（1309）被诛。关于越王秃剌之子阿剌忒纳失里，《秃剌传》记载：“子西安王阿剌忒纳失里，天历初以推戴功，进封豫王”①。此外，《元史·武宗本纪》记载至大三年（1310）二月，“己巳，宁王阔阔出谋为不轨，越王秃剌子阿剌忒纳失里许助力，事觉，阔阔出下狱，赐其妻完者死，窜阿剌纳失里及其祖母、母、妻于伯铁木儿所”②，由于阿剌忒纳失里之父越王秃剌已于前一年（1309）被处死，故此处已不见其记载。正如郭晓航所推测的，“越王秃剌子阿剌忒纳失里很可能是因其父之死而参与宁王阔阔出的不轨之谋”③。另外，从《元史》记载也可知阿剌忒纳失里虽然许诺帮助，但尚未参与便被发现，元廷大概是出于其父越王秃剌已被处死的考虑，或是鉴于其察合台后裔的身份而并未处以极刑，但其全家老小遭到发配。泰定帝登基（1324）之后，嗣越王阿剌忒纳失里重新被任用，作为豳王和西宁王之间的过渡性诸王而短暂出镇沙州。莫高窟北区石窟出土回鹘蒙古文文书B163：46《阿剌忒纳失里令旨残片》（图2-5）中记载有发布令旨的ara［///］širi，敖特根汉译为：

1.遵依皇帝圣旨
2.［我］阿剌［忒纳］失里令旨［…］
3.向招讨司［……］
4.［//……］
5.［///……］关系（?）

① 《元史》卷一一七《秃剌传》，第2907页。
② 《元史》卷二三《武宗本纪二》，第523页。
③ 郭晓航《元豫王阿剌忒纳失里考述》，《社会科学》2007年第9期，第178页。

6.有的（?）经历（?）［……］为首的（?）

7.部落主（?）头儿们

8.寄给王府［官员?］的加盖印章的书信［已收到?……］

9.写［//…］已经［向］行（?）［御?］台官员

10.［…］［呈报?］

11.［…//］如今用招讨司印章衙门［……］

12.［……］于［///……］的军队［//……］

13.［……//……］

据敖特根考证，令旨中的ara［///］širi很可能即为出镇沙州的阿剌忒纳失里，令旨内容为阿剌忒纳失里对吐蕃地区某个招讨司有关军事事务请示的答复。[①]阿剌忒纳失里虽属察合台系后裔，但他实为出伯家族之外的人物。泰定帝重新起用阿剌忒纳失里，将其派往边远之地的沙州进行镇戍，很可能是由于秃剌、阿剌忒纳失里父子过往的不得已之举。关于嗣越王阿剌忒纳失

图2-5　莫高窟北区洞窟出土B163：46《阿剌忒纳失里令旨残片》（采自《敦煌莫高窟北区石窟》第3卷）

① 敖特根《敦煌莫高窟北区出土蒙古文文献研究》，第92—114页。

里在沙州的事迹，除了上引回鹘蒙古文文书B163：46之外，几无史料可征。《元史·泰定帝本纪》记载，泰定四年（1327）春正月，“癸丑，赐诸王阿剌忒纳失里等钞六千锭”[①]；泰定元年（1324）嗣越王阿剌忒纳失里受命出镇沙州时，也曾获赐钞三千锭。因此，这里的阿剌忒纳失里很可能为嗣越王而非西安王，因为在《元史》中后者名字基本都冠有“西安王”，而阿剌忒纳失里此时还未继承其父秃剌的越王称号。据《元史·诸王表》记载，天历二年（1329）出伯之子忽塔迷失受封西宁王出镇沙州[②]，这表明嗣越王阿剌忒纳失里已于这一年结束了对沙州的出镇，沙州的镇戍权又从外王系回到了出伯系。自泰定元年至天历二年（1324—1329）阿剌忒纳失里出镇沙州，共计五年。

出镇沙州之后，天历二年（1329）十一月，阿剌忒纳失里获赐其父越王秃剌的一等王金印兽纽，重享一等王尊荣。《元史·文宗本纪》记载：“丙子，诸王阿剌忒纳失里翊戴有劳，以其父越王秃剌印与之。”[③]以此史料与前引《元史·秃剌传》中“子西安王阿剌忒纳失里，天历初以推戴功，进封豫王”的记载对照，可知《元史·秃剌传》的确将豫王（初为西安王）阿剌忒纳失里误串进去而加以记载，导致后世对二人的认识出现混淆。由于嗣越王阿剌忒纳失里出镇沙州，加之拥戴文宗之功，以功赎罪，从而顺利继承其父秃剌的越王封号以及金印。至顺元年（1330）五月开始，越王阿剌忒纳失里又出镇西番。《元史·文宗本纪》记载：“遣豫王阿剌忒纳失里镇西番，授以金印”[④]，郭晓航对这段记载进行了考证，指出当时豫王方率大军由八番道征云南，

① 《元史》卷三〇《泰定帝本纪二》，第676页。
② 《元史》卷一〇八《诸王表》，第2739页。
③ 《元史》卷三三《文宗本纪二》，第745页。
④ 《元史》卷三四《文宗本纪三》，第757页。

“此处的‘豫王’，实为‘越王’之误”[①]。至顺二年（1331）夏四月，中书省奏请按越王秃剌之例，赐绍兴路租赋钞之半额于阿剌忒纳失里。《元史·文宗本纪》记载：“中书省臣言：‘越王秃剌在武宗时以绍兴路为食邑，岁割赐本路租赋钞四万锭，今其子阿剌忒纳失里袭王号，宜岁给其半。’从之。”[②]由此可知，阿剌忒纳失里除了获赐一等王越王称号和金印外，又重新享受了其父秃剌时期的食邑赏赐。这是《元史》中有关越王阿剌忒纳失里的最后记载。阿剌忒纳失里之后，《元史》中也再未见到其他越王的记载。

五、出伯家族的支系化与西宁王系对沙州、瓜州的出镇（1329—1405年以前）

沙州地区原为豳王出伯、豳王南忽里、太子喃答失的镇戍范围，其后突然由出伯家族之外的人物嗣越王阿剌忒纳失里进行镇戍。究其原因，应与出伯家族出现的支系化趋势有关。《元史》记载，至大元年（1308）春正月，“豳王出伯进玉六百一十五斤，赐金千五百两、银二万两、钞万锭，从人四万锭；宽阇、也先孛可等，金二千三百两、银一万七百两、钞三万九千一百锭”[③]。这是《元史》中出伯首次以豳王头衔出现。而宽彻（阇）、也先孛可曾出现于《贵显世系》中，据杉山正明考证，两人为合班之子。[④]出伯与合班之子分别受赏赐，说明出伯、合班兄弟已有各自领地。《元史》中载，至大元年（1308）秋七

① 郭晓航《元豫王阿剌忒纳失里考述》，《社会科学》2007年第9期，第178页。

② 《元史》卷三五《文宗本纪四》，第782页。

③ 《元史》卷二二《武宗本纪一》，第494页。

④ （日）杉山正明《モンゴル帝国と大元ウルス》，第276页。

月，“遣塔察儿等九人使诸王宽阇，遣月鲁等十二人使诸王脱脱”[①]。“使诸王宽阇”，表明至大元年（1308）时宽彻即以诸王称号出现，已拥有自己的领地。皇庆元年（1312）十一月，“庚申，赐诸王宽彻、忽塔迷失金百五十两、银一千五百两、钞三千锭、币帛有差”[②]，忽塔迷失为出伯之子。至治元年（1321），“夏四月丙午，给喃答失王府银印，秩正三品；宽彻、忽塔迷失王府铜印，秩从三品”[③]。这里也明显反映出出伯与合班后代出现了支系化趋势。喃答失为出伯之孙，宽彻、忽塔迷失为喃答失之叔，但两人无论是受印还是品秩，皆低于喃答失一级。此时喃答失、宽彻、忽塔迷失各自有王府，已出现支系化。根据《重修文殊寺碑》，喃答失太子在泰定三年（1326）时仍然在位，但《元史·泰定帝纪》又记载泰定元年（1324）诸王阿剌忒纳失里出镇沙州，这表明泰定元年开始喃答失太子镇戍领地已经分化和收缩，仅镇戍肃州，而沙州则已由外王系诸王阿剌忒纳失里出镇。喃答失太子对肃州的镇戍止于天历二年（1329）十二月，是月西宁王忽塔迷失受封豳王，出镇肃州。

天历二年（1329），出伯家族成员新获肃王和西宁王两个王号，标志着出伯家族内部正式支系化，以不同王号分镇不同区域。是年八月，“戊申，封诸王宽彻为肃王”[④]，宽彻正式受封为肃王，赐金印兽纽，位列一等王。《元史》对肃王宽彻还有两处记载：其一，至顺元年（1330）五月，“置肃王宽彻傅、尉、司马各一员”[⑤]；其二，至顺三年（1332）十一月，“庚寅，赐

① 《元史》卷二二《武宗本纪一》，第500页。
② 《元史》卷二四《仁宗本纪一》，第554页。
③ 《元史》卷二七《英宗本纪一》，第611页。
④ 《元史》卷三三《文宗本纪二》，第739页。
⑤ 《元史》卷三四《文宗本纪三》，第757—758页。

诸王宽彻币帛各二千匹，以周其贫”[①]。至顺三年（1332）后，《元史》中再未出现肃王宽彻的记载。也是在天历二年（1329），出伯之子、喃答失之叔忽塔迷失受封西宁王[②]，短暂镇戍沙州，同年十二月受封豳王[③]，因此忽塔迷失应是南忽里之后第二位受到元廷正式封赐认可的豳王。值得注意的是，至治元年（1321），宽彻与忽塔迷失身为喃答失之叔，但受印和品秩较喃答失低，表明了喃答失“本兀鲁思宗主的地位”[④]。但是尽管喃答失继承了其父豳王南忽里的权力继续镇戍，他却未能获赐豳王封号，而天历二年（1329）宽彻和忽塔迷失却同时获封一等王肃王和一等王豳王称号。这可能是由于出伯家族内部产生了针对喃答失的斗争，也可能与元廷有意分化出伯家族后裔的权力有关。在此背景之下，元廷非但没有封赐喃答失豳王称号，还任命外王系的嗣越王阿剌忒纳失里短暂出镇沙州。同时，元廷还将出伯家族的封号和镇戍地进行分解，由原先一个豳王王号继承人镇戍多个地区，转变为肃王、西宁王、豳王以不同王号分镇不同地区。因此，虽然豳王作为兀鲁思宗主的地位仍然存在，但其镇戍区已从过去的肃州、瓜州、沙州、哈密，缩小为仅肃州一地。关于此后的豳王世系及其活动，此处不作详细讨论，仅就出镇沙州的西宁王世系及相关问题进行讨论。

第一代西宁王忽塔迷失（1329年在位）。忽塔迷失在《元史》中又记作“忽塔的迷失”，是首位获封的西宁王。根据《元史·诸王表》，西宁王为二等王，赐金印螭纽。《元史·文宗纪》记

---

① 《元史》卷三七《宁宗本纪》，第813页。

② 《元史》卷一〇八《诸王表》，第2739页。

③ 《元史》卷三三《文宗本纪二》，第745页：“十二月甲申，给豳王忽塔忒迷失王传印。”

④ 胡小鹏《元代西北历史与民族研究》，第40页。

载天历二年（1329）二月，“癸卯，赐吴王木楠子、西宁王忽塔的迷失、诸王那海罕、阔儿吉思金银有差”[①]。但忽塔迷失镇戍沙州仅一年即晋封一等王豳王，史料中没有记载其在沙州活动的事迹。

第二代西宁王速来蛮（1330—1351年在位）。速来蛮为出伯之孙、伯颜塔失之子[②]。据《元史·诸王表》，天历三年（1330）速来蛮受封西宁王[③]，出镇沙州。除《元史·诸王表》外，《元史》中有关速来蛮的记载还有两处：

> （1）［至顺元年（1330）三月］甲戌，封诸王速来蛮为西宁王。（卷34《文宗三》，第755页）
>
> （2）［至顺三年（1332）三月］乙卯诏：“以西宁王速来蛮镇御有劳，其如安定王朵儿只班例，置王傅官四人，铸印给之。”（卷36《文宗五》，第802页）

史料（1）将《元史·诸王表》中速来蛮受封西宁王的时间具体到了至顺元年（1330）三月。史料（2）则表明，速来蛮出镇沙州满两年并获得了元廷的肯定，“置王傅官四人”，并且铸印。关于“王傅官”，《元史·百官志》记载：

> 诸王傅官，宽彻不花太子至齐王位下，凡四十五王，每位下各设王傅、傅尉、司马三员。傅尉，唯宽彻不花、也不干、斡罗温［孙］三王有之。自此以下，皆称府尉，别于王傅之下、司马之上。而三员并设，又多寡不同，或少

---

① 《元史》卷三三《文宗本纪二》，第730页。

② 胡小鹏《元代西北历史与民族研究》，第43—44页。

③ 《元史》卷一〇八《诸王表》，第2739页。

至一员，或多至三员者。齐王则又独设王傅一员。[①]

“王傅官”为诸王下专设，共有四十五位诸王王府配有王傅官。西宁王速来蛮王府不设王傅尉，而设府尉，同时设立王傅和司马。诸王下置王傅官，“或少至一员，或多至三员”，但速来蛮配设四人，超出定例；而“其如安定王朵儿只班例”，又表明王傅官超过四人并非个案。俄藏黑水城汉文文书TK204《甘肃行省宁夏路支面酒肉米钞文书》（图2-6）中记载有“速来蛮大王位下”[②]。而根据立于至正十一年（1351）的《重修皇庆寺记》中

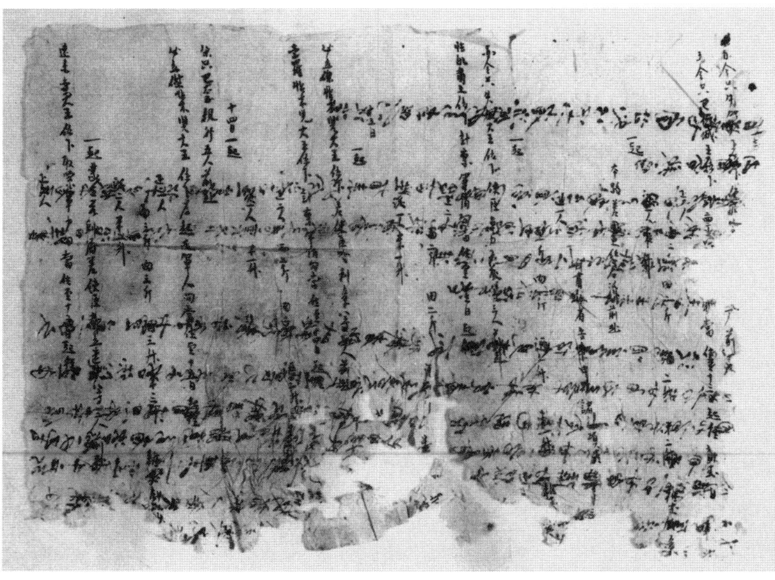

图2-6 黑水城出土TK204《甘肃行省宁夏路支面酒肉米钞文书》（采自《俄藏黑水城文献（汉文部分）》第4册）

① 《元史》卷八九《百官志五》，第2272—2273页。

② 史金波、魏同贤、克恰诺夫主编《俄藏黑水城文献（汉文部分）》第4册，上海：上海古籍出版社，1996年，第208页。

图2-7　回鹘文《西宁王速来蛮王赞》
（采自《北京大学图书馆藏敦煌文献》）

“寺成而王薨”的记载，可知速来蛮死于1351年，其以西宁王出镇敦煌共21年，时间最长、影响最大。

速来蛮出镇敦煌时，敦煌地区社会政治稳定，不同民族、不同宗教和谐共处。他不仅受到元廷的信任，而且也受到敦煌人民的称颂。北京大学图书馆藏D154V回鹘文《西宁王速来蛮王赞》（图2-7）中对速来蛮称颂道：

1. ［　　］
他的功德全部［　　］
为觉悟菩提而起心
何人能以此言说尽?!
2. 贤明大德的速来蛮王，

他那别人身上绝不可得的佳话，
比一切佳话更加安宁的丰功伟绩，
让我们多多少少慢慢地叙说！
3.维护他祖先的法度巧妙极致，
对别国之法规又深知深悉，
敬重国民，乃至一切百姓，
此王般如此特殊神圣之人未曾有过。
4.至于过度饮酒，他厌之如毒，
为促成他人受益又饮之少许，
任何时候不拒有益之事，
此王般如此特殊神圣之士绝未有过。
5.难寻难得的稀有货物，
知其特殊和绝妙，倍加珍惜，
绝不许毁坏、不容忍无端浪费，
此王般如此特殊神圣之士从未有过。
6.不拒善言之善，从不疏忽，
厌恶无益之事，从不去染，
易事［　　］事从不喜欢，
［此王般之士］世上［亦］未有过。[①]

《重修皇庆寺记》碑中也称颂他："王之好善，优于前古，口碑载道。"莫高窟第144窟甬道北壁题记记载："福禄的西宁王……

① 阿不都热西提·亚库甫《北京大学图书馆藏回鹘文〈西宁王速来蛮赞〉新探》，载朱玉麒主编《西域文史》第6辑，北京：科学出版社，第64页；阿不都热西提·亚库甫著《古代维吾尔语赞美诗和描写性韵文的语文学研究》，上海：上海古籍出版社，2015年，第262—263页。

着返回时我……”[①]速来蛮推崇佛教，以功德主身份率领家族成员及沙州路总管府河渠司成员于至正八年（1348）勒立《莫高窟六字真言碣》，同时出资重修皇庆寺，其建寺事迹见载于《重修皇庆寺记》碑。从这些碑记中也可窥见速来蛮时期沙州地区社会安定和谐之局面。

第三代西宁王牙罕沙（1351—？在位）。牙罕沙在《莫高窟六字真言碣》中作“养阿沙太子”，其时为至正八年（1348），西宁王速来蛮还在位，牙罕沙当时为太子。根据《重修皇庆寺记》碑记载，西宁王速来蛮于至正十一年（1351）去世，同时在碑文中牙罕沙以西宁王身份出现，表明牙罕沙在其父死后继承其父之西宁王位。现将《元史》中有关牙罕沙的三处记载翻检、胪列如下：

（1）［至正十二年（1352）二月］命［西］宁王牙安沙镇四川。（卷42《顺帝五》，895页）

（2）［至正十三年（1353）十二月］西宁王牙罕沙镇四川，还沙州，赐钞一千锭。是月，大同路疫，死者太（大）半。江浙行省平章政事卜颜帖木儿、南台御史中丞蛮子海牙及四川行省参知政事哈临秃、左丞桑秃失里、西宁王牙罕沙，合军讨徐寿辉于蕲水，败之，寿辉遁走，获其伪官四百余人。（卷43《顺帝六》，第912—913页）

（3）［至正十三年（1353）］十一月，与蛮子海牙、四川行省参知政事哈临秃、左丞桑秃失里、西宁王牙罕沙军合，而湖广左丞伯颜不花等军皆会。十二月，分道进攻蕲水县，拔其伪都，获伪将相而下四百余人，徐寿辉仅以身免。（卷144《卜颜帖木儿传》，第3437页）

---

① 敦煌研究院考古研究所、内蒙古师范大学蒙文系《敦煌石窟回鹘蒙文题记考察报告》，《敦煌研究》1990年第4期，第11页。

在牙罕沙继承西宁王王位的同一年，也就是至正十一年（1351），元朝境内开始爆发大规模农民起义。八月，南方爆发徐寿辉领导的农民大起义。十月，起义军攻克蕲水（今湖北浠水），并以蕲水为都城建立天完政权。起义军以“摧富济贫”为口号，分路出击，攻打州郡，“官军多疲懦不能拒”[①]，湖北、湖南、浙江、福建等广大地区一度为天完军所控制。在此背景之下，元廷调集各地军队进行镇压。在元朝腹里地区相继爆发起义的情况下，处于出伯家族出镇下的河西西部地区则相对稳定。由史料（1）可知，至正十二年（1352）二月元廷又调集沙州的西宁王牙罕沙军队至四川进行出镇，以加强对四川行省的控守。同年五月，元廷为避免南宋皇室后裔赵完普落入起义军之手，还将赵完普及其亲属远徙西宁王出镇地沙州进行安置。[②]元廷在命西宁王牙罕沙出镇四川的同时，四川行省平章政事月鲁帖木儿、咬住、八失忽都等先后率军征讨起义军，四川行省成为了元廷从西面镇压天完起义军的重要基地。此外，元廷还调集江浙行省平章政事卜颜帖木儿、江西行省平章政事星吉等率军前往镇压，并联合汉族地主武装进行镇压，不断缩小包围圈。[③]至正十三年（1353），元廷命各路大军出兵，攻占了天完政权都城蕲水。史料（2）和史料（3）对元军攻占蕲水的记载基本一致，并能互补。据史料（3）记载，至正十三年（1353）十一月，江浙行省平章政事卜颜帖木儿与南台御史中丞蛮子海牙、四川行省参知政事哈临秃、左丞桑秃失里、西宁王牙罕沙、湖广左丞伯颜不花等军会合，于十二月初攻克蕲水，俘获天完政权官员四百余人，徐寿辉等逃走。史料

① 《元史》卷一九五《忠义传·魏中立》，第4426页。
② 《元史》卷四二《顺帝本纪五》，第900页。
③ 韩儒林主编《元朝史》（下册），第104页。

（2）对元军11月份的集结行动并未记载，并将攻克蕲水之事系于牙罕沙“还沙州”之后，显然是追述之故。攻克蕲水后西宁王牙罕沙结束在四川的出镇并返回沙州，元廷赐其钞一千锭。又据史料（1）（2），自至正十二年（1352）2月起到至正十三年（1353）12月，牙罕沙出镇四川共计22个月。至正十一年（1351）开始的农民大起义席卷元朝境内，对元朝南方统治造成了沉重打击。在此特殊时代，出镇沙州的西宁王牙罕沙临危受命，转镇四川，率领军队镇压起义军，并最终与其他元军一起攻破徐寿辉建立的天完政权都城蕲水，暂时解除了南方起义军对元朝统治的威胁。西宁王牙罕沙在镇压起义军的过程中立下汗马功劳，攻克蕲水后不久回到沙州，继续出镇。

第四代西宁王速丹沙［？（1354年元月之后）—？在位］。速丹沙是速来蛮之子，牙罕沙之弟。《元史》对西宁王的记载止于至正十三年（1353）十二月，是月西宁王牙罕沙在结束四川战事后返回沙州继续出镇，因而《元史》等史书中未有速丹沙之记载。幸赖帖木儿王朝史料《贵显世系》及敦煌出土《莫高窟六字真言碣》《重修皇庆寺记》碑的记载，经对比研究才得以基本厘清西宁王世系的相关情况。[①]但有关速丹沙的记载仍然很少。就目前掌握的资料来看，在西宁王牙罕沙出镇四川时期（1352年2月—1353年12月），尚未发现有其他诸王出镇沙州的记载。西宁王牙罕沙在攻克蕲水后即返回了沙州，表明他继续以西宁王号出镇沙州。可以推测，在牙罕沙出镇四川期间，其家族成员应代为出面主持，其中最有可能的是牙罕沙之弟速丹沙。据《贵显世系》系谱，此后牙罕沙西宁王位传至其弟速丹沙一系。[②]榆林窟

① （日）杉山正明《モンゴル帝国と大元ウルス》，第269—274页。
② （日）杉山正明《モンゴル帝国と大元ウルス》，第269、274页。

第15窟《大元重修三危山榆林窟千佛寺记》文中所载重修榆林窟的“太子”，可能为速丹沙；而“□王”则很可能是速丹沙之兄、西宁王牙罕沙。《大元重修三危山榆林窟千佛寺记》题于榆林窟第15窟前室东壁，题写时间为至正十三年（1353）五月十五日：

> ……佛之所/……法门菩萨垂慈/……重建精兰，晋/……梵……在/……况斯危境，岂/……大元寺镇造□□/太子业□□里至三危，睹斯胜境，现□□□，见光相□/室中，闻香气于岩窟。由是重建精兰，复兴梵刹，广□/缁流于四姓，多兴禅室于岩间也。/□王寿等南山，赞/太子福齐北海。文武官僚，高迁禄位。五谷丰登，万民/乐业。法界含生，同登彼岸者矣。时/大元至正十三年五月十五日重修记。[①]

谢稚柳在所著《敦煌艺术叙录》中写道：“东壁洞口上，有元至正十三年五月十五日大元重修三危山榆林窟记一文，与第十窟国庆五年之阿育王寺释门一文同，兹不记。”[②]所言“第十窟国庆五年阿育王寺释门一文”，指敦煌研究院编号榆林窟第16窟前室北壁的西夏时期《阿育王寺释门赐紫僧惠聪俗姓张住持榆林窟记》。但经过对比，除了诸如“万民乐业”“五谷丰登”等固有的发愿语以及前后套语相同或相近外，两篇记文的发愿对象明显不同。西夏《阿育王寺释门赐紫僧惠聪俗姓张住持榆林窟记》中发愿部分写道：“伏愿皇帝万岁，太后千秋，宰官常

---

① 张伯元《安西榆林窟》，第207页。又见（日）山本明志《敦煌石窟モンゴル時代漢文墨書·刻文集成》，载（日）松井太、荒川慎太郎编《敦煌石窟多言語資料集成》，第387页。

② 谢稚柳《敦煌艺术叙录》，第452页。

居禄位，万民乐业，□海长清，永绝狼烟，五谷熟成，法轮常转。”[①]而《大元重修三危山榆林窟千佛寺记》发愿对象显然与之不同，该功德记文前半部分记载了重修榆林窟的缘由。功德记文中“大元寺镇造□□太子业□□里至三危，睹斯胜境，现□□□，见光相□室中，闻香气于岩窟。由是重建精兰，复兴梵刹，广□缁流于四姓，多兴禅室于岩间也”，表明这位“太子”曾亲临莫高窟并主持重修榆林窟。后半部分为“□王”和“太子”发愿祈福：“□王寿等南山，赞太子福齐北海。”这里的“□王”和“太子”并非指元朝皇帝及其皇太子，而应指西宁王及其继承人。首先，据《元史·顺帝纪》记载，至正十三年（1353）六月，“甲辰，以立皇太子诏天下，大赦”[②]，此处皇太子为孛儿只斤·爱猷识理答腊。元朝皇太子不可能于至正十三年（1353）五月十五日来榆林窟巡礼并主持重修。如为皇帝发愿祈福的话，也不会用“□王”这种称谓。其次，元朝实行诸王出镇制度，出镇诸王或称其王号，如豳王、西宁王等，或称“诸王”“大王”，也有称太子的情况。蒙古语语境中的太子是表示其特殊地位的一种“称号”，并不同于汉文太子的含义[③]。喃答失太子虽然没有获赐豳王称号，但袭其父南忽里之位并作为本兀鲁思宗主继续镇戍。在《元史》中多称其为诸王、亲王，而在碑刻资料中又称其大王、太子。立于泰定三年（1326）秋八月十五日的《重修文殊寺碑》的汉文部分记载：“[太]祖皇帝真吉思天赐金轮宝位，绍继于/薛禅皇帝金轮天子，/皇帝、皇后、皇太子及金枝玉叶，……于中花佛国降生/[拜答]里大王：……，/阿[禄]嵬大王

① 施萍婷《敦煌学杂谈之二——向达〈莫高、榆林二窟杂考〉榆林窟题记校正》，载敦煌研究院编《榆林窟研究论文集》（上册），第181页。

② 《元史》卷四三《顺帝本纪六》，第910页。

③ （日）杉山正明《モンゴル帝国と大元ウルス》，第256页。

降生世间：……降生下/主［伯］大王：……降生/喃忽里大王：……于大地中降生/喃答失太子。”可见碑文汉文部分中对“皇帝、皇太子”与“大王、太子”区分是很清楚的。在回鹘文部分中，皇帝、可汗（qaγan xan），皇太子（xong taysï）与出伯大王（cubay alpaγutï），喃答失太子（nom tas taysï）的回鹘文写法也不同，其中taysï是使用了汉文“太子”的音写。敦煌出土回鹘文密宗文献Or.8212（109）《吉祥轮律仪》题跋中，阿速歹（Asuday）一名后使用了具有“孩子”“王子”意义的回鹘语词oγul，该词可能是跟“王子”相关的“太子”一词的回鹘语对等词[①]。而在《莫高窟六字真言碣》中，功德主为速来蛮西宁王以及太子养阿沙（牙罕沙）、速丹沙、阿速歹、结来歹。太子养阿沙此后成为了西宁王位继承人。《重修皇庆寺记》碑中的功德主中有牙罕沙西宁王，孛罗大王，王子速丹沙、阿速歹。而这里的王子速丹沙也成为了牙罕沙之后的西宁王，而且他为牙罕沙之弟。因此，这里的“太子”不同于汉文太子的含义，应当是表示其特殊地位的一种称号，并且很可能也包括了作为诸王王位继承人的特殊地位。学者认为《大元重修三危山榆林窟千佛寺记》中重修榆林窟的“太子”为西宁王牙罕沙，“当年（指1353年），牙罕沙西宁王即重修榆林窟”[②]。但该功德记文题于至正十三年（1353）五月十五日，当时西宁王牙罕沙正在四川忙于剿灭徐寿

① 阿不都热西提·亚库甫《北京大学图书馆藏回鹘文〈西宁王速来蛮赞〉新探》，载朱玉麒主编《西域文史》第6辑，第71页；阿不都热西提·亚库甫著《古代维吾尔语赞美诗和描写性韵文的语文学研究》，上海：上海古籍出版社，2015年，第275页。

② 刘玉权《民族艺术的奇葩——论敦煌西夏元时期的壁画》，载中国壁画全集编辑委员会编《中国敦煌壁画全集》10《敦煌西夏元》，天津：天津人民美术出版社，1996年，第17页。

辉起义军的战事，而他回到沙州已是同一年的十二月，因此主持修建榆林窟的“太子”不可能是牙罕沙。综合而论，记文中“囗王寿等南山，赞太子福齐北海”的“囗王”别无他指，当指西宁王牙罕沙；重修榆林窟的“太子”，应指速丹沙。在西宁王牙罕沙出镇四川之时，太子（或称“王子”）速丹沙在沙州独当一面，并主持重修了榆林窟，修葺后当地僧人发愿为西宁王牙罕沙和速丹沙祈福。关于速丹沙于何时继承西宁王位，史书未有记载。

第五代西宁王阿鲁哥失里。《明太祖实录》记载，洪武二十四年（1391）正月，“沙州王子阿鲁哥失里等遣国公抹台阿巴赤、司徒苦儿兰等贡马及璞玉”[①]。《明史·西域传》记载基本相同：“洪武二十四年，蒙古王子阿鲁哥失里遣国公抹台阿巴赤、司徒苦儿兰等来朝，贡马及璞玉。”[②]这里的沙州王子或蒙古王子阿鲁哥失里，据考即是《贵显世系》记载的速丹沙之子Arkashirin（Argasiri）[③]。元朝灭亡后，甘肃行省仍由故元势力统治，河西西部地区也依旧处在豳王、西宁王、威武西宁王等出伯家族后裔的镇戍之下。明洪武五年（1372）春正月，宋国公徐达为征西将军，陈德、傅友德分任左右副将出征甘肃。明军一路势如破竹，先后攻克了西凉、永昌、甘州、亦集乃、肃州、瓜州、沙州，傅友德实际指挥了攻克瓜沙地区的战斗。《明太祖实录》记载：“师次别笃山口，元岐王朵儿只班遁去，追获其平章长加奴等二十七人，及马驼牛羊十余万。……友德复引兵至瓜、沙州，又败

① 《明太祖实录》卷二〇七洪武二十四年春正月，台北“中央研究院历史语言研究所”影印本，1963年，第3084页。

② 《明史》卷三三〇《西域传二·沙州卫》，北京：中华书局，1974年，第8559页。

③ （日）杉山正明《モンゴル帝国と大元ウルス》，第272—274页。

其兵，获金银印马驼牛羊二万而还。”[①]明军驻扎别笃山口，元岐王朵儿只班逃至瓜、沙一带，傅友德率明军一路追赶并战败朵儿只班。但在此次明军攻克河西西部地区的战斗中，未发现明军与豳王、西宁王军队发生战斗的记载，很可能他们在明军到达前已经逃走。傅友德攻克瓜、沙后，不久即与徐达挥师东返，并在肃州设立嘉峪关，迫使豳王家族离开肃州逃至关西地区。洪武十三年（1380）四月，濮英奏请督兵略地，以“开哈梅里之路以通商旅”为由，发动了扫除关西地区豳王后裔的军事行动。五月，濮英军队兵至赤斤，擒获故元豳王亦怜真及其部属一千四百人。七月，兵至苦峪，“获故元省哥失里王，阿者失里王之母妻及其家属，斩部下阿哈撒答等八十余人，遂还兵肃州”[②]。这里的“阿者失里王”有可能就是西宁王阿鲁哥失里。此次豳王亦怜真被明军擒获，而阿鲁哥失里则未被剿灭，明军的军事行动也震慑了镇戍哈密的威武西宁王兀纳失里。

洪武二十四年（1391），由于威武西宁王兀纳失里经常阻截西域贡使，因此明军于是年八月对哈密发兵征讨。由于西宁王系的后王阿鲁哥失里服顺明廷，派国公抹台阿巴赤、司徒苦儿兰等入朝进贡，因而明军并未征讨阿鲁哥失里，而是从凉州发兵直抵哈密城下。《明史·西域传》记载此次军事行动：

> 时西域回纥来贡者，多为哈梅里所遏。有从他道来者，又遣兵邀杀之。帝闻之怒。八月命都督佥事刘真偕宋晟督兵讨之。真等由凉州西出，乘夜直抵城下，四面围之。其知院岳山夜缒城降。黎明，兀纳失里驱马三百余匹，突围

① 《明太祖实录》卷七四洪武五年六月，第1358—1359页。

② 《明太祖实录》卷一三二洪武十三年秋七月，第2104页。

> 而出。官军争取其马，兀纳失里率家属随马后遁去。真等攻破其城，斩豳王别儿怯帖木儿、国公省阿桑尔只等一千四百人，获王子别列怯部属千七百三十人，金银印各一，马六百三十四。①

此次军事行动斩杀豳王别儿怯帖木儿，豳王王系自此终结。威武西宁王兀纳失里逃走后，又于次年（1392）向明太祖朱元璋请罪，并获得原谅和回赐。据上引记载，豳王别儿怯帖木儿下有国公省阿朵尔只，而洪武二十四年（1391）正月，阿鲁哥失里派遣国公抹台阿巴赤、司徒苦儿兰等入朝进贡，可见阿鲁哥失里与豳王别儿怯帖木儿一样拥有王府和官员。虽然由于元朝灭亡而无法获封，但阿鲁哥失里可能自行继承了西宁王位并出镇沙州。虽然洪武十三年（1380）时阿鲁哥失里遭到明军攻击，其家眷被擒获，但此后由于他服顺明廷而得以保存，避免了豳王那样被明军斩杀的结局，同时也使西宁王在沙州的出镇于明代以后转变为沙州卫。在阿鲁哥失里后，困即来、买住被明廷授予指挥使而执掌沙州卫，表明元代河西西部地区的诸王出镇体制正式转变为明代的卫所制度，西宁王号也最终终结。

总体来看，豳王出伯、豳王南忽里、喃答失太子时期，肃州至哈密一带俱由豳王镇戍。但豳王南忽里之后，喃答失太子未获封豳王称号。而此后沙州则一度由出伯家族之外的人物、察合台四世孙越王秃剌之子阿剌忒纳失里出镇。由于出伯家族出现了支系化，出伯家族衍生出一等王肃王封号，驻哈密；二等王西宁王封号，驻沙州、瓜州。而豳王出伯最早的威武西宁王封号也由其子亦里黑赤袭封，并因继承了肃王宽彻的权力而继续镇

① 《明史》卷三三〇《西域传二·哈梅里》，第8567页。

戍哈密地区，使哈密的权力归属从合班系又回到了出伯系。就沙州、瓜州而言，自天历二年（1329）起到元末明初，忽塔迷失、速来蛮、牙罕沙、速丹沙及阿鲁哥失里先后袭西宁王，出镇沙州和瓜州。

第四节 敦煌的地理特点与驿站交通

蒙、元时期敦煌的地理重要性已不及汉唐时期，但仍然是中西往来的重要经由地，同时也是元朝与察合台汗国军事、政治以及经济往来的前沿地区。蒙、元时期还修建了由河西通接西域的驿站体系，敦煌也成为其中的重要节点。

一、敦煌的地理特点

蒙古帝国的大一统和疆土的空前辽阔，使敦煌不再处于西北边境地区。但在元朝建立后，敦煌实际又处在元朝与察合台汗国的边境地带。由于元朝疆土大致分为腹里地区和行省地区，因此就元廷中央和地方而言，甘肃行省被认为属于全国的“极边之地”。如在至大二年（1309）八月中书省臣的上奏中，即称“甘肃省僻在边陲”[①]。又如《经世大典·站赤》记载：“本省地在极边，往来经涉沙漠，官吏人等之任，已蒙给驿。任回则备己力，人稀路回，所过艰险，比之岭北荒恶尤甚”[②]，对肃州亦记

① 《元史》卷二三《武宗本纪二》，第513页。
② 《永乐大典》卷一九四二一，第7235页。

载其为“边远之地”[①]，而瓜州、沙州位于甘肃行省最西部，较肃州更为边远。因此，元代沙州、瓜州又常成为流置犯人的地方。如至元十三年（1276）春正月，王孝忠等人戴罪前往八答山采玉。但经过沙州时，火忽反叛使别十八里落入叛军之手，朝廷遂命王孝忠等人在瓜、沙州进行屯田。又如至正十三年（1353）元廷为避免南宋皇室后裔落入起义军之手，而将瀛国公之子赵完普及其亲属迁徙至沙州安置。《元史·顺帝纪》记载，至正十二年（1352）五月，“庚辰，监察御史彻彻帖木儿等言：‘河南诸处群盗，辄引亡宋故号以为口实。宜以瀛国公子和尚赵完普及亲属徙沙州安置，禁勿与人交通。’从之”[②]。莫高窟第256窟东壁门北汉文游人题记载有“即是/大宋国/至正十三年六月”，据考可能与南宋皇室后裔赵完普等人被元政府迁徙到敦煌安置事件有关，题写者有可能就是赵完普本人或其亲属。[③]总之，就元朝统治者而言，敦煌乃至甘肃行省仍是比较偏远的地区。

另外，在元初忽必烈与西北诸王爆发持久战争的背景下，包括沙州、瓜州在内的河西西部地区成为元朝西北防线的前沿，其军事、政治作用也日益受到重视。元初，沙州一带为元朝军队控守的重要地区。如果元军失守，就会使敌军顺利进出河西。中统元年（1260）忽必烈即汗位，而驻守在汗国首都哈拉和林的托雷幼子、蒙哥幼弟阿里不哥亦宣布继承汗位，双方随即展开长达四年的激烈战争。由于蒙哥汗之子阿速带前往漠北拥立阿里不哥，其所属军队遂为浑都海所统领。阿蓝答儿、浑都海意图占据关陇地区，但被按竺迩等联军击败。浑都海败亡后，哈剌不华被推为

① 《永乐大典》卷一九四一九，第7213页。

② 《元史》卷四二《顺帝本纪五》，第900页。

③ 张小刚《莫高窟第256窟至正年间“大宋国”题记考释》，《敦煌学辑刊》2003年第2期，第93—95页。

主将，率残部经肃州、沙州撤回西域地区，耶律希亮等随军撤退。《元史·耶律希亮传》记载其行程："及抵沙州北川，希亮与兄弟徒步负任，不火食者数日。是冬，涉雪踰天山，至北庭都护府。二年，至昌八里城。夏，踰马纳思河，抵叶密里城，乃定宗潜邸汤沐之邑也。"[①]由于此前控守畏兀儿河西一线的执必帖木儿的东撤，使沙州地区已无军控守，故而阿蓝答儿残部得以顺利经过沙州向西逃到畏兀儿地界。另外，元朝和西北诸王在西北地区的激烈战争，也曾使敦煌一度落入反忽必烈集团手中。如《元史·暗伯传》记载："暗伯，唐兀人。……暗伯弱冠入宿卫，性严重刚果，有大志。尝亲迎于燉（敦）煌，阻兵不得归，乃客居于于阗宗王阿鲁忽之所。"[②]总之，在元朝与西北诸王爆发战争的背景下，包括敦煌在内的河西西部地区的军事、政治作用再度凸显。也正基于此，元初设立了甘肃行省、沙州路总管府及其属州瓜州，恢复了敦煌地区的行政建制；并在河西西部地区确立了以出伯为首的镇戍制度，以保证元朝西北政治的稳定、边防的安全和东西交通路线的畅通。

同时，就敦煌在东西交通上的地理重要性而言，如果将蒙、元时期的敦煌与汉唐时期的敦煌相比，则可发现由于蒙元帝国的大一统、草原丝绸之路的兴盛和东西交通路线的多元化，蒙、元时期敦煌的地理重要性已经有所下降。诚如大岛立子指出的，在蒙古帝国时代，东西连接陆路交通的主要干线是天山南路或北路，沿此路线东行直接可达和林，而没有必要经由敦煌。[③]当然，东西

---

① 《元史》卷一八〇《耶律希亮传》，第4160页。

② 《元史》卷一三三《暗伯传》，第3237页。

③ （日）大島立子《元時代の敦煌》，载榎一雄责任编集《講座敦煌》2《敦煌の歴史》，第373页。并参（日）大岛立子著，高然译、乌晓民校《元代的敦煌》（上），《民族译丛》1984年第2期，第40页。

方往来路线的选择和是否经由敦煌，往往与战争和政局稳定与否有紧密关系。而且由中原前往西域或由西域进入中原，穿越河西、经由敦煌仍然是较为便捷的通道。特别是元朝建立后，统治中心已由和林南移至大都，敦煌仍然是旅行者和其他人员在往来东西时常常选择的经由之地。在马可波罗于至元八年（1271）开启的东行旅途中，即选择从忽炭（于阗）经车尔成（且末），然后涉沙漠抵达沙州，继而经肃州、甘州并最终抵达元上都（哈拉和林）的路线。元代著名景教徒拉班·扫马及马克西行时，提到经过了“唐古特之城”。关于此唐古特之城，英国学者阿·克·穆尔认为“大概是中兴，或称宁夏，位于黄河岸”[①]，日本学者大岛立子则指出，从“唐古特之城”一出发很快就开始两个月的于阗沙漠旅行，而“从沙州到于阗，恐怕也需两个月的旅程。沙州靠近沙漠，走出沙州城，很快即步入沙漠，这个事实与记录相符”，并推测这里的“唐古特之城”可能是沙州[②]。这一推论当无误。马可波罗选择的是由西向东，从忽炭（于阗）、车尔成（且末），继而经沙州、肃州、甘州并最终抵达大都的路线。而拉班·扫马与马克选择的则是由东向西，从大都（北京）、科尚城（东胜），经“唐古特之城”，随后历两月之久的荒无人烟的沙漠之地而抵达于阗并继续西行的路线。《拉班·扫马和马克西行记》记载：“他们从科尚城去唐古特之城。……从唐古特之城他们去洛顿（于阗）之国，历两月之疲乏劳顿，该域是不毛之沙

① （英）阿·克·穆尔著，郝镇华译《一五五〇年前的中国基督教史》，北京：中华书局，1984年，第116页。

② （日）大島立子《元時代の敦煌》，载榎一雄责任编集《講座敦煌》2《敦煌の歴史》，第374—375页。并参（日）大岛立子著，高然译、乌晓民校《元代的敦煌》（上），《民族译丛》1984年第2期，第41页。

漠，荒无人烟，因其水苦，故播种无收。两僧在整个旅途中，仅有八天时间在费尽体力后找到能饮用之甜水。”[①]这两条路线大致相同，所谓的“唐古特之城”应指沙州，因为只有从沙州出发才会面临要走长达两个月时间的大沙漠。据《马可波罗行纪》记载，从和阗到罗不城大概需要一个月，从罗不城到唐古忒州穿过沙漠最狭窄处需要一个月时间，而“在此沙漠中行三十日毕，抵一城，名曰沙州”[②]，刚好是两个月左右的时间，这与《拉班·扫马和马克西行记》所载唐古特州到和阗的旅行时间相符，而从宁夏地区出发的话则不会面临如此漫长的沙漠。《马可波罗行纪》中亦多次记载和阗与沙州之间的车尔成、罗不城有苦水，并寻觅甜水的记载。如车尔成州，“所以水多苦恶，然有数处有甘水可饮。……自车尔成首途后，在沙漠中骑行五日，仅见苦水。然更往前行，有一地有甘水可饮”；又如罗不城“沿途尽是沙山沙谷，无食可觅。然若骑行一日一夜，则见有甘水，足供五十人或百人暨其牲畜之饮。甘水为数虽不多，然全沙漠中可见此类之水。质言之，渡沙漠之时，至少有二十八处得此甘水，然其量甚寡。别有四处，其水苦恶”[③]，皆符合《拉班·扫马和马克西行记》记载的从唐古特城至和阗之间地区的地理和气候特征。此外，《马可波罗行纪》记载：“此城（沙州）隶属大汗，全州名

---

① *The Monks of Kûblai Khân, translated from the Syriac*, by Sir E.A.Wallis Budge, Kr., London, L, pp.136—139.并参（伊儿汗国）佚名著、朱炳旭译《拉班·扫马和马克西行记》，郑州：大象出版社，2009年，第9—10页。关于洛顿，英文本译者威利斯·布哲（Sir E.A.Wallis Budge）认为“疑即和阗，或和田，或于阗，唐古特和喀什噶尔间之一城”。

② （法）沙海昂注、冯承钧译《马可波罗行纪》，北京：中华书局，2004年，第170、176页。

③ （法）沙海昂注、冯承钧译《马可波罗行纪》，第190页。

唐古忒。”[①]马可波罗之所以称沙州为唐古忒州，大概是因为沙州是西夏王朝最西端的州，也是西方旅行者和商人最早到达的州，因而称其（也很有可能是沙州居民自称）为唐古忒州。因此，《拉班·扫马和马克西行记》中的“唐古特之城”应即沙州。可以说，虽然蒙、元时期中西交通路线已经多元化，但沙州在东西往来中仍然是相当重要的经由地。特别是蒙、元时期驿站系统的建立，甘肃行省境内的三路站赤都经过肃州、瓜州、沙州地区而通接西域，敦煌成为蒙、元东西站赤交通的重要节点，因此东西方旅行家仍然经常选择从西域经沙州、肃州、甘州，再从甘州经灵州等沿黄地区进而到达元都的路线。

总体而言，相比于汉唐时代，蒙、元时期敦煌作为中西交通枢纽和孔道的地位有所下降，但仍是东西往来的重要通道。特别是在元朝与察合台汗国及西方诸国的往来中，敦煌常常成为商旅及使臣往来的重要经由地。

二、敦煌的驿站交通

蒙古帝国时期开通了纳邻道（小道），即从和林西南行越沙漠至亦集乃的站道[②]。而从亦集乃出发，经甘州、肃州、沙州，又可通往西域。元朝时期进一步健全了驿站使用的各项规章制度，并发展了全国性的驿站体系，河西甘州、肃州经沙州至西域的驿站也更加完善。驿站的设立和完善，不仅使得元朝内部联系更加畅通，也加强了元朝与察合台等汗国的政治、经济联系。

---

① （法）沙海昂注、冯承钧译《马可波罗行纪》，第190页。

② 党宝海《蒙元驿站交通研究》，北京：昆仑出版社，2007年，第59页。

（一）蒙古帝国时期

成吉思汗时期，随着版图的扩大、军事控制以及物资运输、人员往来的需要，开始建立起初步的驿站体系。《世界征服者史》中形象地说明了驿站设立的背景和缘由：

> 还有，他们的领土日广，重要事件时有发生，因此了解敌人的活动变得重要起来，而且把货物从西方运到东方，或从远东运到西方，也是必需的。为此，他们在国土上遍设驿站，给每所驿站的费用和供应作好安排，配给驿站一定数量的人和兽，以及食物、饮料等必需品。①

这是驿站最初设立时的情形，可见当时已经有了比较完善的驿站制度，驿站体系已渐成规模。窝阔台时期又进一步完善了驿站制度和驿站体系，《史集》记载窝阔台时期增设了纳邻站："从乞台国到该城（哈剌和林），除伯颜站以外，还设置了一些站，被称为'纳邻站'。每隔五程就［有］一站。共37站。在每一驿程上，置一千户，以守卫那些站。"②纳邻站道从和林西南行，穿过沙漠戈壁到达亦集乃。而从亦集乃又可连接甘州。从甘州开始，经肃州、瓜州、沙州、哈密地区通往西域的驿站也渐次设立，与纳邻站相连接。敦煌地区的驿站最早也设立于窝阔台时期。1229年，窝阔台命按竺迩为元帅出镇删丹州，并在敦煌设置驿站。《元史·按竺迩传》记载："太宗即位，尊察合台为皇兄，以按竺迩为元帅。戊子，镇删丹州，自燉煌置驿抵玉关，通西

① （伊朗）志费尼著，何高济译、翁独健校订《世界征服者史》（上册），第34页。

② （波斯）拉施特主编，余大钧、周建奇译《史集》第2卷，第69页。

域，从定关陇。”[①]元代元明善《清河集·雍古按竺迩传》对此事有更具体的记载：“夏国平。戊子（1228），皇兄命公镇删丹，怀徕新附，置驿张掖、酒泉，至玉关，通道西域，从定关陇”[②]，由此可知是察合台命部下按竺迩镇删丹，并在张掖和酒泉置驿。“从定关陇”，反映了元朝在建立驿站时的政治、军事考虑。窝阔台即位后对全国驿站人员物资配置进行了规定，《元史·兵制》记载：“太宗元年十一月，敕：‘诸牛铺马站，每一百户置汉车一十具。各站俱置米仓，站户每年一牌内纳米一石，令百户一人掌之。北使臣每日支肉一斤、面一斤、米一升、酒一瓶。’”[③]同时规定了凭“牌面文字”使用驿站的制度。时蒙古军虽已据有西域，但中原地区仍在金朝控制下。窝阔台即位后立即着手进行灭金战争。一方面制定了蒙古百姓、河北汉民、西域人户交纳赋调的制度，另一方面又“始置仓廪，立驿传”[④]。《元史·按竺迩传》与《清河集·雍古按竺迩传》的记载说明，窝阔台设立驿站之举意在打通西域到关中、陇右的交通，以便西域赋调能输入前线，支援伐金战事。随着河西地区驿站的相继建立，纳邻站道已可与甘州、肃州、沙州的驿站相连通往西域地区。

（二）元朝时期

元朝建立后，进一步发展了全国性的驿站系统。《元史·兵制》记载：

> 元制站赤者，驿传之译名也。盖以通达边情，布宣号令，古人所谓置邮而传命，未有重于此者焉。……于是四方

① 《元史》卷一二一《按竺迩传》，第2982页。
② 《永乐大典》卷一〇八八九，第4507页。
③ 《元史》卷一〇一《兵志四》，第2584页。
④ 《元史》卷二《太宗本纪二》，第29—30页。

> 往来之使，止则有馆舍，顿则有供帐，饥渴则有饮食，而梯航毕达，海宇会同，元之天下，视前代所以为极盛也。[①]

《元史·地理志》亦载："元有天下，薄海内外，人迹所及，皆置驿传，使驿往来，如行国中。"[②]有元一代，建立了全国范围内发达的驿站体系。太宗窝阔台时，制定了驿站管理的各项规定。世祖忽必烈即位后，又不断对驿站各项制度加以完善，并对全国驿站进行增设和整饬。但由于元初沙州以西战争频仍，因而沙州、瓜州地区站赤以及当地的地方行政建制均设立较晚。《经世大典·站赤》记载了至顺元年（1330）时期甘肃行省的站赤情况：

> 甘肃行中书省所辖三路。脱脱禾孙马站六处，马四百九十一匹，牛一百四十九只，驴一百七十一头，羊六百五十口。中兴路马站一，野马泉站马一百匹，牛三十只，驴三十头，羊一百五十口。永昌路脱脱禾孙马站三，马二百五十一匹，牛八十九只，驴一百一十头，羊三百五十口。本府站，马七十一匹，牛二十九只，驴五十一头。马连泉站，马一百匹，牛三十只，驴三十头，羊一百五十口。辛记川站，马八十匹，牛三十只，驴三十头，羊二百口。甘州路脱脱禾孙马站二，马一百四十匹，牛三十只，驴三十头，羊一百五十口。本州站马六十匹，青寺站马八十匹，牛三十只，驴三十头，羊一百五十口。[③]

---

① 《元史》卷一〇一《兵志四》，第2583页。
② 《元史》卷六三《地理志六》，第1563页。
③ 《永乐大典》卷一九四二三，第7257页。

《元史·兵制》对有关站赤内容的记载止于泰定元年（1324），对甘肃行省站赤的记载亦较为简略：

> 甘肃行中书省所辖三路：脱脱禾孙马站六处，马四百九十一匹，牛一百四十九头，驴一百七十一头，羊六百五十口。[①]

“脱脱禾孙马站六处”，指中兴路下属的马站一处，永昌路下属的马站三处，甘州路下属的马站二处，其中并未包括河西西部的肃州、瓜州、沙州等地站赤。据研究，甘肃行省所辖的包括三路长行站道、纳邻站道以及诸王兀鲁思站道。其中三路长行站道指中兴路、永昌路和甘州路的各个站赤，其东端从中兴府出发，溯黄河南下灵武、鸣沙抵达应理州，再经永昌府等地到达甘州，然后经肃州、赤斤、瓜州、沙州等地站赤西南至于阗、西北至哈密。甘肃行省纳邻站道指从中兴府经沙漠到亦集乃路，再经亦集乃到沙州附近的黄忽儿玉良等九站，主要为军情传达需要而设。而诸王兀鲁思站道就河西西部地区主要指出伯家族镇戍区域内的肃州、沙州、瓜州、哈密等地区站赤[②]。需要指出的是，这是《经世大典》《元史》记载至顺元年前后时期的情况，是甘肃行省地区站赤发展到至顺年间时的结果，并非最初的形态。从《经世大典》《元史》记载并结合元代瓜、沙地区历史看，元初原本直接属于甘肃行省管辖的沙州、瓜州地区站赤，随着豳王出伯家族以及西宁王家族的出镇，逐渐演变为诸王兀鲁思所属站赤。上述甘肃行省境内的三路站赤，不管是从亦集乃经小路到达沙州的

---

① 《元史》卷一〇一《兵志四》，第2594页。

② 胡小鹏《元代西北历史与民族研究》，第234—244页。

甘肃纳邻小道，还是由永昌府、甘州引来的行省所属大道，都需连接并通过瓜州、沙州地区站赤而通向西域，反映了敦煌在元代站赤交通体系中的重要节点位置。尽管肃州、瓜州、沙州、哈密地区站赤演变为诸王兀鲁思所属站赤，但以中书省为代表的元廷中央政府和甘肃行省仍对这类站赤有监察和管理的最高权力，元廷中央和甘肃行省经常对站赤的站户逃匿情况进行查勘，并对人马缺乏情况进行赈济补充。由于肃州、瓜州、沙州、哈密地区地理位置接近，又都具有相似的历史背景，通过对《经世大典》《元史》相关记载的搜集和比对，可梳理出元代沙州、瓜州等地站赤发展演变的大致轨迹。

中统二年（1261），元廷在西夏故地置宁夏行省。[①]至元二年（1265）任命董文用经略西夏中兴等路行省，并在中兴、西凉府及甘、肃、瓜、沙等地开垦，开始了一系列建立行政建置、恢复发展生产的举措。也是在这一时期，中统四年（1263）十月间，元廷开始在河西地区设立驿站。《经世大典·站赤》记载：

> 中书右丞相安童等，奏西凉、甘州、庄浪等处增站事。今议除甘、肃、瓜州，其间合立站赤。候阿沙来时区处外，就令凤哥斟酌到中兴、西凉、兰州、甘州、信嵬添设站。[②]

此次设站主要是在河西中部和东部地区，如中兴、西凉、甘州等地。安童等奏“除甘、肃、瓜州，其间合立站赤”，很可能是鉴于当时的西北战事而未在河西西部地区设站，不过此次设站为此后元朝在河西西部完善驿站体系奠定了基础。

至元七年（1270），元廷在河西设立肃州路总管府，此时沙

① 《元史》卷九一《百官志七》，第2307页。

② 《永乐大典》卷一九四一七，第7196页。

州、瓜州尚未复立建置。至元十一年（1274）春正月，元廷在沙州北设立两处陆站。《元史·世祖纪》记载：“[至元十一年丙午] 立于阗、鸦儿看两城水驿十三，沙州北陆驿二。”[①]这是已知元朝时期沙州设站的最早记载。元代站赤水站使用船只，而陆驿主要使用马、牛、驴，或使用车。是年（1274）十月，“命随处站赤，直隶各路总管府，其站户家属，令元籍州县管领”[②]，规定各处站赤隶属于诸路总管府管辖，站户家属归当地州县管辖。由于当时沙州尚未设置总管府，沙州、瓜州仍属肃州路总管府管辖，因而此时沙州站赤亦隶属肃州路总管府直管，但其站户家属则由沙州当地管理。至元十七年（1280），元廷设立了单独的沙州路总管府，当地站赤开始直属沙州路总管府管辖。

《经世大典·站赤》记载，至元十九年（1282）五月九日，“中书参政阿里等奏准各处行省，给降铺马圣旨五道。如本省有使在朝，就令赍去；无者，遣使送致之，异时斟酌增给。扬州行省、鄂州行省……甘州行省，每省五道内五匹、四匹、三匹各一道，二匹二道”[③]。此时甘肃行省尚称甘州行省，获得铺马圣旨五道。铺马圣旨，是给驿站的玺书，最初为蒙古字，但由于很多站赤不认识，因而又于铺马圣旨上画上马匹并盖上省印。同年（1282）十月，又增给甘州行省铺马圣旨五道。《经世大典·站赤》记载：“二十四日，中书右丞相火鲁火孙等奏：‘前者西川及甘州、中兴、京兆、泉州五处行省，各降铺马圣旨五道。今来俱言数少。臣等定议，西川、京兆、泉州三处繁剧，各增给十道，甘州、中兴各增五道。圣裁。’上从之。”[④]至元二十年

① 《元史》卷八《世祖本纪五》，第153页。
② 《元史》卷一〇一《兵志四》，第2585页。
③ 《永乐大典》卷一九四一七，第7203页。
④ 《永乐大典》卷一九四一七，第7203页。

(1283)，“十一月二十日，右丞相火鲁火孙等，奉准增给甘州行省铺马圣旨十道，通前共计二十道”[①]。自此甘州行省铺马圣旨增加至二十道。至元二十二年（1285）九月二十五日，尚书忽都答儿等上奏三事获准，“……是日又奏甘肃行省所辖亦集乃总管府、沙州、肃州三路遣使频繁，未给铺马圣旨、圆牌。今乞给铺马札子六道，合起马一匹，圆牌不须应付。奉旨准”[②]。至元十一年（1274）正月曾在沙州北设两处陆驿，但由于至元十九年（1282）、二十年（1283）分三次给甘州行省的二十道铺马圣旨未分给亦集乃、肃州、沙州等地站赤，因而随着三地遣使的逐渐繁多，至元二十二年（1285）又给予亦集乃、沙州、肃州三路铺马圣旨六道。圆牌主要用于紧急军情，“遇军务之急，则又以金字圆符为信，银字者次之”[③]，此次并未给沙州等地圆牌。

至元二十二年（1285），元廷应诸王阿只吉之请于别十八里（今新疆吉木萨尔）设站。由此从甘州向西经肃州、瓜州、沙州而西至别十八里的站赤体系基本设立完成。至元二十八年（1291），“二十四日，通政院言肃州站赤系边远之地，比年田禾不收，应役频并，请除站户和雇和买，杂泛差役。都省议得和雇和买，已有定例，杂泛差役，毋令科配，送兵部移行，合属照会”[④]。由此可知肃州早前发生了严重的粮荒，通政院请求免于对站户的雇佣杂役，中书省则指出和雇和买已有定例，至于其他徭役则下令不向肃州站户征发。至元二十九年（1292）九月癸酉，“沙州、瓜州民徙甘州，诏于甘、肃两界，画地使耕，无力

---

① 《永乐大典》卷一九四一八，第7205页。
② 《永乐大典》卷一九四一八，第7210页。
③ 《元史》卷一〇一《兵志四》，第2583页。
④ 《永乐大典》卷一九四一九，第7213页。

者则给以牛具农器”[1]，此次元廷突然将沙、瓜百姓迁徙至甘、肃两地，势必对沙州地区站赤产生影响。元贞二年（1296）七月，“甘、肃两州驿户饥，给粮有差”[2]，驿户饥困直接影响到站赤的正常运转，因而得到了赈济。

大德六年（1302）六月，蒙古军万人进驻瓜州、沙州，并进行大规模屯田。大德八年（1304）十二月，元廷任命出伯为威武西宁王，位列三等王，并赐金印。大德十年（1306）四月丁未，“命威武西宁王出伯领甘、肃等地军站事”[3]。大德十一年（1307）出伯进封一等王豳王，并正式移驻肃州，其镇戍地主要在肃州、瓜州、沙州等地，因此大德十年（1306）起开始掌管上述地区的军事与站赤事宜。属于豳王驻地肃州及镇戍区域的沙州、瓜州地区站赤，此前一直属于总管府，自此开始由豳王出伯管领。但出伯很可能在大德七年（1303）前已经实际管领肃、瓜、沙州站赤。《经世大典·站赤》记载：

> 大德七年二月十九日，中书省奏：军上诸王驸马不审事之缓急，一概遣使及万户千户与无干碍之人，并给铺马差札，以故站赤兀鲁思辈，应役困乏。臣议得：乞今后诸王驸马元帅万户千户，共有给驿之事，未经出伯议者不得行。今既委命前去，方当站赤消乏之际，但凡不急之务，就令出伯较计。奉圣旨准。[4]

---

① 《元史》卷一七《世祖本纪十四》，第366页。

② 《元史》卷一九《成宗本纪二》，第405页。

③ 《元史》卷二一《成宗本纪四》，第469页。按：《元史》原文断句为“命威武西宁王出伯领甘肃等地军站事”，“甘肃等地”应断为“甘、肃等地”。

④ 《永乐大典》卷一九四二〇，第7222页。

此处所载的“站赤兀鲁思辈”应指兀鲁思所属的站赤，出伯别无他人，即指于大德八年（1304）受封威武西宁王的出伯。至迟在至元十九年（1282）以后，出伯兄弟便以诸王身份担任了元朝河西至天山南路方面的军事统帅，“节制甘肃行省诸军、镇戍诸王军马及出征、镇戍蒙古探马赤军，提调军站、仓库、屯田、采玉诸事宜，独当一面，位高权重”①。在上述史料中，镇戍诸王等不顾站赤规定，给予诸王之下的万户千户铺马并纵其频繁使用站赤，造成出伯兀鲁思属下站赤出现了“应役困乏”的情况。中书省臣有鉴于此，提请进一步严格驿站使用制度，诸王等要使用驿站必须经过出伯同意。《经世大典·站赤》的这段记载在《元史》中亦有反映，但有所节略，《元史·成宗纪》记载大德七年（1303）二月，“命诸王出伯非急务者勿遣乘驿”②。这两段记载表明：第一，出伯兀鲁思已经形成，出伯成为元朝西北地区的军事统帅，肃州、沙州等地站赤开始转化为出伯领有；第二，当时诸王、驸马等存在过度使用出伯兀鲁思下属站赤的情况，造成了站赤的贫乏；第三，元廷再度规范出伯兀鲁思下属站赤的使用规定，进一步确认了出伯对站赤使用的决定权，同时也对出伯有所限制，表明出伯虽然“独当一面，位高权重”，但仍受元廷中央节制。

大德七年（1303）五月，元廷下令追查甘州甘泉站隐占站户的情况，并令站户恢复当役。《经世大典·站赤》记载：

> 初大德六年，甘肃行省言甘州甘泉站户役充僧人，秃鲁

---

① 胡小鹏《察合台系蒙古诸王集团与明初关西诸卫的成立》，《兰州大学学报（社会科学版）》2005年第5期，第85页。

② 《元史》卷二一《成宗本纪四》，第448页。

> 花军匠答黑下牧羊等户，窥（规）避站役负损见户等事。中书省奏准圣旨，同枢密院、宣政院遣使至甘肃行省，追勘得六十年前立站之时，拨户三百四十八，即今当役者，止存一百七十六。除实逃亡事故四十六户外，隐占投下计一百二十六户，随时复役者已二十五户，尚余一百一户。系初定站籍见种赡站地土，却属各投下户计，请区处事，都省送部，议拟合改正。依旧当站，以此于是日奏奉圣旨，依卿等所拟，今当站役札付各处。钦依施行。[①]

经过中书省以及枢密院、宣政院的调查，发现甘州甘泉站原有的348户站户仅剩下101户，有多达126户站户隐匿于诸王投下。早在至元年间（1264—1294）由于河西地区站赤运转繁忙，加之政局复杂、战争时有祸及，尽管元廷采取多种措施对驿站使用加以规范，但甘肃行省站赤仍然面临站赤物资缺乏、站户逃匿情况。如至元十二年（1275）三月七日中书省奏："甘州所管长行站、纳邻站，其站户多有投讫各投下者，以致见当站役者贫乏。又批支不敷，站中常阙铺马，往复使臣劳苦，臣等议：乞差人往问，果是站户，悉令还之。奉圣旨准。"[②]本来由行省管辖站赤，站户却逃离站赤而依附出镇诸王之下，直接导致了应役站户人数的减少以及站赤使用效率的下降。又如至元二十七年（1290）八月一日，"［是日，尚书阿难答、参议阿散等］又奏：'甘肃行省言甘州两经抄籍，站户计一千六百户。中统元年，直浑都海军兴，逃散及佥充秃鲁花并僧人诸色隐占处，实有一百六十二户当站，窃见斡鲁思、纳邻、胭脂城三处，俱系边远沙碛之地，即因递运军器米粮数多，请照宁夏府伯伯阿立八，即奏准定制。将各投下及诸

---

① 《永乐大典》卷一九四二〇，第7222页。

② 《永乐大典》卷一九四一七，第7199页。

人隐占站户，回付当站，似望官事协济。’奏旨若日，前者朕令传命收拾，已行文书问于属吏可知矣。都省钦遵，移文施行讫。”[①]当时浑都海部谋据关陇，但被按竺迩联军击败，其余部在哈剌不华的带领下经肃州、沙州逃往西域。但此次兵乱导致甘州地区站赤仅余162户站户当站，逃散及隐匿站户占了近十分之九，大量站户逃匿至出镇诸王之下，站赤实际上已经难以正常运转，故而元廷下令逃匿站户回到站赤继续应役。虽然元廷对站赤运转和使用规定不断整饬和规范，但是站户逃散及隐匿于诸王之下的情况却一直存在。皇庆元年（1312），哈密至沙州间军站贫乏，元廷遣使赴甘肃行省追查站户，并佥补民户百姓为站户，但未见效果。《经世大典·站赤》记载：

> ［皇庆元年十一月十八日］又奏去年西面川两接界地，今军当站至甚贫乏，往者军站各别乃蒙立站赤之役，已尝遣使至甘肃行省督令追复元户，有阙则佥补百姓，未见回报。今诸王宽彻暨司徒阔阔出、太傅铁哥塔失、铁木儿知院等，会议川地东西两界所置驿站，预宜斟酌给钱买与马驼，仍于近境官羊内支拨供应以济军站物力。尽用之外，或遇诸王驸马及使臣往来数多，铺马不足，则令附近军人增置。至于阙役蒙古站户，从行省与诸王南忽里、宽彻委官追收，以复初役。至日具委，上悉从之。[②]

针对站赤贫乏的情况，出镇哈密的合班之子诸王宽彻及其王傅官等只能进行拨款赈济，遇到诸王驸马使臣人数多而马匹不够时，

① 《永乐大典》卷一九四一八，第7211页。
② 《永乐大典》卷一九四二〇，第7228页。

还需增置蒙古军人当站。同时，甘肃行省与诸王南忽里、宽彻追收站户，令其复役。皇庆二年（1313）十月十四日、二十三日中书省两次奏请委派武备寺的阿八赤赴任诸王宽彻位下站赤的脱脱禾孙，专门负责监察使人真伪及是否违规乘驿。《经世大典·站赤》记载："唐兀觧、阿八赤，各与钞四百锭，其副二人，各与钞三百锭。吏四人，各与钞二百锭。衣服、番皮、弓箭、鞍辔、家属口粮，斟酌津遣，预借一年俸钞，铸给从三品都脱脱禾孙印信宣命，仍给铺马圣旨，每一人一匹二道，二匹二道，奉圣旨准。"[①]这表明虽然军站属于诸王位下管领，但其站赤仍属元朝驿站体系的一部分，元廷中央有完全的权力进行监察和管理。对于河西地区站赤因站户逃散和隐匿而造成的贫乏，元廷除整饬和规范外，还需经常性地调拨人马赈济。如至大二年（1309）七月时，河西二十处站赤或多或少都存在马少人缺的情况，《元史·武宗纪》记载："以河西二十驿往来使多，马数既少，民力耗竭，命中书省、枢密院、通政院于诸部拨户增马以济之。"[②]《元史》特别是《经世大典·站赤》中，有关元廷与行省赈济站赤的记载很多。如延祐元年（1314）三月，宽彻奏报由于赈济的骆驼、马匹在过沙州至哈密间的戈壁时倒毙大半，中书省令甘肃行省核实损失的马、驼数量，拨款令其购买。黑水城出土文书即记载了有关给站赤补买驼马的内容（图2-8）。同年六月，又由军人马匹补充宽彻位下军站损失的马匹。

延祐元年（1314），中书省与豳王南忽里就佥补民户问题发生争执。《经世大典·站赤》记载：

---

① 《永乐大典》卷一九四二〇，第7229—7230页。

② 《元史》卷二三《武宗本纪二》，第513页。

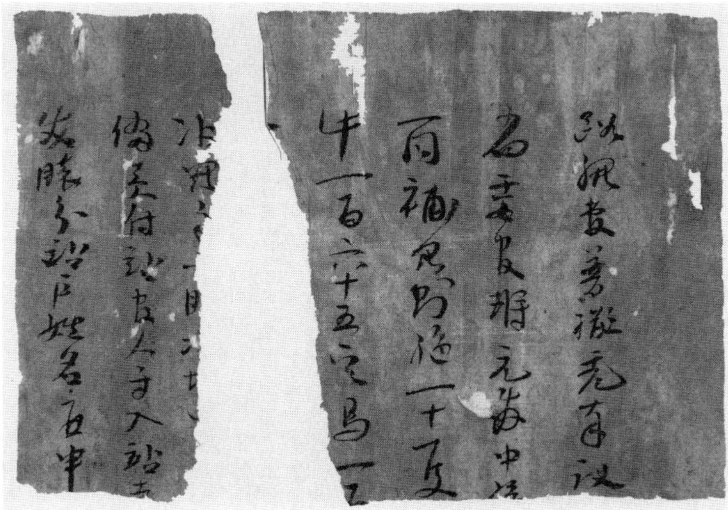

图2-8 黑水城出土M1·0862［83H·F1：W31/0031］《站赤补买马驼文书》（采自《中国藏黑水城汉文文献》第5册）

> 七月十八日，中书省奏：前者以西边川地，军人当站消乏。奏准令甘肃行省买马驼应副支遣，仍追复蒙古站户当役。今本省回咨，钦遵上命。追究元当站翁吉剌准行哈等户，仍令复役。及于曲尤、沙州、瓜州上户内，佥补一百户，以充察巴站役。继而诸王纳忽里执把圣旨，云属本位下种田户，有司不得侵犯。于所佥站户内，指挥位下户计者取去。咨请照详。臣等谓：元降圣旨，止以百姓数目属之。岂可不令当站，合依元佥民户，仍复其役。奉圣旨准。[①]

曲尤，据李正宇考证在今酒泉玉门镇以东二里的古城；察巴站，据胡小鹏考证则在今瓜州县桥湾堡，察巴站往西即至瓜州、沙

① 《永乐大典》卷一九四二一，第7232页。

州。[①]可知曲尤、察巴站皆在南忽里镇戍区域。中书省奏请于曲尤、沙州、瓜州佥补100户补充察巴站役，引发南忽里的反对，认为中书省不应将属于自己的种田百姓带走。但中书省仍据理力争，最终颁旨实行。这表明即使是诸王镇戍下的军站，元廷仍拥有对这类站赤的最高管辖权和调配权。是月，四支灭吉怜百姓为了逃避战役而自称属于阿八赤或昔宝赤。《经世大典·站赤》记载："是月，中书省奏：近者议将元佥站户，发遣答失城当站，数内有四支灭吉怜民，或称属阿八赤、昔宝赤，因以避役者。据诸王南忽里来文称，当时百姓众多，故充阿八赤、昔宝赤，今百姓数少，合令当站。此议诚然，又灭吉怜民有散居各处者，宜从彼省与南忽里差人收聚，悉令当站。奉圣旨准。"[②]答失城即塔失城，属于诸王宽彻位下站赤。灭吉怜部是游牧于哈密、巴里坤、塔失城和亦集乃一带历史悠久的游牧部落，四支"灭吉怜民"中有部分人以充当南忽里位下的昔宝赤（siba'uci，鹰夫）和阿八赤（abaci，猎人）为借口而逃避站役。[③]南忽里主动奏请中书省令由这四支灭吉怜部承担站役，同时鉴于灭吉怜部散处各地，又着甘肃行省与南忽里收聚灭吉怜散部，命其全部当站应役，以保证站赤站户的稳定。

延祐元年（1314）十月，中书省进一步规范甘肃行省之内站赤的使用。《经世大典·站赤》记载：

> 二十四日中书省据御史台，备西台监察御史言：甘肃纳邻驿，系蒙古军人应当，专备军情急务，其余非关紧要，

① 李正宇《"曲尤"考》，载郑炳林、樊锦诗、杨富学主编《丝绸之路民族古文字与文化学术讨论会文集》（上），西安：三秦出版社，2007年，第489—498页。胡小鹏《元代西北历史与民族研究》，第242—243页。

② 《永乐大典》卷一九四二二，第7232页。

③ 特木勒《元明时期Mekrin部史事考》，《民族研究》2015年第1期，第85页。

> 但悬金银圆牌，往往取便经行，若不禁止不可。下兵部、通政院议：今后除悬带金银字牌面、通报军情机密重事，使臣使行纳邻站道，其余一切出使人员，俱合兀鲁思两道、汉站递送。及葡萄酒，依在前年，分令骆驼搬运至汉站接递赴都，诚为便益。都省准呈。[①]

其中的“甘肃纳邻站”，是从中兴府经亦集乃路取道沙州的小路，专门为军情传报需要，而兀鲁思两道指河西西部地区出伯家族所立的站赤以及河西东部地区阔端所立站赤，汉站则指今甘肃东部和陕西地区站赤[②]。此次中书省进一步严格驿站使用制度，严格规定甘肃纳邻站专为军情急务所用，他人不得随意使用，至于从西域运送葡萄酒的使人则走河西各地站赤，并经甘肃东部和陕西汉站而抵达元都。这一规定进一步明确了甘肃行省境内军站和普通站赤的功能区别，并明晰了不同类型站赤的使用规定。

延祐元年（1314）十月二十七日，中书省又奏请于沙州、瓜州设立屯储总管万户府，并拨给差使铺马圣旨。《经世大典·站赤》记载：“又奏：沙、瓜州立屯储总管万户府，掌莅屯田公事，请给差使铺马圣旨。内起马二匹者二道，一匹者四道，奉圣旨与之。都省送兵部，行移翰林院：钦依译写给发施行。”[③]瓜沙屯储总管万户府的设立，加大了对瓜沙地区的垦种力度，同时设立仓库屯储所产粮食并拨给周围地区站赤，力图从根本上保障站赤系统的稳定。同年十二月三日，中书省奏：“通政院言纳邻一道二十三站，人户阙食，请接济事。臣等议得当站之人，各与三月口粮，近仓者给以米粟，去仓远者，量价给钞。上曰可。都

① 《永乐大典》卷一九四二二，第7232页。
② 《永乐大典》卷一九四二二，第7232页。
③ 《永乐大典》卷一九四二二，第7232页。

省遣使与甘肃省委官，亲诣二十三站取勘户数，每户五口为则，少者从实。大口月支二斗，小口月支一斗。接济三月口粮，就于各处附近仓分，见在粮内支给。去仓远者，照依时值，准支官钱，支讫米三千七百六十七石四斗，钞五千二百七十三锭二十两。”[①]在建立屯储总管万户府的同时，还在曲尤设立了仓库以存储瓜沙产粮。中书省及甘肃行省官员首先对纳邻道站赤的户数进行勘合，并规定按照纳邻道站赤离曲尤仓的远近进行区别对待，离曲尤仓近的直接拨付粮食，远的根据粮食当时的价格拨付相同的钱款。这一举措相对灵活，发挥了瓜沙产粮基地的作用，保证了站赤系统的粮食供给。

元廷在瓜、沙地区设立屯储总管万户府，建立粮仓，一方面保证了军队需求，一方面也确保了甘肃纳邻站道和南忽里、宽彻兀鲁思军站的稳定运转。《元史·仁宗纪》记载：“［至大四年四月］命中书省赈济甘肃过川军。”[②]黑水城出土写于延祐二年（1315）的M1·0267［F116：W561］《军用钱粮文卷》（图2-9）文书中多次出现了“暖忽里入川”“暖忽里豳王入川”的记载，这里的“川”据考证应为瓜州、沙州以及曲尤以西通往哈密力的戈壁石川，文书记载了暖忽里豳王自沙州前线就近进入哈密力附近的塔失八里站、揽出去站一带的戈壁石川，进而向西进攻察合台汗国的事件。[③]由此可知，上述延祐元年（1314）元廷的一系列集中整饬站赤、补充人马粮食的举措，应与元军针对察合台汗国的军事行动有关。这些举措，反过来又最大限度地发挥了站赤的作用，支持了元军军事行动的实施。

---

① 胡小鹏《元代西北历史与民族研究》，第239—243页。

② 《元史》卷二四《仁宗本纪一》，第542页。

③ 李治安《元中叶西北“过川”及“过川军”新探》，《历史研究》2013年第2期，第37—40页。

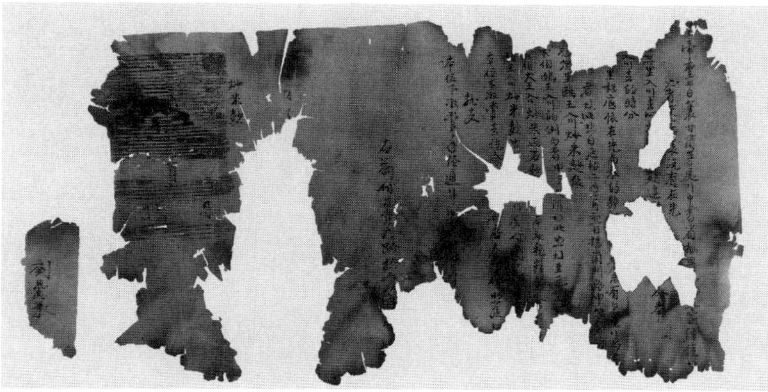

图2-9 黑水城出土M1·0267［F116：W561］《军用钱粮文卷》（采自《中国藏黑水城汉文文献》第5册）

《经世大典·站赤》以及《元史》对甘肃行省境内站赤的记载分别止于至顺元年（1330）和泰定元年（1324），因此无法详知此后沙州、瓜州站赤的运转情况。但从黑水城出土站赤文书来看，元末明初甘肃行省境内的站赤仍在正常运转。如黑水城出土写于至正三十年（1370）的M1·0860［F197：W26］《咨索铺马圣旨》（图2-10）记载："至正卅年咨索铺马圣旨。掾史帖木儿不花。长史。参军苦马里。"①此外，还有为数较多的黑水城文书反映了亦集乃路各站赤的建制、马驼、站户等内容，对了解同属甘肃行省之下的沙州、瓜州等地站赤具有重要参考作用。

总而言之，蒙古帝国时期修建了自甘州、酒泉、敦煌，经玉门关而通达西域的站赤体系，敦煌地区最早的站赤即设立于窝阔台时期。元朝建立后，进一步完善站赤体系。至元十一年（1274）正月，元廷在沙州以北设立两处陆站。最初这些站赤均直属肃州路总管府管理，在沙州路总管府设立后又直属沙州路总管府管理，并由中书省以及甘肃行省实行监管。随着出伯家族对

① 塔拉、杜建录、高国祥主编《中国藏黑水城汉文文献》第5册，第1083页。

肃州、瓜州、沙州、哈密地区的镇戍，该区域内的站赤逐渐转变为出伯兀鲁思下属站赤。尽管如此，中书省等元廷中央机构仍然有对出伯兀鲁思所属站赤的最高管辖权。甘肃行省管辖的三路长行站道、甘肃纳邻站道，均连接到出伯家族兀鲁思的沙州、瓜州、哈密等地站赤，并进而通往西域，也反映出元代沙州、瓜州站赤的重要节点位置。从《经世大典·站赤》和《元史》的相关记载中，可以看出甘肃行省诸站赤，特别是位置偏僻、条件艰苦的出伯兀鲁思下站赤和甘肃纳邻站道经常发生站户逃匿和站赤物资贫乏的情况。从黑水城出土站赤文书也可看到亦集乃路因自然灾害等原因经常出现马驼瘦弱甚至倒毙以及站户逃散的情况，严重影响到站赤的稳定和驿路的通畅。[①]同时，也可看到元政府进行勘合站户、赈济粮食、拨付钱款等为确保站赤稳定运行而做出的努力。站道体系的完善和站赤的正常运转，不仅保证了元朝和西域地区的经济、政治往来，也为元军的信息传达和军事行动奠定了基础。

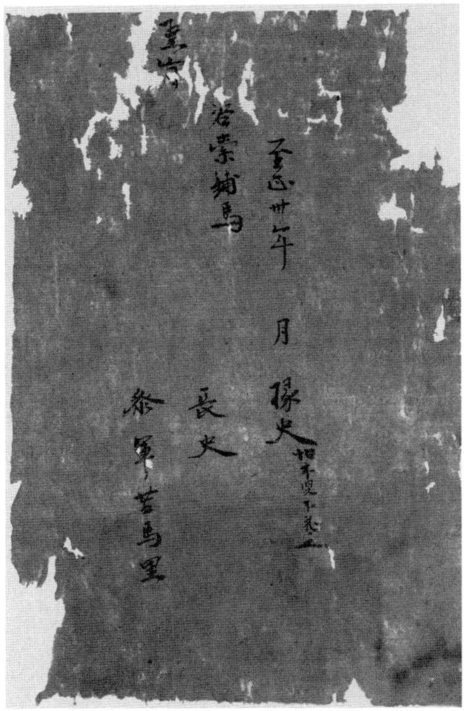

图 2－10　黑水城出土 M1·0860［F197：W26］《咨索铺马圣旨》
（采自《中国藏黑水城汉文文献》第5册）

① 李逸友编著《黑城出土文书（汉文文书卷）》，第33页。

第五节 敦煌的社会经济

元朝时期在沙州建立沙州路总管府，并恢复瓜州建制，同时瓜州隶属于沙州路总管府，表明元代敦煌地区形成了以沙州为主、瓜州附之的行政架构。元代在敦煌设官建制，派诸王出镇，确保了当地的内外安定以及社会经济发展。

一、敦煌、瓜州城的修建

蒙古帝国时期瓜州被废弃，沙州则先后成了拔都和察合台系诸王领地。至元十一年（1274）马可波罗游历沙州时记载："城在东方及东北方间"[①]，表明当时沙州城已有一定规模。瓜州复立以及沙州路总管府设立后，元廷对两地城墙进行了修建。至元二十四年（1287）秋七月，"以河西（管）［爱］牙赤所部屯田军同沙州居民修城河西瓜、沙等处"[②]。爱牙赤为忽必烈第六子，牧地可能在兀剌海路，其部分军队屯田于沙州至哈密一带[③]。这表明，沙州有较多数量的居民，而瓜州人口稀少，因此爱牙赤

① （法）沙海昂注、冯承钧译《马可波罗行纪》，第190页。
② 《元史》卷一四《世祖本纪十一》，第299页。
③ 胡小鹏《元代西北历史与民族研究》，第87页。

所部带领沙州居民一同修建瓜州城和沙州城。但两年后城墙再次破损，至元二十六年（1289）十一月，“瓜、沙二州城坏，诏发军民修完之”[①]。至大二年（1309），撒的迷失反叛，对豳王辖区城池造成了严重破坏。《元史·武宗纪》记载：“甘肃省僻在边陲，城中蓄金谷以给诸王军马，世祖、成宗常修其城池。近撒的迷失擅兴兵甲，掠豳王出伯辎重，民大惊扰。今撒的迷失已伏诛，其城若不修，屡启寇心。”[②]此后元廷对遭破坏的城墙进行修缮。尽管元初复立瓜、沙二州，并且修城屯田，但由于其政策的摇摆性、战争和自然灾害等原因，至元二十九年（1292）九月，元廷突将沙州、瓜州两地百姓迁入甘州、肃州境内。《元史·世祖纪》记载：“沙州、瓜州民徙甘州，诏于甘、肃两界，画地使耕，无力者则给以牛具农器。”[③]此次内迁沙州、瓜州人口，导致两地特别是瓜州社会经济再度凋敝。《元史·地理志》记载：“［至元］二十八年徙居民于肃州，但名存而已”[④]，人口迁走势必导致瓜州城的废弃和破败。当然，城墙的兴废与人口活动相关。虽然史书未有明载，但随着元代中后期沙州、瓜州两地人口数量和社会经济的逐渐恢复，沙州城、瓜州城必然又会得到修复。

二、人口规模与族属构成

（一）人口规模

由于史料的缺乏，蒙古帝国时期敦煌地区的人口数量无法得知，瓜州则由于被废弃而人口稀少。元代沙州路及瓜州的人口数

① 《元史》卷一五《世祖本纪十二》，第327页。
② 《元史》卷二三《武宗本纪二》，第513—514页。
③ 《元史》卷一七《世祖本纪十四》，第366页。
④ 《元史》卷六〇《地理志三》，第1451页。

量，史书未留下明确记载，仅能根据社会经济的起伏变化而进行估量和勾勒。

其一，《魏国公先世述》记载，蒙古军破肃州后，“城既破，上命屠之，惟都水亲戚奴婢等一百六户不杀”[①]。《李爱鲁神道碑铭》《西夏书事》也有相同的记载。而在沙州并未发生蒙古军的屠城行为，因此蒙古帝国初期沙州的人口数量应当多于肃州，而瓜州在战后则被废弃。

其二，至元二年（1265），忽必烈任命董文用经略西夏中兴等路行省，招徕百姓，屯田复耕。此次董文用坐镇中兴，招谕流民，开通旧渠，并在中兴、西凉府以及甘、肃、瓜、沙等地辟垦水田，这一举措收到了立竿见影的效果。据虞集《翰林学士承旨董公行状》记载：“垦中兴、西凉、甘、肃、瓜、沙等州之土为水田若干。于是，民之归者，户四五万，悉授田种，颁农具。”[②]元初中兴府、西凉府以及甘、肃、瓜、沙等原西夏故地共有4万至5万户百姓回归乡里，如以每户4人计，则有16万至20万人；如以每户5人计，则有20万至25万人。沙州、瓜州位处河西地区最西端，如果按照上述数字的十分之一算，两地招徕人口总数可在2万人左右。但这一数字仅是推测，元初沙州、瓜州人口数量可能更少。

其三，随着至元十七年（1280）沙州路总管府的设立，沙州地区的人口数量逐步增长。《元史·地理志》记载沙州路的设立原因：“沙州去肃州千五百里，内附贫民欲乞粮沙州，必须白之

---

①［元］程钜夫《雪楼集》卷二五《魏国公先世述》，载韩荫晟编《党项与西夏资料汇编》（上卷），第291—292页。

②［元］虞集《道园类稿》卷五〇，明初翻印至正刊本。此据王颋点校《虞集全集》（下册），第854页。

肃州，然后给与，朝廷以其不便，故升沙州为路。”[1]可知当时有一定数量的贫苦百姓内附沙州请求粮食赈济，朝廷鉴于沙州方面每次都得向肃州路总管府申报，十分不便，因此又设立单独的沙州路总管府，使其可以自主定夺。同年，“括沙州户丁，定常赋，其富户余田令所戍汉军耕种”[2]，将敦煌百姓编入国家赋税体系，但当时的人口统计数据并未流传下来。沙州路总管府设立后，势必反过来吸引更多的内附百姓到敦煌，当地人口数量应有较快增长。至元二十年（1283），元廷规定诸路总管府分为上路和下路，凡有十万户以上百姓为上路，十万户以下则为下路。据《元史·地理志》记载，元代沙州路属于下路。甘肃行省下属诸路，除甘州路属于上路外，其他各路如永昌路、肃州路、沙州路、亦集乃路、宁夏府路均为下路，兀剌海路虽未标明，但也应当属于下路。其中明确记载人口数量的是甘州路和肃州路。据《元史·地理志》记载，至元二十七年（1290），甘州路共有人口1550户，23587人；肃州路共有人口1262户，8679人。[3]按照元代诸路级别，甘州路的人口尚达不到上路标准。甘州路升为上路是在大德七年（1303），是年冬十月，“升甘州为上路”[4]。李治安指出，“［甘州］户数不足二千，却能跻身上路，显然是因为甘肃行省治所在加强了其政治军事地位”[5]。值得注意的是，甘州与肃州户数虽接近，但对应人口数量却相差巨大，原因可能是至元二十七年（1290）的甘州人口数量包括了当时镇戍甘州的出伯军队及官员、眷属等人口。相对而言，沙州路应与肃州路的

① 《元史》卷六〇《地理志三》，第1450页。
② 《元史》卷一一《世祖本纪八》，第224页。
③ 《元史》卷六〇《地理志三》，第1450页。
④ 《元史》卷二一《成宗本纪四》，第455页。
⑤ 李治安《元代行省制度》，第455页。

人口数量接近，估计在1万人以下。

瓜州人口数量则有反复，自1227年蒙古军攻克瓜州，至1277年元朝复立瓜州，瓜州被废弃长达五十年。虽然董文用经略河西诸州，招徕了相当多的百姓回乡复业，但元初瓜州的人口数量应当还是很少。至元三年（1266），“定一万五千户之上者为上州，六千户之上者为中州，六千户之下者为下州”；至元二十年（1283），随着元朝对南方的统一，“又定其地五万户之上者为上州，三万户之上者为中州，不及三万户者为下州”[①]。根据《元史·地理志》记载，至元十四年（1277）复立瓜州，属于下路[②]。瓜州恢复州置后，其人口数量应有所增加。至元二十四年（1287）七月，“以河西（管）［爱］牙赤所部屯田军同沙州居民修城河西瓜、沙等处”[③]。瓜州城由爱牙赤所部的屯田军队及沙州百姓参与修筑，表明瓜州本地人口数量很少，没有足够的人力、物力修筑瓜州城。然而至元二十八年（1291），元廷突然将瓜州百姓迁到肃州。《元史·地理志》记载：“二十八年徙居民于肃州，但名存而已。”[④]此举又使瓜州人口锐减，瓜州州置一度仅有虚名而已。

大德七年（1303），出伯所属万余名蒙古军进驻沙州、瓜州屯垦戍边。《元史·成宗纪》记载：“御史台臣言：‘瓜、沙二州，自昔为边镇重地，今大军屯驻甘州，使官民反居边外，非宜。乞以蒙古军万人分镇险隘，立屯田以供军实，为便。’从之。”[⑤]万余名蒙古军人以及官员、眷属一同前往，不仅大大增

---

① 《元史》卷九一《百官七志》，第2317页。
② 《元史》卷六〇《地理志三》，第1450—1451页。
③ 《元史》卷一四《世祖本纪十一》，第299页。
④ 《元史》卷六〇《地理志三》，第1451页。
⑤ 《元史》卷二一《成宗本纪四》，第452页。

加了沙州路的人口数量，也使瓜州人口数量自至元二十八年（1291）尽迁百姓后又得到了恢复。至元二十七年（1290）时，沙州路的人口数量应与肃州路接近，估计在万人以下。加上此次进驻的万余名蒙古军，大德七年（1303）时沙州路和瓜州的人口总数估计在2万人左右。

其四，至大二年（1309），出伯镇戍区爆发了撒的迷失叛乱。据《昔里哈剌襄靖公神道碑［铭］》记载："撒的迷失阻兵沙州，诸王南忽里之室家陷焉。公竭力御辱，护之以安"[①]，可知叛乱主要发生在沙州一带。撒的迷失叛乱对沙州、瓜州等豳王镇戍区的城池设施和屯田生产造成了严重破坏，当地人口数量应有明显减少。延祐元年（1314），元廷再度在沙州、瓜州启动大规模屯田，于这一地区设立了负责屯田和粮食收储的屯储总管万户府。《经世大典·站赤》记载："又奏：沙、瓜州立屯储总管万户府，掌莅屯田公事，请给差使铺马圣旨。内起马二匹者二道，一匹者四道，奉圣旨与之。都省送兵部，行移翰林院：钦依译写给发施行。"[②]瓜沙屯储总管万户府的设立，使得人数众多的军人以及官员、家眷进入沙州、瓜州，两地人口数量又得到增长。

随着此后社会环境的日益安定和经济的稳步发展，沙州路与瓜州的人口数量得到稳步增长。特别是在西宁王速来蛮镇戍的二十一年间，社会安定和谐，经济稳步发展。这一时期，敦煌地区人口数量应达到元朝时期的峰值。而莫高窟、榆林窟的游人题记表明，元代中后期瓜州设有完整的行政建置与职官设置，瓜州百姓频繁巡礼榆林窟，这与元代中后期瓜州人口数量出现恢复性增长密切相关。

---

①［元］虞集《道园类稿》卷四二，明初翻印至正刊本。此据王颋点校《虞集全集》（下册），第1097页。

②《永乐大典》卷一九四二二，第7232页。

（二）族属构成

沙州路总管府以及瓜州的族属构成，正史未有明确记载。敦煌地区在元代之前就是一个多民族聚居之地。唐五代时期敦煌除汉人外，还有粟特人、吐蕃人、回鹘人等。至西夏时期，敦煌又有汉人、吐蕃人、党项人、粟特人、回鹘人居住。蒙古帝国时期，蒙古军在席卷亚欧大陆的征服战争中将大量中亚、西亚人口带回内地，对元代以及此后的民族构成产生了深刻影响。特别是紧靠西域地区的甘肃行省各地，其影响更大。甘肃行省下属的沙州、瓜州、肃州、甘州、亦集乃都是蒙古、汉、党项、畏兀儿等多民族聚居之地。马可波罗在游历沙州时记载："居民多是偶像教徒，然亦稍有聂斯脱里派之基督教徒若干，并有回教徒。"[①]

立于至正八年（1348）的《莫高窟六字真言碣》与立于至正十一年（1351）的《重修皇庆寺记》碑，记载了众多沙州路官员、施主及百姓姓名，是了解元代沙州路族属构成的珍贵材料。《莫高窟六字真言碣》观音像上方有两行文字，上下分别为梵文和藏文。碑石左侧有两列文字，外侧为汉文，内侧为西夏文。碑石右侧有两列文字，外侧为回鹘文，内侧为八思巴文。该碑功德主为西宁王速来蛮一家，包括"速来蛮西宁王、妃子屈术，脱花赤大王，太子养阿沙（牙罕沙）、速丹沙、阿速歹、结来歹"。碑石为守朗所立、奢蓝令栴刻，其后附有长老米米、耳立嵬、刘荽有、张即立俺布、刘耳立嵬、弄卜仄令布、琓有藏布、刘忍束、吴义赛、把里耳儿、弄卜耳者、翟忍布12人姓名。碑石上部外侧有"卜鲁合真，陈氏妙因"题名。碑石下方刻有沙州路河渠司官员及施主姓名，兹据碑文图片（图2-11、图2-12），移录如下：

① （法）沙海昂注、冯承钧译《马可波罗行纪》，第190页。

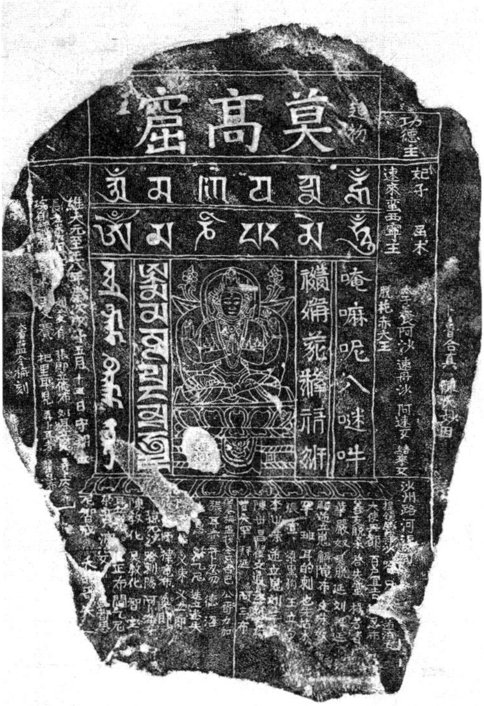

图2-11 《莫高窟六字真言碣》碑
(采自薛艳丽《〈莫高窟六字真言碣〉中四臂观音像作者试考》)

提领威罗沙、哈只，大使逆流吉、大使兴都，百户宜吉，利忍布，善友脱脱木，答失蛮，杨若者，华严奴，吴脱延，刘拜延，解逆立嵬，解陇布，文殊奴，罕班，耳的剌，也先怗木，张宣，梁黑狗，王立兮，李世荣，逆立嵬，刘三宝，陈世昌，翟文通，李刘家狗，普失罕，拜延，阿三布，僧令栴监梭，令只合巴，公哥力加，张耳赤，弄卜忍勿，德沼，□惠，稣乙尼，迭立迷失，院主耳革，义束，义立即，□于，律竜布，吴即，掠兀沙，哈剌阳，阿卜海牙，陈教化，吴教化，智宝，耳立嵬，直正布，阎乙尼，朵立只，波洛歹，毗都思，尼智戒，夭的哥失。

以上共59人，加上功德主、立碑人共计82人。如果仅从名字来判断其族属，无疑存在风险。因为蒙、元时期民族大融合，文化的交融在姓名上也得到了反映。如作为蒙古人的西宁王速来蛮及其子牙罕沙、速丹沙，取名都受到伊斯兰教的影响[①]。又如由于各族杂居和通婚，出现了“汉姓+蒙古名”或“汉姓+党项名”的情况，前者如张即立俺布、刘拜延、翟忍布等，后者如刘耳立嵬等，黑水城出土文书也有类似情况。诸如也先怗木、拜延、迭立迷失都是蒙古人，而张宣、李世荣、陈世昌、翟文通等皆为汉人。另外，耳立嵬、刘耳立嵬、解逆立嵬等，从其姓名以及六字真言中有西夏文判断，可能是党项人。碑石中的答失蛮，可能为伊斯兰教士，相同的姓名也出现在黑水城出土文书Y1：W30中[②]。哈剌阳、公哥力加可能是回鹘人（畏兀儿人）和藏族[③]。从碑石中的姓名来看，蒙古人和汉人的比例最高，其次是党项人、畏兀儿人、藏族。

图2-12 《莫高窟六字真言碣》拓片（采自李永宁《敦煌莫高窟碑文录及有关问题（二）》）

《重修皇庆寺记》碑中的多数施主姓名，亦见载于《莫高窟六字真言碣》之中。值得注意的是，《重修皇庆寺记》碑中来自

① 杨富学《河西多体文字六字真言私臆》，《中国藏学》2012年第3期，第90页。

② 李逸友编著《黑城出土文书（汉文文书卷）》，第13页。

③ 杨富学《河西多体文字六字真言私臆》,《中国藏学》2012年第3期，第90页。

沙州当地的施主以蒙古人占比最大，而来自肃州、晋宁路方面的施主则以汉人比例更高。由于出伯家族的镇戍和大量蒙古军人的屯驻，敦煌人口中蒙古人占有很高比例。而由于敦煌临近西域的特点，当地也有一定数量的畏兀儿人。由于元代以前西夏对敦煌长达170余年的统治，元朝时敦煌仍居住有数量较多的党项百姓，因此敦煌在元代又被称作“唐古忒州”。除上述碑文反映的信息外，元代敦煌多民族聚居的特点还可在敦煌莫高窟北区洞窟出土的元代多民族语言文献中得到证实。在莫高窟北区洞窟的清理发掘中，出土了大量多种文字文献残卷，有汉文、西夏文、回鹘文、藏文、梵文、婆罗迷文、回鹘蒙文、八思巴文等文献残卷[①]，其中很多为元朝时期遗物。黑水城文书的留存于世，也为探究元代亦集乃路的民族构成提供了绝佳素材。亦集乃路的居民包括了蒙古、党项、汉、畏兀儿等族，是一个多民族杂居的地方[②]。亦集乃路与沙州路相近，又同属甘肃行省，两地居民的民族构成是比较接近的。尽管族属不同、信仰各异，但沙州路官民在西宁王和沙州路总管府官员的领导下，各族百姓同发宏愿，和谐相处。

三、屯田举措

元代之前，特别是唐五代时期敦煌地区有完善的灌溉系统和水利管理机构，有发达的农业生产，甚至还有棉花种植产业。西夏时在敦煌和瓜州分别设立沙州转运司和瓜州转运司。转运司具体负责催租以及土地、水渠等农业生产有关的事务，如农田管理以及农业设施维护，可知西夏时期敦煌有较大规模的农业生产。

---

① 彭金章、沙武田《敦煌莫高窟北区洞窟清理发掘简报》，《文物》1998年第10期；后收入彭金章主编《敦煌莫高窟北区石窟研究》（上册），兰州：甘肃教育出版社，2011年，第19—20页。

② 李逸友编著《黑城出土文书（汉文文书卷）》，第102页。

由于党项人口数量的大量增加，畜牧业也得到了长足发展。元朝时期继续在沙州、瓜州进行屯田。据《元史·兵制》记载："大抵（勺）［芍］陂、洪泽、甘、肃、瓜、沙，因昔人之制，其地利盖不减于旧"①，可见由于前代农业生产的基础，元代敦煌的耕种田地、水利设施仍旧可以发挥作用，具有良好的屯垦条件。元代敦煌的屯田，可分为民屯和军屯。

（一）民屯

元初最早在沙州、瓜州进行屯田的是董文用招徕的流散百姓。至元二年（1265），忽必烈任命董文用经略西夏中兴等路行省，同时招徕百姓在中兴、西凉、甘、肃、瓜、沙等的原西夏故地开垦屯田。虞集《翰林学士承旨董公行状》记载：

> 五年，改元至元之岁也，上曰：董文用安在？年始壮，不使为国效力，今安在？召授金符，为西夏中兴等路行省郎中。中兴自浑都海之乱甫定，民间相恐动，窜匿山谷，而省臣方入奏，同僚不知所为。公曰：吾死，不可以去此，宜镇以静。乃为书置通道谕之，然后粗安。始开唐来、汉延、秦家等渠，垦中兴、西凉、甘、肃、瓜、沙等州之土为水田若干。于是，民之归者，户四五万，悉授田种，颁农具。更造舟至黄河中，受诸部落及溃叛之来降者。②

由于浑都海之乱，中兴地区百姓大量流离，"窜匿山谷"，造成了劳动人口的损失。董文用将招徕百姓的通告放置在路旁，使得百姓看到并明白原委后，回归乡里。然后修建水渠，并在中兴、

---

① 《元史》卷一〇〇《兵志三》，第2558页。

② ［元］虞集《道园类稿》卷五〇，明初翻印至正刊本。此据王颋点校《虞集全集》（下册），第854页。

西凉、甘、肃、瓜、沙等州开垦水田。这一积极举措使得流散百姓大量返乡，政府再分给百姓田地、种子和农具等生产资料，由此各地的农业生产和社会秩序逐渐得到恢复。这是史书记载元代敦煌最早的屯田之举，为日后沙州路总管府的设立、瓜州的复立和人口数量的逐步增长以及更大规模的屯田奠定了基础。特别是蒙古帝国时期瓜州长期被废弃，其耕种情况经历此次屯田得到很大改观。至元初年，马可波罗在游历沙州时记载："居民恃土产之麦为食"[①]，可知当时敦煌居民主要从事耕种，粮食作物以小麦为主。

至元十三年（1276）正月，王孝忠等人因罪而被派往八答山采玉，经过沙州时遇到火忽反叛，别十八里落入叛军之手，朝廷遂命王孝忠等人在敦煌、瓜州屯田。《元史·世祖纪》记载："[十三年春正月]戊子，中书省臣言：'王孝忠等以罪命往八答山采宝玉自效，道经沙州，值火忽叛，孝忠等自拔来归，令于瓜、沙等处屯田。'从之。"[②]王孝忠等人屯田的具体情况，由于史料阙载不得而知。但由于属临时性质的屯田，规模应当不大。

董文用以及王孝忠在敦煌、瓜州的屯田举措，促进了两地社会生产的恢复。原本敦煌、瓜州由肃州路总管府管辖。《元史·地理志》记载："沙州去肃州千五百里，内附贫民欲乞粮沙州，必须白之肃州，然后给与，朝廷以其不便，故升沙州为路。"[③]这表明敦煌一带屯田已取得了一定的成效，粮食不仅能满足当地人口需要，还能对内附沙州的贫民进行粮食赈济。随着敦煌、瓜州人口的增长和社会经济的恢复，已有必要成立单独的沙州路总管府。

---

① （法）沙海昂注、冯承钧译《马可波罗行纪》，第190页。

② 《元史》卷九《世祖本纪六》，第177页。

③ 《元史》卷六〇《地理志三》，第1450页。

至元十七年（1280）五月，元廷升格沙州建置为沙州路总管府，同月癸丑日，“括沙州户丁，定常赋，其富户余田令所戍汉军耕种”[①]。这表明当时敦煌人口逐渐增长，开垦耕地充足，甚至还有多余的田地让驻守的汉军屯种。元廷在敦煌设立沙州路总管府，清查人口和田地数量，制定田赋，将敦煌百姓正式纳入元朝的田赋体系中。

（二）军屯

除了编户纳赋的民屯之外，军屯在元代敦煌屯田中占据着重要的地位。《元史·兵制》“屯田”条记载：“国初，用兵征讨，遇坚城大敌，则必屯田以守之。海内既一，于是内而各卫，外而行省，皆立屯田，以资军饷。或因古之制，或以地之宜，其为虑盖甚详密矣。……由是而天下无不可屯之兵，无不可耕之地矣。”[②]《元史》将屯田之事列入“兵制”中，反映了元代屯田所具有的军事供给特点。在战争时期，屯田可以以耕养战；而到了和平时期，屯田又可资备军饷。因此，有元一代大力推行军屯，以使兵地结合，以兵屯地、以地养兵，这种情况在元朝边境地区以及战争多发之地尤为明显。由于敦煌、瓜州位于西北边地，军事地位重要，因此军屯在两地的屯田中占据着主要地位。

至元十六年（1279），王国昌之子王通在敦煌、瓜州进行屯田。《元史·王通传》记载：“明年，通上书，言今南方已定，而北陲未安，请屯田于和林，率所部自效，帝慰劳遣之。……从讨叛王乃颜，迁副都指挥使。明年，屯田瓜、沙诸州，进阶明威将军。武宗即位，命总京城卫兵。枢密院复奏通摄左丞，领诸卫屯田兵。”[③]王通南征北战，军功卓著。至元十五年（1278），王

① 《元史》卷一一《世祖本纪八》，第224页
② 《元史》卷一〇〇《兵志三》，第2558页。
③ 《元史》卷一六七《王通传》，第3927页。

通率部在和林进行军屯，计划屯田自给以图定北方。至元十六年（1279），又“屯田瓜、沙诸州，进阶明威将军”，虽然没有详细记载在敦煌、瓜州的屯田情况，但应仍属军屯性质。

至元十七年（1280）五月，元廷升格沙州为路后，随后“括沙州户丁，定常赋，其富户余田令所戍汉军耕种”[①]，同年十月，“以汉军屯田沙、甘”[②]。关于这些汉军的来源，应与补充蒙古军在西北战场的损失有关。据《元史·世祖纪》记载：“以斡端境内蒙古军耗乏，并汉军、新附军等，赐马牛羊及马驴价钞、衣服、弓矢、鞍勒各有差。”[③]元廷为补充蒙古军在西域的战斗减员，派遣汉军和新附军补充蒙古军兵力，以保证元军对抗西北诸王的军事优势。在此背景之下，汉军驻扎敦煌进行屯田，表明元廷意图将敦煌建设成屯田自足的军事镇戍区域，此处的汉军应当也包括了此前一年（1279）在敦煌、瓜州屯田的王通所部。

至元十八年（1281）管军万户府的成立，标志着肃州、敦煌、瓜州等地大规模军屯的开始。此前，“遣都元帅刘恩往肃州诸郡，视地之所宜”[④]，刘恩查勘后认为肃州、敦煌、瓜州等地适宜屯田。于是至元十八年（1281）正月，“命肃州、沙州、瓜州置立屯田”，与甘州黑山子、满峪、泉水渠、鸭子翅等处屯田同属于管军万户府屯田。

大德元年至六年（1297—1302）之间，汪惟和所部在敦煌、瓜州进行屯田，属军屯性质。元贞二年（1296），“辛卯，诸王出伯言汪总帅等部军贫乏，帝以其久戍，命留五千驻冬，余悉遣

① 《元史》卷一一《世祖本纪八》，第224页。
② 《元史》卷一一《世祖本纪八》，第227页。
③ 《元史》卷一〇《世祖本纪七》，第210页。
④ 《元史》卷一〇〇《兵志三》，第2569页。

还，至明年四月赴军”[①]。诸王出伯奏称汪惟和万余大军由于长期驻扎，人困马乏，元廷有鉴于此遂令汪部只留五千军队继续驻守，其余军士则遣返过冬，第二年四月返回驻地。此种情形很可能与当时敦煌、瓜州屯种规模不大，还无法负担如此多的驻军供应有关。大德元年（1297）十一月，“总帅汪惟和以所部军屯田沙州、瓜州，给中统钞二万三千二百余锭置种、牛、田具”[②]，此次元廷予以汪惟和部大力支持，提供资金及屯种所需资料。但翌年（1298）二月，“甘肃省沙州鼠伤禾稼”[③]，鼠灾对敦煌地区的农业造成很大危害。

大德六年（1302）六月，御史台臣上奏：“瓜、沙二州，自昔为边镇重地，今大军屯驻甘州，使官民反居边外，非宜。乞以蒙古军万人分镇险隘，立屯田以供军实，为便”[④]。这表明大德六年之前，汪惟和部的屯戍军可能已撤离敦煌、瓜州。这里屯驻甘州的大批蒙古军，应当是出伯所属军队。御史台臣上奏获准后，万余名蒙古军进驻敦煌、瓜州，开始大规模屯田。与此同时，元廷还命甘肃行省修建漕运，以便于运储粮食。《元史·成宗纪》记载：“命甘肃行省修阿合潭、曲尤壕以通漕运。”[⑤]阿合潭应即明代阿丹（今瓜州县河东乡），曲尤即明代苦峪（今玉门市玉门镇东二里古城），元代修建阿合潭和曲尤壕，其最佳方案就是选择从疏勒河转弯处向东开建，借助疏勒河水势加大流速，提高运输效率。[⑥]由此可见，在蒙古军万人进驻敦煌、瓜州

① 《元史》卷一九《成宗本纪二》，第406页。
② 《元史》卷一九《成宗本纪二》，第414页。
③ 《元史》卷一九《成宗本纪二》，第418页。
④ 《元史》卷二一《成宗本纪四》，第452页。
⑤ 《元史》卷二一《成宗本纪四》，第453页。
⑥ 李正宇《“曲尤”考》，载郑炳林、樊锦诗、杨富学主编《丝绸之路民族古文字与文化学术讨论会文集》（上），第247—251页。

屯田之时，立即修筑用于运送粮食的漕运设施，足见此次屯田规模宏大。大德七年到至大元年（1303—1308）之间，蒙古军军屯稳步发展。至大元年（1308）时，据《元史·武宗纪》记载："沙、瓜州摘军屯田，岁入粮二万五千石"[①]，元廷还在曲尤一带设立仓库，借助漕运将敦煌和瓜州的产粮运至曲尤仓收储，可见粮食产量之多。自出伯以豳王王号镇戍肃州、瓜州、敦煌开始，周边环境较为安定，敦煌、瓜州屯田获得了较为稳定的发展。值得注意的是，大德十一年（1307）七月，"诸王出伯言：'瓜州、沙州屯田逋户渐成丁者，乞拘隶所部'"[②]。"逋户"通常指欠交赋税的民户，出伯奏请将敦煌、瓜州屯田中不交赋税、脱离屯田组织的民户编于所部，但这一要求遭到朝廷的拒绝。中书省臣建议："瓜州虽诸王分地，其民役于驿传，出伯言宜勿从。"[③]这反映出诸王出伯与元朝中央微妙的关系：一方面元廷对其加以赏赐，另一方面也对其行为进行约束。驿站受到元廷中央的监察和管理，"皆总之于通政院及中书兵部"[④]，但各地往往存在诸王私纳站户的情况。至元十九年（1282）九月，通政院臣言："近年以来，多为诸王公主及正宫太子位下头目识认招收，或冒入投下户计者，遂致站赤损弊，乞换补站户。"[⑤]因此，元武宗听从中书省臣建议拒绝了出伯的请求。

至大二年（1309）撒的迷失反叛，掠夺豳王出伯辎重，对其辖区城池和屯田造成了很大破坏。是年八月，中书省臣言：

① 《元史》卷二三《武宗本纪二》，第514页。
② 《元史》卷二二《武宗本纪一》，第483页
③ 《元史》卷二二《武宗本纪一》，第482页。
④ 《元史》卷一〇一《兵志四》，第2583页。
⑤ 《元史》卷一〇一《兵志四》，第2586页。

> 甘肃省僻在边垂（陲），城中蓄金谷以给诸王军马，世祖、成宗常修其城池。近撒的迷失擅兴甲兵，掠豳王出伯辎重，民大惊扰。今撒的迷失已伏诛，其城若不修，虑启寇心。又，沙、瓜州摘军屯田，岁入粮二万五千石，撒的迷失叛，不令其军入屯，遂废。今乞仍旧遣军屯种，选知屯田地利色目、汉人各一员领之。①

由这段记载可知，此前敦煌、瓜州两地的屯田已取得显著成效，但撒的迷失的反叛使得大批蒙古军疲于战事而无法正常耕种，导致两地的屯田一度废止。此后元廷重新布置敦煌、瓜州屯田事宜，并派懂屯田事务的色目、汉人各一人负责。由于战争的破坏，通常需要较长时间才能恢复。

延祐元年（1314），元朝再度推动在敦煌、瓜州的大规模屯田。十月，“丙申，复甘、肃屯田，置沙瓜等处屯储总管万户府，秩正三品”②。相较于至元十八年（1281）设立的管军万户府，此次设立的屯储总管万户府专管敦煌、瓜州两地的屯种及粮食收储事宜。屯储总管万户府的设立，大大推动了自至大元年（1308）因战乱而停滞的屯田事宜。由于原来的曲尤仓距肃州等地较远，因此延祐二年（1315）将曲尤仓东迁到百余里之外的赤斤仓。《元史·仁宗纪》记载延祐二年（1315）九月，“徙曲尤仓于赤斤之地”③。但泰定三年（1326）五月之后，赤斤仓又迁回了曲尤仓。《元史·泰定帝》记载：“甘肃行省臣言：‘赤斤

① 《元史》卷二三《武宗本纪二》，第513—514页。
② 《元史》卷二五《仁宗本纪二》，第566页。
③ 《元史》卷二五《仁宗本纪二》，第571页。

储粟，军士度川远给不便，请复徙于曲尤之地。”[①]李正宇认为赤斤仓迁回曲尤，应与泰定元年阿剌忒纳失里出镇敦煌导致人口涌入、粮食消耗增加有关。[②]此故无疑义。不过“军士度川远给不便”，应当才是赤斤仓迁回曲尤的主要原因。值得注意的是，《元史·仁宗纪》记载，至大四年（1311）时有一支“甘肃过川军”：“［四月］命中书省赈济甘肃过川军”；又载同年六月，“敕甘肃省给过川军牛种农器，令屯田”[③]。此处所过之“川”，应为敦煌进入哈密一带的戈壁石川[④]。又据波斯史学家哈沙尼所著《完者都史》记载，至大二年（1309）南忽里袭其父出伯之位后不久，元朝与察合台关系逐渐恶化，双方军队沿边境对峙。延祐二年（1315），元仁宗下达两路大军进攻察合台汗国的指令，其中一支军队即为镇守河西西部及哈密一线的宽彻军队。[⑤]黑水城出土汉文文书M1·0267［F116:W561］《军用钱粮文卷》[⑥]是延祐二年（1315）甘肃行省就“暖忽里豳王入川炒米面”转发给亦集乃路总管府的一道札付公文，所载的南忽里豳王“入川”之事，当是自敦煌前线就近进入哈密附近塔失八里站、揽出去站一带的戈壁石川，向西进攻察合台汗国。[⑦]由此可知，延祐元年（1314）

① 《元史》卷三〇《泰定帝纪二》，第669页。

② 李正宇《“曲尤”考》，载郑炳林、樊锦诗、杨富学主编《丝绸之路民族古文字与文化学术讨论会文集》（上），第248页。

③ 《元史》卷二四《仁宗本纪一》，第542、543页。

④ 李治安《元中叶西北“过川”及“过川军”新探》，《历史研究》2013年第2期，第36—40、43页。

⑤ （波斯）哈沙尼《完者都史》，转引自刘迎胜《察合台汗国史研究》，第362—363、393页。

⑥ 塔拉、杜建录、高国祥主编《中国藏黑水城汉文文献》第2册《钱粮文书卷》，第369页。

⑦ 李治安《元中叶西北“过川”及“过川军”新探》，《历史研究》2013年第2期，第38—40页。

设立沙瓜等处屯储总管万户府，再度推动敦煌、瓜州等地屯田事宜，很可能与延祐初年元军向西进攻察合台汗国事件有关。复立屯田之举，并设立仓库储存，可有效保障过川军队的粮食供给。

泰定以后，敦煌先后由嗣越王阿剌忒纳失里以及忽塔迷失、速来蛮、牙罕沙、速丹沙等西宁王镇戍，这一时期有关敦煌、瓜州屯田的记载较少。元代敦煌设立有主管水渠的河渠司，《莫高窟六字真言碣》题写有沙州路河渠司官员姓名，而功德主为速来蛮及其眷属，该碑很可能为速来蛮带领沙州路总管府河渠司官员，为祈求风调雨顺、农业丰收而发愿所立。

总体来看，元初由于边地战事较多、政局起伏不定，敦煌、瓜州先后有董文用、王孝忠等组织的民屯，其后又有王通所部、汪惟和所部进行的军屯。自出伯以豳王称号镇戍河西西部地区后，敦煌、瓜州军屯处在诸王领导之下。特别是在西宁王速来蛮及其继任者镇戍敦煌时期，敦煌社会和谐稳定，农业生产得到较快发展。

第六节 敦煌的宗教信仰

元代敦煌是一个多民族聚居之地，居民构成有蒙古、汉、党项、畏兀儿等族。敦煌当地除佛教信仰之外，还有景教等宗教信仰。由于蒙、元统治者自上而下推崇佛教，同时也能包容其他宗教，因此敦煌当地的佛教、景教等宗教各自发展并有其信仰群体，不同信仰之间也能和谐相处、互相交流，这一点从《莫高窟六字真言碣》碑中得到了直接体现。

一、佛教信仰

蒙、元统治者为缓和内部矛盾，对不同宗教采取相对宽容的态度。在所有宗教中，蒙古统治者尤其推崇佛教，特别是西藏地区的佛教密宗。元世祖忽必烈时期对萨迦派大力扶持，以八思巴为国师、帝师，统领天下释教，推动了喇嘛教在藏、蒙和北方部分汉族地区的传播。[①]敦煌位处元代多民族聚居的西北地区，其中蒙古、汉、党项、藏族普遍信仰佛教。佛教不仅在敦煌，也在豳王、威武西宁王、肃王出镇地区及察合台汗国得到了支持。就

① 杜继文主编《佛教史》，南京：江苏人民出版社，2006年，第431页。

敦煌地区而言，元代诸王特别是元朝中后期镇戍当地的西宁王一系及沙州路总管府官员，对佛教特别是藏传佛教的发展采取支持态度，并经常参与到当地的石窟营建和佛事活动中。因此，元代敦煌石窟艺术在西夏佛教艺术的基础上又得到了新的发展，而藏传佛教艺术也成为元代敦煌石窟艺术中的杰出代表。元朝时期全国各地信众、游人不远千里甚至万里前往莫高窟、榆林窟巡礼，反映出元代敦煌佛教的兴盛和两窟在佛教徒心中的“圣寺”地位。

（一）诸王与总管府对佛教的推崇和支持

1. 诸王对佛教的推崇和支持

从立于泰定三年（1326）的《重修文殊寺碑》中，可以看出豳王出伯、豳王南忽里特别是喃答失太子对佛教的崇信。该立碑地点在位于肃州（今酒泉市）西南30里的文殊山石窟（图2-13、图2-14）。碑文用汉文和回鹘文两种文字镌刻，记述了喃答失太子及其兄弟、亲属等发愿修建文殊寺的功德。①碑文记载了察合台至喃答失间的谱系，具有非常重要的历史学价值。碑文还具有重要的宗教价值，无论从喃答失太子重修和施舍文殊寺的举动，还是从回鹘文、汉文碑文内容中的遣词用句来看，无不体现出喃答失太子对佛教的笃信。关于豳王出伯、豳王南忽里崇信佛教的情况，碑文回鹘文部分记载：“［又］从该威严的汗那里生十分虔诚的……主伯大王。/［又］从该敬信佛法的圣者那里生如甘露一样纯真的、遵行佛法的喃忽里毗迦。”汉文部分记载：“降生下/主［伯］大王：上根无比，于佛法性，如真甘露，法门道中，行理相同。降生/喃忽里大王：智慧聪明，福禄最高，礼义非常，

① 耿世民、张宝玺《元回鹘文〈重修文殊寺碑〉初释》，《考古学报》1986年第2期，第253—254页。

博通经律，妙解真空，于诸戒中，最为第一，天下万民，无不钦仰。”从这两处记载可知豳王出伯对佛教的虔诚信仰，特别是豳王南忽里更是博通佛教经律，遵行佛法，严守戒律。碑文对喃答失太子对佛教的崇信大加称颂，回鹘文部分记载：“［又］从该有福者那里生福禄智慧之［主］、/行菩萨道的、敬信佛法的、［成为］一切人众骄傲的、大慈大悲的、具有纯洁智慧的、怀有不二诚心的、/具有吉祥妙身的、像绿宝石宝贝一样的具有神力的摩诃萨埵/喃答失太子。……现在喃答失太子……继承察哈台宝位后，由于十分敬信纯洁三宝之故……。”碑文汉文部分记载：“寺宇周成，材梁整合，殿方高墙，壁乃彩绘，圣容间金，而五色妆就，宝瓶琉璃结彻周全，钟/楼碑楼工成咸就，周围垣墙悉成已毕，……，所施灯油田地一十顷，永为常住，付主持僧耳你长老沙加令真、耳立、嵬梨忍普。”可知这是对文殊寺大殿的一次大修，修葺后文殊寺焕然一新，此外还修筑了钟楼、碑楼和围墙等设施。同时还向寺庙施舍田地一十顷。文殊寺是藏传佛教的重要活动场所，碑文中带有藏族和西夏名字的僧人活跃于文殊寺内，反映出当时河西地区藏传佛教氛围之浓厚。[①]由于史料的缺略，有关喃答失太子在敦煌的崇佛举措无从详知，但从碑文所反映的信息看，豳王出伯、豳王南忽里、喃答失太子均崇信佛教，敦煌等地的佛教应得到了较快发展。

喃答失太子最早于至治元年（1321）袭位，天历二年（1329）十二月西宁王忽塔迷失又继承了喃答失的权力，忽塔迷失受封豳王并作为元朝中央正式封赐的第三位豳王出镇肃州。但实际上自泰定元年（1324）开始，敦煌已从喃答失太子的镇戍地

① 张海娟、杨富学《蒙古豳王家族与河西西域佛教》，《敦煌学辑刊》2011年第4期，第94页。

当中分化出去，由外王系的嗣越王阿剌忒纳失里出镇。天历二年（1329），出伯之子、喃答失叔忽塔迷失封西宁王，但出镇沙州不到一年即于同年十二月晋封豳王。有关诸王阿剌忒纳失里出镇敦煌时期（1324—1329）和首位西宁王忽塔迷失出镇敦煌时（1329）的崇佛举动，史书没有留下记载。

图2-13 《重修文殊寺碑》汉文内容（吐送江·依明教授提供）

第二代西宁王速来蛮。自至顺元年（1330）三月速来蛮获封西宁王，他出镇敦煌长达21年之久（1330—1351），留下了数量较多的文献记载和文物遗存。这些文献文物表明，西宁王速来蛮“崇尚释教”“口碑载道”，他多次作为功德主参与了敦煌当地的佛事活动，并为修缮莫高窟而施舍财物，对敦煌佛教发展作出了贡献。北京大学图书馆藏D154V回鹘文《西宁王速来蛮王赞》中记录了西宁王速来蛮对佛教的信仰和修持。文中还记载他厌恶饮酒，但“为了促成他人受益又饮之少许”，“不拒善言之善”等记载，表明他是位修身严谨而又富有善心的人。莫高窟第144窟甬道北壁中题写有一则

图2-14 《重修文殊寺碑》回鹘文内容（吐送江·依明教授提供）

回鹘蒙文游人题记：“福禄的西宁王……着返回时我……”[①]，出现了为西宁王称颂祈福的语句。西宁王速来蛮不但崇信佛教，而且作为功德主带领家族成员以及总管府众多官员勒立了《莫高窟六字真言碣》，另外还主持重修了皇庆寺。立于至正八年（1348）的《莫高窟六字真言碣》为守朗所立，碑石上方书“莫高窟”三个汉字，中央阴刻四臂观音坐像，像旁刻有“起初”二字。观音像上方刻有梵文、藏文，左方内侧为西夏文，外侧为汉文，右方外侧为回鹘文，内侧为八思巴文，六种语言均为六字真言，即汉字“唵嘛呢叭咪吽”。汉文六字真言外侧为功德主西宁王速来蛮、妃子屈术、脱花赤大王、太子养阿沙（牙罕沙）、速丹沙、阿速歹、结来歹；回鹘文六字真言外侧为碑石刻立纪年，立碑人僧守朗等人。观音像下方为沙州路河渠司提领威罗沙等59人题名。[②]六字真

① 敦煌研究院考古研究所、内蒙古师范大学蒙文系《敦煌石窟回鹘蒙文题记考察报告》，《敦煌研究》1990年第4期，第11页。
② ［清］徐松著、朱玉麒整理《西域水道记》卷三《哈喇淖尔所受水》，第152—153页。李永宁《敦煌莫高窟碑文录及有关问题（二）》，《敦煌研究》1982年第2期，第108页。

言又称六字大明咒，为观世音菩萨心咒，常诵则具有不可思议的功德和利益，也是藏传佛教中最受尊崇的咒语。碑石中间还阴刻藏传佛教密宗的四臂观音。元代四臂观音信仰非常流行，其图像在莫高窟第149窟东壁门南、瓜州榆林窟第27窟东壁北部和西壁北部皆有发现。[①]沙州路河渠司众多官员的出现，表明此次在莫高窟立碑的目的是祈求敦煌地区风调雨顺，五谷丰登，百姓富足；同时，也反映出西宁王速来蛮家族与沙州路官员对佛教的推崇。

另一块重要的文物遗存是立于至正十一年（1351）的《重修皇庆寺记》碑（图2–15、图2–16），碑文记载：

> 沙州皇庆寺历唐宋迄今，岁月既久，兵火劫灰，沙石埋没矣！/速来蛮西宁王崇尚释教，施金帛、采（彩）色、米粮、木植，命工匠重修之。/俾僧守朗董其事，而守朗又能持疏抄题以助其成，佛像、壁画、/栋宇焕然一新。为今生之福果，作后世之津梁，其乐施之德可/谓至矣！呜呼！寺成而王薨。守朗合掌涕泣而请曰：“皇庆寺废/而兴、毁而新，皆王之力也，岂可使后之人无闻焉！愿先生记/之。”予曰：“王之好善，优于前古，口碑载道，奚容予（奇）喙。”辞不获己，/遂书其大略，以弁其端。云时至十一年岁次辛卯八月上日，/刘奇谨志。晋宁路绛州白台寺僧守朗立石，耆蓝令栴（刻）

碑文后附有沙州路总管府官员以及功德主姓名，碑阴则附有来自

① 敖特根《〈莫高窟六字真言碣〉研究》，《敦煌研究》2005年第6期，第80—82页。

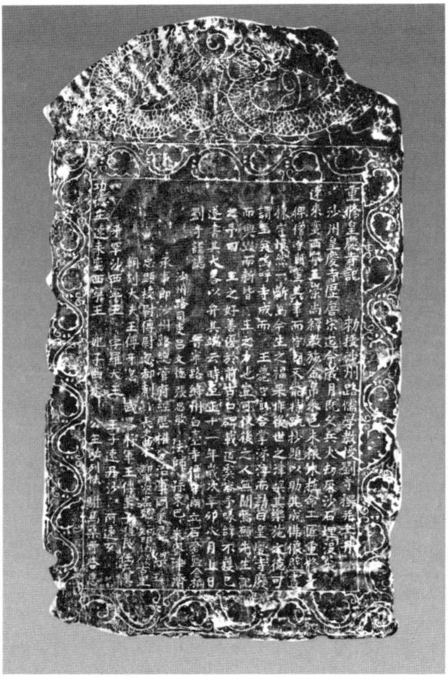

图2-15 《重修皇庆寺记》碑正面
(采自《酒泉宝鉴——馆藏文物精选》)

图2-16 《重修皇庆寺记》碑背面
(采自《酒泉宝鉴——馆藏文物精选》)

肃州路、晋宁路的施主姓名。施主中既有沙州路、肃州路总管府官员，也有普通信众和百姓；既有佛教徒参与，也有来自晋宁路的景教徒出资施舍，足见重修皇庆寺是一次得到社会各界广泛参与的重大宗教活动。徐松《西域水道记》记载："岩之文殊洞外，有元《皇庆寺碑》。"①莫高窟第61窟所塑主尊为文殊菩萨，后壁绘有巨幅五台山图，因而学术界通常认为第61窟即"文殊堂"。根据《莫高窟窟前殿堂遗址》考古成果，第61窟位于莫高窟南区中段下层，窟前清理出下层的宋代殿堂遗址和上

① [清] 徐松著、朱玉麒整理《西域水道记》卷三《哈喇淖尔所受水》，第158页。

层的元代殿堂遗址。其中下层殿堂遗址很可能修建于开宝七年至太平兴国五年（974—980）。[①]碑文中记载皇庆寺“历唐宋迄今”，时代确有泛指之嫌，但考古发掘证实宋代在第61窟外修建了佛殿，碑文记载佛殿“岁月既久，兵火劫灰，沙石埋没矣”，表明元朝时期宋代佛殿已经坍毁埋没，碑文中既称其为“皇庆寺”，很可能于皇庆年间（1312—1313）在宋代基址上进行了修建。至西宁王速来蛮时期，又“施金帛、采（彩）色、米粮、木植，命工匠重修之”，施舍了大量钱财和物资对皇庆寺进行了大规模修缮和扩建。值得注意的是，来自晋宁路绛州白台寺的僧人守朗作为敦煌僧界领袖两次出面立石，来自晋宁路的僧人和信众在莫高窟、榆林窟留下了11条游人题记，数量仅次于敦煌本地及邻近的甘州，反映出晋宁路与沙州路特殊的政治和宗教联系。今山西太原北部阳曲县有三座墓塔，西塔上有“至正十三年五月二十日敬奉喃答失大王令旨管领东三州打捕鹰房都禁山官拜延帖木儿墓铭”的记载，表明拜延帖木儿由喃答失大王任命[②]。喃答失为豳王出伯之孙，曾镇戍肃州、瓜州、敦煌。来自晋宁路绛州白台寺的僧人守朗在敦煌两次立碑，参与西宁王速来蛮主持的重要佛教活动，可能与上述政治联系有关。西宁王速来蛮兴佛建寺之举，令守朗及敦煌僧界感激不已。此外，《莫高窟六字真言碣》和《重修皇庆寺记》碑记载的藏族人名，诸如碑石刻文者奢蓝令栴，沙州、肃州施主中梁朵立只、纳麻合巴、朵只巴、朵立只加等，表明西宁王支持的敦煌佛教教团中蕴含着藏传佛教的因素。敦煌出土写于14世纪后半期的察合

① 潘玉闪、马世昌《莫高窟窟前殿堂遗址》，北京：文物出版社，1985年，第32—40页。

② （日）松田孝一《元朝的分封制度——关于邠王（豳王）出伯与邠州的关系》，载《中国多文字时代的历史文献研究》，第305—306页。

台汗国B163：42文书是一件由中亚察合台汗发布的令旨，旨在保护以河西为据点的西藏僧人去东部天山地区进行巡礼活动，该件令旨由巡礼团带到了敦煌。令旨中记载的灌顶国师称号为元朝授予，据考，即明初的朵儿只怯烈失思巴藏卜。灌顶国师一行是在高昌、北庭、巴里坤等城市与敦煌连接的交通要道沿线，为蒙古王族及佛教徒举行佛事、法会的巡礼团。[①]这说明当时河西、西域地区的藏传佛教信仰受到当地统治者的支持和保护，而畏兀儿佛教徒在蒙古王族与藏传佛教的关系上发挥了桥梁作用。[②]正因如此，敦煌地区出现了像《西宁王速来蛮赞》这样用回鹘文写成的赞美诗句。

第三代西宁王牙罕沙应与其父速来蛮一样对佛教持推崇态度。根据《重修皇庆寺记》碑文中“寺成而王薨”的记载，西宁王速来蛮死于至正十一年（1351）。同时，碑文中的功德主牙罕沙已称西宁王。速来蛮出资重修皇庆寺，是敦煌佛教界的一件重

---

① Dai Matsui,A Mongolian decree from the Chaghatai Khanate Discovered at Dun-huang,In Peter Zieme (ed.) ,*As-pects of Research into Central Asian Buddhism:In memoriam Kōgi Kudara*,Turnhout:Brepols,2008,pp.159—178.该文后经修订以日文发表，见（日）松井太《東西チャガタイ系諸王家とウイグルチベット佛教徒—敦煌新発見モンゴル語文書の再検討から》，《内陸アジア研究》第23號，2008年，第25—48页。并参杨富学、刘宏梅译《东西察合台系诸王族与回鹘藏传佛教徒——再论敦煌出土察合台汗国蒙古文令旨》，收入杨富学主编《回鹘学译文集新编》，兰州：甘肃教育出版社，2015年，第93—116页。关于令旨中记载的Boladun，松井太认为是察合台后王卜剌，张海娟、杨富学认为应指元朝大汗，参张海娟、杨富学《蒙古豳王家族与河西西域佛教》，《敦煌学辑刊》2011年第4期，第89—91页。

②（日）松井太《東西チャガタイ系諸王家とウイグルチベット佛教徒—敦煌新発見モンゴル語文書の再検討から》，《内陸アジア研究》第23號，2008年，第25—48页。并参考杨富学、刘宏梅译《东西察合台系诸王族与回鹘藏传佛教徒——再论敦煌出土察合台汗国蒙古文令旨》，收入杨富学主编《回鹘学译文集新编》，第93—116页。

大事件。在重修皇庆寺的过程中，牙罕沙作为太子必然多有助力。阿速歹为速来蛮之子、牙罕沙之弟，是一位崇信佛教的西宁王家族成员。他作为家族成员并以太子身份参加了《莫高窟六字真言碣》和《重修皇庆寺记》碑的勒立。同时，敦煌所出回鹘文密宗文献Or.8212（109）《吉祥轮律仪》之题跋在叙述该书的作者、年代等成书背景时提到了阿速歹王子（太子）。该《吉祥轮律仪》属于藏传佛教文献，“从书中的许多藏文术语来看，应译自藏文”[①]。1974年，日本学者庄垣内正弘首先对该写本进行了初步介绍[②]。1978年，德国学者茨默（P.Zieme）和匈牙利学者卡拉（G. Kara）合作对Or.8210（109）文书进行了拉丁字母转写、德文翻译及注释[③]。此后中国学者耿世民[④]、阿不都热西提·亚库甫、杨富学分别对该题跋进行了汉译，内容基本相同：“至正十年虎年六月初四，我，柳中城人佣人初学僧萨里格·都统（Sarıγ Tutung）根据阿速歹太子之令旨书写。善哉！善哉！……我，阿速歹太子向金刚上师的双莲花座跪拜”[⑤]。抄写时间为至正十年

① 耿世民《敦煌出土回鹘文献介绍(续二)》,《语言与翻译》1989年第4期,第8页。

②（日）庄垣内正弘《ウイグル語写本·大英博物館蔵Or.8212（109）について》，《東洋学報》（1）：044-057，1974。

③ P.Zieme und G.Kara,*Ein uigurisches Totenbuch.Nāropas lehre in uigurischer übersetzung von vier tibetischen Traktaten nach der Samelhandschrift aus Dunhuang British Museum Or*.8210（109），Budapest 1970,S.160—162.

④ 耿世民《敦煌出土回鹘文献介绍（续二)》，《语言与翻译》1989年第4期，第8—9页。

⑤ 阿不都热西提·亚库甫《北京大学图书馆藏回鹘文〈西宁王速来蛮赞〉新探》，载朱玉麒主编《西域文史》第6辑，第71页；阿不都热西提·亚库甫《古代维吾尔语赞美诗和描写性韵文的语文学研究》，第274页。杨富学的翻译基本相同，唯末句译作：“我，阿速歹，怀着虔诚之心，命法师恭敬抄写。”见张海娟、杨富学《蒙古豳王家族与河西西域佛教》，《敦煌学辑刊》2011年第4期，第87—88页。

(1350) 六月初四，其父西宁王速来蛮当时仍在世。阿速歹王子命萨里都统用回鹘文恭敬抄写藏传佛教密宗文献的《吉祥轮律仪》，反映出他对藏传佛教的崇敬和虔诚态度。

第四代西宁王速丹沙。有关西宁王速丹沙出镇敦煌时的崇佛举措，文献阙载。榆林窟第15窟前室东壁题《大元重修三危山榆林窟千佛寺记》记载："由是重建精兰，复兴梵刹，广□/缁流于四姓，多兴禅室于岩间也。/□王寿等南山，赞/太子福齐北海。文武官僚，高迁禄位。五谷丰登，万民/乐业。法界含生，同登彼岸者矣。时/大元至正十三年五月十五日重修记。"[①] "□王"指当时正出镇四川的西宁王牙罕沙，"太子"指牙罕沙之弟速丹沙。《莫高窟六字真言碣》和《重修皇庆寺记》碑中，速丹沙以速来蛮家族成员出现，碑文中分别称"太子"和"王子"，表明速丹沙与其父、兄一样，对佛教持推崇态度。由功德记可知，在西宁王牙罕沙出镇四川之时，太子速丹沙主持了对榆林窟若干洞窟的重修，修葺后当地僧界在榆林窟第15窟题写功德记，并发愿为牙罕沙和速丹沙祈福。

第五代西宁王阿鲁哥失里。有关第五代西宁王阿鲁哥失里出镇沙州时期的崇佛举措，由于史料阙载而无从得知。从西宁王速来蛮家族的姓名特征，也可看出西宁王家族对佛教态度的变化。如速来蛮即阿拉伯语Sulaimān之音译，其长子牙罕沙（或养阿沙）作Yaghan Shāh（或Yanga Shāh），由突厥语Yaghan（象）和波斯语Shāh（王）组成，次子速丹沙则由阿拉伯语Sultān和波斯文Shāh组成，Sultān在阿拉伯语中为"统治者"的意思。[②]但《贵显

① 张伯元《安西榆林窟》，第207页。

② 阿不都热西提·亚库甫《北京大学图书馆藏回鹘文〈西宁王速来蛮赞〉新探》，载朱玉麒主编《西域文史》第6辑，第69页。杨富学《河西多体文字六字真言私臆》，《中国藏学》2012年第3期，第90页。

世系》失载，而《莫高窟六字真言碣》和《重修皇庆寺记》碑记载的速来蛮四子阿速歹、五子结来歹，则是地道的元代蒙古人名。[①]第四代西宁王牙罕沙在给其子取名时，则又体现出佛教的影响，如《贵显世系》记载牙罕沙的三个儿子分别为：答刺麻八剌（Darmabala）、阿鲁哥失里（Arkashirin）以及阿只台（A-judāi）。其中答剌麻八剌（Darmabala），借自梵文Dharmapāla，意为“护法”[②]。总之，西宁王家族出镇敦煌期间，对当地佛教发展抱有支持态度。究其原因，一方面与元代包容不同宗教、尤重佛教的大背景有关；另一方面基于当地传统的佛教社会，西宁王无论是出于宗教信仰还是政治考量，都有必要对佛教发展采取支持态度。

2. 沙州路总管府及瓜州官员对佛教的支持

沙州总管府及瓜州官员积极参与诸王组织的佛事活动，他们或作为施主、或作为供养人、或作为游人信众见载于敦煌当地的碑文、壁画以及石窟游人题记中。立于泰定三年（1326）的《重修文殊寺碑》记述了喃答失太子及眷属发愿修建文殊寺的功德。汉文部分记载：“巴都麻答并亦禄歹二妃子，公主孤麻等，众兄弟子孙等，众宰相官员及百姓等，悉皆欢悦。”[③]上引《重修文殊寺碑》中的“众官员”，不仅包括喃答失太子王府的官员，也应包括肃州路总管府的官员。西宁王速来蛮出镇敦煌时勒立的《莫高窟六字真言碣》，碑石下部即题写了沙州路总管府下属河渠司的众多官员姓名，他们积极参与到西宁王速来蛮主持的佛事

---

① 敖特根《〈莫高窟六字真言碣〉研究》,《敦煌研究》2005年第6期，第79页。

② （日）荻原云来编纂、辻直四郎监修《汉译对照梵和大辞典》（上），台北：新文丰出版公司，1988年，第634页。张海娟、杨富学《蒙古豳王家族与河西西域佛教》，《敦煌学辑刊》2011年第4期，第92页。

③ 耿世民、张宝玺《元回鹘文〈重修文殊寺碑〉初释》，第261—263页。

活动中。在速来蛮主持重修皇庆寺的过程中，沙州路总管府官员也积极参与，《重修皇庆寺记》碑碑阴刻写的施主中有沙州路河渠司提领、大使、副使等多名官员。此外，此碑文由沙州路总管府儒学教授刘奇撰书，碑文后题有沙州路司吏吕文德、张思敏以及承事郎沙州路总管府经历、权分治（知）事周秉彝、梁珪等，他们很可能具体负责碑石的勒立工作。

瓜州官员及家属供养人像还出现在榆林窟壁画中，反映出瓜州当地官员对佛教的信仰。榆林窟第3窟甬道北壁下部绘元代男供养人像五身；甬道南壁下部绘元代女供养人像五身[①]。关于第3窟元代供养人像题名，阎文儒、罗寄梅、谢稚柳、段文杰、张伯元、刘永增、山本明志均有调查抄录。[②]综合各家抄录结果并结合敦煌研究院"数字敦煌"分析，第3窟北壁下部第一身男供养人（图2-4）题名"□（思）钟答里太子"，第三身男供养人题名"知州买住"，第四身男供养人题名"平牙答思达鲁花赤"；甬道南壁第一身女供养人题名"□□里夫人"，第三身女供养人题名"阿□□亶夫人"，第二身和第四身女供养人题名漫漶。"思钟答里太子"供养人像位列知州和达鲁花赤之前，可能为出

---

① 霍熙亮整理《榆林窟、西千佛洞内容总录》，载敦煌研究院编《敦煌石窟内容总录》，北京：文物出版社，1996年，第204页；后收入敦煌研究院编《中国石窟·安西榆林窟》，第254页；敦煌研究院编《榆林窟研究论文集》（上册），第132页。

② 阎文儒《安西榆林窟调查报告》、罗寄梅《安西榆林窟的壁画》，并载敦煌研究院编《榆林窟研究论文集》（上册），第28、72页。段文杰《榆林窟党项蒙古政权时期的壁画艺术》，《敦煌研究》1989年第4期，第11页。张伯元《安西榆林窟》，第185页。刘永增《瓜州榆林窟第3窟的年代问题》，《艺术设计研究》2014年第4期，第17页。（日）山本明志《敦煌石窟モンゴル時代漢文墨書·刻文集成》，载（日）松井太、荒川慎太郎编《敦煌石窟多言語資料集成》，第379页。

伯家族的某位太子，但在《贵显世系》有关出伯家族的谱系以及其他碑文材料中并未发现一位名叫思钟答里的太子。第二位男供养人像题名为“知州买住……”，应即瓜州知州；第三身男供养人题名“本牙答思达鲁花赤……”，应即瓜州达鲁花赤。此外，莫高窟第322窟（图2-17、图2-18）以及榆林窟第4窟（图2-19）、第6窟（图2-20、图2-21）中绘有蒙古族供养人像，体现了蒙古上层人物和普通民众对佛教的崇信。

榆林窟还有一些沙州总管府和瓜州官员前来石窟巡礼后留下的题记。第3窟北壁下部第一身男供养人西侧还题写有一条游人题记（图2-4）：“维大元至正廿五年五月十五日/嘉议大夫沙州路总管朵尔只巴舍人/司吏张维中……瓜州达鲁花赤/同焚香到此。”[①]这表明至正二十五年（1365）沙州路总管府总管、司吏等官员在瓜州达鲁花赤的陪同下，巡礼了榆林窟第3窟。榆林窟第6窟、第12窟、第13窟留有至顺二年（1331）瓜州知州郭承直、其子郭再思以及瓜州司吏吴才亩、巡检杜鼎臣的题名。例如榆林窟第12窟游人题记记载：“大元国至顺二年奉元路居住奉佛弟子瓜州知州郭承直并男郭再思、巡检杜鼎臣到此礼佛记耳。”[②]瓜州知州郭承直以“佛弟子”自称并多次率领家眷和其他官员巡礼榆林窟，体现出对佛教的崇信。在莫高窟、榆林窟留存的游人题记中，还有很多沙州路总管府及瓜州官员巡礼洞窟后留下的题记。伯希和曾抄录莫高窟第5窟的一条题记：“岁次戊辰丁巳月乙酉日辛示吉时普作善（?）会，邀请众明威将军前沙州路总管府逵忠显校慰是□沙州路总管府□□买。”[③]“戊辰”年为天历元年（1328），从题记内容看，莫高窟曾举行佛教法会并邀请了沙州路

① （日）山本明志《敦煌石窟モンゴル時代漢文墨書·刻文集成》，第380页。
② 张伯元《安西榆林窟》，第198—199页。
③ （法）伯希和著、耿昇译《伯希和敦煌石窟笔记》，第367页。

图2-17 莫高窟第322窟蒙古族男供养人像
（采自《中国敦煌壁画全集10·敦煌西夏元》）

图2-18 莫高窟第322窟蒙古族女供养人像
（采自《中国敦煌壁画全集10·敦煌西夏元》）

图2-19 榆林窟第4窟蒙古族供养人像
（采自《中国敦煌壁画全集10·敦煌西夏元》）

图2-20 榆林窟第6窟前室西壁北侧蒙古族供养人
（采自《中国石窟·安西榆林窟》）

图2-21 榆林窟第6窟前室西壁南侧蒙古族供养人
（采自《中国石窟·安西榆林窟》）

总管府官员前来参加。

总之，沙州路总管府官员积极参与敦煌当地的佛事活动，并作为施主参与皇庆寺的重修工作，瓜州方面的高级官员及其眷属作为供养人出现在榆林窟壁画中，沙州路、瓜州官员多次巡礼莫高窟、榆林窟，反映出敦煌、瓜州当地浓厚的佛教氛围和沙州路总管府、瓜州官员对佛教的推崇和支持态度。

（二）敦煌石窟中的元代佛教艺术

元代石窟艺术是敦煌石窟艺术发展史上的最后一个阶段，也是目前石窟艺术学界所面临的热点和难点问题。元代壁画从内容上讲一窟之内显密同在、汉藏并存，风格上中原风格、西藏风格、回鹘风格并存，但以前二者为主，这也是印度、尼泊尔密教绘画与西藏苯教相结合的藏密特殊风格。[①]一般认为，莫高窟第3窟和第465窟是元代中原风格、藏密风格及其艺术成就的代表性洞窟。莫高窟第3窟壁画（图2-22、图2-23）在艺术上的特点及其取得的突出成就体现在运用高超的线描技巧塑造生动的形象上。[②]如该窟北壁十一面千手千眼观音变相，无论是整体构图还是细部线描，都取得了很高的艺术成就。莫高窟第465窟（图2-24、图2-25、图2-26）为藏传佛教密宗洞窟，主室窟顶藻井画大日如来一铺，洞窟四壁主要密宗尊像画、供养人画像等内容，四周尊像画下还绘有生活图景。第465窟艺术风格古朴而成熟，色彩上西藏风格较重，线描上受汉地影响较多，菩萨的造型则更多

① 段文杰《榆林窟党项蒙古政权时期的壁画艺术》，《敦煌研究》1989年第4期，第1—13页；《莫高窟晚期的艺术》，载敦煌文物研究所编《中国石窟·敦煌莫高窟》第5卷，第170—174页。

② 参刘玉权《民族艺术的奇葩——论敦煌西夏元时期的壁画》，载中国壁画全集编辑委员会《中国敦煌壁画全集》10《敦煌西夏元》，第18—19页。

图2-22 莫高窟第3窟千手千眼观音经变相
(采自《中国敦煌壁画全集10·敦煌西夏元》)

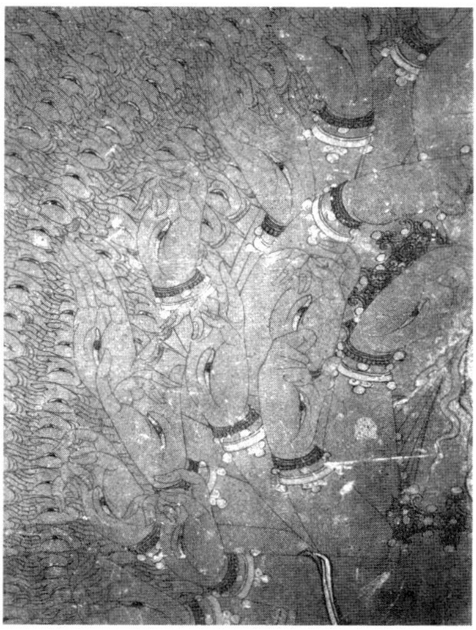

图2-23 莫高窟第3窟千手千眼观音经变相局部
(采自《中国敦煌壁画全集10·敦煌西夏元》)

图2-24 莫高窟第465窟藻井大日如来
(采自《敦煌石窟艺术:莫高窟第四六五窟(元)》)

图2-25 莫高窟第465窟西披无量寿佛（采自《敦煌石窟艺术：莫高窟第四六五窟（元）》

图2-26 莫高窟第465窟西壁南侧上乐金刚
（采自《敦煌石窟艺术：莫高窟第四六五窟（元）》

受尼泊尔风格的影响，给人震撼心灵的狞厉的美感。[①]

由于目前尚未发现敦煌石窟中保存有明确的元代洞窟修建纪年题记，而重修题记也为数不多，这给元代洞窟的时代判定带来了很大困难。榆林窟第12窟主室甬道北壁题有三行墨书：“临洮府后学待诏刘世福到此画/佛殿一所计耳/至正廿七年五月初一日计。”[②]这是为数不多的榆林窟重修题记之一。有些题记经分析并不属于修窟绘画题记而是游人题记，如此，原来的元窟断代观

① 杨雄《敦煌藏传密教艺术的珍贵遗存——莫高窟第四六五窟附榆林窟第四窟的内容与形式》，载敦煌研究院编《敦煌石窟艺术·莫高窟第四六五窟（元）》，南京：江苏美术出版社，1996年，第28页。

② 张伯元《安西榆林窟》，第200页。

点就受到了质疑。如莫高窟第3窟西壁帐门南侧观音像右下角墨书发愿文："救苦救难观世音菩萨上报四恩下资三愿息□□□□"，同时西壁帐门北侧观音像左下墨书："甘州史小玉笔"。敦煌研究院编《敦煌莫高窟供养人题记》将后一条题记判定为"画工题名"[①]。以往学者以该条题记为主要证据，通常认为莫高窟第3窟为元代营建。[②]但此后霍熙亮、关友惠、沙武田等学者对史小玉题记进行了再辨识，认为属于游人题记，并通过对石窟艺术风格的分析比对，倾向于认为该窟属于西夏时期洞窟。[③]又如莫高窟第465窟是典型的藏传佛教风格洞窟，以往认为属元代营建洞窟，但也有学者通过对第465窟窟内西夏文题记、壁画与西夏藏传风格绘画的关系、藏文题记等方面的考察，认为该窟属西夏早期洞窟，但也有学者持不同观点。[④]总之，由于后世的不断重修以及壁画内容、风格的复杂性，对于判定洞窟营建的具体时代仍具有很大难度，需要综合多种因素进行判断。

（三）元代佛教徒对敦煌石窟的巡礼

元朝时期来自全国各地的僧人、信众和游客巡礼莫高窟、榆林窟，并留下了大量的汉文游人题记以及蒙古文、回鹘文题记，

---

① 敦煌研究院编《敦煌莫高窟供养人题记》，第3页。

② 贺世哲《从供养人题记看莫高窟部分洞窟的营建年代》，载敦煌研究院编《敦煌莫高窟供养人题记》，第233页。敦煌研究院整理《敦煌莫高窟内容总录》，载敦煌研究院编《敦煌石窟内容总录》，第5页。刘玉权《民族艺术的奇葩——论敦煌西夏元时期的壁画》，载中国壁画全集编辑委员会编《中国敦煌壁画全集》10《敦煌西夏元》，第18页。

③ 沙武田、李国《敦煌莫高窟第3窟为西夏洞窟考》，《敦煌研究》2013年第4期，第1—11页。

④ 敖特根《敦煌莫高窟第465窟断代研究综述》，《敦煌研究》2003年第5期，第3—8页。杨富学《敦煌莫高窟第464窟的断代及其与回鹘之关系》，《敦煌研究》2012年第6期，第1—18页。

反映出元朝大一统时交通的畅通以及莫高窟、榆林窟在元代佛教信徒心中的崇高地位。与此同时，游人题记的大量出现也表明元朝对莫高窟、榆林窟的管理已渐趋松弛。

1. 回鹘蒙古文游人题记

最早对莫高窟游人题记进行全面调查的是法国探险家伯希和。1908年2月，伯希和抵达敦煌后随即制订调查计划，并逐洞对莫高窟的石窟形制、壁画内容、各类题记进行全面调查，其中对元代题记进行了详细记录，后出版《伯希和敦煌石窟笔记》一书。他在撰写的《敦煌藏经洞访书记》中写道：

> 我已经向您讲过西夏文（Si-hia）和八思巴文（Phag' s-pa）的游人题记，这可能非常奇怪，但其数量不大。属于第1类（西夏文）的可能有20余方，属于第2类（八思巴文）勉强只有10方左右，它们全部都已经无法利用了。此外还有藏文、回鹘文、以常用字书写的蒙古文和少许的婆罗迷文（Brahmis）题记。但这些附记均指某名当地乡民声称他曾在洞窟中焚香之事，它们只具有一种不太重要的价值。[①]

伯希和所称的“一种不太重要的价值”的题记即指游人题记。由于伯希和调查时间最早、当时保存状态更好，因而他的原始调查记录具有重要的参考价值。萨仁高娃据《伯希和敦煌石窟笔记》汉译本及其原始的法文本进行对照，文字包括藏文、西夏文、蒙古文等，统计出86处蒙古文题记（7处或回鹘文题记，1处为近人用粉笔涂写），其中八思巴文题记4处；但抄录的仅有

---

① （法）伯希和《敦煌藏经洞访书记》，载（法）伯希和著、耿昇译《伯希和敦煌石窟笔记》，第410页。

13条，其中八思巴文题记1条。[①]1987年5月20日至6月22日，敦煌研究院考古研究所与内蒙古师范大学蒙文系组成敦煌石窟蒙文题记考察组，对莫高窟、榆林窟、西千佛洞的531个洞窟进行了实地考察，考察组整理发表了《敦煌石窟回鹘蒙文题记考察报告》。根据报告，共抄录和译释出回鹘蒙文题记50处28条，其中六字真言题记最多，但只算作1条。[②]其中，有明确纪年的题记有4条，属于元朝时期的有至治亥年（1323）、至正六年（1346）以及至正申年（1344、1356或1368年）。近年来，日本学者松井太对敦煌石窟回鹘蒙文题记进行了实地调查、核对和抄录[③]。

比较完整的元代回鹘蒙古文游人题记有莫高窟第144窟甬道北壁图勒黑图古思题记，汉译为："承天命下凡，屹立于洞窟里的释迦牟尼佛，我们王法师，博颜，图勒黑图古思等人从肃州来向您叩拜，返回时我图勒黑图古思书题记留念。至治亥年（1323年）七月二十三日"[④]。至正六年（1346）和至正申年题记则内容残缺严重。此外还有些游人题记未出现年代信息，但出现了达鲁花赤、西宁王等字眼，因此亦属元朝时期。如榆林窟第12窟前室甬道北壁僧格奴题记，汉译内容为："由肃州起程的我们僧格

---

① 萨仁高娃《伯希和洞窟笔记所见少数民族文字题记》，载敦煌研究院编《2004年石窟研究国际学术会议论文集》（下），第774—791页。

② 敦煌研究院考古研究所、内蒙古师范大学蒙文系《敦煌石窟回鹘蒙文题记考察报告》，《敦煌研究》1990年第4期，第1—19页。

③（日）松井太《敦煌石窟ウイグル語·モンゴル語題記銘文集成》，载（日）松井太、荒川慎太郎编《敦煌石窟多言語資料集成》，第1—161页。

④ 敦煌研究院考古研究所、内蒙古师范大学蒙文系《敦煌石窟回鹘蒙文题记考察报告》，《敦煌研究》1990年第4期，第11页。松井太《敦煌石窟ウイグル語·モンゴル語題記銘文集成》，载（日）松井太、荒川慎太郎编《敦煌石窟多言語資料集成》，第31页。

奴，吉斯僧格，达鲁花赤（官）图热等人，在吉祥的巳年二月初十日来到瓜州天庙叩拜，返回时书题记留给后人看”；榆林窟第28窟中心塔柱北向龛东侧吉斯僧格题记：“吉祥的巳年……月十日，从肃州……吉斯僧格，达鲁花……这沙州的……宝……山寺庙叩拜了。返回时为后人留题记”。[①]根据题记年代、留题姓名以及内容判断，这两条题记属同一拨人题写，来自肃州的僧格奴、吉斯僧格以及肃州路达鲁花赤图热等从肃州来榆林窟巡礼，并在第12窟、第28窟留下了题名。莫高窟第144窟甬道北壁西宁王题记：“福禄的西宁王……着返回时我……”；第231窟丑年题记：“向佛请愿时扎农（?）叩拜了。米客思（?）……百姓们丑年五月十五日来此寺庙……享了大福。承天命下凡的汗主（皇帝）万万岁，主子万岁。……永远……对……”。这两条题记应属元朝时期题写。还有一条题记内容残缺严重，只有年代而无年号：“……二十八年七月二十”，这里很可能为至正二十八年（1368）游人题记。

榆林窟是敦煌诸石窟中保存回鹘文题记最多的地方，“在其现存的41个洞窟中，有25个窟的壁面上书有回鹘文题记，约有190余条，590余行”[②]。国内外回鹘文研究专家相继对这批回鹘

① 敦煌研究院考古研究所、内蒙古师范大学蒙文系《敦煌石窟回鹘蒙文题记考察报告》，《敦煌研究》1990年第4期，第15、16页。松井太《敦煌石窟ウイグル語·モンゴル語題記銘文集成》，载（日）松井太、荒川慎太郎编《敦煌石窟多言語資料集成》，第116页。

② 哈密顿、牛汝极、杨富学《榆林窟回鹘文题记译释》，《敦煌研究》1998年第2期，第39—54页。此后牛汝极增加了部分回鹘文题记，并收于《敦煌榆林窟千佛洞第12窟回鹘文题记》（《新疆大学学报（社会科学版）》2002年第1期）一文中。

文题记进行了释读和研究。[①]回鹘文题记多为草书，部分属于蒙元时代，部分属于早期的沙州回鹘时期及晚期的明代，也有更多题记年代信息不明。[②]

1908年，伯希和最早对莫高窟的元代汉文游人题记进行了逐洞调查和原始记录。1943年，史岩对莫高窟游人题记也有个别抄录[③]。1986年出版的敦煌研究院编著《敦煌莫高窟供养人题记》一书，对莫高窟元代汉文游人题记进行了全面调查和收录，以“游人漫题”专列于各窟题记之末[④]。在前人基础上，山本明志对莫高窟元代游人题记进行了实地调查和核对，并抄录了一些新发现的题记[⑤]。尽管后来的调查相对全面，但由于早期的调查抄录了相当多当时能识读清楚而今天已漫漶难辨的题记，因而伯希和1908年对莫高窟题记的调查结果仍具有特殊而重要的参考价值。学术界依据以上各书对游人题记的收录情况，对这类题记的

① （日）松井太《榆林窟回鶻文銘文再考（*Revising the Uigur Inscriptions of Yulin Caves*）》，《内陸アジア言語の研究》23，2008年。中译稿参张铁山、李刚译《榆林石窟回鹘文题记重考》，载《民族古籍研究》（第一辑），第34—44页；《敦煌諸石窟のウイグル語題記銘文に關する劄記》，《人文社會論叢》人文科学篇30，2013年，第29—50页；《敦煌諸石窟のウイグル語題記銘文に關する劄記（2）》，《人文社會論叢》人文科学篇32，2014年，第27—44页。松井太《敦煌石窟ウイグル語·モンゴル語題記銘文集成》，载（日）松井太、荒川慎太郎编《敦煌石窟多言語資料集成》，第1—161页。

② 哈密顿、杨富学、牛汝极《榆林窟回鹘文题记译释》，《敦煌研究》1998年第2期，第39页。

③ 史岩《敦煌石室画像题识》，比较文化研究所、国立敦煌艺术研究所、华西大学博物馆联合出版，1947年。

④ 敦煌研究院编《敦煌莫高窟供养人题记》。

⑤ （日）山本明志《敦煌石窟モンゴル時代漢文墨書·刻文集成》，载（日）松井太、荒川慎太郎编《敦煌石窟多言語資料集成》，東京外国語大学アジア·アフリカ言語文化研究所，2017年，第363—401页。

数量进行了统计。[①]这些调查、抄录和统计工作，为了解敦煌石窟元代汉文游人题记的整体面貌、特征及其蕴含的历史、宗教信息奠定了基础。通过对《伯希和敦煌石窟笔记》及《敦煌莫高窟供养人题记》的翻检和大致统计，可知两书抄录的莫高窟元代汉文游人题记共有131条。其中至正年间（1341—1370）游人题记最多，计有57条；至顺年间（1330—1333）有13条；元统年间（1333—1334）有7条；至大年间（1308—1311）、延祐年间（1314—1320）各有5条；至治年间（1321—1323）、天历年间（1328—1329）各有4条；大德年间（1297—1307）、泰定年间（1324—1327）各有2条。元世祖与元惠宗时期均有至元年号，可以确定的世祖至元时期题记有3条，惠宗至元时期题记有2条，不能确定是哪个至元年号的题记有5条。另有北元宣光三年（1373）题记1条，根据内容判断属于元代但无具体纪年信息的题记共22条。

张伯元对榆林窟汉文游人题记进行了全面的调查，所著《安西榆林窟》一书共收录88条游人题记[②]，此后山本明志通过实地调查和核对，又补充到96条[③]。据山本明志的最新调查结果，榆林窟元代汉文游人题记以至正年间（1341—1370）[④]最多，共71

---

① 徐自强、王力平分别统计出82条、87条元代汉文游人题记。见徐自强《敦煌莫高窟题记汇编》，载郝春文主编《敦煌文献论集》，第338页；又见徐自强等编著《敦煌莫高窟题记汇编》，北京：文物出版社，2014年，第477页。王力平《莫高窟汉文游人题记史料价值探析》，《敦煌学辑刊》2014年第3期。山本明志经过实地调查，共收录莫高窟元代汉文题记84条。（日）山本明志《敦煌石窟モンゴル時代漢文墨書·刻文集成》，第363—378页。

② 张伯元《安西榆林窟》。

③（日）山本明志《敦煌石窟モンゴル時代漢文墨書·刻文集成》，第378—394页。

④ 由于1368年明朝建立时河西地区仍由故元势力统治，因而至正年号继续使用。莫高窟、榆林窟元代汉文游人题记中出现了至正二十九年、三十年的纪年题记，故此处至正年号延展至至正三十年（1370）。

条；至顺年间（1330—1333）题记有6条；泰定年间（1324—1327）有5条。元统年间（1333—1334）、元惠宗至元年间（1335—1340）、元世祖至元年间（1264—1294）、大德年间（1297—1307）、皇庆年间（1312—1313）与天历年间（1328—1329）题记都在两条以内。此外，五个庙石窟还有两条元代汉文游人题记，其中一条为至治年间（1321—1323）题记。

从游人题记题写的时代可以看出，绝大多数题记都题写于14世纪的元代中后期，尤其以至正年号题记最多，这也与敦煌、瓜州历史发展特点相符。至顺元年（1330）以后，西宁王速来蛮家族开始长期镇戍敦煌、瓜州一带，这一时期政局稳定，当地社会经济得到了稳步发展，与历史进程相表里，敦煌莫高窟中属于西宁王镇戍时期的至顺、元统、至元、至正时期（1330—1370）的题记共有约80条，瓜州榆林窟中这一时期的题记也在80条上下，这也与回鹘蒙古文题记大都题写于元代中后期以及明代初期的特点符合。

就游客信众的职业和身份而言，大多为普通百姓，在题记中往往以“住人”出现。此外还有官员、僧人、道士等。僧人巡礼次数较多，来自冀宁路寿圣院、晋宁路普济院、巩昌府万寿寺、宁夏路严净院、甘州路普明寺、西凉州普寿寺的僧人，不畏路途遥远前来巡礼莫高窟。来莫高窟的目的，大多为烧香礼佛。莫高窟汉文游人题记中很多都未题写来自地名，除了部分漫漶不辨外，大多数都应为敦煌本地信众游客所题写。从蒙文和回鹘文游人题记看，蒙元时期回鹘人和蒙古人的佛教巡礼圈，东面来自永昌府、甘州、肃州、宁夏府路等地，西面则有哈密等地的香客。①巡礼

① （日）松井太《敦煌諸石窟のウイグル語題記銘文に關する劄記》，《人文社會論叢》人文科学篇30，2013年，第38页。

信众除了大多来自敦煌、瓜州本地之外，近处的来自甘肃行省的甘州、永昌、西凉州、山丹州等地，远点的有陕西行省各地，最南来自四川行省，最东来自中书行省各地，其中元大都（今北京）距莫高窟最远。这些游人题记蕴含了元代部分地区的行政建置和佛教寺庙题名，具有重要的历史和宗教研究价值。[①]根据伯希和的抄录，来自四川地区成都府的信众游客巡礼了莫高窟第98窟、第100窟、第206窟，并留下游人题记。[②]来自河北地区晋宁路、冀宁路的信众也前来巡礼莫高窟。莫高窟第5窟、第444窟的两条游人题记，伯希和分别抄录为“晋宁路临洮（?）县”“晋宁路供洞县”[③]。《元史·地理志》记载晋宁路之下有六县，其中有临汾、洪洞两县。莫高窟第78窟游人题记留题“晋宁路临汾县”，因此伯希和所抄录的“临洮（?）县”应为临汾县，“供洞县”应为洪洞县。莫高窟第280窟游人题记，伯希和抄作“太原翼宁路”，据《元史·地理志》应为冀宁路。此外，莫高窟第206窟游人题记记载：“至正九年七月廿四日大都直省居人野速迭”，大都即元朝都城（今北京），由于大都所在的元朝腹里地区由中书省直接管辖，故而又自称直省。总之，元朝境内的汉、蒙古、畏兀儿等族信众游客，不远千里甚至万里前往莫高窟、榆林窟巡礼，足见两窟在元代佛教徒和信众中的崇高地位，也反映出西宁王以及沙州路总管府治下敦煌、瓜州两地

---

① 陈光文《莫高窟、榆林窟元代汉文游人题记史料价值述论》，《内蒙古社会科学（汉文版）》2017年第2期，第80—86页。

②（法）伯希和著、耿昇译《伯希和敦煌石窟笔记》，第142页（第98窟）、117页（第100窟）、107页（206窟）。

③（法）伯希和著、耿昇译《伯希和敦煌石窟笔记》，第367页（第5窟）、258页（第444窟）。

佛教信仰的浓厚氛围。

二、景教

元代统治者虽然推崇佛教，但对境内的其他宗教信仰亦持宽容态度。元代敦煌为蒙古、汉、党项、畏兀儿等多民族聚居之地，各种宗教信仰在敦煌都有其信仰群体并能和谐相处。

基督教聂斯脱利派，由于该派主张基督耶稣具有人神的二重性，被视为基督教异端而受到打压，在汉文史料中又作景教。公元635年景教获准开始在唐朝境内传教，并在此后获得了比较广泛的传播，留下了较多文献记载和文物遗存，如著名的《大秦景教流行中国碑》。唐代敦煌地区也有景教传播，敦煌遗书中保存了部分景教写本，如P.3847《大秦景教三威蒙度赞》、日本藏《大秦景教宣元本经》及《志玄安乐经》等文献。[①]但景教在唐武宗会昌五年（845）的灭佛运动中被禁绝。尽管如此，景教却在此后建立的高昌回鹘王国中得到了传播。[②]1988年至1995年，敦煌研究院考古研究所对莫高窟北区洞窟进行了清理发掘，出土了大量文献文物，其中北区洞窟B105中出土了一件青铜造十字架（图2-27）。据形制判断，可能属于佩戴的徽章，时代在宋或宋以前，洞窟中被瘗埋的死者中可能有基督教徒。[③]景教在中原王朝禁绝时，却在北方草原部族中得到传播，如乃蛮、克

---

① 林悟殊撰写词条，载季羡林主编《敦煌学大辞典》，上海：上海辞书出版社，1998年，第770—771页。彭金章《敦煌新近发现的景教遗物——兼述藏经洞所出景教文献与画幡》，《敦煌研究》2013年第3期，第55—57页。

② 陈怀宇《高昌回鹘景教研究》，载《敦煌吐鲁番研究》第4卷，北京：北京大学出版社，1999年，第165—205页。

③彭金章、王建军编《敦煌莫高窟北区石窟》（第二卷），第43—45页。彭金章《敦煌新近发现的景教遗物——兼述藏经洞所出景教文献与画幡》，《敦煌研究》2013年第3期，第52—54页。

烈、汪古等部落[1]。至蒙元时期，由于统治者对不同宗教采取的宽容政策，因而景教得到了进一步发展。特别是蒙古军西征，打通了欧亚大陆东西交通，同时又在征伐中带回了大量西方工匠和战俘，其中有不少基督教徒，这使得元朝境内的基督教得到了进一步传播。

图2-27 莫高窟北区洞窟B105出土青铜造十字架（采自《敦煌莫高窟北区石窟》第2卷）

在《马可波罗行纪》中，记载河西西部地区的敦煌、肃州、甘州等地有聂斯脱利派教徒，其中甘州甚至还建有三座富丽堂皇的基督教堂。关于甘州的记载："居民是偶像教徒，回教徒及基督教徒。基督教徒在此城中有壮丽教堂三所"[2]，这里记载的甘州的教堂，在《元史》中记载作"十字寺"。《元史·顺帝纪》记载，至元元年（1335）三月，"丙

① 邱树森《元代基督教在蒙古克烈、乃蛮、汪古地区的传播》，《内蒙古社会科学（汉文版）》2002年第2期，第46页。

② （法）沙海昂注，冯承钧译《马可波罗行纪》，第208页。

申，中书省臣言：‘甘肃甘州路十字寺奉安世祖皇帝母别吉太后于内，请定祭礼。’从之”[①]。世祖忽必烈的母亲为怯烈氏，此处“别吉”为基督教妇女名字，则怯烈氏信奉基督教无疑[②]。关于肃州的记载：“居民是基督教徒或偶像教徒，并臣属大汗。”关于唐古忒州（沙州）的记载：“居民多是偶像教徒，亦稍有聂斯脱利派之基督教徒若干，并有回教徒。”由《马可波罗行纪》上述记载，可知敦煌城内以佛教徒居多，但也有一定数量的基督教聂斯脱利派教徒。同时也说明，甘州、肃州、敦煌等河西西部地区是景教徒分布较为密集的地区。除马可波罗的东行外，还有元代基督教徒畏兀儿人拉班·扫马西行壮举。在其《拉班·扫马和马克西行记》中提到拉班·扫马与马克经过了一座“唐古特城”，此“唐古特城”即《马可波罗行纪》中记载的“唐古忒州”，也就是敦煌。《拉班·扫马和马克西行记》记载：“他们从科尚城去唐古特之城。该城百姓听说拉班·扫马和马克路过那里去耶路撒冷，不分男女老幼，咸急切前去会见，因唐古特之民是热忱的信徒，他们思想纯洁。他们送给两僧各种礼物，并接受两人的祝福，随后一群人护送他们上路。”[③]从这段记载中，也能体会到聂斯脱利派教徒的虔诚信仰和对拉班·扫马和马克为了信仰而西行的崇敬。

元代敦煌地区生活有畏兀儿人。立于至正八年（1348）的《莫高窟六字真言碣》中有梵文、藏文、汉文、西夏文、回鹘文、

---

① 《元史》卷三八《顺帝本纪一》，第826页。

② 朱谦之《中国景教》，北京：东方出版社，1993年，第180页。

③ *The Monks of Kûblai Khân, translated from the Syriac*, by Sir E.A.Wallis Budge, Kr., London, L, pp.136—139.并参（伊儿汗国）佚名著、朱炳旭译《拉班·扫马和马克西行记》，第9—10页。

八思巴文，碑文中的哈剌阳可能是畏兀儿人。[①]元代畏兀儿人主要信仰佛教、景教以及摩尼教，拉班·扫马即为信仰景教的畏兀儿人。立于至正十一年（1351）的《重修皇庆寺记》中，碑阴镌刻的晋宁路施主题名中有位“费教士”，“教士”是基督教（即景教）传教士称谓，说明景教在沙州地区得到了传播。[②]来自山西晋宁路的景教费教士到敦煌传教，并且还作为施主出资重修佛教寺庙皇庆寺，反映出元代敦煌地区不同宗教和谐共存的局面。莫高窟北区洞窟出土的景教遗物更加证明了元朝时期景教在敦煌地区的传播，B53洞窟中发现了叙利亚文文书，残存4整页，共计61行内容（图2-28、图2-29）。[③]经过释读，这4页叙利亚文文书为《圣经》的文选，摘录的是《旧约》中《诗篇》的内容，而《诗篇》又是景教的各种宗教活动中引用最频繁的经典，“在所有的宗教仪式上朗诵长短不同的《诗篇》章节是必不可少的项目”[④]。莫高窟北区B53窟中出土景教文献《诗篇》与《马可波罗行纪》《拉班·扫马和马克西行记》，共同说明了元朝时期景教在敦煌的传播和发展。

① 杨富学《河西多体文字六字真言私臆》，《中国藏学》2012年第3期，第90页。

② 李永宁《敦煌莫高窟碑文录及有关问题（二）》，《敦煌研究》1982年第2期，第115页。

③ 彭金章、王建军编《敦煌莫高窟北区石窟》（第一卷），第194—197页。

④ 段晴《敦煌新出土叙利亚文文书释读报告》，载彭金章、王建军编《敦煌莫高窟北区石窟》第一卷，第382—390页。段晴《敦煌新出土叙利亚文书释读报告（续编）》，《敦煌研究》2000年第4期，第120—126页，该文后收入彭金章主编《敦煌莫高窟北区石窟研究》（下册），第596—604页。

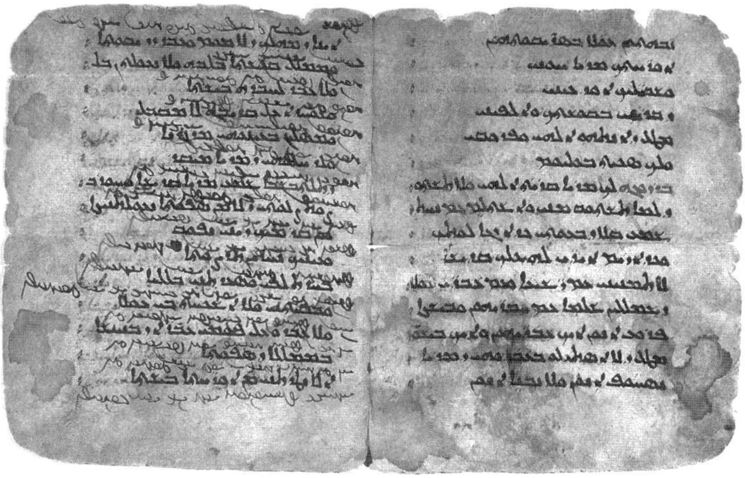

图2-28 莫高窟北区洞窟B053出土叙利亚文《圣经》残页正面
(采自《敦煌莫高窟北区石窟》第1卷)

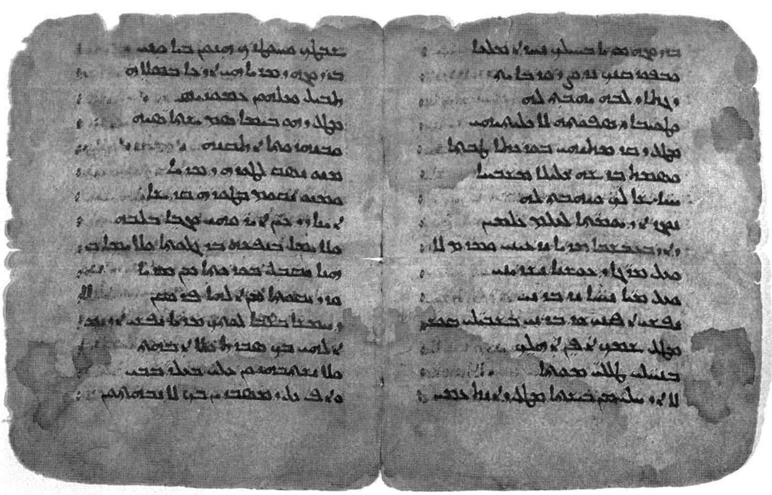

图2-29 莫高窟北区洞窟B053出土叙利亚文《圣经》残页背面
(采自《敦煌莫高窟北区石窟》第1卷)

第三章

明朝时期的敦煌

公元1368年，朱元璋在应天称帝，年号洪武，明朝建立。此后，明军继续进行统一全国的战争和招降活动。1368年至1372年间明军尚未发兵河西，因此该地区仍由故元甘肃行省管辖。从黑水城出土的汉文文书以及莫高窟、榆林窟留存的汉文游人题记来看，当地官府和百姓仍继续使用故元至正年号（1368—1370）和宣光年号（1371—1372）。洪武五年（1372），冯胜率明军沿河西走廊西进，在短时间内相继攻克了西凉、永昌、甘州、肃州、亦集乃、瓜州、沙州，并于班师途中在肃州以西七十里修建嘉峪关。明朝前期对嘉峪关以西地区采取了建关设卫、统而不治的羁縻政策，相继设立安定卫、阿端卫、曲先卫、罕东卫以及沙州卫（后废，续设罕东左卫）、赤斤蒙古卫、哈密卫七卫。其中位处敦煌境内的是沙州卫及其之后续设的罕东左卫，位处瓜州境内的是赤斤蒙古卫。明朝中期由于北方瓦剌、西域吐鲁番势力的崛起和进逼以及诸卫之间的互相劫掠，关西七卫相继衰落废置。明朝最终关闭嘉峪关，放弃关西土地，敦煌地区也被完全弃置，明廷也将七卫部众全部迁入嘉峪关内并安插各地居住。明朝始终未直接统治敦煌，仅是设卫羁縻而已，因此关西诸卫及其部众基本上处于放任自流的状态。敦煌莫高窟、瓜州榆林窟在明代成为无人管理的荒刹，未有营建活动，仅偶有明军将士和信众、游人巡礼至此并留下一些游人题记。有关沙州卫、罕东左卫时期的敦煌历史和社会面貌，《明实录》《明史》《肃镇华夷志》等史志有零散记载。

第一节　明军攻克敦煌与关西七卫的设立

自洪武二年（1369）开始，明军对东北、北方、西北以及西南边疆地区进行了大规模的统一战争和招降活动。是年十二月，徐达率军攻克太原，扩廓帖木儿败走甘肃。但此时明军尚未发兵河西，河西仍由故元甘肃行省管辖。黑水城出土汉文文书中，所见年代最晚者为北元宣光二年（1372）。[①]通过对莫高窟、榆林窟留存的明代汉文游人题记的辑录和整理，可知莫高窟留存至正二十八年（1368）题记3条、至正三十年（1370）题记1条，榆林窟留存至正二十八年（1368）题记5条、至正三十年（1370）题记1条，两窟共10条。明朝建立后，来自肃州、甘州、平凉等地的信众游客在巡礼莫高窟、榆林窟时，仍使用元代至正年号。如

① 李逸友指出“时间最晚的成于北元宣光元年（1371年）”，见李逸友编著《黑城出土文书（汉文文书卷）》，第10页。不过《俄藏黑水城文献（汉文部分）》第4册有一件名为《宣光二年甘肃等处行中书省亦集乃分省咨文》的文书，表明黑水城汉文文书中已知年代最晚的应写于宣光二年（1372），是年也是明军攻克亦集乃路的时间。见史金波、魏同贤、克恰诺夫主编《俄藏黑水城文献（汉文部分）》第4册，上海：上海古籍出版社，1997年，第209页。

至正二十八年（1368）二月十五日平凉府百姓刘善童巡礼了莫高窟第158窟，四月二十七日肃州军官李荣钟、李寿安巡礼了榆林窟第19窟，五月署名为“佛奴”的信众巡礼了莫高窟第465窟，五月二十日来自甘州清平坊的王哈喇等六人巡礼了榆林窟第2窟，同日江思诚及其弟福童亦巡礼了榆林窟第2窟。其中江思诚署名为“瓜州司吏”，表明此时沙州路总管府所属瓜州的元代行政系统仍在正常运转。至正三十年（1370）三月三日，信众于安昝巡礼了榆林窟第13窟，五月五日甘州信众巡礼了莫高窟第464窟，这也是明军攻克敦煌、瓜州前，所见的最后两条至正三十年（1370）游人题记。这些游人题记表明，当时包括敦煌、瓜州在内的河西西部地区仍处于故元甘肃行省的管辖下。自洪武五年（1372）开始，明军深入河西，发动了瓦解故元甘肃行省及诸王势力的军事行动。攻克河西地区之后，明廷于洪武、永乐年间在包括敦煌在内的嘉峪关以西地区相继设立羁縻性质的关西七卫。

一、明军攻克敦煌的历史过程

洪武三年（1370）春正月，明廷命徐达为征虏大将军，李文忠、冯胜、冯愈、汤和副之，分道北征。洪武五年（1372）正月，宋国公冯胜为征西将军，陈德、傅友德分任左右副将，出征甘肃。《明太祖实录》洪武五年（1372）六月记载：

> 戊寅。征西将军冯胜、左副将军陈德、右副将军傅友德率师至甘肃，故元将上都驴降。初胜等师至兰州，友德先率骁骑五千直趋西凉，遇元失剌罕之兵战败。至永昌又败元太尉朵儿只巴于忽刺罕口，大获其辎重牛马。进至扫林山，胜等师亦至，共击走胡兵。友德手射死其平章百花，追斩其党四百余人，降太尉锁纳儿加平章管著等。至是上都驴知大将军至，率所部吏民八百三十余户迎降，胜等抚

> 辑其民，留官军守之。遂进之亦集乃路，元守将卜颜帖木儿全城降。师次别笃山口，元岐王朵儿只班遁去，追获其平章长加奴等二十七人，及马驼牛羊十余万。友德复引兵至瓜、沙州，又败其兵，获金银印马驼牛羊二万而还。①

《明史·太祖纪》及《明史·傅友德传》亦有简略记载②。此次明军沿河西走廊西进，击溃故元军队，先后攻占西凉、永昌、亦集乃、肃州、瓜州、沙州，故元甘肃行省统治迅速瓦解。

黑水城出土汉文文书中时代最晚的一件写于北元宣光二年（1372），《俄藏黑水城文献（汉文部分）》将该件文书命名为《宣光二年甘肃等处行中书省亦集乃分省咨文》，编号TK204V（图3-1）。学术界曾进行了录文③，但存在讹误之处。在此基础上参核原卷④重新释读如下：

> （1）□□□（皇帝圣）旨里甘肃等处行中书省亦集乃分省照得，近准/□书省咨,钦奉/亦集乃甘州分省立省衙以整治百姓有来，如今立左丞完者帖木儿做本省平/□（章），参政□□做本省左丞，总管倬思班做参政，立分省里管解，

---

①《明太祖实录》卷七四洪武五年六月，台北“中央研究院历史语言研究所”校印本，1963年，第1358—1359页。

②《明史》卷二《太祖本纪二》，北京：中华书局，1974年，第27页；卷一二九《傅友德传》，第3802页。

③ 马顺平《北元“宣光二年甘肃等处行中书省亦集乃分省咨文”考释》，《内蒙古大学学报（社会科学版）》2008年第2期，第32页。

④ 史金波、魏同贤、克恰诺夫主编《俄藏黑水城文献（汉文部分）》第4册，第209页。此处录文时遵从原文书格式，每行之间用“/”表示。残损或难以辨识之字较少时用“□”表示、较多时用“▨”表示，补入之字用“()”表示，不确定的字用“(?)”表示。

□整治百姓/农□□道。钦此。

（2）宣光二年四月十三日准□□王中书平章知枢密院事咨/此□□□□完者帖木儿等军一处把截者。钦此。钦□把截守御□。

（3）宣光二年五月廿五日准甘州省平章忻都、完者，左丞□答失里等畏兀儿文字咨。该鼠儿年/□月初二日前理问亦令真巴、断事官台□□哨□（探）得红贼冯胜□□思齐等侵/山丹至，初三日占了甘州，十五日至肃□（州）。□□得此，如今诸王、驸马、分省咨得文书去/□，准此。照得甘州相邻，附近缘▨总管亦集乃一路，并此每千户□，□□军兵▨倘有贼人冲突，□□马（?）保（?）使（?）/▨奥□起▨

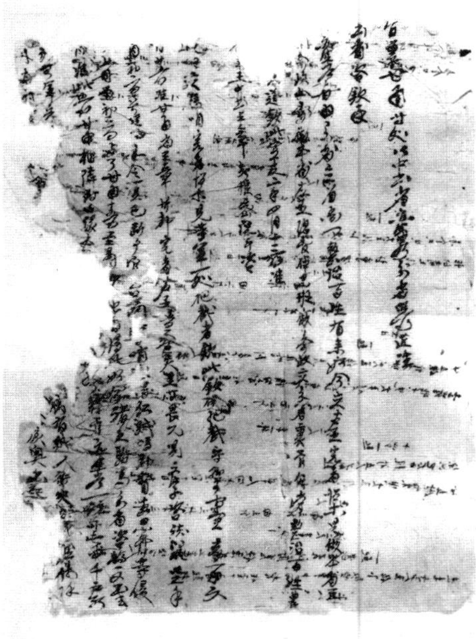

图3-1 黑水城出土TK204V《宣光二年甘肃等处行中书省亦集乃分省咨文》（采自《俄藏黑水城文献（汉文部分）》第4册）

文书（1）是一件官员任命文书，记载了亦集乃分省官员的一次人事变动。文书中的“亦集乃甘州分省”是亦集乃甘肃分省的别称。据文书记载，原左丞完者帖木儿被任命为亦集乃分省平章，原参政（即参知政事）某人[①]被任命为分省左丞，而原来担任亦集乃总管的倬思班则被任命为参知政事，三人均递相擢升。根据文书（1）与文书（2）的时间先后关系，可知文书（1）所载的官员任命时间应在宣光二年（1372）四月十三日之前。马顺平将“左丞完者帖木儿”录作“卢王完者帖木儿”，但元代并无卢王王号，实际上是误录。《元史·百官志》对行省职官设置记载道：“每省丞相一员，从一品；平章二员，从一品；右丞一员，左丞一员，正二品；参知政事二名，从二品，甘肃、岭北二省各减一员。”[②]由此可知，该件文书所任命的都为行省高级别官员。由于元末甘肃行省下又有亦集乃分省的设置，因而亦集乃分省也设置了平章、左丞和参知政事等职官。文书中记载立分省并任命诸人的目的是“整治百姓”，促进农业生产。文书（2）任命新任亦集乃分省平章完者帖木儿率军守御，“把截”军事要口，时间在宣光二年（1372）四月十三日。文书（3）中“甘州省”，实际上就是文书（1）中亦集乃甘肃分省别称“亦集乃甘州分省”之简称。文书（3）具体交代了文书（2）中完者帖木儿率军守御的缘由，即亦集乃方面探得了明军抵近的最新军事动向。由亦集乃方面探得的情报可知，“红贼”冯胜率所部从山丹而来，文书记载其时间为“该鼠儿年□月初二日”。“鼠儿年”即北元宣光二年，即明洪武五年（1372），“□月”，据下文判断当为“五月”。是年五月初三日，冯胜所部占据甘州，十五日到达肃州。文书后残，据文意判断应为亦集乃方面所做的军事准备。TK204V三件文书内容相互连接，反映出明军攻占亦集乃分省之

① 按：文书（2）字迹模糊，根据文书（3）记载推断可能是“□答失里”。

② 《元史》卷九一《百官志七》，北京：中华书局，1976年，第2305页。

前的军事动向及亦集乃方面的人事任命、军情侦察和军队调动情况。TK204V文书与《明太祖实录》的记载恰可以互证，记录了明军攻占甘肃各地的战争进程。更难能可贵的是，TK204V文书真实记录了明军进军甘肃路线和攻克甘州、肃州的时间。马顺平结合TK204V文书并对照《明太祖实录》记载，对明军进军甘肃的路线复原如下：兰州（三月下旬出发）→西凉→永昌/忽剌罕口→山丹/扫林山（三四月之交）→甘州（四月三日）→肃州（四月十五日）→亦集乃（五月间）→别笃山口。[①]此处对明军进军路线的推论是正确的，不过根据文书记载，攻占甘州、肃州的时间更可能为五月三日和五月十五日，而明军攻占亦集乃应在五月底。由《明太祖实录》记载可知，在别笃山口追剿之后，傅友德又引兵西进，进攻瓜州、敦煌，其时当在六月初。洪武五年（1372）明军攻克河西各地的军事行动中，尚未发现明军与豳王、西宁王军队发生战斗的记载。《明太祖实录》记载："师次别笃山口，元岐王朵儿只班遁去，追获其平章长加奴等二十七人，及马驼牛羊十余万。友德复引兵至瓜、沙州，又败其兵，获金银印马驼牛羊二万而还"，表明傅友德在瓜州、敦煌又战败岐王朵儿只班，但却对原本镇戍肃州、瓜州、敦煌一带的豳王和西宁王未有任何提及，很可能他们在明军到达前已经逃走。

值得注意的是，TK204V文书（3）将冯胜所率明军称为"红贼"。元至正十一年（1351），爆发了郭子兴、韩山童、刘福通、徐寿辉等领导的农民大起义。由于起义军"以红巾为号"，多为白莲教徒，故而"时皆谓之'红军'，亦称'香军'"。由此"红

① 马顺平《北元"宣光二年甘肃等处行中书省亦集乃分省咨文"考释》，第34页。

军”或“红巾军”成为对元末农民起义军的称呼。此外，在高丽史料中又有称呼红巾军为“红贼”的记载。至正十九年（高丽恭闵王八年，1359）元月，关先生所率领的中路红巾军攻克辽东，设立辽阳行省，随后红巾军对高丽发出威慑文告。郑麟趾等撰《高丽史》记载，是年二月，“红贼移文于我曰：‘慨念生民，又陷于胡。倡义举兵，恢复中原。东逾齐鲁，西出函秦，南过闽广，北抵幽燕，悉皆款附，如饥者之得膏粱，病者之遇药石。今令诸将严戒士卒，毋得扰民。民之归化者，抚之；执迷旅拒者，罪之。’”[①]这里的“红贼”即指红巾军。在各支起义军中，朱元璋所部最终完成了对南方各地的统一，并兴军北伐，建立明朝。故而到元代末期，又称明军为“红军”或“红贼”。

莫高窟第237窟（伯希和编号第84号洞）留存有一条汉文游人题记，伯希和在其石窟笔记中记载：“在过道右壁的汉文游人题记中，我释读出了以下一些［题记］”，并抄录了题记内容：

> 统（?）兵官朵儿只巴/中书省左丞相（?）红军至/肃州赶（?）至同甘肃省（?）/平章侏等到此。[②]

有学者认为“朵儿只巴”应与元武宗至大元年（1308）时担任释教总管的“朵儿只八”有关，题写时间应在此前后；题记中的

---

①（朝鲜）郑麟趾等著，孙晓主编《高丽史》卷三九《恭闵王二》，重庆：西南师范大学出版社，2014年，第1222页。

②（法）伯希和著，耿昇译《伯希和敦煌石窟笔记》，第158—159页。山本明志抄作：“总兵官朵儿只巴/中书省左丞相红军至/肃州赶至同甘肃省/平章保保等到此。”（日）山本明志《敦煌石窟モンゴル時代漢文墨書·刻文集成》，载（日）松井太、荒川慎太郎编《敦煌石窟多言語資料集成》，東京外国語大学アジア·アフリカ言語文化研究所，2017年，第373页。

"红军"所指不详，可能为"统军"之误[①]。经过对《明太祖实录》及黑水城出土汉文文书TK204V相关内容的考察，该题记应与明军进攻甘肃事件有关。题记中包含统兵官、中书省左丞相（?）及甘肃省（?）平章等职官信息。题记中记载"红军至肃州赶（?）至"，"红军"应即TK204V文书中记载的"红贼冯胜"，"红军至肃州赶（?）至"指明军在相继占领甘州、肃州、亦集乃等地之后，又从肃州西进瓜州、敦煌。明军从肃州追来，迫使大批故元官员和残兵向西逃至瓜州、敦煌一带，而元代及明初，肃州、瓜州、敦煌一直是豳王、西宁王出镇区域。TK204V文书记载有两名亦集乃分省平章忻都和完者帖木儿，但题记中的"甘肃省（?）平章侏□"应为甘肃省平章。"中书省左丞相（?）"官高从一品，他在明军沿河西走廊快速西进的情况下，也逃至瓜州、敦煌一带；"统（?）兵官朵儿只巴"，应即《明太祖实录》所载被明军击败于永昌的元太尉朵儿只巴或者于别笃山口逃走的元岐王朵儿只班。由此可知，《明太祖实录》、TK204V文书以及莫高窟第237窟北元时期汉文游人题记，从不同角度或记录或反映了明军进军甘肃、攻克敦煌等地的战事，具有较高的历史价值。

二、关西七卫的相继设立

在攻克瓜州、敦煌后，冯胜所部并未在当地设立行政建置实行管辖，而是在战后即班师返回，并在肃州以西七十里修建嘉峪关。此后，明廷逐步构建属于明代九边之一的甘肃镇，并在嘉峪关以西地区相继设立起到拱卫甘肃镇作用的"关西七卫"。明军之所以止步于关西，并建关控守，与明朝当时面临的周边形势有

---

① 王力平《莫高窟汉文游人题记史料价值探析》，《敦煌学辑刊》2014年第3期，第51页。

关。在西域地区，察合台后王维持着松散的统治，境内有吐鲁番、火州、柳城等地方政权和大小部落，部落之间往往“各自割据，不相统属”，“地大者称国，小者止称地面”[①]。再往西又有帖木儿以撒马尔罕为都城建立起来的帖木儿帝国。但在明初兵锋强大之时，西域地区对明代的西北边疆安全尚构不成实质威胁。因此，明初对西域地区主要采取了遣使诏谕、通使结好、朝贡贸易的政策。而在北方，虽然元顺帝在明军的强大攻势下退居草原，但其仍有相当强的军事实力和政治号召力，“屡谋兴复”，构成了明朝的主要边患，同时也是明初用兵的首要方向。当冯胜、傅友德在甘肃取得大胜的同时，徐达、李文忠却在漠北战事中遭受败绩。而徐、李之败，迫使朱元璋放弃了彻底统一整个蒙古草原的想法，并开始在明朝北部和西北部对蒙古采取备边防御政策。[②]在此背景下，冯胜所率明军在攻克河西后，并未贸然突进至哈密及西域地区，也未在包括敦煌在内的关西地区建立起直接统治，而是在甘肃战事结束后不久即奉旨班师回京。冯胜率军在返回途中，于肃州以西七十里修建嘉峪关（图3-2）。关城“望之四达，足壮伟观”[③]，据以抵御蒙古边患，阻隔蒙藏各部联系，并作为与西域贡贸往来的窗口。明人张雨在描述嘉峪关形胜时说道：“河山襟带，羌戎通驿，南有雪山嵯峨万仞，北有紫塞延袤千里，西土保障之喉襟。”[④]《秦边纪略》亦称：“明收河西地，而以嘉峪为中外巨防，此河西之极而譬诸吐

---

① 《明史》卷三三二《西域传四·俺的干》，第8616页。

② 刘国防《明朝的备边政策与哈密卫的设置》，《西域研究》1998年第4期，第14—15页。

③ 吴生贵，王世雄等校注《肃州新志校注》，北京：中华书局，2006年，第130页。

④ ［明］张雨撰，薄音湖点校《边政考》，呼和浩特：内蒙古大学出版社，2011年，第110页。

舌之末也。地无居人，为屯兵焉。四面平川而关在坡上，初有水而后置关，有关而后建楼，有楼而后筑城，长城筑而后关可守也。”[①]冯胜率军东返后，蒙古部众又重新回到敦煌、瓜州一带游牧。翌年（1373），莫高窟第465窟出现了一条北元宣光年号的游人题记“宣光三年凌住罕到此”[②]。

建设“中外巨防”嘉峪关之后，明初又在河西地区设立甘肃

图3-2 明代嘉峪关
（采自《城池防御建筑：千里江山万里城》）

① ［清］梁份著，赵盛世等校注《秦边纪略》卷四《肃州卫》，西宁：青海人民出版社，1987年，第236页。

② 敦煌研究院编《敦煌莫高窟供养人题记》，北京：文物出版社，1986年，第175页。

镇。《明史·西域传》记载："原夫太祖甫定关中，即法汉武创河西四郡隔绝羌、胡之意，建重镇于甘肃，以北拒蒙古，南捍诸番，俾不得相合。"[①]《明史·兵志》亦载："元人北归，屡谋兴复。永乐迁都北平，三面近塞。正统以后，敌患日多。故终明之世，边防甚重。东起鸭绿，西抵嘉峪，绵亘万里，分地守御。初设辽东、宣府、大同、延绥四镇，继设宁夏、甘肃、蓟州三镇，而太原总兵治偏头，三边制府驻固原，亦称二镇，是为九边。"[②]关于甘肃镇的设立时间，史书未有明确记载。学者认为宋晟充任总兵官可视为洪武二十五年（1392），甘肃已经建镇，并且甘肃镇为九边首设边镇[③]。甘肃镇位于九边最西，北有蒙古、南为藏地、西有西域各政权，防御任务艰巨、地位作用重要，对此明清时人多有评论阐发。如"盖以本朝边境，惟甘肃为最远，亦惟甘肃为最重。祖宗于此屯兵建阃，非但制驭境外之生夷，亦以抚绥境内之熟羌也"[④]；"各边止知防秋，而甘肃四时皆防，各边止知防虏，而甘肃则又防番防回，兵马奔驰，殆无虚日"[⑤]；等等。甘肃镇下还设立有众多卫所，并构筑起墩堡、驿站和边墙的完善防御体系。[⑥]

明代虽然有划嘉峪关而治的意图，但仍着力于在关西地区建

① 《明史》卷三三〇《西域传二·西番诸卫》，第8549页。

② 《明史》卷九一《兵志三》，第2235页。

③ 赵现海《明代九边军镇体制研究》，东北师范大学博士学位论文，2005年，第72—77页。

④ 《明孝宗实录》卷七四弘治六年四月，第1392页。

⑤ ［清］张玿美修、曾钧等纂《五凉全志》，台北：成文出版社（据乾隆十四年刊本影印本），1966年，第427页。

⑥ 参看田澍《明代甘肃镇边境保障体系述论》，《中国边疆史地研究》1998年第3期，第31—35页。马顺平《"界在羌番、回虏之间"——明代甘肃镇边墙修建考》，《社会科学辑刊》2011年第4期，第139—145页。

立起能够支配的缓冲地带，构筑保卫嘉峪关和甘肃镇的外部拱卫体系。因此自洪武至永乐年间，明廷相继在嘉峪关以西地区设置了七个羁縻卫所，即安定、阿端、曲先、罕东、沙州、赤斤蒙古、哈密七卫，史称“关西七卫”。后罕东卫部众徙至敦煌的沙州卫故地，因此明廷又设立罕东左卫。明代卫所分为内地的汉军卫所，西北、东北的羁縻卫所以及土流参治的卫所。就关西七卫的性质而言，属于羁縻卫所，“其官均世袭，以当地少数民族酋领任职，兼管军民，拥有较大的自治权”①。基于元代豳王、西宁王、威武西宁王以及安定王出镇关西地区的历史渊源和现状，明政府以蒙古首领分任关西七卫首领，授以官职，故又称为“蒙古七卫”。关西七卫中最先设立的是安定、阿端、曲先三卫。洪武八年（1375）正月，明朝设立安定、阿端两卫，洪武九年（1376）前后设立曲先卫。安定、阿端、曲先三卫在明代史料中被称作撒里畏兀儿诸卫，属元代安定王的封地。在盘踞于哈密、敦煌的出伯后王集团与明军对抗期间，游牧于撒里畏兀儿之地的故元安定王集团则率先接受了明朝的招抚。②早在明军进攻甘肃之前的洪武三年（1370），故元安定王卜烟帖木儿（也作“卜颜帖木儿”）即向明廷朝贡：

> 壬戌。西域撒里畏兀儿安定王卜烟帖木儿遣其府尉麻答儿、千户剌尔嘉来朝贡铠甲刀剑等物。撒里畏兀儿者，鞑靼别部也。其地广袤千里，去甘肃一千五百里，东抵罕东，西距天可里，北迩瓜沙州，南界吐蕃。居无城郭，以毡帐

① 彭建英《明代羁縻卫所制述论》，《中国边疆史地研究》2004年第3期，第24页。

② 胡小鹏《察合台系诸王集团与明初关西诸卫的成立》，《兰州大学学报（社会科学版）》2005年第5期，第88页。

> 为庐舍，产多驼马牛羊。至是来朝贡，诏遣使赐卜烟帖木儿织锦文绮四匹、麻答儿等罗衣二袭，仍命召其酋长，立为四部，给铜印，曰阿端、曰阿真、曰苦先、曰帖里。[①]

元代安定王，在上引《明太祖实录》中亦称安定王，而在《明史·西域传》又称“宁王”。元代安定王为察合台系后裔，其系谱为察合台→莫赤·耶别→迭克失→拜答寒→安定王脱欢→安定王朵儿只巴→……→安定王卜烟帖木儿。[②]洪武八年（1375）正月，“置安定、阿端二卫指挥使司，从撒里畏兀儿卜烟帖木儿之请也，以沙剌为指挥同知，亦班藏卜、卜理不花护出、完者帖木儿为指挥佥事”[③]。曲先卫的具体设置时间，史料未有明确记载。《明太祖实录》记载：“[洪武十年（1377）夏四月] 曲先卫指挥沙剌杀故元安定王卜烟帖木儿，其子板咱失里杀沙剌以报父仇，既而板咱失里复为沙剌部将所杀。”[④]又载：“[洪武九年（1376）冬十月] 遣前广东行省参政郑九成同河南卫百户罗福赍金织文绮衣服往陕西安定、斡端卫并撒里畏吾儿等地，赐赍元宗室宁王卜烟帖木儿等官五十九人。”[⑤]这里只提安定、阿端两卫和撒里畏兀儿等地，但未提到曲先卫，表明曲先卫的设立不应早于洪武九年（1376）冬十月，此时卜烟帖木儿仍然在世并获明廷赏赐。洪武三年（1370）之时，明廷分安定王地为四部，其中的

---

① 《明太祖实录》卷九〇洪武三年六月，第1586—1587页。

② 参（日）杉山正明《モンゴル帝国と大元ウルス》，京都：京都大学学术出版会，2004年，第303—307页。胡小鹏《察合台系诸王集团与明初关西诸卫的成立》，第88—89页。陈瑞青《黑水城元代文献中的“安定王”及其部队》，《南京师大学报（社会科学版）》2012年第5期，第110—115页。

③ 《明太祖实录》卷九六洪武八年春正月，第1654页。

④ 《明太祖实录》卷一一一洪武十年夏四月，第1852页。

⑤ 《明太祖实录》卷一一〇洪武九年冬十月，第1820页。

阿端和苦先两部即后来的阿端卫以及曲先卫的前身。但洪武八年（1375）卜烟帖木儿献故元金银字牌于明廷，实际上已经为日后安定王集团内部的失和及争斗埋下了伏笔，作为故元安定王的卜烟帖木儿，其权力和对各部的控制力已逐渐减弱。加之此后又设置安定、阿端两卫，以及洪武九年（1376）十月明廷遣使前往两卫赏赐，很可能加剧了其内部矛盾和曲先沙剌部的不满，最终导致卜烟帖木儿被杀以及此后各部之间的仇杀。《明太祖实录》对这段史实和曲先卫的设立时间、背景、过程的记载也不甚清晰，似有隐晦之嫌。此次内部斗杀后，安定、阿端、曲先三卫内部大乱。洪武十年（1377）又发生了番将朵儿只巴之乱，大掠安定、阿端、曲先三卫。《明史·西域传》记载："番将朵儿只巴叛走沙漠，经安定，大肆杀掠，夺其印去，其众益衰"，"[阿端卫]后为朵儿只巴残破，其卫遂废"，"[曲先卫]后遭朵儿只巴之乱，部众窜亡，并入安定卫，居阿真之地"[①]。可见，在经过卜烟帖木儿部众与沙剌部众的互相仇杀以及番将朵儿只巴的杀掠后，源出于元代安定王系统的安定、阿端、曲先三卫逐渐破败。虽然三卫在整个关西七卫中设立最早，却也最先废弛，而再次设卫已经到了洪武后期及永乐初年。洪武二十四年（1391），明军发兵哈密，斩豳王及其部众上千，肃王（即故元威武西宁王）兀纳失里逃走，关西诸族无不震服，遣使纳贡于明廷。洪武二十九年（1396）三月，明廷遣陈诚往撒里畏兀儿地复立安定卫。《明太祖实录》记载："壬午。遣行人陈诚立撒里畏兀儿为安定卫指挥使司。……以铜印五十八给之，置官属如诸卫。"[②]永乐四年（1406），酋长小薛忽鲁扎入明贡献方物，并奏请复立阿端卫，明

---

① 《明史》卷三三〇《西域传二》，第8550、8553、8554页。

② 《明太祖实录》卷二四五洪武二十九年三月，第3556—3557页。

廷准其所奏，任命小薛等为指挥佥事。曲先卫的复置亦在永乐四年（1406）。洪武时本来设置有安定和曲先两卫，但由于番将朵儿只巴之乱，诸卫逐渐残破，曲先卫部众也迁徙到安定卫地，在阿真一带游牧。永乐四年（1406）复置安定卫后，安定卫指挥哈三、散即思以及三即等奏请复置阿端卫。明廷允其请求，并令三即为指挥使，掌卫事，散即思副之。自此，安定卫、阿端卫和曲先卫相继复设完成。

沙州卫、哈密卫、赤斤蒙古卫于永乐初年相继设立。洪武十三年（1380），明军对关西地区再次发动大规模军事行动。是年四月，濮英奏请“督兵略地，开哈梅里（哈密）之路以通商旅”，而当时盘踞在关西地区的正是元代出伯后王集团，分别为出镇肃州的豳王后裔、出镇敦煌的西宁王后裔以及出镇哈密的威武西宁王后裔。洪武五年（1372）冯胜进攻甘肃时，曾大败各地故元军队，并连克肃州、瓜州、敦煌。而在这次战役中，却未与出镇肃州的豳王、出镇敦煌的西宁王军队发生战斗。《肃镇华夷志》记载：“元至元七年，置肃州路，隶甘州行中书省，哈昝达鲁花［赤］据守。明洪武五年，宋国公冯胜讨平之，哈昝掠人民遁入沙漠”[①]，面对明军的强大攻势，肃王、西宁王很可能与肃州达鲁花赤等官员一样，在明军到来前已经逃走。此战迫使出镇肃州的豳王部众西逃，并在明军东撤后又活动于嘉峪关以西的赤斤一带；西宁王部众则在明军东撤后又回到敦煌；最西边出镇哈密的威武西宁王由于未受明军兵锋所及，因此没有受到太大影响。洪武十三年（1380），濮英再度发兵嘉峪关以西地区。与洪武五年（1372）的军事行动不同的是，此次濮英“督兵略地”，

① ［明］李应魁撰，高启安、邰惠莉点校《〈肃镇华夷志〉校注》，兰州：甘肃人民出版社，2006年，第55页。

实际上是扫除关西地区故元豳王、西宁王、威武西宁王家族后裔势力的一次军事行动。明太祖朱元璋同意濮英之请，但提醒他“将以谋为胜，慎毋忽也”[①]。五月，“兵至白城，获故元平章忽都帖木儿。进至赤斤站之地，获故元豳王亦怜真及其部属一千四百人，金印一”[②]；七月，“兵至苦峪，获故元省哥失里王，阿者失里王之母妻及其家属，斩部下阿哈撒答等八十余人，遂还兵肃州”[③]。明军于赤斤擒获豳王亦怜真及其一千四百多名部属，还获得豳王金印。同时又在苦峪一带擒获阿者失里王母亲、妻子和家眷，阿者失里王逃走。杉山正明将此处的“阿者失里王”、洪武二十四年（1391）的“沙州王子阿鲁哥失里”与《贵显世系》中记载的西宁王后裔Aūkašrin比定为同一人，证明了阿鲁哥失里的西宁王后王身份。[④]此役沉重打击了活动于白城、赤斤以及苦峪一带的豳王、西宁王后王势力，同时也震慑了哈密的威武西宁王兀纳失里，使关西诸族莫不臣服。据《纳门驸马书》记载，洪武二十一年（1388）以后，哈密威武西宁王已经接受了明朝招抚，在纳贡互市、保证商路畅通的前提下，明廷使其继续统治。[⑤]但威武西宁王统治的哈密却没有应约行事，不仅在当地阻遏西域入明贡使，甚至还派兵击杀走其他路线入明的贡使，夺取贡物，引起明太祖朱元璋的愤怒。洪武二十三年（1390）九月，朱元璋获知威武西宁王兀纳失里与别部仇杀，于是命甘肃都

① 《明太祖实录》卷一三一洪武十三年四月，第2078页。
② 《明太祖实录》卷一三一洪武十三年四月，第2087—2088页。
③ 《明太祖实录》卷一三二洪武十三年七月，第2104页。
④ （日）杉山正明《モンゴル帝国と大元ウルス》，第264—266、272—273页。
⑤ 胡小鹏《察合台系蒙古诸王集团与明初关西诸卫的成立》，第87—88页。

督严兵备战。洪武二十四年（1391）八月，朱元璋命刘真由凉州出击哈密，刘真所部乘夜色直抵哈密城下，四面包围，威武西宁王兀纳失里与家眷驱马突围逃走。《明太祖实录》记载“真等遂攻破其城，斩豳王列儿怯帖木儿、国公者阿朵儿只等千四百人，获王子别列怯部属千七百三十人，金印一、银印一、马六百三十匹。”[①]此处的豳王列儿怯帖木儿，即《贵显世系》中记载的Bilge-Temür，继洪武十三年（1380）豳王亦怜真被斩杀后继任豳王。[②]由《明太祖实录》这段记载可知，洪武十三年（1380）濮英斩杀豳王亦怜真后，其后裔别儿怯帖木儿袭豳王位，并很可能逃至威武西宁王兀纳失里统治的哈密。由于豳王在出伯家族诸王号中地位最高，因此受到兀纳失里的接纳。元代之威武西宁王封号，入明后改为肃王，但于何时改封，史料未有明确记载。经过洪武二十四年（1391）的战斗，豳王家族可能已完全覆灭，兀纳失里也遭到沉重打击。洪武二十五年（1392），哈密遣使贡马骡请罪，明廷则赐予白金、文绮。兀纳失里卒后，其弟安克帖木儿继承肃王之位。洪武二十六年（1393），陕西行都司自庄浪（今甘肃永登）徙置甘州及其卫所体系的设立完成，标志着明朝最终实现了对河西走廊的控制。[③]此后，明朝又在嘉峪关以西的敦煌、哈密、瓜州相继设立了沙州卫、哈密卫、赤斤蒙古卫。赤斤蒙古卫并非直接设立，而是先于永乐二年（1404）设所，八年再升为卫。永乐二年（1404）九月，塔力尼自称丞相苦术子，率所部五百余人自哈剌脱之地来归。明廷诏设赤斤蒙古所，以塔立尼为千户，赐诰印、彩币、袭衣。永乐八年（1410），“哈剌马牙

---

① 《明太祖实录》卷二一一洪武二十四年八月，第3188页。

② （日）杉山正明《モンゴル帝国と大元ウルス》，第268—269页。

③ 马顺平《明代陕西都司及其卫所建置考实》，《中国历史地理论丛》2008年第2期，第117页。

叛于肃州，约塔力尼为援。拒不应，而率部下擒贼六人以献。天子闻之喜，诏改千户所为卫，擢塔力尼指挥佥事，其部下授官者三人”[①]。据《明太宗实录》记载，沙州卫设立于永乐三年（1405），哈密卫设立于永乐四年（1406）。永乐二年（1404）六月，安克帖木儿遣使来朝，表请赐爵，明廷赐封安克帖木儿为忠顺王。《明太宗实录》记载：

> 刚（注：指李至刚）等议奏：“安克帖木儿兄忽纳失里，元封威武王，改封肃王。忽纳失里卒，安克帖木儿继为肃王。今既内属，宜仍王爵而改封之。”上曰：“前代王爵，不足再论。今但取其能归心朝廷而封之，使守其地，绥抚其民可也。遂封为忠顺王，遣指挥使霍阿鲁秃等赍敕封之，并赐之彩币。”[②]

永乐三年（1405）二月，明廷封兀纳失里之子脱脱为忠顺王。四年（1406）三月设立哈密卫，以头目马哈麻火者等为指挥、千百户等官，又以明人周安、刘行进行辅佐。罕东卫的设立在洪武三十年（1397），《明史·西域传》记载：“酋锁南吉剌思遣使入贡，诏置罕东卫，授指挥佥事”[③]。至此，作为甘肃外部拱卫体系的关西七卫相继设立完成。

---

① 《明史》卷三三〇《西域传二·赤斤蒙古卫》，第8556页。

② 《明太宗实录》卷三二永乐二年六月，第573页。

③ 《明史》卷三三〇《西域传二·罕东卫》，第8562页。

第二节 沙州卫的设立及其兴废史

明朝在嘉峪关外设立的关西七卫，是一个整体的拱卫体系。七卫在明代联系较为密切，特别是处于嘉峪关正西的赤斤、沙州、哈密三卫，由于三卫地理位置临近并都处在明代绿洲丝绸之路的要道上，又同出于元代出伯家族后裔，因此彼此联系更为密切。七卫中位处敦煌境内的是沙州卫以及其后续设的罕东左卫，因而明代敦煌历史主要就是沙州卫、罕东左卫的设立及其兴废历史。

一、设卫背景与卫所性质

明代设立沙州卫之前，活动于敦煌的是元代西宁王后王集团。第一代西宁王忽塔迷失于1329年受封，但出镇时间不足一年。第二代西宁王为速来蛮（1330—1351年出镇）。第三代西宁王速来蛮之子牙罕沙（又作养阿沙）于1352年继承西宁王位。第四代西宁王为速来蛮之子、牙罕沙之弟速丹沙，他具体于何年继承西宁王位不得而知，于何年殁亡史料也无记载。速丹沙之后，阿鲁哥失里继续享有西宁王身份，并以Aūkašrin为名出现于《贵显世系》谱系中。由于阿鲁哥失里对明廷表示顺服、遣使纳贡，因而他避免了豳王一样被剿杀的命运，并得以继续统辖敦煌地区。但阿鲁哥失里之后似乎继承中断，《贵显世系》中亦未再有记载。而明朝在敦煌设立沙州卫时，敦煌地区各部首领变成了困即来和买住二人，似乎暗示西宁王系已经终结。

元代的察合台系诸王集团在明代转变为西北诸卫，哈密卫、沙州卫、赤斤蒙古卫由元代出伯家族转化而来，安定卫、阿端卫、曲先卫由元代安定王家族转化而来。[①]其中，“沙州卫无疑与出伯家族的西宁王系统有密切关系”[②]。根据对《明太宗实录》《明史》相关记载的梳理，可知沙州卫设立时的部分首领来自哈密。《明太宗实录》记载，“［永乐三年（1405）十二月］甘肃总兵官西宁侯宋晟言：哈蜜（密）归附头目买住、察罕不花等二百七十八户居苦峪里告饥，乞以预备仓粟赈济。从之。”[③]这里的“哈密归附头目”买住、察罕不花均在永乐三年（1405）沙州卫建立时担任重要职务，如买住担任沙州卫指挥使，永乐五年（1407）擢升为沙州卫都指挥同知，察罕不花担任沙州卫指挥同知一职。买住在担任沙州卫都指挥同知时，还是哈密忠顺王脱脱的部下。《明太宗实录》记载：“［永乐六年（1408）二月］哈密忠顺王脱脱及其祖母遣都指挥同知买住，头目哈剌哈纳、火鲁忽赤来朝贡马。赐脱脱等文币百匹、彩绢二百五十匹，命哈剌哈纳为都指挥同知，火鲁忽赤为指挥使，俱赐冠带袭衣。”[④]此次买住以沙州卫都指挥同知身份，受哈密忠顺王派遣导引其他哈

① （日）杉山正明《モンゴル帝国と大元ウルス》，第247、305—306、326—327页。

② 胡小鹏《察合台系蒙古诸王集团与明初关西诸卫的成立》，第85—91页。

③ 《明太宗实录》卷三三永乐三年十二月，第739页。

④ 《明太宗实录》卷七六永乐六年二月，第1035页。

密卫头目入明纳贡。哈密卫忠顺王脱脱受到明廷的大力扶持，但他却“凌辱朝史、沉湎昏聩，不恤国事”，“其下买住等交谏不从”[①]，可见买住是哈密忠顺王倚重的心腹部下。此外，永乐八年（1410）五月肃州内乱之时，同样来自哈密的察罕不花被困即来派往肃州助明军平乱，因而以战功被擢升为沙州卫指挥使。而买住部下赤纳，也来自哈密。可以推知，在沙州卫之前应当还有其他来自哈密的军官和部众。此外，困即来是执掌沙州卫实权的重要人物，史书对他的来历未作说明，但也未透露出他来自哈密的迹象，推测困即来更有可能来自元代及明初出镇敦煌的西宁王集团。因此，明代敦煌沙州卫应由出镇敦煌的西宁王后王集团部众和出镇哈密的威武西宁王后王集团的部众共同组建而来。

沙州卫等关西诸卫有别于其他卫所，是明朝在嘉峪关以西设立的羁縻卫所，不属于明代直接治理区域。羁縻卫所既领军、屯田，又兼理民政，集军事职能与行政职能为一体。[②]《明史·兵志》记载：“陕西都司。旧有阶州卫、沙州卫、灵山千户所，后俱革”[③]。陕西行都司辖区西界嘉峪关，而肃州卫被称为行都司的“门庭”，因此嘉峪关以东地区为明朝军事力量的直接控制区域；而嘉峪关以西诸卫则属羁縻卫所，名义上虽归陕西行都司节制，但实际上只有在朝贡或生乱时才有联系。[④]永乐十二年（1414）正月十三日，陈诚“由陕西行都司肃州卫城北门外”[⑤]

① 《明史》卷三二九《西域传一·哈密卫》，第8512页。

② 彭建英《明代羁縻卫所制述论》，《中国边疆史地研究》2004年第3期，第32页。

③ 《明史》卷九〇《兵志二》，第2208页。

④ 周振鹤主编，郭红、靳润成《中国行政区划通史（明代卷）》，上海：复旦大学出版社，2017年，第397—398页。

⑤ ［明］陈诚著，周连宽校注《西域行程记·西域番国志》，北京：中华书局，2000年，第33页。

出行，经嘉峪关进入关西地区。成化十三年（1477）、十四年（1478）、十五年（1479），陕西行都司肃州卫指挥师英连续三年率领两三千明军前往关西地区巡防，其目的是“安攘夷人，当今皇上固守后门，永臻国界”。[①]从《明史·兵志》上述记载来看，沙州卫曾一度属于陕西都司直接管辖，但之后被取消。因此，《明史·兵志》在“羁縻卫所”中未列出沙州卫：

> 羁縻卫所，洪武、永乐间边外归附者，官其长，为都督、都指挥、指挥、千百户、镇抚等官，赐以敕书印记，设都司、卫所。……西北诸部，在明初服属，授以指挥等官，设卫给诰印。卫六：赤斤蒙古卫、罕东卫、安定卫、阿端卫、曲先卫、哈密卫。[②]

正统时期作为明朝嘉峪关藩篱的关西诸卫逐步势衰，而“沙州先废，诸卫亦渐不能自立”[③]，可见沙州卫于关西诸卫当中最先废置。《明史》之《兵志》和《西域传》上述记载，可能指正统十一年（1446）沙州卫部众率先迁入嘉峪关后，明朝最初保留了沙州卫的建置，并将其归入了陕西行都司直接管辖的卫所。《明英宗实录》记载：“[正统十二年（1447）]陕西沙州卫都指挥桑哥失力、……等俱来朝贡马及方物，赐钞彩币表里等物有差”。又载：“沙州卫都指挥桑哥失力、朵颜卫达子帖木儿等来朝贡马及

---

①（法）伯希和著，耿昇译《伯希和敦煌石窟笔记》，第131、367页。张伯元《安西榆林窟》，第228页。

②《明史》卷九〇《兵志二》，第2208、2227页。

③《明史》卷三三〇《西域传二·沙州卫》，第8562页。

方物，赐宴并彩币表里等物有差”。[①]第一条记载中“陕西沙州卫都指挥桑哥失力”，表明正统十二年（1447）时内迁之后的沙州卫的确归属于陕西行都司直接管辖，而第二条记载则是《明英宗实录》中最后出现沙州卫的记载，说明内迁后的沙州卫不久后就从陕西行都司下辖卫所中革除。但实际上在沙州卫内迁之前，无疑与其他关西诸卫一样同属于羁縻卫所。羁縻卫所表现在明朝并不在当地建立直接统治，而是以当地少数民族头目担任卫所首领，授以官职，而卫所大小官职均可世袭。卫所首领兼管军民，拥有很大的自治权。就其职官设置而言，则与内地卫所基本相同，但也有所差异。《明史·职官志》记载“卫指挥使司，设官如京卫。品秩并同……外卫各统于都司、行都司或留守司”，同书又记载京卫指挥使司职官设置：“京卫指挥使司，指挥使一人，正三品，指挥同知二人，从三品。指挥佥事四人，正四品。”[②]此处记载主要针对内地卫所而言，对于关西诸卫这样的羁縻卫所，还会设立都指挥佥事、都指挥同知以及都督佥事、右都督以及左都督，如上引《明史·兵志》中记载：“羁縻卫所，洪武、永乐间边外归附者，官其长，为都督、都指挥、指挥、千百户、镇抚等官，赐以敕书印记，设都司卫所”。根据《明太祖实录》记载，都督佥事为正二品，都指挥同知为从二品，都指挥佥事、指挥使为正三品，指挥同知为从三品，指挥佥事为正四品，卫镇抚为从五品。[③]沙州卫首领困即来后来就被明廷授予了从一品的都督同知、正一品的右都督以及左都督。

---

① 《明英宗实录》卷一五四正统十二年五月，第3012、3020页。

② 《明史》卷九〇《兵志二》，第1873、1860页。

③ 《明太祖实录》卷二二二洪武二十五年十一月，第3249—3252页。

二、设卫时间与卫治、辖区

（一）设卫时间

关于沙州卫的设立时间，《明史·西域传》记载为永乐二年（1404）：

> 永乐二年，酋长困即来、买住率众来归。命置沙州卫，授二人指挥使，赐印诰、冠带、袭衣。已而其部下赤纳来附，授都指挥佥事。[①]

《大明一统志》《边政考》《殊域周咨录》等明代史志对沙州卫的具体设立时间均未记载。清初志书如《重修肃州新志》，则沿袭了《明史·西域传》的时间记载，永乐二年（1404）设卫说遂为学术界沿袭[②]。但与《明史·西域传》记载不同的是，《明太宗实录》记载沙州卫的设立时间在永乐三年（1405）冬十月：

> 癸酉。设沙州卫。以归附头目困即来、买住一［注：应为“二”］人为指挥使，给赐印诰、冠带、袭衣沙州与赤斤接境云。[③]

① 《明史》卷三三〇《西域传二·沙州卫》，第8559—8560页。

② 赖家度《明代初期西北七卫的设置》，《历史教学》1957年第8期，第31页。唐景绅《明代关西七卫述论》，《中国史研究》1983年第3期，第60页。高自厚《明代的关西七卫及其东迁》，第47页。胡小鹏《察合台系蒙古诸王集团与明初关西诸卫的成立》，第88页。程利英《明代西北边疆政策与关西七卫研究》，西北师范大学硕士学位论文，2004年，第19页。

③ 《明太宗实录》卷四七永乐三年冬十月，第720—721页。

清代《重修肃州新志》[1]与《敦煌县志》[2]的作者注意到了《明史·西域传》与《明太宗实录》记载的差异，并将沙州卫的设立时间系于永乐三年（1405），民国时期所修的《重修敦煌县志》亦将沙州卫设立时间系于永乐三年（1405）。比较而言，《明史·西域传》对历史事件的记载是扼要性的，时间点相对模糊，而《明太宗实录》则严格按照年、月、日的时间顺序对历史事件进行记录，因此沙州卫的具体设立时间应以《明太宗实录》记载为是。此外，明廷在关西地区设立卫所是由近及远、逐步推进的。关于赤斤蒙古所的设立时间，《明太宗实录》记载在永乐二年（1404）冬十月，《明史·西域传》记载永乐二年（1404）九月塔力尼等率众来归，随后明廷诏设赤斤蒙古所，两书记载相同。由于赤斤蒙古之地离嘉峪关和肃州最近，而敦煌距离嘉峪关和肃州则要远得多，更靠近哈密，因而通常而言，困即来等入明、置卫的时间应当不早于塔力尼等入明、设所的时间。赤斤蒙古所、沙州卫设立之后，永乐四年（1406）三月设立更靠西的哈密卫。至此，永乐二年（1404）十月、永乐三年（1405）十月、永乐四年（1406）三月，明廷由近及远，相继设立了赤斤蒙古所、沙州卫以及哈密卫。

（二）卫治与辖区范围

由于史书记载的差异，学术界对安定、阿端、曲先、罕东四卫的卫治及地望分歧很大。但赤斤蒙古卫、沙州卫、哈密卫的卫治和地望则是比较清楚的。明代的几种地理图志以及《明史》等史书对沙州卫的地望有详略不一的记载。

---

① 《重修肃州新志》有两处记载：分别为永乐二年和永乐三年。见［清］黄文炜撰《重修肃州新志》，甘肃省酒泉博物馆1984年翻印本，第478、486页。
② ［清］苏履吉、曾诚纂修《敦煌县志》卷二《地理志·沿革》，台北：成文出版社（据道光十一年刊本影印），1970年，第90页。

永乐十二年（1414）正月十三日，陈诚等出陕西行都司肃州卫北门，在城外祭祀西域应祀之神，祈求道路人马平安。十六日出发，西行约七十里后到达嘉峪关。《西域行程记》记载：

> 十七日，晴。过嘉峪关……关外沙碛茫然。约行十余里，至大草滩沙河水水边安营。十八日，晴。早起，向西行，南北皆山。约行七十里，地名回回墓，有水草处，安营。十九日，晴，大风。明起，向西行约五十里，地名骟马城，安营。二十日，晴。三更起，向西行约九十里，有古城一所。城南山下有夷人种田，城西有溪水北流，地名赤斤，安营。二十一日，晴。四更起，向西北行。渡溪水，入平川。当道尽皆砂砾，四望空旷。约行百余里，有古墙垣，地名魁里，安营。二十二日，晴。大风。平明起，向西北行。……约行五十里，有古墙垣，地名王子庄，安营，住一日。二十四日，晴。早起，向北行。途中有树，枝干似桑榆，而叶如银杏，名梧桐树。约行七十里，地名芦沟儿，安营。二十五日，晴。早起，向北行。一路沙碛高低，四望空旷，唯南有山。约行一百余里，有夷人种田处，富水草，地名卜隆吉，安营。住二日，大风。二十八日，晴。明起，过卜隆吉河，由西北行，入一平川，四望空旷，并无水草，惟黑石磷磷。沿途多死马骸骨。北有远山。白日极冷。约行百余里，不得水，止路傍少憩一宿。①

---

①［明］陈诚著，周连宽校注《西域行程记·西域番国志》，第33—34页。

图3-3 骟马城遗址
（采自《酒泉宝鉴——馆藏文物精选》）

自卜隆吉（今瓜州布隆吉乡）开始，陈诚使团渡过疏勒河后往北行进前往哈密，并未向西经过瓜州。其路线可简示为：嘉峪关→（西行十余里至）大草滩→（西行七十里至）回回墓→（西行五十里至）骟马城（图3-3）→（西行九十里至）赤斤城→（西北行百余里至）苦峪（魁里）→（西北行五十里至）王子庄→（北行七十里至）芦沟儿→（北行一百里至）卜隆吉→继续北行。陈诚使团自卜隆吉后折北而行到达星星峡，没有向西行至瓜州、敦煌，因此没有记载卜隆吉到沙州卫的道路里程。《西域行程记》原本附“陈诚西使行程图”，但该图未能流传至今。永乐十三年（1415）冬陈诚回京后向明成祖朱棣呈《西域山川风物纪录》，此外还著有《西域番国志》存世。

成书于天顺五年（1461）的《大明一统志》卷八九《外夷》对赤斤卫城及罕东、安定、阿端、曲先、哈密六卫的沿革、山川、物产均有简要记载，但对沙州卫和罕东左卫的地望及其相关情况未有说明。成书于明代中期的《西域土地人物略》记载了嘉峪关到西域的三条道路，对研究明代嘉峪关以西、哈密以东地区的道路里程具有非常重要的价值，其中对嘉峪关到沙州卫的道路里程也有具体记载。[①]《西域土地人物略》还有相应的地图《西域土地人物图》，详细绘制了从嘉峪关到鲁迷（今土耳其伊斯坦布尔）沿线的山川、城池、族属、物产等内容。《西域土地人物略》内容及其地图《西域土地人物图》（图3-4）留存于明嘉靖《陕西通志》当中，台北故宫博物院也藏有明嘉靖《西域土地人物图》（图3-5）。《西域土地人物略》记载了嘉峪关至沙州卫的道路里程：

> 嘉峪关西八十里为大草滩。滩西四十里为回回墓。墓西二十里为扇马城。城西三里为三棵树。树西三十里为赤斤城（即我皇明所设赤斤卫处也，迤南二十里为小赤斤）。赤斤西百五十里为苦峪城（即我皇明所设苦峪卫处也）。苦峪西二十里为古墩子。墩西六十里为阿丹城。阿丹西南三十里为哈剌兀速城。哈剌兀速西南百里为瓜州城。瓜州西六十里为西阿丹城。西阿丹西二百里为沙州城。沙州西三百里为哈密城。[②]

《西域土地人物略》对嘉峪关至赤斤卫城、沙州卫的道路里程可简示为：嘉峪关→（西八十里至）大草滩→（西四十里至）回回墓→（西二十里至）骟马城→（西三十里至）三棵树→（西三十里至）赤斤卫城→（西百五十里至）苦峪→（西二十里至）古墩

① 关于《西域土地人物略》的撰成时间，李之勤认为在宣德十年（1435）或成化十年（1474）以后。高启安据其内容推断至迟作于弘治（1488）以前。分别见李之勤《〈西域土地人物略〉的最早、最好版本》，《中国边疆史地研究》2004年第1期，第126—127页。高启安《〈肃镇华夷志〉文献价值初探》，《敦煌学辑刊》2005年第2期，第321页。

② 林梅村《蒙古山水地图》，北京：文物出版社，2011年，第96—97页。

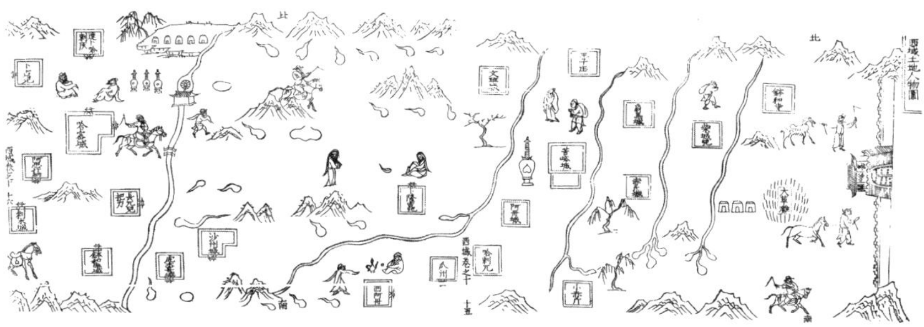

图3-4 《西域土地人物图》嘉峪关至哈密段
(采自明嘉靖本《陕西通志》)

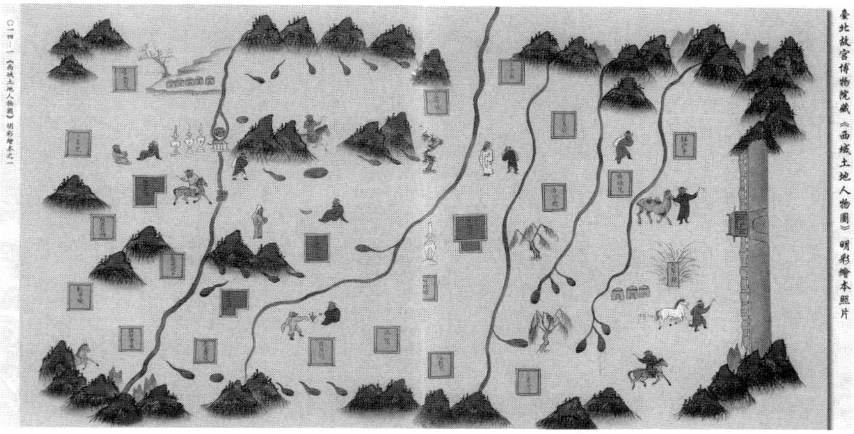

图3-5 台北故宫博物院藏明嘉靖《西域土地人物图》嘉峪关至哈密段
(采自林梅村《蒙古山水地图》)

子→(西六十里至)阿丹城→(西南三十里至)哈喇兀速城→(西南百里至)瓜州→(西六十里至)西阿丹城→(西二百里至)沙州卫。则嘉峪关到赤斤卫城为200里,赤斤卫城到沙州820里,嘉峪关到沙州卫城为1020里。《边政考》《天下郡国利病书》《秦边纪略》等边政志书也留存了《西域土地人物略》的内容,并略有变化。

《肃镇华夷志》，嘉靖二十三年（1544）肃州兵备道副使张愚创稿未完，万历四十四年（1616）又由肃州兵备道副使李应魁续完此书。[①]该书是明代肃州地区史地、族属、物产的专志，对嘉峪关至沙州卫的道路里程也有详备记载。《肃镇华夷志》所载《西域土地人物略》的内容与《陕西通志》《秦边纪略》等书略同，个别文字有出入，很可能同出自已经佚失的《陕西行都司志》或更早的著作[②]。《肃镇华夷志》卷一《沿革·西域疆里》记载嘉峪关外有三道：

> ［嘉峪］关西二十里至大草滩，自此分一路由北而西，西有大钵和寺，大草滩，西七十里至回回墓。墓西七十里至骟马城。城西三十里至三颗［棵］树。三颗［棵］树西五十里至赤斤城，即赤斤蒙古卫。赤斤西一百七十里至苦峪，即苦峪卫。自此抵哈密三道：一道从苦峪中而西，四十里至王子庄。……又一路从苦峪南面，西八十里西阿丹城（应为"阿丹城"）。西一百一十里至瓜州城。西七十里至西阿丹。西六十里至革的儿。西五十里至牙卜剌。西七十二里至剌陈。西三十里至哈卜儿吟。西六十里至他失卜剌。西一百里至沙州城，即沙州卫。[③]

《肃镇华夷志》对嘉峪关至赤斤卫城、沙州卫的道路里程可简示为：嘉峪关→（西二十里至）大草滩→（西七十里至）回回墓→（西七十里至）骟马城→（西三十里至）三棵树→（西五十里

① 李正宇《〈肃镇华夷志校注〉序》，载［明］李应魁撰，高启安、邰惠莉点校《〈肃镇华夷志〉校注》，第1页。

② ［明］李应魁撰，高启安、邰惠莉点校《〈肃镇华夷志〉校注》第15、20页。

③ ［明］李应魁撰，高启安、邰惠莉点校《〈肃镇华夷志〉校注》，第59—60页。

至）赤斤卫城→（西一百七十里至）苦峪卫→（西八十里至）阿丹城→（西一百一十里至）瓜州城→（西七十里至）西阿丹→（西六十里至）革的儿→（西五十里至）牙卜剌→（西七十二里至）剌陈→（西三十里至）哈卜儿吟→（西六十里至）他失卜剌→（西一百里至）沙州卫城。因此，嘉峪关到赤斤卫城为240里，赤斤卫城到沙州卫城为802里，嘉峪关到沙州卫为1042里。

嘉峪关到赤斤卫城中间几个地点的道路里程，诸如嘉峪关到大草滩，大草滩到回回墓等，《肃镇华夷志》与明嘉靖本《陕西通志》等书差别较大。岑仲勉据《肃州新志》《西域行程记》等记载，认为嘉峪关到大草滩应为20里，大草滩到回回墓为70里①，证明了后来发现的《肃镇华夷志》相关记载的可靠性。关于赤斤卫城到沙州卫城以及嘉峪关到沙州卫城的里数，《肃镇华夷志》与明嘉靖本《陕西通志》中收录的《西域土地人物略》记载差别不大，分别为802里和1042里、820里和1020里。

《明史·西域传》对嘉峪关通往赤斤蒙古卫和沙州卫的道路里程也有简要记载：

> 出嘉峪关西行二十里曰大草滩，又三十里曰黑山儿，又七十里曰回回墓，墓西四十里曰骟马城，并设墩台，置了卒。城西八十里即赤斤蒙古。汉敦煌郡地，晋属晋昌郡，唐属瓜州，元如之，属沙州路。②
>
> 自赤斤蒙古西行二百里曰苦峪，自苦峪南折而西百九十里曰瓜州，自瓜州而西四百四十里始达沙州。汉敦煌郡西域之境，玉门、阳关并相距不远。后魏始置沙州，唐因之，

① 岑仲勉《中外史地考证》（下册），北京：中华书局，1962年，第639—640页。

② 《明史》卷三三〇《西域传二·赤斤蒙古卫》，第8556页。

> 后没于吐蕃。宣宗时，张议潮以州内附，置归义军，授节度使。宋入于西夏，元为沙州路。①

由《明史·西域传》记载可知，嘉峪关至赤斤卫城为240里，赤斤卫城至沙州卫（罕东左卫）为830里，嘉峪关到沙州卫（罕东左卫）为1070里。

出嘉峪关西行240里左右即抵达赤斤卫城卫治，因而是距离嘉峪关最近的一个卫所。《明史·西域传》等书均载赤斤卫在瓜州，属沙州路，因元代瓜州隶属于沙州路总管府管辖。如以今日行政区划而言，则赤斤卫城在今玉门市赤金镇附近，不在瓜州县。赤斤卫城再往西800余里就是沙州卫城，明嘉靖本《陕西通志》版《西域土地人物略》《肃镇华夷志》《明史·西域传》等书对赤斤卫城到沙州卫以及嘉峪关到沙州卫道路里程的记载差别不大，分别为802里和1042里、820里和1020里、830里和1070里。因此相较于赤斤卫城距离嘉峪关的距离，沙州卫要远得多。

约成图于明嘉靖时期的《蒙古山水地图》是一幅以传统山水画形式绘制的明代西域地图。该地图曾于民国时期流散到日本并收藏于藤井有邻馆，一度以为是清代山水画，2004年由国内收藏家购回，经鉴定应成图于明代中期以前。林梅村对《蒙古山水地图》进行了全面的研究，探讨了该图的成图年代、与《西域土地人物图》等明代其他几种重要地图间的关系及相关问题，同时调查和刊布的相关地图、志书亦具有重要的价值。②相较于《西域土地人物图》，《蒙古山水地图》（图3–6）以山水画的形式清晰、直观地展现了嘉峪关至沙州卫沿线的地名、山川、道路、城

① 《明史》卷三三〇《西域传二·沙州卫》，第8559页。

② 林梅村《蒙古山水地图》，北京：文物出版社，2011年。

图3-6 《蒙古山水地图》嘉峪关至哈密段
(采自林梅村《蒙古山水地图》)

图3-7 沙州故城遗址

图3-8 《蒙古山水地图》中的沙州城
(采自林梅村《蒙古山水地图》)

池等，具有很高的历史、艺术价值和观赏性。

沙州卫卫治在今敦煌市沙州镇以西的沙州故城（图3-7），《肃镇华夷志》记载："沙州城。肃州城西八百余里"[①]，《重修肃州新志》记载："沙州旧城即古敦煌郡治也，今在沙州之西，墙垣基址犹存"[②]。明朝在关西地区曾修筑赤斤、苦峪、阿丹等城，明朝也曾修筑了作为沙州卫（罕东左卫）卫治的沙州城（图3-8），这些城池在《西域土地人物图》《蒙古山水地图》中都有直观的展现。

三、沙州卫兴废史

关西七卫是明朝在嘉峪关以外设立的羁縻卫所，与明朝存在着政治名义上的隶属关系。明初之所以设立和经营关西七卫，是希望七卫作为一个整体拱卫体系，对明代嘉峪关和河西地区安全起到藩篱和保卫作用。同时寄希望于各卫保境安民、和睦相处，共同维护贡贸道路的畅通和安全。七卫之中，赤斤蒙古卫距离嘉峪关和肃州最近，其次就是沙州卫和哈密卫。这三卫均处在西域地区与明朝贡贸往来的交通要道上，同时也是陈诚等明朝使臣西去东来的必经之地，因此三卫与明朝的关系尤为密切。在沙州卫设立的四十余年中，明廷或因功赏赐、或准予世袭，对沙州卫大小首领进行任命和擢升，以起到笼络和羁縻的作用；通过朝贡赐赏、救灾赈济等方式，最大限度地给予沙州卫各种经济利益和支援保障。政治上的羁縻隶属以及经济上的利益联系，使得沙州卫与明廷的关系成为沙州卫历史发展的主轴。由于关西诸卫又处于明朝直接统治之外，各卫之间彼此独立，因而还存在沙州卫与关

① ［明］李应魁撰，高启安、邰惠莉点校《〈肃镇华夷志〉校注》，第162页。
② ［清］黄文炜撰《重修肃州新志》，第486页。

西其他卫所之间的关系。永乐至宣德时期，明朝国力强盛，对关西诸卫拥有较强的威慑力与影响力。在此背景之下，关西诸卫之间大体相安无事，沙州卫也获得了较为稳定的周边环境，其所属各部或耕或牧，生活较为安定，人口数量有较为明显的增长。但从正统年间开始，北方瓦剌势力迅速崛起，开始与明朝激烈争夺对关西诸卫的控制权。而这一时期明朝国力却有所下降，其对关西诸卫的影响力和控制力日益减弱。关西地区诸卫之间的恃强凌弱、肆意劫掠日益频繁起来，沙州卫周边安全环境逐渐恶化，并最终难以自立。由此可见，沙州卫的兴废历史始终与周边关系的力量对比和格局变化息息相关。

（一）永乐时期（1403—1424）的沙州卫

永乐时期，明朝国力强盛，北方瓦剌尚未兴起，沙州卫外部环境较为安定。明廷通过多种举措，使初创的沙州卫得到巩固。在政治上，明廷对沙州卫大小首领授予或擢升官职。根据统计，永乐时期共有4次明廷授予或擢升沙州卫首领官职的记载。这一时期，明廷因困即来多次立功而对其予以扶持和擢升，困即来也成了沙州卫的实际执掌者。永乐三年（1405）沙州卫设立时，明廷分别授予困即来和买住为指挥使。永乐八年（1410）肃州发生哈剌马牙叛乱，困即来及时派兵前往肃州平乱，明廷因功擢升其为都指挥佥事。永乐二十二年（1424）元月，瓦剌贤义王太平部下知院阿老丁等来贡，途中遭人阻碍，困即来随即派人护送至京。因而同年十二月，明廷又以其功再度擢升困即来，“寻进秩都督佥事”[①]。困即来因多次立功而被明廷授予沙州卫的最高首领，并一直执掌沙州卫实权，《明宣宗实录》中称其为“沙州卫

① 《明史》卷三三〇《西域传二·沙州卫》，第8560页。

掌卫事都督困即来”[①]。值得一提的是，明廷在授予沙州卫首领官职时也曾出现过失误，但通过补救措施，及时化解了不安定因素，使卫所上下人心服顺。永乐三年（1405）沙州卫设立时，明廷同时授予困即来和买住为指挥使。永乐五年（1407），明廷对沙州卫官职设置进行了调整。据《明太宗实录》以及《明史·西域传》记载，永乐三年（1405）设卫时除了对困即来和买住授予沙州卫指挥使外，明廷还授予稍后归附的买住部下赤纳为都指挥佥事。但赤纳原为买住部下，而明朝边臣当时对沙州卫头目间的隶属关系并不是很清楚，因此导致明廷授予赤纳的官职反而高于买住。《明太宗实录》记载：

> ［五月］敕甘肃兵官西宁侯宋晟曰："闻来归鞑靼赤纳，本是沙州卫指挥使买住所部，今赤纳为都指挥佥事，官居买住之上，亦是边帅不审实以闻之过。夫高下失伦，人不得其分，则心不平。今已升买住为都指挥同知，赐诰命、冠带。自今凡来归者应授官职，宜审定高下等第以闻，或失其当，咎有所归。"[②]

这种“高下失伦”的情况极有可能导致沙州卫头领之间失和争斗，威胁其内部的稳定。因此，明廷又擢升买住为都指挥同知，居赤纳之上。同时，明廷对甘肃总兵官宋晟加以训诫，以避免类似失误再次发生。由此可见，永乐时期明廷对羁縻卫所事务事无巨细严加审察，并对所犯错误及时纠正，这也是明初关西七卫较为安定的重要因素。在经济上，明廷给予沙州卫部众生产物

① 《明宣宗实录》卷二五宣德二年二月，第659页。
② 《明太宗实录》卷六七永乐五年五月，第939—940页。

济，“农具种子皆官给，又为之疏水道溉田”[①]，使其部众安居乐业，自给自足。而当沙州卫部众出现饥困时，明廷亦进行必要的赈济。如永乐三年（1405）十二月沙州卫刚刚设立时，买住、察罕不花等二百七十八户到苦峪告饥，明廷以预备仓粟进行了赈济。此外，永乐九年（1411）和永乐二十二年（1424），明廷因沙州卫贡马和立功各赏赐一次，包括彩币、表里，即钱帛和衣料。

永乐时期，沙州卫或发兵助平叛乱、或派人护送贡使，起到了藩篱明朝边关、维护贡道安全的作用。永乐八年（1410）五月，肃州卫千户朱迪带兵出城巡逻，城内兵力出现空虚，寄居肃州的哈剌马牙趁机反叛，杀死肃州卫守御都指挥刘秉谦等。肃州卫指挥陈杰率军与哈剌马牙等战于肃州城中，但“军少不敌”，于是遣人至赤斤卫、沙州卫、哈密卫约为应援。同时，以“屯军在城者，宜令出灌田，庶不得误农事”为名诱使哈剌马牙打开城门，并密令出城的杨得用通知各屯寨集结军队，约千户朱迪在南门以炮声为号，内外合攻南门。虑本打开南门，叛贼向城北逃去。朱迪引兵入城，将叛贼围杀殆尽。在哈剌马牙尚未战败时，赤斤蒙古所塔力尼遣人至肃州城下，对哈剌马牙大加训斥道：

> 尔受大明皇帝厚恩，而忍为不义。我辈得安居，农具种子皆官给，又为之疏水道溉田。我食其利恩德如此，我不能报，而从尔为逆耶？今伺尔出城，必邀杀尔以报国家。[②]

在发生战斗时，塔力尼、百户薛失加以及沙州卫指挥使困即来派

① 《明太宗实录》卷一〇四洪武八年五月，第1353页。

② 《明太宗实录》卷一〇四洪武八年五月，第1353页。

遣的千户可台，率众千余人到肃州城北，擒获溃败逃散的叛贼六人并押入城中正法，立下大功。而在肃州内乱平息后，赤斤蒙古所、沙州卫援兵随即归还本卫。明廷对赤斤蒙古所以及沙州卫的大小首领论功行赏，赤斤蒙古所被升为赤斤蒙古卫，塔力尼也被擢升为本卫指挥佥事 。《明史·西域传》记载："哈剌马牙叛于肃州，约塔力尼为援。拒不应，而率部下擒贼六人以献。天子闻之喜，诏改千户所为卫，擢塔力尼指挥佥事，其部下授官者三人。"[①]此外，永乐时期沙州卫还积极护送往来使臣，维护贡道畅通和安全。瓦剌贤义王太平部下知院阿老丁等人曾入明京师朝贡，但在关西地区，"道为人所沮，困即来等遣人卫送至京"，明廷遂于永乐二十二年（1424）元月赏赐沙州卫都指挥使困即来及指挥薛迭右等彩币和表里[②]。这一时期未见到有沙州卫与其他诸卫发生争斗和劫掠的记载，各卫之间基本相安无事。沙州卫与哈密关系密切，沙州卫都指挥同知买住还受哈密忠顺王脱脱及其祖母派遣，与哈密其他头目一道入明朝贡。总之，永乐时期明朝国力强盛，沙州卫比较安定。政治上，明廷扶持困即来执掌沙州卫实权，并授予大小首领官职，凡功必赏。在经济上，给予沙州卫部众种子农具，帮助他们疏通水渠，尽量创造安居乐业、自给自足的条件。当沙州卫部众出现饥困时，明廷则给予必要和及时的粮食赈济。上述举措，使得初创时期的沙州卫得到巩固。就沙州卫而言，困即来等奉命朝廷，谨修朝贡。同时在肃州出现内乱时，沙州卫与其他卫所一同出兵相助，事后迅速撤兵归卫，真正起到了拱卫明朝西陲的作用。

---

① 《明史》卷三三〇《西域传二·赤斤蒙古卫》，第8556页。

② 《明仁宗实录》卷五下永乐二十二年十二月，第192页。

(二) 洪熙至宣德时期 (1425—1435) 的沙州卫

永乐二十二年 (1424), 朱棣长子朱高炽即位, 是为明仁宗, 翌年改年号为洪熙, 但朱高炽在位不到一年即去世。洪熙元年 (1425), 朱高炽长子朱瞻基即位, 是为明宣宗, 改年号为宣德。明朝经过洪武、建文、永乐三朝的休养生息, 到仁宗、宣宗时期国力强盛, 吏治清明, 经济发展, 社会稳定。《明史》称赞仁宣时期, "吏称其职, 政得其平, 纲纪修明, 仓庾充羡, 闾阎乐业, 岁不能灾。盖明兴至是历年六十, 民气渐舒, 蒸然有治平之象矣。"[①]在此背景下, 明朝边患较少, 四方较为安定。在都督佥事困即来执掌下, 经过永乐三年至宣德九年 (1405—1434) 三十年的发展, 沙州卫已是"户口滋息, 耕牧富饶", 是其建卫历史上最为兴旺的时期。

洪熙、宣德时期明朝国力的强盛, 使其保持了对周围少数民族政权和部落地面的威慑力和影响力, "若乃强藩猝起, 旋即削平, 扫荡边尘, 狡寇震慑"[②]。这一时期, 沙州卫基本上履行了为明朝充任藩篱、维护关西贡道的职能, 不仅出兵参加了明军征讨曲先的军事行动, 同时在明廷的要求下多次派兵护送明朝使臣。洪熙元年 (1425), 曲先卫首领散即思联合安定卫首领劫杀明廷使臣, 陕西行都司土官、都指挥李英率军前去征讨曲先卫, 沙州卫也派兵随军征讨。宣德六年 (1431), 明廷赏赐征讨曲先将士, 对沙州卫首领及部众也论功行赏。宣德七年 (1432), 明廷派中官李贵等前往西域地区哈烈等国诏谕, 并命沿途赤斤蒙古卫、沙州卫、哈密卫派兵护送西行。鉴于此, 明廷对沙州卫大小首领或授予官职、或加以擢升, 以示嘉奖。《明宣宗实录》中,

---

① 《明史》卷九《宣宗本纪》, 第125—126页。

② 《明史》卷九《宣宗本纪》, 第126页。

有关宣德时期明廷授官、擢升沙州卫首领的记载共有5处。此外，洪熙和宣德时期，明廷因沙州卫方面入贡、奏事之故，共计13次对沙州卫大小首领及其部众进行赏赐。从沙州卫的进贡物品来看，主要为马匹，其次为骆驼，仅有1例为银器。而明廷的回赐则丰富得多，有钞、彩币、表里、袭衣、靴袜、冠带、绢布7种，回赐多者有其中的6种，少时则有2种。入朝奏事时受到赏赐的有4例，赏赐之物主要有钞、彩币、表里等。明廷还有2次主动赏赐沙州卫都督困即来，所赐之物有彩币、表里、金织、文绮等。此外，洪熙、宣德时期沙州卫中有头目及其部众有意内附明朝者，明政府也通常予以接纳和安置。如宣德元年（1426）五月，“沙州卫那孩帖木儿等来归，奏愿居甘州。命为试所镇抚，赐冠带、金织、袭衣、彩币、钞、布，仍命陕西行都司给房屋、器皿等物如例”①。明廷对要求内附的沙州卫头目进行赏赐，所赐之物往往包括冠带、金织、袭衣、彩币、银钞、棉布、鞍马等七八种物品，并给予其部众房屋和生活用品加以安置。总之，洪熙、宣德时期沙州卫与明廷互动较多，在与明廷的往来中获得了较多的政治和经济利益。

但与永乐时期不同的是，宣德时期沙州卫在护卫西域贡使和维护贡道安全方面也有懈怠的情况。宣德时期，沙州地区发生了数起劫掠西域贡使的事件。更甚者，沙州卫个别首领还参与了劫掠行动。宣德二年（1427），西域别失八里的亦力把里歪思王遣使贡马，但在沙州卫西境的哈密川一带遭到劫掠和杀伤，百余马匹被抢夺。虽然歪思王的正、副使最终到达明廷，并被授予指挥千户，“赐诰命、冠带”②，但此次劫掠事件引起明廷的不满。此外，来自西域的撒马尔罕回回火者撒剌在同一地点又遭到沙州

① 《明宣宗实录》卷一七宣德元年五月，第466—467页。

② 《明史》卷三三二《西域传四·别失八里》，第8608页。

境内蒙古部众的劫掠，而且沙州卫都指挥察罕不花之子也参与其中。明廷得到消息之后，命甘肃总兵官、崇信伯费瓛前往关西抓捕沙州卫"鞑贼"。与此同时，明廷对沙州卫方面的各种请求也并非全部都同意。如困即来多次请求明廷借其谷种，或请求赈济，或请求帮助建城。明廷对沙州卫预借谷种的请求一般都会同意，并免于偿还，但有时也对赈济粮食、修筑城池的要求加以拒绝。宣德二年（1427）二月，困即来向明廷奏报本卫"岁荒人饥，谷种亦乏"，向明廷借一百石谷种，待秋天收成后还给官府。明宣宗说道："彼皆吾民。敕总兵官、崇信伯费瓛于有粮之处给百石赐之，免其偿"[①]。但宣德六年（1431）困即来请求赈济粮食、增筑城池的要求则被拒绝。宣德六年（1431）十二月，困即来遣人来告饥。《明宣宗实录》记载：

> 镇守甘肃总兵官、都督刘广奏："沙州卫都督困即来遣人来告饥，且惧罕东、西番乘虚侵之，乞城其地以为固。"上曰："彼居沙州，畜牧可以自给。若能睦邻保境，岂有外虞？今不务此，乃欲劳费中国乎！"遂敕广等令抚其使人以归，且谕以边境士马众多，今年秋成亦薄，仅足自给。所欲筑城，待年丰议之。[②]

宣德六年（1431），明朝境内旱灾主要出现在今山西和河北地区，特别是山西各地出现大面积干旱，长期没有降雨，导致"妨于播种"，"田苗枯槁"，"田谷无收"[③]。沙州卫位于嘉峪

① 《明宣宗实录》卷二五宣德二年二月，第659—660页。

② 《明宣宗实录》卷八五宣德六年十二月，第1975—1976页。

③ 袁祖亮主编，邱云飞、孙良玉著《中国灾害通史》卷七《明代卷》，郑州：郑州大学出版社，2009年，第334页。

关外，地近沙漠戈壁，旱灾较为常见。此次困即来不仅请求粮食赈济，而且以罕东、西番威胁为由，请求明廷帮助修筑城池，以加强防卫。但明宣宗对其赈济和筑城请求未予同意，并以收成歉丰、粮少兵多为由将其使臣打发回去。宣德七年（1432）二月，困即来再次遣使奏报："去岁旱灾，今部属皆乏食，乞垂赈济。"明宣宗对户部臣工说道："救灾恤患，朕固不吝，然劳内以事外，亦非吾所欲。"①由于包括沙州卫在内关西七卫属于明代羁縻卫所，明朝并无直接统治，虽然也宣称"彼皆吾民"，但在明朝皇帝心中仍有"劳内事外"的观念。从明朝的角度讲，如果对诸卫的要求有求必应，那么其他卫所就会纷纷效仿，会使明朝疲于应付，增加边政地区的经济负担。宣德九年（1434）四月，困即来又以罕东、西番威胁为由，请求移居嘉峪关内的察罕旧城（即白城子，在肃州东北120里的金塔县）。《明宣宗实录》记载：

> 沙州卫掌卫事都督佥事困即来等奏："数为罕东卫鞑靼及西番侵侮，虏取人畜，阻隔道路，不能安居，乞容于察罕旧城居住。"上遣敕谕之曰："尔归附已久，朝廷待尔素厚，处沙州三十余年，户口滋息，耕牧富饶，皆朝廷力也。往年哈密尝奏尔部属侵掠其境，今之外侮，亦所自致，自今但安分守法，保境睦邻，随寓可安，何必察罕旧城哉？东迁西徙，自取劳悴，无益也。"又敕罕东鞑靼及西番："果尝侵夺沙州人畜，悉追还之。"②

① 《明宣宗实录》卷八七宣德七年二月，第2003—2004页。
② 《明宣宗实录》卷一一〇宣德九年四月，第2473—2474页。

但明廷对这一要求予以拒绝，并严加训诫。实际上，明朝对关外诸卫采取的是既笼络、又限制的策略，既要给予必要的政治、经济利益以为其所用，又要防止诸卫做大，欲求不满。

明政府处理关西事务的目标是希望各卫“安分守法，保境睦邻”，而困即来与其他诸卫之间却互相劫掠，继而又想“东迁西徙”，制造难题，这是明朝不愿意看到的。这体现出明朝对沙州卫既有扶持的一面，也有审慎、限制的一面。

洪熙、宣德时期，沙州卫与其他卫所之间的摩擦和相互劫掠也逐渐增多。这一时期青海罕东卫的一支部众开始侵入沙州境内活动，并且还在沙州劫掠内附明朝部众和西域贡使。《明宣宗实录》宣德四年（1429）十二月条记载：“先是，扯儿禅等处头目革来末台、伯兰火者挈家属一千四百余人及马驼牛羊来归。至沙州，为罕东卫指挥那南弟苦奴、把都麻失加等所掠。至是事闻，敕那南等尽追还之，不还者悉治罪。”[①]扯儿禅即西域且末一带的部众，他们自西域内附明朝，在经过沙州境内时被罕东卫指挥那南之弟苦奴等劫掠，明廷遂对罕东卫指挥那南进行斥责和恫吓。但直至宣德八年（1433）时，罕东卫仍未放还扯儿禅被劫部众及马驼牛羊。扯儿禅指挥伯兰火者请求明廷下令罕东卫退还被劫部众和牲畜，并上报被劫掠的数量：“人口四百、马驼一千、余羊五万。”鉴于其数量巨大，明宣宗下令甘肃总兵官、都督刘广进行调查，如果属实则令沙州卫追还。宣德七年（1432）四月，西域哈烈使臣法虎儿丁等抵达京城后，奏报在沙州境内遭到赤斤蒙古卫都指挥革古者等劫杀。明宣宗依旧下令沙州卫都督困即来进行调查，如属实则令困即来将革古者驱逐出沙州地界，令其返回赤斤卫地界。可以看出，对于归明部众和贡使反映的在沙

① 《明宣宗实录》卷六〇宣德四年十二月，第1426页。

州境内被劫掠的问题，明廷是十分审慎的，必须先确认是否属实。但“实而不理则失其向化之心，不实而理之将激怨远夷”，如果属实则令事发地的沙州卫进行调查，并对人畜财物进行追讨。但实际上，沙州卫当时并无力量向罕东卫和赤斤蒙古卫进行追讨。而其他卫所部众侵入沙州卫辖境内肆意劫掠西域归附部众和贡使，表明沙州卫对其境内各部的控制力已经下降。据《明宣宗实录》记载，宣德时期沙州卫与赤斤蒙古、哈密、罕东、西番等卫所间也发生了摩擦增多的现象，一方面沙州卫曾袭扰哈密卫，但同时沙州卫也遭到罕东、西番等部的数次劫掠，而赤斤卫部众也曾侵入沙州境内劫掠西域使臣，沙州卫面临的内外环境日益严峻。宣德九年（1434），困即来奏请内迁到肃州以北的白城子居住，但遭到明廷的拒绝和训责。宣德十年（1435），哈密卫前来劫掠沙州卫，而困即来又担心瓦剌势力袭扰，“不能自立，乃率部众二百余人走附塞下，陈饥窘状，招边臣发粟济之，且令议所处置。边臣请移之苦峪，从之。自是不复还沙州，但遥领其众而已”[①]。沙州卫都督困即来率领二百余人从沙州卫城东迁到五六百里外的苦峪城（今玉门市玉门镇附近），但此时沙州卫的大量部众还在沙州各地耕牧，困即来只能是“遥领其众”，对部众的统驭能力进一步减弱，甚至难以做到“保境睦邻”，其沙州卫地在正统时期被来自青海罕东卫的班麻思结所部趁机占据。

（三）衰弱与废置：正统时期（1436—1449）的沙州卫

宣德十年（1435），年幼的朱祁镇即位，是为明英宗，翌年改元正统。正统初年，明朝国事由太皇太后张氏掌控，宣德旧臣杨荣、杨士奇、杨溥辅佐，这一时期明朝对外安定边防，对内整顿吏治、发展经济。但正统中后期，张氏及三杨先后去世，宦官

---

① 《明史》卷三三〇《西域传二·沙州卫》，第8560—8561页。

势力抬头，明朝开始走下坡。而在北方，瓦剌势力逐渐崛起，对明朝西北及北方边防安全稳定构成了巨大威胁，并与明朝开始激烈争夺对关西地区的控制权。在此背景下，明廷对关西七卫的威慑力和影响力日益下降，七卫之间的互相劫掠逐渐频繁。而罕东部众班麻思结又不断侵入沙州境内，沙州卫逐渐难以自立。

正统时期，困即来执掌的沙州卫继续奉命明廷，多次派兵护送往来西域贡使和明朝使臣。如正统四年（1439）十二月，明廷派遣金吾左卫带俸都指挥佥事张信以及锦衣卫带俸指挥同知牙鹘为正使，前往哈密册封哈力锁鲁檀继任忠顺王，“并敕陕西总兵官、定西伯蒋贵等依例资给二使，拨军送至沙州，仍敕沙州卫都督同知困即来及赤斤蒙古卫都指挥且旺失加等护送至哈密封王”[①]。正统六年（1441）六月，明廷派医官前往哈密公干，命赤斤蒙古卫和沙州卫派人护送出境。正统七年（1442）二月，在亦力把里（即东察合台汗国）使臣携带明朝敕书及赏赐返回时，“仍敕沙州赤斤蒙古卫各遣人护送之”[②]。但困即来有时也会怠于护送贡使，如正统八年（1443）七月明廷命赤斤蒙古卫、沙州卫护送哈密贡使返回，但二卫俱未派兵护送。《明英宗实录》记载：“前项使臣至赤斤，尔且旺失加称人马放散，令其自去至沙州。尔困即来称疾，令使臣少驻，俟其收集人马，延数日竟无一骑卫送。”[③]正统九年（1444）三月、四月，明廷命沙州卫都指挥同知喃哥等派兵护送西域和瓦剌使臣。明廷也怀柔推恩，或授官、或擢升沙州卫大小头目，在《明英宗实录》中有17处记载，超过永乐至宣德时期；而因沙州卫入贡、奏事进行赏赐

---

① 《明英宗实录》卷六二正统四年十二月，第1177页。
② 《明英宗实录》卷八九正统七年二月，第1795页。
③ 《明英宗实录》卷一〇六正统八年七月，第2159页。

的则有15处记载。正统元年（1436），明廷擢升沙州卫都督佥事困即来为都督同知；正统五年（1440）八月，明廷以奏报哈密军情有功擢升困即来为沙州卫右都督；正统八年（1443），明廷又擢升困即来为沙州卫左都督。明朝还帮助沙州卫修缮城池，并在沙州卫部众饥困时予以赈济。如正统七年（1442），明朝派官军修缮苦峪城，协助困即来防御瓦剌袭扰；又如正统九年（1444），“沙州及赤斤蒙古卫各诉饥饿，愿借种粮”[①]，正统十一年（1446），“命给迤西沙州卫都督喃哥等米。喃哥等具奏部下人民缺食，故给之”[②]，等等。

然而正统时期随着沙州卫周边环境的不断恶化，其内部危机和分裂逐渐显现。这一时期沙州卫部众多次出现逃散情况，而这可能也与宣德十年（1435）困即来迁入沙州卫城以东五百多里外的苦峪城有关，史载困即来“自是不复还沙州，但遥领其众而已”[③]，这势必导致困即来对本卫头目和部众的控制力日渐下降。正统四年（1439），“沙州卫都督困即来等奏：都指挥阿赤不花等一百三十余家皆逃往哈密，屡奉命往取不即发遣。”[④]还有部分部众逃往赤斤蒙古卫，困即来多次奉命派人前往追讨，但哈密卫、赤斤蒙古卫对归附的沙州部众占留不还。经明廷再三勒令催促，仅有都指挥桑哥失里等八十四家归还沙州。困即来也受到明廷的诘责：“夫朝廷置卫设官，盖欲其抚集所部军民，各安本地生业。尔果能敦睦邻绥众之道，则下人必不窜，而邻卫又岂肯侵乎？”[⑤]这些部众的逃散造成了沙州卫人口的明显减少，势

① 《明英宗实录》卷一一五正统九年四月，第2318页。

② 《明英宗实录》卷一四三正统十一年七月，第2834页。

③ 《明史》卷三三〇《西域传二·沙州卫》，第8560—8561页。

④ 《明英宗实录》卷五六正统四年六月，第1079—1080页。

⑤ 《明英宗实录》卷五七正统四年七月，第1085页。

必会影响沙州卫的内部稳定。此外，自永乐至宣德时期沙州卫即有个别首领率所属部众内附明朝并受到明政府的赏赐和安置，而这种现象在正统时期也越来越多。《明英宗实录》记载：

> ［正统元年（1436）七月］敕甘肃副总兵左都督任礼等曰："比闻达贼，又纠沙州贼来寇肃州。尔等徒拥精兵在甘州，何为？且甘、肃相去五百里，不早为备。及贼已退，方出兵追剿，其何有济？沙州达子归附已久，乃与同恶，此必为奸人所诱，宜密察以闻。贼既获利，其贪无厌，今秋及冬，或御或剿，宜悉条奏。"①

"沙州贼""沙州达子"显然指来自沙州境内的蒙古部众，但对此严重事件明廷并未斥责困即来，这里的"沙州贼""沙州达子"可能指游离于沙州卫困即来管辖之外的蒙古散部。这些沙州蒙古部众前往肃州劫掠，表明其实力不容小觑。但这一劫掠事件表明困即来对境内各部的约束力已经减弱。此外，相邻的赤斤蒙古卫和罕东卫的部众也侵入到沙州境内，反映出困即来对外部的侵入也已无力抵御。据《明英宗实录》记载："又闻［赤斤卫］尔革古者，及指挥锁可者亦鲁伯等率领家属常往沙州地界，肆为寇盗，甚或诈冒沙州名目邀劫往来使臣"②，他们不仅经常到沙州境内劫掠，而且冒充沙州卫劫掠往来使臣。更甚者，来自青海罕东卫的班麻思结所部也侵入沙州境内耕牧。正统四年（1439），困即来上奏明廷，"言罕东卫都指挥班麻结思率领人民擅入本卫地方居住"，明廷则令班麻结思等"发回逋逃，各守疆界，睦邻

① 《明英宗实录》卷二〇正统元年七月，第3页。
② 《明英宗实录》卷八〇正统六年六月，第1601页。

保境，共享太平之福，勿长恶不悛，以启衅端”[1]，仅以口头训诫。实际上，早在宣德以前班麻思结之父、罕东部众奄章即因罕东卫的内部矛盾和仇杀而徙居沙州境内。宣德四年（1429），“扯儿禅等处头目革来末台、伯兰火者挈家属一千四百余人及马驼牛羊来归。至沙州，为罕东卫指挥那南弟苦奴、把都麻失加等所掠。至是事闻，敕那南等尽追还之，不还者悉治罪。”[2]这里的罕东卫指挥那南弟苦奴、把都麻失加，即侵入沙州卫境内劫掠西域附明部众。而此次罕东班麻思结所率众直接迁入沙州卫境内耕牧定居，严重侵蚀了沙州卫的管辖区域。

正统时期，由于明廷对诸卫的威慑力和影响力日益下降，关西七卫间的袭扰和劫掠开始频繁起来，赤斤蒙古卫至哈密之间的贡道不再安全，已到了不派兵护送就会被劫掠的地步。一方面，沙州卫对其他诸卫有劫掠的情况，如正统元年（1436）二月，沙州卫与赤斤蒙古卫部众在布隆吉尔之地劫掠了阿端进贡使团。正统六年（1441）五月，“敕沙州卫都督困即来等曰：近瓦剌淮王也先差使臣朝贡，并奏彼处朝贡使臣及买卖回回道经哈密来甘肃者，多被尔处人民劫杀。此事未知虚实，或尔部下所为，尔所不知，今使臣回经过尔处，尔等须戒约部属，以礼相待，护令出境，勿纵小人抢劫，自启衅端”[3]，表明沙州卫部众很可能对瓦剌使臣也进行了劫掠。此后，沙州卫对哈密也进行了侵袭，并劫掠其人口而归。与此同时，沙州卫也遭受了其他卫所的劫掠。宣德十年（1435）十二月，“沙州卫都督困即来为哈密所侵，率所部二百余帐来附边，且陈其被侵饥窘之

① 《明英宗实录》卷五六正统四年六月，第1079—1080页。
② 《明宣宗实录》卷六〇宣德四年十二月，第1426页。
③ 《明英宗实录》卷七九正统六年五月，第1567—1568页。

状。上命边臣抚按量与米麦赈之”[①]。正统七年（1442）十月，沙州卫都督困即来奏称，“赤斤蒙古卫指挥鉴可者劫掠其牛马等物”[②]。正统时期，诸卫之间恃强凌弱，互相劫掠，这是沙州卫难以自立的重要外部因素。

瓦剌的威胁和侵扰是沙州卫最终废置的主要外部因素。宣德、正统时期，瓦剌迅速崛起。宣德九年（1434），脱欢袭杀鞑靼部的阿鲁台，正统初又杀永乐时期明朝赐封的贤义、安乐二王，统一漠北草原。脱欢并立元皇室后裔脱脱不花为可汗，自为丞相。正统四年（1439）脱欢死，其子也先嗣位，此时瓦剌势力达到最盛，对明朝边境构成严重威胁。在明朝西北方，瓦剌攻破哈密，侵扰关西诸卫，开始与明朝激烈争夺对关西地区的控制权，试图瓦解明朝嘉峪关外的藩篱体系。而明政府通常是一方面警告沙州等卫不要归附瓦剌，一方面满足困即来修缮城池、赈济粮食的要求，试图加以安抚；同时又对瓦剌好言相劝，但这种口头敕谕实际上无法起到遏制瓦剌野心和震慑诸卫的作用，客观上还助长了瓦剌的嚣张气焰。困即来时期，积极遣人探听瓦剌和哈密情报并及时向明廷报告，为明廷决策和应对起到重要作用。如正统四年（1439）八月，“沙州卫都督困即来密令人至瓦剌、哈密诸处诇事，具得其状，遣使臣保童等入奏”[③]；正统五年（1440）五月，沙州卫都督困即来派遣所镇抚月里卜花、百户帖木儿卜花等“报迤北事情”[④]，八月又“以缉探哈密声息有劳”擢升困即来为右都督。面对瓦剌的威逼利诱，困即来不为所动，

---

① 《明英宗实录》卷一二宣德十年十二月，第222页。
② 《明英宗实录》卷九七正统七年十月，第1940页。
③ 《明英宗实录》卷五八正统四年八月，第1105页。
④ 《明英宗实录》卷六七正统五年五月，第1289页。

忠心事明。如《明英宗实录》记载："［正统七年（1442）八月］敕谕沙州卫掌卫事都督困即来及头目人等曰：比者尔等言哈密援引瓦剌人求索物件，及踏看道路，已力拒不与。尔之忠诚，朕深嘉悦。盖尔等臣事朝廷已历四朝，继自今务坚此心，如复有人邪言扇诱，慎勿听信，则上天鉴祐，永远享福。"[①]但瓦剌的威胁已日渐逼近，正统七年（1442）八月，明廷应困即来之请修缮苦峪城以防瓦剌来袭。《明英宗实录》记载：

> 尔虑瓦剌今冬或来劫掠，欲修赤斤城以为备御，又言赤斤是且旺失加地方，虑有争竞，乞修尔沙州境内苦峪旧城。朕已敕总兵镇守官遣官军前来修理，汝可熟计。若尔与且旺失加等两相和好，久后无争，欲修赤斤城即从修理，如以苦峪城为便，即修苦峪城。计定当即兴工，时将寒冻，不可缓也。尔等亦须起集军马协力修筑，远出哨了不可怠忽。复谕赤斤蒙古卫都督佥事且旺失加、都指挥佥事革古者可儿即及头目人等曰：沙州卫虑瓦剌劫掠，乞修赤斤城以为保障，朕已敕困即来计议之矣。如尔等与其和睦，即听修理，遇急同住，或有相碍，尔亦明白声说，令只修理沙州旧苦峪城。务要两相利便，共图长远，已敕遣去官军，不许扰害。尔亦宜戒饬部属，无或生事，自取罪愆。[②]

困即来担心瓦剌部于冬天前来劫掠，因而想要奏请明朝修缮赤斤城，但由于赤斤城属赤斤蒙古卫且旺失加的地盘，担心与赤斤蒙古卫产生矛盾，因此又奏请修缮苦峪城。明廷令困即来慎重考

① 《明英宗实录》卷九五正统七年八月，第1914页。
② 《明英宗实录》卷九五正统七年八月，第1914—1915页。

虑，如果能与赤斤蒙古卫睦邻和好，无论赤斤城还是苦峪城，都可派官军前来修缮。明廷同时征求赤斤蒙古卫都督佥事且旺失加、都指挥佥事革古者可儿即等头目对修缮赤斤城的意见，并训责不要干扰官军筑城。最后明廷综合沙州卫和赤斤蒙古卫双方意见，于是决定修缮苦峪城。正统七年（1442）十一月，“先是困即来得敕，计议止修旧苦峪城以居，边将率戍卒往助之，及是城成，乃自备马驼入”[①]。《明史·西域传》则将苦峪城修缮完成之时系于正统六年（1441）冬：“初，困即来之去沙州也，朝廷命边将缮治苦峪城，率戍卒助之。六年冬，城成，入朝谢恩，贡驼马，宴赐遣还。”[②]其时应以《明英宗实录》记载为是。正统八年（1443）正月，困即来入京朝贡，“升沙州卫右都督困即来为左都督。时困即来来朝，上以其在边岁久多效劳力故升之”[③]，位居正一品。然正统八年（1443）九月，瓦剌太师也先发兵围攻哈密，《明英宗实录》记载：

> 甘肃总兵官宁远伯任礼奏：“近得边报，瓦剌也先遣其徒那那舍利王等率众三千攻围哈密，分遣款哥伯等领众二万，欲来劫掠沙州、赤斤及肃州。”上敕沿边诸将，严为守备。[④]

瓦剌军队破城后，“杀头目，俘男妇，掠牛马驼不可胜计”[⑤]，使哈密卫遭受重创，同时还集结军队准备劫掠哈密以东的沙州、

---

① 《明英宗实录》卷九八正统七年十一月，第1981页。
② 《明史》卷三三〇《西域传二·沙州卫》，第8561页。
③ 《明英宗实录》卷一〇〇正统八年正月，第2028页。
④ 《明英宗实录》卷一〇八正统八年九月，第2184页。
⑤ 《明史》卷三二九《西域传一·哈密卫》，第8514页。

赤斤甚至肃州。此外，瓦剌还派人前往沙州卫和赤斤蒙古卫联姻，十月，也先随即派头目款哥伯送马匹和酒分别到沙州卫和赤斤蒙古卫，欲娶困即来之女为弟媳、且旺失加之女为儿媳，企图通过联姻方式拉拢和控制沙州、赤斤二卫。困即来、且旺失加随后上奏明廷，希望朝廷进行干预，但明廷却慑于瓦剌强盛而让二卫自己决定。《明英宗实录》记载：

> 敕谕沙州卫左都督困即来、赤斤蒙古卫都督同知且旺失加等曰："得奏知也先差头目款哥伯送马疋、酒礼欲娶尔困即来女为弟妇，且旺失加女为男妇。尔等敬畏朝庭，不敢承命，特遣人奏请，具见忠诚之心。也先与尔等皆朝廷臣属，结亲之事听从所愿，但须审实差来头目，以防欺诈。"[①]

《明史·西域传》则直接说道："天子以瓦剌方强，其礼意不可却，谕令各从其愿，并以此意谕可先，而二人终不欲"[②]。明廷置身事外的态度，使自己在处理关西七卫事务时逐渐处于被动地位，也使沙州卫不得不屈服于瓦剌的压力，最终难以自立。明朝统治者不仅对西北羁縻卫所缺乏长远考虑、关注不够，或是鞭长莫及，心有余而力不足。甚至因无力经营而牺牲关外羁縻卫所的利益去和睦强邻，非但不能稳定边疆安全，反而造成了恶劣影响。[③]同年十二月，执掌沙州卫40余年、"事朝廷已历四朝"的困即来卒，恐与瓦剌的一再胁迫不无关系。困即来之后，其长子喃哥执掌沙州卫。《明史·沙州卫》记载："[正统九年(1444)] 长子

① 《明英宗实录》卷一〇九正统八年十月，第2208—2209页。

② 《明史》卷三三〇《西域传二·赤斤蒙古卫》，第8557页。

③ 杨林坤《论明代西北羁縻卫所的民族关系》，《中国边疆史地研究》2014年第2期，第154页。

喃哥率其弟克罗俄领占来朝。授喃哥都督佥事，其弟都指挥使，赐敕戒谕。”《明英宗实录》记载更详：

> 丙午。敕沙州卫都督佥事喃哥、都指挥使克罗俄领占曰：“尔沙州卫附近西陲，自我祖宗时设立卫分，尔父困即来首膺简拔，授以官职，抚治人民，迨今四十年余，忠诚一心，近以寿终，遣官赙祭。今尔兄弟来朝，头目人等保尔承袭。朕以尔喃哥系嫡长子，命袭父职，为都督佥事，掌卫印信。尔克罗俄领占系第三子，特除都指挥使，协同管事。尔等宜体朕眷待之意，坚守臣节，兄弟一心，抚安部属，庶副委任之重。”

困即来长子喃哥和第三子克罗俄领占受沙州卫头目保荐，明廷又因喃哥的嫡长子身份而授其沙州卫都督佥事，掌沙州卫印；破格授困即来第三子克罗俄领占沙州卫都指挥使，协助其兄管理本卫事务。此时，瓦剌也加紧了对沙州卫的胁迫和控制。正统九年（1444）七月，瓦剌也先派人前往沙州卫授予官职，“授喃哥等以平章等官”。在瓦剌的强大压力下，沙州卫不得不屈服，“时兀良哈已阴附瓦剌，而沙州、罕东、赤斤蒙古三卫亦将附之”①，而且瓦剌还设立了“甘肃行省”，对明朝边境安全构成了严重威胁。同年十二月，瓦剌“分遣人马于沙州近界围猎”，兵势直抵沙州卫境内。正统十年（1445）九月，瓦剌也先再次遣人到沙州联姻，并加以威胁。十月，明廷敕谕瓦剌也先：

> 今沙州卫大小头目人等差人朝贡，报称今年九月间，太

① 《明英宗实录》卷一二二正统九年十月，第2457页。

> 师遣头目款哥伯等将文书、马匹、貂鼠皮等物到沙州结亲，令都督喃哥自送女去，或不自去，差人马劫掠沙州，致彼处头目人民怀忿惊疑，屡报甘肃总兵镇守等官，具实以闻。且沙州等卫切近边境，设卫授官，皆朕臣。于太师诚欲与之结亲，亦须以善相处，若生事构怨，非惟有伤朝廷和好之意，实背尔祖尔父忠顺之心。[①]

瓦剌态度日渐强硬和蛮横，要求沙州卫都督喃哥亲自送女去瓦剌结亲，如若不从便威胁劫掠。但明廷态度软弱，仍对瓦剌好言相劝。在此背景下，喃哥与其弟克罗俄领占间“兄弟争乖，部众携贰”[②]，各头目之间对忠顺明朝或投靠瓦剌产生了分歧。正统十一年（1446）八月，“沙州卫都指挥同知桑哥失力来朝奏：愿率部属三十家内徙甘州，出力报效。上从之，赐钞币、衣服等物，遣往甘州。仍敕甘肃总兵官遣人取其部属来居”[③]。与桑哥失力归附明朝、内徙甘州不同的是，都督喃哥等萌生了投靠瓦剌之意，明廷在获知其意图后指示总兵官任礼相机收捕喃哥等部并内迁甘州。九月，沙州卫都督喃哥奏请迁入肃州小钵和寺居住。《明英宗实录》记载：

> 先是甘肃总兵官任礼等以沙州卫都督喃哥兄弟乖争，部众离贰，欲乘其饥窘，迁之塞内。适喃哥来言，欲入居肃州之小钵和寺。礼等遂令都指挥毛哈剌、赵哈剌不花等偕南哥先至沙州抚谕其众，而率大众随其后。比至喃哥阴持两端，其部人多欲奔瓦剌。礼等进兵迫之，遂收入塞居之

---

① 《明英宗实录》卷一三四正统十年十月，第2673—2674页。

② 《明史》卷三三〇《西域传二·沙州卫》，第8561页。

③ 《明英宗实录》卷一四四正统十一年八月，第2847页。

甘州，凡二百五户、千二百三十余口。[①]

总兵官任礼考虑周密，对策详备，在沙州招抚部众时发现喃哥“阴持两端”，为防止喃哥及其部众投靠瓦剌，任礼率大军及时跟进，并将喃哥部众205户、1230余人全部迁入甘州。自此，“沙州遂空”，喃哥所部迁入甘州之后，“自是安居内地，迄无后患。而沙州为罕东酋班麻思结所有”。[②]自此设立了四十一年的沙州卫彻底废置。

比较而言，在关西诸卫中，困即来执掌时期的沙州卫对明廷最为忠诚，因而困即来卒后明廷派锦衣卫指挥同知丁全前往祭奠，并称赞困即来“抚治人民，迨今四十年余，忠诚一心”[③]。然而由于正统时期北方瓦剌势力的强大以及明朝西北边疆政策的日益保守，瓦剌开始与明廷激烈争夺对关西诸卫的控制权。瓦剌不仅一举攻占哈密，而且不断威胁赤斤、沙州等卫，这是导致沙州卫衰落废置的主要原因。明朝原本希望关西七卫能“各守疆界，睦邻保境”，然而事与愿违，各卫之间相互劫掠不断，彼此消耗实力。在此背景之下，正统时期作为明朝嘉峪关藩篱的关西诸卫逐步势衰，而沙州卫则最先废置，明代西北边疆形势不断恶化。正如《秦边纪略》在论述关西七卫的位置及其战略价值时说：“且河西之插入夷地，三面受敌者，西宁亦然。西宁如象唇，肃州如象鼻，形势同也。西宁撤四卫而藩篱单薄，肃州弃三卫而寇逼门庭，外侮同也。”[④]而《明史·西域传》则评论道：“先是，太宗置哈密、沙州、赤斤、罕东四卫于嘉峪关外，屏蔽

① 《明英宗实录》卷一四五正统十一年九月，第2854页。
② 《明史》卷三三〇《西域传二·沙州卫》，第8562页。
③ 《明英宗实录》卷一一九正统九年七月，第2414页。
④ ［清］梁份著，赵盛世等校注《秦边纪略》卷四《肃州卫》，第226—227页。

西陲。至是，沙州先废，诸卫亦渐不能自立，肃州遂多事”[①]，印证了《秦边纪略》作者对沙州等卫废置后带来的恶果的分析，可谓一语中的。

表3-1 明廷任命沙州卫首领官职表

<table>
<tr><th>官职</th><th>品级</th><th>姓名</th><th>任职时间</th><th>任职(擢升)原因</th></tr>
<tr><td>左都督</td><td>正一品</td><td>困即来</td><td>1443</td><td>在边岁久,多效劳力</td></tr>
<tr><td>右都督</td><td>正一品</td><td>困即来</td><td>1440—1443</td><td>缉探哈密声息</td></tr>
<tr><td>都督同知</td><td>从一品</td><td>困即来</td><td>1436—1440</td><td>西番劫掠阿端入贡方物,追回并护送入京</td></tr>
<tr><td rowspan="2">都督佥事</td><td rowspan="2">正二品</td><td>困即来</td><td>1424—1436</td><td>派兵护送瓦剌使臣入京</td></tr>
<tr><td>喃哥</td><td>1444—?</td><td>困即来长子,袭职</td></tr>
<tr><td rowspan="9">都指挥同知</td><td rowspan="9">从二品</td><td>买住</td><td>1407—?</td><td>官职应高于其部下赤纳</td></tr>
<tr><td>锁南</td><td>? —1432</td><td>未载,正常任命</td></tr>
<tr><td>曲列该</td><td>1432—?</td><td>袭其父锁南职</td></tr>
<tr><td>阿赤不花</td><td>1436—1441</td><td>未载,正常任命</td></tr>
<tr><td>喃哥</td><td>1440—1444</td><td>缉探哈密声息</td></tr>
<tr><td>班丹</td><td>1441—?</td><td>袭其父阿赤不花职</td></tr>
<tr><td>克罗俄领占</td><td>1444—?</td><td>困即来三子</td></tr>
<tr><td>撒力</td><td>1444—?</td><td>未载,正常擢升</td></tr>
<tr><td>桑哥失里</td><td>1444—?</td><td>未载,正常擢升</td></tr>
<tr><td rowspan="4">都指挥佥事</td><td rowspan="4">正三品</td><td>赤纳</td><td>1406—?</td><td>归附明廷</td></tr>
<tr><td>困即来</td><td>1410—1424</td><td>助平 1410 年肃州之乱</td></tr>
<tr><td>察罕不花</td><td>? —1433</td><td>未载,正常擢升</td></tr>
<tr><td>阿赤不花</td><td>1433—1436</td><td>困即来奏请</td></tr>
</table>

① 《明史》卷三三〇《西域传二·沙州卫》，第8562页。

续表

官职	品级	姓名	任职时间	任职(擢升)原因
都指挥佥事	正三品	桑哥失里	1433—1444	未载,正常擢升
		苦出帖木儿	1433—1443	未载,正常擢升
		撒力	1436—1444	困即来奏请
		兀鲁思不花	1436—?	未载,正常擢升
		阿木哥	1439—?	困即来子
		哈剌苦出	1443—?	困即来奏请
		薛令	1444—?	未载,正常擢升
指挥使	正三品	困即来	1405—1410	归附明廷
		买住	1405—1407	归附明廷
		朵儿只	1410—?	助平 1410 年肃州之乱
		察罕不花	1410—?	助平 1410 年肃州之乱
		薛迭古	? —1433	未载,正常任命
		撒力	1433—1436	袭其父薛迭古职
		阿木哥	1437—1439	困即来子
		哈剌苦出	? —1443	未载,正常任命
		薛令	1443—1444	困即来奏请
		瓦失加	1443—?	困即来奏请
		乃儿不花	1444—1447	未载,正常擢升
指挥同知	从三品	朵儿只	? —1410	未载,正常任命
		察罕不花	? —1410	未载,正常任命
		李答儿卜颜哥	1410—?	助平 1410 年肃州之乱
		兀鲁思不花	1432—1436	未载,正常任命

续表

官职	品级	姓名	任职时间	任职(擢升)原因
指挥同知	从三品	薛令	1440—1443	采探哈密声息
		锁南	? —1443	未载,正常任命
		乃儿不花	1443—1444	困即来奏请
		保童	1443—1444	困即来奏请
		昂克	1443—?	困即来奏请
		莫罗孩	1443—?	袭父锁南职
		绰思加	1444—?	袭父保童职
		只孙	1444—?	未载,正常擢升
		彻米彻	1444—?	未载,正常擢升
		滕吉思	1444—?	未载,正常擢升
		昆藏思	1447—?	乃儿不花子
指挥佥事	正四品	李答儿卜颜哥	? —1410	未载,正常任命
		脱完帖木儿	1426—?	来朝
		兀鲁思不花	1410—1432	助平 1410 年肃州之乱
		忽秃不花	1432—?	袭其父兀鲁思职
		薛令	1433—?	困即来次子,正常任命
		翁失台	1436—1443	困即来奏请
		瓦失加	1436—1443	困即来奏请
		哈尔哈	1436—?	愿居边自效
		乃儿不花	? —1443	未载,正常任命
		保童	—1443	未载,正常任命
		昂克	1440—1443	采探哈密声息

续表

官职	品级	姓名	任职时间	任职(擢升)原因
指挥佥事	正四品	只孙	1443—1444	困即来奏请
		鬼力	1443—?	袭其父翁失台职
		亦剌马丹	1444—?	沙州卫使臣
		彻米彻	—1444	未载,正常擢升
正千户	正五品	翁失台	—1436	困即来奏请
		瓦失加	—1436	困即来奏请
		薛得失加	1436—?	困即来奏请
		著失加	1436—?	困即来奏请
		班丹	? —1441	未载,正常任命
		阿卜牙	1441—?	袭父班丹职
		昂克	—1440	未载,正常任命
		猛哥不花	1440—?	采探哈密声息
		那罕只孙	? —1443	未载,正常任命
		结果坚	1447—?	彻米彻子
副千户	从五品	薛得失加	? —1436	未载,正常任命
		著失加	? —1436	未载,正常任命
		哈儿哈	? —1436	未载,正常任命
		剌马丹	1436—?	困即来奏请
		彻米彻	1436—?	困即来奏请
		失兰卜	1436—?	困即来奏请
		克满丁	1436—?	西番劫掠阿端入贡方物,追回并护送入京
		亦剌马丹	1436—1444	困即来奏请

续表

官职	品级	姓名	任职时间	任职（擢升）原因
副千户	从五品	帖木儿卜花	1440—?	困即来遣报迤北事情
		月里卜花	1440—?	困即来遣报迤北事情
		猛哥不花	？—1440	未载，正常任命
		哈迷帖木儿	1440—?	采探哈密声息
		葛渴	1447—?	哈麻思子
百户	正六品	亦剌马丹	？—1436	未载，正常任命
		帖木儿卜花	？—1440	未载，正常任命
		哈迷帖木儿	？—1440	未载，正常任命
镇抚	从六品	满答	1431 年前后	未载，正常任命
		克满丁	？—1436	未载，正常任命
		速答	1436—?	西番劫掠阿端入贡方物，追回并护送入京
		月里卜花	？—1440	未载，正常任命
		薛答儿等六人	1440—?	采探哈密声息

表3–2　明廷赏赐沙州卫人员表

时间	赏赐事由	赏赐人员	赏赐物品	擢升官职	史料出处
永乐八年（1410）八月	来归明朝	把不怠等	彩币、绢布	——	《明太宗实录》卷一〇七
永乐九年（1411）夏四月	遣使贡马	困即来	钞、彩币	——	《明太宗实录》卷一一五
永乐二十二年（1424）十二月	派兵护送瓦剌贡使	困即来、薛迭右	彩币、表里	——	《明仁宗实录》卷九

续表

时间	赏赐事由	赏赐人员	赏赐物品	擢升官职	史料出处
洪熙元年(1425)十一月	入朝奏事	保童	钞、彩币、表里等	——	《明宣宗实录》卷一一
洪熙元年(1425)十二月	来归明朝	把失帖木儿	冠带、金织、袭衣、彩币、银钞、棉衣、鞍马、房屋、器皿等物	所镇抚	《明宣宗实录》卷一二
宣德元年(1426)正月	入朝奏事	千户阿儿台、舍人苦木帖木儿	赐钞、彩币、表里等	——	《明宣宗实录》卷一三
宣德元年(1426)二月	——	千户兀鲁思帖木儿等八十七人	彩币、表里、金织、纻丝、绢、袭衣等	——	《明宣宗实录》卷一四
宣德元年(1426)五月	来归明朝	那孩帖木儿等	冠带、金织、袭衣、彩币、钞、房屋、器皿、布等	所镇抚	《明宣宗实录》卷一七
宣德元年(1426)六月	应诏入朝	百户脱完帖木儿	冠带	沙州卫指挥佥事	《明宣宗实录》卷一八
宣德元年(1426)六月	入朝奏事	百户脱脱帖木儿	钞币、袭衣	——	《明宣宗实录》卷一八
宣德元年(1426)九月	贡马	指挥同知锁南	钞、彩币、表里、袭衣、靴袜、冠带	——	《明宣宗实录》卷二一
宣德二年(1427)九月	明廷遣使赍敕赏赐	都督困即来等官	彩币、表里	——	《明宣宗实录》卷三一
宣德三年(1428)正月	明廷使臣道过沙州	困即来	金织、文绮、彩币	——	《明宣宗实录》卷三五

续表

时间	赏赐事由	赏赐人员	赏赐物品	擢升官职	史料出处
宣德四年(1429)十一月、十二月	贡马	指挥佥事桑哥失里	钞、彩币、表里、金织、纻丝、靴袜	——	《明宣宗实录》卷五九、六〇
宣德五年(1430)十月、十一月	朝贡驼马	舍人阿鲁火者	钞、彩币、表里	——	《明宣宗实录》卷七一、七二
宣德六年(1431)正月	来归明朝	鞑靼忽迭儿必失等七人	冠带、金织、袭衣、彩币、银钞、鞍马、房屋、器物	百户所、镇抚	《明宣宗实录》卷七五
宣德六年(1431)三月	贡马、银器等物	所镇抚满答等	钞、彩币、表里	——	《明宣宗实录》卷七七
宣德六年(1431)四月	来归明朝	头目伯兰沙等	冠带、金织、袭衣、彩币、银钞、棉布、鞍马、房屋、器物	指挥佥事等官	《明宣宗实录》卷七八
宣德七年(1432)十月	来朝贡马	鞑靼卜颜帖木儿等	彩币、表里	——	《明宣宗实录》卷九六
宣德八年(1433)六月	来朝贡马	指挥苦竹帖木儿等	钞、彩币、表里、纻丝、袭衣	——	《明宣宗实录》卷一〇三
宣德九年(1434)四月	来朝贡马	鞑靼奄克帖木儿	钞币、绢布、纻丝、袭衣	——	《明宣宗实录》卷一一〇
宣德十年(1435)七月	主动赏赐	困即来	彩币	——	《明英宗实录》卷七
正统元年(1436)六月	来归明朝	千户阿儿台父子等二十人	冠带、银两、鞍马	指挥佥事及正千户	《明英宗实录》卷一九

续表

时间	赏赐事由	赏赐人员	赏赐物品	擢升官职	史料出处
正统二年（1437）五月	来归明朝	古南他木儿	冠带、田庐、器皿、牛羊	所镇抚	《明英宗实录》卷三〇
正统四年（1439）八月	奏报瓦剌及哈密事	困即来	金织、文绮、表里各八	——	《明英宗实录》卷八五
正统四年（1439）十二月	派兵护送明朝使臣	困即来	织金、袭衣、彩绢	——	《明英宗实录》卷六二
正统五年（1440）五月	贡方物	镇抚也鲁卜花	赐宴，并赐彩币等物	——	《明英宗实录》卷六七
正统五年（1440）八月	贡方物	指挥保童	赐宴，并赐彩币等物	——	《明英宗实录》卷七〇
正统五年（1440）十月	贡马、方物	千户写帖儿	赐宴并赐彩币等物	——	《明英宗实录》卷七二
正统七年（1442）十一月、十二月、一月	入京贡马	右都督困即来	纻丝六，表里、绢六匹，织金纻丝衣一袭，靴袜各一双、表里等物，赐宴并彩币	左都督	《明英宗实录》卷九八、九九、一〇〇
正统八年（1443）九月	入朝奏报边事	左都督困即来遣人	钞、彩币、表里、袭衣	——	《明英宗实录》卷一〇八
正统八年（1443）十二月	困即来卒	沙州卫	钞五百贯，彩币二，表里及香帛	——	《明英宗实录》卷一一一
正统九年（1444）十月	入朝奏事	指挥奄克	彩币	——	《明英宗实录》卷一二二

续表

时间	赏赐事由	赏赐人员	赏赐物品	擢升官职	史料出处
正统十年(1445)八月	来归明朝	哈密里火者	冠带、织金、袭衣、彩币、房屋、器皿	——	《明英宗实录》卷一三二
正统十年(1445)十月	入朝奏事	指挥虎都秃、舍人锁罕帖木儿	赐宴,并彩币、表里	——	《明英宗实录》卷一三四
正统十年(1445)十月	入朝贡马	千户各洛哥等	赐宴,并赐彩币等物	——	《明英宗实录》卷一三四
正统十一年(1446)八月	来归明朝	都指挥同知桑哥失力	钞、彩币、衣服等	——	《明英宗实录》卷一四四

第三节 罕东左卫的设立及其兴废史

沙州、哈密、赤斤蒙古三卫由元代出伯家族后王集团转化而来，安定、阿端、曲先三卫由元代安定王后王集团转化而来。但与以上六卫不同的是，罕东卫则属于洪武三十年（1397）新置。罕东卫设立后，部人奄章因与别部不和，遂率众迁入沙州境内居住。至奄章之子班麻思结时发展壮大，正统十年（1445）沙州卫东迁苦峪后，班麻思结完全占据了沙州。奄章及班麻思结时期，罕东左卫尚未成立。虽处于沙州，但明朝仍以罕东卫视之。至成化时期，班麻思结之孙只克嗣位，明廷于沙州故城正式设立罕东左卫。《明史·西域传》称："西戎强悍，汉、唐以来不能制。我朝建哈密、赤斤、罕东诸卫，授官赐敕，犬牙相制，不惟断匈奴右臂，亦以壮西土藩篱"①，指出了在沙州续设罕东左卫的目的。因此，就敦煌历史而言，罕东左卫与沙州卫相接续，从卫治与辖区来看，罕东左卫与沙州卫基本一致。罕东左卫的兴废史，也是明朝西北边疆政策的一个缩影。

① 《明史》卷三三〇《西域传二·罕东左卫》，第8566页。

一、罕东左卫卫治与辖区

《明史·西域传》记载："即于沙州故城置罕东左卫"①。《重修肃州新志》记载："沙州旧城即古敦煌郡治也，今在沙州之西，墙垣基址犹存"，又载："罕东左卫，在沙州卫故城"②，这表明罕东左卫的卫治地望与沙州卫是一致的。不过罕东左卫部众最早并非居住于沙州卫境内，而是源自罕东卫。《明史·西域传》记载："罕东卫，在赤斤蒙古南，嘉峪关西南，汉燉（敦）煌郡地也。……三十年，酋锁南吉剌思遣使入贡，诏置罕东卫，授指挥佥事"③，即位于今甘肃酒泉西南。但与《明史·西域传》记载不同的是，《天下郡国利病书》《秦边纪略》等书均记载罕东卫位于西宁以西地区。实际上，罕东卫地望有一个变化和迁徙的过程，因此上述两类著作的记载并不矛盾，只是因记载不同时期罕东卫的地望而产生的差异。明初的罕东卫，西接曲先卫，西南接安定卫，北接沙州，东接祁连山主峰与西宁相望。而明代中期，由于吐鲁番的东侵和北方蒙古势力的南下，罕东卫逐渐残破，嘉靖时王琼将其诸部移至甘州南山，即今西宁西北一带。④也是在明初时期，罕东卫部众奄章与别部不和，迁入沙州境内居住，但这一时期应当是在沙州南部与罕东卫交界地带居住，离沙州卫所城较远。宣德时期，罕东卫指挥那南弟苦奴、把都麻失加等亦侵入沙州境内劫掠内附明朝的西域扯儿禅部部众。

---

① 《明史》卷三三〇《西域传二·罕东左卫》，第8565页。

② ［清］黄文炜撰《重修肃州新志》，第486、488页。

③ 《明史》卷三三〇《西域传二·罕东卫》，第8562页。

④ 唐景绅《明代罕东卫地望小考》，《青海社会科学》1985年第2期，第94—97页。

图3-9 《蒙古山水地图》中的苦峪城
（采自林梅村《蒙古山水地图》）

据嘉靖《陕西通志》《肃镇华夷志》《边政考》等志书记载，明朝在苦峪设立苦峪卫，苦峪卫在赤斤卫城以西。《明英宗实录》记载："[正统七年（1442）八月]敕谕沙州卫掌卫事都督困即来及头目人等曰：尔虑瓦剌今冬或来劫掠，欲修赤斤城以为备御。又言赤斤是且旺失加地方，虑有争竞，乞修尔沙州境内苦峪旧城。"[①]明代苦峪城（图3-9），东距嘉峪关400余里，东距赤斤卫城240余里，西距沙州卫600余里，是明朝安置沙州、哈密等地部众的暂居之地。学术界以往认为在瓜州锁阳城，应误，据

① 《明英宗实录》卷九五正统七年八月，第1914页。

考应在今玉门市玉门镇以东二里的古城。[①]明嘉靖《陕西通志》版《西域土地人物略》记载："赤斤西百五十里为苦峪城，即我皇明所设苦峪卫也。"宣德十年（1435），由于罕东、西番、哈密的袭扰和瓦剌的威胁，困即来"乃率部众二百余人走附塞下，陈饥窘状，招边臣发粟济之，且令议所处置。边臣请移之苦峪，从之。自是不复还沙州，但遥领其众而已"[②]，被明朝安置在沙州卫城以东五百多里外的苦峪城。此后为防范瓦剌侵扰，明朝应困即来请求而对苦峪城进行了修缮，正统七年（1442）十一月，"及是城成，乃自备马驼入"[③]。因此苦峪卫应当指的就是迁徙到苦峪城后的沙州卫，此时困即来部众已不在沙州故地，代之而设立于敦煌的是后来的罕东左卫。

正统时期，奄章之子班麻思结率部迁徙到沙州境内耕牧定居，故而困即来多次上奏明廷请求敕令班麻思结所部退出本卫辖区。至正统十一年（1446）沙州卫全部内徙后，"沙州遂空"，班麻思结趁机全部占有沙州卫故地。《明宪宗实录》记载："[成化十五年（1479）九月]于沙州立为罕东左卫，令只克仍袭都指挥使以统之"[④]。《明史·西域传》亦载："即于沙州故城置罕东左卫。"[⑤]由此可见，罕东左卫部众从沙州卫以外地区逐步迁徙到沙州境内耕牧定居，并最终全部占据沙州卫故地。正德三年（1508）罕东左卫内部曾互相仇杀，明廷加以调解，"补修阿丹旧城，广沙州城，各令居之"[⑥]，表明当时对卫治沙州城进

① 李正宇《"曲尤"考》，第250页。
② 《明史》卷三三〇《西域传二·沙州卫》，第8560—8561页。
③ 《明英宗实录》卷九八正统七年十一月，第1981页。
④ 《明宪宗实录》卷一九四成化十五年九月，第3424页。
⑤ 《明史》卷三三〇《西域传二·罕东左卫》，第8565页。
⑥ 《明武宗实录》卷三六正德三年三月，第872页。

行了扩建。

二、罕东左卫兴废史

虽然罕东左卫设立时间较晚，但早在永乐时期，其部众就活动于沙州南部。永乐至成化时期，在奄章特别是其子班麻思结的统领下，其部众逐渐兴旺，在沙州卫内徙之后占据了沙州地区。这一时期罕东左卫尚未成立，班麻思结所部仍以罕东卫名义与明廷往来，而明朝亦授以班麻思结所部罕东卫官职。成化时期，为应对吐鲁番的威胁，明廷应班麻思结之孙只克的请求，在沙州卫故地正式设立罕东左卫。与沙州卫当时所面临的外部环境不同的是，成化以后西域地区吐鲁番势力迅速崛起，成为继瓦剌之后与明廷在关西地区激烈争锋的另一个对手，不断侵掠威逼关西诸卫，使罕东左卫最终难以自立。与此同时，关西诸卫之间的互相袭扰劫掠也大大削弱了各卫自身实力，诸卫协同藩篱、屏蔽西陲的作用也就无从谈起，一如《殊域周咨录》所言："自肃州至哈密千五百里之间，赤斤蒙古、罕东左等卫番夷，其初俱能睦族自保，厥后本类自相仇杀，部落遂渐离散"[①]。因此，各卫之间内部的相互劫掠以及吐鲁番的侵掠，是罕东左卫废置的主要原因。

（一）罕东左卫前史：永乐至成化时期

永乐时期，罕东卫部众奄章因与别部不和，率众迁徙至沙州境内居住。《明史·西域传》记载："初，罕东部奄章与种族不相能，数仇杀，乃率其众逃居沙州境。"[②]《肃镇华夷志》对奄章身世有所记载：

---

① ［明］严从简著，余思黎点校《殊域周咨录》卷一四《西戎·赤斤蒙古》，北京：中华书局，1993年，第468页。

②《明史》卷三三〇《西域传二·罕东左卫》，第8564页。

> 洪武初，宋国公冯胜兵下河西，时元守臣委的掠人民，遁入沙漠。时有青牛和尚，曰哥哥把失者（乃巫师臧之番僧，牵青牛一只，念经乞化为生）游至沙州地界，投元之达卧耳交王部下，娶达女为妻，生子一曰阿卜尔加，阿卜尔加生子二，长曰俺章，次曰苦术，后奄（俺）章子者也［“也”应为“六”］（一名哈剌秃，一名浪哨，一名红帽子，一名绰林奔，一名失剌里，一名帖木儿），苦术生子五（有曰强哨卜二，计有曰契咱卜儿，计有曰满谷，有曰可胎，有曰哈尼），枝派绵延，财力渐盛。章、术商议，遂谋杀耳交王，自立为头目。耳交王之子孙欲报父仇，而力不副，阴连接诸达以报复仇。俺章、苦术觉，恐灭其族，于是以所属部落遂率领以逃于沙州地方，混称前元熟达，修贡自为属番，以鞑靼承［丞］相子孙。①

《秦边纪略》卷六《外疆》对罕东左卫的史地、道路、形胜等有所记载，该书作者还以按语的形式加入了一段有关奄章的记载：“按：俺章之弟曰苦木，皆阿卜尔加之子。阿卜尔加之父曰哥哥把势，本乌斯藏番僧也。俺章兄弟谋杀元之耳交王，领其部属，妄称鞑靼丞相之子孙，于永乐元年修贡，故兄弟分封于瓜州、沙州焉。诸说纷纷，皆不得其实”②。清代常钧《敦煌杂钞》一书亦有相似记载③。此外，《明史·西域传》记载了赤斤蒙古卫成立背景：

① ［明］李应魁撰，高启安、邰惠莉点校《〈肃镇华夷志〉校注》，第275—276页。

② ［清］梁份著，赵盛世等校注《秦边纪略》卷六《外疆》，第390页。

③ ［清］常钧撰《敦煌杂钞》卷上《沙州卫》，北京：禹贡学会印本，1937年。又见《中国西北文献丛书》第98册《敦煌杂钞》，第329页。

> 先是，苦术娶西番女，生塔力尼；又娶蒙古女，生都指挥琐合者、革古者二人。各分所部为三。凡西番人居左帐，属塔力尼，蒙古人居右帐，属琐合者，而自领中帐。后苦术卒，诸子来归，并授官。至是阿速势盛，欲兼并右帐，屡相仇杀。①

上述记载颇有传说意味，不过仔细对比《肃镇华夷志》《秦边纪略》《明史·西域传》等书记载，可发现诸书记载在逻辑上有其合理之处。据《肃镇华夷志》等书记载，属于巫师藏（乌斯藏）藏族僧人哥哥把失者娶蒙古女，生俺章、苦术兄弟，因此二人兼具蒙藏血统。正因如此，奄章与罕东卫的藏族等部众不能相合，故而《明史·西域传》称"罕东部人奄章与种族不相能，数仇杀"②。而苦术后代与其兄奄章的情况如出一辙。据上引《明史·西域传》记载，苦术所娶藏族女与蒙古女的后代之间也不能相融，甚至互相仇杀。奄章与罕东左卫藏族等其他部众仇杀后，率领其部众进入沙州境内居住。《明宪宗实录》在追溯罕东左卫渊源时记载："初西宁所辖罕东卫番夷奄章，因与诸簇（族）不相仇杀，流落于故沙州卫地。"③由于奄章时期其部众进入沙州境内，但离沙州卫卫城尚远，罕东卫和沙州卫也未向明廷提出异议，因此"朝廷即许其耕牧，岁纳马于肃州"④。此后，奄章部生息繁衍，部落日盛，"益不受罕东统属"，逐渐成为独立于罕东卫之外的一支部众。

---

① 《明史》卷三三〇《西域传二·赤斤蒙古卫》，第8557页。
② 《明史》卷三三〇《西域传二·罕东左卫》，第8564页。
③ 《明宪宗实录》卷一九四成化十五年九月，第3424页。
④ 《明史》卷三三〇《西域传二·罕东左卫》，第8564页。

奄章之后，其子班麻思结带领部众继续在沙州境内耕牧定居。宣德时期开始，明廷授予班麻思结等头目官职。宣德七年（1432）六月，明廷以班麻思结征曲先之功，“即命为罕东卫指挥使，赐敕奖赉”[①]。八月，“授罕东卫头目坚藏为正千户，可纪即等四人为副千户，坚失加等四人为百户，脱脱为所镇抚”[②]。宣德十年（1435），“升罕东卫指挥使班麻思结为都指挥佥事，正千户坚藏、副千户可儿即俱为指挥佥事。从班麻思结奏请也”[③]。这表明明廷虽然没有正式设卫，但班麻思结所部实际上已相当于一个独立的卫所，可以单独上奏明廷请赐官职。景泰元年（1450）九月，明廷升都指挥佥事班麻思结为都指挥同知。[④]此外，班麻思结遣使入贡或奏事，明廷对其加以赏赐。

班麻思结曾率部参与了明军征讨曲先的军事行动。洪熙元年（1425），曲先卫首领散即思联合安定卫首领劫杀明廷使臣，陕西行都司土官、都指挥李英率军前去征讨曲先，罕东卫土官、指挥使却里加等参与征讨。宣德六年（1431），明廷赏赐征讨曲先将士，但未赏赐班麻思结。宣德七年（1432）六月，班麻思结向明廷声言曾参与征讨曲先，明廷因其“自陈征曲先有功”[⑤]而授班麻思结罕东卫指挥使，并于七月敕谕之：

> 有功者赏，有罪者罚，此国家劝惩之典，天下之至公也。往因曲先卫散即思纵所部劫乌思藏使臣及杀伤官军，故发兵剿捕。尔聪明特达，闻官军至，即率众从征擒杀贼

---

① 《明史》卷三三〇《西域传二·罕东左卫》，第8564—8565页。
② 《明宣宗实录》卷九四宣德七年八月，第2124页。
③ 《明英宗实录》卷七宣德十年秋七月，第130页。
④ 《明英宗实录》卷一九六景泰元年九月，第4150页。
⑤ 《明宣宗实录》卷九一宣德七年六月，第2088页。

> 徒，获其驼马牛羊以献，朕甚嘉之。已遣人赍币赏功，今升尔为罕东卫指挥使。尔尚益顺天心，永坚臣节，则子子孙孙永享福禄尔。[①]

明廷对班麻思结授官赏赐，冀其“益顺天心，永坚臣节”，但与沙州卫困即来不同的是，班麻思结野心较大，对明朝若即若离，而且常不奉命。由于宣德、正统时期班麻思结所部不断深入沙州卫地耕牧定居，最终正统四年（1439）六月沙州卫都指挥困即来不得不奏报明廷。《明英宗实录》记载：

> 沙州卫都督困即来等奏：……又言：“罕东卫都指挥班麻思结率领人民擅入本卫地方居住。上敕哈密忠顺王及班麻思结等，令发回逋逃，各守疆界，睦邻保境，共享太平之福，勿长恶不悛，以启衅端。”[②]

但明廷的反应不痛不痒，仅仅是加以口头劝慰和训诫。虽然擢升困即来之子阿木哥为沙州卫都指挥佥事，但同时又擢升班麻思结部下。七月，明廷派人持谕前往关西处理此事。《明英宗实录》记载：

> 又奏罕东卫都指挥班麻思结等侵居尔地，截路抢扰等。因具悉，夫朝廷置卫设官，盖欲其抚集所部军民，各安本地生业。尔果能敦睦邻绥众之道，则下人必不窜，而邻卫又岂肯侵乎？已遣敕往谕哈密忠顺王卜答失里并赤斤蒙古

① 《明宣宗实录》卷九四宣德七年八月，2131—2132页。

② 《明英宗实录》卷五六正统四年六月，第1079—1080页。

> 卫指挥革古者、罕东卫都指挥班麻思结等，俾还所窜、归所侵，不许彼此恃强，互相占扰，自启衅端。尔继今亦宜恪导号令，爱恤军民，永享太平之福。[①]

明廷一方面将责任归于困即来不能“睦邻绥众”，同时又命罕东卫都指挥班麻思结还居本卫。然而正统时期北方瓦剌边患日盛，而明朝势力渐弱，对关西诸卫的威慑和约束力已不如前。班麻思结对明廷的敕谕并不奉命，仍然居住沙州卫不走。此后，班麻思结又接纳了逃入沙州境内的赤斤蒙古卫指挥锁合者。正统六年（1441），在瓦剌的威胁以及哈密、赤斤、西番班麻思结等部的侵扰之下，困即来率二百余人东走苦峪，迁入明廷修缮过的苦峪城，“自是不复还沙州，但遥领其众而已”[②]。正统八年（1443）沙州卫都督困即来去世，其长子喃哥和三子尔克罗俄领失和、争斗。正统十一年（1446）明廷将沙州卫部众全部迁入甘州，沙州卫废置，“沙州遂空”。沙州卫部众全部迁走后，班麻思结“尽有其地”，完成了对沙州全境的占领。对明廷护送贡使的命令，班麻思结不仅不奉命，还对贡使进行劫掠。班麻思结还频繁对周边卫所进行劫掠。正统六年（1441），班麻思结所部劫掠哈密卫城外的人民和牲畜。作为报复，正统十四年（1449）哈密也对班麻思结部进行了劫掠。

正统时期，沙州等卫在面临瓦剌的威逼利诱时，尽力周旋不从，而班麻思结在占据沙州后却与瓦剌通好。明廷下令班麻思结率部属回卫，“毋故违命，以取罪愆”。

---

① 《明英宗实录》卷五七正统四年七月，第1085页。

② 《明史》卷三三〇《西域传二·沙州卫》，第8561页。

（二）罕东左卫的设卫与废置：成化至正德时期

明朝景泰时期，嘉峪关以西的力量对比和政治格局再度出现重大变化。景泰六年（1455），也先遭暗杀身死，“自也先死，瓦剌衰，部属分散，其承袭代次不可考”[①]。瓦剌的衰落，使得景泰至天顺年间（1450—1464），罕东左卫又勤修朝贡，史载“历景泰、天顺朝，朝贡益盛”[②]。而在瓦剌部众衰弱后不久，成化年间西域吐鲁番又迅速崛起。成化九年（1473）春，吐鲁番速檀阿力发动了吞并东方哈密的战争，“袭破其城，执王母，夺金印，分兵守之而去”[③]。吐鲁番攻破哈密后，明朝西北边疆形势进一步恶化，正如兵部所言：“哈密实西域诸夷喉咽之地，若弃而不救，窃恐赤斤蒙古、罕东、曲先、安定、苦峪、沙州等卫亦为土（吐）鲁番所胁，则我边之藩篱尽彻，而甘肃之患方殷。”[④]明廷在得知吐鲁番攻破哈密之后，派都督同知李文前往处置，但无功而返。成化十年（1474）十月，明廷命哈密都督罕慎管领本卫部众，并令其于苦峪城居住。成化至正德时期，围绕哈密问题，明廷与吐鲁番产生了激烈的交锋。吐鲁番势力日益狂妄，不断对明廷提出要求，且出尔反尔，不还哈密，而明廷则一味退让。《明史·西域传》中对此批评道：“时大臣专务姑息，致遐方小丑无顾忌。”[⑤]

吐鲁番虽然表面上维持入贡，但实际已与明廷矛盾加剧。为防止吐鲁番东侵，明朝加强了边防守备。同年九月，从甘州调马军三百，步军二百，每年十月上旬至肃州守备，次年二月再返回

---

① 《明史》卷三二八《外国传九·瓦剌》，第8503页。

② 《明史》卷三三〇《西域传二·罕东左卫》，第8565页。

③ 《明史》卷三二九《西域传一·土鲁番》，第8530页。

④ 《明宪宗实录》卷一一八成化九年七月，第2270页。

⑤ 《明史》卷三二九《西域传一·土鲁番》，第8530页。

甘州。《明实录》《明史》等史料中未有成化时期明军派兵进入关西地区的记载，而莫高窟、榆林窟明代汉文游人题记中却留存了陕西行都司肃州卫指挥师英等率军进驻沙州的记载，具有珍贵的史料价值。莫高窟第98窟中成化十三年（1477）游人题记记载：

> 指挥师英钦（?）奉敕命，统领官军二千员名到此沙州，/安攘（?）夷人，当今/皇上固守后门，永臻（?）国界。掌（?）靖/官二千兵，/千户董（?）和/镇捧（应为“抚”）保庆，其余每名不牙/把总李一名阿□/兼队捧（?）□/七室（?）/赵仲俱系□□中□□所。/成化十三年六月初三日述。

该条题记很长，其后还附有“马雄队”“毛斌队”等人员名单[①]。成化十二年（1476）九月，肃州缺兵少马，最后向甘州调马兵三百、步兵二百。而根据题记内容，指挥师英统率两千官军前往沙州，足见是一次大规模的用兵。题记中“奉敕命”一语，表明这是一次朝廷下令进行的军事行动。如果师英军队与吐鲁番交战，则必有杀伤，《明宪宗实录》也肯定会有记载。但对于这次大规模的军队调遣，《明宪宗实录》却未有相应的记载，《肃镇华夷志》《重修肃州新志》等志书也没有关于师英的记载。因此，师英及其军队应未与吐鲁番接战，而是在沙州地区的一次军事震慑。明英宗以来，关西诸卫互相袭扰，劫掠贡使，扣夺货财，明廷一般只进行口头上的警告，并加以劝诫，但往往收效甚微。这次出兵关西，当有震慑诸族的意味。题记中为“当今皇上固守后门，永臻国界”[②]，也表明师英率军队来沙州主要是震慑诸卫部

---

① （法）伯希和著，耿昇译《伯希和敦煌石窟笔记》，第131页。

② （法）伯希和著，耿昇译《伯希和敦煌石窟笔记》，第131—132页。

族不要互相袭扰劫掠，并防御吐鲁番挥兵东进，保护哈密至嘉峪关地区的安全。此外，榆林窟第25窟成化十四年（1478）游人题记记载：

> 肃州抚夷指挥帅吴领官军一千为/国以安藩篱□此□香/书吏何浒同游/成化十四年六月廿一日记。[①]

前述莫高窟第98窟游人题记记载成化十三年（1477）陕西行都司肃州卫指挥师英率官军二千至沙州之事。而本条题记中“肃州抚夷指挥”正与师英“肃州卫指挥”相同，因此题记中的“帅吴”应为“师英”之误。继成化十三年（1477）率两千官军去沙州“安攘夷人”后，此次师英再次率一千官军来瓜州“以安藩篱”，两次行动目的一致。是年七月，巡抚甘肃左佥都御史王朝远奏报吐鲁番速檀阿力部下叛，奏请调赤斤、罕东二卫精锐番兵五千，甘州、凉州马步兵一万，罕慎兵七百，交付总兵官署都督佥事王玺负责调度，于八月收复哈密并移交罕慎统领。但明廷以三条理由推拒进兵，仍希望诸卫部族保持现状[②]，反映出明朝在处理吐鲁番侵占哈密问题上的保守态度。这种局面的出现，除了吐鲁番实力日渐强大之外，明朝与哈密卫皆负有不可推卸的责任。就明朝而言，成化至正德年间是明朝历史上政治最为腐败的时期之一。[③]但在史料记载之外，或刻画或书写于石窟墙面上的明代游人题记又真实地记载了历史的另一面。成化十五年（1479）元月，师英又率三千官兵来沙州，莫高窟第5窟游人题记记载：

---

① 张伯元《安西榆林窟》，第228页。

② 《明宪宗实录》卷一八〇成化十四年秋七月，第3244—3246页。

③ 田澍《明代哈密危机述论》，《中国边疆史地研究》2002年第4期，第14—22页。

> 陕西行都司肃州镇指（?）□□□/师英等统领安军三千兵□为，因/沙州等处番达难□□□□□/到此安抚安妥归义降□□□□□/全（?）相感/佛盛力愿番娈安妥人民安幸（?）/成化十五年元月廿一日记。[①]

自奄章率众从罕东卫迁徙至沙州境后，其子班麻思结率众继续在沙州地区生活，沙州卫内徙后，班麻思结“尽有其地”。班麻思结卒于何时，史书未有详细记载，唯《明史·西域传》宽泛地说：“成化中，班麻思结卒，孙只克嗣职”[②]。只克袭位后，其部众日益兴旺。题记所载的“番达难□”，表明驻牧于沙州的部族之间可能发生了争斗，也可能是因为遭受了吐鲁番的威胁，因此师英率军“到此安抚”。由于只克部众与哈密相邻，因此担心吐鲁番前来威胁，“患其逼已，欲自立为一卫”[③]。成化十五年（1479）九月，只克奏请如罕东、赤斤之例，立卫赐印。《明史·西域传》记载：

> 兵部言：“近吐鲁番吞噬哈密，罕东诸卫各不自保，西鄙为之不宁。而赤斤、罕东、苦峪又各怀嫌隙，不相救援。倘沙州更无人统理，势必为强敌所并，边方愈多事。宜如所请，即于沙州故城置罕东左卫，令只克仍以都指挥使统治。”从之。[④]

---

① （法）伯希和著，耿昇译《伯希和敦煌石窟笔记》，第367页。
② 《明史》卷三三〇《西域传二·罕东左卫》，第8565页。
③ 《明史》卷三三〇《西域传二·罕东左卫》，第8565页。
④ 《明史》卷三三〇《西域传二·罕东左卫》，第8565页。

联系到肃州卫指挥师英率大军于成化十三年（1477）、十四年（1478）、十五年（1479）接连来沙州、瓜州一带，“安攘夷人”“以安藩篱”“安妥人民”，说明师英行军目的主要是安抚诸卫，震慑诸族，并防御吐鲁番进攻。闲暇之余，师英率部下来莫高、榆林二窟巡礼，祈求关西地区“番銮安妥、人民安幸”，但并没有史料证明师英军队与吐鲁番发生了战争。《明宪宗实录》对这三次调兵关西的大规模军事行动未有记载，不过这三条题记正好弥补了史书记载的缺失。师英率部的进驻，确保了只克部众的安全和罕东左卫的设立。明代设立罕东左卫后，又对其首领授以官职。成化二十一年（1485），“北寇屡犯沙州，杀掠人畜。又值岁饥，人思流窜”[①]，明廷因只克斩杀北虏之功擢升其为都督佥事，同年又以罕东左卫饥困而提供种子和粮食进行赈济，此外还对罕东左卫部众进行赏赐。

罕东左卫设立后，只克定期遣使入贡明廷。成化十八年（1482），被迫从哈密移居苦峪的罕慎联合罕东、赤斤二卫攻破哈密城，还居故土。弘治元年（1488），明廷封罕慎为哈密忠顺王。但同年罕慎被吐鲁番速檀阿黑麻诱杀，哈密复为吐鲁番所据。弘治六年（1493），吐鲁番胁迫罕东左卫部众归附，但只克并不听从。《明史·西域传》记载：“去岁（1493）秋，吐鲁番遣人至只克所，胁令归附，只克不从。”[②]此后，吐鲁番又袭扰罕东左卫，并威胁苦峪、赤斤甚至肃州地区，“诸部皆不能支”[③]。《明孝宗实录》记载：

[弘治八年（1495）五月]镇守甘肃都督同知刘宁等奏：

① 《明史》卷三三〇《西域传二·罕东左卫》，第8565页。
② 《明史》卷三三〇《西域传二·罕东左卫》，第8566页。
③ 《明史》卷三三〇《西域传二·罕东左卫》，第8564页。

“罕东左卫都督只克报，沙州地方屡被土（吐）鲁番阿黑麻抢杀，且逼胁各夷归附。而哈密都督奄克孛剌又报，苦峪城内近被火，烧毁房舍，无以自存，乞容归降。各乞给赐牛犁种食。又传阿黑麻欲夺苦峪、赤斤、肃州等处，乞缮修赤斤城以为之备。且哈密、罕东、赤斤，俱我藩篱，今哈密之居苦峪者被火，罕东之沙州被寇，义当救恤。但苦峪去肃州逾四百里，其地贫薄，水草不足以自给。赤斤城高，复饶水草，且去肃州为近，有急易于应援，请令苦峪寄住者悉迁之赤斤城内。其城或有颓圮，宜及时修治。”[①]

由上述记载可知，吐鲁番多次袭扰抢杀罕东左卫，并对苦峪、赤斤甚至是肃州发出了军事威胁。明廷对各卫加以赈济和安抚，并加强边备。《平番始末》对吐鲁番胁迫罕东左卫之事有更加详细和生动的记载：

未几，阿黑麻贻书于罕东都督只克，自称速檀阿黑麻可汗敕书与只克都督、仓阿朵儿只、剌麻朵儿只众头目：“在前我祖宗拜答儿主人的子孙在哈密往来，你沙州、瓜州大小人民皆属管束，进贡好物，和气住坐。此地原是我祖宗住的地方，如今我得了，缘何不照前例进贡。因这等气恼，所以来抢你。今后若差人投顺，与我进驼马便了，不然便动人马来问罪也。”只克得书，惊惧失措，乃自驰上肃州。予曰：“事急矣。无赤斤、罕东，是无哈密也。无哈密，甘肃受祸矣。”乃疏其事于朝，曰：“速檀阿黑麻冒任残元之裔，僭称可汗之号，既已占夺哈密，杀其国王，却又侵扰属番，逼令从顺。揆其动静，为志非小。且罕东、

① 《明孝宗实录》卷一〇〇弘治八年五月，第1834页。

> 赤斤等卫属番驻牧地方，实为甘肃西北藩蔽，若不早为区处，倘被吐番侵扰不支，致令胁从，将来边患有不可言。……”书奏，乃厚赏只克，令还。而复遣人赍段布、食物分投赤斤、罕东等卫抚谕之，为言：“吐番无道，朝廷已出兵，克期声讨。尔等皆累朝有职臣子，宜坚守臣节，整兵以待调发，勿生异心，自取灭亡。若各卫军饷不足，许即来告，为尔转奏，量给协济。事成，朝廷自有升赏。”只克等大喜，即覆书曰：“先年设立哈密、赤斤、罕东三卫，如一家一般，阿黑麻他把哈密夺了，我每谁不怀恨他？昨日又差虎剌黑麻、札麻力丁两个人来我罕东地方来说，也要我每投顺他。去年将我大小人口女儿都抢了，此仇几时报得？如众大人可怜见时，调罕东、赤斤、哈密三卫人马同到哈密，将牙兰头割了，也是报了我每仇恨。若不去时，恰似害怕他一般。”①

吐鲁番速檀阿黑麻为了胁迫罕东左卫部众顺服并为其所用，对只克威逼利诱，动辄劫掠人口，引起罕东左卫部众上下忿恨。但都督只克忠心事明，不为所动。在对付吐鲁番问题上，明廷与关外卫所协同步调，做好了军事进攻哈密的准备。弘治八年（1495），明军发兵关西地区，攻克哈密。弘治十年（1497），忠顺王后裔陕巴再次统领哈密，但仍处在吐鲁番的兵锋之下。弘治十七年（1504），罕东左卫遭到瓦剌和安定卫的杀掠，“因款肃州塞求济”②，明廷对罕东左卫予以赈济，并敕令各卫停止仇杀。正德三年（1508），罕东左卫内部相互仇杀，明廷诏谕各部并加以调

① ［明］许进《平番始末》，转引自［明］张雨撰，薄音湖点校《边政考》附《外四种》，第310—311页。

② 《明孝宗实录》卷二百十九弘治十七年十二月，第4135页。

解，同时“补修阿丹旧城，广沙州城，各令居之”[①]。正德四年（1509），罕东左卫内部番达两族再度仇杀，明廷令甘肃守官遣官往谕，令其和解。同时，命只克抚纳各族，息兵悔过。《明实录》对只克卒年未有记载，不过其最后一次出现于《明武宗实录》中是在正德八年（1513）十月。另据《明史·西域传》记载：“只克卒，子乞台嗣。十一年，吐鲁番复据哈密，以兵胁乞台降服，遂犯肃州”[②]，则只克约卒于正德九年至十年间（1514—1515）。吐鲁番以军事威胁迫使新嗣位的乞台屈服，“分兵胁据沙州，拥众入寇”。肃州游击将军芮宁率众抵御吐鲁番军队，但至沙子坝一带，“贼以大兵围宁，而分兵缀存礼等，令不得合。宁势孤援绝，遂为所败，死焉。一军皆没，凡七百人”[③]。自此，“左卫不克自立，相率徙肃州塞内。守臣不能拒，因抚纳之”[④]。正德十一年（1516），乞台所部内迁，但仍有罕东左卫其他部众留居沙州。据《边政考》记载：“哈剌灰。沙州都督日羔剌等，正德十四年前来肃州，起送赴京袭职”[⑤]，《殊域周咨录》亦称“及照日羔剌系都督见掌印信，先因袭职回还，一向肃州寄住”[⑥]，可知乞台当卒于正德十四年（1519），是年日羔剌率所部入居肃州，并袭其父乞台的都督佥事一职。此时虽然仍有帖木哥、土巴等部众居住于沙州，但由于执印都督所辖部众已内徙，罕东左卫实际已经废置。日羔剌嗣位后，还于正德十六年（1521）入朝请赏：

---

① 《明武宗实录》卷三六正德三年三月，第872页。
② 《明史》卷三三〇《西域传二·罕东左卫》，第8566页。
③ 《明武宗实录》卷一四五正德十二年正月，第2842—2843页。
④ 《明史》卷三三〇《西域传二·罕东左卫》，第8566页。
⑤ ［明］张雨撰，薄音湖点校《边政考》卷九《西羌族口》，第248页。
⑥ ［明］严从简著，余思黎点校《殊域周咨录》卷一四《西戎·罕东卫》，第479页。

罕东左卫袭都督佥事日羔剌等诣京师，奏乞赏赐。礼部以为虏人越例要赏，且番文不由通政司，辄自奏御，蠢虏固不足责。伴送舍人苏林等乃不省谕，又失关防，宜罪如律。得旨，苏林等俱下巡按御史逮问。[①]

但明廷以“虏人越例要赏，且番文不由通政司，辄自奏御”为由予以拒绝。自此直至嘉靖四十二年（1563），日羔剌一直向明廷入贡。《明世宗实录》记载：

罕东左卫都督日羔剌等请钦定贡期。部覆：当令五年一贡，人马俱不得过三十，其三十人内，以十七人留边，十三人赴京领赏。从之。[②]

日羔剌后嗣位的是其孙羽竜（章）卜，万历时其部众人数为“帐房二百七十顶，男妇三百名口”[③]，徙居肃州东三十里一带。万历以后中原政局风起云涌，羽竜（章）卜之后再无嗣位的记载。

三、罕东左卫部众内徙与吐鲁番占据敦煌

正统时期，阿端卫逐渐废弃，“不知所终”。吐鲁番崛起后，又多次侵入曲先卫、罕东卫杀掠。正德七年（1512），罕东卫、安定卫、曲先卫遭到蒙古首领阿尔秃厮亦不剌的蹂躏，曲先卫则“部族窜徙，其卫遂亡”[④]。王廷相在《与胡静庵论吐鲁番书》中称：“阿端一卫，不知所往矣。曲先则南入乌斯藏矣。赤斤、

① 《明世宗实录》卷四正德十六年七月，第168页。
② 《明世宗实录》卷五一九嘉靖四十二年三月，第8503页。
③ ［明］李应魁撰，高启安、邰惠莉点校《〈肃镇华夷志〉校注》，第58页。
④ 《明史》卷三三〇《西域传二·曲先卫》，第8555页。

安定、罕东，或数百为族，数十为落，皆内附肃州境土，如野鸟俱物为害，依人居止，衰败凋残，厌厌游游，止存气息矣，夫安望其振厉。”[①]自正德十一年（1516）吐鲁番击败芮宁军队并进攻肃州后，其兵锋日盛，“虎视河西”[②]。哈密被吐鲁番占据，罕东左卫不克自立，都督乞台率众内迁，左卫实际已废置。赤斤蒙古卫位处肃州嘉峪关外，“益遭蹂躏。部众不能自存，尽内徙肃州之南山，其城遂空”[③]。嘉靖三年（1524），吐鲁番“寇肃州、掠甘州”。《明世宗实录》记载：“回酋速坛儿等二万骑入边围肃州城镇，巡官告急。兵部请调陕西延宁及庄浪四路游奇官军各三千，驰赴肃州，听都指挥陈九畴节制。”[④]此战重创肃州、甘州的军事防御体系，影响当地社会安定，“肃州之衅，将官被其戕杀，兵民遭其荼毒。去年，甘州之寇，寨堡残破，不知若干；人畜杀虏，何止数万！比之正德十一年，又复数倍。”[⑤]对明廷上下产生巨大震动，“廷议绝之，闭关三年”[⑥]。罕东左卫都督乞台内迁后，其部下帖木哥、土巴所部仍居住于沙州并臣属吐鲁番，“岁输妇女、牛马”，并时常被吐鲁番裹挟犯边。桂萼《进哈密事宜疏》记载：“而吐鲁［番］欲犯顺，辄便纠合以助声势，瓦剌之贫穷无赖，多随之抢掳人口财物。瓦剌得者属瓦

① ［明］王廷相《与胡静庵论吐鲁番书》，转引自陈高华编《明代哈密吐鲁番资料汇编》，乌鲁木齐：新疆人民出版社，1984年，第378页。

② ［明］严从简著，余思黎点校《殊域周咨录》卷一三《西戎·吐鲁蕃》，北京：中华书局，1993年，. 第460—461页。

③《明史》卷三三〇《西域传二·赤斤蒙古卫》，第8559页。

④《明世宗实录》卷四三嘉靖三年九月，第1130页。

⑤ ［明］杨一清《关中奏议》卷一七《为捉获见习勾引大势回贼犯边夺取地方等事》，唐景绅、谢玉杰点校《杨一清集》（下册），北京：中华书局，2011年，第647页。

⑥ ［明］严从简著，余思黎点校《殊域周咨录》卷一二《西戎·哈密》，第421页。

刺，回子得者属回子，及驱沙、瓜州属番为前锋。是以一举动便有万人，其实皆乌合之众”；“每吐鲁［番］入犯，驱之为先锋，彼其实不忍负中国也。今日吐鲁［番］消息，亦多赖其传报。”[①]此后，吐鲁番胁迫土巴、帖木哥所部参加了嘉靖三年（1524）攻打肃州、甘州的战争。《殊域周咨录》记载：

> 兵科都给事郑自璧疏曰："近该巡抚陈九畴报称，番酋纠领西域回回并哈密北口瓦剌旌小列秃，并沙州土巴、帖木哥及瓜州遗孽各种二万余骑，困围甘肃，势甚危急。"[②]

嘉靖四年（1525）杨一清上奏称："但沙州头目帖木哥、土巴等，系中国属番，受恩深重，……率众跟随，侵犯肃州，去顺从逆，罪不胜诛。"[③]但由于吐鲁番征求无度，嘉靖七年（1528）土巴、帖木哥率众来归，沙州遂为吐鲁番所占据。除罕东左卫所辖帖木哥、土巴等部众外，"其川边、王子庄、苦峪、赤斤、柴城儿、骟马城、大草滩各种番达，俱系境外属番，肃州卫羁縻带管之数，节被吐鲁番、哈密回回侵夺抢杀，穷迫来归"[④]，沙州、瓜州一带的各处部众先后全部内迁。自此，明初设立的用以屏蔽嘉峪关的关西诸卫相继残破，部众内徙，嘉峪关、肃州及河西地区直接暴露于吐鲁番兵锋之下，边患日盛。《殊域周咨录》记

---

① ［明］桂萼《进哈密事宜疏·吐鲁番夷情》，载［明］陈子龙辑《明经世文编》，北京：中华书局，1962年，第1850、1851页。

② ［明］严从简著，余思黎点校《殊域周咨录》卷一三《西戎·土鲁蕃》，第447页。

③ ［明］杨一清《关中奏议》卷一三《为传报回贼声息事》，唐景绅、谢玉杰点校《杨一清集》（上册），第488页。

④ ［明］杨一清《关中奏议》卷一八《为处置属番以安边徼以杜后患事》，唐景绅、谢玉杰点校《杨一清集》（下册），第681页。

载："况今哈密以至嘉峪关一带千五百余里，其地先有罕东、赤斤等卫原我属番，被彼驱胁供馈接应者，今皆移徙中国，彼来所经空地千里，供馈无资，盖其入寇比前益难。"[①]罕东、赤斤卫部众的内徙，客观上的确起到了坚壁清野的作用，但其危害也是明显的。嘉峪关失去了七卫的藩篱，吐鲁番进攻肃州如入无人之境，来去迅速。

在罕东左卫所有部众全部内迁肃州后，"沙州遂为吐鲁番所有"[②]。由于吐鲁番并未在沙州地区设立建置，或有固定部众，而只是随着势力消长在沙州一带活动，因此沙州地区可视作吐鲁番势力范围。关于吐鲁番部众在沙州活动，史料记载较少。据嘉靖十八年（1539）严嵩《议处甘肃夷贡》记载："历考书史，并询问夷使，西域地方自嘉峪关到沙州七百余里，沙州到哈密七百余里，俱系先年属番住牧，今已无人"[③]，表明在相当长的时间内沙州地区已无人居住。至嘉靖二十四年（1545）开始，这种情况才出现变化。是年，吐鲁番速檀满速儿死，其两子沙速坛和马黑麻争速檀之位，分据哈密，互相仇杀。马黑麻一方面与瓦剌结亲，以抗衡其兄；另一方面派其部属速坛米列等率两百余人在沙州耕种，企图秋收后寇掠明朝边地，但其部属将马黑麻意图告诉明朝边将。总督都御史张珩主张先进行查实，而镇巡官仇莺等则主张进兵剿杀。兵部调和二策，并奏：

甘肃为西北重镇，一面孤悬，诸夷远处而沙州又其藩屏

---

① ［明］严从简著，余思黎点校《殊域周咨录》卷一三《西戎·吐鲁蕃》，第460—461页。

② 《明史》卷三三〇《西域传二·罕东左卫》，第8566页。

③ ［明］严嵩《议处甘肃夷贡》，转引自陈高华编《明代哈密吐鲁番资料汇编》，第402页。

地，地必无容其耕牧之理。宜如珩请，照往年省谕土鲁番速坛满速儿例，移文戒谕，宣布朝廷威德，令亟悔过，将沙州耕牧各夷尽数收归。如或执迷不悟，然后督兵相机歼灭。……上许之。[①]

马黑麻寇边阴谋暴露后，又派人叩边求贡。明廷敕谕马黑麻还居哈密，不许于沙州耕牧。据《明世宗实录》记载，嘉靖二十四年（1545）十一月，“甘肃边外夷人马黑麻速坛率众叩边求贡。礼部言：‘马黑麻速坛系速坛满速儿之子，曾耕牧沙州，潜谋犯边，因事泄而求互市。朝廷既已羁縻，许之。兹复求贡，不附哈密同来，又非该贡之年。夷情难测，宜行督抚官审核真伪以闻。’报可”[②]。《明世宗实录》记载了明政府对马黑麻速坛的最终态度：

［嘉靖二十五年（1546）正月］兵部议覆总督陕西三边右都御史张珩等奏：“土（吐）鲁番父子世济凶恶，往年戕杀哈密国王，侵害赤斤等卫，故西域诸夷惟土（吐）鲁番为黠。自速坛满速儿病故，长子沙速坛袭主本国，次子马黑麻速坛乃复阴据哈密，近年兄弟争忿仇杀。今马黑麻速坛结婚瓦剌以为援，潜种沙州田以为资，意在西抗彼兄，东侵我土，幸而神发其奸。马黑麻失等逃来告变，乃率众叩关，纳款求贡，复递番文求讨地方。据其迹似有归顺之情，原其心实皆展转之计。且彼占据哈密盖亦有年，复欲求讨住坐地方，正欲为窥伺耳凉之谋，决无容彼耕牧之理。今虽听抚还国，与兄同住，只恐逼胁叩关，再求避难。或

① 《明世宗实录》卷三〇一嘉靖二十四年七月，第5724页。
② 《明世宗实录》卷三〇五嘉靖二十四年十一月，第5772页。

> 照牙木兰似例安插，此徙戎内地，终遗养虎之患。宜设官军整理粮饷以备复至，或阴怀异谋，鞠凶犯顺，则杀伐之威断乎难免。宜行督抚等官再加译审，果出输诚纳款，给帖省谕，使知华夷自有界限，不得侵越，毋再妄求地方，毋再盗种沙［州］田，毋残害哈密，毋苛取贡夷。如或仍前执迷，阳顺阴逆，则调兵征讨，闭关绝贡。”得旨：“甘肃自经土（吐）鲁番戕害哈密以来，藩篱寝废，边臣历年经略西事，迄无成功，赤斤等地方日益削弱，回夷占住甘肃，生息日蕃，胎患甚深，马黑麻速坛踵袭父兄旧恶，包藏祸心，今又结婚瓦剌，阴据哈密，占种沙州土田意在内侵，止因谋洩（泄），遂尔投降，原非本意，姑且俯顺其情，照旧规容其入贡，其求讨地方住坐，欲照牙木兰事例安插，俱不准行。”①

又据《明史·西域传》记载：“边臣谕止之，乃还故土，与兄同处”，可知马黑麻速坛遵守了明廷敕谕，停止在敦煌的屯田并退还哈密。但由于罕东左卫的废置以及部众内徙，加之明嘉靖以后敦煌地区“弃为瓯脱，不遑经略”②，因此明代嘉靖以后直至清代康熙年间再度开发关西地区以前，敦煌实属吐鲁番势力范围。《明实录》等史书对明代万历、天启时期的吐鲁番多记其入贡之事，对其在敦煌地区的活动未有记载。

---

①《明世宗实录》卷三〇七嘉靖二十五年正月，第5795—5797页。

②［清］黄文炜撰《重修肃州新志》，第479页。

表3-3 明廷任命罕东左卫首领官职表

官职	官品	姓名	任职时间	任职(擢升)原因
都督佥事	正二品	只克	1485—1514?	斩杀北虏
		乞台	1514? —1519	袭其父只克职
		日羔剌	1519—嘉靖末	袭其父乞台职
		羽竜(章)卜	万历时	袭其祖父日羔剌职
都指挥同知	从二品	班麻思结	1450—1479	剿杀叛贼
		只克	1479—1485	袭其祖父班麻思结职
都指挥佥事	正三品	班麻思结	1435—1450	班麻思结奏请
		伯牙思虎郎	1489 年前后	未载
指挥使	正三品	班麻思结	1432—1435	征讨曲先有功
		伯牙思虎郎	? —1489 年以前	未载
		革干	1488 年前后	未载
		川卜儿札	1492 年前后	未载
		矮剌	1496 年前后	未载
		阿黑纳	1498 年前后	未载
指挥同知	从三品	坚藏	1439—?	未载
指挥佥事	正四品	坚藏	1435—1439	班麻思结奏请
		可纪即	1435—?	班麻思结奏请
		锁卜	1439—?	未载
正千户	正五品	坚藏	1432—1435	未载
		锁卜	? —1439	未载
		阿黑纳	1490 年前后	未载
副千户	从五品	可纪即	1432—1435	未载
百户	正六品	坚失加	1432—?	未载
镇抚	从六品	脱脱	1432—?	未载

表3-4 明廷赏赐罕东左卫人员表

时间	赏赐事由	赏赐人员	赏赐物品	史料出处
正统五年（1440）九月	贡马及方物	班麻思结	赐宴、彩币	《明英宗实录》卷七一
正统十四年（1449）四月	奏事	脱脱等	赐宴、纻丝、袭衣、彩缎、表里等物	《明英宗实录》卷一七七
成化十七年（1481）十二月	入贡马驼	千户阿黑纳等	赐宴、金织、袭衣、彩缎	《明宪宗实录》卷二二二
成化二十二年（1486）十月	入贡马驼	指挥伯牙思虎郎等	赐宴、衣服、彩缎	《明宪宗实录》卷二八三
弘治元年（1488）六月	入贡马驼	指挥革干等	赐宴、衣服、彩缎	《明孝宗实录》卷一五
弘治二年（1489）七月	入贡马驼	都指挥把牙思虎郎	赐宴、衣服、彩缎	《明孝宗实录》卷二八
弘治三年（1490）七月	来朝入贡	千户阿黑那等	赐宴、彩缎、衣服	《明孝宗实录》卷四〇
弘治五年（1492）十月	来朝入贡	指挥川卜儿札	赐宴、彩缎	《明孝宗实录》卷六八
弘治五年（1492）十一月	主动赏赐	只克	纻丝、纱罗各二匹	《明孝宗实录》卷六九
弘治七年（1494）七月	来朝入贡	千户阿黑那等	赐宴、表里等物	《明孝宗实录》卷九七
弘治九年（1496）三月	来朝入贡	指挥矮剌	彩缎、衣服	《明孝宗实录》卷一一一
弘治十一年（1498）四月	来朝入贡	指挥阿黑纳等	赐宴、彩缎、衣服等	《明孝宗实录》卷一三六

续表

时间	赏赐事由	赏赐人员	赏赐物品	史料出处
弘治十五年（1502）八月	来朝入贡	指挥阿黑纳等	赐宴、彩缎衣服等物	《明孝宗实录》卷一九〇
弘治十八年（1505）十一月	贡驼马方物	使臣歪剌	赐宴、彩缎等物	《明武宗实录》卷七
正德八年（1513）十月	只克请赐	都督只克	颜料、金箔、彩币等	《明武宗实录》卷一〇五

第四节 明代敦煌社会诸相

明代敦煌为关外羁縻之地，明政府任命的沙州卫、罕东左卫首领负有“抚集所部军民，各安本地生业”[①]“安分守法，保境睦邻”[②]的地面管理责任，同时也有“诸番入贡至此，必领少憩以馆谷之，或遭他寇剽掠，则人马可以接护”[③]这样的维护贡道、保护使臣的国家义务。在卫所统领之下，其部众散居于沙州境内各处，或耕或牧，其族属、人口、物产、信仰也构成了明代敦煌社会之诸相。

一、族属构成与人口迁徙

明军攻克敦煌并划嘉峪关而治后，敦煌当地族属和人口出现明显变动。关西地区成为蒙古族、藏族等的耕牧区域，而汉人数量几乎流失殆尽。该区域虽有卫所统领，但其族属、部落分布可谓犬牙交错，如离嘉峪关最近的赤斤蒙古卫，其境内

---

① 《明英宗实录》卷五七正统四年七月，第1085页。

② 《明宣宗实录》卷一一〇宣德九年四月，第2473—2474页。

③ 《明史》卷三三〇《西域传二·罕东左卫》，第8565—8566页。

“川边王子庄、苦峪、赤斤、柴城儿、骟马城、大草滩各种番达”[①]。作为明代关西羁縻卫所的赤斤蒙古卫、沙州卫、罕东左卫，其社会结构应是卫所首领执印居住于卫城，其核心部众耕牧于卫城附近。其余大小头目率领所部分布于本卫境内的各处居住，他们在河湖泉泽周边的绿洲、草地一带或耕或牧，并受到本卫首领的管领和约束，但是这种自上而下的约束是一种时紧时松的关系。在关西地区社会环境日益恶化之后，史书多次记载沙州卫的一些头目或劫掠贡使，或带领所属部众投靠哈密等其他卫所。此后，沙州卫与其他卫所间针对部众、驼马的相互劫掠愈演愈烈，除了与关西地区的社会环境不断恶化直接相关外，也与这种相对松散的卫所结构和部众于各处耕牧的空间分布格局有很大关系。明中期关西诸卫之间的相互劫掠逐渐增多，也造成了族属和人口的跨地区流动日益频繁。在此背景下，一方面沙州卫、罕东左卫时期的敦煌并未留下具体的人口数量记录，只有在向明政府告饥并请求赈济时，或在部众内迁时才会有相应的人口查验数量；另一方面由于羁縻卫所之间经常互相劫掠，因而敦煌当地的人口数量经常变化、起伏不定。沙州卫、罕东左卫相继废置后，部众悉数内迁，“沙州遂空”。尽管吐鲁番人曾短暂活动于敦煌一带，“偷种沙州田”，但在多数时间内当地都是无人定居的荒芜区。

（一）沙州卫管辖时期

沙州卫主要由元代出镇沙州的西宁王后王部众构成，并吸收了部分来自哈密威武西宁王的蒙古部众，因此沙州卫主要由蒙古部众构成，从《明实录》所见明政府授官、赏赐沙州卫首领的人

---

① ［明］杨一清《关中奏议》卷一八《为处置属番以安边徼以杜后患事》，唐景绅、谢玉杰点校《杨一清集》（下册），第681页。

名来看，也基本都是蒙古人。如“来归鞑靼赤纳本是沙州卫指挥使”[①]；“命甘肃总兵官崇信伯费瓛捕沙州卫……”[②]；“沙州卫鞑靼忽迭儿必失等七人来归，奏愿居京自效”[③]；“沙州卫鞑官所镇抚满答”[④]；“壬辰，沙州卫鞑靼卜颜帖木儿等来朝贡马”[⑤]；“敕甘肃副总兵左都督任礼等曰：比闻达贼，又纠沙州贼来寇肃州。……沙州达子归附已久，乃与同恶，此必为奸人所诱，宜密察以闻”[⑥]；等等。永乐十二年（1414）正月二十二日，陈诚使团在从苦峪城前往王子庄的途中看到“道傍有达达帐房”。此外，沙州卫管辖时期境内还居住有西番，即藏族。永乐时期，罕东卫部众奄章率众迁到沙州境内居住。宣德十年至正统十年间（1435—1445），沙州卫部众逐渐东迁至苦峪一带，而班麻思结所部则趁机占据沙州。特别是正统十一年（1446）沙州卫部众全部内迁嘉峪关之后，“沙州遂空”，班麻思结占有了原沙州卫全境。在此历史演进、势力此消彼长的过程中，沙州境内的蒙古部众人口比例越来越小，而藏族部众人口比例越来越大。值得注意的是，当时各个卫所之间跨族通婚现象较为普遍，如沙州卫都督喃哥之弟锁南奔曾娶罕东卫指挥撒巴之女为妻[⑦]，学者据此认为“沙州卫中肯定有藏族”[⑧]。实际上，从喃哥之弟锁南奔的姓名来看就是藏族姓名，因此锁南奔本人有

---

① 《明太宗实录》卷六七永乐五年五月，第939页。
② 《明宣宗实录》卷二四宣德二年正月，第645—646页。
③ 《明宣宗实录》卷七五宣德六年正月，第1749页。
④ 《明宣宗实录》卷七七宣德六年七月，第1781页。
⑤ 《明宣宗实录》卷九六宣德七年十月，第2165页。
⑥ 《明英宗实录》卷二〇正统元年七月，第387页。
⑦ 唐景绅《明代关西七卫述论》，《中国史研究》1983年第3期，第67页。
⑧ 程利英《明代西北边疆政策与关西七卫研究》，第38页。

藏族血统的可能性很大。还应注意到，各个卫所之间的相互劫掠会导致各地之间族属人口的突然性流动。沙州卫以西有哈密卫，当地族属构成复杂，沙州卫以南又有被称作撒里畏兀儿诸卫的安定、阿端、曲先三卫，除首领为蒙古人外，部众主要是撒里畏兀儿人。由于沙州卫与哈密等卫曾发生多次相互劫掠，因此沙州境内应当也生活有上述族属的部众。

沙州卫置卫之前，由于明军对关西地区的多次军事行动，敦煌地区出现了若干次较明显的人口变化。洪武五年（1372），冯胜所率明军追击元岐王朵儿只班部众，“友德复引兵至瓜、沙州，又败其兵，获金银印马驼牛羊二万而还”[①]。史书未有明军与西宁王军队交战的记载，当是由于西宁王部众在明军到达沙州之前已经逃走。而在明军东撤后，西宁王部众又回到了沙州，这一过程中其部众当有逃散和损失。洪武十三年（1380），濮英发动了针对关西地区故元豳王、西宁王家族后裔的军事行动。是年七月，“兵至苦峪，获故元省哥失里王，阿者失里王之母妻及其家属，斩部下阿哈撒答等八十余人，遂还兵肃州”[②]，其部众受到较大的损失。在沙州卫置卫以后，关西诸卫之间互相劫掠造成沙州卫人口的时增时减，起伏不定。

当沙州卫遭到周边卫所或者瓦剌的劫掠时，就会造成本卫的人口损失，如宣德九年（1434）四月，“沙州卫掌卫事都督佥事困即来等奏：数为罕东卫鞑靼及西番侵侮，虐取人畜”[③]。正统四年（1439），沙州卫发生了较为严重的部众逃散事件。据都督困即来奏报：“指挥阿赤不花等一百三十余家皆逃往哈密，屡奉

① 《明太祖实录》卷七四洪武五年六月，第1358—1359页。
② 《明太祖实录》卷一三二洪武十三年秋七月，第2104页。
③ 《明宣宗实录》卷一一〇宣德九年五月，第2473页。

命往取，不即发遣”[①]，经过明廷再三催促，仅仅有八十四户归还沙州卫。而当沙州卫劫掠其他卫所部众时，其人口数量也会有所增加。如正统八年（1443）十月，“敕谕哈密忠顺王倒瓦答失里曰：……其沙州及赤斤蒙古卫掠去尔头墩人口，已敕甘肃总兵官差人往彼追究陪还”[②]，但实际上各卫所在劫掠后，往往并不按照明廷的口头敕谕而悉数送还。除以上状况外，自永乐时期至正统十一年（1446）间，沙州卫头目及其部众常发生脱离本卫而内附明朝的事件，据《明实录》记载有9次之多。虽然每次投归明朝的部众人数不多，但也造成了沙州卫人口的损失。此外，当沙州卫首领率其部众向明朝告饥、请求赈济时，通常会留有相应的人口数量记录。如永乐三年（1405）十二月，“甘肃总兵官西宁侯宋晟言：哈蜜（密）归附头目买住、察罕不花等二百七十八户居苦峪里告饥，乞以预备仓粟赈济”[③]，这里虽然称买住等为哈密归附头目，但买住后来与困即来一同担任了新设立的沙州卫指挥使，因此实际上属于沙州卫部众。永乐八年（1410）沙州卫和赤斤蒙古卫联手救援肃州内乱时记载了两地的军队总数：“至是，塔力尼与百户薛失加及沙州卫指挥困即来所遣千户可台等率众千余至城北，获溃散余贼六人，送城中斩之”[④]。宣德十年（1435）十二月，“沙州卫都督困即来为哈密所侵，率所部二百余帐来附边，且陈其被侵饥窘之状”[⑤]。

由于沙州卫为明代羁縻卫所，因而其部众人数并未留下具体记载。《明史·兵志》记载“大率五千六百人为卫，千一百二十

① 《明英宗实录》卷五六正统四年六月，第1079—1080页。
② 《明英宗实录》卷一〇九正统八年十月，第2206页。
③ 《明太宗实录》卷四九永乐三年十二月，第739页。
④ 《明太宗实录》卷一〇四永乐八年五月，第1353页。
⑤ 《明英宗实录》卷一二宣德十年十二月，第222页。

人为千户所，百十有二人为百户所。”如果据此估算，则沙州卫人口可达五千六百人之多，不过沙州卫并不能与内地卫所人数标准画等号，其设卫之初人口数量不一定能达到这个数字。据《明实录》《明史》等资料记载，沙州卫人口数量的峰值应当在宣德年间。经过永乐三年至宣德九年（1405—1434）长达三十年的发展，沙州卫已是“户口滋息，耕牧富饶”[①]。

正统十一年（1446），沙州卫由于瓦剌的威胁以及喃哥兄弟不和等原因，被明政府抓住机会全部内迁至甘州居住。《明史·西域传》记载：

> 甘肃镇将任礼等欲乘其窘乏，迁之塞内。而喃哥亦来言，欲居肃州之小钵和寺。礼等遂以十一年秋令都指挥毛哈剌等偕喃哥先赴沙州，抚谕其众，而亲率兵随其后。比至，喃哥意中变，阴持两端，其部下多欲奔瓦剌。礼等进兵迫之，遂收其全部入塞，居之甘州，凡二百余户，千二百三十余人，沙州遂空。帝以其迫之而来，情不可测，令礼熟计其便。然自是安居内地，迄无后患。而沙州卫为罕东酋班麻思结所有。独喃哥弟锁南奔不从徙，窜入瓦剌，也先封之为祁王。礼侦知其在罕东，掩袭获之。廷臣请正法，弟念其父兄恭顺，免死，徙东昌。[②]

而在沙州卫不能自立并废置后，其部众百姓即被明朝边将任礼悉数迁居嘉峪关内，余部后来也相继内迁，于是“沙州遂空”。在内迁的过程中，明廷会对其人口数量进行查验和统计，以便分散

---

① 《明宣宗实录》卷一一〇宣德九年五月，第2473页。

② 《明史》卷三三〇《西域传二·沙州卫》，第8561—8562页。

安置。在长期的劫掠和部众逃散后，内迁至甘州的人口仅“二百余户，千二百三十余人”。而喃哥之弟锁南奔因与其兄不和，因而投靠瓦剌并被封为祁王，后被任礼在罕东一带擒获。《明英宗实录》将沙州卫内迁之事具体系于正统十一年（1446）九月，沙州卫内迁部众合计200余户、1230余人，全都被安置在“甘州南山一带给之耕牧，俟其志向安定，收为土官土民，随军操调”[①]。

由于是被任礼强制内徙，因而明廷担心喃哥“迫之而来，情不可测”，因此半年之后又将喃哥及沙州卫大小首领从甘州重新安置到了遥远的山东地区。《明英宗实录》记载：

> ［正统十二年（1447）三月］沙州卫都督佥事喃哥等率部属二百余户、一千二百三十一人来归。上命官舍头目于山东平山、东昌二卫管束，带俸城内居住。赐都督米二十五石，地二百五十亩。都指挥米二十石，地二百亩。指挥米十五石，地一百五十亩。千户卫镇抚米十石，地一百二十亩。百户所镇抚米五石，地一百二十亩。舍人头目米三石，地一百亩。分其部落于青平、博平二县，为三屯居住，各赐米三石，地八十亩，仍赐钞、彩币、表里、纻彩、袭衣、绵布、房屋、床榻、器皿、牛羊等物。支与俸粮月粮。[②]

根据记载，沙州卫上至都督、下至镇抚，所有大小头目均被安置到山东地区平山卫和东昌卫，并由两卫管束。平山卫、东昌卫俱位于东昌府（即今山东聊城）。平山卫设立于洪武四年（1371）六月，“甲辰。置彭城、济川、济阳三卫于北平，平山卫于山

---

① 《明英宗实录》卷一四五正统十一年九月，第2854页。

② 《明英宗实录》卷一五一正统十二年三月，第2966页。

东”[①]，属山东都司管辖。东昌卫则由湖广武昌卫移置而来，《明宣宗实录》记载：宣德五年（1430）十一月，“改武昌中护卫为武昌护卫，调左护卫于东昌，改为东昌卫”[②]。沙州卫都督佥事喃哥以及大小首领全部被迁徙至山东平山、东昌二卫之后，“带俸城内居住”，而且获赐土地及各种生活物资，因而“自是安居内地，迄无边患”[③]，而其部众则仍然在甘州南山一带耕牧居住。尽管如此，明廷对东迁山东的沙州卫头目仍不放心。《明英宗实录》记载：

> ［正统十二年（1447）十月］兵部奏：“沙州卫内附都督喃哥，见在山东平山卫居住，尝奏乞给脚力，每遇大朝贺，赴阙行礼。已允所请。今平山卫言喃哥等性习未纯，况并河州等处俱有降胡居住，若许其往来，不无交通，或生他变，乞行停止。”从之。[④]

此处明确了沙州卫都督佥事喃哥被安置于平山卫，但明廷为防止喃哥与其他降附或部族接触而节外生枝，停止了对其脚力的供给。喃哥之弟锁南奔被明边将任礼擒获后，“廷臣请正法，帝念其父兄恭顺，免死，徙东昌”[⑤]，被明朝安置到东昌卫。《明英宗实录》还有其他沙州卫头目内迁山东的记载：

> ［正统十二年（1447）十一月］戊戌。沙州卫遗众矮尔

① 《明太祖实录》卷六六洪武四年六月，第1244页。
② 《明宣宗实录》卷七二宣德五年十一月，第1684页。
③ 《明史》卷三三〇《西域传二·沙州卫》，第8562页。
④ 《明英宗实录》卷一五九正统十二年十月，第3091页。
⑤ 《明史》卷三三〇《西域传二·沙州卫》，第8562页。

> 丁把剌亦等来归。先是沙州之众有散在哈密诸处者，及喃哥来附，尽驱其家属入塞。至是随哈密使臣入朝，遂愿留自效命，还其妻子，分隶东昌、平山二卫。[①]

自此沙州卫部众基本已全部安置完毕，其部众大多安置在甘州南山一带耕牧，“此后再未建卫，属甘州管辖，是清代西喇古尔黄番五族的一部分”[②]。而其大小头目被全部安置在山东东昌、平山二卫。值得一说的是，克罗俄领占及其弟锁南奔内迁平山卫后，并未像其他个别族人一样“平居无事，常为盗贼”，而是同其父困即来一样效忠明廷，还参加了征苗战事。《明英宗实录》记载：

> [天顺二年六月]初，沙州头目克罗俄领占归附，偕弟琐南奔俱安插于平山卫。后调征苗有功，累官至左都督，仍居平山卫，赐姓名罗秉忠。至是秉忠奏乞同琐南奔及家属等居辇毂之下，以图补报。上谓兵部臣曰：“秉忠夷人，且有劳效，宜从所请。遣的当人取其家属来京完聚，其部属在东昌者，俱送南京安插，令守备官加意（以）抚恤。”[③]

克罗俄领占及其弟锁南奔因忠心和累功而获得明廷信任和优待。克罗俄领占不仅被明廷授予左都督、赐“罗秉忠”姓名外，还被允许同其家属一道居住于京师，其部属也被安置于南京并受到抚恤。可以想见，沙州卫大小头目及眷属被安插居住于内地，不消

---

① 《明英宗实录》卷一六〇正统十二年十一月，第3114页。

② 程利英《明代关西七卫内迁去向和内迁人数探》，《贵州民族研究》2005年第4期，第159—160页。

③ 《明英宗实录》卷二九二天顺二年六月，第6235—6236页。

太长时间即会融合于当地百姓中。

（二）罕东左卫管辖时期

与沙州卫不同的是，罕东左卫的族属构成略显复杂。一是因为明末清初各种志书资料记载相对较多，二是罕东左卫的族属最初与罕东卫的族属有很大关系，三是正德以后由于吐鲁番侵掠和袭扰，各卫族属经关西地区自西向东相继内迁，因而罕东左卫中也融入了其他族属。罕东左卫部众最早出自罕东卫，罕东卫头目为蒙古族人，而其部众则主要由西番（藏族）和鞑靼（蒙古族）构成。《明会典》《大明一统志》均称罕东卫为“西戎部落”[①]。据《明史·蓝玉传》记载：“[洪武]二十四年命蓝玉理兰州、庄浪等七卫兵，以追逃寇祁者孙，遂略西番罕东之地。”[②]从罕东卫所属的念铿、密罗、羌砸、剌咂、板纳等部落以及他们现今的情况来看，都是藏族。[③]《明英宗实录》中记载：“先是阿端地面酋长亦的力思马哈麻等来贡方物，为西番野人罕东头目可儿即等所掠”[④]，这里的“西番野人头目可儿即”即为藏族。罕东卫还有蒙古部众生活，如《明宣宗实录》记载：“沙州卫掌卫事都督佥事困即来等奏：数为罕东卫鞑靼及西番侵侮，虏取人畜，阻隔道路，不能安居。乞容于察罕旧城居住。”[⑤]因此，罕东卫主要由藏族和蒙古族部众构成。

罕东左卫的前身是奄章、班麻思结所部。《肃镇华夷志》对奄章身世及其脱离罕东卫的原因有所记载：

---

① 《大明一统志》卷八九《外夷》，第5501页。

② 《明史》卷一三二《蓝玉传》，第3865页。

③ 吴均《安定、曲先、罕东、必里等卫地望及民族琐议》，《青海师范大学学报（社会科学版）》1988年第3期，第124—125页。

④ 《明英宗实录》卷二三正统元年十月，第46页。

⑤ 《明宣宗实录》卷一一〇宣德九年五月，第2473页。

> 洪武初，宋国公冯胜兵下河西，时元守臣委的掠人民，遁入沙漠。时青牛和尚，曰哥哥把失者（乃巫师臧之番僧，牵青牛一只，念经乞化为生）游至沙州地界，投元之达卧耳交王部下，娶达女为妻，生子一曰阿卜尔加，阿卜尔加生子二，长曰俺章，次曰苦术，后奄章子者也［“也”应为“六”］（一名哈剌秃，一名浪哨，一名红帽子，一名绰林奔，一名失剌里，一名帖木儿），苦术生子五（有曰强哨卜二，计有曰契咱卜儿，计有曰满谷，有曰可胎，有曰哈尼），枝派绵延，财力渐盛。章、术商议，遂谋杀耳交王，立为头目。耳交王之子孙欲报父仇，而力不副，阴连接诸达以报复仇。俺章、苦术觉，恐灭其族，于是以所属部落遂率领以逃于沙州地方，混称前元熟达，修贡自为属番，以鞑靼承［丞］相子孙。[①]

清代梁份《秦边纪略》、黄文炜《重修肃州新志》、常钧《敦煌杂抄》等书亦有相似的记载。《肃镇华夷志》对罕东左卫前身以及奄章身世的讨论有其合理之处，反映了关西地区蒙、藏两族通婚的情况。由于奄章、苦术为乌斯藏番僧和蒙古女所生的阿卜尔加之后，两人都具有蒙藏血统，因此奄章、苦术部与罕东卫之藏族部落不和。《明史·西域传》记载：“初，罕东部人奄章与种族不相能，数仇杀，乃率其众逃居沙州境。朝廷许其耕牧，岁纳马于肃州。后部落日蕃，益不受罕东统属。”[②]实际上，由于关西地区蒙、藏部众杂处，并且有相似的生产方式和生活习俗，因此蒙、藏两族间的通婚情况较多。沙州卫时期，都督喃哥之弟锁

---

① ［明］李应魁撰，高启安、邰惠莉点校《〈肃镇华夷志〉校注》，第275—276页。
② 《明史》卷三三〇《西域传二·罕东左卫》，第8564页。

南奔曾娶罕东卫指挥撒巴之女为妻[1]，反映了沙州卫与罕东卫之间的蒙、藏通婚现象。而喃哥之弟锁南奔就是藏族名。此外还有其他有关蒙、藏通婚的记载，如《明史·西域传》记载赤斤蒙古卫塔力尼的家世情况：

> 先是，苦术娶西番女，生塔力尼；又娶蒙古女，生都指挥琐合者、革古者二人。各分所部为三。凡西番人居左帐，属塔力尼，蒙古人居右帐，属琐合者，而自领中帐。后苦术卒，诸子来归，并授官。至是阿速势盛，欲兼并右帐，屡相仇杀。琐合者不能支，诉于边将，欲以所部内属。[2]

学者认为“西番”指撒里畏兀儿[3]，恐非。明代史料中“西番”通常指藏族，“西番”与“撒里畏兀儿”分别称呼，并不混称。奄章之弟苦术亦与藏族女通婚，所生诸子与蒙古女所生诸子之间不能相融，互相仇杀，最后蒙古女所生的琐合者及其部众不得不外逃。苦术之子的情况与奄章脱离罕东卫而迁至沙州境内的情况如出一辙。从罕东左卫大小头目的人名来看，其中既有藏族人名，又有蒙古人名。奄章之子班麻思结也具有藏族人名特征。在奄章及其子班麻思结占据沙州卫地界的过程中，应当又吸收了数量较多的沙州蒙古部众和其他族属部众，因而人口越来越多。《明史·西域传》记载：“后部落日蕃，益不受罕东

① 唐景绅《明代关西七卫述论》，《中国史研究》1983年第3期，第67页。
② 《明史》卷三三〇《西域传二·赤斤蒙古卫》，第8557页。
③ 高启安、郃惠莉《明代东迁关西诸卫部众在金塔的安置与流散——以〈肃镇华夷志〉为主》，《河西学院学报》2014年第4期，第5页。

统属”[1]，逐渐成为独立于罕东卫之外，又侵居到沙州卫境内的一支较大部族。

《肃镇华夷志》记载了罕东左卫时期瓜州、沙州地区的族属：

> 一种熟达。即赤斤蒙古卫等地之番，原系都督苦术部落，亦前元之达种也，现在赤斤迤北川边，各分头目，散处住牧。后因吐鲁番抢掠，穷迫陆续归附肃州，各有头目枝派。凡各族今在肃州北边一带地方住牧，凡话语与南山诸番不同，此皆达语，垂髻，故又名以为熟达。
>
> 一种西番。亦沙、瓜等地之番，原系都督俺章之部落也。间有削发、垂髻二样，亦元之番民也。……自成化九年哈密多故之后，诸番与吐鲁番诸构怨相残，节被侵略，正德间归附肃州，各有头目枝派，凡十族。今在南山一带住牧。凡话语与北边诸番不同，此有光头、垂髻之异，人皆以为西番是也。[2]

《肃镇华夷志》“种属”之下有：畏兀儿、旧哈剌灰、新哈剌灰、熟达、西番、剌麻番僧等；而在“族类”之下仅有三族：畏兀儿、新旧哈剌灰、熟达族，但同一“族类“之下又可以有不同的种属。如“熟达族”下包括了很多种属，其中属于藏族部众的“剌麻番僧”，即被归于“熟达族”之下。此外，在《肃镇华夷志》记载中，“西番”和“撒里畏兀儿”也有所区分，如该书“族类·畏兀儿”下记载有“头目拜言卜剌族”：“原系撒里畏兀儿是也。祖乃乐户，元为撒里畏兀儿，明国初在于西宁安定王部

① 《明史》卷三三〇《西域传二·罕东左卫》，第8564页。

② ［明］李应魁撰，高启安、邰惠莉点校《〈肃镇华夷志〉校注》，第281页。

下。”[①]同书“属夷内附略”又载“曰畏兀儿者，乃撒里畏兀儿是也。”其后并用小字写道：

> 史有高昌畏兀儿，此云撒里畏兀儿，疑恐亦安定王烟帖木儿同族，未知是否？又相传云：畏兀儿乃扬州乐户者，因封忠顺王，遂以此族迁于哈密，以待［侍］忠顺王，以指挥职与之。今拜言不剌为净修国师，亦莫知其为何代封职也。诸夷私相议：拜言不剌国师之职，是别人之职也。凡所动履，似西番，俗少近于夏，……，与回回不同俗焉。[②]

由上引记载可知，拜言不剌为撒里畏兀儿，故又有“头目拜言卜剌族”。其俗“似西番”，明确表明撒里畏兀儿与西番是不同的两个族属，而且与汉族、回族习俗不同。关西地区蒙、藏之间常有通婚现象。因而，“西番”除了指藏族之外，后来又包括了蒙古族。所谓“熟达”，指赤斤卫的蒙古部众，由于赤斤蒙古卫离肃州最近，与肃州联系较多，故称“熟达”，其语为“达语”即蒙古语，发式为垂髻。而“西番”主要生活在罕东左卫辖区，离肃州较远，根据《肃镇华夷志》的描述，“间有削发、垂髻二样，亦元之番民也，……凡话语与北边诸番不同，此有光头、垂髻之异，人皆以为西番是也”，可知这里的“西番”应包括两类，其中“垂髻”发式显然与赤斤蒙古卫的“熟达”相同，只不过由于距离肃州较远，因此是与“熟达”相对的蒙古部众。而“间有削发”记载，又单独见于《肃镇华夷志》之“属夷内附

① ［明］李应魁撰，高启安、邰惠莉点校《〈肃镇华夷志〉校注》，第283页。
② ［明］李应魁撰，高启安、邰惠莉点校《〈肃镇华夷志〉校注》，第275页。

略”下“风俗”：“熟达风俗。男垂髻，女辫发。……西番风俗。男间削发，女皆垂辫”[①]，由此可知，这里的“西番”应包括“熟达”和“西番”两种风俗，即指藏、蒙古两族。这种现象正与《肃镇华夷志》又将属于藏族部众的剌麻番僧归于“熟达族”下的情形是相同的，也是关西地区蒙古、藏两族通婚的反映。这样，《肃镇华夷志》一书将西番（藏族）和熟达（蒙古族）互相归于自己族类或种属之下，也就不足为奇了。

《明实录》《肃镇华夷志》《关中奏议》等史书中，又称关西地区部众为“番达”。据杨一清嘉靖五年（1526）奏称：

> 其川边王子庄、苦峪、赤斤、柴城儿、扇马城、大草滩各种番达，俱系境外属番。肃州卫羁縻带管之数，节被土鲁番、哈密、回回侵夺抢杀，穷迫来归。[②]

莫高窟明代汉文游人题记中也出现“番达”的记载。莫高窟第5窟成化十五年（1479）游人题记记载：“陕西行都司肃州镇指（?）□□□/师英等统领安军三千兵□为因/沙州等处番达难□□□□□/到此安抚”[③]。这里的“番达”应是多种族属的统称，除了蒙古部众之外，还指西番藏族，也可能包括后来自西向东迁入关西各地的哈剌灰人、撒里畏兀儿等多种族属。《明宪宗实录》记载：“[弘治八年（1495）五月]罕东左卫都督只克报，沙州

---

① [明]李应魁撰，高启安、邰惠莉点校《〈肃镇华夷志〉校注》，第290页。
② [明]杨一清《关中奏议》卷一八《为处置属番以安边徼以杜后患事》，唐景绅、谢玉杰点校《杨一清集》（下册），第681页。
③ （法）伯希和著，耿昇译《伯希和敦煌石窟笔记》，第367页。

地方屡被土（吐）鲁番阿黑麻抢杀，且逼胁各夷归附”[①]，“各夷”也表明当时罕东左卫生活有多种族属。通过对其他卫所的劫掠，罕东左卫逐渐融入了其他卫所的族属和人口。如正统六年（1441）六月，“敕谕哈密忠顺王倒瓦答失里曰：得奏言罕东卫都指挥班麻思结等虏掠尔城外居民孳畜，遣人取索，不复归还”[②]。哈密除了生活有蒙古部众外，还有回族人、畏兀儿人、哈剌灰人，因此被班麻思结劫掠的哈密居民中很可能也包括了上述部族。《边政考》在说明“哈剌灰”时记载：“沙州都督日羔剌等，正德十四年来肃州，起送赴京袭职”[③]，这表明罕东左卫后期哈剌灰人数较多，其中大部分是为了躲避吐鲁番的侵掠而从哈密逃来的哈剌灰人。成化时期吐鲁番攻破哈密，明廷命哈密都督罕慎管领本卫部众并迁至苦峪城居住。以撒里畏兀儿人为主的安定卫也曾劫掠罕东左卫：“[弘治]十七年（1504），瓦剌及安定部人大掠沙州人畜”[④]，而在明中期以后，以撒里畏兀儿人为主的安定、阿端、曲先三卫，此后亦逐渐残破，部众东迁，因此罕东左卫乃至整个关西地区后来都有撒里畏兀儿部众的融入。

罕东左卫在成立前和成立后，也有若干次人口的增减变化。当班麻思结以及罕东左卫对其他卫所部众进行劫掠时，会导致本卫部众人数的增多。如上引正统六年（1441）六月对哈密城外居民的劫掠。而在班麻思结所部及罕东左卫被劫掠时，人口也会相应减少。如正统十四年（1449）四月，“得尔等奏，及沙州寓居罕东卫都指挥佥事班麻思结奏备称，近被哈密抢杀人畜，乞朝廷

① 《明孝宗实录》卷一〇〇弘治八年五月，第1834页。
② 《明英宗实录》卷八〇正统六年六月，第1581页。
③ [明] 张雨撰，薄音湖点校《边政考》卷九《西羌族口》，第248页。
④ 《明史》卷三三〇《西域传二·罕东左卫》，第8566页。

遣官追理”[1]。又如成化二十一年（1485）五月，“巡抚甘肃右副都御史鲁能等奏：罕东左卫地方屡为北虏侵掠，番人多被杀伤。况值岁饥，人思外叛”[2]。瓦剌也曾多次劫掠和杀伤罕东左卫部众，造成了部众人口的减少。成化以后，罕东左卫又受到吐鲁番的多次威胁和杀掠。如弘治八年（1495）五月，“镇守甘肃都督同知刘宁等奏：罕东左卫都督只克报，沙州地方屡被土鲁番阿黑麻抢杀，且逼胁各夷归附”[3]。罕东左卫还遭受过安定卫的杀掠，如弘治十七年（1504）十二月，“罕东左卫都督只克等为瓦剌部及安定卫所杀掠，因款肃州塞求济”[4]。此外，罕东左卫内部也出现过仇杀和逃散的情况，如正德三年（1508）三月，“招抚肃州叛番且卜苦等还居沙州等城。先是，番族互相仇杀，其部下剌麻朵儿只并绰儿吉等先后叛去，扰我边境，蔓引日张”[5]。罕东左卫后期有不少部众迁入沙州，如怕尼部与赏卜束部、哈剌灰部、剌麻番僧哈尔麻与结思冬部等，在短时期内迅速增加了敦煌地区的人口数量。不过，由于吐鲁番的进逼和袭扰，这些依附罕东左卫并侨居于沙州境内的部众与罕东左卫所属部众一起，于嘉靖七年（1528）以前全部内徙肃州，“沙州遂空”。

同沙州卫及其他关西诸卫相似，罕东左卫通常在向明廷告饥并请求赈济时，或部众内迁时才会有相应的人口查验数字，才能知晓当时大体的人口数量。由于罕东左卫后置，因此除《明实录》等正史资料外，《边政考》《殊域周咨录》《肃镇华夷志》等书对罕东左卫部众内徙记载要较沙州卫详细；又由于这一时期

---

① 《明英宗实录》卷一七六正统十四年四月，第3417页。

② 《明宪宗实录》卷二六六成化二十一年五月，第4509—4510页。

③ 《明孝宗实录》卷一〇〇弘治八年五月，第1834页。

④ 《明孝宗实录》卷二一九弘治十七年十二月，第4135页。

⑤ 《明武宗实录》卷三六正德三年六月，第872页。

是吐鲁番势盛侵掠、诸卫部众相继残破内迁的时期，因而罕东左卫部众内迁及安置问题较沙州卫更为复杂。正德十一年（1516），由于吐鲁番的胁迫和侵逼，罕东左卫不克自立，乞台等“相率徙肃州境内”[①]。值得注意的是，罕东左卫内迁部众不仅有执掌卫印的乞台、日羔剌部，还有其他部众。《殊域周咨录》记载了罕东左卫东迁部众的构成情况：

> 查得罕东二卫：左卫都督二员，一员知克掌印，故，其孙日羔剌［正德六年］袭祖职，居肃州东南，部下男妇五十三人；一员帕泥未袭职，并头目赏卜束［弘治十年］因与头目帖木哥、土巴等仇杀，投肃州南山黄草壩住牧，离肃州城一百五十里。怕尼部下男妇二百七十人，赏卜束部下男妇八百一十七人。右卫都指挥二员，一员总牙，收有授职敕书，未袭，［正德十二年］因……抢杀肃州北虏地方，离城一百五十里，部下男妇九百三十六人，后内移往南山黄草壩住牧。[②]

上引《殊域周咨录》引文将罕东卫分为左卫和右卫，左卫即罕东左卫，右卫应指罕东卫。只克、乞台、孙日羔剌等属于罕东左卫，执卫印，袭都督职[③]。属于左卫的还有帕泥所部与头目赏卜

① 《明史》卷三三〇《西域传二·罕东左卫》，第8566页。

② ［明］严从简著，余思黎点校《殊域周咨录》卷一三《西戎·罕东》，第478页。

③ 按：《殊域周咨录》记载“其孙日羔剌［正德六年］袭祖职，居肃州东南”应有讹误。据《明史·西域传》记载，只克卒后，其子乞台嗣位。正德十一年（1516），“吐鲁番复据哈密，以兵胁乞台降附，遂犯肃州。左卫不克自立，相率徙肃州境内”，乞台率左卫部众徙肃州，“乞台卒，子日羔剌嗣”。因此，日羔剌不可能于正德六年（1511）袭祖职并入居肃州。

束所部，据考该部原为安定卫部众，后迁徙至沙州依附罕东左卫活动，弘治十年（1497）东迁并安置于肃州南三山口（黄草坝山口、榆林坝山口、干坝山口）①。据上引《殊域周咨录》记载，怕尼部下人口270人，赏卜束部下人口817人。另外，根据《殊域周咨录》记载，总牙以及帖木哥、土巴属于罕东卫，其意当是指依附罕东左卫而居住于沙州。不过根据《明史·西域传》记载："乞台既内徙，其部下帖木哥、土巴二人仍居沙州"②，可知帖木哥、土巴二人为乞台部下，实属罕东左卫管辖。《明世宗实录》中亦为"罕东左卫帖木哥、土巴等率众归附"③。除上述部众外，还有剌麻番僧哈尔麻及结思冬部众。通过对《肃镇华夷志》等史书的分析，可以梳理出罕东左卫都督佥事乞台、日羔剌所率部众（包括日羔剌所率的哈剌灰部），所属总牙部众，剌麻番僧哈尔麻、结思冬部众以及帖木哥、土巴部众的内徙及安置情况。

关于正德十一年（1516）罕东左卫都督乞台所率部众内徙的情况，正史中未有明确记载。唯《肃镇华夷志》记载："先年都督乞胎投顺肃州，安插金塔寺、白城山一带地方，头目狡猾甚急，部落绵延甚多。"④但此处并未说明乞台内迁部众的具体人数。又据《边政考》记载："哈剌灰。沙州都督日羔剌等，正德十四年前来肃州，起送赴京袭职"⑤，可知正德十四年（1519）乞台子日羔剌率所部哈剌灰人来投肃州，并继承其父乞台所属部

① 高启安《肃州南山的"哈剌秃"——以裕固族研究为中心》，《西北民族研究》2005年第1期，第45—46页。

② 《明史》卷三三〇《西域传二·罕东左卫》，第8566页。

③ 《明世宗实录》卷一二五嘉靖十年五月，第3004页。

④ ［明］李应魁撰，高启安、邰惠莉点校《〈肃镇华夷志〉校注》，第283页。

⑤ ［明］张雨撰，薄音湖点校《边政考》卷九《西羌族口》，第248页。

众，袭都督位。关于日羔剌统领所部的安置情况，《肃镇华夷志》记载：

> 都督头目日羔剌族。乃罕东左卫都督俺章之后，亦达类也。……今即日羔剌嗜酒奸猾，先年在于金塔寺、黄泥铺、总堡迤东五个塔儿地方散漫住坐。高台、白城山一带地方番夷，皆日羔剌之亲枝也。交相往返，掳掠行人。若怕泥、总牙、蛇眼之属，放［仿］效为恶，为地方害。后被监生李时阳至京陈情，安插各夷。巡抚蒲坂杨博、兵备肃菴王仪议添防守，筑修威虏城以安属夷，置买农器，散给以资其食，不许散乱往返，以严夷夏之防，委以筹边要务。日羔剌知其不便任意住牧，乃曰："我，白城山之属番也。"遂佯领部落以往高台、白城山地方去讫。又留部从于城东五个塔儿筑一大庄，仍为角墩，以为避虏之状，实欲藏南山诸夷，以劫掠耳。后因威虏北边各夷安插日久，又至肃州金塔寺地方住牧，预先夤缘抚夷官通后，方执词赴道，讨要草地牧处。下官欺瞒，上司下［不］审防微杜渐之意，以为可准。遂使移入内地，散处城东大路、草滩，与当时安插至意大异。①

乞台时所部被安置在"金塔寺、白城山一带地方"，上述记载又具体点明了日羔剌时所部的安置地，即"金塔寺、黄泥铺、总堡迤东五个塔儿地方"。此外，高台、白城山一带的番夷为原罕东左卫东迁部众，应即乞台先前带来的部众，故称"日羔剌之亲枝也"，不过未记载人数。由于各处部众"交相往返，掳掠行人"

① ［明］李应魁撰，高启安、邰惠莉点校《〈肃镇华夷志〉校注》，第283页。

“放［仿］效为恶，为地方害”，因此嘉靖二十八年（1549），“巡抚都御史杨博奏修筑肃州迤北百四五十里新旧城堡七处，徙环城诸夷于彼住牧”，将内迁部众进行了再度安置。新筑和修缮的城堡为：威虏城、察黑包堡、白烟墩南空堡、八里墩堡、王子庄墩堡、金塔寺堡等。日羔剌起初并不配合，声言：“我，白城山之属番也”，并率领部众前往高台和白城山，同时留下一部分部众在城东的五个塔儿修建大庄，意图应付了事。不过由于“威虏北边各夷安插日久”，最后日羔剌部还是迁入了嘉靖二十八年（1549）新修的金塔寺堡中。《肃镇华夷志》对此有所记载：

> 沙州族，都督日羔剌等部落，帐房一百一顶，男妇五百三十八名口，安插金塔寺城。今都督羽竜（章）卜等部落，帐房二百七十顶，男妇三百名口，安插中渠乱古小泉庄。①

又载：“金塔寺堡。先年属威虏，汉人居住，有房舍、遗址、碾磨之类，后因威虏归并肃州，因以安插西番日羔剌等”；“金塔寺墩。有营城。东北一百二十里，……先年西番日羔剌部属适当其锋，出大口子而古城、临水等处俱有备”②。由此可知，嘉靖二十八年（1549）之后日羔剌部众又迁至金塔寺城居住，统领有帐房101顶、部众538人，其人数远少于帖木哥、土巴等部。这可能是由于左卫靠吸收其他卫部众而强大，因此在受到吐鲁番侵逼而东迁到肃州后，左卫都督所率人口较少。③至于日羔剌于正德

① ［明］李应魁撰，高启安、邰惠莉点校《〈肃镇华夷志〉校注》，第58页。

② ［明］李应魁撰，高启安、邰惠莉点校《〈肃镇华夷志〉校注》，第176—177、188页。

③ 高启安《赤斤蒙古卫、罕东左卫部众内徙、安置与裕固族各部关系探》，《甘肃民族研究》2004年第4期，第35页。

十四年（1519）带来的哈剌灰部众，《边政考》记载："嘉靖二年，安插本城关厢居住。见有部落男妇一千一百七十名口。"[①]《肃镇华夷志》亦载："畏兀儿、哈剌灰二种，寄住肃州东关。"[②]这表明嘉靖二年（1523）再度安插时将哈剌灰部众安置在了肃州卫城东门外的街区，部众数量为1170人。此外，日羔剌之孙羽竜（章）卜所部有帐房270顶、部众300余人，万历时期被安插于"中渠乱古小泉庄"。《肃镇华夷志》中记载有三处安置地：中渠堡、乱古堆庄、东小泉庄，"中渠乱古小泉庄"应当是指此三处地方。中渠堡："城东三十里，安插都督羽章卜属番写令他尔族"；乱古堆庄："城东南二十里安插属番把歹族"；东小泉庄："城东三十里，安插属番他剌害族。"[③]这三处地方离肃州很近，俱在东边或东南边三十里以内。由此可见，持卫印的都督佥事乞台、日羔剌、羽竜（章）卜一系部众，包括日羔剌所率的哈剌灰部众，最后都被安置在了肃州城东郊一带，体现了明廷的优待。据杨一清于嘉靖五年（1526）正月所奏的《处置属番以安边徼以杜后患事疏》记载，巡抚甘肃都御史陈九畴以及兵部尚书金献民等曾奏，"一则欲将肃州关厢寄住哈剌灰、畏兀儿两种夷人，拣择肃州北边久弃空闲寨堡，水草便利之处，安插居住"，但杨一清反对这种做法，指出：

> 彼哈剌灰、畏兀儿二种夷人，皆忠于哈密，被其戕害，率众来奔。先朝从守臣之议，许其肃州关厢居住。历年滋久，彼无反侧之心，我得调遣之用。今一旦疑其后日之终不靖也，而欲徙之北边空闲寨堡，安土重迁，岂夷情之所

① ［明］张雨撰，薄音湖点校《边政考》卷九《西羌族口》，第248页。
② ［明］李应魁撰，高启安、邰惠莉点校《〈肃镇华夷志〉校注》，第57页。
③ ［明］李应魁撰，高启安、邰惠莉点校《〈肃镇华夷志〉校注》，第289页。

> 欲哉！观其对各官之言曰："此是鸟雀不落之地，我们如何住的。"又曰："我们东关住久，各有置买房屋，不能割舍。我们情愿入堡，将我们家小仍留在东关也罢。"等语，其情可见。后各官谕之以好语，动之以危言，方才承认，终非所乐明矣。……其哈剌灰、畏兀儿二种夷人，亦且令其照旧肃州关厢居住，不必预为迁徙之说，以离其心。[①]

哈剌灰部在迁居肃州城东关厢后，"彼无反侧之心，我得调遣之用"，安分守己，听命征调，在杨一清的保奏下，得以继续在城东关厢居住。以上是罕东左卫都督佥事乞台、日羔剌、羽竜（章）卜等所领各部众的迁徙情况和人口数量。

总牙部。《肃镇华夷志》记载："总牙族。又号曰浪咱族，元系瓜州达种。总牙父名曰总不克，因避西夷侵掠，正德间投顺肃州地方后，故总牙为头目。狡诈多谋，嗜利无厌。"[②]关于总牙部的族属及其来源，诸书记载不一。《边政考》记载为"沙州"，《肃镇华夷志》之"威虏城"下记载为"西番"，"总牙族"下又记载为"瓜州达种"，同书内亦互有出入，《秦边纪略》则称"瓜州头目总牙族"[③]。据郭绅《哈密分壤》记载："阿丹城西一百一十里至瓜州地，总卜克等族住牧。"[④]虽称"瓜州"，但实际上仍是在罕东左卫地界之内，因此《边政考》等书记载为"沙州"。但后来在吐鲁番势力的侵掠威逼之下，又迁居

① ［明］杨一清《关中奏议》卷一八《为处置属番以安边徼以杜后患事》，唐景绅、谢玉杰点校《杨一清集》（下册），第681、682页。

② ［明］李应魁撰，高启安、邰惠莉点校《〈肃镇华夷志〉校注》，第284页。

③ ［清］梁份著，赵盛世等校注《秦边纪略》卷四《肃州卫》，第254页。

④ ［明］郭绅《哈密分壤》，转引自陈高华编《明代哈密吐鲁番资料汇编》，第458页。

瓜州一带，故《肃镇华夷志》《秦边纪略》等书又称为“瓜州”。正德十二年（1517），总牙部全部内迁并被安置于肃州城北一百二十里左右的威虏城、金塔寺住牧。《边政考》记载：“沙州。头目总牙等，正德十二年，暂安境外威虏、金塔寺地方居住牧，见有部落男妇一千七十名口。”① 《殊域周咨录》记载：“右卫都指挥二员，一员总牙，收有授职敕书，未袭，［正德十二年］因……抢杀肃州北虏地方，离城一百五十里，部下男妇九百三十六人。”② 《边政考》《殊域周咨录》记载总牙部的人数分别为1070人和936人，数字较为接近。至嘉靖二十八年（1549）时，总牙部共有帐房270顶，部众2367人，安插地是威虏城和察黑包城。《肃镇华夷志》记载：

> 瓜州族头目总牙等部落，帐房二百七十顶，男妇二千三百六十七名口，安插威虏、察黑包二城。今头目阿朵儿只、羽章吉部落，帐房四百三十顶，男妇五百名口，安插柳树二、三墩。③

嘉靖二十八年（1549），明廷在肃州以北150里的范围内新筑和修缮了七座城堡，包括威虏城、察黑包堡、白烟墩南空堡、八里墩堡、王子庄墩堡、金塔寺堡等。其中，威虏城在肃州城以北120里，原为旧城，此次进行了修缮。《肃镇华夷志》记载：“威虏城。即威虏卫也。先年民叛，而遗众附。肃州城北一百二十里，西番总牙族类在此行牧，今废。”察黑包城，据《肃镇华夷志》

---

①［明］张雨撰，薄音湖点校《边政考》卷九《西羌族口》，第246页。
②［明］严从简著，余思黎点校《殊域周咨录》卷一三《西戎·罕东》，第478页。
③［明］李应魁撰，高启安、邰惠莉点校《〈肃镇华夷志〉校注》，第58页。

记载："离城一百一十里。察黑包本西番头目之名也，今满各虎力乃其子也。先西番归附肃州时，筑此城以自居。先年筑一城，真帖木儿加住牧，今无"，可知该堡城据肃州110里，此次也进行了修缮。据《金塔寺文物志》记载，察黑包城位于今金塔县中东镇梧桐坝村一带①。明廷将总牙部的2367人分别安置在威虏和察黑包两城。至万历初，"有本族枝派二名，一曰阿朵尔只，一曰羽章吉统束"，而头目阿朵儿只、羽章吉所部又被安插至"柳树二、三墩"。《肃镇华夷志》记载："柳树二墩。城正二十里，安插属番阿朵儿只族。柳树三墩。城东三十里，安插属番羽章吉族"②，可知万历时期，总牙部头阿朵儿只、羽章吉所部又插到了肃州近郊居住。不过据《殊域周咨录》记载，总牙部"后内移往南山黄草坝住牧"③。嘉靖二十八年（1549）时总牙时期部众有2367人，帐房270顶，而到万历时期阿朵儿只、羽章吉总共有部众500多人。由此可知，万历时除了头目阿朵儿只、羽章吉部的500多人落脚于肃州近郊外，其余总牙部众又迁到了黄草坝。据《肃镇华夷志》记载，肃州南的红山口（城东南70里）、观音山口（城东南70里）、干坝山口（离城110里）、榆林坝山口（城东南160里）、黄草坝山口（城东南170里），"以上五隘俱有西番居住"④，因此总牙部的其他部众应是迁徙到了肃州以南170余里的黄草坝一带住牧。

刺麻番僧哈尔麻、结思冬部。据《肃镇华夷志》记载：

---

① 转引自高启安、邰惠莉《明代东迁关西诸卫部众在金塔的安置与流散——〈肃镇华夷志〉为主》，《河西学院学报》2014年第4期，第4页。

② ［明］李应魁撰，高启安、邰惠莉点校《〈肃镇华夷志〉校注》，第195、289页。

③ ［明］严从简著，余思黎点校《殊域周咨录》卷一三《西戎·罕东》，第478页。

④ ［明］李应魁撰，高启安、邰惠莉点校《〈肃镇华夷志〉校注》，第180—181页。

> 剌麻番僧哈尔麻、结思冬族。原系巫师藏和尚，正统间西城［域?］番僧释迦荣耐之部属也，天顺间修贡，自成化及今，亲泒［派］皆绝，无人修贡，今居城中大赫寺，僧房一所，常勾引各种西番潜住买卖，近年又求修贡，部居不足十余人。东关厢顺成寺剌麻番僧、麻子结思冬亦沙州番族也，在于此寺，只专结交各族属番与哈剌灰、畏兀儿等并进贡回夷，兴败［收?］铜铁，四野贼番欲要进城探事，俱披黄衣，头顶僧帽，或称大宛卜之徒，或称小宛卜之徒，互相隐匿，莫能辩［辨］别。要欲严夷夏之防，谨奸细之探，则剌麻番人亦不可视为无益而不之处也。以上诸番俱番语，与城北诸番不同，人以为西番是也。万历中此僧见在。①

“巫师藏”即乌斯藏，即西藏。剌麻番僧哈尔麻及其子结思冬原为乌斯藏番僧，就“东关厢顺成寺剌麻番僧、麻子结思冬亦沙州番族也”一语看，剌麻番僧哈尔麻及其子结思冬后迁入沙州境内，依附于罕东左卫居住，此后又随着关西诸卫部众相继迁入肃州。至于其内迁时间，史书未载，但最迟应不晚于嘉靖七年（1528）。内迁的哈尔麻部众人数较少，“部居不足十余人”，因其是番僧而被安置于肃州城中的大赫寺。其子结思冬部则与哈剌灰人一起，安置于肃州城东关厢的顺成寺居住。

帖木哥、土巴二人为罕东左卫都督乞台部下，属罕东左卫管辖，在罕东左卫各内迁部众中人数也最多。据王琼《晋溪奏议》卷一七《为抚迁属番归还本土事》记载，正德十一年（1516）帖木哥、土巴曾东迁至肃州并被安置在白城山居住，十三年又返回

① ［明］李应魁撰，高启安、邰惠莉点校《〈肃镇华夷志〉校注》，第288页。

沙州。嘉靖七年（1528）六月，迫于吐鲁番压迫，帖木哥、土巴又举部再度迁徙至肃州。《明史·西域传》对此次迁徙原因有较为简略的记载：

> 乞台既内徙，其部下帖木哥、土巴二人仍居沙州，服（附）属吐鲁番，岁输妇女、牛马。会番酋征求苛急，二人怨。嘉靖七年夏，率部族五千四百人来归，沙州遂为吐鲁番所有。①

而《殊域周咨录》对帖木哥与土巴内迁情况记载非常详细：

> 况吐鲁蕃（番）年例索其子女牛畜来寇，就其刍粮马匹需求，扰害殆无宁岁。先年投我，来则给之粮赏安插，去则给之锅铧牛种，畏彼怀我，斯亦至情。……罕东各夷告欲分一半白城住牧，一半仍照原拟威虏住牧。……宜于各夷内挑选精壮有马四百名者，俾其子弟统率，分为队伍，听调杀贼，分为四班，每班百名，一季一换，上班之日，每名量给口粮四斗五升，安住城北空堡，令都督日羔剌统领，抚夷官管束，随我军操练，不惟足以羁縻夷众，亦且足以和辑夷心。及照日羔剌系都督见掌印信，先因袭职回还，一向肃州寄住，为人淳实，颇知法度，但前项夷众十余年来俱属帖木哥、土巴等分管，又系日羔剌尊辈，众心不复知有都督。宜先申明名分，设立条约，出给钧帖，晓谕夷众，使之统领，帖木哥等仍听节制，庶统纪有归，易于控制。……上诏："帖木哥、土巴等部落准令安插白城山、威虏两

① 《明史》卷三三〇《西域传二·罕东左卫》，第8566页。

> 处，分散居住，并挑选精壮夷人分班更换。令都督日羔剌等管束，随军操练。”自后其族渐盛，朝贡不绝至今。[①]

之所以称帖木哥、土巴为都督佥事日羔剌的“尊辈”，是因为帖木哥、土巴原为日羔剌之父乞台的部下。而日羔剌袭父之职时，帖木哥、土巴仍在沙州住牧，故而“众心不复知有都督”。明廷为管束内迁各部，重新确立了日羔剌左卫故罕东左卫都督的统领权，使得帖木哥、土巴等旧罕东左卫部众听日羔剌节制，以便加强控制。此外，还从帖木哥、土巴等各部众中挑选兵士，进行编制，给以口粮。其目的是使各部“听调杀贼”，以使内迁各部起到屏蔽肃州的作用，即所谓“虏若寇我，则尔出兵以牵其后，虏若攻尔，则我出兵以解其围，尔我相为犄角，永保尔生”[②]。关于帖木哥、土巴的内迁人数与安置地点，前引《明史》记载人数为5400人，但未记载安置地点。《边政考》记载：

> 帖木哥族。头目赏卜尔加脱秃总尔加牙。土巴族。头目苦先苦绰先克等，与帖木哥二种，嘉靖七年安插高台白城山等处住牧，部落男妇六千三百八十二名口。[③]

帖木哥、土巴二人过去都是都督乞台下属，安插于高台白城山住牧，属于“高台守御千户所番”，其安插部众共有6382人。《殊域周咨录》也有记载：

---

① ［明］严从简著，余思黎点校《殊域周咨录》卷一三《西戎·罕东》，第479—480页。

② ［明］严从简著，余思黎点校《殊域周咨录》卷一三《西戎·罕东》，第478页。

③ ［明］张雨撰，薄音湖点校《边政考》卷九《西羌族口》，第244页。按：薄音湖点校为“高台、白城山”，白城山在高台境内，应作“高台白城山”。

> 头目帖木哥、土巴等原在沙州住牧，今（嘉靖七年二月）因惧土（吐）鲁蕃（番）贼杀，同回回头目牙木兰投肃州南白城山住牧，离肃州城二百八十里，部下男妇五千四百一十八人。[①]

关于安置地点，《殊域周咨录》记载“白城山、威虏两处”，白城山在肃州南280里，而威虏城又在肃州北边120里，正所谓“分散居住”。但威虏城容纳数量有限，除了帖木哥、土巴部外，还安插有其他部众，因此帖木哥、土巴大部应主要迁居到了白城山。《边政考》记载为“高台白城山”。《殊域周咨录》另一处记载为：“［帖木哥、土巴］同回回头目牙木兰投肃州南白城山住牧，离肃州城二百八十里”，即在肃州城南280里的白城山。《重修肃州新志》记载高台山川道：“白城山，在县西南八十里，石磴曲折，有林泉之胜。”[②]综合以上记载，则白城山位于肃州城南280里，高台县西南80里的祁连山一带。关于帖木哥、土巴内迁部众人数，上引《明史》《边政考》《殊域周咨录》分别记载为5400人、6328人、5418人。王廷相在《与胡静庵论吐鲁番书》中则提到大概数字：“其云男妇老小约有五六千人，皆帖木哥、土巴之族属。”[③]《边政考》比《明史》与《殊域周咨录》记载人数要多900多人，这900多人有可能就是安插至威虏城的一小部分帖木哥、土巴部众，当然也有可能是指嘉靖七年（1528）

---

① ［明］严从简著，余思黎点校《殊域周咨录》卷一三《西戎·罕东》，第478页。

② ［清］黄文炜《重修肃州新志》，第334页。

③ 王廷相《与胡静庵论吐鲁番书》，转引自陈高华编《明代哈密吐鲁番资料汇编》，第378页。

八月紧随帖木哥迁入的虎都都、土古尔者部。据《明世宗实录》记载："初，番夷帖木哥等既降，其部下虎都都、土古尔者等势孤，亦相继来附。"[①]帖木哥、土巴于六月内迁后，其部下虎都都等难以自立，于八月亦内迁肃州。帖木哥、土巴安置于肃州南白城山，乞台、日羔剌部所部安插在肃州城东郊，也体现出了明廷在安置时的区别对待。

总体而言，罕东左卫内迁部众中，属于核心的都督乞台、日羔剌、羽竜（章）卜所部最后迁居到了肃州城以东30里内的城郊地区，嘉靖二十八年（1549）前后人数为538人，万历时期人数为300人。此外日羔剌于正德十四年（1519）带来的哈剌灰人，嘉靖二年（1523）安插在了肃州城东门外街区，人数为1170人。属于罕东左卫都督管辖的是怕泥部与赏卜束部、总牙部、帖木哥与土巴部。怕泥部与赏卜束部于弘治十年（1497）东迁，安置在肃州卫城东南170里的黄草坝山口一带，人口分别为270人和817人。总牙部于正德十二年（1517）内迁，先安置于肃州城北120里的威虏城和金塔寺地方住牧，人口在936人至1070人之间；嘉靖二十八年（1549），又将总牙所部再度安插居住于修缮的威虏、察黑包两城，人口为2367人。万历时期，除了阿朵儿只、羽章吉部500多人落脚于肃州近郊外，其余占总牙部众大部迁至肃州南山的黄草坝一带住牧。帖木哥、土巴部于嘉靖七年（1528）安插至肃州城南280里的白城山，小部分安插至肃州城北的威虏城，人口约6000人。

---

① 《明世宗实录》卷九一嘉靖七年八月，第2098页。

二、生产方式与物产

明代敦煌的居民构成、统治方式、经济物产、信仰生活均发生了显著变化，与汉唐时代敦煌的社会面貌相去甚远。明代敦煌居民的生产方式以牧业和农业为主，而从进贡物品看，当地物产主要是马、驼等畜种。

元朝时期在敦煌进行了多次大规模屯田，到至大时期敦煌、瓜州两地的粮食生产“岁入粮二万五千石”。元廷还在曲尤设立粮仓，借助漕运将敦煌、瓜州两地产粮运至曲尤仓收储，可见当时敦煌地区屯田规模之大和粮食产量之多。进入明代后，敦煌地区的蒙古部众依旧保持了元朝时期形成的生产方式。根据史书记载，明代敦煌沙州卫、罕东左卫管辖时期当地居民的生产方式主要为“耕牧”，即农业和畜牧业，并且两者都占有重要的地位。敦煌地区的水系、绿洲、田地，也为明代敦煌居民的耕牧生产奠定了基础。从《西域土地人物略》以及《蒙古山水地图》等文献和地图来看，关西地区的城池多沿河而置，其耕牧区域也多在疏勒河、榆林河、党河各支流及干流沿线的绿洲草地一带。如嘉峪关以西八十里为大草滩，“其地广而多草”；［回回墓］墓西三十里为骟马城，“中有二水北流”；赤斤西百五十里为苦峪城，“东有河”；［古墩子］墩西六十里为阿丹城，“西北有河”；阿丹西南三十里为哈喇兀速城，其西北为叉班城，“哈喇兀速、叉班间有河”。永乐十二年（1414）正月中下旬，陈诚使团出使西域诸国时经过了关西地区，据其《西域行程记》记载，十七日，“至大草滩沙河水水边安营”；十八日抵达回回墓，“有水草处，安营”；二十日到达赤斤城，“城南山下有夷人种田，城西有溪水北流”；二十二日在苦峪城前往王子庄途中看到“道傍有达达帐房”；二十五日抵达布隆吉尔，“有夷人种田处，富水草”[1]。由于陈诚自布隆吉尔折北行进而未前往沙州，因此对沙州卫的“耕牧”情况未有记载，但与上述地区的情形接近。

明廷或主动赏赐、或应其请求，多次给予沙州卫部众农具、种子、耕牛等农业生产物资。《明太宗实录》记载永乐八年（1410）赤斤、沙州卫助平肃州之乱时，赤斤卫人声讨叛逆哈剌马牙时说道：“我辈得安居，农具种子皆官给，又为之疏水道溉田。我食其利恩德如此，我不能报，而从尔为逆耶？”[2]这表明明政府在各卫成立之初，给予诸卫农具、种子，支持各卫部众进行农业生产，以满足粮食自需。宣德二年（1427）十二月，明廷应沙州卫都督困即来的请求而赐其农种。《明宣宗实录》记载：“沙州卫掌卫事都督困即来奏：岁荒人饥，谷种亦乏，乞官借一百石布种，秋成还官。上曰：彼皆吾民。敕总兵官崇信伯费瓛，于有粮之处，给百石赐之，免其偿。”[3]从这段记载来看，沙州卫部众已熟练农业耕种，产粮是其部众的主要食物来源。宣德时期，沙州卫社会稳定，“户口滋息，耕牧富饶”[4]。沙州卫部众内迁后，“欲以甘州南山一带给之耕牧”[5]，仍继续从事农业和牧业。

罕东左卫部众前身是奄章所部。在奄章率部迁入沙州境内后，“朝廷即许其耕牧，岁纳马于肃州”[6]，表明农业与牧业是其主要生产方式。罕东左卫成立后，部众仍然从事耕牧，《明世

---

① ［明］陈诚著，周连宽校注《西域行程记·西域番国志》，第33—34页。

② 《明太宗实录》卷一〇四洪武八年五月，第1353页。

③ 《明宣宗实录》卷二五宣德二年二月，第659—660页。

④ 《明宣宗实录》卷一一〇宣德九年四月，第2473—2474页。

⑤ 《明英宗实录》卷一四五正统十一年九月，第2854页。

⑥ 《明史》卷三三〇《西域传二·罕东左卫》，第8564页。

宗实录》称其为“沙州耕牧各夷”[①]。正德、嘉靖时期，罕东左卫部众相继内徙并被安置在肃州各处，其生产方式发生了不同程度的变化。其中，最早迁入的怕泥部与赏卜束部“投肃州南山荒草坝住牧”[②]，表明由于生活环境的变化，其生产方式又回归到牧业为主。罕东左卫执卫印的都督乞台、日羔剌部众，起初被安插在金塔寺、黄泥铺、总堡迤东的五个塔儿一带，其后被安插至金塔城住牧。金塔城一带“水草便利之处”，表明当时生产方式以牧业为主。至日羔剌孙羽竜（章）卜时期，其部又被安插在了肃州东三十里内的中渠堡、乱古堆庄、东小泉庄三地。《肃镇华夷志》记载：“中渠。亦讨来河、红水坝、水磨渠之水，由二墩空起水，浇中渠、临水之田。”[③]中渠堡，靠近中渠，又近肃州，因此其生产方式应以农业为主，兼及牧业。日羔剌带来的哈剌灰部众，被安插在肃州城东关厢居住，也应以农业为主。最后迁入的帖木哥、土巴部，“投肃州南白城山住牧，离肃州城二百八十里”，这一地区由于属于祁连山山麓草地，因此以牧业为主。罕东左卫内迁之后，嘉靖二十四年（1545）吐鲁番马黑麻派其部属速坛米列等率两百余人进入沙州境内，“潜种沙州田以为资”，企图将敦煌一带经营成“西抗其兄，东侵明土”的基地，但为明朝所识破而被迫退出敦煌。

明代敦煌地区的物产，史料未有明确和具体的记载。从沙州卫、罕东左卫入贡物品来看，主要是马和驼。《肃镇华夷志》记载了明代肃州地区的物产，分为谷类、土石类、果类、蔬类、瓜类、花类、药类、羽类、毛类、鳞介类、虫类、杂植类等几大

① 《明世宗实录》卷三〇一嘉靖二十四年七月，第5724页。

② ［明］严从简著，余思黎点校《殊域周咨录》卷一三《西戎·罕东》，第478页。

③ ［明］李应魁撰，高启安、邰惠莉点校《〈肃镇华夷志〉校注》，第95页。

类，各大类下又记载了具体的物产种类[①]。同书对肃州自然环境与物产特点进行了描述：

> 肃镇土瘠风寒，物多不产，惟麦豆之需，不过数种，及果实蔬菜之类，视中土不及二三，且交夏甫有，春色生长，俱在一时。聊纪［记］微物于左，而瘠苦宛然在目矣。[②]

可见肃州地区自然环境较为艰苦，物产不及内地丰富。而敦煌一带与肃州地区自然环境近似，其物产当与肃州接近。肃州出产谷类、瓜类、毛类（含畜种）等，明代敦煌应当也多有产出。如谷类，则有小麦、大麦、回回大麦、青稞、豆、胡麻、沙米等，这些谷类中敦煌地区应当多数都产。回回大麦，据《肃镇华夷志》记载："肃州昔无，近年西夷带种方树之，亦不多，形大而圆，白色而黄，茎穗异于他麦，又名西天麦"，回回大麦又称西番麦、番麦、西田麦，即玉米[③]。根据描述，回回大麦来自吐鲁番，敦煌一带可能也有种植，应当是通过内迁部众而带入肃州。又有胡麻，"凡耕者皆种之"；沙米，"出野外沙滩中，茨茎，雨滂则生，天旱则无，夷夏皆取子为米，可食"[④]。这类较易生长又比较普遍的谷类在敦煌地区也应有产出。而在沙州卫、罕东左卫部众内迁后，在关内百姓的影响下，其生产方式与物产种类又会发

---

① ［明］李应魁撰，高启安、邰惠莉点校《〈肃镇华夷志〉校注》，第100—109页。

② ［明］李应魁撰，高启安、邰惠莉点校《〈肃镇华夷志〉校注》，第100页。

③ ［明］李应魁撰，高启安、邰惠莉点校《〈肃镇华夷志〉校注》，第100、109页。

④ ［明］李应魁撰，高启安、邰惠莉点校《〈肃镇华夷志〉校注》，第100、101页。

生变化。

三、敦煌的佛教景象

明代敦煌为蒙古族、藏族等的耕牧区域，人口数量较少，由明廷任命的卫所首领对境内各部落维持着松紧不一的管辖。就明廷而言，通过划嘉峪关而治，对关西一带的沙州卫、罕东左卫等羁縻卫采取统而不治的策略。在此特殊的政治、社会结构之下，明代敦煌并不具备来自国家政权自上而下的垂直行政体系以及稳定的社会阶层，也没有地方的豪强大族群体支持，因此当地并不具备修窟造寺的经济实力、文化基础和工匠群体。虽然明代敦煌地区生活的蒙古族、藏族等族多信奉佛教，但敦煌莫高窟、瓜州榆林窟并无新的营建或修缮行为，更谈不上石窟艺术创作。根据《敦煌石窟内容总录》以及学术界的调查和研究成果，莫高窟、榆林窟并无明代新修或重修痕迹。此外，元朝时期莫高窟、榆林窟保存了数量很多的游人题记，但明代游人题记也仅仅只有数条，显示了明代敦煌佛教信仰的式微。特别是在明中期瓦剌、吐鲁番崛起后，沙州卫、罕东左卫相继废置不能自立，居民已基本全部内迁，敦煌被明政府完全弃置，莫高窟、榆林窟也因此孤处关外，佛教景象更加凋敝。学者曾依据方志资料探讨明代敦煌地区佛教寺院建置史，并辑录出明代敦煌地区有佛教寺院36座。但其所定义之敦煌地区范围为“河西四郡”（敦煌、张掖、酒泉、武威）和临近敦煌的玉门关、阳关、榆林地区[①]，显然失当。所辑录出的35座佛教寺庙均处于凉州（今武威）、甘州（今张掖），一座处于肃州（今酒泉），实际上没有一座寺院处于敦煌境内，

① 郑炜明、余颖欣《明代敦煌地区佛教寺院建置史考略》，载《庆贺饶宗颐先生九十五华诞敦煌学国际学术研讨会论文集》，第830—852页。

并不能归类于敦煌地区佛教寺院，也更加无法得出“地志所见，终明一代，敦煌地区的佛寺建置频仍，有名可录之佛寺为数不少”的观点。

莫高窟、榆林窟留存的明代蒙古文、回鹘文、汉文游人题记，真实记录了游人信众巡礼两窟的事迹，对从侧面了解明代敦煌佛教面貌有一定帮助。敦煌研究院与内蒙古师范大学蒙文系发表的《敦煌石窟回鹘蒙文题记考察报告》一文指出：

> 还有许多干支纪年的题记，虽然不能明确断定为何年，但从题记的字体、书写格式以及书写方式等来分析，题记书写年代上限为蒙古帝国或元朝初年，大多数应为元代后期（至治到至正年间，即1321年到1369年间）和部分明代的题记。……从题记的年代和有关内容，可看出蒙古人从蒙古帝国起至清代都在敦煌一带活动过。特别是礼佛活动很频繁。[①]

敦煌莫高窟、榆林窟中的蒙古文题记，明确标注时间的很少，且大多数题于元代中后期，也有少数题于明代。其中有一条题记写于明初的午年（1414年或1426年）七月十日，即榆林窟第12窟蒙古文游人题记，其内容汉译为：

> 午年七月初十日，从永昌府来的人们。我道尔吉叩拜这

① 敦煌研究院考古研究所、内蒙古师范大学蒙文系《敦煌石窟回鹘蒙文题记考察报告》，《敦煌研究》1990年第4期，第17页。

> 个庙后，前往沙州山庙去了。留给后人一阅。[①]

该题记清楚记载了巡礼者的巡礼时间、来自地区、题主姓名、巡礼目的等要素，内容完整，“题记词句都能辨认，是敦煌石窟回鹘蒙古文题记中保存完好的之一”[②]。1414年或1426年，沙州卫已经设立，并且是发展比较稳定的时期。从题记内容可知，这名叫道尔吉的蒙古人来自于永昌府，专程来榆林窟、莫高窟巡礼，目的明确，可见是一名虔诚的佛教徒。

此外，榆林窟还留存有大量回鹘文题记，但可以明确确定时间的却很少，“其时代多在元代至明初”[③]。能够大致确定属于洪武五年（1372）六月明军攻克敦煌以后的回鹘文巡礼题记有4条。其中有1则属于洪武五年（1372）七月十一日题记。1则为明初时代的洪武三十一年（1398）四月十七日的游人题记。1则游人题记亦属于明初，但其年代有三种可能：1390年11月5日、1402年10月24日、1414年10月11日。榆林窟第12窟回鹘文游人题记记载：

> 幸福的马年七月十一日，全体官民：沙州路将军和尚、

① 哈斯额尔敦、巴音巴特尔、嘎日迪《榆林窟第12窟道尔吉题记释读》，《敦煌研究》1992年第2期，第6页。关于“午年七月初十日”，松井太教授译作“马年七月初（旬）三日”，其余内容接近。见（日）松井太《敦煌石窟ウイグル·モンゴル語題記銘文集成》，载（日）松井太、荒川慎太郎编《敦煌石窟多言語資料集成》，東京外国語大学アジア·アフリカ言語文化研究所，2017年，第89页。

② 哈斯额尔敦、巴音巴特尔、嘎日迪《榆林窟第12窟道尔吉题记释读》，《敦煌研究》1992年第2期，第5页。

③ 哈密顿、杨富学、牛汝极《榆林窟回鹘文题记译释》，《敦煌研究》1998年第2期，第39页。

毕塞勒夫人、阿戴首座及家室、高贵的库其·喀雅、图尔米西·特勤夫人和散盖到此……高贵的卜烟帖木儿、布勒昆夫人，高昌……阿达伯克、我的大爷伊勒巴喀、毕干西、毕银……我们这些人在沙州的福分……我们秋季里（火炭中?）顶礼的功德［是］有福的……[1]

据考，“幸福的马年七月十一日”对应时间是洪武五年（1372）七月十一日，题记中的和尚、散盖、卜烟帖木儿等在1370年左右的明代大概是河西和高昌地区的王子[2]。该题记与莫高窟第465窟汉文游人题记“宣光三年凌住罕到此”一样，都写于洪武五年（1372）明军攻克敦煌前后。从游人题记内容看，应当是来自永昌地区的散盖等部众来榆林窟第12窟巡礼并进行祈福。榆林窟第25窟回鹘文游人题记记载：

幸福的马年九月二十/八日，完泽铁木耳和达磨失力等/为了顶礼经沙州来到这有福的山庙。/在朝拜返回时，我喀其·库尔·喀雅/恭敬地书写了，作为日后的纪念吧！/我们祈祷的功德之果/是看不见的。消除诸世间我们的/恶行，并与

① 哈密顿、杨富学、牛汝极《榆林窟回鹘文题记译释》（《敦煌研究》1998年第2期，第43页）曾对该题记进行了译释。此后，牛汝极2002年发表的《敦煌榆林千佛洞第12窟回鹘文题记》（《新疆大学学报（社会科学版）》2002年第1期，第124—125页）一文对榆林窟第12窟原译文和考释部分有所修改。

② 哈密顿、杨富学、牛汝极《榆林窟回鹘文题记译释》，《敦煌研究》1998年第2期，第43页。松井太教授也译作“马年七月十一日”，但题记内容有所差别，他认为将“马年”推定为1372年证据不足，属于误解。见（日）松井太《敦煌石窟ウイグル·モンゴル語題記銘文集成》，第93—94页。

所有众生一道尽快地/去寻求佛果吧！善哉！善哉！[①]

据考，该条题记的书写时间有三种可能：1390年11月5日、1402年10月24日、1414年10月11日，题记中的完泽铁木耳很可能为成吉思汗后裔额勒伯克（1361—1399）之子，洪武三十五年（1402，注：应为建文四年）完泽铁木耳兄坤铁木尔被杀，鞑靼汗位空虚，他遂率师由别失八里东返。并于永乐六年（1408）夺得汗位，“此题记很可能即写于完泽铁木耳一行之东返途中”[②]，那么该条题记可能题写于1402年10月24日。但学者对这一年代判定仍有不同意见。

根据对《伯希和敦煌石窟笔记》和《敦煌莫高窟供养人题记》收录情况的统计，莫高窟、榆林窟分别留存有12条和7条明代汉文游人题记[③]。在1368年明朝建立之后到1372年明军攻克敦煌之前的这一段时间内，敦煌仍由故元沙州路总管府管辖。这一时期游人信众在巡礼时仍使用元至正年号，经过统计，此类汉文游人题记莫高窟共计有4条，榆林窟共计6条。这些汉文游人题记有明确的纪年，可依据明代敦煌历史发展的特点归属于三个阶段。第一个阶段是明军攻克敦煌至沙州卫成立以前，即洪武五年至永乐三年间（1372—1405）。第二个阶段是沙州卫、罕东左卫管辖时期，即永乐三年至嘉靖七年间（1405—1528）。第三个阶

① 哈密顿、杨富学、牛汝极《榆林窟回鹘文题记译释》，《敦煌研究》1998年第2期，第50页。松井太教授亦作“四月二十八日”，其余内容接近。见（日）松井太《敦煌石窟ウイグル・モンゴル語題記銘文集成》，第110—111页。

② 哈密顿、杨富学、牛汝极《榆林窟回鹘文题记译释》，《敦煌研究》1998年第2期，第49页。

③ 陈光文、郑炳林《莫高窟、榆林窟明代游人题记研究》，《兰州大学学报（社会科学版）》2015年第5期，第110—113页。

段是吐鲁番管辖时期，即嘉靖七年至万历四十四年（1528—1616）。

第一阶段，即明军攻克敦煌至沙州卫成立以前（1372—1405）。这一时期共有汉文游人题记一则，位于莫高窟第465窟："宣光三年凌住罕到此。"[①]洪武五年（1372）春正月，明军发兵河西并迅速瓦解故元甘肃行省的统治，是年六月攻克敦煌。但明军在攻克敦煌后并未建立统治，不久即撤出东返。此后蒙古部众又回到敦煌地区游牧，故而蒙古人凌住罕在巡礼莫高窟时，使用了北元宣光年号留题游人题记。洪武十三年（1380）五月、七月间，濮英发动了扫除关西地区故元豳王家族后裔的军事行动，关西诸部势力衰弱，处于各部散居、卫所尚未建立的混乱时期。与当时历史相表里，1372年至1405年的三十多年时间里，鲜有信众游客巡礼莫高窟、榆林窟。

第二阶段，即沙州卫、罕东左卫管辖时期（1405—1528）。在沙州卫管辖的41年中（1405—1446），尚未发现巡礼莫高窟、榆林窟的游人题记，显示了这一时期敦煌地区佛教信仰的式微。莫高窟第77窟游人题记记载："张杰、徐贵总兵二名到此。正统十二年。"[②]张杰、徐贵当是来沙州卫执行任务，并抽空来莫高窟巡礼。《明英宗实录》等史料中未有正统十二年（1447）明军出兵关西的记载，该题记或与正统十一年（1446）甘肃总兵官任礼率军迁徙喃哥部众事件有关，而张杰、徐贵应是副总兵。正统十一年（1446）后，班麻思结所部趁机占据沙州全境。莫高窟第98窟成化十三年（1477）汉文游人题记记载：

---

① 敦煌研究院编《敦煌莫高窟供养人题记》，第175页。

②（法）伯希和著，耿昇译《伯希和敦煌石窟笔记》，第27页。

指挥师英钦（?）奉敕命统领官军二千员名到此沙州
安攘（?）夷人　当今
皇上固守后门永臻（?）国界掌（?）靖
官二千兵
千户董（?）和
镇捧（?）保庆其余每名不牙
把总李一名阿□
兼队捧（?）□
七室（?）
赵仲俱系□□中□□所
成化十三年六月初三日述[①]

该条题记很长，其后还附有“马雄队”“毛斌队”等数十人姓名。榆林窟第25窟成化十四年（1478）题记记载：

肃州抚夷指挥帅吴领官军一千为
国以安藩篱□此□香
书吏何浒同游
成化十四年六月廿一日记[②]

题记中的“肃州抚夷指挥帅吴”即第98窟题记中的“指挥师英”，亦即第5窟游人题记中的“陕西行都司肃州镇指（?）□□□师英”，“帅吴”应为“师英”之误。莫高窟第5窟成化十五年（1479）题记记载：

①（法）伯希和著，耿昇译《伯希和敦煌石窟笔记》，第131—132页。
② 张伯元《安西榆林窟》，第228页。

陕西行都司肃州镇指（?）□□□
师英等统领安军三千兵□为因
沙州等处番达难□□□□□
到此安抚安妥归义降□□□□□
全（?）相感
佛盛力愿番銮安妥人民安幸（?）
成化十五年元月廿一日记[①]

成化十三年（1477）、十四年（1478）、十五年（1479），师英分别率领2000名、1000名、3000名军人进驻沙州一带，足见是在关西的一次大规模军事行动。其目的是安抚沙州番达，防御吐鲁番东进。师英军队的进驻，确保了沙州只克部众的安全和罕东左卫的建立。闲暇之余，师英率部下来莫高窟、榆林窟巡礼，祈求关西地区“番銮安妥、人民安幸”。莫高窟第123窟、126窟还分别留下了军士李铠的游人题记：

肃州卫军士李铠。
弘治三年二月李铠到此。[②]

两条题记内容互补，可知肃州卫军士李铠于弘治三年（1490）二月分别巡礼了莫高窟第123窟和126窟。按照当时实际情况，如果没有军事任务，明军将士一般不会出现在关西地区。弘治元年（1488），吐鲁番占据哈密，并不断威胁和侵扰罕东左卫、赤斤等卫。因此，虽然该条题记内容简略，但有可能与上述哈密事件有

① （法）伯希和著，耿昇译《伯希和敦煌石窟笔记》，第367页。
② （法）伯希和著，耿昇译《伯希和敦煌石窟笔记》，第76、73页。

关。此外，莫高窟第77窟还有一条正德十二年（1517）题记，惜内容残缺，仅留存年号，很可能也是明军将士所留题。明军将士在沙州一带执行军事任务，闲暇时到莫高窟、榆林窟巡礼，并留下了题名。可以看出，在沙州卫、罕东左卫管辖的时间里，竟未发现一处当地部众巡礼石窟的题记。

第三阶段，即吐鲁番管辖时期（1528—1616）。嘉靖七年（1528），罕东左卫都督乞台部下帖木哥、土巴因不堪忍受吐鲁番征收无度，率众内迁，沙州遂为吐鲁番所领有。在这长达88年时间内，仅留存有一条游人题记。莫高窟第5窟游人题记记载：

> 万历二年五月十五日巩昌灘（?）土□□福□□□/到此山寺礼拜龙（?）角（?）观（?）①

该条万历二年（1574）题记是明朝关闭嘉峪关五十年之后莫高窟出现的首条游人题记，也是已知的明朝时期清代最后一条游人题记。龙角观为何观，已不可考，但可能在莫高窟附近。题主为巩昌人氏，来莫高窟的目的是礼拜龙角观，表明他很可能是道教信徒，在礼拜道观时巡礼了第5窟。

从留存的9条明代汉文游人题记看，有6条为明军将士巡礼后留题，还有1条正德十二年（1517）题记为残缺题记，也应为明军将士留题。真正属于百姓巡礼的只有2条，1条为明初蒙古部众巡礼后留题，1条疑为信仰道教的题主于明末巡礼后留题，2条题记都不在沙州卫、罕东左卫管辖时期。因此，从汉文游人题记来看，明朝时期敦煌当地百姓巡礼莫高窟、榆林窟的次数是非常少的。而从上述蒙古文、回鹘文游人题记来看，为数不多、而

① （法）伯希和著，耿昇译《伯希和敦煌石窟笔记》，第367页。

且有纪年的题记也都集中在明初。

尽管明代敦煌当地部众对莫高窟、榆林窟的巡礼活动很少，也无任何重修活动，沙州卫的蒙古部众主要源自元代西宁王集团，且元朝时期西宁王与总管府官员对佛教采取支持态度，当地佛教信仰氛围浓厚。因此，这些蒙古部众进入明代后，仍然保持着佛教信仰。特别是在罕东左卫时期，由于吐鲁番势力的侵逼，关西诸卫部众开始波浪式的东迁。其中有西番（藏族）佛教高僧和部众进入敦煌，后又由敦煌迁居肃州。据《肃镇华夷志》记载：

> 剌麻番僧哈尔麻、结思冬族。原系巫师藏和尚，正统间西城［域?］番僧释迦荣耐之部属也，天顺间修贡，自成化及今，亲泒［派］皆绝，无人修贡，今居城中大赫寺，僧房一所，常勾引各种西番潜住买卖，近年又求修贡，部居不足十余人。东关厢顺成寺剌麻番僧、麻子结思冬亦沙州番族也。在于此寺，只专结交各族属番与哈剌灰、畏兀儿等并进贡回夷，兴败［收?］铜铁，四野贼番欲要进城探事，俱披黄衣，头顶僧帽，或称大宛卜之徒，或称小宛卜之徒，互相隐匿，莫能辩［辨］别。要欲严夷夏之防，谨奸细之探，则剌麻番人亦不可视为无益而不之处也。以上诸番俱番语，与城北诸番不同，人以为西番是也。万历中此僧见在。①

“巫师藏”亦即乌斯藏，“在云南西徼外，去云南丽江府千余里。……其地多僧”②，即明代西藏地区。剌麻番僧哈尔麻及其

---

①［明］李应魁撰，高启安、邰惠莉点校《〈肃镇华夷志〉校注》，第288页。
②《明史》卷三三一《西域传三·乌斯藏》，第8571页。

子结思冬原为乌斯藏番僧，哈尔麻及其徒弟十余人，居住于肃州城中的大赫寺，有僧房一所。而其子结思冬部众则居住于肃州城东关厢顺城寺，并常与同样安插于此处的哈剌灰人等往来。“东关厢顺成寺剌麻番僧、麻子结思冬亦沙州番族也”，表明剌麻番僧、麻子结思冬所部从乌斯藏等地迁居沙州，后在关西部众内迁时又迁入肃州。剌麻番僧“俱披黄衣，头顶僧帽”，可见他们是藏传佛教僧人，并居住于肃州城内佛寺中。在结思冬之前，还有一位剌麻番僧普尔咱者。《肃镇华夷志》记载：

> 剌麻番僧小宛卜族。独此族非罕东蒙古之番，乃巫师藏来之番僧也。当诸番来附肃州之先，闻有番僧名曰普尔咱者，住居红山观音山口，带领部徒五六人，在于山口内修盖寺院，绘塑佛像。后有飞仙剌麻，常住巫师藏，往返勾引，番僧渐多。至正德间安插各族西番于南山一带住牧之时，有番僧名曰长结思冬是也，亦常与巫师藏往返。各番人病马伤，此僧为之禳灾或念经，施舍马驼，以为经钱，以此牛羊马驼日渐盛众，修盖寺院益多。①

剌麻番僧普尔咱在内迁肃州南观音山口一带后，在当地修建寺院，绘塑佛像。同时从乌斯藏地区吸引番僧来肃州，扩大僧人部众。通过为当地各族属部众及其马驼念经禳灾，逐渐获得了大量的马驼牛羊，积累了经济实力，然后又兴建了更多的寺院。他们对当地内迁各族属积极布教弘法。由此而见，这些从乌斯藏来的藏族僧人对弘扬藏传佛教有很大的积极性和热情。而在剌麻番僧哈尔麻、结思冬寄居沙州期间，应当也以类似的宗教精神向周围

① ［明］李应魁撰，高启安、邰惠莉点校《〈肃镇华夷志〉校注》，第287页。

部众布教弘法，念经禳灾。可以说，这些剌麻番僧对敦煌地区的藏传佛教信仰起到了很大的推动作用。

而在罕东左卫等关西诸卫部众内迁之后，吐鲁番势力占据了包括敦煌在内的关西地区，当地已无佛教信仰的土壤。蒙古族是信奉佛教的民族，他们虽无暇整修莫高窟，却还不至于对它进行人为的破坏，而信奉伊斯兰教的吐鲁番在占据敦煌后，敦煌地区的佛教终归绝迹。[①]根据《重修肃州新志》记载："雷音寺，即千佛洞，在城南四十里，不知建自何时，……明时回人蹂躏，佛像屡遭破坏，龛亦为沙所掩，而画壁丹青者尚有存者。"雷音寺为莫高窟别称，吐鲁番势力占据敦煌后对莫高窟内的佛迹进行了破坏，莫高窟日益凋敝残破。清代雍正时期光禄少卿汪漋《敦煌怀古》一诗写道：

> 明代西疆止酒泉，整师嘉峪欲穷边。
> 风摇柽柳空千里，日照流沙别一天。[②]

又有《游千佛洞》一诗，云：

> 阒寂凭谁顾，摧颓实可怜。兹逢清塞遐，间眺化城边。
> 色相嗟多毁，丹青讶尚鲜。问禅无释侣，稽首冷香烟。
> 字落残碑在，丛深漫草缠。徘徊荒刹外，怀往意悠然。[③]

这两首诗句是明朝时期特别是吐鲁番占据敦煌时期，莫高窟、榆林窟以及敦煌当地佛教信仰的真实写照。

---

① 季羡林主编《敦煌学大辞典》，第7页。
② ［清］黄文炜撰《重修肃州新志》，第554页。
③ ［清］黄文炜撰《重修肃州新志》，第555页。

第四章 清朝时期的敦煌

明代嘉靖七年至清代康熙三十五年之间（1528—1696），吐鲁番部众时来敦煌地区活动。公元1644年清朝定鼎北京之后，随即开始了统一全国的战争。康熙三十五年（1696），清军进驻哈密。在开拓西域的历史背景下，嘉峪关以西地区作为清军物资运输的中转站以及后方基地的作用再度凸显。自康熙五十四年（1715）开始，清朝逐步在关西地区设立行政建置。雍正二年（1724）岳钟琪奏设沙州所，雍正三年（1725）修筑沙州新城，沙州所正式设立，雍正四年（1726）升沙州卫。与此同时，敦煌引来大规模移民，在此的屯田以及基础设施建设也及时跟进。乾隆二十五年（1760），清廷正式设立敦煌县。

经过雍正、乾隆时期的持续经营，敦煌社会经济得到了恢复性发展。大量移民的到来，将不同地区的方言、习俗、文化和信仰带到了敦煌。清代敦煌地区修建有佛寺、道观和各种民间信仰的庙宇，对莫高窟也进行了个别营建和大量的重修、装饰活动，信众游客频繁巡礼莫高窟并留下了大量游人题记。清代敦煌历史，主要见载于《清实录》《清史稿》《平定准噶尔方略》以及官员奏折当中。方志资料对敦煌社会记载较为详细，主要有：《甘肃通志》，许容监修，乾隆元年（1736）成书；《重修肃州新志》，黄文炜撰，乾隆二年（1737）成书；《敦煌杂钞》《敦煌随笔》，常钧撰，乾隆七年（1742）成书；《敦煌县志》，苏履吉、曾诚纂修，道光十一年（1831）成书；《甘肃全省新通志》，升允监修、安维峻纂，宣统元年（1909）成书；《重修敦煌县志》，吕钟纂，1942年成书。此外，敦煌碑刻资料和莫高窟游人题记也反映了清代敦煌的历史进程和社会面貌。

第一节 清朝经营敦煌的历史背景与行政建置的逐步设立

明嘉靖七年（1528）以后，敦煌成为吐鲁番的耕牧活动区域，清初关西地区又有青海蒙古诸部前来游牧。康熙时期，以进剿准噶尔部、开拓西域为背景，开始逐步经营关西地区。雍正时期，清朝在敦煌相继设立沙州所、沙州卫，并修建沙州新城。随着西域的统一和敦煌社会经济的逐步恢复，乾隆二十五年（1760）沙州卫升为敦煌县，行政建制与内地相同。从沙州所、沙州卫到敦煌县，标志着清代敦煌行政建置的设立完成。

一、清朝经营敦煌的历史背景

清朝入关之后，主要精力仍放在征剿各地农民军及前明势力的统一战争上，尚无暇顾及嘉峪关以西的敦煌以及西域地区。当时统治西域的是准噶尔汗国，准噶尔属清代厄鲁特蒙古部的一支，为明代瓦剌后裔，明末清初崛起于西北。至首领噶尔丹时，不断发动兼并周边部族的战争，势力逐渐强大，取得了对西域各族部众的控制权。康熙初年，准噶尔部与清朝维持着形式上的臣属关系，后期噶尔丹野心日益膨胀。康熙二十七年（1688），噶尔丹发兵三万进犯喀尔喀蒙古。康熙二十九年（1690）准噶尔部继续东进，连续击败清军，同年七月康熙帝率大军亲征，并于八月的乌兰布通之战中大败噶尔丹，但未将其完全剿灭。[①]此后，噶尔丹不断制造事端，并在沙俄支持下继续袭扰喀尔喀蒙古地区，“力求把蒙古人住的那块领土从帝国割去”[②]。康熙三十一年（1692）九月，噶尔丹军队在哈密袭杀清朝派往策妄阿拉布坦的员外郎马迪。[③]这一挑衅事件表明，嘉峪关以西的哈密已为准噶尔部所控制，而噶尔丹军队对清朝使臣的肆意截杀，已迫使清朝必须采取更为强硬的军事措施。

在边疆形势日益严峻的情况之下，康熙帝亲自领率大军征讨，意图一举消灭噶尔丹部，以解除北部边患。康熙三十五年（1696）五月，费扬古率领的西路军在昭莫多与噶尔丹部遭遇，“官兵奋勇，自未至酉，击噶尔丹而大败之，分行追逐，至特勒尔济口，剿杀三十余里，斩首二千余级，生擒百余人。俘获子女、驼马、牛羊、兵器、什物无算”[④]。此战清军剿灭噶尔丹部主力，取得大胜。噶尔丹仅以数骑逃脱，虽然未死，却“困穷已极，糗粮庐帐皆无，四向已无去路，狼狈不堪，目下掘草根为食”[⑤]。噶尔丹逃走之后，部众离散，势力渐衰。噶尔丹对丹津阿拉布坦说道：“我今在巴格尔察罕乌尔克地方，势不能居，哈

① 准噶尔史略编写组《准噶尔史略》，北京：人民出版社，1985年，第109页。
②（苏）伊·亚·兹拉特金著，马曼丽译《准噶尔汗国史（1635—1758）》，北京：商务印书馆，1980年，第292页。
③《清圣祖实录》卷一五六康熙三十一年九月，北京：中华书局，1985年，第720页。
④《清圣祖实录》卷一七三康熙三十五年五月，第26—27页。
⑤［清］温达等撰《亲征平定朔漠方略》卷三〇，载拉巴平措、卢秀璋、陈家琎主编《西藏学汉文文献汇刻》第4辑，北京：中国藏学出版社，1994年，第8页。

密城中有粮，欲往彼处，尔今何如？”[1]但这一消息被哈密维吾尔族首领额贝都拉达尔汉伯克获悉，遣使向清廷上奏：“若噶尔丹来，臣等相机竭力擒之；若闻声息，陆续奏闻”[2]，内附清廷。康熙三十六年（1697）正月，振武将军孙思克上奏：“哈密额贝杜拉达尔汉白克报称：‘噶尔丹有至巴尔库尔之状。’臣请于二月二十日前后进布隆吉尔等处探听。”[3]康熙帝批准了这一建议。孙思克奏请后未过几天，驻扎于肃州的副都统阿南达奏报，“擒噶尔丹之子塞卜腾巴尔珠尔于哈密之地”[4]。同时，噶尔丹派往哈密取粮的鄂木克图哈什哈也被擒获。同年四月，康熙帝再次御驾亲征，而此时噶尔丹部众离叛，暴病而亡。清朝对噶尔丹势力的剿灭，维护了北部边疆的稳定，意义重大。在征剿噶尔丹的过程中，哈密的维吾尔族首领内附清廷，并为击败准噶尔部立下功劳。此后又护送厄鲁特降清部族进京，但这也为日后策妄阿拉布坦寻衅哈密制造了口实。

噶尔丹为了巩固其汗位，意图谋害其侄、僧哥之子策妄阿拉布坦。策妄阿拉布坦逃走后另立营地，收集各处部众，不断积蓄实力。在噶尔丹四处扩张之时，策妄阿拉布坦趁机夺取了噶尔丹的人畜，断其退路。清朝为孤立噶尔丹，也有意对策妄阿拉布坦进行扶持，而策妄阿拉布坦为了与噶尔丹争夺统治权，也需要清廷的支持。[5]清廷要求策妄阿拉布坦协助出兵剿灭噶尔丹，但尚未出兵噶尔丹即已病亡。策妄阿拉布坦时期，出兵征服了周边的哈萨克、维吾尔等部族，统治区域得到扩大，境内的畜牧业、农业得到了较快发展。与此同时，策妄阿拉布坦的政治野心也日渐

---

① 《清圣祖实录》卷一八〇康熙三十六年二月，第927页。
② 《清圣祖实录》卷一七八康熙三十五年十二月，第916页。
③ 《清圣祖实录》卷一七九康熙三十六年正月，第920页。
④ 《清圣祖实录》卷一七九康熙三十六年正月，第921页。
⑤ 准噶尔史略编写组《准噶尔史略》，第122页。

膨胀，企图兼并青海蒙古部众。康熙三十五年（1696），策妄阿拉布坦因哈密维吾尔首领额贝杜拉降附清朝以及擒献蒙古部众而大怒，又因拘捕哈密使人而引起了清廷的警觉和关切。[①]此次策妄阿拉布坦虽然迁怒于额贝杜拉，但尚未采取更严重的行动，因而清廷下令各部严禁袭扰哈密。但额贝杜拉仍然担心受到袭击，遂于康熙三十六年（1697）再次上奏清廷请求保护：

> 哈密额贝杜拉达尔汉白克疏言：臣既擒塞卜腾巴尔珠尔并噶尔丹属下人，厄鲁特必不悦臣。而哈密又素弱，用是危惧，伏乞庇而安之，且臣所畏者，策妄阿喇不坦也。祈皇上降敕清，使勿害臣，给臣敕印，俾有恃以无恐，以保我疆土，且使叶尔钦、吐鲁番等闻之，必共欣羡，各思向往。更恳移回子屯于肃州，凡朝觐往来，俱自肃州乘驿，使臣地声息得时至圣上之前。”下议政大臣等议。寻议覆：额贝杜拉诚心向化，擒噶尔丹之子及属下人来献，殊为可嘉。应议叙以示鼓励，额贝杜拉授为一等部长，伊子郭帕白克、白奇白克授二等部长，分编旗队，并令伊子郭帕白克率一百人住扎肃州，应给额贝杜拉管辖哈密国印，遣理藩院郎中布尔赛奔玺前往分编旗队。[②]

此次额贝杜拉请求清朝庇护，获得了积极的回应，所提要求也全部得到满足。清廷授其国印，纳入理藩院管辖，表明清廷开始采取了更加积极的西进政策。最早进入敦煌的是清军将士，莫高窟天王塔东壁南侧军人巡礼题记记载：“康熙四十年四月三日嘉峪关把总白进中……”[③]根据《重修肃州新志》记载“嘉峪关营游

---

① 《清圣祖实录》卷一八二康熙三十五年闰三月，第945页。

② 《清圣祖实录》卷一八五康熙三十六年十月，第978页。

③ 敦煌研究院编《敦煌莫高窟供养人题记》，第178页。

击一员，千总二员，把总四员”[①]，可知白进中应为嘉峪关营把总，属于低级军官。这表明康熙四十年（1701）时，清朝嘉峪关营军人已进至敦煌境内活动。

康熙五十四年（1715）四月，策妄阿拉布坦悍然发兵哈密，与清朝彻底决裂。《平定准噶尔方略》记载：

> 甘肃提督师懿德奏言："四月初二日，哈密扎萨克达尔汉伯克额敏报称，厄鲁特策妄阿喇不坦遣兵至其北境，侵掠五寨。初三日又报称，贼兵于三月二十五日抵哈密城下。[②]

议政大臣与理藩院紧急商讨对策，准备调遣三处兵马前往哈密救援，并令边境地区严加戒备。但清廷对策妄阿拉布坦的兵力部署和真实意图尚不完全清楚，为避免敌众我寡的情况出现，"著右卫兵即刻预备，八旗察哈尔厄鲁特巴尔虎兵内挑选千名，发往归化城"[③]，随机应变。同时命吏部尚书富宁安充任办事大臣，授予相机裁定权力，"调遣之事不必请旨，即与将军席柱商酌而行"[④]。据《平定准噶尔方略》记载，三月二十六日策妄阿拉布坦军队抵达哈密城下，但随后被驻防哈密的游击潘至善等率领二百余名清军以及哈密伯克额敏联军所击败，"贼退驻城南二十里外"[⑤]，后又逃走。清廷一面派兵驻防哈密附近有水草处，一面调兵准备征讨策妄阿拉布坦，一举收复西域。在此背景之下，关

---

①［清］黄文炜著《重修肃州新志》，第154页。

②［清］傅恒等撰《平定准噶尔方略》卷一，载拉巴平措、陈家琎主编《西藏学汉文文献汇刻》第2辑，北京：中国藏学出版社，1990年，第36页。

③［清］傅恒等撰《平定准噶尔方略》卷一，第37页。

④［清］傅恒等撰《平定准噶尔方略》卷一，第38页。

⑤［清］傅恒等撰《平定准噶尔方略》卷一，第38—39页。

西地区作为清军粮食及物资中转站的重要作用日益凸显。在清军发兵征讨前，康熙帝以他丰富的沙场经验，很早就注意到了粮食运输的重要性。他对议政大臣说道："朕经历军务年久，且曾亲统大兵，出塞征讨，凡行兵机务，靡不周知。今欲用兵，兵非不敷，但虑路远，运饷殊难，诚能挽输无误，令全军得至策妄阿拉布坦之地，朕心始慰。"[①]鉴于此，清廷积极调拨和采购各地粮米以及运输物资的马骡。康熙五十五年（1716）正月，富宁安奏请在关西设立12个台站，负责物资转输：

> 尚书富宁安疏，请用山西、陕西小车三千辆，每辆用夫三人。自嘉峪关至哈密安设十二台，每台各分车二百五十辆，令其陆续转运。应如所奏。可令甘肃巡抚绰奇前往设台。[②]

富宁安又奏请自哈密至巴里坤间设立3个台站，改用步兵前引骆驼运送。由此，自嘉峪关直达巴里坤清军大营的运输线建立起来。

与此同时，清朝开始在关西局部地区实行屯田。康熙五十五年（1716）二月，清廷命富宁安在嘉峪关以西临近的西吉木、达里图、布隆吉尔等地屯田，并命副都统苏尔德负责哈密屯田事宜。[③]五月，富宁安又奏请在布隆吉尔修建储存粮食的仓库。这一举措是自明代嘉靖七年（1528）以来首次在关西地区开垦耕种，标志着清朝对关西地区的经营已经迈出了实质性的一步。七月，清廷

---

① ［清］傅恒等撰《平定准噶尔方略》卷一，第40页。
② ［清］傅恒等撰《平定准噶尔方略》卷三，第66页。
③ ［清］傅恒等撰《平定准噶尔方略》卷三，第68页。

命侍卫阿齐图驻兵于哈密察罕乌苏，同时招募百姓于嘉峪关外屯田。富宁安上奏：

> 臣复细访，自嘉峪关至达里图，可耕之地尚多。肃州之北口外金塔寺地方，亦可耕种，请于八间，臣亲往遍行踏勘，会同巡抚绰奇募民耕种外，再令甘肃、陕西文武大臣及地方官捐输耕种，无论官民有愿，以己力耕种者，亦令前往耕种。俟收获之后，人民渐集，请设立卫所，于边疆大有裨益。[①]

富宁安在西吉木等地的屯田取得了丰收："臣查今岁西吉木、达里图、布隆吉尔三处耕种，共收粮一万四千余石"，但布隆吉尔因系"沙土之地"，故而又于翌年停止屯田。[②]富宁安在对嘉峪关以西、以北地区进行踏勘之后，已开始规划下一步在关西地区屯田、移民、设卫的举措。十一月，清军驻防关西布隆吉尔，"拨甘州提标及凉州、肃州镇标马步兵共一千名，令参将等官率往布隆吉尔防守，并令沿途居住之贝勒、贝子、台吉等，前任不时侦探，奏入报闻"[③]。另据莫高窟第176窟游人题记，清军于康熙五十五年（1716）十一月初十日之前已经在沙州驻防：

> 大清康熙五十五年十一月初十日奉/旨在沙州及色尔藤驻防。甘肃马营敦堡把总加一级邓洪印/本堡通士王章王宫，兵丁邵辉学、吕朝鼎，/书吏杜廷玺，侄子邓攀顺，/率领长

① ［清］傅恒等撰《平定准噶尔方略》卷三，第74—75页。
② 《清圣祖实录》卷二七〇康熙五十五年十月，第646页。
③ ［清］傅恒等撰《平定准噶尔方略》卷三，第80页。

> 子、国子监太学邓攀龙。[1]

《平定准噶尔方略》《清圣祖实录》等资料均未记载康熙五十五年（1716）十一月清军驻防沙州以及色尔藤之事，足见该题记之重要价值。题记所载清军驻防沙州及色尔藤的时间，与史书记载清军驻防布隆吉尔的时间相同，均在十一月，因而此次清军驻防布隆吉尔时，应是分出去了一部分清军前往更西的沙州及其西南的色尔藤一带驻防。据《甘州府志》记载，马营墩堡在甘州府山丹县城西南120里[2]。邓洪印为马营墩营把总，属于基层军官而不见于史志。由题记内容可知，康熙五十五年（1716）驻兵沙州及色尔藤的有来自山丹等地的军人，他们应是清代最早一批驻守沙州的军人。

随着嘉峪关以西临近的西吉木、布隆吉尔等地屯田的开展以及移民的到来，富宁安计划的设立卫所事宜逐渐付诸实现。康熙五十七年（1718）二月，设立赤金、靖逆二卫及柳沟所：

> 靖逆将军富宁安疏言："西吉木设赤金卫，达里图设靖逆卫，各增设卫守备一员。西喇郭勒设柳沟所，增设守御所千总一员。再增设同知、通判各一员，兼管二卫一所，其驻防兵丁武职等官由肃州镇管辖，卫所等官令肃州道管辖。"议政大臣等议如所请。奏入，上从之。[3]

清朝对关西地区的经营遵循着自东向西、由近及远逐步推进的思

---

① 敦煌研究院编《敦煌莫高窟供养人题记》，第80页。

② ［清］钟庚起著、张志纯等校点《甘州府志》，兰州：甘肃文化出版社，1995年，第200页。

③ ［清］傅恒等撰《平定准噶尔方略》卷四，第105页。

路，在离嘉峪关最近，也是最早屯田和驻军的西吉木等地设立了行政机构，也为日后在更西的敦煌设立行政建置奠定了基础。康熙五十八年（1719）五月，清廷派员在西吉木、达里图等地划定疆界，“令与交错耕种处立界，不得逾越”[①]，对朝廷耕种区域与游牧区域加以区分。

康熙五十九年（1720），清军进一步进入沙州地区。莫高窟第176窟南壁西侧塑像后题写有康熙五十九年军人巡礼题记。该题记字数很多，为来自甘州、凉州、肃州各地的军官和兵士巡礼后一同题写。其中包括了来自甘州前营、中营、右营、永固营、大马营、红水营、山丹营、黑城营、高台营、嘉峪关营、金塔本营、凉州镇中营、南古城营、硖口营、青水堡、肃州镇中营等各营的军官和兵士，人数达数十位之多。[②]根据《甘州府志》记载，甘州设有中、左、右、前、后五营，以及永固城协、山丹营、洪水营（即题记中的“红水营”）、大马营、黑城营、峡口堡营（即题记中的“硖口营”）、南古城营，甘州诸营在题记中全部出现，均为低级官员。又据《重修肃州新志》记载，肃州地区设立有嘉峪关营、金塔寺营、清水堡（即题记中的“青水堡”）、高台营、肃州镇中营，均与题记内容相合。在清军进入沙州后，康熙六十一年（1722）商讨重启布隆吉尔的屯田及驻兵事宜，并计划将屯田推进至沙州：

> 议设兵屯田于布隆吉尔。靖逆将军富宁安疏言：“嘉峪关外布隆吉尔之西古瓜州、沙州，敦煌郡地也。昔曾建筑城池，屯兵耕种。今旧址尚存，土广可牧马，且有河水。

① ［清］傅恒等撰《平定准噶尔方略》卷六，第133页。

② 敦煌研究院编《敦煌莫高窟供养人题记》，第80—81页。

> 若于此屯田，驻绿营兵三四千，设总兵官一人统之，可扼通党色尔腾之路，而于诸处调遣悉便。”议政大臣等议曰：请令将军富宁安，总督年羹尧、提督路振声定议入奏。奏入。①

清廷着富宁安、年羹尧等拿出方案后，再行奏议。据六月二十二日年羹尧所上奏折，他随后赴瓜州、沙州等地踏勘考察②。此次沙州屯田方案的正式提出，标志着清朝经营敦煌的条件已趋成熟。

二、敦煌行政建置的逐步设立

清代敦煌的行政建置是从沙州所、沙州卫到敦煌县逐步设立完成的。清朝卫所制度承自明代，但又有所变革，表现在卫所屯丁虽在名义上与州县民户不同，但与普通民户一样，只从事农业生产，不负责军事训练与防守城池③。而卫所官员职能则从原先的军事、经济相结合，转变为纯粹的经济和民事职能④。清朝经营关西、敦煌的重要措施，就是在该地区设立卫所的行政建置，处理与移民、屯田有关的民事事务。《重修肃州新志·沙州卫志》对关西地区行政建置的设立过程有概括性描述：“本朝康熙五十四年，阿酋作乱，出师征讨，嘉峪关外渐加修复，初置赤金、靖逆二卫所，雍正初，柳沟、安西、沙州以次设卫。”⑤同

---

① ［清］傅恒等撰《平定准噶尔方略》卷一〇，第193页。

② 年羹尧《前往肃州料理粮运折（康熙六十一年六月二十二日）》，载季永海等翻译点校《年羹尧满汉奏折译编》，天津：天津古籍出版社，1995年，第234页。

③ 王希隆《清代关西五卫述论》，《兰州大学学报（社会科学版）》1992年第3期，第100页。

④ 李巨澜《清代卫所制度述略》，《史学月刊》2002年第3期，第36页。

⑤ ［清］黄文炜撰《重修肃州新志》，第479页。

时，沙州卫建立后，清政府修建了相应的城池堡垒和与之配套的衙属等机构和设施。而随着西域的平定和关西地区中原化进程的完成，敦煌的行政建置也从沙州卫正式升置为敦煌县。

（一）沙州所、沙州卫的设立时间与设立过程

史书对沙州所、沙州卫的设立时间记载略有出入，相关史料主要有两类：

第一类是地方性资料。首先主要是《甘肃通志》《重修肃州新志》《敦煌杂钞》《敦煌县志》《甘肃全省新通志》以及《重修敦煌县志》等地方志资料。此外，还有雍正五年（1727）担任沙州协副将石之瑛所撰的《开设沙州记》一文。这类地方性资料均明确记载了沙州所、沙州卫的设立时间，也是学术界主要引用的观点。《甘肃通志》记载："安西厅。……皇清定鼎，西夷向化，瓜沙以西尽入版图。雍正元年，置安西同知，治布隆吉尔，领安西卫、沙州所。三年升沙州为卫，又改靖逆通判所属之柳沟所隶安西厅，五年升卫，六年另建安西镇城于大湾，移治安西新城。领卫三，曰安西、柳沟、沙州。沙州卫。……皇清元年置沙州所，三年升卫，隶安西同知。"① 《重修肃州新志》与《敦煌杂钞》记载完全一致："本朝雍正元年置沙州所，三年升卫，隶安西同知。"② 《敦煌县志》记载："雍正元年置安西同知、安西卫于布隆吉尔，置沙州所于敦煌，安西同知领安西卫、沙州所，三年升沙州为卫。又改靖逆通判所属之柳沟所，均隶安西同知。五年建安西镇于大湾，安西同知、安西卫均移住新城，升柳沟为卫，移治布隆吉尔。安西同知领卫三：安西、沙州、柳

① ［清］许容等监修《甘肃通志》卷三下《建置·安西厅》，第49、51页。

② ［清］黄文炜撰《重修肃州新志》，第479页。［清］常钧撰《敦煌杂钞》卷上《沙州卫》，北京：禹贡学会印本，1937年。又见《中国西北文献丛书》第98册《敦煌杂钞》，兰州：兰州古籍书店，1990年，第328页。

沟。”[①]《甘肃全省新通志》记载：“皇清定鼎，西夷向化，瓜沙以西，尽入版图。雍正元年置安西同知，治布隆吉尔，领安西卫、沙州所，三年升沙州为卫。又改靖逆通判所属之柳沟所隶安西厅，五年升卫。六年另建安西镇城于大湾，移治安西新城，领卫三，曰：安西、柳沟、沙州。”[②]《重修敦煌县志》记载：“世宗雍正三年，置沙州所。……丙午，四年，沙州所升为卫，迁户殖民。”[③]

由此可知，乾隆元年（1736）以来编纂的全省通志《甘肃通志》以及酒泉、敦煌地方专志《重修肃州新志》《敦煌县志》等均记载雍正元年（1723）设沙州所，雍正三年（1725）升沙州卫。《重修敦煌县志》则记载雍正三年（1725）设沙州所，雍正四年（1726）升卫，应是承袭了石之瑛《开设沙州记》的记载。曾担任沙州协副将的石之瑛在所撰《开设沙州记》中写道：

> 雍正三年，皇上命设沙州所。四年，川陕总督岳公巡边，至沙州相度地利，题请改卫，并招甘省无业穷民二千四百户，开垦屯种。[④]

---

① ［清］苏履吉、曾诚纂修《敦煌县志》卷二《地理志·沿革》，台北：成文出版社（据道光十一年刊本影印），1970年，第92页。

② ［清］升允监修、安维峻纂《甘肃全省新通志》卷四《沿革表》，载《中国西北文献丛书》第23册，兰州：兰州古籍书店，1990年，第448页。

③ 吕钟修纂、王渊等校点《重修敦煌县志》卷一三《编年志·遗补》，兰州：甘肃人民出版社，2002年，第641页。该书卷二《方舆志·沿革说》记载：“雍正三年，置沙州所余敦煌，安西同知领其事。”《沿革表》记载：“雍正三年置沙州所，旋升为卫。”见同书第23、25页。此处以《编年志·遗补》记载为准。

④ ［清］石之瑛《开设沙州记》，载［清］黄文炜撰《重修肃州新志》，第543页。据文中记载雍正皇帝曾于雍正辛亥年（雍正九年，1731）敕谕宽限沙州百姓输赋限期，文中石之瑛又称“四载以来”，因此推测《开设沙州记》应作于雍正十二年（1734）。

则有雍正三年（1725）设立沙州所、四年（1726）升卫之说。

第二类为全国性资料，诸如雍正时期官员奏折、《清世宗实录》、康熙《大清一统志》（成书于乾隆八年，1743）、《平定准噶尔方略》（成书于乾隆三十五年，1770）等资料。康熙《大清一统志》记载："本朝雍正四年复置沙州卫。"①而年羹尧、岳钟琪等官员奏折及《清世宗实录》《平定准噶尔方略》等史料，均没有沙州所、沙州卫设于何年这样的明确表述，但对雍正二年（1724）年羹尧议设沙州所千总、四年（1726）岳钟琪议设沙州卫守备有具体记载。

敦煌在地理上属于嘉峪关以西地区，因此沙州所、沙州卫属于关西地区整体行政架构的组成部分。清朝在经营关西地区时，按照自东向西、由近及远的思路稳步推进屯田开发事宜和行政建置的设立。梳理沙州所、沙州卫的设立时间和过程时，应更多地立足于正史特别是当时的奏折、实录、平准方略等第一手资料，但是这些资料中并没有沙州所、沙州卫设于何年这样的明确表述，而基本都是年羹尧、岳钟琪等官员议设沙州所千总、沙州卫守备这样的内容。虽然清廷批准，但奏折所议之事在具体实施时又必然存在时间上的滞后性。如果将奏折奏议的时间当成是具体实施的时间，就可能出现误差。在梳理沙州所、沙州卫设立时间及其设立过程时，不应拘泥于单一资料，还应对照多种资料，例如沙州当地官员的记述等；同时也应结合当时清朝经营关西地区的历史背景，并着眼于当时周边地区的政治形势。

1. 沙州所

康熙六十一年（1722）富宁安有关沙州屯田方案的提出，标

① ［清］穆彰阿、潘锡恩等纂修《大清一统志》卷二七八，上海：上海古籍出版社，2008年，第2页。

志着清朝经营敦煌的条件已趋成熟。但雍正元年（1723）十月，青海地区爆发了罗卜藏丹津叛乱。罗卜藏丹津以准噶尔部策妄阿拉布坦为援，对清朝西部安全造成了严重威胁，“以致陕西通省传言西海全反，人心为之震动”[①]。年羹尧随后连续上折，分析青海形势，并奏议应对策略。罗卜藏丹津的异动，使得清朝进一步加强了在关西地区的城池建设和驻兵备战。同年七月，年羹尧奏请在布隆吉尔修城，他在奏折中指出：“臣查布隆吉尔修城事属创始，且在口外，一切官署兵房、筑城开渠，头绪繁多，关系重大，非才堪经画之大员总理其事，恐难胜任”[②]，并大力推荐西安按察使王景灏前往办理，着力将布隆吉尔建设成为关西地区的大本营。年羹尧认为，青海罗卜藏丹津部从事游牧，其流动性很大，“倘得侥幸，则仍在边外胡行；若受损，则即逃窜”，因此他派周瑛领兵前往西藏，以断绝罗卜藏丹津退往西藏的后路。但从青海至西域的道路，“无有拦截之军”，于是驻守吐鲁番的副将阿尔纳调集兵丁前去塞尔腾（即色尔藤）、沙州一带驻防。同时，年羹尧在奏折中指出：

> 又查得，布隆吉尔兵少，周围皆厄鲁特居住。其内，三多布台吉之子阿拉布坦巴苏泰，遣其属下偷盗台站大路之马匹、骆驼，劫掠商人财物。先参将孙继宗所报追查，所盗财物已追回。自罗卜藏丹津事出以来，目空一切，皆听罗卜藏丹津而动。……今巴尔库尔兵丁既多，遣派绿旗兵二千，急速前去布隆吉尔，交参将孙继宗统领，无事则向厄

---

① ［清］年羹尧《奏明办理西海军务事宜折（雍正元年六月初六日）》，载季永海等翻译点校《年羹尧满汉奏折译编》，第247页。

② ［清］年羹尧《奏留王景灏修布隆吉尔城折（雍正元年七月二十六日）》，载季永海等翻译点校《年羹尧满汉奏折译编》，第259页。

> 鲁特示威驻防；若罗卜藏丹津用兵，臣我一面檄参将孙继宗，率布隆吉尔兵丁及由巴尔库尔调去之兵，征剿阿拉布坦把苏泰，出伊孙察罕齐苏图之边，迎接副将军阿尔纳，合兵拦截罗卜藏丹津。如此，贼断然不能逃脱，而布隆吉尔亦可固矣。①

可见布隆吉尔是当时清朝设置在关西地区的最西据点和桥头堡。但在“布隆吉尔兵少，周围皆厄鲁特居住”的形势下，清朝尚无法在布隆吉尔更西的沙州进行屯种和管辖。

罗卜藏丹津叛乱是当时清廷面临的最主要问题，为了阻截罗卜藏丹津败逃西域，并征剿劫掠关西地区运输台站的阿拉布坦把苏泰所部，年羹尧奏请加强在布隆吉尔一带的兵力部署。雍正元年（1723）十一月，年羹尧上《奏闻剿贼诸事折》，其中一条为准备各路进剿兵力：“除留下布隆吉尔兵丁一千看守地方外，由布隆吉尔进剿之兵丁共计四千。西宁、松潘、甘州、布隆吉尔此四路进剿兵丁，共计一万九千，兵多足用。”②由此可见，此时布隆吉尔已是清军四路进剿兵力之一，堪称北部征剿大本营。尽管如此，据随后的《奏闻布隆吉尔军情折》《奏闻布隆吉尔败贼折》以及《奏闻贼袭击嘉峪关折》记载，雍正元年（1723）十一月、十二月时，布隆吉尔周边地区仍不时面临青海蒙古部众的袭扰，甚至爆发了军事冲突③。《奏闻贼袭击嘉峪关折》中，“抚

---

①［清］年羹尧《奏闻遣总兵官周瑛至藏折（雍正元年十月二十日）》，载季永海等翻译点校《年羹尧满汉奏折译编》，第23页。

②［清］年羹尧《奏闻剿贼诸事折（雍正元年十一月十四日）》，载季永海等翻译点校《年羹尧满汉奏折译编》，第37页。

③［清］年羹尧《奏闻布隆吉尔军情折（雍正元年十一月十七日）》《奏闻布隆吉尔败贼折》《奏闻贼袭击嘉峪关折（雍正元年十二月十六日）》，载季永海等翻译点校《年羹尧满汉奏折译编》，第42—43、53、54页。

远大将军、太保、公、川陕总督”年羹尧奏报：

> 十二月初三日，署理嘉峪关游记事务守备胡上才，率官兵巡查边外驿、路，至回回墓驿站，报告突然被蒙古贼包围。初四日，我派游击严律泰等，拨给官兵，立即前去援助。初六日，游击严律等回来报告：先是，守备胡上才出边至回回敦，因未见贼，又前去看在回回墓为蒙古贼捆绑之马皮子、商人时，不料蒙古贼众突然自山沟出来攻击，我军放枪炮，杀贼二十余人。起初贼人尚少，渐渐增至四五百人，我军三人阵亡，十七人负伤。胡上才亲杀二蒙古贼，贼方才稍稍散开。不想贼隐蔽在暗处，由暗处放枪，胡上才负重伤，二日后故去。随即我军到达，贼见方才逃走。①

甚至在雍正二年（1724）二月年羹尧所上的《奏闻布隆吉尔增兵折》中也提到：“臣我窃查，布隆吉尔周围厄鲁特贼众，冬季牧场破敝，马匹瘦弱，故处处隐居，一旦青草发出，马匹稍肥，又要作乱，亦未可定。”②可知当时布隆吉尔周边乃至嘉峪关城外仍然面临着来自蒙古部众的威胁。在此形势下，当时沙州地区显然不具备屯田设所的客观条件。

通过以上分析可知，由于青海罗卜藏丹津的叛乱，康熙六十一年（1722）的沙州屯田方案并未能在雍正元年（1723）得到落实。清朝在关西地区的经营重心放在了布隆吉尔一带的军事建设

① ［清］年羹尧《奏闻贼袭击嘉峪关折（雍正元年十二月十六日）》，载季永海等翻译点校《年羹尧满汉奏折译编》，第54页。

② ［清］年羹尧《奏闻布隆吉尔增兵折（雍正二年二月初六日）》，载季永海等翻译点校《年羹尧满汉奏折译编》，第76页。

上，以抵御并剿灭周边活动的蒙古部众，同时准备南下发兵青海，因此开发沙州还不是首要任务。雍正二年（1724）三月平乱之后，年羹尧在所上善后八款中也提到“布隆吉尔筑城，原为驻兵，防守疆界”，也表明此前沙州仍在清朝经略区域之外。

雍正二年（1724）二月，清廷命岳钟琪为奋威将军，进军青海腹地。三月，岳钟琪军队击破罗卜藏丹津叛军，班师凯旋①。随着罗卜藏丹津势力的瓦解，布隆吉尔周边的青海蒙古部众也逐渐逃散或降附。同月，年羹尧奉旨议奏“防守边口八款”，其中涉及沙州的有：

> 一布隆吉尔筑城，原为驻兵，防守疆界。臣请于布隆吉尔，令总兵一员，统兵五千名驻札，分为五营。其游守千把等官，照例增设。沙州离伊孙察罕齐老图之口相近，地方紧要，应分一营官兵驻札。
>
> 一布隆吉尔、沙州民间事务，不可不设文官管理。赤金、靖逆二卫，旧设通判、同知，应留通判一员兼管二卫。另于布隆吉尔增设卫守备一员，沙州增设卫千总一员，令专管种地事务。其靖逆卫同知令移驻布隆吉尔，均属肃州道统辖。
>
> 一肃州总兵官四营，共有兵三千二百名。肃州在口内，布隆吉尔既有大兵驻札。其肃州兵丁于口外分守台站，事件甚少，应将肃州镇标兵拨出一营八百名，归入布隆吉尔。再将柳沟所兵一百名、靖逆卫兵一百名，俱拨入布隆吉尔兵丁数内。靖逆卫设都司一员，赤金卫、柳沟所各设千总

① ［清］年羹尧《奏闻岳钟琪班师折（雍正二年三月二十九日）》，载季永海等翻译点校《年羹尧满汉奏折译编》，第106页。

一员，俱属布隆吉尔总兵管辖。[①]

年羹尧奏折经议政大臣讨论后，报雍正帝御批。由于罗卜藏丹津之乱的平定，关西地区也由战时状态转为和平状态，屯田开发与耕种生产已取代军事备战，成为关西地区的首要事务。有鉴于此，年羹尧首先对原有的兵力布置进行了整编和调整，分布隆吉尔五千军队为五营，并拨出一个营的一千名官兵驻守沙州扼要之地；将柳沟所、靖逆卫官兵归入布隆吉尔进行统一管辖。同时，年羹尧开始筹划布隆吉尔和沙州地区的经营事宜，于是奏请在沙州设立专管屯田事务的卫千总，这一请求也得到了批准。据《雍正朝内阁六科史书·吏科》记载，雍正二年（1724）七月二十五日，年羹尧上奏："请以张允震升布隆吉尔同知……令同知兼辖本卫与柳沟、沙州二所……至沙州城垣甫经修筑，使拨兵驻防之日，请补所千总。"[②]这表明虽然雍正二年（1724）清廷设立沙州所，但沙州所千总并未任命赴职，而是由布隆吉尔同知张允震兼管沙州所。等到沙州新城修建完毕、拨兵驻防之后，再补充沙州所千总上任。雍正三年（1725），原沙州故城受党河水冲刷而坍塌，四月在沙州故城以东新修沙州城。《重修肃州新志·沙州卫志》记载："沙州卫守备一员，初设所千总王（名缺），山西人，雍正三年任。"[③]这一记载与《雍正朝内阁六科史书·吏科》记载相合。也正是由于沙州所千总王某于雍正三年（1725）才补任，因而沙州协副将石之瑛在《开设沙州记》中记载："雍正三年，

---

① 《清世宗实录》卷一七雍正二年三月，北京：中华书局，1985年，第292—293页。［清］傅恒等撰《平定准噶尔方略》卷一三，第245—246页。

② 中国第一历史档案馆编《雍正朝内阁六科史书·吏科》第14册，桂林：广西师范大学出版社，2002年，第93页。

③ ［清］黄文炜撰《重修肃州新志》，第497页。

皇上命设沙州所。”[①]由此可知，雍正二年（1724）年羹尧议设沙州所千总并得到朝廷批准，因此清廷编纂的档案文献均记载雍正二年（1724）设立沙州所。但政策的落地实行相较于奏议都有滞后性，而且在沙州新城既未修建、又无兵丁驻防、更无民户生活的情况下，沙州所实际上无法落地运转。至雍正三年（1725）四月沙州新城修建完毕，沙州所千总王某补充上任后，沙州所才得以正式运转[②]。沙州所成立之后，由驻防兵丁进行的小规模耕种逐渐展开，所千总才有事务可理。如果说黄文炜《重修肃州新志》、常钧《敦煌杂钞》采取了因循《甘肃通志》记载而未加详考的话[③]，那么雍正五年（1727）开始担任沙州协副将的石之瑛，其记载就无前说可循，所处时代又离沙州所、沙州卫的设立时间最近，其本人又为沙州协副将，因此石之瑛的记载更符合实际情况。出现这一差异，主要是由于清廷中央官员和敦煌地方官员各自记载的角度不同。民国时期吕钟在编修《重修敦煌县志》时，并未沿袭旧志之说，而是采纳了《开设沙州记》的记载。该书《沿革说》云：“雍正三年置沙州所于敦煌”，而点校者将“三”改为“元”[④]，说明点校者取《甘肃通志》《重修肃州新志》之说，然而却有违吕钟本意。

2. 沙州卫

雍正三年（1725）七月，岳钟琪接替年羹尧出任川陕总督，关西开发事宜得到更快推进。甫一上任，川陕总督岳钟琪随即奏

---

① ［清］石之瑛《开设沙州记》，载［清］黄文炜撰《重修肃州新志》，第543页。

② 实际上，敦煌县的成立也与之近似，乾隆二十四年（1759）陕甘总督杨应琚奏请改沙州卫为敦煌县并获批准，但直到乾隆二十五年（1760）敦煌县才正式成立。

③ 刘传飞《清代安西卫、沙州卫设置时间考——兼论沙州所建制的有无》，《敦煌研究》2015年第3期，第107页。

④ 吕钟修纂、王渊等校点《重修敦煌县志》卷二《方舆志·沿革说》，第23页。

议安西开垦事宜，他于七月二十八日上奏：

> 窃查肃州口外布隆吉尔地方，驻兵设镇……其间官僚人役，兵丁家口，岁需谷粟甚多。而塞外穷荒，不产粮食。无论一兵，额饷不足赡给妻孥，即倍支饷银，亦无从购买。若由内地挽运，不但竭帑病民，且穷塞转输，万难持久。故欲设兵久驻，首在筹算兵粮。而欲就塞外求粮，又莫过于屯垦。然边荒斥卤，水土异宜。必须遣人先行试垦，择其宜于苗稼之处，然后卜筑城堡，盖造营房，方为详慎。[①]

另据七月十一日安西总兵官孙继宗奏折记载，在安西、沙州进行了耕种，其中“沙州地方下种三百石”[②]，可见规模很小。从岳钟琪奏折内容看，当时布隆吉尔驻军及家属的粮食和饷银尚需从内地转运，代价很大。鉴于此，岳钟琪提出：“故欲设兵久驻，首在筹算兵粮。而欲就塞外求粮，又莫过于屯垦。”这一思路获得了雍正帝的认可。由于布隆吉尔耕种条件较差，岳钟琪将目光放在了更西的沙州一带。他在派员踏勘沙州后，于十月二十三日上奏：

> 今既据口外文武各官以布隆吉尔地方盐卤不毛，屯垦艰难，纷纷禀报。经臣节次奏明，但委员查勘沙州地方，稍宜

① ［清］岳钟琪《奏陈塞外设镇垦田积粮管见等事折（雍正三年七月二十八）》，载张书才主编《雍正朝汉文朱批奏折汇编》第5册，南京：江苏古籍出版社，1991年，第660页。

② ［清］孙继宗《奏报安西屯田原给籽种牛具骡马银两数目折（雍正三年七月十一日）》，载张书才主编《雍正朝汉文朱批奏折汇编》第5册，第512页。

> 禾稼。自布隆吉尔至沙州中间约五百里，水土不一，间有宜稼之处。……若就布隆吉尔至沙州之五百里中，择其水草地土可以耕种者，酌量分驻，既可呼应联络，亦可曲尽地利。[①]

岳钟琪派员对布隆吉尔与沙州之间的耕种条件进行了踏勘，勘得沙州地区耕种条件较好，于是提出了在布隆吉尔及沙州之间进行耕种驻兵的初步设想。

雍正四年（1726），川陕总督岳钟琪巡视沙州。六月初五，岳钟琪奏上篇幅浩大、条分明晰、通盘考虑的《川陕总督岳钟琪等奏陈会勘安西沙州城渠屯垦事务管见折》，向朝廷上报踏勘结果。他建议将总兵镇城移驻于布隆吉尔和沙州之间的杜尔伯津，并在沙州设立沙州协、置副将，同时将沙州兵丁从一千增至一千五。据岳钟琪勘察，“沙州可垦之地约有三十万亩，土既肥饶，气候亦暖。五谷蔬菜，凡内地所有，种之皆产”。可见虽然明中期以后敦煌成为荒芜区，但仍然具有良好的耕种条件。由于当地“无人民开垦，置于荒弃”，非常可惜，于是岳钟琪建议从甘肃所属的六十多个州县卫所中，每处招集40户、共计2400多户移民，前往沙州耕种。[②]为了妥善安置移民，清廷必须在沙州设立机构和官员进行管理。由此岳钟琪正式提出在沙州设立处理移民屯田事务的卫守备一职：

> 再沙州地方辽阔，一经招垦，则粮赋日多，恐千总职

① ［清］岳钟琪《奏请分驻安西镇兵以便屯垦折（雍正三年十月二十三日）》，载张书才主编《雍正朝汉文朱批奏折汇编》第6册，第342页。
② ［清］岳钟琪《奏陈会勘安西沙州城渠屯垦事务管见折（雍正四年六月初五日）》，载张书才主编《雍正朝汉文朱批奏折汇编》第7册，第396、397页。

> 微，不能整饬，应请设卫守备一员，方能管辖人民，办理庶务。再查赤金卫赋轻事简，应改设所千总，亦足料理合无。请将赤金卫现任守备改调沙州卫守备，另选赤金所千总一员。[①]

据雍正《大清会典》中“沙州卫守备一员，雍正四年设”[②]的记载，可知岳钟琪建议很快得到批准，并于当年实施。沙州协副将石之瑛《开设沙州记》记载：“四年，川陕总督岳公巡边，至沙州相度地利，题请改卫，并招甘省无业穷民二千四百户，开垦屯种。”[③]由此可知，雍正四年岳钟琪踏勘沙州后，沙州卫于当年正式设立。

又据上引岳钟琪奏折：“再查赤金卫赋轻事简，应改设所千总，亦足料理合无。请将赤金卫现任守备改调沙州卫守备，另选赤金所千总一员”，可知随着关西经营重心的向西推进，有必要根据情况变化对原有的行政架构和职官配置进行重新调整。岳钟琪的建议是将赤金卫降为赤金所，设立所千总，同时将原赤金卫守备调到沙州，担任新设立的沙州卫首任卫守备。根据《重修肃州新志·沙州卫志》记载，沙州卫首任卫守备为王伟，雍正四年（1726）上任，首任沙州协副将为石之瑛，雍正五年（1727）上任。此后担任沙州协副将的还有周文正、张豹等人[④]。

关于沙州卫辖区范围，《甘肃通志》从东、西、南、北、东

---

① ［清］岳钟琪《奏陈会勘安西沙州城渠屯垦事务管见折（雍正四年六月初五日）》，载张书才主编《雍正朝汉文朱批奏折汇编》第7册，第399页。

② 《大清会典》，台北：文海出版社，1994年，第7564页。

③ ［清］石之瑛《开设沙州记》，载［清］黄文炜撰《重修肃州新志》，第543页。

④ ［清］黄文炜撰《重修肃州新志》，第497—498页。

南、西南、东北、西北八个方位予以记载："治在安西厅西北二百六十里。东至塔儿泉、柳沟卫、踏实堡界一百七十里，西至古营盘四十里接连外境，南至千佛洞三十里，北至青墩硖一百九十里，东南至三危山三十里，西南至沙枣墩三十里，东北至甜水井子安西卫界一百六十里，西北至盐池四十里"[①]。稍后编撰的《重修肃州新志》对沙州卫疆域的记载亦基本相同。

（二）敦煌县的正式设立

随着敦煌社会经济的发展和西域地区形势的变化，沙州卫改设敦煌县已成为必然趋势。沙州卫建立后开始了大规模的移民屯田，至雍正六年（1728）时岳钟琪奏议的2400余户已全部到齐，大大充实了沙州卫人数，扩大了屯田规模。由于移民的大量到来，敦煌社会经济得到快速恢复和发展。在此情况之下，敦煌原有的卫所建置和职官设置已逐渐难以应付当地日益繁冗的民事事务。此外，新到来的移民百姓已经取代原来的屯田兵丁，敦煌地区逐渐从军事屯田阶段转变为正常的社会生产阶段。

更重要的是，随着清廷对西域准噶尔部的平定，包括敦煌在内的关西地区已从边地转变为内地。乾隆二十年（1755）二月，清军兵分两路，北路军出乌里雅苏台，西路军出巴里坤，出征准噶尔。经过多次战斗，乾隆二十二年（1757）七月清军击溃准噶尔首领阿睦尔撒纳部。翌年（1758）二月，清军进军天山南路，力图一举统一西域。至乾隆二十四年（1759）秋，清政府完全统一了西域地区。在此形势下，关西地区已无继续实行卫所建置的必要。[②]乾隆二十四年（1759）七月，陕甘总督杨应琚奏请改卫

① ［清］许容监修《甘肃通志》卷四《疆域》，第60页。

② 王希隆《清代关西五卫述论》，《兰州大学学报（社会科学版）》1992年第3期，第102页。

为县："安西、柳沟、沙州、靖逆、赤金、五卫裁汰。于安西设一府，安西、柳沟二卫改设一县，并驻安西。靖逆、赤金二卫改设一县，驻靖逆。沙州卫改设一县，驻沙州。"[①]杨应琚所奏，旨在将原来的五个卫所裁撤、合并，并改为府县建置。清廷于九月批准施行："改甘肃安西镇为安西府。安西、柳沟二卫为渊泉县，靖逆、赤金二卫为玉门县，沙州卫为敦煌县。从总督杨应琚请也"[②]，并于第二年正式施行。

乾隆二十五年（1760）十月，清廷正式下令调整关西行政建置，敦煌县正式设立，同时规定各区划边界；"新设安西府地方。应仍照五卫原管地界分拨，渊泉县照安西、柳沟二卫旧界，玉门县照靖逆、赤金二卫旧界，敦煌县照沙州卫旧界管辖"[③]。于是，关西地区原有二厅（安西厅、靖逆厅）、四卫（靖逆、安西、柳沟、沙州）、一所（赤金）的行政架构调整为一府（安西府）、三县（渊泉、玉门、敦煌）的行政架构。至乾隆三十九年（1774），清廷再度调整，关西地区形成了安西直隶州及其所属敦煌县、玉门县的行政架构。沙州卫在改为敦煌县后，衙属机构也进行了相应调整。如原沙州卫署改为知县署，原卫千总署改为典史署，原都阃署改为儒学署。沙州卫原有监狱，由新设的府经历兼管。原有驿站，则归敦煌县管理。《敦煌县志》记载："敦煌由卫改知县，由协改参将。民之有县令，兵之有主将。"[④]沙州营除了武职主官参将之外，还设立了沙州营守备、左右哨千总与把总以及黄墩堡把总等武职。关于沙州所、沙州卫以及敦煌县历

① 《清高宗实录》卷五九三乾隆二十四年七月下，北京：中华书局，1983年，第607页。

② 《清高宗实录》卷五九七乾隆二十四年九月，第654页。

③ 《清高宗实录》卷六二二乾隆二十五年十月上，第993页。

④ ［清］苏履吉、曾诚纂修《敦煌县志》卷四《官师志》，第147页。

任文职、武职任职情况，吕钟《重修敦煌县志》作了细致而全面的辑录。[①]可以说，清代乾隆时期敦煌县的设立，对此后的敦煌历史进程与社会发展产生了深远影响。

关于敦煌县所辖疆域范围，道光版《敦煌县志》卷首附有“敦煌疆域总图”（图4-1），卷二“建置志·疆域”对调整后的敦煌县疆域有更详细的记载：

> 治在安西直隶州西南二百七十里，距京师六千四百三十里，距兰州布政司二千四百一十。东至甜水井、安敦界碑一百四十里，西至古瓜州城连接吐尔番交界计程一千九百

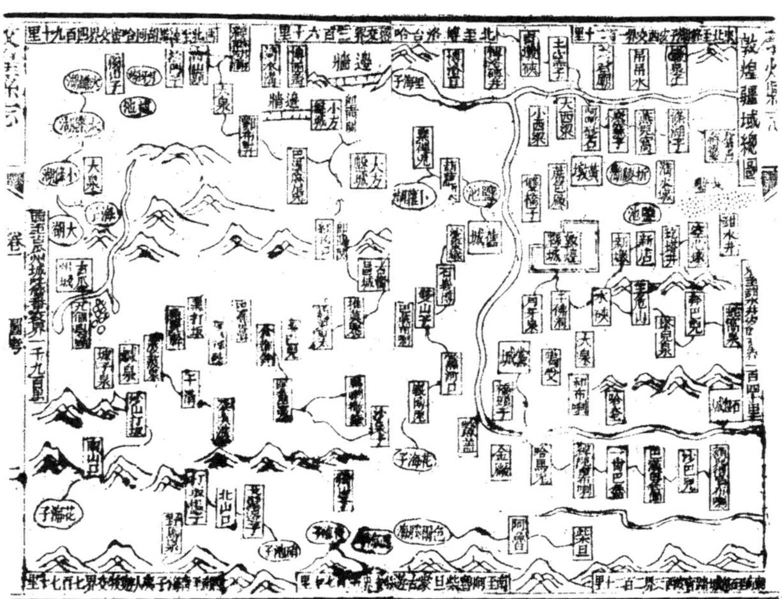

图4-1 敦煌疆域总图
（采自道光版《敦煌县志》）

① 吕钟修纂、王渊等校点《重修敦煌县志》卷九《官司志》，第220—249页。

> 里，南至阿鲁柴旦连接蒙古游牧交界计程五百七十里，北至博罗台接连哈密交界计程三百六十里。东南至塔儿泉、蛇窝泉接连安西踏实交界计程二百二十里，东北至条湖子、龙王庙界墩戈壁接连安西交界计程一百二十里，西南至青海子、硝池子与蒙古游牧交界计程七百七十里，西北至绰诺路通哈密交界计程四百九十里。[①]

随着乾隆时期关西地区行政架构的重新调整及其一府二县的设立，敦煌县辖区面积较过去的沙州卫扩大很多。从1942年吕钟《重修敦煌县志》对敦煌县疆域的记载来看，基本与《敦煌县志》记载接近，变化不大。

---

① ［清］苏履吉、曾诚纂修《敦煌县志》卷二《地理志·疆域》，第95—96页。

第二节 敦煌的城堡修建与移民举措

城堡修建与移民实边，是清代雍正时期经营敦煌的主要举措。城堡修建，为敦煌社会的发展提供了必要的基础设施。而雍正五年（1727）、六年（1728）间向敦煌的大规模移民，则使敦煌人口构成由过去散居游牧的少数民族部众转变为从事耕种的定居民户，同时大量移民的到来也为敦煌社会经济、文化教育等各项事业的恢复和发展奠定了人口基础，具有深远意义。

一、城堡修建

古代城池首先为军事防御设施。《甘肃通志·城池》开宗明义道："城郭沟池，职在掌固。倚山临水，控扼险要。崇墉深池，以固封守。"[①]同时，城池又往往是本地区的政治和军事中心，因此历朝历代都非常重视城池的营建和修缮，以加强对外防守与对内治理。清代的城池主要由城墙、城门、炮台、城内街道等基本设施构成，城内又分布有衙属、庙宇、书院、学校等机构。

---

① ［清］许容监修《甘肃通志》卷七《城池》，第1页。

清代敦煌的城池和墩堡建设始于雍正三年（1725），并随着此后敦煌行政建置的升级和社会经济的发展而不断进行拓建和修缮。黄文炜《重修肃州新志·沙州卫志》对雍正三年至乾隆二年（1725—1737）时期沙州新城与黄墩堡的修建情况有详细记载。常钧《敦煌杂钞》、苏履吉《敦煌县志》以及吕钟《重修敦煌县志》分别对乾隆三年至乾隆七年（1738—1742）、乾隆八年至道光十一年（1743—1831）以及道光十二年至宣统三年（1832—1911）敦煌的城池修建情况有所反映。

敦煌原有的沙州故城位于党河以西，也是明代沙州卫、罕东左卫卫治所在。由于党河水冲刷导致城墙出现坍塌，雍正二年（1724）清廷议设沙州所后，即于雍正三年（1725）在沙州旧城以东、党河东岸建设沙州新城。据《重修肃州新志·沙州卫志》记载，沙州新城由原任临洮知府、山西人白讷负责督建，而吏部郎中马尔泰、光禄少卿汪漋具体负责督建官署、兵房事宜。[①]又据甘肃巡抚石文焯奏折记载，“臣饬委汉兴道尤玟、甘山道冯敬玉在沙州估计城工事宜”[②]，可知两人也参与了沙州新城及房屋的修建。莫高窟清代游人题记对沙州新城的修建情况有所反映，第148窟游人题记记载：

> 陕西甘肃提标前营游击署安西镇标中军/游击兼管中营事承袭拖沙喇哈番加/一级河东卫维康/带领官兵于/雍正叁年四月/十二日防护沙/州城工，五月十六日事竣回/镇，在此瞻仰/佛像。[③]

① ［清］黄文炜撰《重修肃州新志》，第498页。

② ［清］石文焯《奏报前赴沙州垦地居民户口数目折（雍正五年闰三月初八日）》，载张书才主编《雍正朝汉文朱批奏折汇编》第9册，第396页。

③ 敦煌研究院编《敦煌莫高窟供养人题记》，第71—72页。

拖沙喇哈番为满语，即外所千总一职。《重修肃州新志》对卫维康有所记载："镇标中营游击一员。卫维康，字世候，陕西翼城人，雍正四年仍晋任"，另一处记载为："沙州协副将一员，原系安西镇标后营。雍正五年改设。卫维康，翼城人，雍正八年任。"[①]雍正三年（1725）的四月十二日至五月十六日间，来自安西镇标中营的游击卫维康带领官兵协防沙州修城事宜。莫高窟第427窟也有一则与雍正三年（1725）修建沙州新城相关的游人题记：

> 雍正叁年甘州宁夏人三十七名五月十六日□做沙州房伍百简，立起工完/陈法□[②]

可知来自甘州和宁夏地区的37名工人在沙州新城修建房屋多达百间。关于沙州新城的完工时间，据安西总兵孙继宗于雍正三年（1725）七月十一日奏折中记载："再查沙州城垣营房，于叁年伍月内完工"[③]，而上述两条游人题记则具体记载完工于雍正三年（1725）五月十六日。

根据《甘肃通志》记载，新修沙州卫城的规模为"周三里三分，高一丈九尺"[④]。这一规模大于靖逆卫和赤金卫，但小于安西卫和柳沟卫。《重修肃州新志·沙州卫志》对沙州卫城的规模和形制有详细的记载，可知沙州卫城开建有东、西、南三门，并

---

① ［清］黄文炜撰《重修肃州新志》，第454、497—498页。

② 敦煌研究院编《敦煌莫高窟供养人题记》，第160页。

③ ［清］孙继宗《奏报估修安西沙州城垣、兵房、匠作人夫银两数目折（雍正三年七月十一日）》，载张书才主编《雍正朝汉文朱批奏折汇编》第5册，第507页。

④ ［清］许容监修《甘肃通志》卷七《城池》，第25页。

有腰楼八座、角楼四座。同时，还在卫城外修筑有瓮城三座，作为拱卫城门的外围防护设施。雍正九年（1731），沙州卫守备赵在熊率领军民修筑12座炮台，加强了沙州卫城的防御能力。此外，雍正三年（1725）起沙州卫城内相继修建了一些衙署机构，如雍正三年（1725）修建参将署、守备署、把总署、左哨千总署、右哨千总署，雍正五年（1727）修建东仓、西仓、南仓，雍正六年（1728）修建沙州卫署和卫千总署。雍正三年至八年（1725—1730），还修建了万寿宫、关帝庙、城隍庙、大佛寺、西云观、八蜡庙、马神庙等祠庙。沙州卫城修建后，光禄少卿汪漋还特意作《城工告成》诗四首，对沙州建城时的场景以及建成后的景象有所描述：

> 塞垣坚筑势隆崇，造作纷纭督百工。事倚群曹分效职，期谕一载告成功。云峦翠列层楼外，城郭烟环四望中。……牙旗幕府建高标，稚堞光腾绝域遥。屋宇环连排绣壤，楼台耸出逼丹霄。①

乾隆二十五年（1760），敦煌县正式成立。随着行政机构的扩容，敦煌县城内又重修或新修了一些机构设施，如衙属、书院等。据《敦煌县志》记载，原沙州卫署改为敦煌县知县署。乾隆五十七年（1792）和道光六年（1826），时任知县彭以懋和苏履吉又分别进行了重建。儒学署由原武职机构的都阃署改置而来，道光六年（1826）儒学孙殿选又进行了重建。典史署也由原卫千总署改设而来，嘉庆十七年（1812）和道光六年（1826），时任典史的翁元钧和吴逸群进行了重修。乾隆五十七年（1792）时，又新建了鸣沙书院，从事文教活动。此外，内城还有文庙等机

① ［清］黄文炜撰《重修肃州新志》，第554页。

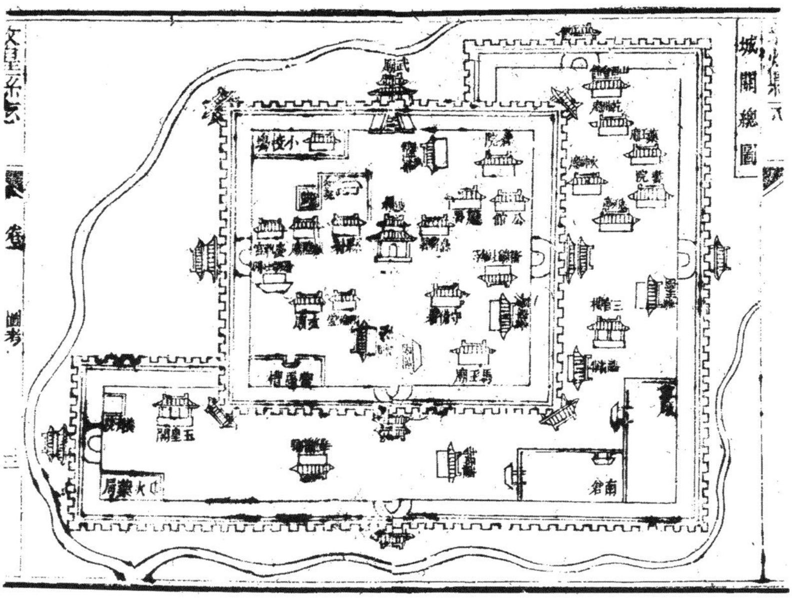

图4–2 敦煌城关总图
（采自道光版《敦煌县志》）

构。从上述布局来看，沙州卫城（即内城）主要以“祠庙、衙署、仓库、兵房”[①]为主（图4–2），并且至清末时期基本没有出现大的变化[②]。

沙州卫外城围墙初建于雍正七年（1729）。据是年六月初六日甘肃巡抚许容奏报：“沙州三面并无关卫，往往牲口夜间走失，孩童间被狼伤，关厢围墙必不可少”[③]，因此组织全部2400

① [清] 常钧《敦煌随笔》卷上《沙州》，北京：禹贡学会印本，1937年；又见《中国西北文献丛书》第98册《敦煌随笔》，第382页。

② [清] 升允监修、安维峻纂《甘肃全省新通志》卷一五《建置志·官廨》，载《中国西北文献丛书》第23册，第701页。

③ [清] 许容《奏报沙州户民聚众殴毙乡约缘由并饬司严提首犯审拟等事折（雍正七年六月初六日）》，载张书才主编《雍正朝汉文朱批奏折汇编》第15册，第479页。

户移民于五月初九日开工，分三班轮流上工修建。由于正值农闲时候，又“人众工少”，故而很快修筑完毕。常钧《敦煌杂钞》记载了外城围墙的情况：“仅容衙署兵房，并无余地，民居皆在城外，自筑护墙以为凭依。”①但雍正七年（1729）修建的围墙未过多久，即出现了剥落坍塌的情况。徐松《西域水道记》记载：“雍正十一年（1733）六月十九夜，山水骤发，决永丰渠口，坏民农舍，即此渠也。”②此次党河洪水暴发并决永丰渠而出，应是导致沙州外城护墙出现剥落坍塌的重要原因。同时，随着敦煌人口数量的不断增长，至乾隆时期外城已“户口滋息，商民杂遝”，拥挤不堪。因此将原来护墙全部拆除，并从卫城东面和南面重新修建外城，并修建四座城门，分别为东门通安门，南门时阜门，西门广阔门，北门归极门，工程于乾隆七年（1742）完工。东门后改名为“迎恩门”，南门后改名为“靖远门”，1907年斯坦因在敦煌考察途中曾拍摄了迎恩门内牌坊以及靖远门的照片（图4-3、图4-4）。外城的门台、角墩，“虽尺度减于卫城，而严翼整焕，足资捍御”③，大幅度提高了对内城安全的保卫作用。道光版《敦煌县志》记载外城的规模：“郭城一座，包罗县城东南北三面，周围五里五分零，长一千丈，根宽五尺，顶宽二尺，高二丈。”④外城除了起到保卫内城的作用之外，也是主要的居民生活区。雍正五年（1727）移民到来后，“砍木托坯”，

① ［清］常钧撰《敦煌杂钞》卷上《沙州卫》，北京：禹贡学会印本，1937年；又见《中国西北文献丛书》第98册《敦煌杂钞》，第329页。

② ［清］徐松著、朱玉麒整理《西域水道记》卷三《哈喇淖尔所受水》，第161页。

③ ［清］常钧《敦煌随笔》卷上《沙州》，北京：禹贡学会印本，1937年。又见《中国西北文献丛书》第98册《敦煌随笔》，第382页。

④ ［清］苏履吉、曾诚纂修《敦煌县志》卷三《建置志·城池》，第129页。

图4-3 敦煌县城东门“迎恩门”内牌坊（1907年斯坦因拍摄）
（采自《敦煌旧影：晚清民国老照片》）

图4-4 敦煌县城南门“靖远门”（1907年斯坦因拍摄）
（采自《敦煌旧影：晚清民国老照片》）

在外城建造房屋居住。至乾隆初年，商贾百姓杂处，已相当拥挤。此外，佛教、道教以及民间信仰的庙宇也大多位于外城。

黄墩堡。雍正五年（1727），清政府还在沙州卫城北63里修建了具有军事防御性质的黄墩堡，以从北边拱卫沙州安全。其规模为“周围二里四分，计长四百三十二丈”[①]，面积较沙州卫城略小。黄墩堡开设有东门和西门，并有东西城楼两座、瓮城楼两座、腰楼两座。《重修肃州新志》《敦煌县志》等对黄墩堡记载不多。光禄少卿汪潒作有《黄墩堡》诗一首，对黄墩堡的形胜和地位有生动描述：

> 郊原四望尽平畴，壁垒新增耸雉楼。浩淼河源来党水，嶙峋山色见沙州。
>
> 营开甲帐风清昼，戍靖烽烟月照秋。五堡边疆推险隘，伊吾北去是咽喉。[②]

由上述诗句可知，黄墩堡周围地势平坦。党河水经过敦煌绿洲的六隅四乡之后，流经黄墩堡而过。黄墩堡从北部控守沙州与哈密之间的咽喉道路，具有重要的军事作用。

二、移民举措

移民是清朝经营敦煌的主要举措，也是敦煌社会、经济、文化恢复和发展的先决条件。明代由于罕东左卫部众全部内迁，敦煌成了吐鲁番的耕牧区域。直至康熙五十四年（1715），清朝才开始逐步经营关西地区。但最初进入关西地区的主要为驻扎兵

---

① ［清］黄文炜撰《重修肃州新志》，第481页。

② ［清］黄文炜撰《重修肃州新志》，第556页。

丁，并只是在肃州以西邻近的西吉木、达里图、布隆吉尔等地进行小规模的开垦耕种。随着清朝经营关西的逐步推进，民户数量严重不足的弊端日益凸显出来。清政府为长远计，于雍正时期向敦煌进行了大规模移民。移民的到来，奠定了有清一代乃至近现代敦煌的人口基础，意义重大。

（一）移民过程与移民人数

清代向敦煌的大规模移民，与该地区的屯田开发紧密相关。清朝首先在嘉峪关以西较近的西吉木、达里图、布隆吉尔等地驻扎兵丁，并进行小规模的屯田。但由于布隆吉尔地区系“沙土之地”，耕种条件不佳，粮食产量较低，因此靖逆将军富宁安将目光投向了位置更西而耕种条件也更好的沙州地区。但由于雍正元年（1723）青海罗卜藏丹津叛乱的爆发，清朝屯田仍止步于布隆吉尔地区。雍正二年（1724）平乱之后，清廷议设所千总至沙州管理民事，并于三年上任。至此，敦煌地区的屯田事宜才开始提上日程。

雍正三年（1725）下半年，川陕总督岳钟琪多次派人前往沙州踏勘耕种条件。雍正四年（1726）初，岳钟琪亲自前往沙州踏勘，查得沙州共有30多万亩田地可以耕种，“土既肥沃，气候亦暖”，具有较好的耕种条件。但当时沙州当地并没有民户进行开垦，既有的兵丁人数又太少，且“素不习农”，以致大量土地闲置荒芜。岳钟琪深感可惜，在经过缜密思考后向朝廷提出移民屯田之策：

> 现在沙州之地，除酌留五万余亩，仍查兵之有余丁者，方准拨给耕种外，如耕种不完，应与所余剩之二十四万余亩，尽行招民开垦，方充有济，计招民一户给地一百亩，

> 共应招二千四百户。[1]

岳钟琪首先对土地数量进行了查验，并据此估算需要向敦煌移民2400余户。同时对移民的保障措施进行了周全设计："每户给牛二只，农具一副，籽种六石，修盖住房，银三两。应先饬其本籍，地方官给与搬家车价盘费。俱令明岁二月之初，来到沙州，趁时播种。"[2]至于移民的选择，岳钟琪认为有两点应当注意：第一，就近移民，如果从太远的地方移民，很可能会出现"携老挈幼，惮于跋涉，观望不前"的情况，影响移民效果，增加移民所需费用；第二，要选择熟悉耕种的可靠民户，以免移民中出现游手好闲之徒。于是他提出：

> 臣等愚见，以为莫若按甘肃新旧八府属内，将现在有丁无地及年荒失业之穷苦农民，令各州、县、卫所，每一处各查出三四五六十户不等，按照道路远近，眷口多寡，动用正项钱粮给予车价盘费，务于今年冬底，合计各处招足二千四百户，陆续发往，于明年二月之初，齐到沙州，方为有益。查甘肃八府属共计六十余州县卫所，每一处约招民四十户，共可招二千四百余户。倘或招不足数，及有再多之处，俟临时另议。[3]

从甘肃各府县招集移民，符合就近的原则。同时，选择无地失业

---

① ［清］岳钟琪《会勘安西、沙州城渠屯垦事务管件折（雍正三年六月初五日）》，载张书才主编《雍正朝汉文朱批奏折汇编》第7册，第397页。

② ［清］岳钟琪《会勘安西、沙州城渠屯垦事务管件折（雍正三年六月初五日）》，载张书才主编《雍正朝汉文朱批奏折汇编》第7册，第397页。

③ ［清］岳钟琪《会勘安西、沙州城渠屯垦事务管件折（雍正三年六月初五日）》，载张书才主编《雍正朝汉文朱批奏折汇编》第7册，第397页。

的贫苦农民，既能解决当地人多地少的社会矛盾，又能充分发挥他们的农耕技术，还能最大限度地开发沙州的富饶耕地，可谓一举多得。根据计划，从甘肃八府60个州县卫所中每处招集40户移民，总数正好为2400户。同时，计划雍正四年（1726）冬各地完成移民招集工作，遣发沙州，并于翌年二月到齐。

但移民事宜牵扯到各地方的协调、组织等方方面面的工作，因此出现迟滞在所难免。但影响移民进度的主要因素还是费用问题，据岳钟琪于十一月二十一日奏折中核算，移民所需的路费、安置等各种花销开支共计15万两白银，可见移民耗费之巨。虽然岳钟琪“已遍示晓谕，令招往民人静候，料理起身”，但由于银两问题尚未得到完全解决，因此最终未能按照计划在当年冬天招集完毕。十二月二十八日，岳钟琪奉旨前往四川，沙州招民事宜交由甘肃巡抚石文焯办理。石文焯领事后，“屡次饬催，不遗余力”，根据各地上报，已经招集1558户移民，占原计划的十分之七。难能可贵的是，石文焯等官员考虑到各地据沙州路途遥远，天气寒冷，移民中又有妇女和孩童，因此他与陕西督抚等官员共募捐一千余件皮衣，以备移民御寒①，体现了移民过程中的人性化色彩。据石文焯于雍正五年（1727）二月所上奏折：“今据各属陆续呈报，已经招就壹仟伍佰伍拾捌户，较之督臣岳钟琪原题之数，将及拾分之柒。”②而到了三月，据石文焯所上《奏报前赴沙州垦地居民户口数目折》，各地已招集2148户移民，其中已

①［清］石文焯《奏报各属招往沙州民户数目折（雍正五年二月二十二日）》，载张书才主编《雍正朝汉文朱批奏折汇编》第9册，第143页。
②［清］石文焯《奏报各属招往沙州民户数目折（雍正五年二月二十二日）》，载张书才主编《雍正朝汉文朱批奏折汇编》第9册，第143页。

经上报启程日期的有1649户，还没有上报启程日期的有499户。[①]但石文绰在巡视沙州后发现当地水渠尚没有开建，此时即便移民到来也无法耕种，而到八月以后又停发口粮，届时移民就会出现粮食供应不足的问题。因此他建议各地推迟遣发移民，待沙州水渠建成后，于雍正六年（1728）再遣发移民前往沙州。由于一部分移民已经在前往沙州的路上，“势难追回”，因此巡抚石文绰下令其余移民暂停遣发，而已经启程的移民，则饬令汉兴道尤玟、甘山道冯敬玉负责城工建设及安置事宜。

安西总兵官潘之善在雍正五年（1727）九月初六日所上奏折中对移民过程有所记载，可知第一拨移民于雍正五年（1727）三月至四月间陆续到来，计有730户；第二拨移民于六月初一日陆续到来，计有544户。但由于当时“天气暑热，蚊蠓肆毒，原带牲口多有损伤”，移民又出现了水土不服的问题，难以按期到达沙州，因此被安置在了安西兵房暂住。第三拨到来的149户移民，由于安西兵房也不够住，因此暂时安置在柳沟卫，等到沙州新房建好后，再前往沙州。[②]这三拨移民共计1423户。又据岳钟琪雍正六年（1728）九月初九日所上《奏报安西沙州屯垦收获分数及植产种类情形折》记载，雍正五年（1727）入冬后，剩余的近1000户移民已经招集完成，但由于天气寒冷而未出发，雍正六年（1728）开春时又因错过耕种时间，故而仍未遣发往沙州。[③]因

① ［清］石文绰《奏报前赴沙州垦地居民户口数目折（雍正五年闰三月初八日）》，载张书才主编《雍正朝汉文朱批奏折汇编》第9册，第396页。又载［清］雍正帝批，允禄、鄂尔泰等编《朱批谕旨》第11册《朱批石文绰奏折》，武英殿刻本，雍正五年闰三月初八日。

② ［清］雍正帝批，允禄、鄂尔泰等编《朱批谕旨》第22册《朱批潘之善奏折》，雍正五年九月初六日。

③ ［清］石文绰《奏报安西沙州屯垦收获分数及植产种类情形折（雍正六年九月初九日）》，载张书才主编《雍正朝汉文朱批奏折汇编》第13册，第418页。

此，雍正六年（1728）时除了已经到达的1423户移民自行耕种外，其余耕地令汉兴道尤玫雇人先行代为耕种，工人工价则从收获中扣除。由此可知，剩余的近1000户移民应在雍正六年（1728）九月初九日以后才陆续到达沙州。陕西总督查郎阿于雍正七年（1729）十二月十六日所上奏折中奏报："招往安西、沙州屯垦民户今年到齐，统计共有二千四百零五户"①，但在雍正八年（1730）二月二十八日所上的《奏请准沙州招垦民户展限升科折》又称"查招往民户二千四百五户，自雍正五年至雍正六年陆续全到沙州"②，互有出入。学者认为这主要是由于对移民全到沙州的认定标准存在差异，绝大多数移民于雍正六年（1728）到达沙州，而最后一拨移民于雍正七年（1729）的一、二月间或二、三月间到达沙州。③需要补充的是，据上引岳钟琪奏折，雍正六年（1728）九月初九日时剩余的近1000户移民仍未到达沙州，因此其中的大部分应于雍正六年（1728）十月以后到达。又据甘肃巡抚许容在雍正七年（1729）六月初六日奏折中记载，由于沙州卫当时没有建造外城围墙，导致出现了夜间牲口走失和孩童被狼所伤的情况，因此召集全部2400户做工，"每户止做工九日，即可告峻（竣）"④，可知最后一小拨移民最晚于雍正七年（1729）六月初六日之前到达。考虑移民通常要赶在三月春耕前

---

① ［清］查郎阿《奏覆沙州民户余谷无庸籴买并查贮岳钟琪原买余剩麦石折（雍正八年四月二十八日）》，载张书才主编《雍正朝汉文朱批奏折汇编》第18册，第576页。又见［清］石之瑛《开设沙州记》，载［清］黄文炜撰《重修肃州新志》，第543页。

② ［清］查郎阿《奏请准沙州招垦民户展限升科折（雍正八年二月二十八日）》，载张书才主编《雍正朝汉文朱批奏折汇编》第18册，第52页。

③ 路伟东《清代陕甘人口研究》，复旦大学博士论文，2008年，第75页。

④ ［清］许容《奏报沙州户民聚众殴毙乡约缘由并饬司严提首犯审拟等事折》，载张书才主编《雍正朝汉文朱批奏折汇编》第15册，第480页。

到达，因此最后的近1000户移民应在雍正六年（1728）十月至雍正七年（1729）二月间全部到达。概而言之，雍正移民大体分四批迁至沙州，首批730户移民于雍正五年（1727）三月至四月间抵达；第二批544户移民于六月初一日后陆续到达，但因天气炎热、水土不服暂时安置于安西兵房居住，稍后到达沙州；第三批149户移民在第二批之后到达，未载具体时间，但相隔时间不长，由于安西兵房不够，暂时安置在柳沟卫，稍后到达沙州；最后一拨近1000户移民，于雍正六年（1728）十月至雍正七年（1729）二月间到达。此次移民户数，原计划共为2400户，实际移民2405户。按照每户5人计算，则移民人数可达12000余人；如果以每户4人计算，则移民人数为9620人。综上，雍正时期移民敦煌的人数应在10000人至12000人左右，上下略有浮动。

（二）移民在敦煌的安置情况

清廷对此次移民非常重视，不仅给移民“特发帑金，给沿途口粮、皮衣、盘费”，而且到了敦煌后又借给移民牛骡、农具、籽种和口粮，并提供“房价”和耕地。移民事宜由陕甘总督岳钟琪、甘肃巡抚石文绰等官员总揽，而在沙州的具体安置工作则由地方官员负责。据安西总兵官潘之善所上奏折，他曾负责安西、沙州的房屋修建与移民安置。此外，吏部郎中马尔泰、光禄少卿汪漋、汉兴道尤玟①、甘山道冯敬玉②、安西总兵孙继宗③以及沙

①［清］黄文炜撰《重修肃州新志》，第498页。

②［清］石文绰《奏报前赴沙州垦地居民户口数目折（雍正五年闰三月初八日）》，载张书才主编《雍正朝汉文朱批奏折汇编》第9册，第396页。又载［清］雍正帝批，允禄、鄂尔泰主编《朱批谕旨》第11册《朱批石文绰奏折》，雍正五年闰三月初八日。

③［清］孙继宗《奏报估修安西沙州城垣、兵房、匠作人夫银两数目折（雍正三年七月十一日）》，载张书才主编《雍正朝汉文朱批奏折汇编》第5册，第506—511页。

州卫当地官员也都各司其职，参与了移民安置工作。《肃州新志·沙州卫志》之“水利”以及安西总兵官潘之善等奏折资料，对移民的具体安置有较为详细的记载：

第一，修建房屋，以备移民居住。修建房屋采取了政府出资、移民出力的方式。在此前预算的15万两移民安置费用中，包括了建造房屋的“房价”。据潘之善奏折记载第一拨730户移民刚到达时，暂时安置于兵房居住，但由于兵房数量不够，因此又搭建临时帐房。同时，“已到沙州者，砍木托坯，盖造房屋”，即给予每户“房价银”三两，并组织先到移民修建房屋[①]。《重修肃州新志·沙州卫志》具体记载道：“户民到沙，未有房屋，不便露处，先为借给空闲营房，令其暂住，随即按户发给房价银三两，并行令地方官与城外每户给隙地二分四厘，各盖房二间。”[②]由于移民来自不同州县，为了便于管理以及分工修建房屋，以其原籍为单位对移民进行了分编。同时，以10户为1组，设立1名甲长管理施工。这10户中，又以5户负责砍伐树木，另外5户负责夯打土坯，“通力合作，共相建盖”。由于采取了上述按户编组、工活分摊、相互合作的方式，因而建房事宜也得以顺利完成。这些移民最初安置于卫城外的东、南、北面，由于当时没有修建外城的围墙，导致出现了夜间牲口走失和孩童被狼所伤的事件，于是又修建了外城围墙。据《重修肃州新志·沙州卫志》记载：“今自城南，以至城东、城北三面环绕，户接家连，洵称凑集”[③]，沙州卫移民的居住空间和城市布局格局初步形成。

① ［清］石文焯《奏报前赴沙州垦地居民户口数目折（雍正五年闰三月初八日）》，载张书才主编《雍正朝汉文朱批奏折汇编》第9册，第396页。又载［清］雍正帝批，允禄、鄂尔泰主编《朱批谕旨》第11册《朱批石文焯奏折》，雍正五年闰三月初八日。

② ［清］黄文炜撰《重修肃州新志》，第491页。

③ ［清］黄文炜撰《重修肃州新志》，第491页。

第二，设立乡—农—坊—甲制度，管理和整饬移民生产生活。移民在沙州外城安置妥当后，土地分配工作随即展开。由于移民来自甘肃各个州县，语言文化、生活习俗均存在较大差异，因此有必要按照州县原籍分别安置居住区域，并分配相应的耕种区域。同时，将敦煌四周的耕种区域划为“六隅”，即东北、中北、西北、东南、中南、西南六个方位。学者认为，坊的上面根据各坊在城关的方位，划分为东北、中北、西北、东南、中南、西南六个大的区域，称之为隅，“隅的划分则以移民实际居住地为标准”①。但此理解恐不确。《重修肃州新志》记载：“丈定亩数，按照六隅编列字号，传集乡约、农长，将应给各隅之地，令其阄分”；又载：“户民到沙，系各处招徕，人口众多。当兹屯耕初兴，若不分别稽查，恐难经管约束，用是分为西南、中南、东南、东北、中北、西北六隅”②。《敦煌县志》记载：“东南隅田五百三十分，……分配户民十三坊”；又载：“中南隅田三百一分五厘，……配户民六坊”③。由此可知，“六隅”并非对坊在城内的方位划分，而是对沙州卫城周边耕种区域的方位划分，其划分对象是周边垦区。由于移民之初各个坊分布于沙州外城，而外城位于内城以东、以北、以南，因此实际上并无法按照东北、中北、西北、东南、中南、西南六个方向在外城内划分坊的方位。总之，由于移民来自甘肃各个州县，将移民安置于城内居住，是为生活区“坊”的划分；而组织于城外耕种，是为耕种区“隅”的划分。在移民从卫城向对应的六隅垦区迁居后，作为生活区的坊与作为耕种区的隅才真正结合起来，大大方便了农民上地干活，因此又有“六隅四乡”这样的提法。《敦煌县志》

① 路伟东《清代陕甘人口研究》，第81页。

②［清］黄文炜撰《重修肃州新志》，第491、492页。

③［清］苏履吉、曾诚纂修《敦煌县志》卷二《地理志·田赋》，第106—111页。

对沙州卫时期各隅分布的田数以及相应的坊数、户数、乡—农—坊—甲的职设有详细记载[①]，兹据其记载制表如下：

表4–1 清代敦煌各坊名称、职设、民户数量及分布表

六隅	坊数	坊名(户民来源地之今名)	职设	田数/户数
东南隅	13	靖远坊(今甘肃靖远县)、真宁坊(今甘肃正宁县)、西和坊(今甘肃西和县)、宁州坊（今甘肃宁县)、渭源坊(今甘肃渭源县)、兰卫坊、兰州坊、兰厅坊(今甘肃兰州市)、肃州坊(今甘肃酒泉市)、秦州坊(今甘肃天水市)、合水坊(今甘肃合水县)、环县坊(今甘肃环县)、漳县坊(今甘肃漳县)	每隅设立农长1名,乡约1名 每坊设立坊长1名,每10户设甲长1名	530分/530户
中南隅	5	武威坊(今甘肃武威市)、河州坊(今甘肃临夏市)、山丹坊(今甘肃山丹县)、西宁坊(今青海西宁市)、碾伯坊(今青海乐都区)	同上	301分5厘/301.5户
西南隅	7	平番坊(今甘肃永登县)、肃州坊(今甘肃酒泉市)、高台坊(今甘肃高台县)、永昌坊(今甘肃永昌县)、张掖坊(今甘肃张掖市)、河州坊（今甘肃临夏市)、镇番坊(今甘肃民勤县)	同上	361分5厘/361.5户
东北隅	6	岷州坊(今甘肃岷县)、伏羌坊(今甘肃甘谷县)、洮州坊(今甘肃临洮县)、金县坊(今甘肃榆中县)、礼县坊(今甘肃礼县)、安化坊(今甘肃庆阳市)	同上	288分/288户

① [清] 苏履吉、曾诚纂修《敦煌县志》卷二《地理志·田赋》，第106—115页。

续表

六隅	坊数	坊名(户民来源地之今名)	职设	田数/户数
中北隅	13	陇西坊(今甘肃陇西县)、阶州坊(今甘肃武都区)、通渭坊(今甘肃通渭县)、静宁坊(今甘肃静宁县)、清水坊(今甘肃清水县)、华亭坊(今甘肃华亭市)、成县坊(今甘肃成县)、西固坊(今甘肃舟曲县)、庄浪坊(今甘肃庄浪县)、宁远县(今甘肃武山县)、秦安坊(今甘肃秦安县)、固原坊(今宁夏固原市)、盐茶坊(今宁夏海原县)	同上	511 分 5 厘/511.5 户
西北隅	12	狄道坊(今甘肃临洮县)、平凉坊(今甘肃平凉市)、镇原坊(今甘肃镇原县)、灵台坊(今甘肃灵台县)、隆德坊(今宁夏隆德县)、会宁坊(今甘肃会宁县)、徽州坊(今甘肃徽县)、两当坊(今甘肃两当县)、安定坊(今甘肃安定区)、文县坊(今甘肃文县)、崇信坊(今甘肃崇信县)、泾州坊(今甘肃泾川县)	同上	455 分 5 厘/455.5 户

《敦煌县志》记载："六隅共户二千四百四十八户。自雍正三年迁内地五十六州县无业贫民至敦煌，每人开田一分，以一分

为一户”[①]，各隅田数2448分，正好与2448户的户数一致。也正是因为以隅划分四周耕地，以坊划分城内民户，因此在乡—农—坊—甲制度下，“按隅设立乡约一名、农长一名，每一州、县设立坊长一名，每十户设立甲长一名，各司其事。如耕耘、灌溉、播种、收成，专以责之”[②]。每一隅设立1名乡约，1名农长，则六隅共有6名乡约和6名农长。农长负责“考课勤惰，化导愚顽”，即专门负责农事、工事考勤，督促和教导户民勤于农事，安分守己。乡约负责“稽查匪类、酗酒、赌博、不许私自他住”等治安事务，避免因为不良风气影响到正常的生产生活。每一隅的耕地分属于若干个坊，每坊设立坊长一名，依据上表，则东南、中南、西南、东北、中北、西北六隅下分别设立13名、5名、7名、6名、13名、12名坊长，各坊下又以10户设立1名甲长。坊长负责组织各坊的农业生产相关事务，如负责稽查各户，禁止浪费粮食，督促畜养牛骡、平整耕地等。甲长亦负责对所管10户进行考课。在乡—农—坊—甲制度设立不久，沙州卫发生了移民殴打致死乡约舒日新的严重治安事件。雍正七年（1729）五月初九，由于田苗还没有灌溉，而沙州卫官员又催促民户修建卫城围墙，导致三百至五百多人“各执短棍，拥挤东门喊叫”，并将乡约舒日新殴打致死。[③]这表明由于移民到达敦煌后时间较短，加之乡—农—坊—甲制度设立未久，因而其制度运作还处在

① ［清］苏履吉、曾诚纂修《敦煌县志》卷二《地理志·田赋》，第111—112页。按：路伟东认为《敦煌县志》记载的“五十六州县”有误，认为实际的迁出地应为55处。见路伟东《清代陕甘人口研究》，第82—83页。

② ［清］黄文炜撰《重修肃州新志》，第492页。

③ ［清］许容《奏报沙州户民聚众殴毙乡约缘由并饬司严提首犯审拟等事折（雍正七年六月初六日）》，载张书才主编《雍正朝汉文朱批奏折汇编》第15册，第479页。

磨合阶段。尽管如此，乡—农—坊—甲制度的设立，对在较短时期内将移民安置妥当并迅速投入正常的生产生活，仍起到了非常重要的作用。

由于移民最初是按照原籍分编于各坊，并在外城居住，而所分配田地却分布于周边六隅的垦区，因此生活区与耕种区相距甚远，致使耕种非常不便。常钧《敦煌随笔》记载：

> 其户民田地，俱在沙州东西北三面，离城五六七八十里不等。春耕伊始，挈眷赴田，夏耘秋收。妇子散处原野，结茅而居。浇毕冬水，搬回城内。终岁勤苦，略无宁息。①

这一记载真切地反映了农户上地耕种的艰辛不易，也表明在乾隆四年至五年（1739—1740）常钧巡视沙州时，当地农户仍然居住在外城。但由于田地分布在沙州卫城以东、以北及以西50里至80里的六隅，距离非常远，因而在春耕时节，百姓不得不携家带口前往田地播种耕耘，并修建茅屋暂时居住，等到一年农活忙完后再搬回城内居住。这种耕种区与生活区相距过远的情况，使得农户异常艰辛，由此户田结合也就成为必然趋势。此外，随着敦煌人口数量的增加，本来就不大的外城已无法容纳越来越多的人口居住。至乾隆五年（1740）时，沙州卫城已是“户口滋繁，商民杂遝”②。在此背景下，沙州卫城“人口开始由城关向四乡扩散，当农户季节性的城乡往返逐渐被乡间永久性的居所取代，最

① ［清］常钧《敦煌随笔》卷上《沙州》，北京：禹贡学会印本，1937年。又见《中国西北文献丛书》第98册《敦煌随笔》，第382页。

② ［清］常钧撰《敦煌杂钞》卷上《沙州卫》，北京：禹贡学会印本，1937年。又见《中国西北文献丛书》第98册《敦煌杂钞》，第329页。

初的居住格局被打破"①。至于沙州卫城各坊居民向六隅四乡迁居的时间和过程，史志中并无明确和详细的记载，应是逐渐完成的，其时间当在乾隆前期。由于各坊农户逐渐脱离原外城居住区，并向六隅的所属田地迁移，因此作为生活区的坊与作为耕种区的隅真正结合起来。在城内各坊向六隅田地迁居时，原来的一个坊又被水渠分为好几个坊，同时后来新修的水渠又将坊再度析置，由此六隅四乡的坊较原来卫城内的坊，其名称、数量又有了新的变化。据《敦煌县志》记载："共十渠，所浇各坊田地与六隅分配各坊户民不同，有一坊而析为东西上下中。"②由此可见，原有的坊名虽然保持不变，但前面冠以"东、西、上、下、中"以及"新、旧"。前者是水渠天然分隔而设立的坊，后者则是人口增加而析置的坊。如河州坊又被划分为西河州坊、中河州坊等，洮州坊划分为新洮州坊和旧洮州坊等。《重修敦煌县志》记载了调整之后敦煌人口的分布格局："四乡别无市集，以其居民皆在临城四五十里内也。"③总体来看，来自陇东、陇南各州县的移民依其田地居住于党河以东，来自甘州、凉州、肃州等河西州县的移民依其田地居住在党河以西。④由此，敦煌县城及其周边六隅垦区的分布格局最终确定，这种变化不仅极大地方便了农民上地干活，也促使了敦煌卫（县）城与垦区的功能分离和人口分流。《敦煌县志·水利》及所附"党水北流图"记载了敦煌水渠及各个坊的名称及其分布情况，具有非常珍贵的价值。

（三）移民以后敦煌的人口数量、族属构成及其变化

由于岳钟琪进行了认真的前期踏勘，并制订了周密计划，加

① 路伟东《清代陕甘人口研究》，第82页。
② ［清］苏履吉、曾诚纂修《敦煌县志》卷二《地理志·水利》，第121页。
③ 吕钟修纂、王渊等校点《重修敦煌县志》卷五《建置志·市场》，第146页。
④ 吕钟修纂、王渊等校点《重修敦煌县志》卷三《民族志·方言》，第122页。

之移民过程中上下官员职责清晰、精心组织、保障有力，“既分以田土，复给以牛种，在路则予以盘费，到彼又授以口粮”[①]，因而雍正五年至六年（1727—1728）间向敦煌的大规模移民最终顺利完成，预计的移民数量和效果完全达到。雍正年间移民敦煌的举措，对此后敦煌的人口规模、族属构成、农业生产、商业经济、文化教育等方面均产生了极为重要而深远的影响。

雍正时期敦煌移民，使得敦煌人口数量从无到有。明嘉靖七年（1528）六月，罕东左卫部众全部内迁后，“沙州遂空”，敦煌地区成为吐鲁番部众的耕牧区域。清朝康熙年间，以平定准噶尔叛乱为契机，清军逐步进入西域地区，吐鲁番势力逐步退出关西地区。此后，青海蒙古部众又开始在关西地区游牧。吕钟《重修敦煌县志》卷三《敦煌蒙（古）族考》，对青海地区的和硕特蒙古诸部的相关情况有所记载。据康熙五十八年（1719）理藩院员外郎巴福寿所奏，嘉峪关以西的西吉木等地原为西喇郭勒蒙古人游牧，清军进入该地区后开始在此耕种，而蒙古部众则继续在耕地之间及周边的“隙地”进行游牧，因而两部形成了交错耕牧的局面。青海蒙古贝子阿喇卜坦报称：“青海人等，荷圣主恩深厚，何惜隙地。地可耕者，听兵民悉耕之。但留我等游牧处所足矣”[②]，这表明两部当时尚能和平相处。而为了避免相互越界，清廷同意巴福寿划设疆界之请。不过这种交错耕牧的和平局面未能维持太长时间。雍正元年（1723），青海和硕特蒙古首领罗卜藏丹津发动叛乱，关西地区游牧的青海蒙古部众也开始肆意劫掠、袭扰布隆吉尔城，据同年十月二十日年羹尧所上《奏闻遣总兵官周瑛至藏折》记载：“又查得，布隆吉尔兵少，周围皆

---

① ［清］石文焯《奏报各属招往沙州民户数目折（雍正五年二月二十二日）》，载张书才主编《雍正朝汉文朱批奏折汇编》第9册，第143页。

② ［清］傅恒等撰 《平定准噶尔方略》卷六，第133页。

厄鲁特居住。其内，三多布台吉之子阿拉布坦巴苏泰，遣其属下偷盗台站大路之马匹、骆驼，劫掠商人财物。先据参将孙继宗所报追查，所盗财物已追回。自罗卜藏丹津事出以来，目空一切，皆听罗卜藏丹津而动。”[①]又据随后的《奏闻布隆吉尔军情折》《奏闻布隆吉尔败贼折》以及《奏闻贼袭击嘉峪关折》记载，雍正元年（1723）十一月、十二月时，布隆吉尔周边地区仍不时面临青海蒙古部众的袭扰。[②]在青海罗卜藏丹津叛乱平定之后，青海蒙古部众逐渐迁出了敦煌绿洲。据常钧《敦煌随笔》记载：“盖缘沙州从前原系青海诸夷游牧处所，设卫之初尽行驱出南山之外。此等泉流俱为夷人阻塞，不令通流”[③]，其中部分蒙古部众被迫迁徙至离敦煌垦区较远的玉门、阳关周边地区游牧。雍正六年（1728），来自甘肃各州县的2405户，约10000至12000万移民进入敦煌境内，当地也由蒙古部牧区转变为以汉族为主的农业屯垦区。据陕西总督查郎阿于雍正七年（1729）十二月十六日所奏：“伏查沙州屯垦民户共二千四百零五户，统计家口工人并本处营兵以及寓居沙州商贾人等，统计二万余口。”[④]这条重要的敦煌人口史料表明：第一，清代敦煌人口应包括两部分，除了迁居敦煌的农业人口外，还包括其他非农业人口，因此除了

---

① ［清］年羹尧《奏闻遣总兵官周瑛至藏折（雍正元年十月二十日）》，载季永海等翻译点校《年羹尧满汉奏折译编》，第23页。

② ［清］年羹尧《奏闻布隆吉尔军情折（雍正元年十一月十七日）》《奏闻贼袭击嘉峪关折（雍正元年十二月十六日）》，载季永海等翻译点校《年羹尧满汉奏折译编》，第42—43、53、54页。

③ ［清］常钧《敦煌随笔》卷下《党河源流》，北京：禹贡学会印本，1937年。又见《中国西北文献丛书》第98册《敦煌随笔》，第397—398页。

④ ［清］查郎阿《奏覆沙州民户余谷无庸籴买并查贮岳钟琪原买余剩麦石折（雍正八年四月二十八日）》，载张书才主编《雍正朝朱批奏折汇编》第18册，第576页。

2405户，约10000至12000农业人口外，工人、军人以及商人的人数约为8000至10000人，比例约为5∶4。但由于这里面有流动人口，比如寓居商人以及临时做工的工人，因此这部分人口会有浮动。

雍正移民及其屯垦取得了显著成效，“家给人足，莫不欢欣乐业”[①]，敦煌的人口数量也得到了较快增长。道光版《敦煌县志》记载：

> 东西南北乡共六隅，计二千四百四十八户，男女计二万八百四十口。按：敦煌户口，自迁户以来，按一户种地一分。嗣后田无开垦，故户亦无加增，男女则岁有增减。近来人丁繁衍，视迁户时，已什相倍蓰矣。[②]

以上记载中以“东西南北乡共六隅”，共统计出敦煌人口2448户、20840人，表明这个数字应是道光时期敦煌六隅四乡的人口数量。由于户数与田地数挂钩，一户对应田地一分，因此在田地没有增加的情况下，户数也不会发生太大变化，但是户下的人口数量却得到较快增长。据学者研究，从康熙中期开始，在较长时期内陕甘地区人口一直保持着比较稳定的增长态势，在道光、咸丰年间人口臻于极盛。[③]而就敦煌而言，雍正至道光时朝，敦煌虽偶有自然灾害及粮食歉收的情况，但并没有战乱发生，因此敦煌地区人口数量也保持了稳定增长的态势。从《敦煌县志》记载看，道光时期增加到2448户、20840人，相较于雍正七年（1729）的

---

① ［清］石之瑛《开设沙州记》，载［清］黄文炜撰《重修肃州新志》，第545页。

② ［清］苏履吉、曾诚纂修《敦煌县志》卷二《地理志·田赋》，第112—113页。

③ 路伟东《清代陕甘人口研究》，第242页。

2405户、9625至12000余人，已经“什相倍蓰”。其中户数变化不是很大，仅增加了43户，而人数的增长较快，增长了8800至10000多人。而吕钟《重修敦煌县志》记载：“敦煌人口，旧志二〇八四〇人。当乾隆中叶，人口最繁，有八万多人。同治兵燹后，仅二五〇〇八人。”[①]将两部县志的记载相互比较，就会发现抵牾之处：第一，据《重修敦煌县志》记载，同治兵燹后敦煌人口数量为25008人，但这一数字反而比《敦煌县志》记载道光时期的20840人还多出4168人，显然不符合常理；第二，根据《重修敦煌县志》记载：“当乾隆中叶，人口最繁，有八万多人。”如果这一数字确实，则说明在雍正六年至乾隆三十年（1728—1765）的近40年里，敦煌人口从10000至12000多人猛增到80000多人；而自乾隆三十年至道光十年（1765—1830）的60多年时间里，人口又从80000人锐减至20840人。这一人口变化显然不符合敦煌人口的发展规律。两部县志之所以出现上述抵牾，主要是对敦煌人口的包含范围定义不同。敦煌人口数量除了六隅四乡的农业人口外，还应包括两部分：第一部分为非农业的定居人口，这部分人口主要居住于敦煌县城及毗邻区域。由于乾隆时期敦煌行政建置的升级与社会经济的发展，敦煌县城内或拓建或新建了衙属、会馆、集市、义学、祠庙、仓库等机构，同时在城外也修建了金厂等。因此，除了六隅四乡的农业人口外，敦煌县城及其毗邻区域还生活有官员、商人、僧人、工人等各阶层和各职业的非农业人口。如来自山西、陕西的商人来敦煌从事贸易，“近亦渐入著，置田起屋，俱入户民”[②]。这些外地商人来到敦煌后，建设会馆，从事贸易，并逐渐定居。专门从事造屋筑墙、烧砖制器的工人，也生活在县城。此外，同治兵燹前敦煌

① 吕钟修纂、王渊等校点《重修敦煌县志》卷三《民族志·户口》，第111页。
② ［清］苏履吉、曾诚纂修《敦煌县志》卷七《杂类·风俗》，第347页。

还生活有人数较多的回族。同治四年（1865）肃州被回族首领马文禄占据后，敦煌县令樊建基与参将下令关闭敦煌城门，“时城内回族麇集秦州户、草场一带”①，表明敦煌回族应主要居住于敦煌县城。回族人口数量，“据道光时保甲册，回族四百三十一户，男女、大小口四千四百三十八人”②。敦煌境内还应生活有蒙古人，不过由于他们通常在距离县城和垦区较远的地区游牧，因而一般不会被著籍统计。上述生活于敦煌县城及毗邻区域的非农业定居人口，至乾隆时期应增长到相当规模。第二部分是暂居敦煌的流动人口。如乾隆二十四年（1759）清军统一西域后，内地移民开始大量迁居新疆，在此过程中不少移民留居或暂居敦煌。因此《重修敦煌县志》记载乾隆中叶敦煌人口达到80000人的历史峰值，可能是对上述三部分人口数量的总体估算，但其数量应当有所夸大。《敦煌县志》将道光时期20840人归在《田赋》之下，是专指六隅四乡的农业人口，并不是敦煌的全部人口数量。据《清高宗实录》记载，乾隆二十九年（1764）五月从敦煌招集60余户百姓派往巴里坤开垦，③十月又在敦煌招集190户百姓派往乌鲁木齐，“俱于十月内料理启程”④。可知，乾隆时期敦煌人口快速增长的同时，也出现了人口的外迁情况。如以一户5人计算，则至少有1250余人迁出。总之，道光、咸丰时期亦即同治兵燹之前，敦煌六隅四乡的农业人口加上县城的非农业人口，人口总量在30000至40000之间应当是比较合理的。

咸丰二年（1852）三月和六月，青海藏族部落多次前往敦煌

① 吕钟修纂、王渊等校点《重修敦煌县志》卷六《编年志·遗补》，第642页。
② 吕钟修纂、王渊等校点《重修敦煌县志》卷三《民族志·户口》，第111页。
③《清高宗实录》卷七一一乾隆二十九年五月下，第944页。
④《清高宗实录》卷七二一乾隆二十九年十月下，第1043页。

城郊及四乡地区劫掠，但为官军所败。咸丰四年（1854），莫高窟正在举行四月初八浴佛节时，青海藏族部落突然而至，“抢劫骡马财物而去”。同年冬，又到位于敦煌西南的南湖一带大掠而还。①虽然迎战的官兵有伤亡情况，但人口数量并未受到明显影响。同治五、六年间（1866—1867），敦煌社会总体相对稳定。同治五年（1866）三月二十日，来自哈密的信众萧立恒巡礼了莫高窟第454窟并留下题诗。②但自同治七年（1868）开始，敦煌频繁受到起义军的进攻。

敦煌人口的严重损失，发生在肃州马文禄部和陕西白彦虎部袭击敦煌之时。敦煌回族的一支向东逃至肃州，随后被马文禄收编为沙州两营，驻守于肃州城北。同治七年（1868），肃州回部进攻安西州境，“筑垒盘踞”③。总兵张玉春等发兵前往征剿，击败回部。肃州回部又前往攻打敦煌县城，亦被击败。哈密办事大臣景廉上奏：“惟安、敦、玉一带，地广兵单，贼踪飘忽异常，难保不乘隙复来，肆行焚掠。必须择要扼扎，方足以遏贼氛。”④建议加强敦煌的兵力部署，并在安西和玉门留营驻扎，以互为犄角，防御外部袭扰。同治八年（1869），马文禄接受招抚，但其部众仍肆意劫掠玉门、安西以及敦煌一带。《重修敦煌县志》记载：“敦煌乡俗：七月七日农家晨起至田间惊呼逐雀，谓不伤禾稼。是时，秋稼如云，不意叛回来自肃州，夤夜潜伏丘垅间。俟农民惊呼时，佯相呼应，突起惊扰。以捉杨茂之为名，奔突四乡。焚烧齐家庄、龚家庄、夏家梁，烧杀屠掠三日，仍回

---

① 吕钟修纂、王渊等校点《重修敦煌县志》卷六《编年志·遗补》，第642页。
② 敦煌研究院编《敦煌莫高窟供养人题记》，第173页。
③《清穆宗实录》卷二四六同治七年十一月上，第425页。
④《清穆宗实录》卷二四六同治七年十一月上，第425页。

肃州。”[①]肃州马文禄部一面接受招抚，一面又潜到敦煌袭扰，敦煌四乡人口损失严重。十一月，肃州受抚回部多次前往关西，“抢杀行旅，任意焚毁”[②]。由于该部受抚后持有肃州镇道传牌印文，防兵不敢诘问，因而在关西地区肆意妄为，“其成禄派出之回员李进三等复在敦煌、玉门境内搜索粮石，抢杀横行，关外民不聊生”[③]。由于没有城墙的保护，“该县四乡被贼蹂躏，情形可悯”[④]，因此敦煌四乡相较于县城，人口损失更为严重。虽然此后清朝加强了在敦煌、安西的军力布署，但仍多次受到肃州回部突袭。此后，敦煌又遭到白彦虎部的大规模袭扰。同治十年（1871），白彦虎属部渭南马长顺等由肃州窜扰安西、敦煌、玉门一带。七月二日，在进攻安西州城被击退后，马长顺等部窜扰敦煌。同治十一年（1872）正月初一，马长顺部三千多人攻打庄浪坊程家堡。二月初九敦煌官军和民团战败马长顺部于城郊，马部则焚毁了平番庙及多处民房。在左宗棠大军的追击下，白彦虎率部西撤。同治十二年（1873）三月，白彦虎率部10000余人到达敦煌，分股围攻秦安坊张家堡，官军3000人出战但被击败，“于是虎众屯驻北郊庄浪坊一带，荼毒必至”。六月，白彦虎部在劫掠四乡产粮后逃往西域。[⑤]至此，同治兵燹在敦煌宣告结束。

同治四年（1865），敦煌回族约4500多人逃散，导致了同治兵燹以来敦煌人口的第一轮损失。肃州马文禄部和陕西白彦虎部多次袭扰敦煌，使敦煌四乡人口数量有明显减少。由于敦煌县城

---

① 吕钟修纂、王渊等校点《重修敦煌县志》卷六《编年志·遗补》，第643页。
② 吕钟修纂、王渊等校点《重修敦煌县志》卷六《编年志·遗补》，第644页。
③《清穆宗实录》卷二七四同治九年正月上，第803页。
④《清穆宗实录》卷三二一同治十年十月上，第245页。
⑤ 吕钟修纂、王渊等校点《重修敦煌县志》卷六《编年志·遗补》，第644—645页。

有城墙护卫，马文禄部和白彦虎部始终没有攻破县城，因此对县城的人口数量影响不大；而敦煌六隅四乡分布于平地，其人口损失较多。据《重修敦煌县志》记载，同治兵燹后敦煌有人口25008人，这一数字应是敦煌县城与四乡的人口总数。就族属构成而言，同治兵燹后回族人口已全部迁走，敦煌从回、汉两族杂居变为“纯系汉族”[①]。光绪以后，哈密缠回常来敦煌从事贸易，但都属于暂居，“时来时去”[②]。又据日本探险家吉川小一郎日记记载，他于宣统三年（1911）十月五日到达敦煌后，就暂住在当地的维吾尔族家里[③]，可知清末时敦煌有一定数量的维吾尔族百姓。

---

① 吕钟修纂、王渊等校点《重修敦煌县志》卷六《编年志·遗补》，第643页。
② 吕钟修纂、王渊等校点《重修敦煌县志》卷三《民族志·宗教》，第108页。
③ （日）吉川小一郎《敦煌见闻》，载（日）大谷光瑞等著、章莹译《亚洲探险之旅》，乌鲁木齐：新疆人民出版社，1998年，第272—274页。

第三节 敦煌的经济发展与文化教育

清代敦煌经济构成以农业为基础，同时还发展有商业、手工业、矿业等。乾隆五年（1740），常钧巡视沙州卫时称赞敦煌："地土衍沃，物产饶多，商民复凑云集，富庶情形甲于诸卫"[①]。有清一代，敦煌一直是关西地区重要的产粮基地。与此同时，商业、矿业、手工业、林业、牧业也得到一定程度的发展。随着社会经济的稳步发展，加之地方官员的重视，乾隆中后期敦煌的教育事业也发展起来。

一、经济发展

吕钟《重修敦煌县志》对清代敦煌经济构成有概括性的记载："敦煌民族生计以农业为主，商业副之。大小商人百余家，自昔无十万元之大商。矿业昔有金厂，清初最盛，设监督分府监理其事。咸、同后浸微，民国以来，几无采者矣。森林、畜牧不甚发达。"[②]

---

① ［清］常钧《敦煌随笔》卷上《沙州》，北京：禹贡学会印本，1937年。又见《中国西北文献丛书》第98册《敦煌随笔》，第382页。

② 吕钟修纂、王渊等校点《重修敦煌县志》卷三《民族志·生计》，第111页。

（一）农业

清代雍正移民的最主要目的就是实边开发、屯垦耕种，因此农业生产在敦煌经济中占据着最主要的地位，六隅四乡的农业人口在敦煌人口中也占据大多数。通过对敦煌耕种条件与田地分配、水渠建设与管理、农作物种类与农业发展成效的梳理，可以了解清代敦煌农业的发展状况。

1. 敦煌的耕种条件与田地分配

甘肃巡抚石文焯在奏折中有言："窃查甘肃所属州县卫所，山多水少，惟赖雨旸。时若田禾始获收成，且地气寒冷，播种谷麦，较迟于他省。"[①]可见，相比于东部、南部省份，甘肃总体的农业耕种环境是比较差的，而干旱少雨则是影响农业生产的主要因素。就敦煌而言，其周边有沙漠、戈壁分布，降雨量少但蒸发量大，因此敦煌农业生产完全依赖党河水浇灌，属于典型的绿洲农业。元朝时曾在敦煌进行较大规模的屯田，明代则有蒙古族、藏族等在敦煌绿洲和河湖泉泽一带耕牧，耕种规模较小。特别是在明代罕东左卫部众全部内迁之后，大量土地及前代所修水渠设施被荒废，"鞠为茂草，无复田畴、井里之遗"[②]，仅有吐鲁番部众时来时往，偶有耕牧。

康熙末年至雍正初年，清朝官员开始在关西地区勘察当地的耕种土地及耕种条件。康熙五十五年（1716）二月，清朝率先在嘉峪关以西临近的西吉木、布隆吉尔、达里图等地实行屯田，同年收获14000余石粮食。但由于布隆吉尔多属于"沙土之地"，耕种条件较差，因此于当年停种。随着清朝在关西地区经营的向西

---

① ［清］雍正帝批，允禄、鄂尔泰等编 《朱批谕旨》第11册《朱批石文焯奏折》，雍正三年六月二十八日。

② ［清］黄文炜撰《重修肃州新志》，第567页。

推进，加之驻扎兵丁、眷属粮食需求的增加，靖逆将军富宁安奏请将耕种区域推进至沙州地区："嘉峪关外布隆吉尔之西古瓜州、沙州，敦煌郡地也。昔曾建筑城池，屯兵耕种。今旧址尚存，土广可牧马，且有河水。若于此屯田，驻绿营兵三四千，设总兵官一人统之，可扼通党色尔腾之路，而于诸处调遣悉便。"[①]雍正三年（1725）七月，岳钟琪接替年羹尧出任川陕总督，他派遣部下前往沙州踏勘耕种条件，勘得沙州地区耕种条件较好："今既据口外文武各官以布隆吉尔地方盐卤不毛，屯垦艰难，纷纷禀报。经臣节次奏明，但委员查勘沙州地方，稍宜禾稼。自布隆吉尔至沙州中间约五百里，水土不一，间有宜稼之处。"[②]岳钟琪据此提出在布隆吉尔及沙州间进行驻兵耕种的初步设想。雍正四年（1726），岳钟琪专门前往沙州，"勘得沙州可垦之地约有三十万亩，土既肥饶，气候亦暖。五谷蔬菜，凡内地所有，种之皆产。时无人民开垦，置于荒弃，殊属可惜"[③]。由此可见，沙州拥有大量的可耕之地，而且土地较为肥沃，日照充足。内地种植的五谷蔬菜，在沙州均能种植收获。因此无论从可耕土地的肥度还是数量，都较"边荒斥卤，水土异宜"[④]的布隆吉尔一带优越。沙州的30万亩可耕之地中，有1000余名兵丁耕种4万到5万亩土地，还剩24万余亩，即2400余顷。因此，岳钟琪奏议招集移民2400户，每户给地100亩进行开垦，移民计划也于雍正五年初至

① ［清］傅恒等撰《平定准噶尔方略》卷一〇，第193页。

② ［清］岳钟琪《奏请分驻安西镇兵以便屯垦折（雍正三年十月二十三日）》，载张书才主编《雍正朝汉文朱批奏折汇编》第6册，第342页。

③ ［清］岳钟琪《川陕总督岳钟琪等奏陈会勘安西沙州城渠屯垦事务管见折（雍正四年六月初五日）》，载张书才主编《雍正朝汉文朱批奏折汇编》第7册，第396页。

④ ［清］岳钟琪《奏陈塞外设镇垦田积粮管见等事折（雍正三年七月二十八日）》，载张书才主编《雍正朝汉文朱批奏折汇编》第5册，第660页。

七年初（1727—1729）完成。以可耕之地数量及相应的移民数量相比，沙州的2400户移民和24万亩地，远远超过了当时柳沟卫的106户及2120亩地、靖逆卫的561户及11604亩地、赤金所的270户及5400亩地。

据《重修肃州新志》记载："户民到沙，每户应给地一顷。查原额地二千四百顷内，有兵丁代民耕种。开垦熟地三百顷，生地二千一百五顷，生熟均自搭配""通计二千四百五户，共给地二千四百五顷，督令尽力开垦"。这2405顷共24.05万亩田地，分配如下：

> 令丈量地亩人役用步弓，每亩长三十弓，宽八弓。丈定亩数，按照六隅编列字号。传集乡约、农长，将应给各隅之地，令其阄分。次令约、长将所分一州、县之地，令各户自行阄分。分给明白，即签订字号、牌桩，注明本户原籍县份、姓名、地亩顷数、段落四址。通计二千四百五户，共给地二千四百五顷，督令尽力开垦。[①]

一弓的长度，各地州县不相一致，"或五尺为一弓、或六尺为一弓、或七尺五寸为一弓"[②]。如以一弓五尺计算[③]，那么敦煌移民所分的土地，每亩长150尺、宽40尺。清制一尺合0.96市尺[④]，1市尺为0.33米，即清制1尺约合0.32米。以此作推算，则每亩长

---

① ［清］黄文炜撰《重修肃州新志》，第491页。

② ［清］许士林《河南布政使徐士林奏折（乾隆元年五月二十二日）》，载中国科学院地理科学与资源研究所、中国第一历史档案馆《清代奏折汇编——农业·环境》，北京：商务印书馆，2005年，第2页。

③ 吴承洛《中国度量衡史》，上海：上海书店，1984年，第76页。

④ 吴承洛《中国度量衡史》，第66页。

约48米、宽约12.8米。需要指出的是，虽然移民到来后仍按照每户100亩，共2405顷（24.05万亩）分给田地，但实际上最初敦煌水渠较少，水利设施尚未修建，因而只能在党河及水渠所能浇灌的田地耕种。据常钧《敦煌随笔》记载："因地多水少，每户止种近水地五十亩。共升科地十二万二百五十亩。"[①]另一方面，虽然岳钟琪勘得沙州有24万亩可耕之地，但由于大量可耕土地属于生地，"其生地内有荒墩、土堆，令其刨平，红柳树根，令其刨挖"[②]，因此尚需要经过平整开垦后才能成为耕地。而当时兵丁人数较少，移民也是分拨到来，人力有限。因而，每户所分的100亩田地中，实际只能耕种距离水渠较近的50亩田地。基于此，以2405户合计1202.5顷，即12.025万亩田地，作为此后升科的田地数量。

移民到达敦煌后，由官府出资、移民出力，在沙州外城建盖房屋居住。与此同时，来自同一州县的移民被编为一坊，各坊居住于城内，并将分布于城外50至80里范围内的垦区划分为东南、中南、西南、东北、中北、西北六隅。六隅土地，每隅设农长1名、乡约1名；城内各坊，每坊设坊长1名、每10户设甲长1名。在分配土地时，首先将六隅的土地按亩划分，并进行编号。同时召集六隅的乡约、乡长，通过抓阄决定各隅所属土地。分配好后，再由乡约、乡长组织所属各坊户民通过抓阄分地。分好之后，签字、定桩，上面写明"县份、姓名、地亩顷数、段落四至"，以示区分，避免出现争端。这2405顷土地中生地占2105顷，因此还需要进行平整。此外还要划分田埂，犁地浸水。而在开垦

---

① ［清］常钧《敦煌随笔》卷下《户口田亩总数》，北京：禹贡学会印本，1937年。又见《中国西北文献丛书》第98册《敦煌随笔》，第389页。

② ［清］黄文炜撰《重修肃州新志》，第491页。

土地的过程中，由各隅农长等负责查验上工情况，并每日报送出勤情况，赏罚分明，以确保尽早将生地改造为耕地。由于移民生活在城内各坊，而土地分布于六隅四乡，因此每年春耕之时，移民就得携家带口前往耕种[①]，非常艰辛。乾隆七年（1742）以后，移民逐渐从沙州外城迁往周边六隅的田地，作为城内生活的“坊”与耕地的“隅”相结合，大大方便了农民耕作。同时，农户迁居六隅田地，也促进了卫（县）城与六隅垦区功能的分离。

雍正移民之初，虽然每户分给100亩土地，但由于当时地多水少，“每户止种近水地五十亩。共升科地十二万二百五十亩”[②]。田地数量与户数是相挂钩的，“不论分田、纳科还是徭役，都以户为单位进行均摊”[③]。据《敦煌县志》记载，道光时期六隅四乡共有2448户，“每人开田一分，以一分为一户”[④]，而耕地总数恰好也是2448分，这表明道光时期耕地亩数与户数仍然挂钩。耕地增加43分，一分为50亩，则总共增加了2150亩，户数增加43户。但在看似平衡的表面下，一方面人口却实际增加了8800至10000多人，这势必导致人均占有土地数量越来越少。另一方面，随着社会经济的发展，敦煌地区的土地兼并、贫富分化问题日趋严重。道光版《敦煌县志》记载：

> 农民自迁户屯田以来，各种地一分。近来户口殷繁，贫富不一。富者种至十余分地，及五六分地不等。贫者或一

① ［清］常钧《敦煌随笔》卷上《沙州》，北京：禹贡学会印本，1937年。又见《中国西北文献丛书》第98册《敦煌随笔》，第382页。

② ［清］常钧《敦煌随笔》卷下《户口田亩总数》，北京：禹贡学会印本，1937年。又见《中国西北文献丛书》第98册《敦煌随笔》，第389页。

③ 路伟东《清代陕甘人口研究》，第80—81页。

④ ［清］苏履吉、曾诚纂修《敦煌县志》卷二《地理志·田赋》，第 112 页。

> 分而析为五厘，或析为七厘五毫，或析为二厘五毫，甚至并一厘之地而无之，为人佣工，日计其值，以养妻子。每日侵晨，无业贫民皆集东关外，候人佣雇，谓之人市。①

由于土地兼并日益严重，道光时期富者地多者竟达到10余分，也就是500多亩，而少者也有250亩或300亩。但贫苦农民仅有12至37余亩土地，甚至有人完全沦为了失地农民。由此可见，道光时期敦煌的土地兼并和贫富差距已经达到了相当严重的地步。至于少地和失地者，大部分由自耕农转变为大地主下的租种佃农，另一部分农民则不得不候于东关，等待雇佣，通过干零工以养家糊口，此外还有少数农民转变成为普通的手工业者。值得注意的是，乾隆时期来自山西、陕西、四川等外省地区和甘肃本地其他州县的商人前来敦煌经商，部分商人在敦煌购置田地，因此这些商人也是敦煌土地买卖和土地兼并的参与者。

2. 敦煌水渠的修建与管理

敦煌文献S.5874中有“本地，水是人血脉”②的记载，足见水资源对敦煌人民生产生活的重要性。在降雨稀少的情况下，党河河水就成为敦煌农业生产赖以发展的生命源泉。如果仅靠党河主河道水灌溉，那么可以浇灌的耕地数目必然很少。而通过兴建水渠，就可以将党河河水引流各处，从而大幅度扩大耕地面积，因此汉唐时期以及西夏、元朝均十分重视水渠修建，其中又以唐

---

①［清］苏履吉、曾诚纂修《敦煌县志》卷七《杂类志·风俗》，第347页。

②《英藏敦煌文献（汉文佛经以外部分）》第九卷，成都：四川人民出版社，1994年，第184页。按：以往学者一直以该则材料出自S.5894号写卷，经胡同庆、杨宝玉核实，应出自S.5874号写卷，参胡同庆《敦煌文献“水是人血脉”出处溯源》，《敦煌学辑刊》2016年第4期，第1—4页。

宋敦煌归义军时期所修水渠最多。据学者研究，唐宋时期敦煌共有河渠泉泽及堰坝斗门103所，密集交错，其中绝大多数为修建的河渠水利设施。[①]而元代以来的敦煌水渠设施，历经明代则基本废弃。

清代康熙后期及雍正初年，富宁安、年羹尧、岳钟琪等官员在查勘关西可耕土地时，对区域内的河水走向和旧渠分布情况也进行了考察。雍正四年（1726），岳钟琪在巡视沙州后正式提出移民屯垦事宜，同时他在对敦煌河渠水利考察后提出了疏连旧渠、开建新渠的奏议："再查沙州城西南、党河之东西两岸各有旧渠一道，中间多有地高渠低之处，应接续。另开新渠，灌溉田亩，实属宽广。"[②]根据《重修肃州新志》记载，清代敦煌最早修建的水渠为东大渠（后分为两渠，改称上永丰渠和下永丰渠）、西大渠（后改称普利渠）以及西小渠（后改称通裕渠）。又据《敦煌县志》关于水渠的记载及所附的"党河北流图"，并对照岳钟琪奏折中"沙州城西南、党河之东西两岸各有旧渠一道"一语，可知党河东岸的旧渠为东大渠（上、下永丰渠），党河西岸的旧渠应为西大渠（普利渠），这两渠属于疏通重修而成，而西小渠（通裕渠）应为新修而成。关于三渠修建的时间，应始建于雍正四年（1726）下半年，竣工于雍正六年（1728）[③]。三条水渠修建完成后，没过几年又出现了流沙淤塞情况，导致水流不畅、蓄水不多，直接影响到了距离水渠较远耕地的灌溉。因

---

① 李正宇《唐宋时代敦煌县河渠泉泽简志（一）》，《敦煌研究》1988年第4期，第89—97页；《唐宋时代敦煌县河渠泉泽简志（二）》，《敦煌研究》1989年第1期，第54—63页。

② ［清］岳钟琪《奏陈会勘安西沙州城渠屯垦事务管见折（雍正四年六月初五日）》，载张书才主编《雍正朝汉文朱批奏折汇编》第7册，第403页。

③ 路伟东《清代陕甘人口研究》，第78页。

此，雍正后期又对三条水渠进行了清淤疏通和重修，完工后以“永丰”命名东大渠，以“普利”命名西大渠，以“通裕”命名西小渠，体现了沙州卫官员百姓希望水渠通畅、农业丰收的美好愿望。根据《重修肃州新志》记载，修复后的永丰渠，长32里，宽15尺，深8尺，可灌溉854户、4.27万亩田地；普利渠，长23里，宽9尺，深6尺，可灌溉519户、2.595万亩田地；通裕渠，长30里，宽6尺，深5尺，可灌溉186户、0.93万亩田地。以上三渠，总共可灌溉1559户、7.795万亩耕地。但这一灌溉面积仍然无法涵盖敦煌2405户移民、12余万亩田地的总量。因此，沙州卫地方官员又“相度地势，查看水源”，抢在农耕播种之前，带领百姓开建中渠，名庆余渠，长17里，宽6尺，深5尺，可灌溉190户、0.95万亩田地。此外还开建了西中渠，名大有渠，长42里，宽12尺，深7尺，可灌溉656户、3.28万亩田地①。以上五渠，合计可灌溉2405户、12余万亩田地，刚好满足移民所需的灌溉水量。

据徐松《西域水道记》记载：“雍正十一年（1733）六月十九日夜，山水骤发，决永丰渠口，坏民农舍，即此渠也。”②此次洪水暴发、水渠决口，对沙州卫城护墙以及邻近百姓的生产生活造成了损失。不过得益于当时的乡农坊甲制度以及“随时修浚，毋使壅塞”③的水渠维护规定，水渠在出现淤塞后都能很快得到疏通。

除了监督和维护既有水利设施之外，敦煌官员还十分重视水源的寻觅以及水渠的拓建。前文已述，敦煌垦区全靠党河河水灌溉，因此多修建水渠等设施，就可以将党河河水引流各处，从而大幅度扩大耕地的数量。乾隆四年（1739）时，安西副观察使常

① ［清］黄文炜撰《重修肃州新志》，第492—493页。

② ［清］徐松著、朱玉麒整理《西域水道记》卷三《哈喇淖尔所受水》，第161页。

③ ［清］黄文炜撰《重修肃州新志》，第493页。

钧前往沙州巡视，查勘党河源流。常钧发现沙州东北隅的席笆厂一带，“平原之地，旷土颇多，若得远水增添，自可开垦”[①]。但由于党河经过各渠引灌，流到下游时水量已不多，而席笆厂一带又距下游河道很远，因此河水无法引入灌溉。常钧传集兵丁、老农，询问查勘党河上游水泉分布情况：

> 据云：党河之源在额儿得尼布喇，距卫城五百九十里。上游希喇哈尔津，水势颇大，距额儿得尼布喇二百七八十里，中隔沙梁三十余里，难于疏濬（浚），且不能保全必无渗沙。离水源下流百余里，河之南有山地名钓鱼沟，山北有沙巴尔拖骆海，俱系草湖。周围四五十里步步生泉，约有数百道，每泉眼之上，俱有木椿、石槐填压。盖缘沙州从前原系青海诸夷游牧处所，设卫之初，尽行驱出南山之外。此等流泉俱为夷人阻塞，不令通流。昨已试开四十余道泉流，大小不等。其草湖迤北山麓亦有泉脉，多寡不等。若将南北众泉开通，增添河水，尽可开种等语。[②]

徐松《西域水道记》对党河发源及流经情况也有记载[③]。钓鱼沟、沙巴尔拖骆海位处敦煌以南的南、北两山。该地区水泉众多，草植较盛，原为蒙古部众游牧之处，罗卜藏丹津叛乱后已迁至阳关、玉门关一带。沙州协兵丁已先行疏通四十余处泉流，但

---

① ［清］常钧《敦煌随笔》卷下《查勘党河源流》，北京：禹贡学会印本，1937年。又见《中国西北文献丛书》第98册《敦煌随笔》，第397页。

② ［清］常钧《敦煌随笔》卷下《查勘党河源流》，北京：禹贡学会印本，1937年。又见《中国西北文献丛书》第98册《敦煌随笔》第397—398页。

③ ［清］徐松著、朱玉麒整理《西域水道记》卷三《哈喇淖尔所受水》，第147 页。

还有更多的泉流未被开通。据《敦煌随笔》记载，常钧计划雇佣民夫于乾隆五年开春“赴南北两山出泉处，尽力开通，引水归入党河，增开渠道”[①]。但后来经安西同知李治邦穷源溯流、细加踏勘后发现，这一工程量非常浩大，而且会出现渗沙现象，因此这一引入泉流、扩充党河河水的计划最终搁置。因此，乾隆五年（1740）时敦煌的水渠仍然为5条。尽管计划搁置，但通过实地仔细查勘，官府也摸清了党河上游及附近地区的水文情况，为日后的治水、用水奠定了基础。

至道光十年（1830）为止，敦煌共修建有10条水渠。新修的5条水渠为上永丰渠、窑沟渠、新伏羌渠、旧伏羌渠、庄浪渠，修建于乾隆前期。此后，水渠数量再未有变化，并一直延续到民国时期。据《敦煌县志》记载：“……共十渠，所浇各坊田地与六隅分配各坊户民不同，有一坊而析为东西上下中”[②]，水渠的增加，将原有的坊分隔成了数个坊。《敦煌县志》及所附“党水北流图”（图4–5）对水渠的走向和各坊的分布有详细记载和标示。

此外，由于《重修敦煌县志》记载的水渠灌溉户数为2450户，与《敦煌县志》记载的2448户基本一致，因此《重修敦煌县志》的“敦煌县十渠水利一览表”（表4–2）应是在《敦煌县志》记载基础之上，补充了水渠的具体长度、距城里数以及各个节段等信息。但《重修敦煌县志》所载各渠灌溉的坊的名称和数量与《敦煌县志》略有不同，反映的是道光十年（1830）后的调整情况。现对照两部县志，制表4–2。表中记载各渠的情况，以《敦煌县志》特别是《重修敦煌县志》记载为主；表中“所灌坊名”引用的是《敦煌县志》的记载，与《重修敦煌县志》不同之

① ［清］常钧《敦煌随笔》卷下《查勘党河源流》，北京：禹贡学会印本，1937年。又见《中国西北文献丛书》第98册《敦煌随笔》，第398页。

② ［清］苏履吉、曾诚纂修《敦煌县志》卷二《地理志·水利》，第121页。

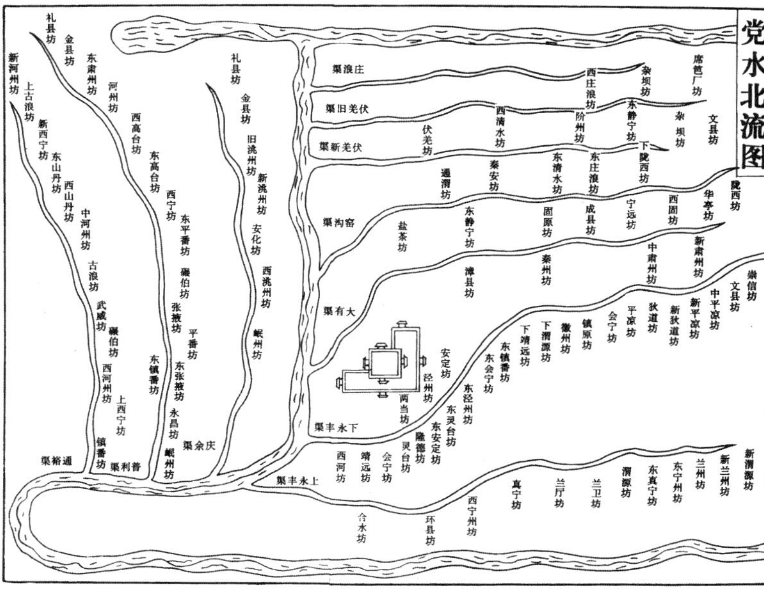

图4-5 “党水北流图”中的水渠流向及各坊分布图
（采自道光版《敦煌县志》、王洲《清代敦煌移民》）

处，于表后附录说明。

表4-2 清代敦煌县十渠水利表（据《重修敦煌县志》改制）

水渠	建造年代	长度	距城里数	灌溉户数	渠口地	节段	所灌坊名
通裕渠	雍正初年	74 里	40 里	240 户	沙枣墩	头节：渠尾起，古浪头号止。2 节：五号闸止。3 节：石头沟止。4 节：东岔起，五号沟止。5 节：碾伯沟起，沙枣沟止。	镇番、上西宁、西河州、碾伯、武威、旧古浪、中河州、西山丹、东山丹、新西宁、上古浪、新河州。

续表

水渠	建造年代	长度	距城里数	灌溉户数	渠口地	节段	所灌坊名
普利渠（西大渠）	雍正初年	70 里	30 里	480 户	秦家湾上	东岔头节：渠尾起，板闸止。2 节：河州沟止。3 节：永昌沟起，胡家号止。4 节：西宁沟起，刘家号止。 中岔头节：许家口起，田家沟止。2 节：张家闸止。3 节：华家闸止。4 节：二号闸止。5 节：礼县口子止。 西岔头节：阎领号起，武威口止。2 节：石头沟止。3 节：祁家闸起，漕子沟止。4 节：底坝起，甲坝沟止。5 节：樊家闸起，小沟止。	东镇番、岷州、永昌、东张掖、平番、张掖、碾伯、东平番、西宁、东高台、西高台、河州、东肃州、金县、礼县。[1]
庆余渠（中渠）	雍正初年	13 里	20 里	250 户	秦家湾下	头节：渠尾起，祁家闸止。2 节：金县起，小口子止。3 节：西岔止。4 节：欢洞止。5节：南渠起，大南渠止。	岷州、西洮州、安化、新洮州[2]、旧洮州、金县、礼县。
上永丰渠（东大渠）	雍正初年	22 里	15 里	200 户	沙山根	头节：渠尾起，樊家堡北渠口止。 2 节：石头闸止。 3 节：渭源县杨家口止。 4 节：环县闸止。 5 节：何家口子止。	合水、环县、西宁州、真(正)宁、兰厅、兰卫、渭源、东真(正)宁、兰州、东宁州、新兰州、新渭源。[3]

续表

水渠	建造年代	长度	距城里数	灌溉户数	渠口地	节段	所灌坊名
下永丰渠（东大渠）	雍正初年	50 里	10 里	600 户	宁州坊	分三段。上段：自渠口起，至灵台二号止。中段：西渠止。下段：康家西岔止。	西和、靖远、会宁、泾州、安定、两当、灵台、隆德、东安定、东灵台、东泾州、东会宁、东镇番、下靖远、下渭源、徽州、中平凉、文县、镇原、平凉、狄道、新狄道、新平凉、崇信。[4]
大有渠（西中渠）	雍正初年	25 里	3 里	130 户	渭源坊	头节：渠尾起，至黑家闸止。2 节：至下树止。3 节：至新肃州二号止。4 节：至大三号止。5 节：至漳县北门外头号止。	漳县、秦州、中肃州、新肃州。
窑沟渠	乾隆时期	30 里	1 里	130 户	北门外	头节：渠尾起，至新渠之转渠止。2 节：至固原头号止。3 节：至静宁头号止。4 节：至转渠止。5 节：至漳县北门外头号止。	盐茶、东（西）静宁［5］、固原、成县、宁远、西固、华亭、陇西。

续表

水渠	建造年代	长度	距城里数	灌溉户数	渠口地	节段	所灌坊名
新伏羌渠	乾隆二十八年（1763）	30 里	10 里	130 户	宁远坊	头节：渠尾起，至头号中渠止。2 节：至何家闸止。3 节：丁家口子止。4 节：至何家梁止。5 节：至陇西桥张永和水口止。	通渭、下秦州、东清水、秦安、新陇西。[6]
旧伏羌渠	乾隆二十五年（1760）	35 里	10 里	160 户	宁远坊	头节：渠尾起，至吴家口子止。2 节：戴家西渠口止。3 节：郭家转闸止。4 节：至金县湾马家闸止。5 节：董家口子止。6 节：双闸口止。	伏羌、西清水、阶州、东静宁、杂坝、文县。[7]
庄浪渠	乾隆十年（1745）	40 里	10 里	130 户	宁远坊	头节：渠尾起，至刘陆家口止。2 节：渭源县高闸止。3 节：黄渠之西渠止。4 节：漳县湾樊家口止。5 节：笆子场石家口止。	西庄浪、杂坝、席笆厂。[8]
注：关于水渠灌溉的坊的数量和名称，表中引用的是道光版《敦煌县志》的记载。据民国版《重修敦煌县志》，此后坊的数量和名称略有变化。凡变化者，附录于后。[1]普利渠灌溉之“张掖、碾伯、东平番”三坊，《重修敦煌县志》未载，疑漏。[2]庆余渠灌溉之“新洮州坊”，《重修敦煌县志》作“新岷州坊”，疑误。[3]上永丰渠灌溉之坊，《敦煌县志》记载有 12 个，所载之“西宁州坊、兰厅坊、东宁州坊”，《重修敦煌县志》中无。同时，《重修敦煌县志》多出了东安化、宁州、新宁州、新兰卫 4 坊，所载坊数共 13 个。[4]下永丰渠灌溉之坊，《敦煌县志》记载有 25 个，《重修敦煌县志》记载有 24 个，无“东镇番坊”。“下靖远坊”，《重修敦煌县志》记载为“新靖远坊”，应为一坊。							

续表

水渠	建造年代	长度	距城里数	灌溉户数	渠口地	节段	所灌坊名
[5]窑沟渠灌溉之“东静宁坊”,《重修敦煌县志》作“西静宁坊”。又,《敦煌县志·水利》记载,旧伏羌渠亦有“东静宁坊”,对照“党河北流图”,旧伏羌渠之“东静宁坊”在东,应无误;大有渠之“东静宁坊”在西,应为西静宁坊。[6]新伏羌渠灌溉之“东庄浪坊”,《重修敦煌县志》中无;“秦州坊”和“下陇西坊”,《重修敦煌县志》作“下秦州坊”和“新陇西坊”。[7]旧伏羌渠灌溉之“杂坝坊”“文县坊”,《重修敦煌县志》中无,疑漏。[8]庄浪渠灌溉之“杂坝坊”,《重修敦煌县志》未载。据《敦煌县志·水利》及“党河北流图”,旧伏羌渠和庄浪渠各有一个杂坝坊,疑《重修敦煌县志》漏。此外,《重修敦煌县志》又多出新平凉、新兰厅、新伏羌、西伏羌4坊,或为增设,原因未明。							

新修的五渠，使得敦煌水渠拓展到了敦煌垦区的边缘地带，大幅度地扩大了灌溉面积。早在乾隆五年（1740）时，常钧就提出疏通南山钓鱼沟一带的百余条泉流以增加党河水量，并在下游修建水渠灌溉敦煌东北边缘席笆厂一带的大量平整土地。因此他派出官员、兵丁和老农前往仔细踏勘，虽然最后搁置，但摸清了党河上游的水文情况。乾隆十年（1745），官府在敦煌垦区东北边缘率先修建了庄浪渠，使得党河水得以流入席笆厂一带，扩大了田地面积。乾隆二十五（1760）和二十八年（1763），又在庄浪渠以南、大有渠以北修建了新、旧伏羌两渠，在此前后又修建了上永丰渠和窑沟渠。10条水渠，使得敦煌垦区水系密布，以往地多渠少的现象得到明显缓解，扩大了田地的灌溉面积，促进了农业生产。除了上述敦煌垦区的10条水渠外，据《重修敦煌县志》记载，官府在敦煌西南的南湖一带也修建了4条水渠：柳树泉渠、大沟渠、庙湾泉渠、西土沟渠，使南湖一带也得以垦种。乾隆四年（1739）秋至五年（1740）常钧派员查勘时，即发现党河“离水源下流百余里，河之南有山地名钓鱼沟，山北有沙巴尔拖骆海，俱系草湖。周围四五十里步步生泉，约有数百道”“其

草湖迤北山麓亦有泉脉，多寡不等。若将南北众泉开通，增添河水，尽可开种”[①]。南湖一带正好位于钓鱼沟山北，在敦煌西南方向，这一地区与钓鱼沟一样，也是泉流、水沟较多。从柳树泉渠、大沟渠、庙湾泉渠、西土沟渠名字来看，这些水渠的水源就来自泉流和水沟。南山一带水渠的修建，使当地也得以开辟田亩，进行农业生产。

水渠修建是农业生产的前提条件，而渠规是水渠正常运行、水资源合理分配的重要制度保证。唐五代宋初，敦煌地区设立有河渠水利与水司的管理机构，此外还有完善的渠社组织。西夏时期敦煌设有沙州转运司，其中一个重要职能就是水渠维护管理。元朝时期在敦煌实行屯田，粮食产量很多，甚至大德七年（1303）还从疏勒河以东修建了专门运送粮食的曲尤壕。《元史·兵制》记载：“大抵（勺）、［芍］陂、洪泽、甘、肃、瓜、沙，因昔人之制，其地利盖不减于旧”[②]，据此推知元朝时期的大规模屯田定然仰赖于水渠的修建和管理。清代雍正年间开建水渠后，随即制定渠规，设立水渠管理人员。据《重修肃州新志》记载：“设立渠长、水利。……是以于各户内选择熟知水利者，委充渠长、水利之任。每渠一道，渠长二名，水利四名，令其专管渠道，使水时刻由下而上，挨次轮流灌溉，俾无搀越、偏枯等弊。”[③]每渠设立渠长2名、水利4名，专门负责水渠维护和用水管理，以保证田地用水的有序性和公正性，避免水渠不畅或者用水争端的发生。特别是移民来自甘肃各地，又以坊各自聚居，如果没有完善的渠规和有效的管理，就很容易造成冲突对

---

①［清］常钧《敦煌随笔》卷下《查勘党河源流》，北京：禹贡学会印本，1937年。又见《中国西北文献丛书》第98册《敦煌随笔》，第397、398页。

②《元史》卷一〇〇《兵三》，北京：中华书局，1976年，第2558页。

③［清］黄文炜撰《重修肃州新志》，第493页。

立。《敦煌随笔》具体记载："分引五渠，设有木槽，比量分寸，按定时刻、计亩轮灌之法最善。"[①]可知当时还设有量水多少的木槽，并依照规定时间，轮流灌溉田地。至道光时期，敦煌垦区已由5渠增加到10渠，渠规和职设又有调整。据《敦煌县志》记载，10渠总共有渠正2名，"总理渠务"。渠正之下有各渠设立的渠长和水利。下永丰渠设渠长3名，普利渠、通裕渠、窑沟渠、新伏羌渠、旧伏羌渠、庄浪渠每渠各设渠长2名，上永丰渠、庆余渠、大有渠各设渠长1名，以上合计18名渠长，负责"分拨水浆、管理各渠渠道事务"。同时，10渠每渠各设水利1名，"看守渠口，议定章程"[②]。敦煌垦区每年主要有两次大的灌溉。一次是开春时期的"浇混水"，开春后党河源头冰雪融化，河水水量充足，此时播种灌溉；立夏时地方官带领渠正等人到党河河口（称黑山子）分水。具体为渠正等人丈量河口宽窄、水底深浅，测算河水水量，然后按照各渠灌溉户数、田数给各渠摊派用水额度，各渠按量分水，轮流浇灌。还有一次为"浇冬水"，即于九十月的时候轮流灌溉田地，为第二年春耕做好准备。道光以后，渠规制度未发生大的变化，不同的是除了下永丰渠继续设立3名渠长外，其余9渠的渠长全部调整为1名。至民国十六年（1927）时，敦煌县朱恩荣县长重设《十渠水利规则》，规则共分40条，非常详备。

值得一提的是，雍正四年（1726）岳钟琪巡视沙州时，还曾提出开通疏勒河西流之水与党河下游汇合，以通船只运输的设想。最后由于党河水向西流向黑海子（即沙州西北之哈剌淖尔），东流疏勒河的水很少，即便党河下游水势较大，但在汇流

---

① ［清］常钧《敦煌随笔》卷上《沙州》，北京：禹贡学会印本，1937年。又见《中国西北文献丛书》第98册《敦煌随笔》，第382页。

② ［清］苏履吉、曾诚纂修《敦煌县志》卷二《地理志·水利》，第121—122页。

时，“两水冲激，亦非安流，难以行舟”①，于是作罢。特别是敦煌垦区修建10条水渠之后，党河绿洲的用水量大量增加，已无余水汇入哈喇淖尔。

3. 敦煌的农作物种类与农业收成

敦煌的土壤、气候、水利等耕种条件，均较关西其他地方要相对优越。雍正四年（1726）岳钟琪查勘沙州时，即发现敦煌“土既肥饶，气候亦暖。五谷蔬菜，凡内地所有，种之皆产”②。雍正五年（1727）九月初九岳钟琪所上《奏报安西沙州屯垦收获分数及植产种类情形折》记载了当时的部分作物种类：“再民户皆系惯于庄稼之人，于二麦之外又种有糜子、青稞、高粱、扁豆、豌豆、大豆以及红花、棉花等项，土厚力勤，……臣查安西。沙州屯垦民户，既有二麦之丰收，又有各种之树艺。”③清朝时期常称粮食收成为“二麦”，敦煌亦然。“二麦”指夏季作物，以大麦、小麦为主；“秋禾”为秋季作物，种类较多，有高粱、谷粟、糜、黍、荞麦及豆制品等。④据《重修肃州新志》记载，雍正时期敦煌生产的谷物种类有小麦、大麦、粟、糜、青稞、豌豆、胡麻，共7种；蔬菜有葱、韭菜、莱菔（白萝卜）、红萝卜、蒜，共5种；瓜类有哈密瓜、西瓜、王瓜等；药类有枸杞、甘草，共2种；花卉则未有记载⑤。至道光时期，品种又增

① ［清］苏履吉、曾诚纂修《敦煌县志》卷二《地理志·山川》，第106页。
② ［清］岳钟琪《奏陈会勘安西沙州城渠屯垦事务管见折（雍正四年六月初五日）》，载张书才主编《雍正朝汉文朱批奏折汇编》第7册，第396页。
③ ［清］岳钟琪《奏报安西沙州屯垦收获分数及植产种类情形折（雍正六年九月初九日）》，载张书才主编《雍正朝汉文朱批奏折汇编》第13册，第418页。
④ 马国英《晚清粮食收成分数研究（1875—1908）——以山西省为例》，《西北师大学报（社会科学版）》2015年第3期，第57页。
⑤ ［清］黄文炜撰《重修肃州新志》，第495页。

加很多。《敦煌县志》记载的谷物种类较《重修肃州新志》中所列的多出大豆、高粱、玉高粱（玉米）、荞麦、蚕豆、黄豆、红豆、扁豆、白豆、豇豆、赤小豆、刀豆、芥子、大燕麦、小燕麦，多15种，合计22种；蔬菜多出的有芹菜、白菜、菠菜、甜菜、葫芦、莴笋、山药、茄子、芫荽（香菜）、荠菜、苋菜、马齿菜、苜蓿、沙葱、野韭菜，多15种，合计20种；瓜类多出的有白西瓜（籽瓜）、菜瓜、香瓜、芝麻梨瓜，多4种，合计8种；药类多出的有菟丝子、白蒺藜、黄花、地丁、麻黄、莱菔子、白芥子、催生草、透骨草，多9种，合计11种；花卉则有石榴、牡丹、菊花等16种。[①]由上述对比可见，道光时期敦煌地区出产的谷物、蔬菜、瓜类、药类、花卉等的种类，均较雍正时期多出很多，内地能产的农业作物，大多也能在敦煌种植产出。

雍正移民之初，敦煌的粮食产量连年获得丰收。由于第一、二、三拨移民于雍正五年（1727）闰三月、四月间以及六月以后陆续到来，错过了春种时间，因此由安西兵丁代为耕种，秋收时统计“八分有余”[②]。光绪《大清会典》记载：“凡岁收八分以上为丰，六分以上为平，五分以下为欠。”[③]因此实属丰收。雍正六年（1728）时，到达的1423户移民于本年自行耕种，尚未到达沙州的近1000户移民的田地则由汉兴道尤玟负责雇佣工人耕种，待收获之后从中扣除工钱给工人。当年的收获情况，据岳钟琪所奏：“臣查安西、沙州屯种民户，既有二麦之丰收，又有各种之树艺，则种植日繁，收获益裕。从此余三余九，共庆盈宁。

---

① ［清］苏履吉、曾诚纂修《敦煌县志》卷七《杂类志·物产》，第368页。

② ［清］岳钟琪《奏报安西沙州屯垦收获分数及植产种类情形折（雍正六年九月初九日）》，载张书才主编《雍正朝汉文朱批奏折汇编》第13册，第418页。

③ ［清］昆冈等纂修《钦定大清会典》卷二一《户部·四川清吏司》，《续修四库全书》第794册，上海：上海古籍出版社，1996年，第205页。

因兹足食足兵，咸歌乐利。”[①]岳钟琪虽然没有在折子中具体奏报粮食产量，但从其描述中可见雍正六年（1728）也获得了丰收。陕西总督查郎阿在雍正七年（1729）十二月十六日奏折中，对是年的粮食产量有具体记载：

> 招往安西、沙州等处屯垦民户，今年到齐，统计共有二千四百零五户，屯种既广，树艺益繁。所种小麦、青稞、粟谷、糜子等项，计下种一斗，收至一石三四斗不等，共收获粮一十二万余石，确计分数十有二分，其余各色种植，亦皆丰厚。家给人足，莫不欢欣。[②]

以当时田地12.025万亩计，则每亩产量接近1石。据上引材料中“下种一斗，收至一石三四斗不等”的比例，种、收比例为1∶13或1∶14。如以1∶13.5计算，则每户实际下种约3.7石[③]。据学者研究，清代前期北方农户亩产量一般为：小麦一石/亩（约合140斤/亩），高粱以及粟谷为二石/亩（分别约合294斤/亩、280斤/亩）[④]。由此可见，雍正七年（1729）时敦煌的粮食亩产量与同

---

① ［清］岳钟琪《奏报安西沙州屯垦收获分数及植产种类情形折（雍正六年九月初九日）》，载张书才主编《雍正朝汉文朱批奏折汇编》第13册，第418页。

② ［清］查郎阿《奏覆沙州民户余谷无庸籴买并查贮岳钟琪原买余剩麦石折（雍正八年四月二十八日）》，载张书才主编《雍正朝汉文朱批奏折汇编》第18册，第576页。又见［清］修石之瑛《开设沙州记》，载［清］黄文炜撰《重修肃州新志》，第543页。

③ 路伟东《清代陕甘人口研究》，第77页。

④ 吴慧《中国历代粮食亩产研究》，北京：中国农业出版社，1985年，第174、177页。按：据吴慧著作中一石合1.0355市石，并小麦1市石合145斤、高粱1市石合142斤、粟谷1市石合135市斤推算而来。

时期的平均水平大致接近而略低。此后，随着敦煌水渠的进一步完善和农民生产技术的提高，敦煌的粮食亩产量及总产量必然得到较大增长。敦煌农业获得的收成，不仅为封建国家上缴了田赋，同时多余产粮专卖官府，为地方驻军提供了兵粮。

（二）商业、手工业、矿业、林业及牧业

除了占据主体的农业生产外，依据《敦煌县志》及《重修敦煌县志》记载，清代敦煌的经济构成还包括商业、手工业、矿业、林业、牧业等，是敦煌社会经济的重要组成部分。

1. 商业

《重修敦煌县志》记载："敦煌民族生计以农业为主，商业副之。"[①]由此可见，商业在敦煌经济结构中也占据着重要的位置。从奏折资料来看，清代敦煌的商人是紧随移民农户之后而到达沙州的。据查郎阿于雍正七年（1729）十二月十六日所上奏折："伏查沙州屯垦民户共二千四百零五户，统计家口工人并本处营兵以及寓居沙州商贾人等，统计二万余口"[②]，可知雍正七年（1729）时敦煌即有寓居商人居住。又据常钧《敦煌杂钞》记载："现今（指乾隆五年）户口滋息，商民杂遝"[③]；《敦煌随笔》亦称："所幸迩年屯垦日兴，田畴弥望，阛阓乐业，地方渐有起色。货物流通，商贩工作之流，络绎不绝"[④]。这表明随着敦煌社会经济的不断发展，乾隆五年（1740）时敦煌商人已日渐

---

① 吕钟修纂、王渊等校点《重修敦煌县志》卷三《民族志·生计》，第111页。

② ［清］查郎阿《奏覆沙州民户余谷无庸籴买并查贮岳钟琪原买余剩麦石折（雍正八年四月二十八日）》，载张书才主编《雍正朝朱批奏折汇编》第18册，第576页。

③ ［清］常钧撰《敦煌杂钞》卷上《沙州卫》，北京：禹贡学会印本，1937年。又见《中国西北文献丛书》第98册《敦煌杂钞》，第329页。

④ ［清］常钧《敦煌随笔》卷下《户口田亩总数》，北京：禹贡学会印本，1937年。又见《中国西北文献丛书》第98册《敦煌随笔》，第388页。

增多，商业也逐步发展起来。最早的商人来自于山西、陕西，他们在敦煌因经商而定居，“渐入土著，置田起屋，均列户民”①。外地商人来到敦煌经商后，他们以地域为纽带，建立起商会性质的组织——会馆。最早来敦煌的山西、陕西商人都建立了自己的会馆。陕西会馆位于县城北关，比邻而设，又称“乾州庙”，这表明敦煌的陕西商人很可能多来自陕西乾州（今咸阳市乾县）地区。来自外省的商人会馆，基本都分布在县城北关一带，除了山西、陕西会馆外，两湖会馆和四川会馆也分布于北关。敦煌的省内商人也越来越多，如五凉会馆、陇右会馆等，这些会馆分布在县城南关。敦煌商业分布，“以东关大街为最繁盛之区，其次则南北关，大城内商业较少”②。这与敦煌县的城市布局有关，东关一带也正是山西会馆、陕西会馆等商业组织的分布区域，同时商铺也大多集中分布于东街，因此商业活动非常兴盛。无业农民，也大都聚集到东关附近等待雇佣干活。此外，南关又有五凉会馆、陇右会馆等。骡马市位于县城北关火祖庙一带，为牲口贸易场所。敦煌六隅四乡为农业区域，居民分布于距离县城四五十里范围之内，以坊而居，因此并没有市场分布。每逢市集和庙会，也是商铺买卖和摊贩最为忙碌的时期。城内外百姓聚于县城内游赏，购买所需，促进了敦煌商业经济的发展。“大小商人约百余家，自昔无十万元之大商”③，这表明清代敦煌商人的经营规模都不是很大。但相较于农民和手工业者，商人拥有的财富显然要多出很多。据《重修敦煌县志》记载，清代敦煌还有十余家“当商”，他们在敦煌开设当铺，“年纳税银二百二十五

① ［清］苏履吉、曾诚纂修《敦煌县志》卷七《杂类志·风俗》，第347页。
② 吕钟修纂、王渊等校点《重修敦煌县志》卷五《建置志·市场》，第146页。
③ 吕钟修纂、王渊等校点《重修敦煌县志》卷三《民族志·生计》，第111页。

两”[1]。敦煌商人为当地经济的发展和赋税收入作出了重要贡献。值得一提的是，敦煌商人在经营获利的同时，不忘多行义举。他们积极响应知县号召，捐资助学，同时还认贷官府款项，付给利息，而这些利息则是敦煌义学和书院得以运转的主要资金来源。可以说，敦煌商人为当地贫民子弟入学读书、应试考举以及地方文教事业作出了应有的贡献。

2. 手工业

敦煌城池、房屋等各种设施的修建和修葺，需要有专门技术的泥瓦匠、木工等手工业者。沙州卫城修建时，主要由外地来敦煌的工匠负责修建城池、房屋等，因此他们要较移民农户更早到达沙州。如莫高窟第427窟游人题记记载：“雍正叁年甘州宁夏人三十七名五月十六日□做沙州房伍百简，立起工完/陈法□。”[2]这些来自甘州、宁夏的工匠做工完毕后，有些回到原籍，有些留在敦煌定居，继续做工，并发展成为敦煌本地的工匠群体。据《敦煌县志》记载：“工人凡习一艺者，如造室宇、筑垣墙、烧砖瓦、制器具，各资其值，足以养家。”[3]由于这些工匠有一技之长，因而属于生活水平较高的阶层。随着敦煌社会经济的发展，工匠行业日益细化，各种手工业和工匠群体在敦煌都有。《重修敦煌县志》记载了26种手工业者，有木匠、生铜匠、生铁匠、熟铁匠、石工、牛皮工、羊皮工、鞋匠、银匠、布匠、刻字匠、毡匠、油漆匠、缝工、绳工、席工、塑画匠、砖瓦匠、石灰匠、泥水匠、口袋匠、钉碗匠、打锅匠、染匠、纸匠、蜡匠等。[4]除了个别手工行业产生于民国时期之外，敦煌大多数手工业者在清代

① 吕钟修纂、王渊等校点《重修敦煌县志》卷八《财政志·当税》，第189页。
② 敦煌研究院编《敦煌莫高窟供养人题记》，第160页。
③［清］苏履吉、曾诚纂修《敦煌县志》卷七《杂类志·风俗》，第347页。
④ 吕钟修纂、王渊等校点《重修敦煌县志》卷三《民族志》，第121—122页。

就有。这些手工业者，大体可分为土木建筑类和器物制作类。土木建筑类，如木匠，“建造屋宇及各项木器业者”；塑画匠，“专塑神像，各种彩色画，今不及昔远甚”。这两种工匠在敦煌的人数应当较多，敦煌的城池、衙属、房屋、义学、书院全属新建并经常修葺，工活很多，因此需求量也很大。特别是敦煌县城及其周边六隅四乡，建有上百座庙宇，供奉各种神祇，莫高窟的清代塑像、重绘等，均需要专门的塑画匠。器物制作类所包含的手工业种类更多，凡是自己生产制作、销售各类生产生活用品的，都属此类。诸如生铁工、熟铁工，主要制作犁、铧、锹、锄等农具。又如牛皮工专门制作牛、马皮绳等物。由于敦煌周边山野有黄羊、大头羊、石羊、狐狸等野生动物，因此有羊皮匠专门制作羊皮以及狐皮裘衣等制品。还有一些人则成为专门的缝工，“以手工业为人制衣”。席工则“专制芦席”，芦席即芦苇编制的垫子。敦煌东北有叫“席笆厂”的地方，后来设立席笆厂坊，因这一地区很可能有芦苇生长。大多数工匠均为“俟人佣用，并无工厂”，当有用工需求时，则前去上工。器物类手工业者则以家庭作坊为单位从事制作生产。他们既具有手工业者的特性，同时也具有商人的属性。如器物类手工业者生产的各类生产生活用品，除了部分留作自用外，绝大多数还用来出售。敦煌的市集和庙会，为他们销售产品提供了重要的平台。这些手工行业中，有些对技术水平的要求较高，诸如木工、银匠等。但大多数手工行业对技术的要求不是特别高，诸如鞋匠，“专补苦力人破鞋及上加工鞋底，不能制新鞋”，生铜匠“做极粗之小物，精致者亦不能做”，油漆工“用麻油所熬之桐油及铁油专油桌、榻各木器，不会使漆”，等等[①]。究其原因，主要是由于这些手工业者大多

---

① 吕钟修纂、王渊等校点《重修敦煌县志》卷三《民族志》，第121页。

都由无业农民转化而来。乾隆后期，敦煌社会的贫富差距日益严重，富者拥地数分，多达上百亩，而贫苦农民的土地则很少，有些甚至没有土地，“为人佣工，日计其值，以养妻子。每日侵晨，无业贫民皆集东关外候人佣雇，谓之人市”[①]，为了生计不得不雇佣干活，作泥水工、油漆工等。

3. 矿业

清代敦煌矿种较多，但开采者少。根据《重修敦煌县志》记载，敦煌矿产种类主要有金、银、煤、铅、盐、硼砂、白碱、硫磺、皮硝、雄黄、白矾、乌石、硇砂、金星矾、胡桐律、大硼砂等，此外《敦煌随笔》记载敦煌还有锡矿。

这些矿产资源，以敦煌金矿较为出名。根据《敦煌县志》记载，敦煌南山一带有金沟14处。这些金沟距离敦煌县城非常遥远，最远的有六七百里，近者也要二三百里，最近的南山清水沟距敦煌县城有260里。[②]据《重修敦煌县志》记载：“全县金沟，旧称七十二道”[③]，可见敦煌金矿确为丰富。常钧《敦煌随笔》对沙州金矿的分布地区有较为详细的记载：“党河上游之南有山名钓鱼沟，即沙州东南南产金之洞口也。尚有大小红、大小沙诸沟间产金砂及铅、锡、硫黄，其山绵亘数百余里，路径丛杂。”[④]乾隆五年（1740）九月常钧巡察沙州时，曾着沙州卫守备陈捷令兵丁、老农前往查勘党河源流及其水文情况，查得钓鱼沟一带有大量泉流，这些水源也为淘金提供了必备条件。早在雍正六年

① ［清］苏履吉、曾诚纂修《敦煌县志》卷七《杂类志·风俗》，第347页。
② ［清］苏履吉、曾诚纂修《敦煌县志》卷二《地理志·金厂》，第123—124页。
③ 吕钟修纂、王渊等校点《重修敦煌县志》卷二《方舆志·敦煌金厂》，第72页。
④ ［清］常钧《敦煌随笔》卷上《沙州》，北京：禹贡学会印本，1937年。又见《中国西北文献丛书》第98册《敦煌随笔》，第382—383页。

（1728）以前，伴随着清朝在关西地区的移民开发，一些游民就悄悄进入到矿区进行挖掘和偷采。安西总兵官潘之善最早注意到了安西、沙州周边硫磺矿、铅矿和金矿的利用价值以及民间偷采情况。他在雍正六年（1728）八月二十四日的奏折中指出："再石包城以南，去镇城六百余里之一肯萨喇哈尔金山内，每年四月间冰消地解，有无籍民人潜往彼处刨掘黄沙，臣奸民杂处，滋生事端。是以选差弁目入山驱逐，第南山一带地方辽阔，虽难劳兵惫马，终难禁绝。"[①]因此他奏议朝廷派遣得力官员前来试采，如可采即可开厂采矿，不仅可以使游民偷挖金矿的乱象得以制止，还可以增加税收，"以助国帑"。雍正皇帝批示潘之善先行与岳钟琪商议，再报奏裁决。但从后面情况看，潘之善奏议最后不了了之。除了与当时敦煌社会百废待兴、忙于开垦而无暇顾及有关外[②]，金矿距离敦煌县城太远，而沙州卫官员人数少、管理困难也是重要因素。又据常钧《敦煌随笔》记载："乾隆二年，奸徒合伙偷挖，旋经搜捕审结，现在添设卡路，拨兵寻查，以资防范"[③]，可见当时已经形成有组织性质的合伙偷挖，官府在抓获审理后，加强了对矿区的把守。但在以后的几十年里，由于利益驱动，不少游民又前往偷挖。乾隆五十年（1785）五月，在嘉峪关外做工的甘肃皋兰县人崔学莫在返乡途中，"路遇凉州人王发，告知沙州有金厂两座，嘱其前往帮同偷采"[④]。但崔学莫到达沙州小金厂后，听说和阗金沙较好，于是又前往和阗，但在路

---

① ［清］雍正帝批，允禄、鄂尔泰编《朱批谕旨》第22册《朱批潘之善奏折》，雍正六年八月二十四日。

② 车雯婧《清代对敦煌的开发》，兰州大学硕士学位论文，2012年，第29页。

③ ［清］常钧《敦煌随笔》卷上《沙州》，北京：禹贡学会印本，1937年。又见《中国西北文献丛书》第98册《敦煌随笔》，第382页。

④《清高宗实录》卷一二三五乾隆五十年七月下，第602—603页。

上被抓。据崔学莫交代，“止到过沙州小金厂。见厂内有二百人，闻大厂内有三百人”①，可见敦煌当时已经建有小金厂和大金厂，规模相当大。清廷获奏后，随即交陕甘总督福康安督饬查访。福康安着人调查后奏报：“甘肃敦煌县沙州，地产金砂。前经获办偷挖各犯，并声明详勘后，官为开采。兹查沙州南北两山，土杂金砂。虽节年封禁，贫民趋利如鹜，难免偷挖。不若官明立厂募夫，照乌（鲁）木齐金厂例，夫五十，设夫头一名。给票入山试采，尽收尽报。并派文武员弁弹压。应如所请。并令试采两三月后。统核得金多少。再酌定规条奏办。”②军机大臣商议后奏报：“应如所请。并令试采两三月后，统核得金多少，再酌定规条奏办”③，随后获得乾隆帝批准。四月，福康安再度上奏建立官场，招募人夫开采。据《重修敦煌县志》记载，乾隆五十一年（1786）试采后，乾隆五十二年（1787）正式设立官办的南山、北山两个金厂，并设有专门的监督府专管金厂事宜。同时招募民夫2000名，每名民夫每月纳课金三分三厘，同时设课长，专门负责收纳课金。每年三月初十天气转暖后，开厂采金，九月九日天气渐冷后，则关厂歇业。按照这一制度，每年可收课金达396两。但敦煌北山金厂维持了不到15年，即于嘉庆五年（1800）关闭。此后南山金厂由于资源日渐枯竭，民夫也不断减少。嘉庆十四年（1809），减少民夫600名。④至道光八年（1828）时，敦煌金厂已“矿老金微，情形更非昔比，本年开厂，商夫畏累不前，招募不能足额”⑤，因此再度减夫400名，并以1000名民夫为

---

①《清高宗实录》卷一二三五乾隆五十年七月下，第603页。

②《清高宗实录》卷一二五一乾隆五十一年三月下，第820页。

③《清高宗实录》卷一二五三乾隆五十一年四月下，第842页。

④［清］苏履吉、曾诚纂修《敦煌县志》卷二《地理志·金厂》，第126页。

⑤《清宣宗实录》卷一三八道光八年七月上，北京：中华书局，1986年，第131页。

定额，定课金为198两。[①]但是金厂规模还在不断缩小，民夫大量减少，至光绪末年只有民夫20余名，并最终于民国初年关闭。

敦煌周边还有银矿分布，但可能不多。据《重修敦煌县志》记载："敦煌西湖花牛山，相传出银矿，据土人至其地者云：'尚有破屋数间，铁锅一口，破车一辆。由于炼矿所遗址老底甚多。'但其地僻远，樵苏畜牧者无意之间，偶或见之。专意往觅，多迷失道，亦不知何年所采。"[②]敦煌手工业者中，有银匠，专门制作妇女首饰等银制品。铅矿在敦煌四周也有分布，雍正六年（1728）安西总兵官潘之善在调查沙州、安西周边矿产后上奏："……又镇迤北二百余里，地名白茇茇，南面有铅山一座。向日有人开采，臣亦遣人烧成铅斤，其色类白，似有银汁，但边人技拙，不能炉分，无从辨认"[③]，并奏请开发铅矿。《敦煌随笔》记载，敦煌东南钓鱼沟一带不仅有金矿，还有铅、锡、硫黄等矿。《重修敦煌县志》亦载敦煌南山鳌盖一带有铅矿。咸丰末年，甘州提督索文派人开采铅矿，但最终因投入太大而停止。

4. 林业、牧业

《重修敦煌县志》记载："[敦煌] 森林、畜牧不甚发达"[④]，这虽然主要描述的是民国以后的情况，但清代敦煌的林业、牧业发展情况应与之相近。由于敦煌周围多为沙漠、戈壁，因此大规模林业生产在敦煌并不可能存在。敦煌的林木，主要分布于由党河形成的敦煌绿洲一带，此外敦煌周边的泉泽湖泊、南山一带亦

---

① [清] 苏履吉、曾诚纂修《敦煌县志》卷二《地理志·金厂》，第126页。

② 吕钟修纂、王渊等校点《重修敦煌县志》卷二《方舆志·银矿》，第72—73页。

③ [清] 雍正帝批，允禄、鄂尔泰编《朱批谕旨》第22册《朱批潘之善奏折》，雍正六年八月二十四日。

④ 吕钟修纂、王渊等校点《重修敦煌县志》卷三《民族志·生计》，第111页。

有草木生长。雍正三年（1725）建设沙州新城时，需要大量草木作为工料。汪漋在其《城工告成》一诗中即写道："基厚山川开蕴蓄，地灵草木备经营。"[①]雍正移民时，由政府出钱、移民出力建盖房屋，"已到沙州者，砍木托坯，盖造房屋"[②]。在建房时，将10户移民编为1组，并设立1名甲长负责监理施工。这10户移民中，以5户负责砍伐树木，另外5户则负责夯打土坯。此外，敦煌城内的衙属、祠庙等修建均需要大量的木材，而就地取材势必造成敦煌绿洲林木覆盖率的下降。据雍正五年（1727）九月初九日岳钟琪所上《奏报安西沙州屯垦收获分数及植产种类情形折》记载："臣查安西、沙州屯垦民户，既有二麦之丰收，又有各种之树艺。"[③]陕西总督查郎阿在雍正八年（1730）四月二十八日的奏折中也称："屯种既广，树艺益繁。"[④]可见林木种植产业在敦煌相当重要，甚至与粮食生产相提并论。这也说明，移民刚到敦煌开垦耕种时即有意植树。敦煌百姓从沙州卫城迁居六隅四乡后依然重视林木种植，除了能提高绿化、营造舒适的生活环境外，在田地、水渠两侧种树又可起到抵御风沙、涵水固土的生态保障作用。而林木种植又能为敦煌土木修建提供木材。《敦

---

① ［清］黄文炜撰《重修肃州新志》，第554页。

② ［清］石文焯《奏报前赴沙州垦地居民户口数目折（雍正五年闰三月初八日）》，载张书才主编《雍正朝汉文朱批奏折汇编》第9册，第396页。又载［清］雍正帝批，允禄、鄂尔泰编《朱批谕旨》第11册《朱批石文焯奏折》，雍正五年闰三月初八日。

③ ［清］岳钟琪《奏报安西沙州屯垦收获分数及植产种类情形折（雍正五年九月初九日）》，载张书才主编《雍正朝汉文朱批奏折汇编》第13册，第418页。

④ ［清］查郎阿《奏覆沙州民户余谷无庸粜买并查贮岳钟琪原买余剩麦石折（雍正八年四月二十八日）》，载张书才主编《雍正朝汉文朱批奏折汇编》第18册，第576页。又见［清］石之瑛《开设沙州记》，载［清］黄文炜撰《重修肃州新志》，第543页。

煌县志》记载："工人凡习一艺，如造室宇、筑垣墙、烧砖瓦、制器具，各资其值，足以养家。俗尤勤种植，渠傍隙地树木阴森，凡修房宇，民犹称便。"①可见，从事土木建筑类的手工业者"尤勤种植"，专门在水渠旁边的"隙地"种植很多树木，用以提供施工所需的木材。据《重修肃州新志》记载，敦煌树种有梧桐、白杨、野生红柳、沙枣等②。《敦煌县志》记载中则多出榆树、柳树、枣树、青杨、椿树③。因此，深处沙碛中的敦煌百姓一直有植树的习惯，并且存在着一定规模的林业。

敦煌的牧业主要分为游牧和畜牧两类。在雍正移民敦煌前，布隆吉尔、敦煌等关西地区既有清朝兵丁耕种，同时又有青海和硕特蒙古部人游牧。因此曾专门划定边界，避免互相越界而产生事端。而随着此后罗卜藏丹津叛乱的平定，游牧的青海蒙古部人逐渐退出敦煌绿洲，转移到周边的玉门关、阳关一带游牧。④常钧《敦煌随笔》记载："[党河]水源下流百余里，河之南有山地名钓鱼沟，山北有沙巴尔拖骆海，俱系草湖，周围约四五十里，步步生泉，约有数百道。每泉眼之上，俱有木椿、石槐填压。盖缘沙州从前原系青海诸夷游牧处所，设卫之初，尽行驱出南山之外，此等流泉俱为夷人阻塞，不令通流。"⑤钓鱼沟，位于沙州卫城西南党河南岸，山北又有沙巴尔拖骆海，"俱系草湖"。南北两山泉流、水沟众多，草植较盛，因而曾为青海蒙古

① [清] 苏履吉、曾诚纂修《敦煌县志》卷七《杂类志·风俗》，第347页。
② [清] 黄文炜撰《重修肃州新志》，第495页。
③ [清] 苏履吉、曾诚纂修《敦煌县志》卷七《杂类志·物产》，第371页。
④ 吕钟修纂、王渊等校点《重修敦煌县志》卷三《民族志·敦煌蒙（古）族考》，第104页。
⑤ [清] 常钧《敦煌随笔》卷下《查勘党河源流》，北京：禹贡学会印本，1937年。又见《中国西北文献丛书》第98册《敦煌随笔》，第397—398页。

部众游牧。罗卜藏丹津之乱平定之后，该部“游牧蒙古”已全部迁走。又据新疆若羌县维吾尔部众口述：“由敦煌县西行九十里至小塘，又七十里至人头疙瘩，又五十里至大方盘，即古玉门关，又七十里至畅快，别称海子。以上各站，均有泉水美草。”[①]敦煌又有少量汉人和维吾尔族人游牧于敦煌西北一带[②]。除游牧外，雍正移民之后，敦煌六隅四乡百姓也有马、驼、牛、驴、猪、羊等牲畜的畜牧，一方面马、驼可以骑乘和运输，牛、驴为生产物资，在农业生产中扮演着重要的角色，而猪、羊的饲养又可为民户提供肉食。敦煌的手工业者中有牛皮工，“专制牛、马皮绳及皮条等物”，羊皮工则“专制羊皮及狐、貉各裘”，毡匠“专以羊毛擀毡”，口袋匠“以山羊毛制囊”，此外蜡匠“专造羊油土蜡”[③]。这些都属于以牛羊畜牧为基础而发展起来的手工业。

二、教育事业

雍正三年（1725），建设沙州新城。但当时移民尚未到来，因此只是先修建了必要的衙属机构、仓库以及庙宇，并未修建学校。雍正五至六年（1727—1728）移民迁居敦煌之后，随即开始了艰辛而又繁忙的田地开垦和农业生产。但当时白手起家、重新开发敦煌，可谓千头万绪。农民忙于耕种，每年春耕时更是携家带口，从卫城前去周围五十至八十里远的田地干活，“妇子散处原野，结茅而居”[④]。在此情况下，当时并不具备修建学校、发展教育的客观条件。经过几十年的发展，敦煌人口日渐增多，除

---

① 吕钟修纂、王渊等校点《重修敦煌县志》卷四《交通志·路程》，第128—129页。
② 吕钟修纂、王渊等校点《重修敦煌县志》卷八《财政志·草头税》，第189页。
③ 吕钟修纂、王渊等校点《重修敦煌县志》卷三《民族志》，第121—122页。
④［清］常钧《敦煌随笔》卷上《沙州》，北京：禹贡学会印本，1937年。又见《中国西北文献丛书》第98册《敦煌随笔》，第382页。

了四乡农民外，敦煌县城也产生了从事商业、手工业的阶层。随着社会经济的持续发展，敦煌百姓对教育的需求也与日俱增。乾隆二十四年（1759）开始，敦煌县城及六隅四乡相继设立了十几所义学，此后又修建了鸣沙书院，大大促进了清代敦煌教育事业的发展。

首先是学官的设立。乾隆二十五年（1760）敦煌县设立后，依清朝雍正十三年（1735）定制，于各府设立教授、训导各1名，各州设立学正、训导各1名，各县则设立教谕、训导各1名。教授、学正、教谕主要负责训迪学校生徒，“课艺业勤惰，评品行优劣”[①]。其中，教授、学正、教谕属于教官，而训导则辅佐各级教官，由此敦煌县负责教育的学官正式设立。《敦煌县志》并未记载敦煌县历年教谕的姓名，只记载了乾隆二十九年（1764）以后的历任训导姓名[②]，《重修敦煌县志》则对道光十一年（1831）以后的训导又加以搜罗记载[③]。教谕和训导上任后，随即制定了参加岁试和科试的文生、武生名额，“定岁试取进入学文生四名、武生四名，科试文生四名”[④]。由于敦煌位置偏远，因此文生、武生需前往肃州参加岁试和科试。岁科考试由省一级的学政负责主持，也是学生的入学考试。如通过科试，即取得了参加科举考试的资格。乾隆三十六年（1771），将文生、武生增加到六名，规定文生前往陕西省参加乡试，武生则在甘肃省参加乡试。在参加乡试的过程中，敦煌地方官绅商人常对文生、武生路费予以资助。如乾隆二十七年（1762）前沙州卫卫守备苏潜修

---

① 《清史稿》卷一一六《职官三》，北京：中华书局，1977年，第3358页。

② ［清］苏履吉、曾诚纂修《敦煌县志》卷四《官师志·文职》，第153—154页。

③ 吕钟修纂、王渊等校点《重修敦煌县志》卷九《官司志·敦煌县清代历任儒学训导一览表》，第227—228页。

④ ［清］苏履吉、曾诚纂修《敦煌县志》卷四《官师志·学校》，第170页。

捐银200两并转交知县曾希孔，乾隆五十七年（1792）知县彭以懋捐银200两，道光四年（1824）知县苏履吉捐银100两，又筹银100两。敦煌县知县将这600两白银贷于商人，商人也积极响应，所生利息用于资助文生和武生参加乡试的路费及其他费用。

其次是敦煌义学的设立。在敦煌改卫设县以及设立学官的前一年（1759），敦煌县义学即已设立。义学是主要靠官款或地租所得而设立的蒙学，“具有官办免费初等教育的特点”①。《敦煌县志》记载“贫者送入义学，官延师以教之”②，表明敦煌义学亦主要面向贫民子弟。知县曾希孔到任敦煌后，“甫下车，首兴学校，建书院，置诸生膏火”③，可见十分重视文教事业。曾希孔在城内东西南北四向建立了四处义学，其中东义学位于县城东关外，南义学位于县城南关，西义学位于县城西门外，北义学位于东关。知县曾希孔采取了以地养学的方式，专门辟置“学田”约200亩，“岁收租粮，给师馆谷京斗麦各七石”④。通过以地养学的方式，保证了义学的可持续发展。知县彭以懋倡导官绅捐银600两，并将此钱贷给城内商贾，以所生利息给教师发放酬金，“岁给五义学束修各一十四两四钱，遇闰各加银一两二钱”⑤。道光元年（1821），知县魏邦彦鉴于六隅百姓距县城义学太远，往来极为不便，因此又在六隅四乡建立了义学，这样敦煌的义学建设又从城内拓展到周边的六隅四乡。除了东南隅建有义学两处，分别在渭源坊和新墩庙以外，其他五隅各建有义学一处。其中，中南隅义学在古浪坊，西南隅义学在高台坊，东北隅义学在洮州

① 于晓燕《“义学”释义》，《贵州师范学院学报》2014年第10期，第61页。
② ［清］苏履吉、曾诚纂修《敦煌县志》卷七《杂类志·风俗》，第346页。
③ ［清］苏履吉、曾诚纂修《敦煌县志》卷五《人物志·名宦》，第209页。
④ ［清］苏履吉、曾诚纂修《敦煌县志》卷三《建置志·义学》，第136页。
⑤ ［清］苏履吉、曾诚纂修《敦煌县志》卷三《建置志·义学》，第136页。

坊，中北隅义学在庄浪坊，西北隅义学在三道闸。此外，在县城内又增修了两处义学。各处义学中，东南、中南、东北、西北的义学，每年由官府给予麦五石。西南、中北两隅分别辟置“学田”约50亩，每年从其粮食收成中拨出麦10石给西南、中北两隅义学。根据《敦煌县志》记载，敦煌的义学总数达到了14处。《重修敦煌县志》记载“清时城乡义学二十余处，早废不录”①，这表明道光十一年（1831）以后，敦煌又增修了一些义学。义学为敦煌平民百姓的子弟接受开蒙教育提供了平台，“俾贫贱子弟，皆得读书”。而在义学就读后，如通过考试后又可进入书院学习，因此义学又为培养更高层次的文武举人打下了基础。除了义学这种面向社会大众的公共学校外，敦煌地区还存在着家庭教育。由于乾隆以来敦煌社会贫富差距的日益加大，穷人子弟通常进入免费的义学，由政府请教师教读。而“富家则自延师教督”②，自请教师在家中教育子女。

乾隆五十四年（1789），知县彭以懋在县城北关以东设立鸣沙书院。清代书院经济来源主要靠朝廷赏赐、官方拨款、官员捐助以及社会捐助。③但根据县志记载，鸣沙书院并不存在朝廷赏赐和官方拨款的情况。鸣沙书院修建后，历任知县倡导捐银并贷于商贾，以所生利息维持书院运转、资助（膏火）学生以及修葺书院之用。知县彭以懋在任时，“延请名师，设立膏火以千余两”④，并将倡捐所得的1200两贷给商人，以所生利息保证书院运转以及资助学生。但到嘉庆十四年（1809）知县黄廷绂到

① 吕钟修纂、王渊等校点《重修敦煌县志》卷五《建置志·义学》，第145页。

② ［清］苏履吉、曾诚纂修《敦煌县志》卷七《杂类志·风俗》，第346页。

③ 崔来廷《清代书院的社会经济视角》，《中国社会经济史研究》2010年第2期，第28—29页。

④ ［清］黄廷绂《鸣沙书院膏火碑记》，载［清］苏履吉、曾诚纂修《敦煌县志》卷六《艺文志·记》，第304页。

任之前，该笔专款已被充用，导致书院的资金中断。知县黄廷绂于是再度倡捐1200两，贷给商人，以所生利息为书院提供资金。为保证专款专用，“严立条规，俾守勿坏”[①]。同时，设置园地50亩，以每年的租钱来延请主讲。[②]知县黄廷绂的上述举措，使书院转危为安，“士子人等亦莫不欢欣鼓舞”[③]。道光四年（1824）苏履吉上任知县后，非常重视书院，在资金并不充裕的情况下，延请武威孝廉曾元鲁到书院讲学，拓宽了学生的视野。此外，由于书院坍塌失修，道光五年（1825）知县苏履吉与乡绅贤达商议倡捐，“并劝谕士民、商贾各襄是举，计得资不下千金”[④]，对鸣沙书院进行了修葺。此后，鸣沙书院逐渐废坏。史书未记载其原因，但很可能与同治兵燹有关。光绪十年（1884），知县唐传柄在城内东大门以北再度修建了新的鸣沙书院，继续发挥教育作用。

值得一提的是，历任敦煌知县作为一县之长，对修建义学、书院，特别是培养敦煌社会崇文重教的社会风气起到了关键作用。诸如知县曾希孔“甫下车，首兴学校，建书院，值诸生膏火”；彭以懋“重修书院，添诸生膏火，设立义学，贫贱子弟，皆得读书。间有七八岁尚未就傅者，比呵责其父兄”；魏邦彦“性仁厚，下车之日即以学校为先务，增立义学”[⑤]；又如知县

① ［清］苏履吉、曾诚纂修《敦煌县志》卷五《人物志·名宦》，第211页。
② ［清］苏履吉、曾诚纂修《敦煌县志》卷三《建置志·书院》，第133页。
③ ［清］黄廷绂《鸣沙书院膏火碑记》，载［清］苏履吉、曾诚纂修《敦煌县志》卷六《艺文志·记》，第305页。
④ ［清］苏履吉《重修鸣沙书院碑记》，载［清］苏履吉、曾诚纂修《敦煌县志》卷六《艺文志·记》，第306页。
⑤ ［清］苏履吉、曾诚纂修《敦煌县志》卷五《人物志·名宦》，第209—211页。

苏履吉，“甫下车，以振兴文教，奖掖后进为急务”[①]等。而教谕、训导以及学校的教师等，都为敦煌教育的发展作出了实实在在的贡献。此外，敦煌商人乡绅响应知县号召，或捐资助学，或贷款生息，也为义学书院的正常运转和学生学习生活提供了宝贵的经济支持。通过敦煌社会各界的努力，敦煌的教育事业取得了显著成效，崇文重教的氛围逐渐形成，“文风丕变，自咸、同，至光绪，敦煌士子，明经拔萃，登贤书者，颇不乏人”[②]，“敦煌自建立学校以来，越今七十年，文物渐盛”[③]，涌现出众多文武仕进、乡党懿行以及闺门节孝，并为《敦煌县志》《重修敦煌县志》所收录表彰。根据对《重修敦煌县志》的统计，清代敦煌共出举人41人（文举8人、武举33人）拔贡7人，“恩、岁、例贡”共74人，其中68人分任全国各地，入仕任职[④]。此外，敦煌本地文人所作的诗文碑记和敦煌涌现的节孝事迹，也是敦煌教育卓有成效的反映。

① 吕钟修纂、王渊等校点《重修敦煌县志》卷九《官司志·历代职官沿革考略》，第210—211页。

② 吕钟修纂、王渊等校点《重修敦煌县志》卷九《官司志·历代职官沿革考略》，第211页。

③［清］苏履吉、曾诚纂修《敦煌县志》卷首《凡例》，第37页。

④ 吕钟修纂、王渊等校点《重修敦煌县志》卷一〇《人物志》，第337—340页。

第四节　清代敦煌民众的信仰

由于移民的大量到来和社会经济的逐步复兴，清代敦煌地区的佛教信仰逐渐恢复。敦煌新建了大佛寺和地藏寺，同时莫高窟香火也日渐兴旺，敦煌百姓形成了四月初八佛诞节定时前往莫高窟巡礼烧香的风俗。除了佛教外，敦煌还有道教、伊斯兰教等宗教信仰。由于与百姓日常的生产生活紧密相关，因而民间信仰在敦煌民众中非常流行。

一、佛教

明嘉靖七年至康熙五十四年（1528—1715）近190年时间里，敦煌被吐鲁番所占据耕牧。由于信仰佛教的蒙古族、藏族等部众相继迁徙，故而敦煌的佛寺以及莫高窟逐渐冷寂和破败。如沙州城内原有的大佛寺，“在城西南，旧有大佛像，蒙古瞻拜，而无屋宇。后夷人远遁，像亦颓坏”[①]；又如莫高窟，清雍正初时已成为“风摇柽柳空千里，日照流沙别一天”“问禅无释侣，稽首

① ［清］黄文炜撰 《重修肃州新志》，第497页。

冷香烟，字落残碑在，从深漫草缠”[①]的荒刹。更甚者，由于吐鲁番信仰伊斯兰教，对莫高窟内的佛迹有破坏活动，“明时回人蹂躏，佛像毁坏”。伴随着雍正初年敦煌行政体系的逐步设立和汉族移民的大量到来，敦煌地区的佛教信仰再度兴旺起来。依据清制，各县设有僧会司，为县一级佛教事务机构[②]。敦煌县亦设有僧会司，负责管理大佛寺、地藏寺及千佛洞的佛教事务。

（一）佛寺修建

记载敦煌地区佛寺修建的主要是地方志资料。据《甘肃通志》《重修肃州新志》《敦煌县志》《重修敦煌县志》等方志记载，清代敦煌修建有大佛寺和地藏寺（表4–3）。

表4–3　清代敦煌佛寺修建表

佛寺	修建时间	修建地点	记载内容	记载出处
大佛寺	雍正三年（1725）	城内西南隅	大佛寺。在沙州卫城内西南隅。	《甘肃通志》
	雍正三年（1725）	城西南	大佛寺。在城西南，旧有大佛像，蒙古瞻拜，而无屋宇。后夷人远遁，像亦颓坏。雍正三年设卫，乃于台基建寺。	《重修肃州新志》
	雍正三年（1725）	县城南关西面	大佛寺。在护城南关西面。雍正三年建。	《敦煌县志》
	雍正三年（1725）	县城南关	大佛寺。在县城南关。雍正三年建。	《甘肃新通志》
	雍正三年（1725）	县城南关西面	大佛寺。雍正三年建，南关西面。	《重修敦煌县志》

① ［清］黄文炜撰 《重修肃州新志》，第554、555页。

② 《清史稿》卷一一六《职官三》，第3360页。

续表

佛寺	修建时间	修建地点	记载内容	记载出处
大佛寺	雍正八年（1730）	城西三里	大佛寺。在沙州卫城西三里，雍正八年建。	《甘肃通志》
地藏寺	未载	南关南稍门内	地藏寺。大南关南稍门内。	《重修敦煌县志》

从方志资料来看，清代修建的佛寺数量很少（图4-6）。乾隆元年（1736）编纂的《甘肃通志》记载雍正时期沙州卫建有两处大佛寺。从时间和地点看，一处建于雍正三年（1725），位于沙州城内西南；另一处建于雍正八年（1730），位于沙州城内以西。但《甘肃通志》所载雍正八年（1730）修建的大佛寺，并不见于《重修肃州新志》《敦煌县志》《甘肃新通志》以及《重修敦煌县志》等书，很可能与诸书所载雍正三年（1725）修建的大佛寺为同一

图4-6 敦煌的寺院（1907年斯坦因拍摄）
（采自《敦煌旧影：晚清民国老照片》）

座寺院。而《重修敦煌县志》所载的地藏寺，很可能修建于清末或民国时期。

（二）莫高窟的营建、重修与巡礼活动

清代方志资料中，均称莫高窟为“雷音寺”“千佛洞”。如《甘肃通志》记载：

> 雷音寺。在沙州卫城南三十里，即千佛洞，创始未详。有断碣云唐（年号数字剥落）年重修，疏岩凿石，佛龛层叠，塑像绘画以数万计。明时回人蹂躏，佛像毁坏，龛为沙掩，画壁犹存。今人民繁庶，道人等疏爬始见，每年四月八日香火甚盛。[①]

此外，《重修肃州新志》等方志亦称莫高窟为雷音寺。明时吐鲁番曾对莫高窟也有破坏活动。至清代雍正初再度经营敦煌，莫高窟的凋敝景象才大为改观，香火逐渐旺盛起来。1907年、1908年斯坦因和伯希和探险队拍摄的一组照片，真实呈现了清末莫高窟及周边环境的景观（图4-7、图4-8、图4-9、图4-10、图4-11、图4-12、图4-13、图4-14）。

图4-7 莫高窟全景（1907年斯坦因拍摄）
（采自《敦煌旧影：晚清民国老照片》）

① ［清］许容监修《甘肃通志》卷一二《祠祀》，第82页。

图4-8 莫高窟北区南端洞窟（1907年斯坦因拍摄）
（采自《敦煌旧影：晚清民国老照片》）

图4-9 莫高窟南区全景（1908年伯希和考察队拍摄）
（采自《敦煌旧影：晚清民国老照片》）

图4-10 莫高窟北区全景（1908年伯希和考察队拍摄）
（采自《敦煌旧影：晚清民国老照片》）

图4-11 莫高窟南区外景（1908年伯希和考察队拍摄）
（采自《敦煌旧影：晚清民国老照片》）

图4-12 莫高窟前外景（1908年伯希和考察队拍摄）
（采自《敦煌旧影：晚清民国老照片》）

图4-13 莫高窟谷底（1908年伯希和考察队拍摄）
（采自《敦煌旧影：晚清民国老照片》）

图4-14 莫高窟大佛殿（现第96窟）外景（伯希和考察队1908年摄）（采自《敦煌旧影：晚清民国老照片》）

1. 莫高窟的营建与重修活动

清代雍正以降，敦煌人口大量增加，社会经济逐渐恢复。有清一代，对莫高窟进行了大量重修，同时也偶有营建活动。根据《敦煌石窟内容总录》的划分，清代在莫高窟开凿的洞窟有第11窟和第228窟。第11窟为覆斗形顶，北壁有清代塑像一铺三身，绘有云龙屏风。第228窟窟顶已毁，仅存清代塑像天王一身[①]。但也有学者认为第228窟营建于曹氏归义军时期[②]。清代重修的洞窟有217个，约占全部现存编号492个洞窟的44%。清代莫高窟题记中留存有10余条与清代重修洞窟有关的题记，这些题记真实记载了重修洞窟的时间、工匠以及相关活动等信息，对研究清代莫高窟重修活动具有重要的价值。莫高窟第454窟甬道北壁题记记载："凉州武威县朝山施画匠雷吉祥于雍正元年二月十五日功

① 敦煌研究院编《敦煌石窟内容总录》，第9、90页。

② 马德《敦煌莫高窟史研究》，兰州：甘肃教育出版社，1996年，第346页。

完。”[①]该题记题于雍正元年（1723）二月十五日，是目前已知最早的清代洞窟重修题记。是年，清朝设立沙州所，正式揭开了开发敦煌的序幕。清朝时期对该窟进行了重修，中心佛坛上清塑送子娘娘一铺十二身（已清除），西南清塑假山，南、北面清画花鸟屏风各六扇[②]。根据上述画工雷吉祥题记，这些清代作品可能完成于雍正元年（1723）二月十五日。第342窟主室东壁北侧墨书：“武威弟□（子）刘斌在此开/圣像陆尊。”[③]雍正三年（1725）十二月，来自武威的五位香客巡礼了第342窟，香客之一的刘斌在此开像。清代时重修了第342窟，西壁平顶敞口龛内，有清塑及清修弟子、菩萨14身[④]。题记也对判断窟内塑像的时代提供了参考。第152窟甬道北壁题记记载：“……陕西省乾隆拾三年伍月十六日，众信弟子/新修斋房壹院，又补修佛殿房一次。”[⑤]可知当时有僧人和信众在莫高窟前长期驻守，因而新建了斋房并补修了佛殿。第450窟北壁龛东侧有3条题记：

①大清嘉庆岁次戊午甲子月望五日/甘泉弟子塑工人李滋□/武威画工□（杨）钧/镇番画士吴正□

②大□（清）乾隆五年七□甘泉/塑匠在此……行

③五十九年……大……/李滋徒温如秀[⑥]

题记①中的“嘉庆岁次戊午”，即嘉庆三年（1798）。这3条题记

① 敦煌研究院编《敦煌莫高窟供养人题记》，第173页。
② 敦煌研究院编《敦煌石窟内容总录》，第186页。
③ 敦煌研究院编《敦煌莫高窟供养人题记》，第140页。
④ 敦煌研究院编《敦煌石窟内容总录》，第140页。
⑤ 敦煌研究院编《敦煌莫高窟供养人题记》，第72页。
⑥ 敦煌研究院编《敦煌莫高窟供养人题记》，第171页。

位置相同，内容一致，故而题记②条中“乾隆五年七□”应为“乾隆五十七□（年）”之误抄。上述第454窟、第342窟、第450窟数条题记中，除了塑工李滋来自甘泉县外，其他工人均来自凉州府武威县，表明当地有专门的塑工和画工群体。乾隆五十七年（1792）、乾隆五十九年（1794）、嘉庆三年（1798）在第450窟留题塑工、画工题记，当是在此窟进行了塑画活动。得益于雍正、乾隆时期敦煌社会经济的逐渐恢复和发展，加之这一时期当地官民的重修和装饰活动，莫高窟的景象也发生了很大变化。嘉庆十八年（1813）赵吉游览莫高窟，不仅抄录了汪漋《游千佛洞》一诗，同时自己又写道：“山岩开劈势崇隆，造作非凡巧琳工。意依群曹分效职，期逾何年告功成。云峦翠柳层楼胜，佛屋宝塔四望中。新开此境香烟盛，夷狄诸夏往来通。”[①]可知莫高窟已经一改往日凋敝破败、无人寻访的荒刹景象，游客络绎不绝，香火也日益兴旺起来。

咸丰、光绪时期莫高窟也有一些重修洞窟题记。第285窟屋檐题字：“五月初六日未时山成工/咸丰九年四月廿二日木工四个/初一日出寿功德主布修染金佛。”[②]这四位木工又在第327窟甬道北壁留下了题记：“五月初六日未时山成工。咸丰九年四月廿二日木工四个。”[③]莫高窟第285窟开建于西魏，中唐、宋、西夏以及元代进行了重修，窟内没有清代重修的痕迹。第327窟建于西夏，清代进行了重修，窟内有清代菩萨四身[④]。此处重修时有功德主出资，雇请工匠“修染金佛”。莫高窟第365窟窟门内侧上端墨书：“光绪二年四月初三日起工安门/朝山焚香弟子/年禄、

① 敦煌研究院编《敦煌莫高窟供养人题记》，第8页。
② 敦煌研究院编《敦煌莫高窟供养人题记》，第119页。
③ 敦煌研究院编《敦煌莫高窟供养人题记》，第132页。
④ 敦煌研究院编《敦煌石窟内容总录》，第114—115、134页。

杜秀、周才、/安财章、殷思存/杜茂林叩献/本工周贵施钱壹两八钱，/姚克昌施钱陆钱，/康贵施钱陆钱。”[①]第365窟修建于中唐，清代进行了重修。前室西壁门南、门北各画二天王，西壁坛上中唐塑七禅定佛，清代重修佛头[②]。为保护洞窟，由周贵、姚克昌、康贵三人施钱资助，雇年禄、杜秀等六名工人在第365窟安装了窟门。

还有一些碑文也记载了晚清时期在莫高窟的重修活动。据立于光绪三十二年（1906）的《重修千佛洞三层楼功德碑记》记载，王道士曾重修16窟前的三层楼[③]。三层楼，即今第16窟之木构建筑，下层是第16窟、第17窟（即藏经洞），中层为第365窟（即七佛堂），上层为第366窟。又据《重修千佛洞宝贝佛殿功德碑记》中“迨同治年间花门变起，遂将佛龛半付灰烬……至光绪建元后，民安物阜，时和年丰……［才］鸠工庀材，次第修葺”以及《重修鸣沙千佛洞募缘疏》中“迨遭回禄浩劫之患，复添抱残守缺之憾”，可知光绪元年（1875）后进行重修。第365窟题记记载光绪二年（1876）在第365窟捐资安装窟门，则正与碑石记载相合。王道士还在莫高窟外修建了一座集存残破佛像的泥塔——千相塔，塔西立有《敦煌千佛洞千相塔记》碑（图4－15、图4－16），碑中叙述了修建千相塔的缘由：“于名山收此万亿化身，瘗归圆明世界，所以浮图创造，因取千相为名”，尾署“道人王元箓建。大清宣统二年（1910）岁在庚戌冬十月丁亥吉日辛

---

① 敦煌研究院编《敦煌莫高窟供养人题记》，第143页。

② 敦煌研究院编《敦煌石窟内容总录》，第148页。

③ 李永宁《敦煌莫高窟碑文录及有关问题（二）》，《敦煌研究》1982年第2期，第117—126页。

卯立石”[①]。千相塔后来被拆除，《敦煌千佛洞千相塔记》碑碑石现藏于敦煌研究院陈列中心。敦煌市博物馆藏《敦煌千佛山皇庆寺缘簿》是王道士募捐修建千相塔的缘簿，左上角记载了化缘缘由为“创修千像神塔”，右下角落款为“道人王圆箓募化”。簿本首页是《重修鸣沙千佛洞募缘疏》，尾署“大清宣统二年岁次庚戌夹钟月谷旦皇庆寺道士派王园禄谨识”，并附有“敦煌合邑绅商”的劝募者16人名单。《重修鸣沙千佛洞募缘疏》记载了修葺莫高窟的原因和经过：“无如世远时遥，虽有烟云之垂护，而年深日久，不免风雨之飘零。迨遭回禄浩劫之患，复添抱残守缺之憾。数年伊始，诸善奉行合后，先以补葺，规模已粗有可观，依次第以兴工，榭宇亦焕然就理。岁维庚子，序属孟夏，百年未见之……依然获观几万卷。王园禄睹佛像之毁伤，阅释典之留遗，诚心发愿，虔意兴修，商诸董事，佥云极可”[②]，并附记了安西等地募捐名单。此外，立于1931年的《太清宫大方丈道会司王师法真墓志》和立于1936年的《重修千佛洞九层楼碑记》（图4－17）等碑刻，也对清代特别是光绪时期莫高窟重修和清理活动有所记

图4－15《敦煌千佛洞千相塔记》碑碑阳（采自敦煌研究院莫高窟官方微博）

①王慧慧、梁旭澍、萧巍、张海博《〈敦煌千佛洞千相塔记〉〈敦煌千佛山皇庆寺缘簿〉录文及相关问题》，《敦煌研究》2014年第5期，第65—68页。
②王慧慧、梁旭澍、萧巍、张海博《〈敦煌千佛洞千相塔记〉〈敦煌千佛山皇庆寺缘簿〉录文及相关问题》，《敦煌研究》2014年第5期，第70页。

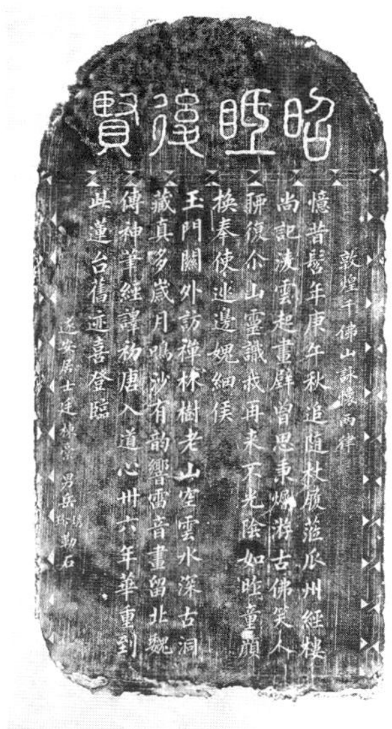

图4-16《敦煌千佛洞千相塔记》碑碑阴（采自敦煌研究院莫高窟官方微博）

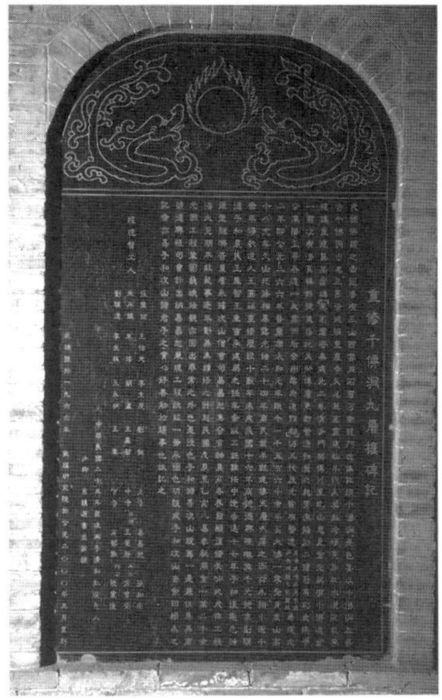

图4-17《重修千佛洞九层楼碑记》碑（采自敦煌研究院莫高窟官方微博）

载。[①]从清代莫高窟重修情况看，其绘塑技术和艺术水准已完全难与前代比拟，故吕钟在《重修敦煌县志》中对清代敦煌塑工、画工水平评论道："专塑神像，各种彩色画，今不及昔远甚"[②]，并特别提到："汉以后，工业如千佛洞之塑像、壁画驰名世界，论者谓得希腊及犍陀罗艺术。开摶埴雕绘之先，极盛之后，难乎为继矣"[③]。此外，清代敦煌百姓又由甘肃各州县贫苦农民迁居而来，已无汉唐时代敦煌政府和大族的财力支持，也没有了营建佛教石窟的艺术和文化厚壤。在此背景下，清代莫

---

① 李永宁《敦煌莫高窟碑文录及有关问题（二）》，《敦煌研究》1982年第2期，第117—126页。

② 吕钟修纂、王渊等校点《重修敦煌县志》卷三《民族志》，第121页。

③ 吕钟修纂、王渊等校点《重修敦煌县志》卷三《民族志》，第120页。

高窟的营建、重修、装饰已远不复昔日之盛，技艺水平也较为拙劣。

2. 莫高窟的巡礼活动

莫高窟留存的大量清代游人题记，真实记录了清代各地游客信众对莫高窟的巡礼历史，也反映出清代莫高窟香火的兴旺。敦煌莫高窟中留存有大量清代游人题记，虽然学者们根据《敦煌莫高窟供养人题记》《伯希和敦煌石窟笔记》等书进行了统计①，但其准确数字还需进行逐洞调查和全面抄录。从现已抄录的莫高窟清代游人的内容来看，主要包括了巡礼者的职业身份、地域来源、巡礼时间等信息。

首先，游人题记反映了巡礼者的职业身份。学者曾对游人题记进行了分类探讨，认为来莫高窟巡礼的游人大体分为四类：第一类是最为多见的游人，即普通信众、香客，包括出资塑像做功德和游历的文人；第二类是佛教界的僧官和学者；第三类为各级官员和边镇军将；第四类是来自邻近地区的擅长凿石、塑像、绘画的工匠。②这一总结基本涵盖了游客信众的职业身份种类。而就清代的敦煌而言，第四种“来自邻近地区的擅长凿石、塑像、绘画的工匠”所留题记，大多数是在重修或装饰洞窟后所留，并

① 公维章、徐自强、王力平、陈光文分别统计出清代莫高窟题记64条、69条、65条、72条。段鹏在此基础上，“通过实地考察补录50条，合计133条”。分别见公维章《元明清时期的敦煌佛教》，《敦煌学辑刊》1999年第2期，第26—30页；徐自强《敦煌莫高窟游人题记研究》，载郝春文主编《敦煌文献论集》，第338—339页；王力平《莫高窟汉文游人题记史料价值探析》，《敦煌学辑刊》2014年第3期，第45页；陈光文《敦煌莫高窟清代游人题记研究》，《敦煌学辑刊》2016年第1期；段鹏《莫高窟所见清代敦煌四月八行事探析》，《敦煌学辑刊》2021年第2期，第42页。

② 王力平《莫高窟汉文游人题记史料价值探析》，《敦煌学辑刊》2014年第3期，第46—47页。

非严格意义上的游人题记。如莫高窟第450窟题记以及莫高窟第285窟题记，为塑工、画工、木工在重修或装饰洞窟后留题，就其内容来看应归于洞窟重修题记。除上述四类游人之外，莫高窟还有道教徒的巡礼题记，如第454窟题记：“乾隆元年四月初七武当会一会人等到此建醮”“光绪元年四月初八日正乙弟子唐瑞、阎雪方、阎英、安春在”[①]；第166窟巡礼题记：“武当山太玄道人真阳于今/乾隆十四年四月初八日到此朝山”[②]；第148窟巡礼题记：“龙门洞金符山授戒弟子张来德至嘉庆十年九月廿一日朝礼”[③]。道士于四月初八佛诞节巡礼莫高窟，也反映出清代敦煌佛、道信仰相互交融的复杂面貌。就游人题记的分布时间看，军士巡礼题记大多出现在康熙后期和雍正前期，这是由于当时关西地区尚处在开发建设的初期，军人较多。雍正以后，普通百姓的巡礼次数大大增加。到晚清时期，又出现了来自西方以及日本的探险家。

其次，游人题记反映了信众游客的地域来源。从莫高窟清代游人题记看，除了占多数的敦煌、安西本地人外，还有来自以下地区：凉州府（今甘肃武威市）武威县和镇番县（今甘肃民勤县），甘州府（今甘肃张掖市）张掖县，哈密，靖远县，兰州府，巩昌府临洮和岷州（今甘肃岷县），汉中城固县，甘泉县，乾州（今陕西乾县），山西曲沃（今山西闻喜县）。以莫高窟为中心，来自今新疆东部、甘肃、陕西以及山西的信众和游客，不畏路途遥远前来巡礼，反映了清朝时期莫高窟在佛教徒中的崇高地位。

① 敦煌研究院编《敦煌莫高窟供养人题记》，第174页。
② 敦煌研究院编《敦煌莫高窟供养人题记》，第78页。
③ 敦煌研究院编《敦煌莫高窟供养人题记》，第71页。

第三，游人题记反映了信众游客巡礼莫高窟的时间特点。“四月八”是汉传佛教佛诞节，《甘肃通志》记载了敦煌百姓四月初八佛诞节前往莫高窟礼佛进香的习俗：“每年四月八日香火甚盛”①；《重修肃州新志》记载：“四月八日户民为浴佛之会，香火称盛”②；道光版《敦煌县志》记载较为详细：“夏四月八日千佛洞菩萨胜会，士女前三日进香，至日尤盛”③。四月八佛诞节到莫高窟礼佛进香的习俗在清代敦煌百姓中非常盛行，民众在前三天就已前往上香，而在四月初八当天不仅有法会，还有放生、求子、演戏等节日活动，民众齐聚莫高窟，非常热闹（图4–18、图4–19、图4–20）。民众四月初八礼佛进香的习俗在

图4–18 莫高窟农历四月八的信众（1908年伯希和考察队拍摄）（采自《敦煌旧影：晚清民国老照片》）

---

① ［清］许容监修《甘肃通志》卷一二《祠祀》，第82页。

② ［清］黄文炜《重修肃州新志》，第478页。

③ ［清］苏履吉、曾诚纂修《敦煌县志》卷七《杂类志·风俗》，第344页。

图4-19 莫高窟农历四月八大佛殿前的马车（1908年伯希和考察队拍摄）（采自《敦煌旧影：晚清民国老照片》）

图4-20 莫高窟农历四月八中寺门前的摊贩（1908年伯希和考察队拍摄）（采自《敦煌旧影：晚清民国老照片》）

莫高窟清代游人题记中也有大量反映。经过统计，莫高窟所见与四月八相关的题记多达67条，其时间跨度“从雍正四年（1726）直至清亡的宣统三年（1911），涵盖清朝各个时期”[①]，直至今日敦煌百姓还保持了这一盛大的礼佛习俗。此外，游人题记中还有众多逢月初一、十五礼佛上香的记载，体现了清代莫高窟的香火旺盛和敦煌社会浓厚的佛教信仰氛围。

二、道教

雍正初年在建设沙州新城时，修建了道教西云观。乾隆版《甘肃通志》记载：“西云观，在沙州卫城西三里，雍正八年建。”[②]又据道光版《敦煌县志》记载，乾隆五十年（1785）时又修建了太清宫：“太清宫，在东稍门外迤南。乾隆五十年建。”[③]清末时期，从湖北逃荒至敦煌的道士王圆箓，在莫高窟前也修建了太清宫。据王道士墓志《太清宫大方丈道会司王师法真墓志》记载：

> 嗣以麻城连年荒旱，逃之四方，历尽魔劫，灰心名利。至酒泉，以盛道道行高/洁，稽首受戒，孳孳修练。迨后，云游敦煌，纵览名胜，登三危之名山，见千佛之古洞，乃/慨然曰：“西方极乐世界，其在斯乎！”于是修建太清宫，以为栖鹤伏龙之所。[④]

---

① 段鹏《莫高窟所见清代敦煌四月八行事探析》，《敦煌学辑刊》2021年第2期，第42—46页。

② ［清］许容监修《甘肃通志》卷一二《祠祀》，第83页。

③ ［清］苏履吉修、曾诚纂修《敦煌县志》卷三《建置·庙宇》，第141页。

④ 李永宁《敦煌莫高窟碑文录及有关问题（二）》，《敦煌研究》1982年第2期，第121页。

图4-21 王道士于下寺正殿前（1907年斯坦因拍摄）（采自《敦煌旧影：晚清民国老照片》）

王道士所修的"太清宫"，即今莫高窟下寺（图4-21）。下寺与十六窟前之三层楼隔路相对，原为王道士法堂和居室。依清制，各县设道会司道会一人，负责本县道教事务。敦煌亦设有道会司一人。据《重修敦煌县志》记载："今敦煌之道教徒三十余人，自云皆龙门派，宗丘处机。"①这里描述的是民国时期的情况，清代敦煌的道教发展状况应与之相似。

三、伊斯兰教

明代弃置敦煌后，敦煌属于信仰伊斯兰教的吐鲁番部众活动区域。清代雍正六年（1728）移民完成后，敦煌定居的汉族人口大大增加。据道光时期保甲册记载，当时敦煌城内有回族4438人。②同治兵燹后，敦煌回族全部迁走，一部分向东迁至肃州，被马文禄编为沙州二营；大部分向西逃入西域地区。敦煌回族悉

① 吕钟修纂、王渊等校点《重修敦煌县志》卷三《民族志·宗教》，第108页。
② 吕钟修纂、王渊等校点《重修敦煌县志》卷三《民族至·户口》，第111页。

数外迁，“无复流者”，伊斯兰教也就没有了信仰的群体。光绪时期，“哈密缠回时来贸易，然皆侨寓，时来时去”①，但由于哈密维吾尔族来敦煌主要是从事贸易，多为暂居。至民国十三年（1924），才有别处回族陆续迁入敦煌，人数渐多，伊斯兰教又逐渐发展起来。

四、民间信仰

除了佛教、道教、伊斯兰教的信仰外，清代敦煌地区还存在更为流行的民间信仰。“民间信仰，是深植于中国老百姓当中的宗教信仰及其宗教的行为表现，属于‘潜文化’或‘隐文化’范畴……同各大宗教相比有更深远的历史基础和更广大的信仰队伍。”②民间信仰神祇繁多，涉及民众生产生活的方方面面。明清时期是中国古代民间信仰发展最快的时期。清朝时期在各个州县通常都建有各种民间信仰庙宇。清代重新开发敦煌，建城移民，白手起家，自敦煌县设立之后各种政府机构、设施一同而设。沙州卫建置时期，在城内兴建了一批庙宇。此后随着敦煌社会经济的恢复和发展，又新建了其他庙宇。敦煌的民间信仰庙宇大致可分为两类：一类是县城内外修建的公共性庙宇，为敦煌全县百姓所巡礼、祭祀；另一类是在敦煌六隅四乡修建的众多庙宇，属于各坊民户自己修建的坊庙。乾隆版《重修肃州新志》对沙州卫时期修建的庙宇有所著录，此后道光版《敦煌县志》、民国版《重修敦煌县志》对敦煌县的主要庙宇也有记录。兹据以上诸书记载，择其要者辑录如下：

---

① 吕钟修纂、王渊等校点《重修敦煌县志》卷三《民族志·宗教》，第108页。
② 金泽《中国民间信仰》，杭州：浙江教育出版社，1990年，第1—2页。

表4-4 清代敦煌庙宇一览表

庙宇名称	修建时间	重修时间	方位	据县城里数
关帝庙	雍正三年（1725）		县城北台上	
城隍庙	雍正三年（1725）		县署迤西	
土地祠	雍正三年（1725）		县署大门内东	
马王庙	雍正四年（1726）	雍正六年（1728）	东大门内迤南	
庆祝宫	雍正六年（1728）	道光六年（1826）	西大门内西街	
先农坛	雍正七年（1729）		县城东郊	0.5 华里
龙王庙	雍正八年（1730）		县城以西	3 华里
虮蜡庙	雍正八年（1730）		东稍门外迤南	0.5 华里
雷祖庙	乾隆五十六年（1791）		县城东郊	1 华里
社稷坛	乾隆五十六年（1791）		县城东郊	1 华里
文　庙	乾隆五十七年（1792）	道光六年（1826）	鼓楼西南	
文昌宫	乾隆五十八年（1793）		东稍门外东郊	1 华里
火帝庙	嘉庆十一年（1806）		护城东关北面	
城隍行宫	嘉庆二十一年（1816）		北稍门外	
药王庙	嘉庆时期		火神庙后偏东	
风伯雨师庙	道光六年（1826）		县城东郊	1 华里
财神庙	道光六年（1826）		城内西仓	
张爷庙	未载		外城东大街	

第一类为公共性庙宇，大多数都分布在县城以内或距离县城不远的城郊一带。这类公共性的庙宇供奉着城隍、关羽、观音、龙王、药王、雷祖、财神等众多神祇，与敦煌百姓日常生产生活

息息相关，因而香火非常旺盛。民间信仰所供奉的神祇与百姓生产生活紧密相关，也就决定了信仰的实用性；而从事不同行业的人，又往往去相应的庙宇神祇祭拜祈求，因而其信仰又具有了显著的指向性、功利性特点。上述诸多神祇中，城隍为城池护卫之神，清代各州县通常都修建有城隍庙。敦煌城内建有城隍庙，城外建有城隍行宫等，每年举行的三次城隍出府巡游，是一项重要且庄重的活动，敦煌官员及众多百姓都参与其中，祈求城池稳固，社会安定。药王庙主要供奉历代名医，百姓生病时常前往药王庙瞻仰拜谒，祈求康复。此外，敦煌主要以农业生产为主，因此修建了许多与土地、雨水相关的庙宇，如龙王庙、雷祖庙、风伯雨师庙，等等，这些庙宇所供奉的神灵主雨水充足、河水丰盈。又如农业生产中，虫灾为主要灾害。蜡指八位虫神：先啬、司啬、百种、农、邮表畷、禽兽、坊、水庸[①]，其中又以蝗灾为头号虫灾，因此敦煌又修建了蜡庙供奉虫王。除农业生产外，敦煌地区还有屠宰业及手工业，故又分别建有张爷庙、火帝庙。此外，清代敦煌各府州县普遍建有文庙、文昌宫，学生、文人祈求学业顺利、金榜题名，常常前往进香许愿。

第二类为地方性庙宇，这类庙宇主要位于敦煌六隅四乡，是由各坊百姓修建的专属庙宇。坊庙以坊而设，数量众多。《重修敦煌县志》记载："此外尚有各项之坊神庙百余处。缘敦煌由内地五十六州县迁来，每坊止（至）少有一庙，为一坊居民报、集会之所。"[②]由于各坊坊庙数量太多，而规模又小，因此《重修敦煌县志》未予著录。据统计，东南隅十三坊有庙宇19座，中南

① 赵世瑜《狂欢与日常——明清以来的庙会与民间社会》，上海：三联书店，2002年，第93页。

② 吕钟修纂、王渊等校点《重修敦煌县志》卷五《建置志·庙宇表》，第141页。

隅六坊有庙宇10座，西南隅七坊有庙宇7座，东北隅六坊有庙宇9座，中北隅十三坊有庙宇20座，西北隅十二坊有庙宇11座，因此六隅57个坊共有庙宇76座[①]。其中，除了西北隅庙宇数量少于坊的数量、西南隅庙宇数量等同于坊的数量外，其余四隅即东南隅、中南隅、东北隅、中北隅的庙宇数量均多于坊的数量。由此可见，大多数情况下，每个坊都至少拥有一座属于自己的坊庙。这些庙宇中，部分是一座庙宇只供奉一个神祇，如供奉有关羽、城隍、土地等。但由于财力和地域所限，部分坊庙也出现了一座庙宇供奉多个神祇的情况[②]。如西山丹庙供奉有“三大财神、山神、土地”，东山丹庙中则供奉有“关羽、四海龙王、牛、马、虫王”[③]。由于雍正移民时，将同一州县的移民编入同一个坊，因此各坊坊民具有相同的方言文化和生活习俗。按户而分的耕地、以坊而居的聚落又将坊民变为了一个利益共同体，在面对外敌时甚至是命运共同体，因此他们也就有了修建属于自己的坊庙以供奉地方守护神的现实基础和心理需求。相较于县城内外的庙宇，坊庙一庙多神的杂糅现象，表明其实用性更强。同时，坊庙的功能指向性也更加明确，即护佑地方平安，祈祷风调雨顺。

除了上述所论庙宇神祇及其信仰的实用性、指向性特点外，由民间信仰衍生出的进香、祭祀、演戏、灯会、游赏等各种庙会活动，则是实用性与娱乐性兼具。学者指出，“特定的时间、场合主要与岁时年节、诸神生日有关。在这些特定的时间场合，民众的民间信仰体现得十分充分，但主要是通过庙会及其他祭神仪

① 李明德《敦煌近代寺庙、庙会及民俗信仰》，载谢生保主编《敦煌民俗研究》（一），兰州：甘肃人民出版社，1995年，第349—357页。

② 车雯婧《清代对敦煌的开发》，第36页。

③ 李明德《敦煌近代寺庙、庙会及民俗信仰》，载谢生保主编《敦煌民俗研究》（一），第351页。

式活动，表现出商业贸易、休闲娱乐以及社区整合等实用功能。”[①]就敦煌而言，由于庙宇众多，因此一年四季十二个月，基本上每月都有庙会活动[②]。如祭祀献牲、灯会演戏等，可见敦煌百姓的岁时节日与精神生活都与庙宇紧密相关。敦煌较大规模的庙会活动，主要集中在农历春节、四月初八佛诞节、五月初五端阳节、正月农历春节之时，敦煌百姓大都前往各庙宇烧香。鼓楼则举行鳌山灯活动，悬挂纱帧，“绘众神像，请三百六十全神，燃灯百余展（盏）”，东门外靖远庙戏楼也悬挂纱帧，楼上绘《精忠列传》，百姓观灯游赏，络绎不绝。元宵节时的庙会活动更为热闹，不仅有鳌山灯活动，城内及敦煌四乡各庙宇、会社，都会举行社火活动，如舞狮、龙灯、竹马、高抬、长腿子等。四月初八是佛诞节，莫高窟前会举行盛大的浴佛大会，敦煌百姓前往烧香礼拜，各地僧人、信众甚至道士不远千里前往莫高窟参加浴佛大会，足见其影响力之大。五月初五端阳节时，百姓还会前往鸣沙山、月牙泉游赏，龙王庙、金花庙还会演戏三日，观众众多。每年清明节以及七月十五、十月初一都会举行城隍出府的巡游活动，是一个重要且庄重的节日。百姓通常只献牲祭祀，不演戏。除了上述几个比较大的节日外，每月庙宇都会举行活动，如三月十八日地母庙会、四月十八日雷祖庙会、四月二十八日药王庙会、五月二十五日金花庙会，等等，都会举行演戏以及献牲等活动。从实用性看，每逢庙会活动时，商贩售卖商品，游人络绎不绝，促进了经济的发展。同时，每逢重要节日及庙会活动，城内居民和四乡农民共同参与其中，聚于一处，加强了坊街邻里的往来互动。因此，清代敦煌的民间信仰，具有功能实用

① 赵世瑜《狂欢与日常——明清以来的庙会与民间社会》，第38页。
② 以下内容参吕钟修纂、王渊等校点《重修敦煌县志》卷三《民族志·四时风俗》，第115—119页。

性、行业指向性、形式娱乐性等特点。它以各种神祇为供奉对象，以庙宇为地点、以节日为时间、以庙会为形式，贯穿并影响到敦煌百姓生产生活的各个方面，不仅有助于经济发展和社会安定，而且还大大丰富了敦煌百姓的闲暇生活和精神世界。

总之，清代敦煌有佛教、道教、伊斯兰教等宗教信仰，同时还有非常流行的民间信仰。从庙宇的数量来看，佛教、道教寺庙仅建有几座，而属于民间信仰的各种庙宇大大小小共有上百座之多。民间信仰更是借助密集的庙宇分布和频繁的庙会活动，贯穿并影响敦煌百姓日常生活和生产的方方面面。各种信仰在敦煌互相交流、交融，如正月初九会举办纪念玉皇大帝诞辰的“上九会”[①]，道教徒又于四月初八浴佛大会前往莫高窟巡礼叩拜并恭敬留题，体现出清代敦煌民众诸教杂糅的信仰特点。

---

① 李明德《敦煌近代寺庙、庙会及民俗信仰》，载谢生保主编《敦煌民俗研究》（一），第336页。

结 语

11世纪30年代，归义军政权近二百年的割据统治结束，敦煌进入到历史上的西夏元明清时期，时间长达近千年之久。这一时期的敦煌，既有西夏和元代中后期的稳定发展，也有明朝羁縻边外的放任自流和“弃为瓯脱，不遑经略”[①]后的荒芜萧条，又有清朝再度经营后的逐步复兴，可谓跌宕起伏。本书主要从各朝代在敦煌建立统治的历史过程、行政建置与职官设置、社会经济与宗教信仰等方面，对西夏元明清时期的敦煌历史与社会面貌进行呈现。

一、西夏元明清时期敦煌的行政建置与职官设置

西夏在敦煌设立了属于中等司的沙州监军司对当地实行管辖，设立了属中等司的沙州刺史，负责监察当地民事、刑事、军事等事务，与监军司平级。西夏国内共有两个经制司，其一即在沙州，是处理边防事务的理财机构，属于下等司。西夏还设立了负责敦煌农业生产相关事务的沙州转运司，亦属下等司。

元朝时期在敦煌设置有沙州路总管府，并以瓜州为其属州。沙

① ［清］黄文炜撰《重修肃州新志》，第479页。

州路总管府的最高官员为镇守官达鲁花赤，此外还有总管，两者皆为从三品。同知为正五品，与达鲁花赤、总管属于正官。参佐官则有正五品的治中、正六品的判官、从六品的推官、从七品的经历和从八品的知事。除上述正官和参佐官外，还有无品级的属吏，如司吏、译事及通事等。沙州路下还设有河渠司等下属机构。敦煌石窟元代游人题记中留存了大量职官题名，可与史书记载印证。除了路一级的行政建置外，元朝实行诸王出镇制度，先后出镇敦煌的有豳王出伯、豳王南忽里、太子喃答失，嗣越王阿剌忒纳失里以及西宁王忽塔迷失、速来蛮、牙罕沙、速丹沙等。尽管元朝时期敦煌为诸王兀鲁思封地，但路总管府作为元朝中央政府设在敦煌的行政机构，与诸王各司其职、互相制约。

明代划嘉峪关而治，对关西地区实行统而不治的羁縻政策。明朝在敦煌先后设立沙州卫和罕东左卫，并任命蒙古头目担任卫所左都督、右都督、都督同知、都督佥事、都指挥同知、都指挥佥事、指挥使、指挥同知、指挥佥事等大小官职。正统十一年（1446），沙州卫废置，部众全部内迁。嘉靖七年（1528），罕东左卫废置，部众迁入嘉峪关内，自此敦煌被明朝完全弃置，至清初旷无建置近二百年之久。

清朝康熙后期，开始逐步经营敦煌地区。雍正三年（1725）正式设立沙州所，翌年（1726）升为沙州卫。行政机构是沙州卫，设卫守备一员；军事机构是沙州协，设副将一员。乾隆二十五年（1760），清朝正式设立敦煌县。行政机构由沙州卫改为敦煌县，主官由卫守备改为知县；军事机构由沙州协改为沙州营，由副将改为参将。由此，“民之有县令，兵之有主将”①，清代敦煌的军政建置设立完成。

---

①［清］苏履吉、曾诚纂修《敦煌县志》卷四《官师志》，第147页。

二、西夏元明清时期敦煌的人口数量与族属构成

除明朝之外，西夏、元、清属党项族、蒙古族、满族建立了少数民族政权。西夏时期敦煌的族属主要以党项和汉人为主，此外还有吐蕃、回鹘等族。西夏前期，由于宋夏战争时期大量征发敦煌百姓参战而导致人口锐减。西夏中后期设立沙州监军司等机构，敦煌进入较为稳定的发展阶段。敦煌人口数量可能在20000以内，但由于旱灾、蝗灾等灾害时有发生，因此人口数量起伏不定。西夏末期，蒙古军三次攻打敦煌，造成当地人口明显减少。

蒙古帝国初期，敦煌人口数量因蒙夏战争而明显下降，瓜州甚至被废弃半个世纪之久。元朝前期，由于万余名蒙古军进驻敦煌屯戍，加上其家眷和原有人口，敦煌人口总量应在20000以上。但此后受撒的迷失叛乱影响，人口数量减少。延祐年间又设立了屯储万户总管府，再度进行大规模屯田，人口数量又得到恢复性增长。元朝中后期在西宁王的出镇之下，敦煌社会稳定，人口渐有增长，估计在西宁王速来蛮镇戍时期敦煌人口数量达到元朝时期的峰值。元代敦煌主要有蒙古族、汉族、党项族等，此外还有畏兀儿等族。

明代敦煌由于属羁縻治外之地，由蒙古族、藏族耕牧，人口数量无具体记载，也很难估算。特别是关西七卫间经常互相袭扰、劫掠人口，因此人口的增减起伏亦属常态。只有在沙州卫、罕东左卫向明政府告饥和内迁时，才会有相应的人口查验数字。沙州卫内迁时共有205户、1230余人，但显然不是全部的人口。罕东左卫部众分几拨内迁，都督佥事日羔剌内迁时其所部人口未载，但嘉靖二十八年（1549）前后有538人；总牙部内迁时有936至1070人；剌麻番僧哈尔麻、结思冬部内迁时有10余人；帖木哥、土巴部内迁时共有5418人。沙州卫族属主要为蒙古人，但由于各

卫间互相劫掠，因此还有畏兀儿、哈剌灰、撒里畏兀儿人。罕东左卫族属主要为蒙古族、藏族，在后期关西诸卫纷纷内迁的情况下又融入了哈剌灰人、撒里畏兀儿诸族。罕东左卫部众全部内徙后，“沙州遂空”，只有吐鲁番部众时来耕牧。

清朝时期再度经营敦煌，雍正五年至七年间（1727—1729）向敦煌进行了大规模移民，共移民2405户，总人数大约在9620人到12025人之间。再加上工人、兵士、商贾等，雍正七年（1729）时敦煌的总人数达到20000多人。道光十一年（1831）时敦煌六隅四乡的农业人口有2448户、20840人，加上城内商贾、工人、官员估计总人口在30000至40000之间。敦煌人口的严重损失发生在同治兵燹时期，其后敦煌人口共有25000余人，其中四乡农业人口损失严重，减少5840人，仅余14000多人。清代敦煌主要为汉族移民和满族官员及其家眷，此外还有游牧于敦煌周边的蒙古部众和侨居从商的维吾尔族。同治兵燹发生后，敦煌的4400多回族人口全部外迁，至民国初年又陆续迁入。

三、西夏元明清时期敦煌的经济发展与宗教信仰

西夏及元朝在敦煌设立有管理水渠及农业生产相关事务的机构，如西夏设立有转运司，元代设立有屯储万户总管府、河渠司等，特别是元代在敦煌曾进行过大规模屯田，粮食产量很大。由于这一时期少数民族人口众多，因而畜牧业占据着重要位置。敦煌石窟西夏壁画中不仅有反映农业生产场景的耕作图、踏碓图，还有展现手工业生产场景的酿酒图和锻铁图。明朝对嘉峪关以西地区实行统而不治的羁縻政策，敦煌成为蒙古等族的耕牧区域，农业虽有发展，但不甚发达，牧业则占据着重要的位置。嘉靖七年（1528），敦煌罕东左卫部众全部内迁，关西地区由此成为荒芜区域。清代雍正初年从甘肃各地招集的10000余人移民敦煌之

后，平整土地，修建水渠，开始了大规模农业生产，清代敦煌也发展成为关西地区的重要产粮基地，产粮不仅能自足，余粮还为政府采买，供给军队。此外，畜牧业、手工业、矿业、林业也在敦煌经济构成中占据重要位置。

西夏、元朝时期，党项和蒙古统治者推崇佛教，境内佛教得到了较快发展。西夏时期，敦煌沙州监军司等机构官员崇信佛教，并以供养人身份出现在壁画中。元朝时期，无论出镇敦煌诸王特别是西宁王，还是沙州路总管府官员，都积极支持佛教在敦煌境内的传播。因此，西夏、元朝时期敦煌佛教信仰氛围浓厚，藏传佛教也在当地得到了较快传播，敦煌石窟出现了藏传风格洞窟并取得了新的艺术成就。西夏特别是元代，各地佛教徒和信众游客频繁前往莫高窟巡礼并留下大量游人题记，反映出莫高窟在佛教信徒中的崇高地位。元代敦煌除了佛教信仰外，还有景教信仰。明朝时期，虽然敦煌一带耕牧的蒙古族、藏族部众大多信仰佛教，但这一时期莫高窟已无洞窟营建和艺术创作。而在明朝迁民弃土、关闭嘉峪关后，莫高窟彻底成为香火冷清的荒刹，甚至还受到吐鲁番部众的破坏，堪称敦煌石窟艺术史上最为黯淡的时代。清代随着大量移民的到来和社会经济的逐步恢复，敦煌城内新修了大佛寺、地藏寺以及道教的西云观，同时相继修建了大批民间信仰的庙宇。由于清代敦煌百姓全由甘肃各地贫苦农民移居而来，因而当地民众信仰呈现出佛教、道教以及民间信仰杂糅的面貌。莫高窟也基本没有艺术创作，只进行了大量的重修和装饰活动，同时窟内大量游人题记也反映出清代莫高窟香火旺盛，信众游客络绎不绝。

四、西夏元明清时期敦煌历史的脉络特点

纵观敦煌自西汉设郡以来的两千多年历史，按照其自身发展

脉络，大致可分为汉唐时期和西夏元明清时期。汉、隋、唐俱属大一统王朝，也是敦煌社会经济文化快速发展的上升期。经过一个甲子的休养生息之后，汉武帝时开始对匈奴采取积极的进攻战略。在击败匈奴后，西汉政府向河西地区进行了大规模移民，并设立武威、张掖、酒泉、敦煌四郡进行管辖。伴随着丝绸之路的兴起，敦煌社会经济得到快速发展。隋朝时期虽然国祚短暂，但敦煌仍得到较快发展。唐朝时期直接统治敦煌约160余年，敦煌凭借其交通枢纽位置，成为东西方经济文化交流的一大都会，这一时期敦煌户口滋盛，文化繁荣，进入其历史发展的鼎盛时期。而除了两汉、隋及唐前期外，汉唐之间的其他时期敦煌基本都处在地方政权的统治之下，统一王朝与地方政权统治敦煌的时间大体对半。西晋之后，北方进入了疆土分裂、政权林立的十六国时期，敦煌先后由前凉、前秦、后凉、西凉、北凉、北魏、西魏和北周实行统治。唐贞元二年（786），吐蕃攻克沙州，开始了敦煌历史上的吐蕃统治时代（786—848）。大中二年（848），沙州张议潮率众起义，逐走吐蕃统治者归唐，唐朝遂设立以沙州为治所的归义军，自此敦煌进入张氏归义军、金山国以及曹氏归义军统治时期（848—1030）。相较于幅员广阔的大一统王朝，地方政权往往对敦煌的社会影响更大。如西凉统治者李暠甚至还以敦煌为都城，张氏归义军、金山国、曹氏归义军时期，敦煌又是其府衙所在和核心统治区域。因此，汉唐时期敦煌的社会经济“虽有曲折，但总的来说保持着上升的趋势”①，敦煌在归义军政权的统治之下，当地经济文化达到空前繁荣，敦煌的大部分石窟壁画和藏经洞文书也是这一时期的文化结晶。而西夏元明清时期，除西

---

① 郝春文《略论古代敦煌的兴衰与边防》，《中国边疆史地研究》1992年第4期，第36页。

夏与宋、辽、金先后鼎立而偏居中国西北地区之外，元、明、清三代俱属定鼎中原的大一统王朝，在此背景之下，敦煌对于大一统王朝而言，其军事、政治、交通地位虽有起伏，但总体呈日益下降趋势。自汉至清，敦煌开始由边陲重镇逐渐向内地普通县城发展。

敦煌在中原王朝边防中的地位，影响了中原王朝对敦煌的态度及政策取向，而这反过来又对敦煌历史走向产生了直接影响。西夏时期敦煌位于其治域内的最西端，具有重要的边防作用，因而西夏在河西西部的敦煌设立有监军司，并有专门处理边防事务的理财机构沙州经制司。元朝时期，敦煌在元政府对抗西北诸王中的边防作用日益凸显，因而元朝提升敦煌行政建置并派诸王出镇，同时进行大规模屯田，敦煌社会得到较快发展。然而明朝建立之后，其西北边防政策渐趋保守，对敦煌历史走向产生了决定性的影响。嘉峪关的设立在明代西北边防政策中具有象征性意义。汉唐时期敦煌一直处在中央王朝的西北边境之内，是西域进入中原的首站和中原前往西域的最后一站。阳关故址在今敦煌市西南70公里的南湖乡一带，玉门关故址在今敦煌市西北90公里的小方盘城。明代不以两关为边境和防线，却向东后撤1000余里，在肃州修建嘉峪关。明朝西北边境和军事防线由汉唐两关向东后撤到嘉峪关，使敦煌由边内重镇变为边外弃土，由中原王朝统治变为由当地蒙古头目管辖，由以汉族为主体、多民族杂居变为主要由少数民族居住，由农业、畜牧业、商业、手工业较为完整的经济变为了单一的耕牧。更重要的是，汉唐以来形成的以汉文化为主体兼有少数民族文化，并且融汇东西不同文化于一身的敦煌文化，至明代彻底断流，敦煌社会经济发生严重的倒退，甚至被清人视作“数百年芜秽之区”。此外，明代修建嘉峪关还衍生出了“关西”“关外”的地理单元和地理概念，对此后的清人也产生了潜移默化的影响。如清初文献中常称嘉峪关以西地区为“口外”“口外之地”，其地理概念和范围指涉与明代关西地区基本一致。清朝建立后积极开拓西域，在此背景下敦煌的重要地位再度凸显，于是经营“关西”“口外之地”的敦煌，并采取类似汉朝的军事占领和大规模移民方式，“对迅速提高敦煌地区的物质文明和精神文明起到了不可替代的巨大作用”[①]。因此，西夏元明清各个时期或积极、或保守的西北边防政策，对敦煌历史的走向产生了直接影响。

自汉唐到明清，由于亚洲大陆政治格局的变化和海上丝绸之路的发展，中原王朝的对外交流窗口和通道逐渐从陆地移到海上，敦煌作为汉唐时期中西交通枢纽和丝绸之路往来都会的地位不可避免地出现下降。虽然蒙、元时期敦煌处在中原河西与西域地区驿站体系的重要节点位置，东西方旅行家、商人仍然常常选择经由敦煌东来西去的道路，但是由于蒙、元时期疆域的空前辽阔和中西交通路线的多元化，敦煌的枢纽作用相比于汉唐时期仍然有所下降。明朝时期的东西陆路通道尽管仍然经过关西地区，但却往往绕过敦煌，走从布隆吉尔直接到哈密的道路。清代戍边新疆或任职新疆的官员如洪亮吉、祁韵士、林则徐等人在前往新疆的过程中，也都走从安西直接到哈密的道路，并没有经过敦煌。因而，西夏元明清时期由于东西方交通道路和陆上丝绸之路的变迁，使得敦煌作为“丝路明珠”的光环逐渐褪色，至清代最终成为僻居西北内陆的普通县城，与汉唐时期的敦煌已不可同日而语。

① 李正宇《敦煌古代历史发展的特殊历程》，《敦煌学辑刊》1997年第1期，第22页。

参考文献

史籍

［1］［西汉］司马迁《史记》，北京：中华书局，1959年。

［2］［东汉］班固《汉书》，北京：中华书局，1962年。

［3］［南朝宋］范晔《后汉书》，北京：中华书局，1965年。

［4］［晋］陈寿《三国志》，北京：中华书局，1959年。

［5］［唐］房玄龄等《晋书》，北京：中华书局，1974年。

［6］［南宋］李焘《续资治通鉴长编》，北京：中华书局，1995年。

［7］［南宋］李埴撰，燕永成校正《皇宋十朝纲要》，北京：中华书局，2013年。

［8］［南宋］曾巩撰，王瑞来校证《隆平集校证》，北京：中华书局，2012年。

［9］［南宋］王称撰，孙言诚、崔国光点校《东都事略》，济南：齐鲁书社，2000年。

［10］［南宋］洪皓《松漠纪闻》，长春：吉林文史出版社，1986年。

［11］［西夏］骨勒茂才著，黄振华、聂鸿音、史金波整理《番汉合时掌中珠》，银川：宁夏人民出版社，1989年。

［12］［元］脱脱等《宋史》，北京：中华书局，1977年。

［13］［元］脱脱等《辽史》，北京：中华书局，1974年。

［14］［元］脱脱等《金史》，北京：中华书局，1975年。

［15］［元］佚名撰，扎奇斯钦《〈蒙古秘史〉新译并注释》，台北：联经出版事业公司，1979年。

［16］［元］佚名撰，王国维校注《圣武亲征录校注》，北平文殿阁书庄印行，1936年。

［17］［元］虞集撰，王颋点校《虞集全集》，天津：天津古籍出版社，2007年。

［18］［元］《元典章》，北京：中国广播电视出版社，1998年。

［19］［元］苏天爵编《元文类》，上海：商务印书馆，1936年。

［20］［明］宋濂《元史》，北京：中华书局，1976年。

［21］［明］解缙等编《永乐大典》，北京：中华书局，1986年。

［22］［明］《明实录》，台北："中研院"史语所，1963年。

［23］［明］陈子龙辑《明经世文编》，北京：中华书局，1962年。

［24］［明］陈诚著，周连宽校注《西域行程记·西域番国志》，北京：中华书局，2000年。

［25］［明］李应魁撰，高启安、邰惠莉点校《〈肃镇华夷志〉校注》，兰州：甘肃人民出版社，2006年。

［26］［明］张雨撰，薄音湖点校《边政考》，呼和浩特：内

蒙古大学出版社，2011年。

［27］［明］严从简著，余思黎点校《殊域周咨录》，北京：中华书局，1993年。

［28］［明］杨一清《关中奏议》，载唐景绅、谢玉杰点校《杨一清集》，北京：中华书局，2011年。

［29］［清］徐松辑《宋会要辑稿》，北京：中华书局，1957年。

［30］［清］吴广成撰，龚世俊校证《西夏书事校证》，兰州：甘肃文化出版社，1995年。

［31］［清］屠寄《蒙兀儿史记》，上海：上海古籍出版社，2012年。

［32］［清］张廷玉等撰《明史》，北京：中华书局，1974年。

［33］［清］《清实录》，北京：中华书局，1985—1987年。

［34］［清］傅恒等撰《平定准噶尔方略》，载拉巴平措、陈家琎主编《西藏学汉文文献汇刻》第2辑，北京：中国藏学出版社，1990年。

［35］［清］温达等撰《亲征平定朔漠方略》，载拉巴平措、卢秀璋、陈家琎主编《西藏学汉文文献汇刻》第4辑，北京：中国藏学出版社，1994年。

［36］［清］《雍正朝汉文朱批奏折汇编》第1至40册，南京：江苏古籍出版社，1991年。

［37］［清］年羹尧撰，季永海等译校《年羹尧满汉奏折译编》，天津：天津古籍出版社，1995年。

［38］中国科学院地理科学与资源研究所、中国第一历史档案馆编《清代奏折汇编——农业·环境》，北京：商务印书馆，2005年。

［39］［清］穆彰阿、潘锡恩等纂修《大清一统志》，上海：上海古籍出版社，2008年。

［40］［清］昆冈等纂修《大清会典》，载《续修四库全书》第794册，上海：上海古籍出版社，1996年。

［41］［清］黄文炜撰《重修肃州新志》，甘肃省酒泉博物馆翻印本，1984年。

［42］［清］常钧撰《敦煌杂钞》《敦煌随笔》，载《中国西北文献丛书》第98册，兰州：兰州古籍书店，1990年。

［43］［清］梁份著，赵盛世等校注《秦边纪略》，西宁：青海人民出版社，1987年。

［44］［清］张玿美修、曾钧等纂《五凉全志》，台北：成文出版社有限公司，1966年。

［45］［清］苏履吉，曾诚纂修《敦煌县志》，台北：成文出版社有限公司，1970年。

［46］［清］陶保廉著，刘满点校《辛卯侍行记》，兰州：甘肃人民出版社，2002年。

［47］［清］升允监修，安维峻纂《甘肃全省新通志》，载《中国西北文献丛书》第23册，兰州：兰州古籍书店，1990年。

［48］［清］徐松著，朱玉麒整理《西域水道记》，北京：中华书局，2005年。

［49］［民国］赵尔巽等撰《清史稿》，北京：中华书局，1977年。

［50］［民国］吕钟修纂，王渊等校点《重修敦煌县志》，兰州：甘肃人民出版社，2002年。

［51］佚名著，王治来译《世界境域志》，上海：上海古籍出版社，2010年。

［52］（法）沙海昂注，冯承钧译《马可波罗行纪》，北京：

中华书局，2004年。

［53］（伊尔汗国）佚名著，（U.K）Translated from the Syriac by Sir E.A.Wallis Budge,KT.*The Monks of kublai Khan,London*, 1928.

［54］（伊尔汗国）佚名著，朱炳旭译《拉班·扫马和马克西行记》，郑州：大象出版社，2009年。

［55］（波斯）拉施特主编，余大钧、周建奇译《史集》，北京：商务印书馆，2014年。

［56］（波斯）志费尼著，何高济译、翁独健校订《世界征服者史》，呼和浩特：内蒙古人民出版社，1980年。

［57］（朝鲜）郑麟趾等著，孙晓主编《高丽史》，重庆：西南师范大学出版社，2014年。

出土文献

［1］中国社会科学院历史研究所等编《英藏敦煌文献（汉文佛经以外部分）》第9卷，成都：四川人民出版社，1994年。

［2］上海古籍出版社等编《法藏敦煌西域文献》第24册，上海：上海古籍出版社，2002年。

［3］彭金章、王建军《敦煌莫高窟北区石窟》第1至3卷，北京：文物出版社，2000年至2004年。

［4］李逸友编著《黑城出土文书（汉文文书卷）》，北京：科学出版社，1991年。

［5］史金波、魏同贤、E.И.克恰诺夫主编《俄藏黑水城文献》第4册、第11册，上海：上海古籍出版社，1996年、1997年。

［6］宁夏大学西夏学研究中心、国家图书馆、甘肃五凉古籍整理中心编《中国藏西夏文献》第1至20册，兰州：甘肃人民出版社，2005年。

［7］塔拉、杜建录、高国祥主编《中国藏黑水城汉文文献》第1至10册，北京：国家图书馆出版社，2008年。

［8］武宇林、荒川慎太郎主编《日本藏西夏文文献》（上、下册），北京：中华书局，2010年。

专著

［1］（英）阿·克·穆尔著，郝镇华译《一五五〇年前的中国基督教史》，北京：中华书局，1984年。

［2］敖特根《敦煌莫高窟北区出土蒙古文文献研究》，北京：民族出版社，2010年。

［3］（法）伯希和著，冯承钧译《蒙古与教廷》，北京：中华书局，1994年。

［4］（法）伯希和著，耿昇译《伯希和敦煌石窟笔记》，兰州：甘肃人民出版社，2007年。

［5］岑仲勉《中外史地考证》，北京：中华书局，1962年。

［6］陈炳应《西夏文物研究》，银川：宁夏人民出版社，1985年。

［7］陈炳应《〈贞观玉镜将〉研究》，银川：宁夏人民出版社，1995年。

［8］陈高华编《明代哈密吐鲁番资料汇编》，乌鲁木齐：新疆人民出版社，1984年。

［9］崔红芬《西夏河西佛教研究》，北京：民族出版社，2010年。

［10］党宝海《蒙元驿站交通研究》，北京：昆仑出版社，2007年。

［11］（日）荻原云来编纂、辻直四郎监修《汉译对照梵和大辞典》，台北：新文丰出版公司，1988年。

［12］窦侠父、窦禅父、窦晓云《敦煌窦氏》，乌鲁木齐：新疆金新印刷厂，2008年。

［13］杜继文主编《佛教史》，南京：江苏人民出版社，2006年。

［14］杜建录《西夏经济史》，北京：中国社会科学出版社，2002年。

［15］杜建录《中国藏西夏文献研究》，上海：上海古籍出版社，2012年。

［16］杜建录、史金波《西夏社会文书研究》，上海：上海古籍出版社，2010年。

［17］段文杰《敦煌石窟艺术研究》，兰州：甘肃人民出版社，2007年。

［18］段文杰主编《中国敦煌壁画全集10·敦煌西夏元》），天津：天津人民美术出版社，1996年。

［19］敦煌研究院编《敦煌莫高窟供养人题记》，北京：文物出版社，1986年。

［20］敦煌研究院编《敦煌石窟内容总录》，北京：文物出版社，1996年。

［21］敦煌研究院编《中国石窟·安西榆林窟》，北京：文物出版社，1997年。

［22］敦煌研究院编《2004年石窟研究国际学术会议论文集》，上海：上海古籍出版社，2006年。

［23］敦煌研究院编《榆林窟研究论文集》，上海：上海辞书出版社，2011年。

［24］（日）冈崎精郎《タングート古代史研究》，京都东洋史研究会，1972年。

［25］韩儒林主编《元朝史》，北京：人民出版社，1986年。

［26］韩荫晟编《党项与西夏资料汇编》，银川：宁夏人民出版社，2000年。

［27］郝春文主编《敦煌文献论集》，沈阳：辽宁人民出版社，2001年。

［28］胡戟、傅玫《敦煌史话》，北京：中华书局，1995年。

［29］胡小鹏《元代西北历史与民族研究》，兰州：甘肃文化出版社，1999年。

［30］黄振华、聂鸿音、史金波整理《番汉合时掌中珠》，银川：宁夏人民出版社，1989年。

［31］（日）荒川慎太郎《莫高窟·榆林窟·东千仏洞西夏文题记訳注》，载《西夏時代の河西地域における歴史·言語·文化の諸相に関する》，日本学术振兴会科学研究费补助金研究成果报告书（研究课题编号：19520598），2010年。

［32］（日）吉田順一、チメドドルジ编《ハラホト出土モンゴル文書の研究》，东京雄山阁，2008年。

［33］季羡林主编《敦煌学大辞典》，上海：上海辞书出版社，1998年。

［34］（日）榎一雄责任编集《講座敦煌》2《敦煌の歴史》，東京大東出版社，1980年。

［35］金泽《中国民间信仰》，杭州：浙江教育出版社，1990年。

［36］（俄）克恰诺夫、李范文、罗矛昆《〈圣立义海〉研究》，银川：宁夏人民出版社，1995年。

［37］李范文《夏汉字典》，北京：中国社会科学出版社，1997年。

［38］李范文主编《西夏通史》，银川：宁夏人民出版社，2005年。

［39］李范文主编《西夏研究》第5辑，北京：中国社会科学出版社，2007年。

［40］李华瑞《宋夏关系史》，北京：中国人民大学出版社，2010年。

［41］李蔚《简明西夏史》，北京：人民出版社，1997年。

［42］李正宇《敦煌历史地理导论》，台北：新文丰出版公司，1997年。

［43］李正宇《古本敦煌乡土志八种笺证》，兰州：甘肃人民出版社，2008年。

［44］李治安《元代行省制度》，北京：中华书局，2011年。

［45］林梅村《蒙古山水地图》，北京：文物出版社，2011年。

［46］刘进宝《敦煌历史文化》，兰州：甘肃人民出版社，2000年。

［47］刘迎胜《察合台汗国史研究》，上海：上海古籍出版社，2011年。

［48］陆离《敦煌的吐蕃时代》，兰州：甘肃教育出版社，2013年。

［49］马德《敦煌莫高窟史研究》，兰州：甘肃教育出版社，1996年。

［50］宁可、郝春文《敦煌的历史和文化》，北京：新华出版社，1993年。

［51］宁强《敦煌石窟寺研究》，兰州：甘肃人民美术出版社，2012年。

［52］彭金章主编《敦煌莫高窟北区石窟研究》（上、下册），兰州：甘肃教育出版社，2011年。

［53］潘玉闪、马世昌《莫高窟窟前殿堂遗址》，北京：文物

出版社，1985年。

［54］齐陈骏《枳室史稿》，兰州：甘肃文化出版社，2005年。

［55］（日）前田直典《元朝史の研究》，東京大学出版社，1973年。

［56］荣新江《归义军史研究——唐宋时代敦煌历史考索》，上海：上海古籍出版社，1996年。

［57］荣新江《敦煌学十八讲》，北京：北京大学出版社，2001年。

［58］荣新江、朱丽双《于阗与敦煌》，兰州：甘肃教育出版社，2013年。

［59］上海师范大学古籍整理研究所编《全宋笔记》，郑州：大象出版社，2006年。

［60］（日）杉山正明《モンゴル帝国と大元ウルス》，京都大学学术出版会，2004年。

［61］史岩《敦煌石室画像题识》，敦煌艺术研究所、华西大学比较文化研究所，1947年。

［62］史金波、白滨、黄振华《文海研究》，北京：中国社会科学出版社，1983年。

［63］史金波、白滨、吴峰云《西夏文物》，北京：文物出版社，1988年。

［64］史金波、聂鸿音、白滨《天盛改旧新定律令》，北京：法律出版社，2000年。

［65］史金波《西夏佛教史略》，银川：宁夏人民出版社，1988年。

［66］史金波《西夏社会》，上海：上海人民出版社，2007年。

[67]（日）松井太、荒川慎太郎编《敦煌石窟多言語資料集成》，東京外国語大学アジア·アフリカ言語文化研究所，2017年。

[68] 孙继民《俄藏黑水城所出〈宋西北边境军政文书〉整理与研究》，北京：中华书局，2009年。

[69] 孙继民《俄藏黑水城汉文非佛教文献整理与研究》，北京：北京师范大学出版社，2012年。

[70] 谭其骧主编《中国历史地图集》，北京：中国地图出版社，1982年。

[71] 汤开建《党项西夏史探微》，台北：允晨文化实业股份有限公司，2005年。

[72] 佟建荣《西夏姓氏辑考》，银川：宁夏人民出版社，2013年。

[73] 王惠民《敦煌佛教与石窟营建》，兰州：甘肃教育出版社，2013年。

[74] 王进玉《敦煌学和科技史》，兰州：甘肃教育出版社，2011年。

[75] 王頲《西域南海史地研究》，上海：上海古籍出版社，2005年。

[76] 王希隆《西北屯田研究》，兰州：兰州大学出版社，1990年。

[77] 吴承洛《中国度量衡史》，上海：上海书店，1984年。

[78] 吴慧《中国历代粮食亩产研究》，北京：农业出版社，1985年。

[79] 魏淑萍《西夏职官制度研究》，兰州：甘肃文化出版社，2020年。

[80] 吴天墀《西夏史稿》，北京：商务印书馆，2010年。

［81］谢静《敦煌石窟中的少数民族服饰研究》，兰州：甘肃教育出版社，2015年。

［82］（日）西田龍雄《西夏王国の言語と文化》，東京岩波書店，1997年。

［83］向达《唐代长安与西域文明》，石家庄：河北教育出版社，2001年。

［84］谢生保主编《敦煌民俗研究》，兰州：甘肃人民出版社，1995年。

［85］谢稚柳《敦煌艺术叙录》，上海：上海出版公司，1955年。

［86］杨富学、牛汝极《沙州回鹘及其文献》，兰州：甘肃文化出版社，1995年。

［87］杨富学、陈爱峰《西夏与周边关系研究》，兰州：甘肃民族出版社，2012年。

［88］杨富学《回鹘文献与回鹘文化》，北京：民族出版社，2003年。

［89］杨富学《回鹘与敦煌》，兰州：甘肃教育出版社，2013年。

［90］杨富学《回鹘学译文集》，兰州：甘肃民族出版社，2012年。

［91］杨富学《回鹘学译文集新编》，兰州：甘肃教育出版社，2015年。

［92］杨蕤《西夏地理研究》，北京：人民出版社，2008年。

［93］姚大力《蒙元制度与政治文化》，北京：北京大学出版社，2011年。

［94］（苏）伊·亚·兹拉特金著，马曼丽译《准噶尔汗国史（1635—1758）》，北京：商务印书馆，1980年。

［95］袁祖亮主编，邱云飞、孙良玉著《中国灾害通史》，郑州：郑州大学出版社，2009年。

［96］张宝玺《瓜州东千佛洞西夏石窟艺术》，北京：学苑出版社，2012年。

［97］张伯元《安西榆林窟》，成都：四川教育出版社，1995年。

［98］张广达《西域史地丛稿初编》，上海：上海古籍出版社，1995年。

［99］赵声良《敦煌石窟艺术总论》，兰州：甘肃教育出版社，2013年。

［100］赵世瑜《狂欢与日常——明清以来的庙会与民间社会》，北京：三联书店，2002年。

［101］郑炳林《敦煌地理文书汇辑校注》，兰州：甘肃教育出版社，1989年。

［102］郑炳林、郑怡楠辑释《敦煌碑铭赞辑释》，上海：上海古籍出版社，2019年。

［103］郑炳林、李军《敦煌历史地理》，兰州：甘肃教育出版社，2013年。

［104］郑炳林主编《敦煌归义军史专题研究》，兰州：兰州大学出版社，1997年。

［105］郑炳林主编《敦煌归义军史专题研究续编》，兰州：兰州大学出版社，2003年。

［106］郑炳林主编《敦煌归义军史专题研究三编》，兰州：甘肃文化出版社，2005年。

［107］郑炳林主编《敦煌归义军史专题研究四编》，西安：三秦出版社，2009年。

［108］郑炳林主编《敦煌民族研究》，兰州：甘肃民族出版

社，2012年。

［109］郑炳林、樊锦诗、杨富学主编《丝绸之路民族古文字与文化学术讨论会文集》，西安：三秦出版社，2007年。

［110］郑炳林主编、耿昇译《法国西域史学精粹》，兰州：甘肃人民出版社，2011年。

［111］中央文史馆、敦煌研究院、香港大学饶宗颐学术馆编《庆贺饶宗颐先生九十五华诞敦煌学国际学术研讨会论文集》，北京：中华书局，2012年。

［112］朱谦之《中国景教》，北京：东方出版社，1993年。

［113］朱悦梅、杨富学《甘州回鹘史》，北京：中国社会科学出版社，2013年。

［114］准噶尔史略编写组《准噶尔史略》，北京：人民出版社，1985年。

论文

［1］阿不都热西提·亚库甫《北京大学图书馆藏回鹘文〈西宁王速来蛮赞〉新探》，载朱玉麒主编《西域文史》第6辑，北京：科学出版社，2011年。

［2］阿木《成吉思汗灭西夏的战争》，载《蒙古族古代军事思想研究论文集》，呼和浩特：内蒙古文史书店，1989年。

［3］敖特根《敦煌莫高窟第465窟断代研究综述》，《敦煌研究》2003年第5期。

［4］敖特根《西夏沙州守将昔里钤部》，《敦煌学辑刊》2004年第1期。

［5］敖特根《成吉思汗对河西诸州的攻克》，《敦煌学辑刊》2005年第2期。

［6］敖特根《〈莫高窟六字真言碣〉研究》，《敦煌研究》

2005年第6期。

［7］白滨、史金波《〈大元肃州路也可达鲁花赤世袭之碑〉考释——论元代党项人在河西的活动》，《民族研究》1979年第1期。

［8］白滨、史金波《莫高窟、榆林窟西夏资料概述》，《敦煌学辑刊》第1辑，1980年。

［9］博彦《成吉思汗征服西夏战争》，载《蒙古族古代军事思想研究论文集》，呼和浩特：内蒙古文史书店，1989年。

［10］陈炳应《西夏与敦煌》，《西北民族研究》1991年第1期。

［11］陈炳应《西夏兵书〈贞观玉镜将〉》，《宁夏社会科学》1993年第1期。

［12］陈炳应《11世纪存在过统治瓜沙二州的回鹘汗国吗？——西夏统治瓜沙始年考》，《敦煌研究》2001年第2期。

［13］陈国灿《唐五代敦煌县乡里制的演变》，《敦煌研究》1989年第3期。

［14］陈光文《敦煌莫高窟第297窟西夏文题记译释——兼论西夏统治敦煌的时间问题》，《敦煌学辑刊》2014年第2期。

［15］陈光文、郑炳林《莫高窟、榆林窟明代游人题记研究》，《兰州大学学报（社会科学版）》2015年第5期。

［16］陈光文《敦煌莫高窟清代游人题记研究》，《敦煌学辑刊》2016年第1期。

［17］陈光文《莫高窟、榆林窟元代汉文游人题记史料价值述论》，《内蒙古社会科学（汉文版）》2017年第2期。

［18］陈瑞青《黑水城元代文献中的“安定王”及其部队》，《南京师大学报（社会科学版）》2012年第5期。

［19］陈育宁、汤晓芳《蒙古与西夏关系略论》，《民族研

究》1988年第5期。

[20] 崔红芬《〈俄藏黑水城出土西夏文佛经文献叙录〉中的帝师与国师》，《西北第二民族学院学报》2004年第4期。

[21] 崔红芬《再论西夏帝师》，《中国藏学》2008年第1期。

[22] 程利英《明代西北边疆政策与关西七卫研究》，西北师范大学硕士学位论文，2004年。

[23] 程利英《明代关西七卫内迁去向和内迁人数探》，《贵州民族研究》2005年第4期。

[24] 程利英《明代关西七卫探源》，《内蒙古社会科学（汉文版）》2006年第4期。

[25] 程利英《明代关西七卫作用浅析》，《贵州民族研究》2006年第4期。

[26] 车雯婧《清代对敦煌的开发》，兰州大学硕士学位论文，2012年。

[27] 岑仲勉《明初曲先、阿端、安定、罕东四卫考》，《金陵学报》第6卷第2期，1936年。

[28] 敦煌研究院考古研究所、内蒙古师范大学蒙文系《敦煌石窟回鹘蒙文题记考察报告》，《敦煌研究》1990年第4期。

[29] 杜海《敦煌归义军政权与沙州回鹘关系述论》，《敦煌学辑刊》2015年第4期。

[30] 杜建录《西夏的畜牧业》，《宁夏社会科学》1990年第1期。

[31] 杜建录《西夏的内宿制度》，《固原师专学报（社会科学版）》1997年第4期。

[32] 杜建录《论西夏的人口》，《宁夏大学学报（人文社会科学版）》2003年第1期。

[33] 杜立晖《俄藏黑水城肃州路官员名录文书考释》，《西

夏学》第5辑，上海：上海古籍出版社，2010年。

［34］H.Desmond Martin, The Mongol Wars with Hsi Hsia（1205–27）, *Journal of the Royal Asiatic Society of Great Britain and Ireland*, 1942（3）.

［35］邓瑞龄《明初安定、阿端、曲先、罕东等卫杂考》，《历史地理》第2辑，1982年。

［36］段鹏《莫高窟所见清代敦煌四月八行事探析》，《敦煌学辑刊》2021年第2期。

［37］段文杰《榆林窟党项蒙古政权时期的壁画艺术》，《敦煌研究》1989年第4期。

［38］冯培红《敦煌曹氏族属与曹氏归义军政权》，《历史研究》2001年第1期。

［39］高启安《赤斤蒙古卫、罕东左卫部众内徙、安置与裕固族各部关系探》，《甘肃民族研究》2004年第4期。

［40］高启安《〈肃镇华夷志〉文献价值初探》，《敦煌学辑刊》2005年第2期。

［41］高启安《肃州南山的“哈刺秃”——以裕固族研究为中心》，《西北民族研究》2005年第1期。

［42］高启安、邰惠莉《明代东迁关西诸卫部众在金塔的安置与流散——以〈肃镇华夷志〉为主》，《河西学院学报》2014年第4期。

［43］高自厚《明代的关西七卫及其东迁》，《兰州大学学报（社会科学版）》1986年第1期。

［44］耿世民、张宝玺《元回鹘文〈重修文殊寺碑〉初释》，《考古学报》1986年第2期。

［45］甘肃省博物馆《甘肃武威发现一批西夏遗物》，《考古》1974年第3期。

［46］公维章《元明清时期的敦煌佛教》，《敦煌学辑刊》1999年第2期。

［47］公维章《明代的敦煌佛教》，《敦煌学辑刊》2015年第4期。

［48］郭晓航《元豫王阿剌忒纳失里考述》，《社会科学》2007年第9期。

［49］郝春文《略论古代敦煌的兴衰与边防》，《中国边疆史地研究》1992年第4期。

［50］哈密顿、牛汝极、杨富学《榆林窟回鹘文题记译释》，《敦煌研究》1998年第2期。

［51］哈斯额尔敦、嘎日迪、梁尉英《敦煌莫高窟元代回鹘蒙文〈图勒黑图古思题记〉释读》，《敦煌研究》1987年第3期。

［52］哈斯额尔敦、嘎日迪、巴音巴特尔《莫高窟第61窟甬道南壁回鹘蒙文题记释读》，《敦煌研究》1989年第1期。

［53］哈斯额尔敦、嘎日迪、巴音巴特尔《安西榆林窟第12窟前室甬道北壁回鹘蒙文题记释读》，《敦煌研究》1990年第3期。

［54］哈斯额尔敦、巴音巴特尔、嘎日迪《榆林窟第12窟道尔吉题记释读》，《敦煌研究》1992年第2期。

［55］何平立《略论蒙古征服西夏战争》，《军事历史研究》1993年第3期。

［56］胡小鹏《元明敦煌与裕固族的历史关系》，《敦煌研究》1999年第4期。

［57］胡小鹏《察合台系诸王集团与明初关西诸卫的成立》，《兰州大学学报（社会科学版）》2005年第5期。

［58］贾俊霞《明清时期的敦煌》，《史学集刊》1994年第1期。

［59］康柳硕《关于敦煌莫高窟出土的波斯萨珊银币和西夏钱币》，《甘肃金融》1999年第3期。

［60］陆庆夫《归义军晚期的回鹘化与沙州回鹘政权》，《敦煌学辑刊》1998年第1期。

［61］鲁人勇《西夏监军司考》，《宁夏社会科学》2001年第1期。

［62］路伟东《清代陕甘人口研究》，复旦大学博士学位论文，2008年。

［63］赖家度《明代初期西北七卫的设置》，《历史教学》1957年第8期。

［64］刘传飞《清代安西卫、沙州卫设置时间考——兼论沙州所建制的有无》，《敦煌研究》2015年第3期。

［65］刘国防《明朝的备边政策与哈密卫的设置》，《西域研究》1998年第4期。

［66］刘玉权《西夏时期的瓜、沙二州》，《敦煌学辑刊》第2辑，1981年。

［67］刘玉权《沙州回鹘探微》，载《1994年敦煌学国际研讨会文集——纪念敦煌研究院成立50周年·宗教文史卷》（下），兰州：甘肃民族出版社，2000年。

［68］刘永增《瓜州榆林窟第3窟的年代问题》，《艺术设计研究》2014年第4期。

［69］李巨澜《清代卫所制度述略》，《史学月刊》2002年第3期。

［70］李永宁《敦煌莫高窟碑文录及有关问题（二）》，《敦煌研究》1982年第2期。

［71］李昌宪《西夏地方行政体制刍议》，载《中国宋史研究会第十届年会及唐末五代宋初西北史研讨会论文集》，2002年。

［72］李范文《西夏官阶封号表考释》，《社会科学战线》1991年第3期。

［73］李国、沙武田《敦煌石窟西夏时期汉文题记辑录——兼谈西夏占领瓜沙的时间问题》，《西夏研究》2021年第1期。

［74］李治安《元中叶西北“过川”及“过川军”新探》，《历史研究》2013年第2期。

［75］李之勤《〈西域土地人物略〉的最早、最好版本》，《中国边疆史地研究》2004年第1期。

［76］李正宇《唐宋时代敦煌县河渠泉泽简志（一）》，《敦煌研究》1988年第4期。

［77］李正宇《唐宋时代敦煌县河渠泉泽简志（二）》，《敦煌研究》1989年第1期。

［78］李正宇《悄然湮没的王国——沙州回鹘国》，载《1990年敦煌学国际研讨会文集·石窟史地语文篇》，沈阳：辽宁美术出版社，1995年。

［79］李正宇《敦煌古代历史发展的特殊历程》，《敦煌学辑刊》1997年第1期。

［80］马国英《晚清粮食收成分数研究（1875—1908）》，《西北师大学报（社会科学版）》2015年第3期。

［81］穆鸿利、席岫峰《试论蒙夏战争》，《宁夏社会科学》1991年第2期。

［82］马顺平《北元“宣光二年甘肃等处行中书省亦集乃分省咨文”考释》，《内蒙古大学学报（社会科学版）》2008年第2期。

［83］马顺平《明代陕西都司及其卫所建置考实》，《中国历史地理论丛》2008年第2期。

［84］马顺平《“界在羌番、回虏之间”——明代甘肃镇边墙

修建考》，《社会科学辑刊》2011年第4期。

［85］纳·巴图吉日嘎拉《〈蒙古秘史〉地名“阿儿不合”“捌斡儿合惕”考略——兼及〈史集〉记载的“翁浑答兰忽都黑”》，《内蒙古社会科学》1991年第1期。

［86］宁笃学、钟长发《甘肃武威西郊林场西夏墓清理简报》，《考古与文物》1980年第3期。

［87］聂红萍《清代雍乾朝经营敦煌述论》，《敦煌学辑刊》2007年第4期。

［88］聂鸿音《西夏帝师考辩》，《文史》2005年第3期。

［89］牛汝极《敦煌榆林千佛洞第12窟回鹘文题记》，《新疆大学学报（社会科学版）》2002年第1期。

［90］宁强、何卯平《西夏佛教艺术中的“家窟”与“公共窟”——瓜州榆林窟第29窟供养人的构成再探》，《敦煌学辑刊》2017年第3期。

［91］彭建英《明代羁縻卫所制述论》，《中国边疆史地研究》2004年第3期。

［92］彭金章、沙武田《试论敦煌莫高窟北区出土的波斯银币和西夏钱币》，《文物》1998年第10期。

［93］彭金章《敦煌新近发现的景教遗物——兼述藏经洞所出景教文献与画幡》，《敦煌研究》2013年第3期。

［94］秦佩珩《清代敦煌水利考释》，《郑州大学学报（哲学社会科学版）》1985年第4期。

［95］邱树森《元代基督教在蒙古克烈、乃蛮、汪古地区的传播》，《内蒙古社会科学（汉文版）》2002年第2期。

［96］荣新江《敦煌曹氏归义军统治者为粟特后裔说》，《历史研究》2001年第1期。

［97］史金波、白滨《莫高窟榆林窟西夏文题记研究》，《考

古学报》1982年第3期。

［98］史金波《西夏汉文本〈杂字〉初探》，载《中国民族史研究》（二），北京：中央民族学院出版社，1989年。

［99］史金波《西夏文〈官阶封号表〉考释》，载《中国民族古文字研究》（第三辑），天津：天津古籍出版社，1991年。

［100］史金波《西夏的职官制度》，《历史研究》1994年第2期。

［101］史金波《敦煌莫高窟北区出土西夏文文献初探》，《敦煌研究》2000年第3期。

［102］史金波《敦煌学和西夏学的关系及其研究展望》，《敦煌研究》2012年第1期。

［103］（日）杉山正明《豳王チュベィとその系谱—元明史料と『ムィッズルｰアンサーブ』の比較を通じて—》，《史林》第65卷第1号，1982年。

［104］（日）杉山正明《ふたつのチャガタイ家》，小野和子编《明清時代の政治と社會》，京都大学人文科学研究所，1983年。

［105］沙武田《敦煌西夏石窟分期研究之思考》，《西夏研究》2011年第2期。

［106］沙武田、李国《敦煌莫高窟第3窟为西夏洞窟考》，《敦煌研究》2013年第4期。

［107］沙武田《敦煌西夏石窟营建史构建》，《西夏研究》2018年第1期。

［108］孙修身《西夏占据沙州时间之我见》，《敦煌学辑刊》1991年第2期。

［109］（日）松井太《東西チャガタイ系諸王家とウイグルチベット佛教徒—敦煌新発見モンゴル語文書の再検討から》，

《内陸アジア史研究》第23號，2008年。

［110］（日）松井太《敦煌諸石窟のウイグル語題記銘文に關する箚記》，《人文社會論叢》人文科学篇30，2013年。

［111］（日）松田孝一《元朝的分封制度——关于邠王（豳王）出伯与邠州的关系》，载《中国多文字时代的历史文献研究》，2008年。

［112］（日）松泽博《西夏文〈瓜州监军司审判案〉遗文——以橘瑞超带来在龙谷大学大宫图书馆馆藏品为中心》，《国家图书馆学刊》2002年增刊“西夏研究专号”。

［113］妥超群、刘铁程《毕力术江考——明代曲先卫地望及相关地名新证》，《民族研究》2011年第6期。

［114］陶刚《成吉思汗五伐西夏考》，《中央民族学院学报》1993年第2期。

［115］唐景绅《明代关西七卫述论》，《中国史研究》1983年第3期。

［116］唐景绅《明代罕东卫地望小考》，《青海社会科学》1985年第2期。

［117］汤开建《〈西夏蕃官名号表〉补正》，《四川大学学报(哲学社会科学版)》1983年第2期。

［118］特木勒《元明时期Mekrin部史事考》，《民族研究》2015年第1期。

［119］田澍《明代甘肃镇边境保障体系述论》，《中国边疆史地研究》1998年第3期。

［120］田澍《明代哈密危机述论》，《中国边疆史地研究》2002年第4期。

［121］王惠民《敦煌西夏洞窟分期及存在的问题》，《西夏研究》2011年第1期。

［122］王惠民《西夏文草书〈瓜州审案记录〉叙录》，《敦煌学辑刊》2018年第2期。

［123］王慧慧、梁旭澍、萧巍、张海博《〈敦煌千佛洞千相塔记〉〈敦煌千佛山皇庆寺缘薄〉录文及相关问题》，《敦煌研究》2014年第5期。

［124］王静如《引论》，《国立北平图书馆馆刊》第4卷第3号“西夏文专号”，1932年。

［125］王静如《敦煌莫高窟和安西榆林窟中的西夏壁画》，《文物》1980年第9期。

［126］王静如《新见西夏文石刻和敦煌安西洞窟夏汉文题记考释》，载《王国维学术研究论集》第一辑，上海：华东师范大学出版社，1983年。

［127］王力平《莫高窟汉文游人题记史料价值探析》，《敦煌学辑刊》2014年第3期。

［128］王希隆《清代关西五卫述论》，《兰州大学学报（社会科学版）》1992年第3期。

［129］王颋《元代大名路达鲁花赤唐兀人昔李氏系考》，《北方民族大学学报（哲学社会科学版）》2009年第1期。

［130］王渊《清代敦煌移民》，载《敦煌文史资料选集》第1辑，1991年。

［131］吴均《安定、曲先、罕东、必里等卫地望及民族琐议》，《青海师范大学学报（社会科学版）》1988年第3期。

［132］谢继胜《关于敦煌第465窟断代的几个问题》，《中国藏学》2000年第3期。

［133］谢继胜《关于敦煌第465窟断代的几个问题（续）》，《中国藏学》2000年第4期。

［134］谢继胜《莫高窟第465窟壁画绘于西夏考》，《中国藏

学》2003年第2期。

［135］X·普日赉《〈蒙古秘史〉地名考》，《蒙古语文》1957年第1期。

［136］邢卫《清至民国敦煌水利设施兴修与管理研究》，陕西师范大学硕士学位论文，2010年。

［137］杨富学《沙州回鹘及其政权组织——沙州回鹘研究之一》，载《1990年敦煌学国际研讨会文集·石窟史地语文篇》，沈阳：辽宁美术出版社，1995年。

［138］杨富学、张海娟《蒙古豳王家族与元代西北边防》，《中国边疆史地研究》2012年第2期。

［139］杨富学《河西多体文字六字真言私臆》，《中国藏学》2012年第3期。

［140］杨富学《敦煌莫高窟第464窟的断代及其与回鹘之关系》，《敦煌研究》2012年第6期。

［141］杨富学、张海娟《蒙古豳王家族与元代亦集乃路之关系》，《敦煌研究》2013年第3期。

［142］杨富学、张海娟《蒙古豳王家族与裕固族的形成》，《内蒙古社会科学（汉文版）》2015年第3期。

［143］杨林坤《论明代西北羁縻卫所的民族关系》，《中国边疆史地研究》2014年第2期。

［144］阎文儒《元代速来蛮刻石释文》，《敦煌研究》试刊第1期，1982年。

［145］郑炳林《敦煌本〈张淮深变文〉研究》，《西北民族研究》1994年第1期。

［146］郑炳林、张静怡《西汉敦煌郡的设置和敦煌城的修筑》，《敦煌学辑刊》2021年第2期。

［147］张海娟、杨富学《蒙古豳王家族与河西西域佛教》，

《敦煌学辑刊》2011年第4期。

［148］张海娟《蒙古豳王家族与元代西北社会》，西北民族大学硕士学位论文，2012年。

［149］朱建路、刘佳《元代唐兀人李爱鲁墓志考释》，《民族研究》2012年第3期。

［150］朱建路《元代〈宣差大名路达鲁花赤小李钤部公墓志〉考释》，《民族研究》2014年第6期。

［151］翟丽萍《西夏职官制度研究——以〈天盛革故鼎新律令〉卷十为中心》，陕西师范大学博士学位论文，2013年。

［152］P.Zieme und G.Kara, *Ein uigurisches Totenbuch. Nāropas lehre in uigurischer übersetzung von vier tibetischen Traktaten nach der Samelhandschrift aus Dunhuang British Museum Or.8210（109）*, Budapest 1970.

［153］张小刚《莫高窟第256窟至正年间"大宋国"题记考释》，《敦煌学辑刊》2003年第2期。

［154］赵现海《明代九边军镇体制研究》，东北师范大学博士学位论文，2005年。

［155］张先堂《瓜州东千佛洞第2窟供养人身份新探》，《敦煌学辑刊》2006年第4期。

［156］（日）庄垣内正弘《ウイグル語写本·大英博物館蔵Or.8212（109）について》，《東洋学報》（1），1970年。